海外法学译丛

独角兽
法学精品

正义的直觉

Intuitions of Justice and the Utility of Desert

[美]保罗·罗宾逊
(Paul H. Robinson)◎著
谢杰 金翼翔 祖琼◎译

上海人民出版社

中文版序

本书旨在分享以下两个刑法理念——

其一，获得社会公众信赖的、致力于实现公平正义价值的刑事法律体系，实际上会凝聚很强的犯罪控制实用效果。道德信赖激励着人们参与、协助、配合、支持刑事法律体系，并使其习得刑法规范，从而进一步内化为行为模式。而未能获得道德信赖的刑事法律体系则会逐渐被社会公众抵制、破坏；相应的，刑法规范也失去了塑造、内化、引导社会行为模式的功能。道德信赖水平越低，人们对刑法的遵循意愿与刑法的社会影响水平也就越低。

其二，定罪量刑规则如若重视、追踪社会公众所共享的正义直觉，并将其纳入刑事司法规则体系，则能够起到强化刑法道德信赖的作用。本书将这种在定罪量刑实践中强调正义直觉的理念提炼为经验的应得刑罚。同理，如果刑事司法规则或者刑事司法实践所创制的裁判结果与社会公众对公平正义的直觉判断严重冲突，则刑法的道德信赖水平会出现下降。需要强调的是，对刑法具有重要影响的是社会公众的正义直觉观念，而非政治与学术精英视野下的公平正义理念。实证研究表明，社会生活中的普通成员，即使是没有受过高等教育的人士，实际上也具有非常精细且复杂的正义判断能力。深度分析社会公众对正义所秉持的直觉观念及其应当如何影响刑法的定罪量刑实践，应当严格依托于社会科学实证研究，而不能寄希望于政治博弈或者媒体舆论。

对于《正义的直觉》一书中文版的出版发行，我感到非常欣喜！因为实证研究表明，无论是经验的应得刑罚，还是社会公众对定罪量刑公正性问题的直觉判断，其都是人性所共享的理念。这种跨越国界、种族、文化、意识形态等的理念，无论是在中国还是美国，都具有非常重要的价值。人们对于公平正义最基本理念的认识是共通的。正是基于这一点，刑法研究需要高度重视社会公众所共享的正义直觉。同时，也期待本书所提出的刑法原理，能够在文化与意识形态的差异中嫁接沟通与对接的桥梁。

保罗·罗宾逊
2017年5月1日
费城，宾夕法尼亚州

谢　杰　译
2017年5月8日
尔湾，加利福尼亚州

目 录

中文版序

第一部分　正义评价的实质

第一章　司法评价的直觉性与细致性 / 4

第一节　司法评价的直觉性 / 4
第二节　通识:司法评价的模糊性与非具象性 / 7
第三节　现实:细致入微的判断 / 9
一、能够使用众多差异性特征评估犯罪行为 / 9
二、案件细微事实差异导致显著的责任差异 / 10
第四节　结论 / 11

第二章　作为人类普同性的正义直觉:关于罪错内核的共识 / 12

第一节　严重罪错应当处以刑罚的直觉 / 13
一、问卷调查 / 13
二、行为经济研究 / 13
三、跨文化研究 / 14
四、没有例外 / 14
第二节　罪错行为相对严重性的直觉 / 15
一、美国的实证研究 / 15
二、跨文化研究 / 17
第三节　共识是否具有限度 / 18
一、研究 1:亲身测试 / 19
二、研究 2:网络测试 / 21
第四节　结论 / 22

第三章 正义直觉共识性的根源 / 24

第一节 正义直觉的进化论解释 / 24

一、人类的社会性与获取共识性正义直觉的倾向 / 25

二、为个体获取利益的正义直觉 / 25

第二节 社会进化论解释的实证依据 / 28

一、动物研究 / 28

二、脑科学研究 / 30

三、儿童发展研究 / 33

第三节 替代性解释:社会进化论 / 38

一、自发性社会学习 / 39

二、累积性社会学习 / 40

第四章 正义观念的分歧 / 43

第一节 正义直觉的分歧表象 / 43

第二节 正义直觉的实然分歧 / 45

一、方法:研究 3 和研究 4 / 45

二、研究 3 的结果 / 46

三、研究 4 的结果 / 47

第三节 结论 / 47

第五章 改变人们的正义判断 / 49

第一节 对于改变人们有关罪错及应罚性的正义直觉的建议 / 49

第二节 改变正义直觉的困难性 / 50

第三节 区分何种正义直觉能够被改变 / 53

第四节 如何改变正义判断 / 54

一、通过公共教育来规范操纵对于核心罪错的类比 / 55

二、群体信念的内化 / 56

第五节 对共识及其影响的主张的批评 / 59

一、“核心”究竟包括什么 / 59

二、可能与布拉曼、卡汉、霍夫曼产生的分歧 / 62

三、结论 / 68

第二部分　刑法是否应当考虑民众的正义观念

第六章　当代刑法对民意的屈从／73

第一节　规则／73

一、承认宽宥辩护／73

二、没有考虑与强制性犯罪控制原则相关的因素／75

三、在犯罪定义中纳入伤害因素／76

第二节　标准／78

一、对于社会公众正义判断的明显依赖／79

二、模糊的标准／79

三、需要陪审团谨慎思索的规则／81

第三节　解释为什么屈从于普通大众的正义判断／82

第七章　当代刑法与民意的冲突／84

第一节　常见反复的细微冲突／84

第二节　与应得刑罚概念相冲突的犯罪控制规则／85

一、"三振出局法"和其他习惯犯法规／86

二、毒品犯罪／87

三、按照普通成人程序起诉未成年人／88

四、限缩或摒弃精神病辩护／89

五、严格责任／92

六、重罪谋杀／94

七、违反监管的犯罪化／94

第三节　检验现代犯罪控制原则视角下的正义／95

一、"里程碑"和"犯罪控制"情境／96

二、实验的设计与方法／99

三、对实验结果的讨论／99

第四节　为什么民主框架下会产生社会认为不公正的量刑规则／103

一、媒体报道对影响量刑的重要事实的忽略／104

二、对于一般犯罪问题的媒体报道:信息来源于

政府 / 106
三、以典型样板为范例 / 108
四、公众的恐惧 / 110
五、选举的弱点 / 111
第五节　结论 / 112

第八章　规范化的犯罪控制原则:应得刑罚的效用 / 114

第一节　传统强制性犯罪控制原则的局限性 / 115
一、威慑 / 116
二、矫正罪犯 / 121
三、剥夺危险者再犯能力 / 121
第二节　规范化的犯罪控制:为什么人们要遵守法律 / 124
一、通过行为评价来驭使社会影响的力量 / 126
二、控制私力救济 / 127
三、避免产生抵制 / 128
四、塑造社会规范:法律的劝导功能 / 133
五、在非典型案件中获得遵从 / 133
第三节　道义的应得刑罚与经验的应得刑罚 / 135
一、两种应得刑罚的概念 / 135
二、两种概念的互通之处 / 136
三、两种概念的分歧之处 / 137
第四节　对于以经验性应得刑罚为分配原则的批评 / 138
一、应得刑罚概念的模糊性 / 139
二、应得刑罚概念的争议性 / 140
三、社会公众的刑罚观念源于震慑与再犯剥夺而非应罚 / 140
四、经验主义应得刑罚所不可避免的苛刑风险 / 142
五、经验主义应得刑罚潜在的不道德性 / 143
第五节　结论 / 145

第九章　道德信用和不公正的负面效用 / 147

第一节　关于不公正之负效用的实证研究 / 148

一、第一项实验的设计理念和方法论／148
二、第一项实验的结果和讨论／150
三、第二项实验的设计理念和方法论／152
四、第二项实验结果和讨论／152
第二节　之前的研究／155
第三节　结论／159

第十章　与经验主义应得刑罚的偏离　／160
第一节　不可避免的偏离:道德问题上的社会分歧／161
第二节　正确的偏离:在纷繁复杂的世界中主持正义／162
第三节　对于偏离经验主义应得刑罚的解释／164
一、为了更高程度的犯罪控制效力／165
二、为了实现犯罪控制效力以外的社会利益／166
第四节　改变社会的规范观念／167
一、道德信用对于社会改革者的重要性／168
二、改变规范观念的限度和技巧／169
三、改革的收益与风险:说服和藐视／170
第五节　提高合法性／172
一、冲突焦点／173
二、弥合分歧／175

第十一章　刑法改革的启示　／178
第一节　中心要点:执行正义／178
第二节　废除刑罚以及“恢复性司法”／179
第三节　对偏离应得刑罚的规则进行改革／184
一、刑事司法改革／184
二、以民事程序取代刑事手段／185
第四节　明晰刑民之分／187
一、一般民众对于刑民之分的看法／187
二、混淆刑民区别的负面效应／188
第五节　提高可罚性的门槛:宽宥处理／191
一、宽宥的特征／191

二、民众对于酌定量刑情节的直觉性看法以及损害法律道德信用的问题 / 192
三、有关酌定量刑情节的分歧以及适用不一致的问题 / 193

第三部分 正义评价的核心内容

第十二章 行为原理:犯罪化 / 199
第一节 对于正义的非专业判断的研究方法 / 200
第二节 示例:企图犯罪刑事责任客观要件的实验 / 206
第三节 企图犯罪中的中止、放弃以及补救 / 209
第四节 制造刑法禁止的风险 / 212
第五节 共犯的客观要件 / 215
第六节 不作为的刑事责任 / 220
第七节 结论 / 225

第十三章 行为原理:正当化 / 227
第一节 自我防卫中使用致命武力 / 228
第二节 保护财产时使用武力 / 233
第三节 公民的执法权限 / 238
第四节 行为正当化:结论 / 242

第十四章 裁判原理:主观罪过 / 244
第一节 主观罪过要求与认识错误/意外事件辩护 / 245
第二节 共同犯罪的罪过要求 / 252
第三节 自愿麻醉状态(如醉酒) / 258
第四节 疏忽认定客观标准的个别化 / 265
第五节 结论 / 271

第十五章 裁判原理:责任减免 / 273
第一节 精神障碍 / 273

第二节　未成年与非自愿麻醉／283
第三节　胁迫和圈套／288
第四节　结论／294

第十六章　裁判原理:责任分级 /295
第一节　犯罪内部和犯罪外部的等级区分／295
第二节　犯罪严重性:性犯罪／298
第三节　行为人罪过:重罪谋杀／304
第四节　因果关系:行为人与禁止结果的联系强度／310
第五节　数罪的量刑／314
第六节　结论／318

第十七章　法律规定与公众观念的异同 /320
第一节　法律与公众的一致／320
第二节　法律与公众的分歧／321
第三节　二元论与分类论:刑法制定的合法性和规范性／324
第四节　承担刑事责任但免予刑罚处罚／326
第五节　法律与社会的分歧之弥合者:陪审团／328

第四部分　非专业性司法判断的实证研究及其法律和政策启示

第十八章　犯罪性观念的历史演变 /333
第一节　普通法系与现代法典犯罪化差异的模式／333
一、犯罪性观念从传统法向现代法的教义转换／334
二、犯罪性:客观主义与主观主义(传统主义与现代主义)／337
三、可以检验的经验问题／338
第二节　客观主义与主观主义的内涵和区别／339
第三节　研究结果／339
一、犯罪分级／339

二、犯罪最低限度要求 / 341
三、被试者个体的反应模式分析 / 343
第四节 延伸解读 / 345
第五节 结论 / 347
一、研究局限 / 347
二、现行刑法的借鉴意义 / 348

第十九章 相互冲突理论的检验：敲诈勒索罪 / 352
第一节 敲诈勒索罪的不同理论 / 353
一、被害人为受胁迫者的敲诈勒索理论 / 353
二、侵害第三方理论 / 356
三、社会危害理论 / 360
四、敲诈无罪论 / 362
第二节 立法方式 / 362
第三节 公众观念检测 / 366
一、设计与方法 / 366
二、理论预判 / 367
三、法定责任模式 / 371
四、结果与讨论 / 372
第四节 结论 / 377

第二十章 相互冲突理论的检验：正当化的辩护 / 379
第一节 正当化的理论种类 / 380
一、行为人不知自己行为属于正当化 / 381
二、认识错误对于正当化的影响 / 382
第二节 责任预判 / 384
一、基准案件 / 385
二、测试案件 / 387
第三节 责任结论 / 389
一、基准案件 / 389
二、不同理论对不同案件是否符合正当化的判断结果 / 391

第四节　对刑法改革的意义 / 392
一、犯罪的构成与分级 / 392
二、正当防卫的构成 / 393
三、无罪判决的改革 / 395
第五节　结论 / 396

第二十一章　司法裁量指引:酌定量刑情节 / 398
第一节　酌定量刑情节 / 399
一、犯罪人对犯罪行为的反应:悔过、道歉、认罪 / 400
二、被害人或公众对于犯罪的反应(基于报应):谅解、要求严惩或者要求轻判、民愤 / 403
三、被告人状态或个性(与犯罪行为无关的人身性因素) / 406
四、刑罚之外的惩罚 / 410
第二节　酌定量刑情节的外行直觉研究 / 416
一、研究方法 / 416
二、方法提示:从默示排序到明示排序 / 417
三、酌定量刑情节刑罚产生调解作用的依据 / 418
四、基准案件对酌定量刑情节所产生的效果 / 419
五、酌定量刑情节之间的相互关联 / 420
六、人群差异 / 421
七、研究结论 / 423
第三节　研究对于刑事司法制度与实践的意义 / 424
一、关于酌定量刑情节的意见分歧和实践分歧 / 424
二、酌定量刑情节的支持与定位以及法律道德权威的贬损 / 426
第四节　结论 / 426

第二十二章　正义的直觉与报应的功效 / 428

DYBF 第一部分

正义评价的实质

通常情况下，民众在实践中一般很难对特定案件刑事司法公正性的评价达成共识。这实际上是由对于司法行为进行评价本身的主观性、复杂性与价值依赖性所决定的。但本书第二章的研究表明这种通识性认知是错误的。现实生活中的确存在跨越文化区别与人种差异的高水平共识。这并不是对于特定案件中行为人应受惩罚的具体数量的共识，人们是对不同案件中行为人的相对应罚性达成一致意见；此外，这种共识也不是在所有案件中都会存在，其只会出现在一些我们称之为“核心罪错”的案件中，它们正是高度共识的聚集点。第四章中实证研究显示出，如果在案件中引入其他的干扰因素从而跨越出“核心罪错”的覆盖范围，人们的共识程度便会轰然下跌。第二章中的共识研究则进一步发现，高度共识只存在于涉及财产偷窃和暴力犯罪的案件之中；与此同时，第四章的分歧研究则说明，人们对醉驾、毒品犯罪、约会强奸、卖淫、酗酒、堕胎等诸多的罪行都持有不同的观点。也就是说，并不是在所有类型中案件都具有共识，而是存在着一个共识与分歧之间的梯度区间，人们的共识性在核心罪错与外缘案件间呈现出逐级降低的现象。

案件可归责性的判断乃是一个十分主观和复杂的问题，为什么不同人口特点的被试者却能够在这一问题上达成高度共识呢？其中一个理论认为这是因为这一判断乃是人类所共有的学习系统所主导的。这一观点得到很多证据的支持，但是这些证据还无法得出确定的结论（第三章）。人类学习评价正义的方法可能和人类学习其他事物是一样的，而这其中的共识很有可能是因为每个人的学习都受到了某些具有普遍意义的条件的影响，比如群居生活。

对于法律和政策制定者而言，哪种解释最后被证明是正确的可能并不重要。因为这些理论所得出的有关刑法的结论是一样的：不管人们所共享的正义直觉来源于哪里，制度设计者和社会改革者都应当对这一内容予以特别关注。改革者不能简单地认为他们可以像说服人们改变纯粹理性问题的态度那样去教育民众改变他们对正义的核心认知。

贯穿不同人群的高度共识表明人们对于正义的感知乃是一个深刻嵌入人类族群的核心问题，且不会轻易受到影响。不同的人口学因素包括——收入、教育、种族、政治倾向、婚姻状况、宗教、性别等都会对人们的观念产生巨大的影响。贯穿这些人口学因素而存在的高度共识说明这一问题对于上述人口学的因素都具有免疫力。如果这一问题对于这些强有力的影响因素都可以免疫，那么也不会轻易被改革者所改变，最起码自由民主政体所允许的对个人自治进行的干涉是远远不够的。

这种可塑性的限制为改革者如何集中警力解决问题提供了暗示。例如，就不必浪费资源去说服人们放弃惩罚严重的错误行为，而有些改革者就是这么做的（第十一章）。他们会发现无法说服公众去相信严重的危害如导致死亡在量刑中并不重要，也无法说服公众去相信犯罪认定应当只关注行为人的主观意图，而有些学者就是这么做的。[①]而与此同时，理解人们对于正义判断的性质可以帮助改革者的项目获得更好的效果（第五章）。

① Stephen J.Schulhofer, Harm and Punishment, 122 U.Pa. L.Rev. 1497, 1498—1503 (1974); Larry Alexander Kimberly Kessler Ferzan, and Stephen Morse, Crime and Culpability(2009); Model Penal Code § 5.05(1).

第一章

司法评价的直觉性与细致性

直到现在，一种通识性的理论观点是，普通大众对于司法的评价都是非常模糊的，因为司法评价涉及对于诸多因素的复杂分析，但实证研究对司法评价及其形成过程描绘了完全不同的画面。

第一节　司法评价的直觉性

刑法理论上一般认为，人们关于犯罪与刑罚的评价是一个非常理性的分析过程，司法评价如同社会生活中的其他判断(例如，我是现在还是过会儿去超市？我应当选举谁担任总统？我是否应当投资这只股票？)一样，是基于经验与教育的理性决策。[①]但是，实证研究描述了一种截然不同的现象，其发现许多关于司法的评价都是直觉性的而非理性的。司法评价的直觉性意味着人们形成判断非常迅速且自信。那么，就让我们来探索一下司法评价的直觉性以及这种实质属性在实践中的深远影响。

人类拥有一套制造直觉判断的内化系统，其显著区别于制造理性判断的运作机制。从20世纪70年代开始，一系列致力于人类判断与决策制定问题的心理学实证调查所发现的事实是，人类经常通过直觉进行决策，而非我们长期认为的基于慎重的、理性的过程作出判断。

阿莫斯·特沃斯基(Amos Tversky)与丹尼尔·卡内曼(Daniel Kahneman)较早地证实了直觉判断，[②]其研究成果显示，即使接受过良好的统计与推理训

---

① Paul H. Robinson and Robert Kurzban, Concordance and Conflict in Intuitions of Justice, 91 Minn. Law. Rev. 1829, 1832—1846(2007); Paul H. Robinson and John M. Darley, Intuitions of Justice: Implications for Criminal Law and Justice Policy, 81 S.Cal. L.Rev. 1, 4—6, 31—43(2007).

② Amos Tversky and Daniel Kahneman, Belief in Law of Small Numbers, 76 Psychol. Bull. 105—110(1971).

练，人们仍然常态性地表现为通过直觉方案而非迥异的计算方案来解决数理问题；直觉判断的结果经常是错误的，显著地区别于正确的计算结果；统计学专业的人士也经常同时在快速即兴评价与复杂行为结果评价的情境下依赖有瑕疵的直觉作出判断。

关于直觉与偏见的实证研究在过去的几十年里反复证明人们经常性地使用直觉与快捷方法形成决定，继而基于这种决定实施行为。罗宾·贺加斯(Robin M.Hogarth)在《培养直觉》一书中全面彻底地分析了直觉性决策问题。①受其影响，特沃斯基与卡内曼提出，直觉判断在认知的自动运作与理性的审慎运作之间占据一席之地。②直觉系统通常是迅速、自动、无负担、联想、隐含、情绪主导的；直觉判断受制于行为主体习性，因而很难控制与修正。理性体系是慢速、连贯、需要付诸努力的，其更有可能被有意识地审视与控制，相对而言比较容易改变与接受规则约束。③

表 1-1 归纳了这两种认知体系的关系。④经由直觉制造的决定、选择、问题解决方案等按照其内在机制自发运作。同时，由直觉支配的行为主体也无从意识到复杂、具有错误潜在风险的认知过程。

表 1-1　两种认知体系的过程与内容

<table>
<tr><td></td><td>认　知</td><td>直觉系统</td><td>理性系统</td></tr>
<tr><td>过　程</td><td colspan="2">快速
平行
自动
无负担
联想
慢速学习
情绪化</td><td>慢速
连贯
受控
付诸努力
规则约束
可变通
中性</td></tr>
<tr><td>内　容</td><td>知觉
现时激发
应激界限</td><td colspan="2">概念性表述
过去、现在、未来
可以通过语言引发</td></tr>
</table>

根据卡内曼的解释：直觉系统针对认知对象作出印象与特征归纳，这些认知结果不是有意识的产物，也无法通过语言表达。⑤对不同有害场景作出恶劣

① Robin M.Hogarth, Educating Intuition(2001).

② Daniel Kahneman, A Perspective on Judgement and Choice: Mapping Bounded Rationality, 56 Am. Psychol. 697, 697(2003).(以下简作"Kahneman, Judgement and Choice"。)

③④ Kahneman, Judgement and Choice, at 698.

⑤ Kahneman, Judgement and Choice, at 699.

程度的评分就是直觉系统评估，其基本等同于对罪错者可责性进行直觉评价。直觉系统具有自然评估的特征，其自动地记录于人类认识体系之中，无需目的指引与努力。诸如“好”或者“坏”的评价就是典型的自然评估。行为与神经心理学上的实验证据表明，对于被评价的对象是“好”还是“坏”，或者被评价的行为应当予以支持还是避免——人类的神经中枢在针对此类问题作出判断时是快速且高效的。①

乔纳森·海特(Jonathan Haidt)在其有关“道德失声”的研究中指出，人们对于道德罪错具有非常强大的直觉反应，但对于他们的判断无法提供一个原理化的解释。②马克·霍瑟(Marc Hauser)等人的实证调查通过“电车难题”③的视角研究道德许可行为的人类判断(5 人被捆绑在轨道上，电车高速驶向他们，其获救的唯一机会便是损害另外 1 人的利益)获得了相同的结论。④在实证调查中，实验对象面对困难情境进行选择并解释理由。他们通常都能够就合理的选择形成强大且清晰的判断，但对选择结论无法作出说明。例如，在“电车难题”中，为了避免 5 人被电车压死，实验对象可以选择：(1)将一位路人推向电车，通过他的身体阻止并卡住电车，但这将导致该路人死亡；(2)使用换道开关将电车改道，但这将导致电车压向另外 1 人所在的轨道并导致其死亡。尽管两种选择最终导致的结果是相同的，但 89％的实验对象认为第二种选择是道德的，只有 11％的人觉得第一种选择是道德的。70％的实验对象对他们的选择无法提供合理的解释说明。

海特的结论是，道德判断来源于快速自动的直觉评估。⑤霍瑟也认为，人类道德知识中的绝大部分内容都是直觉性的、无意识的、无原理依托的。⑥可见，至少在某种程度上达成共识，许多直觉道德判断都是通过深度直觉体系作出的。如果道德判断来源于一系列从他处习得的道德原理，行为罪错性判断似乎可以直接从道德原理推导，正如通过公式进行数学运算那样。但“道德失声”和其他心理学上的相关效应表明道德判断的过程并非如此。

---

① Kahneman, Judgement and Choice, at 701.

② Jonathan Haidt, The Emotional Dog and Its Rational Tail: A Social Intuitionist Approach to Moral Judgement, 108 Psych. Rev. 814, 814(2003).(以下简作“Haidt, Emotional Dog”。)

③ Philippa Foot, The Problem of Abortion and the Doctrine of Double Effect, 5 Oxford Rev. 5(1967).

④ Marc Hauser et al., Reviving Rawls; Linguistic Analogy, in Moral Psychology and Biology[20—21](W.Sinnott-Armstrong ed., 2008).

⑤ Haidt, Emotional Dog, at 814.

⑥ Marc Hauser, Moral Minds: How Nature Designed Our Universal Sense of Right and Wrong 125(2006).

综上，严重罪错应受处罚的认知和不同罪错行为相对可责性的判断通常是直觉而非理性。这些判断很快地输送至人类大脑并伴随着强大的确定感。道德判断与人类解释性习惯的关系是模糊不清的，因为其过程是自动、快速且心理无痕的。

第二节　通识：司法评价的模糊性与非具象性

刑法理论中有很多观点认为应罚是一个模糊的概念。当然，也有观点认为，并非应罚本身过于模糊，而是应罚概念所具备的可辨识性内容仅就合理刑罚的外部边界提供了引导。应罚能够辨识不公正或司法失灵，即不能逾越的外部边界，但其无法从正面详细提出或说明应当施加的刑罚。

模糊性是一个需要实证检验的问题。普通大众对于正义是否具有具体的直觉，从而能够可信赖地在一系列案件中对正义作出辨识？人类对于正义的直觉是否具有无望的模糊性内容？正义的直觉是否仅就合理刑罚的外部边界予以说明，从而意味着其无法成为一个具有可操作性的刑事司法体系的建构基础？

本节旨在回答上述问题，其所呈现的画面颇为引人注目：普通大众对正义的直觉在犯罪与刑罚问题层面广泛存在着，其非常精细化，且无关乎人们的教育水平。正义的直觉对应得的刑罚问题作出具体的判断结论，而不仅仅是宽泛的概括或外部限制。

目前关于应罚模糊性①的通识是：每个人都会认同，对在便利店窃取小额商品的行为判处 5 年监禁是不公正的严罚，对强奸行为判处 5 美元罚金是不公正的宽恕。但除了这些异常清晰的案件之外，直觉判断似乎令人们失望了。对强奸罪应当判处 2 年、5 年还是 10 年监禁？应罚的直觉似乎抛弃了我们。②

还有观点进一步指出，即使应罚概念在理论上具有意义，其也不可能充分地、具体地在实践中予以操作：我们寻找道德敏感性标准用以衡量主观罪过、类型化犯罪个体，但应罚在这个层面的表现并不合格，其在区分道德上的细微差异时面临诸多困难——足够宽泛，但并不涉及特定行为的道德质量，导致罪过问题由并不十分精确的刑法标准予以衡量。③

应罚在概念上具有一定价值，其只能辨识什么是明显不成比例的刑罚，但

---

① John Braithwaite & Philip Petit, Not Just Deserts: A Republican Theory of Criminal Justice 180(1990).

② Leo Katz, Criminal Law, in A Companion to The Philosophy of Law and Legal Theory 80—81(Dennis Patterson ed., 1996).

③ Norval Morris, The Future of Imprisonment 74(1974).

无法具体解释特定行为对应的具体强度的刑罚。美国法学会 2007 年版《模范刑法典》似乎是基于该理论对第 1.02(2)(a)条[①]进行修改。该条设定了量刑条款的目的及其解释与应用的原理:《模范刑法典》第 1.02(2)(a)条采纳了道德直觉在实现个案正义通常比较粗糙的观点。即使决策者对于特定案件的具体情节具有充分的了解,对于犯罪人的状况具有丰富的认知,其也几乎不可能提出一个精确的应得刑罚结论。人类的道德评估无法像测径器一样进行充分精确的调整从而作出精准的判断。大多数人对于大多数犯罪类型的道德认知可能只是表现为作出“不是不应得刑罚”的选择。在刑罚区间的两极分别是显著的过于严厉与显著的过于宽恕,这些极端都是“不应得刑罚”,但这两个极端之间显然存在大量需要进行合理刑罚的选择。

部分困惑源自这样一种错误观念,即应罚是将绝对数量的刑罚匹配于特定犯罪行为。现代刑法理论中对于应罚的解释并不支持这种观念,并且认为毫无必要——应罚要求刑罚强度与犯罪人的个体可责性相适应。[②]现代的应罚是一种序数而非基准。如果刑罚连续区间(刑法典中最低刑罚至最高刑罚连续统一的闭联区间)进行了调整,例如,设立死刑或者废除死刑,应罚会对刑罚进行不同的分配。

应罚要求确定具体强度的刑罚并非因为犯罪与刑罚之间具有某种神奇的关系,而是因为在应得刑罚连续区间内,刑罚裁量是在与其他犯罪人及其犯罪行为的比较过程中合理确认特定犯罪人的相对位置。刑事案件具有大量的差异化表现,而刑罚连续区间中的可区分单元是有限的,每个刑事案件的刑罚以区间中的某个点告终。

刑罚连续区间在理论上可以是两端之内的无穷点。例如,我们可以将监禁刑以年、月、时、分、秒等单位为基准进行计算。但在实践中刑罚连续区间是有限的,因为以时或分为区分单位的自由刑对于人们而言是没有可供体会的刑罚差异与意义的。事实上,刑罚连续区间中越是上层的部分,刑罚强度增加的幅度需要更高,才能被视为有意义的刑罚差异。例如,以日为基准的区分单位对于 4 天或者 5 天短期自由刑而言是有意义的,对于 4 个月与 4 个月零 1 天

---

① 《模范刑法典》第 1.02(2)条“目的与建构原理”规定:

(2) 量刑条款的一般目的适用于量刑系统中的所有官员:

(a) 决定影响犯罪个体的刑罚:

(i) 基于犯罪的严重程度、对被害人的损害、犯罪人的可责性作出相适应的刑罚裁量;

(ii) 在罪刑相适的框架下,合理地实现犯罪人矫正、一般震慑、剥夺危险犯罪人的再犯能力、被害人与社区关系恢复、犯罪人服刑完毕后融入社区再整合;

(iii) 量刑不应当超过实现上述目的所需的强度。

② John Kleining, Punishment and Desert 114(1973).

监禁而言在刑罚差异上是没有实际意义的。当刑罚强度进一步攀升到10年监禁时,有意义的刑罚区分单位就可能需要调整为数月。这种动态关系将刑罚连续区间调整至有限的可区分单元。实践中具有可区分性的案件数量可能等于或者超过可区分刑罚单位的数量,为了从不同的可责性认知中区分特定案件,就必须将每个案件置于刑罚连续区间中的特定点。

还有观点认为,人们对于正义的直觉过于模糊,以至于只能大致地区分严重与不那么严重的案件,而不能为刑事司法体系提供细致的判断。正如布莱耶大法官在量刑委员会设计《美国联邦量刑指南》时所指出的——应罚理论要求联邦量刑委员会基于行为严重性程度排列犯罪行为,相应地也对刑罚进行排列。例如,如果认为盗窃行为相对污染行为而言更为严重,盗窃者的刑罚应当重于污染者。量刑委员会发现,基于客观与可操作的条件,只能大致根据应罚标准设计一个简陋的犯罪行为排序。主张应罚理论的观点也没有能够提出一个可信的、客观的、细致的犯罪行为排序建议。①

第三节　现实:细致入微的判断

美国各州刑法典设置了大量不同级别的犯罪类型。《美国联邦量刑指南》更是对所有犯罪设置了43个量刑等级。②普通大众或者非专业人士对于正义的直觉是否能够细致到在这样或者更高水平的具体化标准层面对刑事案件及其特征、情节进行辨识?还是说他们真的像通识观点认为的那样只能在宽泛的类目下对犯罪所匹配的刑罚作出大致建议?

一、能够使用众多差异性特征评估犯罪行为

判断人们是否作出细致入微的判断,其最为基本的标准是计算其判断中使用差异性特征的数量。实证研究显示,告知实验对象一定数量的犯罪分级标准后,其实施上能够使用全部或者绝大多数分级标准。例如,在塞林和沃夫冈的研究中,要求实验对象使用1(最轻微)至11(最严重)的分级标准对严重性程度不同的犯罪进行评分,每增加1分时所对应的犯罪严重性程度上升都是均等的。③沃克尔在650名谢菲尔德当地居民与40名一年级社会学专业学

---

① Stephen Breyer, The Federal Sentencing Guidelines and the Key Compromises upon Which They Rest, 17 Hofstra L.Rev. 1, 15—17(1988).(以下简作"Breyer, Federal Sentencing Guidelines"。)

② U.S.Sentencing Guidelines Manual §5A(Effective November 1, 2015).

③ Thorsten Sellin & Marvin E. Wolfgang, The Measurement of Delinquency 131 (1967).(以下简作"Sellin & Wolfgang, Measurement of Delinquency"。)

生中进行调查，要求实验对象对 11 种严重程度不同的犯罪情境从 1 至 11 进行评分。[①]戈特弗莱德森、杨和拉夫尔将犯罪严重性分为 11 级对 159 名实验对象展开调查。[②]在这三项实证研究中，实验对象使用了可供其选择的所有或者几乎所有 11 个级别的评分标准对犯罪进行评价。

人们对正义的直觉越细致，就越容易从不同案件中发现差异。一系列实证研究要求实验对象比较两个或者两个以上案件，其均能有效辨识差异性特征。例如，沃克尔的研究中使用了成对比较法，要求实验对象判断每对犯罪中哪一种行为更为严重。实验对象均没有表现出选择困难。[③]采用量值估计法的实证研究取得了相同的结论。塞林和沃夫冈在宾夕法尼亚州的不同区域对 575 位居民展开调查，要求实验对象将 51 种犯罪行为的严重性与盗窃一辆自行车行为进行比较并评分。盗窃一辆自行车的严重性评分为 10 分，每比其严重 1 倍则加 10 分。实验对象的反馈数值跨越了非常宽泛的评价区间，达到了 3 个数量级。[④]

全美犯罪情况调查邀请 6 万名居民阅读 25 个具体犯罪情境的描述，与基准犯罪类型进行比较(同样为盗窃一辆自行车)，并对其犯罪严重性进行评分。实验对象的评价数值跨越了非常宽泛的评价区间，达到了 2.5 个数量级。[⑤]人们针对不同犯罪行为类型所表征的不同严重性程度，能够完成评估数值跨越幅度很大的评价，这显然与犯罪严重性直觉评估通常较为简单与概括的通识认知不相吻合。

本书第二章将会呈现更为清晰的证据来证明直觉正义的细致入微：实验对象准确地对 24 种犯罪行为进行严重性评估，并形成了令人震惊的一致性意见。

二、案件细微事实差异导致显著的责任差异

刑事案件中细微的事实、情节差异是否会造成重大的刑事责任差异是另

---

① Monica A Walker, Measuring the Seriousness of Crimes, 18 Brit. J. Criminology 348, 348—349(1978).(以下简作"Walker, Seriousness of Crimes"。)

② Stephen D. Gottfredson, Kathy L. Young & William S. Laufer, Interaction and Additivity in Offense Seriousness Scales, 17 J. Res. Crime & Delinq. 26, 29(1980).

③ Walker, Seriousness of Crimes, at 361.

④ Sellin & Wolfgang, Measurement of Delinquency, at 140.

⑤ Alfred Blumestein & Jacqueline Cohen, Sentencing of Convicted Offenders: An Analysis of the Public's View, 14 L. & Soc. Rev. 223, 223(1980). 该项研究的结论是：人们对不同犯罪行为施加相对严厉的刑罚在不同地理区域都表现出显著的共识，但对刑罚强度的绝对数值存在认识差异。

外一项指标。该指标能够用来考察人们对于犯罪行为应当判处何种刑罚的直觉正义。从这个侧面展开的实证研究重复验证了人类直觉正义的细致性。实验对象面对一个由一系列情节构成的基本犯罪事实，同时不断加入不同的情节、事实变量，并对组合后的不同犯罪情境给出其认为应当施加的刑罚。根据不同的犯罪事实，实验对象给出了不同的应当判处刑罚的判断。大量实证研究结果表明：在非常广泛的刑事法律问题面前，非常细微的事实变化也会导致非常重大的应当判处刑罚判断的差异。本书第十二章至第十六章将对这一系列实证研究进行具体说明。

第四节　结论

实证研究表明，人们能够考量大量的因素，并在不同情境中给予这些因素确定不同的影响。通识观点认为直觉正义模糊且简单，但事实上直觉正义的机理表现得十分复杂。迪尔凯姆对此总结道：几乎毫无例外，人们能够在高度具体的事件中分配特定的刑罚。①

① Alexis M. Durham III, Public Opinion Regarding Sentences for Crime: Does It Exist?, 21 J.Crim. Justice 1, 2(1993).

第二章

作为人类普同性的正义直觉：关于罪错内核的共识

尽管人们对于犯罪与刑罚具有非常细致与具体的认识，但这种认知也有可能视不同群体、个体的特征而存在较大差异。这种看法实际上也是一种通识性观点：假定以报应原则分配刑罚是合理的，一个认识论的问题便由此产生。对于特定犯罪人应当如何判处刑罚，人们能够在多大程度达成共识？我们又能通过何种方式知道这个问题的答案？无数的量刑实践表明，人们对于刑事个案的直觉存在非常明显的差异。①我们有理由怀疑普通公众在评估犯罪行为严重性时会形成共识。人们可能会对犯罪行为社会危害的相对水平形成共识，但对不同犯罪行为的绝对危害程度、犯罪人的绝对或者相对责任水平等似乎是存在显著认知差异的。②

人们对正义进行判断的共识性薄弱与细致性缺失的观点实际上构成了目前刑事政策与立法的理论依据，包括《美国联邦量刑指南》：以应罚原则指导量刑的困难在于联邦量刑委员会的委员们对不同犯罪行为的严重性排序存在分歧。这个权衡的过程具有先在的主观性。联邦量刑委员会只能基于应罚原则设计出一套相对粗陋的犯罪行为严重性序列。③

然而，实证研究还是给出了完全不同于通识观念的证据：人们对大量犯罪与刑罚问题具有惊人的共识。

本章第一节对一系列实证研究进行评析，表明严重罪错应当被处以刑罚是一种普遍的直觉。第二节探析人们对于不同罪错行为的相对严重性看法，

① Michael Tonry, Obsolescence and Immanence in Penal Theory and Policy, 105 Colum. L.Rev. 1233, 1263(2005).

② John Monahan, The Case for Prediction in the Modified Desert Model of Criminal Sentencing, 5 Int'l J. L. & Psychiatry 103, 105(1982); David Dolinko, Three Mistakes of Retributivism, 39 UCLA L.Rev. 1623, 1638—39(1992); Ernset van den Haag, Punishment: Desert and Crime Control, 85 Mich. L.Rev. 1250, 1254(1987).

③ Breyer, Federal Sentencing Guidelines, at 15—17.

发现存在相似程度的共识。这并不意味着个体对每个案件的特定刑罚具有共识,而是说人们在一系列案件中对于相对可责性能够达成共识。第三节分析共识的外部限制问题。

第一节　严重罪错应当处以刑罚的直觉

一、问卷调查

在博伊德尔和格里德斯塔夫的问卷调查中,受访者对一系列罪错行为给出其认为是否判处刑罚以及应当判处何种刑罚的意见。对于那些极为轻微的罪错,只有 4%的受访者选择不判处刑罚。对于绝大多数罪错,几乎没有受罚者选择不判处刑罚。[①]在沃尔夫冈的调查中,受访者可以对其认为非常轻微的罪错决定不处以惩罚。但统计数据显示,最为轻微罪错(例如,16 岁以下未成年人逃学)的惩罚系数仍然都大于零。[②]

二、行为经济研究

在问卷调查中,研究者询问受访者何种程度的刑罚是合适、正义或者应得的,受访者作出刑罚决策实际上并不需要支出成本。但在有些实验中,人们施加刑罚必须承担实际的成本。这些实验通常是调查人们对于违法道德规范而非犯罪行为的反应。对于过错行为的惩罚程度要显著低于犯罪行为。人们愿意承担成本惩罚违反社会道德规范的行为,也就意味着在面对刑事犯罪行为时愿意支付刑罚成本。

实证研究使用最后通牒博弈来测试人们对于有成本地惩罚不公正行为的意愿。实验对象被随机分配提议者或者反应者两种角色之一。实验人员分配给提议者 10 美元,由提议者提出如何与反应者分享这笔钱,例如,提议者拿 6 美元,反应者拿 4 美元。反应者选择按照提议者的建议分享这笔钱,或者拒绝从而导致钱款交还实验人员。提议者通常会建议将 40%至 50%的钱分享给反应者,[③]但本实验更希望关注的是提议者给出明显不均匀分享建议的情境。反应者通常会拒绝,其结果便是反应者无法获得提议者愿意给他的份额,并剥

---

① Craig L.Boydell & Carl F.Grindstaff, Public Opinion Towards Sanctions for Crimes of Violence, 65 J.Crim. L.113, 116(1974).

② Marvin E.Wolfgang et al., The National Survey of Crime Severity, app. A at 137 (1985).

③ Colin Camerer, Behavioral Game Theory: Experiments in Strategic Interaction 50—52(2003).

夺提议者获取份额的机会。我们将这种拒绝解释为反应者对提议者不公正分配建议行为的惩罚。在反应者与提议者不存在直接接触、反应者与提议者互不知身份、实验人员不会知悉反应者决策等各种实验条件设定下，都出现了这样的结果。可见，人们愿意承担成本以惩罚其认为是不公正的行为；即使与相关交易没有直接联系，但如果认为他人故意不公正地实施特定行为，人们也愿意支付成本惩罚他人。①

三、跨文化研究

跨文化研究数据显示，人们趋向于对犯罪与刑罚问题形成一贯性、连续性的判断。②不可否认，各种文化之间存在重大差异，但对于犯罪行为应当如何判处刑罚的直觉是具有普同性的。研究显示人类文化在这方面表现出很强的共通性。

文化心理学家保罗·洛新指出，道德判断与谴责他人（包括那些虚幻的或者没有伤害过自己的他人）是人类社会生活的必要特征。③发展心理学家杰洛米·凯甘同样认为，人类的这种普适道德直觉是少数能够跨越时代与地域而延续的道德范畴。④哲学家雷·杰肯多夫指出，法律体系不仅惩罚物理攻击，而且处罚经济侵害。这种制度在各种文化中以不同形式存在，即使在成文法典尚未颁布之前亦如此。⑤人类学家唐纳德·布朗通过大量的跨文化数据证明关于正义与处罚侵害者的直觉是一种人类普同性。⑥

总之，不同学科的专家都从其专业立场确信，尽管文化存在差异性，但犯罪与刑罚的直觉是人作为个体成为人类成员的重要方面。

四、没有例外

一些宗教文献可能并不致力于建构一个对侵害行为进行惩罚的社会结

---

① Daniel Kahnerman et. al., Fairness and the Assumption of Economics(Part 2), 59 J.Bus. S285, S285—S300(1986).

② John R. Snarey, Cross-Culture Universality of Social—Moral Development: A Critical Review of Kohlbergian Research, 97 Psychol. Bull. 202, 213(1985).

③ Paul Rozin, Laura Lowery, Sumio Imada & Jonathan Haidt, The CAD Triad Hypothesis: A Mapping Between Three Moral Emotions(Contempt, Anger, Disgust) and Three Moral Codes(Community, Autonomy, Divinity), 76 J. Personality & Soc. Psychol. 574, 574(1999).

④ Jerome Kagan, The Nature of The Child 118(1984).

⑤ Ray Jackendoff, Language, Culture, Consciousness: Essay on Metal Structure 185—186(2007).

⑥ Donald E.Brown, Human Universals 138(1991).

构。例如，《圣经》教导中的“将另一边脸转过去让人打”，即用忍耐来回应伤害或者以德报怨。然而，该条教导的提出，恰好是因为其想要对抗强大的惩罚严重罪错行为的直觉。同时，某种观点呼吁废除刑罚实际上也不可能成为否定人类社会存在共通正义直觉的证据。

当然，有人会指出很多历史人物主张不要对罪错行为进行惩罚。例如，圣雄甘地就不会赞同惩罚严重罪错的普同性直觉，而是会“将另一边脸转过去让人打”。但实际上我们还是有理由相信充满爱与原谅的圣人是相信惩罚罪错的。例如，圣雄甘地主张静坐罢工就是在惩罚英国人。同时，历史人物之所以成为圣人正是因为他们坚守了一种常人很难对抗的人之常情。圣人们的历史地位反而强化论证了确实存在着惩罚严重罪错行为的人类直觉。

第二节　罪错行为相对严重性的直觉

尽管很多人能够承认存在严重罪错行为应当处以刑罚的共有直觉，但往往对在各类刑事案件中如何分配刑罚的共识存有怀疑。但大量研究显示，人们对不同罪错行为的相对严重性与犯罪的相对合理刑罚同样具有广泛的共识。

实践中不可能所有人都对每个刑事案件的具体刑罚形成共识。相反，有的人认为应当判得更重，有的人则主张应当判得更轻。但不管偏向刑罚严厉还是宽仁，人们倾向于在一系列案件中就犯罪行为的相对可责性程度达成共识，即对案件在刑罚连续区间的相对位置具有相同的看法。当刑法典设定了刑罚连续区间的终端之后，对正义的共通直觉将每个刑事案件摆放在刑罚连续区间的特定点上，从而确定其相对于其他案件的位置。现有的实证研究展示了这种跨越文化、地域、具体问题等多层面的共通直觉，即存在有关不同犯罪行为相对可责性的共识性直觉。

一、美国的实证研究

在塞林和沃尔夫冈的研究中，实验对象就 51 个犯罪行为（例如，行为人强制一名女性与其发生性关系，没有造成其他身体损害）的严重性作出回答，就相关犯罪行为的绝对严重性进行打分，并就该行为相对于盗窃一辆自行车行为的相对严重性进行评分。实验数据显示，所有的打分者都以高度相似的方法与结论对犯罪行为的严重性进行评估，对于什么是严重的或者不严重的犯罪行为形成了普遍的共识。[①]这项实验在之后的许多研究中被复制且均支持该

① Sellin & Wolfgang, Measurement of Delinquency, at 268.

原始结论。①

杰克比与卡尔伦对全美 1 920 名成年人进行电话访谈，对 24 个犯罪行为及其具体情节进行描述，受访者对于这些犯罪行为严重性的排序具有高度相同的看法，对于犯罪行为应当判处刑罚的反馈存在 10%的偏差幅度。②

布朗姆斯坦恩与科恩对宾夕法尼亚州阿勒格尼郡 603 位居民进行调查，受访者对 23 个犯罪行为的场景描述作出其认为最合适的监禁刑长度判断。研究人员发现，受访者对于何种犯罪行为更重或者更轻具有相同的看法。相关犯罪行为的刑罚强度排序与人们的性别、种族、宗教信仰、教育水平无关。因此，具有不同人口特征的群体对于不同犯罪行为的相对严重性具有相当多的共识。③

罗西等在巴尔的摩对 125 名白人和 75 名非裔美国人展开调查，其中男女比例均等。受访者根据其认知下的严重性程度将 80 个犯罪行为纳入 9 个分类。数据显示出高度的共识性：白人与非裔美国人、男性与女性、教育水平较高与较低者所提供答案的相关性系数分别为 0.89、0.94、0.89。可见，界定犯罪行为严重性的准则均匀分布于不同种族、性别、教育背景、社会经济地位的人群之中。④

汉密尔顿与瑞迪那对波士顿地区的 391 名居民进行面对面访谈。受访者以量值估计法对 17 个犯罪行为的严重性进行排序。调研结论显示，犯罪行为的严重性及其应当判处刑罚的关联性为 0.71 和 0.78，表现出高水平的共识，年龄、种族、性别、收入等对于人们的判断没有显著影响。⑤

托马斯、凯奇和福斯特对 3 334 户家庭展开调查。受访者就 17 个犯罪行为指出其觉得公正的刑罚。对于犯罪行为的相对严重性及其应当接受的合理刑罚，受访者无论基于性别、种族、年龄、收入、职业、教育水平等何种分类，均体现出高度的一致性。⑥

---

① Jeffery A. Roth, Prosecutor Perceptions of Crime Seriousness, 69 J. Crim. L. & Criminology 232(1978).

② Joseph E.Jacoby & Francis T.Cullen, The Structure of Punishment Norms: Applying the Rossi-Berk Model, 89 J.Crim. L.& Criminology 245, 263(1998).

③ Alfred Blumestein & Jacqueline Cohen, Sentencing of Convicted Offenders: An Analysis of the Public View, 14 L.& Soc. Rev. 223, 229(1980).

④ Peter H. Rossi et. al., The Seriousness of Crimes: Normative Structure and Individual Differences, 39 Am. Soc. Rev. 224, 226(1974).

⑤ V.Lee Hamilton & Steve Rytina, Social Consensus on Norms of Justice: Should the Punishment Fit the Crime?, 85 Am. J.Soc. 1117, 1124(1980).

⑥ Charles Thomas, Robin Cage & Samuel Foster, Public Opinion on Criminal Law and Legal Sanctions: An Examination of Two Conceptual Models, 67 J.Crim. L.& Criminology 110, 112(1976).

上述研究中的受访者被问及犯罪严重性程度或(和)其认为应当判处的刑罚。这是两个有关但并不相同的问题。应当判处的刑罚涉及超越犯罪行为严重性的更为宽泛的因素,例如,行为人的特征、历史、被害人的特征,等等。但不管怎样,实证研究表明人们对于犯罪严重性程度和其认为应当判处的刑罚都体现出实质性的共识。

实际上,我们还有理由相信上述实证研究低估了正义判断的共识性水平。当人们面对犯罪行为描述时,每个人都有可能对犯罪行为制造一个"可视化"的故事内容,并填充不同的细节。基于不同个人与生活经验而产生的人口特征上的差异会推进不同细节的填充。只要"可视化"故事内容具有细微的不同,就会影响到对犯罪行为相对严重性的判断。犯罪描述越梗概化,"可视化"内容的差异性就会越明显。尤其是在有的实证调查中,研究人员使用犯罪标签替代犯罪情境对相关行为进行描述,导致人们填充细节的空间更大。尽管存在这样严重降低正义判断共识性水平的因素,但实证研究仍然得出了高水平、跨越人口特征的直觉判断共识性。

在聚焦于一系列有关犯罪行为相对严重性直觉共识的研究进行分析的基础上,罗西和博科总结道:犯罪行为严重性程度排序的共识性非常强,尤其是涉及危害人身安全的严重犯罪行为。[①]几乎没有证据显示美国人口与文化中存在着根本性不同的量刑准则,也没有证据表明代表绝大多数人共识性意见之外存在着一种可替代性标准。[②]

二、跨文化研究

跨文化的实证证据在一定程度上支持全球各地的人们对于犯罪行为相对严重性的直觉正义具有共识性的观点。

奥康纳尔与维尔兰对大都柏林地区的 623 位居民展开调查。受访者对十种犯罪行为的严重性水平进行 1 分至 11 分的评估。将该评分数据与十年前在英国进行的相同调查数据进行对比,研究人员发现爱尔兰人关于犯罪及其严重性程度的直觉认知与英国人有诸多相同之处。[③]

玛琳·徐对中国台湾地区 600 名学生、警察、法官等展开调查。其将上述

① Peter H.Rossi & Richard A.Berk, A National Sample Survey: Public Opinion on Sentencing Federal Crimes 193(1995).

② Peter H.Rossi & Richard A.Berk, Just Punishment: Federal Guidelines and Public Views Compared 12(1997).

③ Michael O'Connell & Anthony Whelan, Taking Wrongs Seriously: Public Perceptions of Crime Seriousness, 36 Brit. J.Criminology 299, 302—304(1996).

塞林与沃尔夫冈研究中的问题翻译成中文,即 14 种犯罪行为的描述并对其严重性水平进行 1 分至 11 分的评估。调查结果显示,600 名学生、警察、法官等受访者的观点具有高度共识,相关性为 0.9;中国台湾地区与美国受访者观点之间的相关性也达到了0.84。[①]塞林与沃尔夫冈的研究在许多国家被复制,其结论均表明直觉正义具有共识性。

纽曼对 2 360 名具有明显文化差异的国家的受访者(印度 512 人、印度尼西亚 500 人、伊朗 479 人、意大利 200 人、美国 169 人、南斯拉夫 500 人)展开调查。受访者对各种严重犯罪行为进行 1 分至 12 分的评估。研究发现,来自不同国家、文化背景的人们在总体上对于犯罪行为的严重性及其应当判处的刑罚具有显著的共识,尤其是基于犯罪行为相对严重性的排序。[②]

跨文化共识实际上超越了犯罪行为的危害性、严重性程度的层面。布尔索夫和米勒对美国和印度的 180 名成人和 8 岁至 10 岁儿童展开调查。受访者面对一系列故意人身、财产犯罪和意外人身、财产损害,绝大多数情况下都能清晰区分故意与意外,并在责任层面对意外事件予以开脱,无论其文化背景、年龄差异。[③]这意味着对于故意构成刑事责任的重要影响因素这一问题存在跨文化共识。

上述实证研究只是有关犯罪与刑罚直觉正义跨文化认同的一小部分证据。海特、科勒、迪阿斯总结道:在考量不道德行为的时候,危害、不公正、侵犯权利等在不同文化中都构成了重要的因素。[④]

第三节　共识是否具有限度

实证研究肯定了正义直觉共识性的存在,但我们不禁要问:共识在何种临界点会被打破?这种共有的对于正义的直觉有多细致入微?普通大众在辨识案件差异性特征时能够在多大程度、范围内发现各种不同因素,与此同时又秉持共识性?本节中的实证研究并未发现对于核心罪错行为的共识性直觉正义

① Marlene Hsu, Culture and Sexual Differences on the Judgement of Criminal Offenses: A Replication Study of the Measurement of Delinquency, 64 J.Crim. L.& Criminology 348, 350(1973).

② Graeme Newman, Comparative Deviances: Perception and Law in Six Cultures 140 (1976).

③ David M.Bersoff & John G.Miller, Culture, Context, and Development of Moral Accountability Judgements, 29 Developmental Psychol. 604, 666(1993).

④ Jonathan Haidt, Silva Helena Koller & Maria G.Dias, Affect, Culture and Morality, or Is It Wrong to Eat your Dog?, 65 J.Personality & Soc. Psych. 613, 613(1993).

具有限度。研究1使用一种使共识模糊性因素或者“噪音”最小化的方法:犯罪行为的事实描述相对于犯罪类型标签、全面叙述相对于原则勾勒,更有助于降低实验对象认识案例的重大差异。研究2使用网络测试的方法在一定程度上提升“噪音”。两组研究的调查数据基本相近。

一、研究1:亲身测试

(一)方法

研究人员面对面向受访者描述24个简要情境,并将每个情境的名字写在一张卡片上。情境内容是一个名为约翰的人实施的各种可能构成犯罪的行为(包括盗窃、伤害、抢劫、绑架、过失致人死亡、杀人以及一系列涉及正当防卫、认识错误、胁迫等情形)。受访者在图表上按照行为严重性程度排列卡片并予以评分,排名第一(1分)意味着最轻微,排名第二十四(24分)意味着最严重,以反映约翰应当判处的刑罚。完成排序后,受访者被要求重新考虑并确定他们的最终答案。这个过程通常花费30分钟至40分钟。最后受访者填写一张有关其人口信息的表格。

(二)结果

表2-1第一列是受访者对犯罪情境的标准化排序模式。前四种情境通常被评价为不需要施加刑罚或无刑事责任。情境5是边界性案例,大约1/4的受访者认为其不需要判处刑罚,3/4的受访者认为应当判处刑罚,但绝大多数人都认为该案例的严重性程度高于前四种情境,但低于后续18种情境。受访者的任务实际上是比较复杂的。情境危害性程度排列需要进行案例对比,受访者在相对较长的时间内保持专注力是有困难的,从而可以预期地在实验数据中会注入“噪音”。

受访者对于前四种情境不应当适用刑罚形成了压倒性的共识(92%)。64名受访者针对这四种情境作出了共计256次判断,其中有235次判断认为不应当判处刑罚。

我们使用肯德尔和谐系数考察多位评分者评价一组对象的一致性程度。肯德尔和谐系数1.0表明完美一致,0.0表明毫无相关性。本次研究的肯德尔和谐系数为0.95,显示出非常高的共识水平。

表2-1 研究1调查结果

情　境	标准化排序模式	判处无责任的比例(%)	排序均值
防　卫	不处罚	91	0.6
强　制	不处罚	92	0.3

续表

情　境	标准化排序模式	判处无责任的比例(%)	排序均值
雨伞致伤	不处罚	92	1.4
错　觉	不处罚	92	0.3
盗窃苹果派	5	27	3.9
盗窃T恤衫	6	8	6.3
盗窃外套	7	9	6.8
盗窃收音机	8	5	7.6
盗窃冲击钻	9	3	8.8
盗窃微波炉	10	2	9.9
盗窃电视机	11	2	10.4
掌　掴	12	0	12.1
用头顶撞	13	2	13
用针刺他人	14	0	14.1
盗窃项链	15	0	14.8
抢　劫	16	0	15.6
用棍棒击打	17	0	16.8
盗窃比特斗牛犬	18	0	18.2
盗窃婴儿	19	3	18.6
用刀刺他人	20	0	19.7
伏　击	21	0	20.9
诱　拐	22	0	21.7
放　火	23	0	23
绑　架	24	0	23.9

（三）讨论

本次研究同样确认了人们对于特定行为是否需要施加刑罚具有高度共识:对于轻微行为绝大部分实验对象都认为不需要判处刑罚;对于危害行为绝大部分都认为应当判处刑罚。同时,对于犯罪行为相对危害性程度的认知,肯德尔和谐系数0.95意味着受访者达到了很高的共识性。例如,美国男性对女性吸引力进行评分的一致性系数为 0.54；[①]经济学家选出 20 本最好的经济学杂志并评分的一致性系数为0.095。[②]

判断犯罪行为相对严重性实际上是一个非常复杂且主观的问题，因此，我们不禁要问，如此高水平的共识性究竟是如何形成的？对 24 种犯罪行为的相对严重性进行排列，其复杂性与主观性并不亚于对 20 名最佳运动员、20 部最佳电影等进行排序。这种高水平共识性的存在本身就是一个非常引人入胜的问题，将在本书第三章进行详细讨论。

二、研究 2：网络测试

在本项研究中，246 名受访者使用计算机系统对 24 个相同的情境进行评分、排序并通过网络提交结论。

（一）方法

研究 2 是由全美科学基金会的社会科学实验系统进行操作，所以其在具体实施环节与研究 1 存在一定的差异。受访者是基于随机取样程序在全美范围内随机选择的，覆盖了不同的社会经济、宗教、种族等背景。受访者根据计算机系统设计的模块与步骤进行操作，但由于没有实验人员的信息沟通与交流，相对于面对面的亲身测试而言，网络测试中受访者的专注度等均很难被有效控制。对于这种专注度要求较高的实验而言，“噪音”增加的概率就会很高。

（二）结果

尽管网络测试可能产生相当数量的“噪音”，但调查结果显示其与亲身测试的数据基本相近（表 2-2）。对于犯罪行为相对危害性程度的认知，肯德尔和谐系数为 0.88，可见网络受访者同样达到了很高的共识性。

表 2-2　研究 2 调查结果

情　境	标准化排序模式	判处无责任的比例	排序均值
防　卫	不处罚	82	1.2
强　制	不处罚	75	2.3
雨伞致伤	不处罚	87	0.3
错　觉	不处罚	71	1.7

---

① Frank Marlowe & Adam Wetsman, Preferred Waist-to-Hip Ratio and Ecology, Personality and Individual Differences 30, 481—489(2001).

② Kostas Axarloglou & Vasilis Theoharakis, Diversity in Economics: An Analysis of Journal Quality Perceptions, 1 J.European Eco. Assoc. 1402, 1421—1422(2003).

续表

情　境	标准化排序模式	判处无责任的比例	排序均值
盗窃苹果派	5	8	5.4
盗窃T恤衫	6	6	7.1
盗窃外套	7	1	7.4
盗窃收音机	8	0	8.4
盗窃冲击钻	9	0	9.2
盗窃微波炉	10	0	10.2
盗窃电视机	11	0	10.6
掌　掴	12	0	11.6
用头顶撞	13	2	12.2
用针刺他人	14	0	13.7
盗窃项链	15	0	13.6
抢　劫	16	0	15.3
用棍棒击打	17	1	16.7
盗窃比特斗牛犬	18	0	17.8
盗窃婴儿	19	1	19
用刀刺他人	20	0	20.1
伏　击	21	0	20.9
诱　拐	22	0	21.4
放　火	23	0	22.2
绑　架	24	0	23.5

（三）讨论

在“噪音”概率较高的条件下，研究2的调查数据依然明显反映出，作为一个相对复杂且主观性很强的问题，人们对犯罪行为相对严重性的共识具有较高水平。

第四节　结论

本章中的研究再次证明，人们对行为是否应当判处刑罚以及犯罪行为的相对严重性的直觉判断具有高度共识。第四章将聚焦于普通大众对于正义的判断有认识分歧的部分。直觉正义的共识性对于刑事法律争议问题(例如,第八章分析的刑罚分配原理与社会公众直觉正义的差异、第十一章非犯罪化等)的解决具有很大的启示。

第三章

正义直觉共识性的根源

人们对正义的直觉具有跨越文化且高水平的共识性。不同文化与背景的人们为什么在面对如此复杂且主观性的犯罪与刑罚问题时能够形成共识？本章尝试回答正义直觉共识性的根源。

第一节提供一种进化论的解释：人类的成功与发展很大程度上源于其社会性，即群体协同工作、团队凝聚的能力。影响群体凝聚力的行为就必须为社会所禁止。而禁止危害行为的机制本身也涉及要在形式上触发一种新的权利侵害机制，例如，对人身权利的限制、剥夺财产等。为了不引发混乱，人们必须对犯罪与刑罚问题形成具有普遍性的观念与认同，从而准确理解对哪些行为进行刑事处罚是合理的或者是有助于社会规范保护的。因此，人们共同认可且充分理解危害性严重的犯罪行为应当予以处罚、犯罪行为相对危害性程度并在此基础上确立刑罚强度以及刑罚本身并非一种非法损害等，实际上是人类的进化优势或者生存必须。

基于现有的信息，我们并不知道这种进化论解释是否正确，但可以通过实验检测与之有关的一系列问题。第二节考察动物研究、脑科学研究、儿童发展研究中的相关成果。尽管这些实证研究无法提供完全确定的证据，但其都在不同程度上支持进化论解释。

第三节提供一种替代性解释——社会学习论，即正义直觉的共识性是人们通过社会交互环境习得的。社会学习论中有观点认为，共识性的正义直觉是个体同时学习的，人们经历中的社会交互相似性导致个体正义直觉的匹配性。也有观点认为，共识性的正义直觉是几代人传承的，其通过认同群体中的正义理念形成个体共享的立场。但这些理论并不像进化论解释一样具有相应的证据支持。

第一节　正义直觉的进化论解释

进化过程尤其是自然选择保留了人们克服挑战的结构与行为、生理与心理特征。人们在克服挑战的过程中形成了共同的包括公正惩罚罪错这种直觉在内的心理与道德偏好。人类的社会性奠定了进化倾向形成共识性正义直觉的基础，而正义的直觉也使得人类在进化过程中受益。

一、人类的社会性与获取共识性正义直觉的倾向

获取共识性正义直觉的倾向深深地根植于人类的社会性。个体与群体之间的合作与互动形成紧密的社会联系。人类行为过程中呈现出多层次的利他性特征：家庭、朋友关系以及群体内(间)的合作关系等。这种紧密的合作关系是如何传承的呢？

合作机制通过数个独立但重叠的过程演进，其最为直接的目的是互惠，即你今天与我分享是因为昨天我与你分享，我们双方都比不分享之间的状态更好。但是，在互惠这层美好的表象下隐藏着潜在的灰暗。尽管互惠者可以胜过不合群者，但欺诈者理论上能够胜过两者。因为欺诈者可以不支付任何成本而享受成果。所以，社会进化过程中就要求人们形成辨识合作与利用，从而有选择地与真正的合作者协同，主动或者被动地排斥不可信赖的人。[①]这意味着有效的合作需要奖励善行、惩罚恶行。

为了使得这套机制有效运转，必须能够评估个体成本效益、实现特定目标的价值等，同时应当辨识不公正性因素，例如，资源分配的不平等或者违背分享原则。必须发现这些不道德的个体，记住与其发生过的不公平交易，从而在未来交互中将其排斥在关系之外。这些都是在高社会性的动物活动中能够观察到的特征，也是人类社会获取共识性正义直觉所倚重的行为特征。人类有一种普同且高度精细化的从事社会交换的倾向。从社会交换中获取价值是形成现代经济、市场、人际关系甚至是所有社会生活内容的基础。巩固社会交换的心理要求深刻的直觉与复杂的操作能力。

成功的社会交互尤其需要社会成员不仅有能力辨识不道德的行为，而且应该形成一种能力，即形成伤害他人或者损害交易关系应当受到惩罚的直觉。这意味着在人类进化过程中需要认知体系探测社会中的不公平因素，并形成直觉与动机去惩罚那些危害社会基本交互关系的行为。社会进化可能导致人类形成了一套可信赖的心理体系用以处理社会生活中出现的人身或者财产损害。

二、为个体获取利益的正义直觉

正义的直觉会使得人们相信严重侵犯其权益的人应当受到刑事制裁。但

---

① Robert Axelrod, Evolution and The Theory of Games(1984).

对于与自身并无关联的危害行为，人们为何会形成共识性的正义直觉呢？绝大多数非人类的机体对与其无关的行为或者事件并不会倾注明显的关注。为什么人类如此关注第三方的利益是否受到他人的损害呢？一种可能的解释是，人们需要对社会交互的对象进行选择与判断，形成相对稳固的社会化群体关系。观察他人对非利益相关方的侵害实际上也是一种非常重要的社会信息来源。对于罪错行为及其实施主体的否定有助于人们在日后的社会交互过程中避免与之发生联系。

对于与自己无关的他人受到罪错行为的伤害，人们依然坚持应当予以惩罚的正义直觉，其逻辑缘起于人类是通过长时期的大量交易促进社会历史的发展。如果我们把社会群体分为两种类型：第一种类型，在交易中实施暴力、盗窃、欺诈的社会成员不受到刑事处罚；第二种类型，在交易中实施罪错行为的社会成员受到处罚。显然，第二种类型的成员能够在社会制度中获益，因为他们会遭受更少的罪错行为的侵害。为了获取并保留这种利益，社会成员都会对实施犯罪行为的人施加刑罚。社会成员直接参与刑罚是需要耗费高额成本的，所以这种选择长期来看肯定是收益大于成本。[①]相关实验表明，即使之前实施犯罪行为的社会成员亦会选择生活在犯罪行为应当处以刑罚的社会类型之中。[②]

然而，社会成员直接实施刑罚实际上并非建构犯罪行为应当处以刑罚的社会类型的唯一路径。社会成员可以支持为社会施加刑罚的那些人们与机制，从而降低刑罚成本。如果获得了社会成员支持或者批准，由第三方实施刑罚能够有效地降低被报复的风险。因此，社会成员受益于对犯罪行为进行刑罚的社会制度。

如果人们认可犯罪行为应当处以刑罚且其本人不希望亲自承担实施刑罚的成本，社会显然会设计出支持这两种心理倾向的制度，尽管在不同的时间与文化背景下会出现不同的制度设计。例如，在有的部落中，会有一个特定的权力者承担实施刑罚的特殊任务。[③]而在绝大部分国家和地区，刑罚是包括立法者、法官、警察等一系列元素在内的刑事法律系统运作执行的。在社会成员支持对犯罪行为施加刑罚的边际效应的影响下，社会中的罪错行为会下降，从而

① Chirstopher Boehm, Hierarchy in the Forest: The Evolution of Egalitarian Behavior 121(1999).

② Ozgur Gurek et. al., The Competitive Advantage of Sanctioning Institutions, 312 Science 108(2006).

③ Bruce G.Trigger, The Children of Aataentsic: A History of the Huron People to 1660, 59—60(1976).

有助于社会契约保护下的社会成员的健康、财产及其缔约能力。

所以，共识性的正义直觉促进了社会及其成员惩罚犯罪行为的能力，同时提高了社会进化的优势。对于刑事被害人的理解、对于犯罪行为的惩罚、对于罪错行为在特定条件下的宽恕是重要的社会进化优势。这是一种非常重要的社会制度选择。因为施加刑罚或者要求实施罪错行为的人承担责任和成本，其本身就属于施加有害行为的范畴。为了避免陷入不断实施加害行为的漩涡，正义直觉不仅要做到肯定犯罪行为应当受到处罚，而且要引导出准确的直觉从而避免陷入对刑罚实施者进一步予以谴责等的加害漩涡。

为了有效辨识出应当判处的刑罚，社会显然需要共享一些犯罪与刑罚问题的认知与看法：例如，什么行为构成犯罪？特定案件相对其他案件而言更为合适的刑罚强度是什么？犯罪与刑罚问题共识性直觉的形成有助于实现社会的稳定、合作以及社会成员的共同受益。①

社会交换是共赢行为，所以人们都希望参与其中，这就存在交易伙伴的选择性与竞争性。如果社会成员共享道德心理与正义直觉，例如，交易过程中的诈骗行为应当处以刑罚，则自然选择过程就会钟情那些具有选择良好交易对象信息指标的候选人。一个被认为是公平、诚实、大方、有责任、有道德的人，在社会交易中会更吸引人，从而为其获取更多的交易利益。②

正义直觉具有自我加持的特征。一旦这种直觉在社会体系内形成，违反这种直觉的行为就会受到谴责，与之相冲突的行为就会受到惩处。不按照正义直觉从事社会行为的人们就会在社会竞争中处于劣势。实施伤害、盗窃、诈骗等违背正义直觉行为的人会受到处罚且被认为是不适合进行社会交易的对象。对于一个社会生物而言，这显然是重大的再生灾难。③因此，正义直觉具有一种非常强大的力量使得社会成员形成类同的认识从而在社会中立足与发展。④直觉正义在社会体系中建构成功之后，就会形成强大的压力使得社会成员共享这种直觉并不断实现稳定化，最终成为人类社会中的普同性价值。

并非所有正义直觉中的细节都是由社会成员共享的普同性内容。只有那些对于社会进化具有价值与优势的正义直觉，即关于犯罪与刑罚的核心直觉，

① Robert Boyd & Peter Richerson, Solving the Puzzle of Human Cooperation, in Evolution and Culture 105(2005).

② Dennis Krebs & Kathy Denton, Towards a More Pragmatic Approach to Morality: A Critical Evaluation of Kohlberg's Model, 112 Psychol. Rev. 629, 642(2005).

③ Robert Kurzban & Mark R. Leary, Evolutionary Origins of Stigmatization: Social Exclusion, 127 Psychol. Bull. 187, 192(2001).

④ Joseph Henrich & Robert Boyd, The Evolution of Conformist Transmission and the Emergence of Between-Group Differences, 19 Evol. & Hum. Behav. 215(1998).

才可能在社会成员中形成共识并不受社会环境的发展、地域间文化差异的影响。[①]核心直觉的典型理念就是不公正的人身侵害或者交易过程中的诈骗行为应当受到刑罚。[②]与之相反，那些对建构社会交互关系有益影响越低或者更为依赖于社会与经济发展的直觉，就很难被纳入核心直觉从而根植于所有的文化环境中。这就是为什么跨文化情境下对于毒品、药物类违法行为或者卖淫行为等问题的犯罪与刑罚处遇会存在很大的差异，而对于人身、财产、经济犯罪的核心直觉具有相当程度的共识性。

第二节　社会进化论解释的实证依据

人类行为不是固定不变的，所以实证研究只能基于现有的信息解码行为的社会进化属性。本节尝试从以下三方面的实证角度透视正义直觉的社会进化论解释。首先，通过动物研究分析有关公平与谴责的演进观念。第二，通过脑研究揭示人类进行道德决策时的可辨识心理过程。最后，通过发展心理研究展示跨地域、跨文化的道德心理发展路径。

一、动物研究

很多具有社会合作特征的物种都在不同程度上呈现出惩罚侵害者或者欺诈者的行为特征。研究人员认为这种行为体现了基础性的道德感知与正义直觉。偏离群体规范的个体有时候会受到其侵犯行为的被害人及其亲属的攻击。这种现象并不局限于灵长类或者哺乳类动物。例如，在高度社会化的裸鼢鼠“社区”中，鼠后的职责之一表现为攻击那些偷懒的工鼠。[③]在鹪鹩的群体中，每当养育幼崽的时节，有一部分鹪鹩负责提供食物、帮助抚养幼崽，它们在团队中被称为“帮助者”。实验人员有意地将“帮助者”带走，当这些“帮助者”重新被放回时，它们会受到其他鹪鹩的攻击和骚扰。但是，在非养育幼崽的时节，“帮助者”被实验人员拿走并带回之后并不会受到攻击。[④]狼群会拒绝与那

① Jerome Kagan, The Nature of the Child 123, 189(1984); Richard A Shweder & Jonathan Haidt, The Future of Moral Psychology: Truth, Intuition and the Pluralist Way, 4 Psychol. Sci. 360, 363(1993).

② Owen Jones, Proprioception, Non-Law and Biolegal History, 53 Fl. L.Rev. 831, 847—67 & Fig.9(2001).

③ Hudson K.Reeve, Queen Activation of Lazy Workers in Colonies of the Eusocial Naked Mole-Rat, 358 Nature 147(1992).

④ Raoul A.Mulder & Naomi E.Langmore, Dominant Males Punish Helpers for Temporary Defection in Superb Fairy-wrens, 45 Anim. Behav. 830(1993).

些在嬉戏打斗中违反公平规则的狼继续保持“社交”关系，这些被狼群社会抛弃的狼会离开队伍，其最终的死亡风险高于狼群团队中的平均水平。[①]

致力于动物社会惩罚行为研究的专家发现，与盗窃等罪错行为有关的行为会受到报复。[②]例如，象海豹的幼崽被发现吸吮并非其母亲的其他母象海豹的乳汁，会被猛烈地攻击，有时甚至会被咬死。[③]年轻的雄鹿偷偷地与母鹿交配会受到那些负责团队防卫工作的成年雄鹿的攻击。

研究人员基于动物具有公正对待基础感知的特征，发现动物社会实际上具有对不公正现象的敏锐观察力。[④]例如，在一组受到广泛报道的僧帽猴实验中，两只僧帽猴将黄岗岩做成的硬币交给实验人员之后可以获得一根黄瓜的奖励。一旦实验人员以葡萄(被僧帽猴视为具有更高价值的食物)作为其中一只僧帽猴的奖励而继续只给另一只僧帽猴黄瓜，后者便会表现出显著的情绪低落，甚至有时候会上蹿下跳、朝实验人员扔黄瓜和花岗岩硬币、拒绝吃黄瓜等。研究人员据此认为，僧帽猴具有比较奖励价值的能力，会根据奖励的相对价值选择接受或者拒绝。[⑤]类似地，实验人员发现黑猩猩在相同的努力却获得不对等回报的情况下也会拒绝参与。[⑥]僧帽猴与黑猩猩的行为模式显示其对于公平具有认知并且会在动物社会行为中使用这种认知。

对于公平与不公平性的认知在许多灵长类动物的行为模式中都有体现，群体中的侵害行为会受到系统性的惩罚，具有高度的社会合作水平。例如，绿狒狒 A 在一次冲突中支持绿狒狒 B，A 在卷入之后的另一次和其他绿狒狒的冲突时，能够将 B 招募为自己的支持者。[⑦]实验人员分别观察到长尾黑颚猴[⑧]、猕猴[⑨]会在过去帮助过自己的同伴卷入冲突的时候对其进行支持。当黑猩猩

① Marc Bekoff, Wild Justice, Cooperation, and Fair Paly, in The Origins and Nature of Sociality 53(2004).

② Tom H. Clutton-Brock & Geoff A. Parker, Punishment in Animal Societies, 373 Nature 209, 211(1995).

③ Tom H. Clutton-Brock & Geoff A. Parker, Punishment in Animal Societies, 373 Nature 209, 212(1995).

④ Sarah Brosnan, Nonhuman Species' Reactions to Inequity and their Implications for Fairness, 19 Journal of Social Justice 153(2006).

⑤ Sarah Brosnan & Frans de Waal, Monkeys Reject Unequal Pay, 425 Nature 297 (2003); Sarah Brosnan & Frans de Waal, Reply, 428 Nature 140(2004).

⑥ Sarah Brosnan & Frans de Waal, Reply, 428 Nature 140(2004).

⑦ Craig Packer, Reciprocal Altruism in Papio Anubis, 265 Nature 441(1977).

⑧ Julia A. Horrocks & Wayne Hunte, Material Rank and Offspring Rank in Vervet Monkeys, 31 Anim. Behav. 772(1983).

⑨ Frans de Waal & Lesleigh M. Lutterll, The Similarity Principle Underlying Social Bonding Among Female Rhesus Monkeys, 46 Folia Primatoligica 215(1986).

帮助其同伴清洁身体后，该同伴会在之后与它分享食物。①另一方面，未能实现有效合作的负面行为将会导致非常尖锐的后果。研究人员发现，侵害者造成的损害结果越严重，其受到的惩罚强度就越高。例如，恒河猴发现食物后不告诉伙伴将会招致非常猛烈的攻击。②在黑猩猩社会中，那些曾经拒绝分享食物的黑猩猩会在日后尝试接触其他团队成员的食物时受到激烈的反应；③黑猩猩还会攻击那些之前在其与第三方冲突中未能提供帮助的黑猩猩。④研究人员将动物社会的这种消极互动行为称为复仇体系。⑤

在黑猩猩、狒狒等与人类部分特征最为接近的动物社会中，报应或者复仇十分常见，构成了社会互动的必备部分。⑥分享等合作行为存在于多侧面的关系矩阵、社会压力、双边义务之中，最为成功的个体就是那些能够辨识品行良好的合作伙伴并与其共同处理事务的社会成员。黑猩猩的社会是一个奖励与惩罚并重的市场，社会关系具有清晰的"资产负债表"，社会互动规则包括了善行获得回报、以牙还牙等，不仅对有益的行为进行奖励，而且对消极行为进行教育。⑦

上述实证研究只是从动物社会行为体系中的抽样调查，无法独立形成正义直觉构成人类社会演进与适应核心内容的证据。但是，容忍罪错行为显然并非合作型物种社会关系中的稳定因素，惩罚罪错行为是社会合作的必要匹配。进化为人类道德的建构与发展提供了前提与基石，其构成了社会规范发展与强化的趋势。

二、脑科学研究

对于正义的直觉是一种决策制定。人类的视觉体系可以说是进化的产物，但对于犯罪行为应得刑罚的心理判断与选择是如何受到进化影响的呢？特定的脑结构与脑过程决定了人们的道德判断与决策制定，无论这种决策有

①③ Frans de Waal, Food Sharing and Reciprocal Obligations among Chimpanzees, 18 J.Human Evo. 433(1989).

② Marc D.Hauser, Costs of Deception: Cheaters Are Punished in Rhesus Monkeys, 89 Proc. Natl. Acad. Sci. 12137, 12137(1992).

④ Frans de Waal, Chimpanzee Politics 207(1989).

⑤ Frans de Waal & Lesleigh M.Lutterll, Mechanisms of Social Reciprocity in Three Primate Species: Symmetrical Relationship Characteristics or Cognition, 9 Ethol. & Sociobio. 101(1998).

⑥ Frans de Waal, Good Natured: The Origins of Right and Wrong in Humans and Other Animals, 157—58(1996).

⑦ Frans de Waal, Good Natured: The Origins of Right and Wrong in Humans and Other Animals, 157—59(1996).

多复杂。脑部区域根据道德判断的不同而进行差异化交互，不同的脑区域承担相应的信息处理任务从而影响人类行为。研究人员通过电流刺激特定物种的神经元，建构了特定细胞与认知的因果关系。①人类大脑的经颅磁刺激实验显示，大脑的特定部分受到干扰会产生特定认知行为的可预期冲突。②

大脑特定区域的脑损伤会导致认知心理、社会行为、道德理性的严重损害。③例如，在菲尼斯·盖齐脑损伤案例中，平时非常受到工友爱戴的铁路工人盖齐的颅骨和大脑被金属棍击穿，医生取出金属棍后，盖齐的智力得到了保留，但其非常怪异地呈现出反社会行为特征。④腹内侧前额叶皮质的损伤，会对未成年人造成道德行为的履行障碍。习得性心理障碍而引发的攻击或伤害他人的反社会性通常是由极地额叶皮质、大脑前额叶等部位的损伤引发的。⑤追踪大脑活动位置与振幅的功能性磁共振成像显示，前额叶皮质、颞上沟等大脑特定部位负责道德理性的功能，人们在进行道德决策过程中，大脑分区以可预期的方式共同运作。⑥人类的基本情绪元素，例如，恐惧、嫉妒、愤怒等，是从祖先及其生活环境中一路演进而来的行为心理表现，其具有明显的可适应性，相对于冗长复杂的分析与慎思，在处理日常环境与事物过程中，情绪显得更为可靠、快速且高效。⑦

当然，这并不意味着大脑中存在单一、进化且具体的道德模块。具体情况显然更为复杂。与制定道德决策联动的大脑区域同样与其他脑行为互相联系。大脑中的可辨识性区域有规律地结合成评估道德境遇的网络，当道德境遇的性质及其具体条件出现变化时，这些交互区域也以可预期的方式进行改变。

---

① Marlene R. Cohen & William T. Newsome, What Electrical Microstimulation Has Revealed about the Neural Basis of Cognition, 14 Current Op. In Neurobio. 169(2004).

② Alvaro Pascual-Leone et al., Transcranial Magnetic Stimulation in Cognitive Neuroscience: Virtual Lesion, Chronometry and Functional Connectivity, 10 Current Op. In Neurobio 232(2000).

③ Joshua Greene, Cognitive Neuroscience and the Structure of the Moral Mind, in Innate Mind Structure & Contents(2005).

④ Antonio R. Damasio, Descartes' Erro: Emotion, Reason and Human Brain(1994); Hanna Damasio et. al., The Return of Phineas Gage: Clues About the Brain from the Skull of a Famous Patient, 264 Sci. 1102(1994).

⑤ Jorge Moll et al., Morals and the Human Brain: A Working Model, 14 Neuro Report 299, 300(2003).

⑥ Qian Luo et al., The Neural Basis of Implicit Moral Attitude, 30 Neuro Image 1449 (2005).

⑦ Joshua Greene, The Secret Joke of Kant's Soul, in The Neuroscience of Morality: Emotion, Disease, and Development 33(Walter Sinnott-Armstrong ed. 2007).

在另一项实验中，研究人员发现，当某项道德情境涉及人身伤害时，颞极作出决策的过程会更加迅疾；①还有一项实验则显示出，当向被试者展示针对个人的暴力行径而不是一般的针对物品的打砸抢时，其大脑中的右侧杏仁核、左内侧皮质前额皮层、额内侧回的活动会更为剧烈。②与无意的伤害不同，包含故意伤害因素的犯罪情境会使得被试者大脑中与情感有关的区域产生更大的波动（如眶额叶皮层、颞极），与此同时，其大脑中处理理性思考、审慎认知的区域则反应较少（如角形脑回、额上回）。③与类似的非道德情境相比，道德情境下的作为和不作为产生的等量的伤害结果会使得被试者大脑中具有审慎认知功能的区域产生更为剧烈的活动（如背外侧前额叶皮层），而与情感有关的区域的活动则较少（如眶额叶皮层、颞极）。这便意味着人们在处理道德问题时其大脑中的认知和情感区域会进行不同的组合匹配，但总的来说，某些特定种类的道德情境会由特定的大脑区域来进行处理。④在作出决策时，情感因素的排除并不能使得人们产生高度的道德感，实际上，它反而会使得人们难以感知到一些简单判断的是非对错。⑤

脑科学研究无疑是一项非常新兴的调查领域。但是一些学者则根据前述以及其他研究总结出，道德直觉实际上建构于基于进化产生的以及人们所广泛共享的因素之上。⑥马克·哈瑟（Marc Hauser）则指出，这些证据说明"所有的人类都拥有与生俱来的道德能力"。⑦乔舒亚·格林（Joshua Greene）则认为，这些证据意味着"人类大脑的固有结构对其道德观念的形式有着极为重要的塑造作用，人们天生的道德观念有着基础性的亲近社会的倾向"。⑧也就是说，这些学者总结认为，人类共同拥有的基础道德观念是进化过程的产物。

---

① Hauke R.Heekeren et al., Influence of Bodily Harm on Neural Correlates of Semantic and Moral Decision-Making, 24 NEUROLMAGE 887(2005).

② Jana Schaich Borg et al., Consequences, Action, and Intension as Factors in Moral Judgements: An f MRI Investigtion, 18 J.COG.NEUROSCI.803(2006).

③ Id. at 803.

④ Id. at 815—816.

⑤ Jonathon Haidt & Fredrick Bjorklund, Social Intuitionists Answer Six Questions about Moral Psychology, in THE COGNITIVE SCIENCE OF MORALITY: INTUITION AND DIVERSITY 17(Walter Sinnott-Armstrong ed., 2007).

⑥ See, e.g. Greene, Cognitive Neuroscience, supra note 168, at 11.

⑦ Marc Hauser et al., Reviving Rawls' Linguistic Analogy: Operative Principles and the Casual Structure of Moral Actions, in THE EVOLUTION OF MORALITY: INTUITION AND DIVERSITY 1(Walter Sinnott-Amstrong ed., 2007). While some of Mare Hauser's work has been controversial, the material cited throughout this book has held up as a valuable contribution to how we think about morality.

⑧ Greene Cognitive Neuroscience, supra note 168. At 19.

三、儿童发展研究

儿童发展研究亦为第一节的进化论提供了支持。首先,实证表明,尽管处于不同的文化背景,这些孩童的正义直觉经历了一致的发展阶段。正如恒牙替代乳牙一样,有关道德和正义的直觉观念也会依照具有相当可预见性的顺序来发展。其次,直觉观念所依据的认知能力是非常早熟的,所以儿童在非常幼小的年纪便可对道德和正义性问题作出重要的概念性区分。最后,儿童们的正义直觉也延续了与核心直觉相似的路径,涉及人身伤害、财物偷窃以及公正性的问题是幼小的孩童们最先理解的正义原则。

(一) 发展的可预见阶段

在大量有关儿童道德推理发展的实证研究领域中,较为经典的莫过于劳伦斯·科尔伯格(Lawrence Kohlberg)的理论。①科尔伯格认为,如果学习道德推理的能力与学习语言的能力相似②,那么人们道德观念的发展会遵循一种具有可预见性的顺序。③也就是说,自然选择针对特定功能所设计的一套特定心理机制的发展路径具有稳定性、一致性、跨情境性等标志特征。

出于现实因素的考量,实际上,科尔伯格的机制到底是不是这项领域的最佳理论并不重要,这种可预见发展路径的实证证据才是问题关键,近来所获得的调查证据则更为重要。然而,这一路径需要被进一步概念化,并需对其进行更为细致的描述。考虑到几乎所有地区儿童有关正义观念的道德推理都经历了相似的阶段,甚至大体上在同一年龄,正义直觉的进化论源起又得到了新的实证支持。

让我们来设想一种相反的情境。如果道德性正义直觉的习得不具有特定的发展路径,或言,正义直觉仅仅是一般社会学习的产物,那么正义直觉的获得路径则会对儿童身处的环境具有极大的依赖性。这囊括了儿童在特定环境中的见闻、通过特定语言沟通的想法以及通过各种来源获得的教育,等等。因为这些因素都会随着截然不同的文化、家庭以及特定文化背景下的同龄群体

① See, e.g., Lawrence Kohlberg, The Psychology of Moral Development, 2 ESSAYS IN MORAL DEVELOPMENT(1984); Lawrence Kohlberg, From Is to Ought: How to Commit the Naturalistic Fallacy and Get Away With It, in COGNITIVE DEVELOPMENT AND EPISTEMOLOGY(Theodore Mischel, ed., 1971). See also THE MEASUREMENT OF MORAL JUDGEMENT, vols. 1—2(Anne Colby & Lawrence Kohlberg eds., 1987).

② Jerome Kagan, Introduction, in THE EMERGENCE OF MORALITY IN YOUNG CHILDREN X(Jerome Kagan & Sharon Lamb eds., 1987).

③ See generally Lawrence Kohlberg, The Philosophy of Moral Development, in 1 EASSYS ON MORAL DEV.(1981)(linking cognitive and moral development).

发生相应的变化，这一学习机制将会使得不同孩子的正义习得具有迥异的发展路径，且发展时间也各不相同。

（二）在幼龄即可作出精细复杂的判断

早前这一领域的研究极大地低估了儿童对于世事的知晓程度。许多新近的研究都证实，儿童有能力作出非常精细的判断，且能够对科尔伯格所提出的预见性顺序作出更为明确的区分。事实上，尽管近来的诸多实验都说明道德推理的能力在相当幼小的年龄阶段便会开始发展，他们仍然没有完全揭示这一道德推理能力的早熟性。①达利(Darley)和舒尔茨(Schultz)便提出：“与之前设想的不同，儿童在更为幼小的年纪时即可作出道德判断。”稚嫩孩童作出道德判断能力的早熟性也为第一节的进化论提供了相应的支持。

1. 区分道德规则与通俗规则

在一项早前的重要实验中，斯梅塔娜(Smetana)对幼小孩童的正义观念进行了测试，以此来判断其是否对违反道德规则的行为（比如殴打他人）与违反通俗观念的行为（比如在接受糖果的时候表达感谢）②作出区分。斯梅塔娜用图画来表示这些违规行为，并指示孩子们根据图示量表（不同程度的皱眉）来判断严重度，斯梅塔娜也使用了口头评估来确定这些行为应受惩罚的程度：完全不，一点儿，很多。一组被试者由大体上在两岁半到三岁半之间的孩子组成，另一组由大概在三岁半到五岁之间的孩子组成。违反道德的行为包括人身伤害（殴打）和偷窃（拿走某人的苹果）。两组中的孩子们都认为，违反道德观念的行为比违反通俗观念的行为更为严重，应受到更多的处罚。孩子们指出，与违反通俗观念相比，就算道德观念“没有固定的规则”，违背妄行也是错误的。③

该研究显示出，就算处于非常幼小的年纪，儿童也会对违法道德和违反通俗观念的行为作出明确的区分，且会对其适用不同的处理逻辑。在两三周后进行的再次测试中，孩子们的反应与先前实验所获得的反应类似，这显示出了其正义判断的一致性。

这一结果的重要性不应被低估。孩子们在规则缺位的情况下依然坚信非

① See Lawrence Kohlberg, A Current Statement on Some Theoretical Issues, in LAWRENCE KOHLBERG: CONSENSUS AND CONTROVERSY 485, 491(Sohan Modgil & Celia Modgil eds., 1986). See also John M.Darley & Thomas R.Shultz, Moral Rules: Their Content and Acquisitions, 41 ANN.REV.PSYCHOL., 525, 537(1990).

② See Judith Semetana, Preschool Children's Conceptions of Moral and Social Rules, 52 CHILD DEV.1333, 1333—1334(1981).

③ Judith G.Smetana, Toddlers' Social Interactions Regarding Moral and Conventional Transgressions, 55 CHILD DEV.1767(1984).

道德的行为是错误的，显示出其道德观念的早熟性和普适性。[①]截然相反的是，孩子们却认为在特定的群体和时间中，通俗观念是可以被更改的。邓恩(Dunn)据此总结："在年仅三四岁的情况下，孩子们便可以对不同的违规行为作出不同的反应"，以及"尽管该实验对违反社会通俗观念和道德规范的行为并没有作出非常明确的区分，其亦显示出三岁的孩子已经可以感知到违规种类的不同之处"。[②]

2. 判断罪错行为的相对应罚性

实验也显现出，就算年纪轻轻，孩子们也可以直觉性地体会到不同罪错行为的相对应罚性，且区分的老练程度会随着年龄的增长相应递增。儿童所接受的第一道德原则便是伤害他人是错误的。[③]到了三岁时，这一原则就会被内化理解。[④]到了四岁时，孩子们就会将考虑延伸到伤害的预见性上。[⑤]

研究结果还进一步说明，"孩子们认为违反道德所导致的人身伤害比违反道德所造成的财产性损害更为严重"。[⑥]这意味着儿童复杂的直觉判断已足以跨越不同的罪错领域。还有一项实验要求孩子们举例表示违反道德规则的行为，人身伤害行为是孩子们举出的最普遍的例子。也就是说，对于孩子们而言，人身侵犯是道德违反行为的"典型样板"。

当然，这些幼小的孩子们并不是一直都可以阐明"打人是错误的"背后原因，或者是只会用浅显的只能说服自己的语言来表达其道理(提供正当理由的困难也会在成人被试者身上发生[⑦])。但研究发现，到了七岁时，孩子们便可以

---

① See Judith G.Smetana et al., Preschool Children's Judgements About Hypothetical and Actual Transgressions, 64 CHILD DEVELOPMENT 202(1993).

② Judith Dunn, The Beginnings of Moral Understanding: Development in the Second Year, in THE EMERGENCE OF MORALITY IN YOUNG CHILDREN 91, 93(Jerome Kagan & Sharon Lamb eds., 1987). Other scholars take an even stronger view, see, e.g. Charles C.Helwig et al., Morality: Its Structure, Functions and Vagaries, in The EMERGENCE OF MORALITY IN YOUNG CHILDREN 155, 170(Jerome Kagan & Sharon Lamb eds., 1987).

③ NUCCI, EDUCATION IN THE MORAL DOMAIN, supra note 187.

④ Phillip David Zelazo et al., Intention, Act, and Outcome in Behavioral Prediction and Moral Judgement, 67 CHILD DEV.2478(1996).

⑤ Sharon A.Nelson-LeGall, Motive-Outcome Matching and Outcome Foreseeability: Effects on Attribution of Intentionality and Moral Judgements, 21 DEV. PSYCHOL. 322 (1985).

⑥ Marie Tisak et al., Preschool Children's Social Interactions Involving Moral and Prudential Transgressions: An Observational Study, 7 EARLY EDUCATION & DEV.137, 139(1996).

⑦ See Richard E.Nisbett & Timothly D.Wilson, Telling More Than We Can Know: Verbal Reports on Mental Processes, 84 PSYCHOL., REV, 231(1977).

更为详细地阐明道理，且在判断应罚性、施以惩戒时，还会考虑到行为人是否具有故意因素。这一结论——“侵犯他人是错误的”是儿童最先习得的道德概念——亦与第一节的进化论有所关联。①

然而，很多年幼的孩子却不能深入理解交易公平的概念。一些学者称，可能需要发展到大约九岁，孩子们才会持有成人化的公平概念。②孩子们在很小的时候可能就经常听说某一结果是“不公平”的，但是这往往只意味着这一结果不为说话者所喜，并不意味着其真正违反了社会契约或道德规范。③达蒙(Damon)便称，幼小的孩童可以展现出“对于财物分配、所有权等概念公正性的一致化、模式化的推理判断”。④

判断涉及诸多因素的罪错行为的能力在大约七岁时也会开始发展。在埃尔金德(Elkind)和达贝克(Dabek)设计的实验中，研究人员根据年龄将孩子们划分为不同的组别(小组的平均年龄分别是五岁半、七岁半和九岁)。⑤研究人员会向孩子们描绘不同的犯罪故事。有些犯罪是故意的，有些是无意的；有些涉及人身伤害，有些涉及财产损害。研究人员随后要求孩子们判断不同的案件的应罚性并作出惩罚决定。总的来说，孩子们认为故意伤害和人身伤害更为严重(尽管这一结果会随着年龄不同而变化)。但是，所有年龄段的孩子都认为，故意的人身伤害远比无意的财产侵害更为严重。尤为有趣的是，年龄最小的一组认为无意的人身伤害也比故意的财产侵害严重，这显示出了人身伤害的重要性。但这一结果在年龄较大的孩子中并没有体现。也就是说，年龄尚幼的孩子在判断时会在故意因素和伤害因素二者之间择一关注，而年龄稍长的孩子二者都会考虑。⑥该项结论有力地支持了儿童对于应得刑罚具有精细复杂的判断这一观点，且证实了孩子们在七岁时便拥有了衡量不同因素的能力。⑦

3. 将罪行之外的因素纳入考量

儿童的正义直觉所具有的精细复杂的程度甚至会使其在评估应罚性时考

---

① See Dale T. Miller & C. Douglas McCann, Children's Reactions to the Perceptions and Victims of Injustices, 50 CHILD DEV. 861, 866(1979).

② Larry P. Nucci, Because It Is the Right Thing to Do, 45 HUMAN DEV. 125(2002).

③ NUCCI, EDUCATION IN THE MORAL DOMAIN, supra note 187.

④ William Damon, Early Conceptions of Positive Justice as Related to the Development of Logical Operations, 46 CHILD REV. 301, 302(1975).

⑤ David Elkind & Ruth F. Dabek, Personal Injury and Property Damage in the Moral Judgements of Children, 48 CHILD DEV. 518(1977).

⑥ Zelazo et al., supra note 199, at 2478—92.

⑦ See also Charles C. Helwig & Urszula Jasiobedzka, The Relation Between Law and Morality: Children's Reasoning About Socially Beneficial and Unjust Laws, 72 CHILD DEV. 1382(2001).

虑到罪行以外的其他因素。譬如，孩子们会考虑行为人的意愿因素——比如上文所述的有意无意。此外，七岁的孩子甚至会仔细忖度适用免罪和减刑的情境。①

年幼孩子们的正义意识还包含成人的正义直觉所具有的特征：考虑到行为人秉持的错误观念的影响。在评估应罚性时，五到七岁的孩子（不包含三岁②）便会考虑到行为人可能具有错误的观念。③他们的判断是非常细致具体的。这便意味着孩子们对于他人的观念以及其在实施犯罪的过程中所扮演的角色有着具体而微的判断。对于年龄较大的孩子所做的研究也得出了与其相似的结论。

（三）跨文化研究

大量实验都显示出，道德推理能力的发展顺序并不是西方世界所独有的。在一项调查中，丘珍妮（Jenny Yau）和斯梅塔娜（Smetana）总结道，就算存在文化差异，"年仅三岁半或四岁的孩子也会认为违反道德规范的行为是非常严重的，通常是错误的，这种错误性是独立于规则与相关实施机构之外的"；然而，他们却认为违反通俗观念的行为的严重度较低，其错误具有相对性，会因规则和相关实施机构的具体情况而异。④

如上所言，孩子们会对基础的正义问题（罪错应受惩罚，财物不可被强制取走）与通俗观念有关的问题（哪种人能穿哪种衣服）作出区分。孩子们普遍认为后者是可以被超越的，如果有一个群体持有不同的通俗观念，其也不会被认为是"不正确的"。⑤

然而，施韦德尔（Schweder）等人进行了一项跨文化的调查，其要求印度教的婆罗门孩子对一些罪行的相对严重度进行排序，结果得出：孩子们作出区

① See Adrian F.Furnham & Steven H, Jones, Children's Views Regarding Possessions and Their Theft. 16 J.MORAL EDUCATION 16, 18—30(1987). See also Darley & Shultz, Moral Rules, supra note 191, at 535.

② See generally Simon Baron-Cohen, MINDBLINDNESS: AN ESSAY ON AUTISM AND THEORY OF MIND(1995); Alan M.Leslie, Pretense and Representation: The Origins of Theory of Mind, 94 PSYCHOL., REV.412(1987); Alan M.Leslie, Pretending and Believing: Issues in the Theory of ToMM, 50 COGNITIVE 211(1994).

③ See Cecilia Wainry & Sherrie Ford, Young Children's Evaluations of Acts Based on Beliefs Different from Their Own, 44 MERRILL-PALMER Q.484(1998).

④ Jenny Yau & Judith G.Smetana, Conceptions of Moral, Social-Conventional, and Personal Events Among Chinese Preschoolers in Hong Kong, 74 CHILD DEV.647, 647 (2003).

⑤ Cf. Leigh Shaw & Cecilia Wainryb, The Outsider's Perspective: Young Adults' Judgements of Social Practices of Order Cultures, 17 BRIT.J.DEV.PSYCHOL, 451(1999) (reaching similar conclusion with a Chinese sample).

分的能力与不同文化对于道德的不同论证息息相关。[1]在39个罪行中，孩子们认为长子在父亲去世的第二天理发是最为严重的罪行；[2]丈夫殴打经常独自去看电影的妻子的行为是最不严重的罪行之一。

这一结果似乎与共识性正义直觉的观念相悖。西方世界的孩子肯定不会得出这样的排序结果。然而，我们必须根据被试者具有的潜在信念来理解这一结果。在被试者眼中，长子的举动会将父亲的灵魂置于危险之地，因此其认为这是非常严重的伤害行为。与其相似，被试的孩子们认为妻子的行为是对明确的社会道德观念的违反，因此认为其丈夫的殴打并不具有严重的过错。总而言之，尽管有关正义原则的固有直觉观念具有相似性，不同的社会观念亦会导致人们对特定罪行的罪错程度具有不同的感知。正如韦恩(Wainryb)所言："影响道德判断的变量并不是伦常概念的多样性，而是信息设想的差异性。"[3]

■ 第三节　替代性解释：社会进化论

进化论的解释不可避免地触及一个问题：共识现象会不会仅仅是"学习"或"文化"的产物？没准这一现象仅仅反映出人们具有复制他人规范的倾向，不需要为其提供进化论的解释。又或许，群体中的人们之所以普遍持有该规范观念是因为该规范对于群体运作和协调非常有效。

从某种意义上说，社会学习论(共识性正义直觉是对周遭文化进行社会学习的产物)并不与第一节提出的进化论完全背道而驰，因为前者也提出正义直觉的确是"学习"的产物。婴儿呱呱落地时并不具有完好的正义直觉，他们是随着时间推移并沿着一条可预见的发展道路，经过与其环境的交互影响而逐渐形成的。就这种意义而言，进化论也需要融入周边文化环境的因素，就如学习语言的特殊机制亦受到其所处文化背景的影响一样。

然而，社会学习论却进一步提出，正义直觉完全是社会学习的产物，不依赖于任何进化发展机制。也就是说，这些非进化论解释认为人们对于正义观念的习得与其学习其他大多数知识没什么不同——正义观念是经过学习、推

---

① Richard A. Schweder et al., Culture and Moral Development, in THE EMERGENCE OF MORALITY IN YOUNG CHILDREN 1—83(Jerome Kagan & Sharon Lamb eds., 1987).

② Id., at 40.

③ Cecelia Wainryb, Understanding Differences in Moral Judgements: The Role of Informational Assumptions, 62 CHILD DEV.840, 849(1991).

断以及理性决策机制的选择而作出的。

一、自发性社会学习

有一派被称为“自发性社会学习”的非进化论观点认为，具有高度共识性的正义观念是对于群体而言最为有效的规范观念，这可能是因为其会产生高效的社会合作。这一解释认为正义直觉的习得不依赖于任何特殊机制。然而，这一解释也面临着一些困难。

（一）团体利益凌驾于个人利益之上

如果该解释切实可行，这便需要个人选择使用对团体而言确为有效的正义观念。然而，很难有理由去相信人们会不选择于自己有利的正义观念反而去选择于团体有利的正义观念的倾向。如果要使该解释具备现实可能性，其提起者则必须用实证证明人们会在上述二者之间选择团体利益，但是这一倾向并不具有数据支持。①与其相反，实验室和现实中的证据都表明，当团体利益和个人利益之间发生冲突时，人们更愿意牺牲前者来保全后者。②乱扔垃圾、非法排放污染物、滥渔滥捕等事例都可以支持这一结论，人们实际上是把自己的利益置于团体利益之上的。③

（二）决定何为有效规范的复杂性

就算人们在整体上真的倾向于放低自己，选择对团体有利的正义观念，自发性学习解释还面临着另一项困难：决定何为有效的规范是一项极度复杂的事情，很有可能超过了个人所具有的能力。对于人们认知能力的研究也证实了这一猜想。大量的实验证据都表明，当要求人们运用其一般能力去阐明适用某项规则的背后逻辑时，被试者一般都会表现得非常糟糕。④正如诺贝尔奖得主西蒙所言：“实际上人类所能达到的理性程度最多也不过是对游戏理论模型所体现出的全球性理性进行粗略简化后的近似品。”⑤

总而言之，自发性社会学习理论对于正义观念共识性的解释与已知的人类衡量能力的局限性并不契合。这包括人们于推理方面认知能力的高度局限性、普通民众对于简单的启发式教学的依赖倾向以及其他的认知局限。然而，

---

① Richard Dawkins, THE SELFISH GENE(1976).

② Robyn Dawes, Social Dilemmas, 31 ANN'L.REV.PSUCH.169(1980).

③ Samuel S.Komorita & Craig D.Parks, SOCIAL DILEMMAS(1996).

④ Leda Cosmides & John Tooby, Cognitive Adaptations for Social Exchange, in THE ADAPTED MIND: EVOLUTIONARY PSYCHOLOGY AND THE GENERATION OF CULTURE 183(Jerome H.Barkow et al., eds., 1992).

⑤ Herbert Simon, A.Behavioral Model of Rational Choice, 69 Q.J.ECON.99, 101(1955).

第一节中对于正义直觉的进化论解释却通过筛选性的自然选择"测试"了其他替代性的直觉系统(或是生物的其他特征)。基金上的反馈循环只会允许极小范围内的发展机制具有被选上的机会。自发性的社会学习解释也不具备这样的力量。

二、累积性社会学习

人们还可能会从其他的角度来阐释社会学习理论:对于有效规范的学习可能并不是单一个人或单一群体自发生成的,而可能是经历几代的社会学习逐渐累积起来的产物。也就是说,群体选择有效规范的过程可能经历了几代之久,并且会因为这些规范能有效地带领团体走向成功而不断地将其传承下去。

在某种意义上,这一论断借鉴了进化论的完善机制,将其适用到一般的社会学习解释之中。换言之,其认为秉持有效规范观念的群体能够繁衍壮大、有所作为并会致力于传播其规范观念;不日之后这些有效规范的广为流传便会使得社群之间达成可观的共识认知。①这一解释涉及时间的改变,从该角度而言其具有"进化论"的特征。然而,它与第一节所显示的进化论解释是全然不同的,因为这一选择产生于对社会学习的严格遵循,而进化论是基因选择的结果。这一"累积性的社会学习"依然面临着许多挑战。

(一) 情境与文化的巨大差异

在不同的文化社群中,其生态、历史、人种、社会结构以及许多其他的因素都存在巨大的差异。这些不同如此令人瞩目,在此种差异框架下,倘若所有的群体都认为同样的规范观念对于其都最为有效,或言,当传承给下一代时,同样的观念都会取得完全相同的结果,这无疑是非常吊诡的。

此外,正如第二章所示,人们对于正义直觉的核心存在着跨越人种与文化的共识。如果其道德观念只是简单地反映出其所属群体的有效规范的话,又该如何解释共识的存在呢?这便需要对一系列生活情境进行调查,发掘出不受时间变化与文化差异影响的、适用于所有社群的普适情境,且须证明该普适情境足以独立建构出规范整个群体的正义观念的有效理论。一旦出现普适情

---

① See e.g., Emile Durkheim, DIVISION OF LABOR IN SOCIETY (1983); ALFRED REGINALD RADCLIFEE-BROWN, STRUCTURE AND FUNCTION IN PRIMITIVE SOCIETY (1952). In the more modern anthropological literature, this is referred to as "cultural group selection." See e.g., Joseph Soltis et al., Can Group-fuctional Behaviors Evolve by Cultural Group Selection? An Empirical Test, 63 CURRENT ANTHRO. 473, 474 (1995). For a recent, comprehensive treatment of this and related issues, see Peter J. Richerson & Robert Boyd, NOT BY GENES ALONE: HOW CULTURE TRANSFORMED HUMAN EVOLUTION(2004).

境之外的其他因素介入塑造正义核心观念的过程中,因这些非普适因素的不同,群体核心观念便会出现差异,共识也不复存在。只有完成以上任务,自发性的社会学习解释才具有可行性。而进化论解释则不存在这一问题。

(二)与前述发展理论相悖

更加难以处理的是,累积性的社会学习解释与上文所阐释的发展理论完全不相契合。孩子们的道德观念很早便开始发展,且在幼小的年纪便足以作出精细的判断。年仅三四岁的孩子已经早熟到持有普遍意义上的道德观念,坚信即使在规则缺位时,特定的违反行为也是错误的,且能够对违反道德观念和违反通俗观念的行为作出区分。具体而言,孩子们认为人身伤害的行为是错误的,幼龄的稚童也会对伤害和偷窃分别论处,且在评估应罚性时还会考虑到行为人的意愿因素和赦免情形,这都体现出其正义观念的细致入微。

那么,如果认为正义观念是社会学习的产物,孩子则必然是通过受教育才会对通俗观念和道德观念作出区分。但是将这些抽象化的概念教给年幼的孩子根本是难以置信的。他们正义直觉的发展就如同换牙齿的阶段顺序一样,所有的孩子都会按照既定的时间表来成长发展。这与下棋这种需要经过系统化教学以及时日渐长后才可推进精细化指导的技能习得是不一样的。更何况下棋遵循的规则只是少数的,与道德判断的纷繁复杂、有时甚至还互为悖论相比,孩子们学习下棋可能比学习道德更为简单自然。

尽管在幼年时从父母或同伴处学习到是非观念并不是不可能,但世界范围内的孩子们却是按照一个稳定的发展顺序且几乎是在同一年龄阶段拥有这些正义直觉的,不同的实践、社会和文化背景并不会对其产生差异影响,正义直觉看起来更像是某种特定、完备的学习机制的产物,并不像是受到不同环境影响的一般社会学习的结果。

(三)学习知识与直觉知识的显著不同

就算社会学习解释与上文的发展理论并行不悖,其依然存在着难以解决的问题。因为社会学习理论与我们已知的正义观念的特征是不相契合的:正义观念更多的是直觉性的产物。如果正义观念也是向他人习得的话,也就是说,社会学习解释假定个人的正义判断与普罗大众在日常生活中作出的其他判断没什么两样,比如:开车该开得多快?用微波炉烤三明治应该多久?对于该演讲我该如何记笔记?这些判断都是基于推理产生的,且与生活经验和教育背景息息相关。

然而,社会科学研究的实证表明,人们的正义判断,尤其是对于刑事规制的核心罪错行为的判断并不是推理的结果,更多的是直觉性的产物。如第一章所言,直觉性特征意味着就算人们的教育程度较低、生活经验不够丰富,其作出判断的速度依然非常迅疾，且对判断充满确定性，但是却难以说明该项判断背后的道理。

如果这些判断是从他人处学到的道德原则的产物，好比用公理作出数学推论一般，人们也会根据这些原则来直接推导行为的“错误性”。然而，实证研究和心理学文献都表明，这并不是正义判断所赖以建构的。

（四）难以言表

共识性正义观念的社会学习解释面临的另一个困难是，事实上，人们一般难以言述其正义直觉背后的原则，用清晰的言语向他人阐明这些原则是非常困难的。换言之，正义判断的直觉性特征在一定意义上驳斥了那些认为正义观念是通过语言从他人处习得的论断。当然，通过非语言的方式来学习也是有可能的，但失去了自然语言的支撑后，信息的社会化传递只会更加困难。心理学文献中含有大量的有关此类一般原则的案例，①下文的相关现象也很好地阐释了其道理。

首先，社会信息的语言传递在非人类的生物中是非常罕见的，其范围仅仅限制在狭窄的领域中，比如鸟儿用啼鸣交往。在没有语言辅助的情况下，非人类生物的社会学习就非常受限，以至于一旦出现某个社会学习的案例都会被研究人员视为非凡的情况。②其次，考虑一些日常的案例。“你画我猜”的游戏之所以非常有趣就是因为，在剥夺了自然语言的情况下，传达简单的信息甚至是单个字词都会变得非常困难。同样，与不会说话的婴儿交流也是非常困难的；在语言不通时，基础的问题也会非常难以理解。也就是说，离开了语言的社会学习并不是不可能的，但是具有极大的困难性。如果在这种情况下传递单个字词和简单的问题已经构成了一项挑战，更不用说以非语言方式传达抽象道德原则的复杂概念有多么令人困扰了。如果人们自己都难以说清原则背后的道理，这一原则进入社会传递过程的可能就越低。

总而言之，不仅累积性社会学习解释未能成立，自发性社会学习解释也遭受了很多驳斥：这一解释要求人们将团体利益置于个人利益之上。然而如上所言，现有的研究证据显示，这种无私性是非常有限的。除非存在特殊的情境和理由推动此种利他主义行为的出现，否则累积性社会学习解释和自发性社会学习解释都是难以实现的。

---

① For a recent example, see Bjorn Saetrevik et al., The Utility of Implicit Learning in the Teaching of Rules, 16 LEARNING & INSTRUCTION 363(2006).

② See Michael Tomasello, Culture and Cognitive Development, 9 CURRENT DIRECTIONS IN COG.SCI.37, 37(2000).

第四章
正义观念的分歧

如第二章所示，尽管大众就核心罪错达成了广泛的共识，对于正义直觉的分歧确实是存在的。但是，有些表面的分歧并不是实然的分歧，这种现象的产生源于诸多原因：测试方法可能夸大了分歧水平；模糊的犯罪情境的使用也会产生一定的分歧，但此种分歧仅仅针对案件事实而不是其相对应罚性。现实中一类人偏好严罚，一类人偏好宽刑，这种区别也有可能模糊这两类人对于不同罪犯应得刑罚的一致性。我们将在第一节详述这些相关问题。

然而，并不是所有分歧的表现都是这样的，第二节给出的两例研究将会展示真正的分歧。这些研究显示，在案件事实跨越了“内核”，触及文化相关的因素时，对于罪错“内核”的高水平共识便会轰然坍塌。尽管大多数对于正义的外行评价都是直觉性的，也并不意味着全部如此。尤其是当案件跳脱了内核时，判断的忖度、生活经验的涉入以及个人价值观念便会参与其中。当然在大众中，它们也是千差万别的。

第一节　正义直觉的分歧表象

无止境的社会争论已经证明，对于犯罪与刑法的相关问题人们是存在诸多分歧的。对于既存在共识又存在分歧的问题，该如何进行评判呢？

有些分歧的表象，可能只是一种误导而并非问题的本质。研究方法的使用偏差会导致错误估计民意对司法判断的一致性。当一个犯罪情形在表述的过程中具有一定的模糊性，不同的受访者对事实的建构出现差异，那么本来持有相同正义理念的受访者就有可能作出不同的刑事司法直觉判断。当一个刑事案件以头条新闻的形式传递出潜在的社会、经济、文化等信号时，不同的个体可能建构不同的事实认知。如果人们对案件事实具有不同认识，对于应得刑罚的直觉判断显然会出现不一致的意见。在辛普森杀妻案和罗德尼·金起义案中，一个人作出的警察证词可能会基于其自身以及其警局同僚在日常生活中的经验。如果人们在此证词中得出了不同的结论,他们也可能对相关的案件事实有不同的看法,由此可预见对于人们应得罪责的迥异观点。

夸大分歧程度的相关因素之一便是抽象与政治化过程。例如,当人们被问到是支持还是反对死刑时,他们的回答会随着问题是否给出了一系列具备明确具体的罪犯和受害者的特定事实而不同。①在很大程度上是,当一个刑法问题或案件呈现在更为广泛的大众视野中时,它便背负了舆论压力,其可能会歪曲一个人本来会视为应当刑罚的判断。这种现象在其他领域也有类似情况,若有需要的人成为特定识别人群,比起其中的信息缺乏者,人们更乐意去帮助那些提供了明确具体信息的人群。②刻板印象更容易适用于在群体(如黑人男性)而不是在大类中的特定个人。③在以上的两个例子中,如同死刑问题一样,人们的反馈因抽象和具体的区别而改变。

另一个分歧表象的来源在于人们对于严罚或宽刑具有不同偏好的事实。这就意味着,有些人可能倾向于施加显著重于他人的、处在刑罚连续区间终端的最为严厉的刑罚,就算人们对于不同罪犯的相对应罚性达成了一致意见,对于个案也会有差别量刑。

实证表明,人们对于刑罚一般严厉性的态度随着种族和社会经济地位等背景的区别而不同。例如,比起黑人,白人对于死刑更为支持;④与其相似,白人对于可能产生长期监禁的"三振出局法"也更为赞同。⑤宗教变量也在诸如死刑等问题上具有影响力,尽管这种影响是非直观的。⑥总的来说,女性的惩罚倾向性相对于男性较少。⑦来自加拿大以及其他地方的实证数据显示:教育程度

---

① See Craige Haney, DEATH BY DESIGN: CAPITAL PUNISHMENT AS A SOCIAL-PSYCHOLOGICAL SYSTEM 76(2005).

② Tehila Kogut & Ilana Ritov, *The "Identified Victim" Effect: An Identified Group, or Just a Single Individual?*, 18.J.BEHAV.DECISION MAKING 157, 163(2005).

③ See Michael J.Gill, *Biased Against "Them" More Than "Him": Stereotype use in Group-Directed and Individual-Directed Judgements*, 21 Soc.COGNITION 321, 321(2003).

④ Robert L Young, Race, Conceptions of Crime and Justice, and Support for the Death Penalty, 54 SOC.PSYCHOL.Q.67, 67(1991).

⑤ L.Pena Yesilernis, Chrietopher Federico, &Jim Sidanius, "Race and Support for the Criminal Justice System: A Matter of Asymmetry," availble at http://www.russellsage.org/sites/all/filesu4/Pena,%20Federico,%20%26%20Sianius_Raxe%20%26%20Support%20for%20the%20Criminal%20Justice%20 System.pdf, 29 Table 1(2002)(unpunished manuscript).

⑥ Robert L; Young, Religious Orientation, Race and Support for the Death Penalty, 31, J.SCI.STUDY OF RELIGION, 76, 82(1992).

⑦ Felicia Pratto, Lisa M Stallworth, & Jim Sidanius, The Gender Gap: Differences in Political Attitudes and Social Dominance Orientation, 36 BRITISH J.SOC.PSYCHOL.49, 49(1997).

以及收入较低的人群认为刑罚“不够严厉”，[1]倾向于更高的惩罚性，虽说有关惩罚性的学说教育在其中所扮演的角色是颇为复杂的。[2]

跨文化差异也显而易见。平均监禁量刑在各国之间存在广泛区别。1999年后被定罪的美国罪犯平均服刑期为 29 个月。[3]比之美国，荷兰罪犯在平均服刑 5 个月后就会被释放，[4]而哥伦比亚的罪犯的服刑期的平均值为 140 个月。[5]不仅如此，就算处于同一文化背景下，对于刑罚严厉性的社会态度也会因时而变。[6]总体上，这些对于刑罚严厉性的不同观点产生了一个影响——模糊了对于特定案件之相对应罚性的现存共识。

第二节　正义直觉的实然分歧

尽管许多现象和影响模糊了对于罪错内核相对应罚性的现存共识，但是人们对于某些问题相对应罚性的一致意见确然存在。我们针对第二章研究 1 以及研究 2 中的受访者实施了两个额外的实验，其描绘了分歧的潜在可能性，并且可能显示出其来源。

一、方法：研究 3 和研究 4

在完成了研究 1 中对于 24 个情境的书面排序之后，单独受访的参与者们收到了 12 个额外的情境。方法与研究 1 中一致：每个情境都被印制在单独的卡片上，受访者被要求根据其应得的刑罚量为其排序。除此之外，他们还被要求给出 12 种情境的应得刑罚。通过与第一组实验中原有的 24 种情境相比较来作出适当刑罚的判断。（受访者们可以将 12 种新情境放置在先行排序的 24 种情境旁边或之间。）

---

① Carla Cesaroni & Anthony N.Doob, The Decline in Support for Penal Welfarism: Evidence of Support Among the Elite for Punitive Segregation, 43 BRITISH J.CRIM.4343.438(2003).

② Michael J Leiber, Kimberly Schwarze, Kristin Y Mack, &Margaret Farnworth, The Effects of Occupation and Education on Punitive Orientations Among Juvenile Justice Personnel, 30 J.CRIM.JUSTICE 303, 303(2002).

③ United Nations Survey of Crime Trends and Opetations of Criminal Justice System, at 480.

④ Id.at 308.

⑤ Id.at 66.

⑥ See, e.g., Michael Tonry, SENTENCING MATTERS 137(1996)(nothing that the average prison sentence for violence offenses in the United States tripled between 1975 and 1989).

第二组的 12 种情境包括了醉驾、卖淫、购买大麻、为青少年使用购酒、人兽交、晚期堕胎 、可卡因购买、约会强奸、第三重罪(抢劫珠宝)、大规模可卡因销售、超大规模可卡因进口批发。相较于研究 1,这其中大部分罪行的犯罪频率显然低得多,但它们却引起了广泛的社会争论。

二、研究 3 的结果

表 4-1 根据排序均值,列出了受访者的情境排序结果。在第二组 12 种情境排序中,受访者运用第一组 24 种情境的排序作为此次的"排序校准"。(情境前的字母表明此种犯罪一般适用法定刑的严重程度,A 表示最轻的法定刑,L 表示最高的法定刑。①)

表 4-1 研究 3 的结果

情　　境	排序均值*	标准化排序模式(频率)**	判处无责任的比例%
E(人兽交)	5.1	不处罚(27)	42.2
B(卖淫)	7.3	不处罚(15)	23.4
C(大麻)	7.4	不处罚(14)	21.9
G(可卡因)	10.2	11—12(9)	9.4
A(醉驾车祸)	12	11—12(9)	3.1
D(少年酗酒)	12.2	17—18(10)	4.7
I(第三等级盗窃)	13.6	11—12(12)	0
F(晚期堕胎)	14	不处罚,17—18(8)	12.5
H(非自愿性行为)	15.5	17—18(17)	1.6
K(可卡因零售者)	16.5	17—18(21)	3.1
L(可卡因进口者)	17.4	17—18(24)	0
J(强奸)	18.6	17—18(18)	0

* 该研究中被试者的排序是依据其在研究 1 中的排序,情境 J 的排序均值为 18.6,意味着被试者将该情境的严重性与研究 1 中情境 18、19 的严重性紧密关联起来。

** 表格中标准化排序模式的 11、12 意味着大多受访者的普遍反馈是将此情境置于其在研究 1 中所排序的第十一位与第十二位情境之间,括号中的数字表明给出标准化反馈的人数。

我们使用肯德尔和谐系数考察多位受访者评价一组对象的一致性程度。肯德尔和谐系数为 1.0 表示完美一致,0.0 表示毫无相关性。本次研究的肯德

① See Robinson & Kurzban, supra note 236, at appendix D.

尔和谐系数为 0.55，而研究 1 中相同受访者就 24 种情境排序所得出的肯德尔和谐系数为 0.95，二者形成了鲜明对比。

三、研究 4 的结果

表 4-2 显示了在研究 4 中，246 位受访者在计算机系统上就相同的 12 种情境作出的排序均值。（这次研究区别于基于书面试验的研究 3，并且受访者们并不以其先行 24 种情境的排序结果为依照，而是完全自主地为其排序。因此，表 4-2 的排序均值是一个非常理想的参照物。）

表 4-2　研究 4 的结果

情　　境	排序均值	标准化排序模式	判处无责任的比例%
C(大麻)	2.2	**	33
B(卖淫)	2.4	**	30
G(可卡因)	4	**	19
E(人兽交)	4.2	**	16
D(少年酗酒)	4.8	5	6
A(醉驾车祸)	6.2	6	0
I(第三等级盗窃)	7.1	7	0
F(晚期堕胎)	7.5	12	11
K(可卡因零售)	7.9	9	6
H(非自愿性行为)	8.7	11	1
L(可卡因进口者)	8.9	10	6
J(强奸)	11.3	12	0

N=246
**：不处罚

我们使用肯德尔和谐系数考察多位受访者评价一组对象的一致性程度。肯德尔和谐系数为 1.0 表示完美一致，0.0 表示毫无相关性。本次研究的肯德尔和谐系数为 0.51。

第三节　结论

分别对比研究 3(0.55)、研究 4(0.51)与研究 1(0.95)、研究 2(0.88)的肯德尔和谐系数，可以发现，无论是基于书面试验还是计算机系统，相较于第一组情境，受访者在第二组情境上的共识性显著降低。为什么比起研究 1、研究 2

的情境排序，受访者在研究3、研究4的合理情境排序上存在更多的分歧？

第二组的每一个罪行都有着自己的故事背景，这成为其争议性质的缘由①。第一组情境与第二组情境之间可能存在需要进一步探索的系统性差异。例如，相较于第一组情境，第二组情境是跨越罪错内核（人身伤害、未经同意采取行为、交易欺骗）去考虑行为的。这个结论与第三章中对于共识的解释是一致的。一些错误对于有效的社会团体合作至关重要，人们可能据此推测：在任何社会、任何文化中，它们都是必须存在的；它们被包含在进化压力中，其意在创造此种认知的大众倾向。其他的错误对于社会团体合作可能没那么重要。

人们猜测，一旦对于某项行为应得刑罚的评价超越了罪错核心，其可能完全不是直觉的判断结果，而是诞生于社会学习与逻辑推理。这种可能性越大，犯罪的故事情境及人们背景资料的不同在塑造应得刑罚判断中的作用就越为显著。本章的相关结果大致显示出，越是接近罪错内核的犯罪行为（如人身伤害、未经同意采取行为、交易欺骗），人们对于其相对应罚性便具有更高的共识水平。

① 例如，主张提高醉驾刑罚的人可会用醉驾导致的交通事故的数量来论证，其他人则可能提出，对于不同罪行所处的刑罚并不成恰当的比例，有人仅仅是因为在居民区超速而招致了相同的处罚。

第五章

改变人们的正义判断

无论人们从第三章的分析中得出怎样的结论(此种令人惊异、广泛存在的正义共识究竟源自进化压力还是社会学习),可以明晰的是,人们有关罪错内核的正义直观是不受生活经验及人种区别等外在因素的强大影响侵扰的。倘非如此,人们就不会发现第二章所显示的跨越文化背景的高水平共识。

此种现实存在对于社会改革者而言意义重大——人们的正义直觉是否能够被改变?如果可以,怎样施行?为此,第一节回顾了几个触及大众罪错判断问题的改革运动;第二节则考虑了改变正义共识的困难性;第三节检验了现实中哪些是可以被改变的;基于以上分析,第四节为改革者探寻实现目标的最优路径提出了建议。在前述章节展示刑法规制遵循民意正义判断的价值以及与其相冲突的代价之后,第十章、第十一章将会重拾改变人们正义直觉的话题。①本章最后一节对针对本章的一些批评意见作出了回应。

第一节　对于改变人们有关罪错及应罚性的正义直觉的建议

改革者们希望通过标准形式的政治和社会活动,以及"规范理论"的教育,来引导人们的观点和行为转变成他们所期望和偏好的模式。基于人们对于刑法"表达功能"的承认,刑法经常在社会规制的过程中发挥着核心作用。一个较为典型的方案便是,通过刑法将某项行为收编入法或予以脱罪的方式,使人们认为社会机制所否定的行为确实是具有或者是更加具有可谴责性的(或者说,消除人们现有的对某项行为的罪责观)。换言之,改革意在改变人们的正义判断。

---

① Charper 14, Sectiong D, Deviation to Change Social Norms: Altering Empirical Desert and Chapter 11, Implication for Reform.

最近的改革方案数量众多。一些关注“约会强奸”的改革者试图呼吁人们摒除此种观念——即人们往往认为约会中的拒绝是欲迎还拒的手段，或者仅仅为了避免表现得过于“随便”，而实际上，它却是不愿意发生性行为的真正明示。[①]反对抽烟的活动家谴责在不愿吸入二手烟的非吸烟者面前的吸烟行为。[②]反对家庭暴力的运动者致力于提高社会对于施暴者谴责程度的整体水平。[③]政府与非政府组织联盟希望通过改变人们的用药观念来减少药物滥用。[④]非营利组织“反对醉驾的母亲们”（Mothers Against Drinking and Driving）致力于强化人们对于醉驾危害的认知。[⑤]改革者敦促民众改变对于办公性骚扰的默然接受状态。[⑥]与此同时，同性婚姻的拥护者试图增加同性交往的大众接受度以及建立同性结合的法律认可。[⑦]

第二节　改变正义直觉的困难性

如上所言，考虑到核心正义判断的广泛性和直觉性，其建立于直觉认定而不是逻辑推理，此种判断似乎并不能被轻易改变。然而，直觉有时也会被逻辑推理系统所推翻。逻辑推理系统的功能之一便是监测直觉系统所衍生的精神产物的质量。但此种监测具有明显的间歇性，这可能是直觉系统自发产生的确定性所导致的。达尼尔·卡内曼和谢恩·弗雷迪里克从诸多研究中归纳得出，实际上，推理系统对于直觉系统所衍生产物的质量检测是非常宽松的，它让相当多的直觉判断被表达出来，这其中便包含了一些错误的判断。[⑧]然而，直觉判断的产物也可以非常准确。马尔科姆·格拉德威尔在《决断两秒间》（*Blink*）一书中便叙述了直觉判断经常具有令人惊异的准确性，其准确性有时

① Steven J，Schulhofer，UNWANTED SEX：THE CULTURE OF INTIMIDATION AND THE FAILURE OF LAW，Chapter II，(1998). Dannial Kahan，Gentle Nudges vs. Hard Shoves：Solving the Sticky Norms Problems，67 UNIV CHI.L REV.607. 608(2000) [Kahan，Gentle Nudges].

② See infra Section E.1.

③ Kahan，Gentle Nudges，256，629—31.

④ Above the Influence，Drug Facts http://www. abovetheinfluence.com/facts/frug-facts(July 22，2011).

⑤ MADD，MADD Online：Victims，http://www.madd.org/victims(July 22，2011).

⑥ Kahan，Nudges，256，634—40.

⑦ Human Rights Campaign，Marriage & Relationship Recognition，http://www.hrc.org/issues/ marriage.asp(July 22，2011).

⑧ Dannial Kahneman & Share Frederick，Representativeness Revisited：Attribute Substitution in Intuitive Judgement，in HEURISTICS AND BIASES 49—81(2002).

甚至超越了逻辑推理的结果。①这可能是因为在生活中,人们发现自己的直觉判断具有偶发性的错误,他们的推理系统尚未习惯对正义观念的直觉判断作出更为精细的检测。

究竟是什么因素能够使得人们的共识性道德直觉被逻辑推理系统所推翻?显然,与其他公民之间意见的频繁分歧并不是此种原因。如第二章所示,对于罪犯不同违法行为所配置刑罚的相对严重性,人们具有非常高的共识水平。例如,如果人们将边沁的威慑理论奉为定罪量刑最为恰当的指导(无论是将其视为刑法规制的主体内容,抑或仅仅将其作为降低犯罪率的工具),人们便可能据此总结出,就算与共有的正义直觉相冲突,无论何种犯罪都应该通过威慑理论的适用来配置适当的刑罚。然而,这似乎是只局限于学术和政策学研究的罕见事件,也是一种难以持续的观点。正如第三章所讨论的,有关人们的正义直觉存在两种相争的解释,即其根源于社会文化或进化准备,它们产生的正义直觉根深蒂固,难以改变。

调查证据显示,从根本上改变人们的正义直觉需要耗费数量众多、协调一致的努力。在强制灌输的框架下可以显著观察到人们核心判断的改变,也就是俗称的"洗脑"。尽管对于洗脑的精确定义和特性在学术上尚存争议,但实证证明,此种机制的确能够非常具有说服力地展现其在人们的观念中施加的强有效的改变作用。②

强制灌输一般通过三个阶段完成:③隔离孤立、毁灭旧我、创设新我。阶段一是隔离孤立,其旨在取得对受控者接受的外在信息、生理状况和周边环境的全面控制。阶段二是毁灭旧我,即在心理和生理上击溃受控者。受控者在施加生理应激(如饥饿、缺乏睡眠、糟糕的卫生条件、虐待)和心理压力(如忏悔仪式、同辈压力以及抛弃价值观)的双重负担下分崩离析。阶段三是创设新我,受控者的人格最终被重构,完全适应了灌输者的信念和价值观。

然而,此种具有高效控制力和侵犯性的强制灌输程序也只能在一定限度内施行成功。就算一个人已经屈服于洗脑,在没有持续加强措施的情况下,洗脑也会失效,原来的信念也因此复原。因此,就算采用强制灌输洗脑这样的极端手段,也没有哪一种机制能够将永久地剥夺一个人的固有信念。强有效地改变一个人的观念不仅需要兼具集中性和侵犯性的强制机制来培育初始信

---

① Malcolm Gladwell, BLINK: THE POWER OF THINKING WITHOUT THINKING(2005).

②③ Edgar H.Schein with Inge Schneier & Curtis H.Barker, COERCIVE PERSUASION: A SOCIO-PSYCHOLOGICA L. ANALYSIS OF THE "BRAINWASHING" OF AMERICA CIVILIAN PRISONERS BY THE CHINESE COMMUNISTS(1961).

念，还需要持续不断的强化支持。

“斯德哥尔摩综合征”被视为强制灌输的一种弱化形式。①其典型症状是，处于人质状态下的受害者开始主动将自己与绑匪视为一体，甚至对绑匪产生同情心理。在广为人知的帕蒂·赫斯特案件中，帕蒂甚至加入了绑匪一方。②从诸多角度而言，斯德哥尔摩综合征的诱导和工作机制与上述的强制灌输非常相似。人质在持续的焦虑或生理虐待（或威胁）的压力下崩溃，转而寻求对场面有强大控制力的绑匪的保护。在这个过程中，人质转而适用起绑匪的视角，与其建立起情感和思想上的双重联系。

因此，在斯德哥尔摩综合征的发生过程中，毁灭旧我和创设新我的阶段在改变人质原有直觉和信念的过程中发挥了至关重要的作用。尽管孤立和焦虑已经足够去提高人质的同情心理，但却不足以发生改变受害人信念结构的效用。这展现出了直觉观点的复原能力。就算人质在孤立无援的情形下开始转而从个人层面上重新审视绑匪（只要人质和绑匪有充足的接触，斯德哥尔摩综合征可以在非常短的时间内发生），也需要极端的干预措施来营造一种足够使人质完全内化新观念的状态。

这再次强调了在社会维度上改变人们的正义直观是非常困难的。尽管在某些孤立的国家，领导人会通过操纵大众的焦虑感来灌输如同斯德哥尔摩综合征一般的忠诚意识，但这种强制灌输的弱化形式与现代民主社会格格不入，并且也并不能产生除对领导人的个人崇拜外更多的效力。

一个大名鼎鼎的案例便是美国的禁酒令，立法机关试图通过发布禁令来改变人们的思想和行为模式。③1920 年，美国宪法的第 18 项修正案生效之后，禁止销售和消费酒类产品的国家法令随之而来。然而在民众心目中，消费酒精远不能达到入罪标准，并不符合故意伤人的要件。在存在诸多亚文化的美国社会中，饮酒一直被视为根植于这些宝贵亚文化的无害行为。意识到这些问题后，一些禁酒令的拥护者试图通过宣扬诸如穷困潦倒的酒鬼父亲虐待妻儿等事例，凸显禁酒令所规制的伤害他人的原型。但这并不具有说服力，至少在维持民众对禁酒令的支持上，其说服力是远远不够的。④

---

① Thomas Strentz，The Stockholm Syndrome：Law Enforcement Policy and Hostage Behavior，in VICTIMS OF TERRORISM，149—161（Frank Ochberg & David Soskis eds，1982）.

② Paul H. Robinson，CRIMINAL LAW：CASE STUDIES & CONTROVERSIES 725—733（2005）.

③ See supra chapter 8，section B.3.

④ Edward Behr，PROHIBITION：THIRTEEN YEARS THAT CHANGED AMERICA（1996）.

第三节 区分何种正义直觉能够被改变

尽管如此，对于改革者来说，前景也并不是完全黯淡的。通过特定的方法，有些正义直觉在某些方面可以被改变。改变正义直觉的方法为——关注直觉运作的特性，对其进行深入了解并从中学习。

越是具有直觉性的正义判断便越是难以被改变。直觉性观点的一个突出特性便是其具有跨越人口与文化的极高的共识水平。这种跨文化的共识水平也显示出正义的直觉判断对于千变万化的人口和文化背景具有极强的免疫力。

研究显示，极高的共识水平表明核心直觉至少存在于三种违法行为中：人身案件、财产案件和经济案件。这恰巧是对于有效的社会团体合作至关重要的行为，社会需要通过对其规制来提高社会的协作水平，因此它们被允许存在。其他的研究也得出了相似的结论。对于罪错核心的直觉判断似乎始于诸如打人、刺伤等直接人身行为。[①]而格林的神经科学研究则认为，罪错核心是类似于把他人推到危险道路中的直接侵略行为。[②]

古老的法律文献称“本身即错”的犯罪为不法行为的实践契合了这一观点。尽管此句在现代法学理论中已不常见，[③]它却准确地形容出了普通民众对待犯罪的态度。例如，当被问到为什么杀害他人是错误的时候，民众的回应经常是：因为它本来就是错的。这是带有情绪化特征的回答，大脑的工作图像也显示出，在回答这种有关核心罪错的问题时，大脑中的情感区域是与其相关联的。[④]

此种研究观点显示出，如果一个行为不具有道德上的错误，人们很难通过直觉认定其对于他人是有害的。如果一个行为越是接近“直接伤害他人”的罪错核心，人们便越难以将其出罪。拿走婴儿的糖果（或者更宽泛地说，拿走弱者的粮食生计）此种行为很容易被直觉判断视为“不伤害他人”的原形。

有些规制违约行为和交易欺诈的禁令是难以被改变的，这种现象的原因有两个：第一，它们在直觉判断中与直接伤害他人的核心罪错有类似的邻近性；宽泛而言，财产犯罪之所以被视为具有过错，是因为人们在直觉上容易

---

① David Grossman, ON KILLING: THE PSYCHOLOGICAL COST OF LEARNING TO KILL IN WAR AND SOCIETY, xxix(1996).

② Joshua D, Greene, Leigh E, Nystrom, Andrew D, Engell, John M.Darley, & Jonathan D.Cohen, “The Neural Bases of Cognitive Conflict and Control in Moral Judgement”, 44 NEURON 389, 389—400(2004).

③ WAYNE R.LAFAVE, PRINCIPLES OF CRIMINAL LAW §1.6(B)(2003).

④ Greene et al., supra note 275.

将其与夺取人身财物、伤害他人人身等相关侵犯行为相关联；对于规制违约行为禁令的直觉判断，可能是基于一个已经完成进化准备的独立潜在原型。遗憾的是，现今对于罪错原型的研究技术尚未达到可以厘清犯罪原型数量的程度。

还有一种想法是，改革者在大众中营造发展出一种普遍的愿望，惩治那些违反核心禁令的人。这不失为一种非常有效的机制。两项研究检验了人们对于惩罚违规者的迫切愿望的深厚基础。第一项实验游戏研究表明，参与者对于在囚徒困境或者在其他允许人们作出"有损他人"的决定的游戏中损害他人的人，表现出很强的惩罚倾向。在违约行为中受到损害或者欠缺公平的一方由此对损害者产生极大的愤怒情绪。一个很重要的发现是，游戏中的受损者将不惜一切代价去惩治损害者。并且，游戏的步骤设计保证了受损者并没有理性的理由去施加惩罚。然而，如果可以建立起"绝不姑息背叛者"的声誉，人们将会理性地耗费资源去惩罚损害者。因此，游戏的创设者保证了参与者不会在游戏中和游戏情境之外再次遇到损害者。即，参与者不惜代价去惩罚损害者、建立名声并没有关乎自我利益的原因。而且，游戏实验显示出，参与者也会耗费代价去惩罚那些很快消失的损害者。①

第二项关联实验是大脑的图像研究。它显示出何种因素会触发大脑的惩罚回应。实验显示，如果一个受损者看到第三方去惩罚损害者，其大脑中有关奖赏的区域便会被激活。换言之，就算实施主体不是本人，他们也能从看到损害者被惩罚的情境中得到满足感。②

第四节　如何改变正义判断

如果一个正义判断属于可以被刻意改变的种类，上文对其来源和可变性的分析则已经透露了怎样才能最有效地施加改变——有两种可能的有效改变方法：其一是，通过公共教育来规范操纵对于核心罪错的类比；其二是，内化群体信念。它们并不是互相排斥的，改革也可以通过二者的结合来进行。

---

① Joseph Henrich, Richard McElreath, Abigail Barr, Jean Ensminger, Clark Barrett, Alexander Bolyanatz, Juan Camilo Cardenas, Michael Gurven, Edwins Gwako, Natalie Henrich, Carolyn Lesorogol, Frank Marlowe, David Tracer, & John Ziker, Costly Punishment Across Human Societies, 23 SCI 1767. 1767—1770(2006).

② Dominique J.-F.de Quervain, Urs Fischbacher, Valerie Treyer, Melanie Schellhammer, UlrichSchnyder, Alfred Buck, & Ernst Fehr, The Neural Basis of Altruistic Punishment, 27 SCI, 1254, 1254—1258(2004).

一、通过公共教育来规范操纵对于核心罪错的类比

首先，通过公共教育来让人们明晰，先前不被完全认可的行为的负面效应，以及将其与已经入罪的行为相类比，得出其应当被纳入犯罪圈的结论的做法是具有可行性的。它不是通过与原有的直觉判断相抗争的方法去施加改变，而是通过展示此种处在争议中的行为的确具备犯罪的行为特征和人们的直觉所憎恶的负面影响，引导人们重构直觉判断的罪错要件。

以下两个例子可以展示公众教育是如何改变人们的直觉判断的。对于醉驾以及在禁烟区吸烟的两个行为，近年来其不是被入罪，就是被增加了惩罚力度。如果社会共同体开始认为，谴责此种行为合乎情理，或者将其入罪非常恰当，入罪化的过程便实行成功。至于醉驾，入罪化的路径包含了改变人们对“受害者”的认知——从一开始的司机本人转变为因醉驾行为而无辜受伤的受害者。一些因为他人的醉驾行为而失去孩子或者致使孩子受伤的母亲们组成了“反对醉驾的母亲”组织，她们被悲剧性地激发，开始在社会上掀起醉驾入罪运动，教导大众为什么醉驾行为符合“道德罪错”的原型。反观先前，人们对于醉驾的固有观念是，醉驾是一种愚笨的行为，因为醉驾者可能会驶入乱物伤害自己。反对醉驾的母亲们则举着她们夭折孩子的童年照、毕业照，或者因醉驾导致的惨烈车祸照来说服大众，醉驾对他人具有高度危险。在禁烟区吸烟是一个稍具复杂性的案件，但是相似的是，它也是通过与受谴责的人身侵害行为相类比来构筑其罪错。相比在反醉驾运动中，人们将醉驾与明确的受害者们构建起直接的关联，反对抽烟的人则是通过逐渐扩大人们对吸烟的受害者的认知来改变人们的直觉判断。

起初，不断积累的证据显示，烟草对于抽烟者具有非常显著的伤害，且会让一些人成瘾，政府也明令禁止向未成年人售卖烟草。此种做法的正当性是基于未成年人的行为能力尚不足以理性地判断出其将要负担的风险。然而，它并没有禁止向成年人售卖烟草，也没有限制何处可以吸烟。纵然人们认为吸烟对吸烟者有伤害，传统观点却认为，成年人一旦选择承担此种伤害便不能被外力制止，因为这种风险针对的仅仅是吸烟者本人。①

吸烟禁令的进一步扩张是通过对二手烟的研究而实现的。研究显示，非吸烟者在充满烟雾的房间内吸入二手烟会产生与吸烟者相似的健康问题。因此，一些管辖部门开始禁止在办公室这样的私人空间以及混杂了吸烟者与非吸烟者的会议室这样的公共场所吸烟。因为被教化培育出吸二手烟具有潜在

① Film, Thank you for Smoking(Fox searchlight Pictures 2006).

伤害的观念，人们开始认为吸烟的确会危及他人。然而，对于吸烟的规制尚未延伸到如餐馆、酒吧等公共场所中，因为人们认为，非吸烟者可以选择在禁烟的区域活动或者选择待在家里，室内的公共场所的吸烟因而继续被人们所允许。

为了转变人们认为在餐馆酒吧吸烟十分恰当的判断，公共教育放弃着眼于顾客，而是从服务员的角度出发。服务员们被描绘成在二手烟中挣扎的年轻人，他们与我们一样，是一个家庭的儿子或女儿，并不愿意罹患癌症。因为挣钱的需要，这些无辜的受害者在本不应该如此危险的地方工作。这使得越来越多的城市决定在这些吸烟的最后阵地实施禁烟。吸烟不道德的社会认知显著上升，这浸透了反对吸烟者的努力。

如果将这两项改变了人们正义判断的公共教育的影响结果复制到其他行为上，则需要通过类比，即要具有清晰的、应受谴责的对他人的伤害事实。最近一些人士致力于改变人们对内幕交易的正义判断，此例既包含了改变的可能性，也包含了改变的限度。内幕交易一般是指行为人利用尚未公开的内幕信息买卖股票债券的行为，此种交易方式已经被入罪。然而，尽管该行为被高调起诉，人们对内幕交易犯罪行为的评价仍然颇为复杂。[①]

正如本节所叙述的，如果内幕交易行为人在股票价格即将下跌之前卖出股票，人们很容易直觉性地认定其为犯罪。因为后续跟进交易的个人或机构可能会因此遭受经济损害。因此，在安然公司的破产案中，关注的焦点都集中在许多雇员将其退休金投入了公司这一事实。

在另一种相反的情境内，行为人凭借内幕信息在股票价格上涨之前提前买入股票，此种情境下认定受害人群体更加困难，因此也很难改变人们对这种行为的谴责判断。此种内幕交易的类型距离人们一般认定有损害者和受损者的核心罪错有着较远的距离。一般认为，这种行为伤害了所有后续买进该支股票的交易者，因为行为人基于内幕信息买进的行为稍微提高了后续交易者买进时股票的价格。这些后续买进的交易者构成了一个庞大且非人性化的行为者类别，他们受到了相当抽象的损害。基于此，可以预知，此种内幕交易的入罪必然会遭到公众的质疑。

二、群体信念的内化

另一种改变人们直觉判断的机制则通过更加间接的方式来运行。如果一

① Joan MacLeod Heminway, Save Martha Stewart? Observations about Equal Justice in U.S.Insider Trading Regulation, 12 TEX.J.WOMEN & L.247, 250—253(2003).

个相当大的群体改变了其对某项行为的看法，他们的看法便可以用来改变其他人的观念。基于进化和社会群体的效用，人们通常会适用其所在群体其他多数人的正义判断观点。①

有关一致性的大量心理学文献证实，一个处于对外发声一致、意见统一的群体中的个人往往会表达相同的观念。②对于一致性的特别研究也证实，当面对周围的一致反对时，个人会屈服于对某项道德行为的一致性判断。如果个人的某项行为被周遭群体的人冠以“不应做”的标签，它可能会被大众持续永久地认定为具有道德上的过失。

在童年期间，社会化的过程引导孩子的思维转为具有文化性的道德思维。孩子们乐于接受那些不是以批判行为提出的规范。③他们的任务是向自己阐明这些道德规范的根本原因，例如，孩子们可能会从大人的厌恶表情中认识到，将自己的食物弄到头发上和客厅的地毯上是错误的。

同理，一个人脑海中被群体施加的评价结果也可能随着时间的推移而淡化。在心理学领域，这涉及此种问题：群体衍生的直觉评价是否被个人完全内化并成为自己观点的一部分，还是说其仅仅是符合群体认定的短暂结果。倘若如此，一旦有关群体评价的记忆开始褪色，先前固有的直觉评价便会重回原位。对广泛的研究文献进行概括后可以得知，在群体轨道中表达的一致意见或直觉具有转为原有状态的倾向。④

然而，人们可能会有疑问，是否所有一开始由群体一致性压力衍生的道德意见都是可以复原的？事实上，对于道德判断，群体具有尤为强大的说服力来源。如果个体之外的众多他人都认为某项新型复杂行为是错误的，这就给了此个体一种提示，就算他对其进行思考，他也会认为这种行为是错误的。然后他可能因此受到激励，开始探索其他人认为是错误的原因，这样一开始就带有偏见的探索很快便会找到确认的原因。因此，如果这个过程在最初便产生于群体一致的影响下，对于个体直觉判断的改变便很难实现，或者说，个体已经内化了群体信念。

一些研究反堕胎的激进化过程的社会科学家提供了一个典型案例，对于相当多的美国人来说，信念内化的过程都是如此：有些人一开始就反对堕胎，

---

① See chapter 3, section A&B.

② Solomon Asch, SOCIAL PSYCHOLOGY(1955).

③ Richard A.Shewder & Nancy C Much, Determinations of Meaning: Discourse and Moral Socialization, in William M.Kurtines & Jacob L.Gerwitz, MORAL DEVELOPMENT THROUGH SOCIAL INTERACTIONS 197—244(1987).

④ Richard E.Petty & John Cacioppo, ATTITUDES AND PERSUASION: CLASSIC AND CONTEMPORARY APPROACHES 259(1987).

因为这与其宗教理念相悖。然后他们开始参与抗议，反对堕胎的其他人也和他们聚集起来。他们反对堕胎的共识在更广泛的维度上转变为反对堕胎的群体规范。

显然，反对堕胎的同情者们在看到超声波扫描下堕胎过程的影片时更加坚定了他们的信念：影片中的胎儿已经成形，挣扎着躲避医师的堕胎针。[①]在他们眼中，堕胎与杀害孩童无异。和那些已经认为堕胎是错误的人一起观看该影片则进一步强化了此种信念。很多所谓的“拯救者”便是从这些人群中产生，“拯救者”意欲对堕胎的人施加暴力，有些人甚至的确将其付诸实践。[②]

如上所言，这种案例的一般特征是：群体会积极地解释为什么一项行为具有道德上的错误，其模式一般是将其与对他人施加人身伤害相类比。这种意图控制他人对于罪错性和应罚性问题独立评价的倾向，本身便蕴含了改变的可能性。原有观点的复原过程也进一步支持了此种改变。在当代社会，一个人的关联群体可能涉及社会、政治、种族、宗教以及其他与其特性相关的群体。

这种机制在两种情景过程中发挥着作用：其一是，对之前准允的行为进行非道德化的过程；其二是，对之前认定为错误的行为进行道德洗白的过程。比如，一个高中足球队的新手一开始固守在球场上不得伤害他人的禁忌。然而渐渐地他发现，他所仰慕的前辈们都认为，在球场上某些打破规则的侵犯行为才是正确的踢球方式。他可能随即开始从自己的角度为此种说法找寻正当化的理由。直到他在球场上看到对手穿戴着密集的防护设备，才恍然大悟：指导行为的真正准则并不总是那些存在于规则簿上的条文。换言之，他在寻找证明前辈言论道德正确性的理由，但是这种理由的寻找过程一开始便带有偏见。[③]

另一个可能令人难以接受但是却非常实际的事例也进一步对其进行了佐证。在一些所谓的男性“亲密群体”中，这些年轻的男子部分有组织地，部分自发地参与到对女性的性骚扰活动中。调查发现，这个群体通过独有的意识形态来同化新成员，此种意识形态以社会科学家口中的“强奸神话信念”为中心，他们认为，与女性之间并非你情我愿的性行为并不是“伤害”。其中的一个典型观念便是，女孩口中的“不”实际上意味着“好”。[④]持有此种观念的人们认为，

---

① The Silent Scream, Dr. Bernard Nathason, 1984.

② James Risen & Judy L. Thomas, WRATH OF ANGELS: THE AMERICAN ABORTION WAR(1998).

③ Robert J.Liftton, THE NAZI DOCTORS: MEDICAL KILLING AND THE PSYCHOLOGY GENOCIDE 102—144(1986).

④ Martha Burt, Cultural Myths and Supports for Rape, 38 J. PERSONALITY & SOC.PSYCH.217, 217—230.

性关系应当建立在一方对另一方具有需求的基础上，强制性的行为是得到满足的恰当方式。

因此，用来改变人们直觉判断的一致性机制能够促进人们内化某种理念——无论是用来消弭还是加强人们对某项行为的犯罪化评判。这种方法的困难之处并不在于如何在群体影响下改变人们的观念，而在于如何使得人们内化此种信念，以至于其在群体影响消失之后依旧可以存在。

第五节　对共识及其影响的主张的批评

一、"核心"究竟包括什么

在第二章和第四章，我们展示了布拉曼教授、卡汉教授、霍夫曼教授有关共识和分歧的研究，其声称：(1)绝大多数的不法行为都是共识核心的一部分；(2)人们对处于核心部分中所有犯罪的所有方面达成共识；(3)人们就何种行为应为犯罪、何种行为是正当的达成共识。

不幸或幸运的是，这并不是我们所提出的主张。事实上，我们也无从得知哪位德高望重的学者提出了这样的主张。

关于(1)和(2)：什么是"核心"？布拉曼、卡汉、霍夫曼认为，它的轮廓非常模糊、难以界定。但是实际上，并不是思辨性和理论性的问题构筑了"核心"，也不是解释界定了"核心"，是实证构筑了它。正如在《正义直觉的一致与冲突》(以下简称《一致与冲突》)一文中所展示的那样，从定义上来说，"核心"是指那些具有跨越人口与文化的高水平共识的问题。①

哪些案件被包含在核心中？答案是，人们对其有着跨越人口与文化的高水平共识的问题。那么，这些案件的类型是什么？《一致与冲突》一文中的研究显示，在涉及暴力与偷窃因素的案件中，人们存在着高水平共识。进一步的问题是，我们还能否找到其他的存在高水平共识的案件类型？其答案是可能的，但这需要进一步的调查研究。正如我们在《一致与冲突》一文的方法论部分所阐释的那样，我们关注的是实际生活中最为常见的案件类型，②如果还存在其他的种类，那么它们可能并不那么常见。

这些罪行中的哪些部分被包含在核心中？布拉曼、卡汉、霍夫曼似乎认为，我们的主张是：涉及所有罪行的所有案件的所有方面都是核心的一部分，

---

① Supra note, 292.

② Robinson & Kurzan, Concordance and Conflict in Intuitions of Justice, supra note 291, 172.[c&c]

但事实完全不是如此。我们在研究情境中有意识地使用了我们认为具备高水平共识的因素，如果用一个具有分歧性的因素去替代，人们对其相对严重性判断的共识水平显然会降低。在一个情境中，我们假设有人从一辆车内偷取了一个收音机，如果我们用“偷取了车主祖父的骨灰”这样的情境来替代它，在前种情境中人们对其相对应罚性的高水平共识必然会随着此种替代而消弭，因为人们对于祖父骨灰的相对价值存在着争议，这种观念的分歧跨越了文化，甚至同种文化背景下也会因人而异。

哪些超出研究中上述情境的其他案例被包含在核心中？我们对超越研究中特定情境的情况作出进一步的外推，有些就如偷收音机案一样具有共识性，有些也不像偷骨灰案那般具有争议性。但是，在研究结果尘埃落定前，我们不能确切界定不同案件的共识水平。[①]

在《一致与冲突》(附录二)中，我们向读者展示了如何构筑起具有高度共识性的 24 个情境，这些情境的构筑仅仅是根据那些我们认为具备根深蒂固的一致性直觉的原则。具体而言，有很多定罪量刑的原则是被人们广泛接受的，比如，人身伤害比财产伤害更具有应罚性；故意伤害比过失伤害更具有应罚性；人身伤害的程度越重，应罚性越强；对隐私的期待保护越高，侵犯隐私的应罚性越强等。我们猜测，这些存在于一般犯罪原则上的高度共识对个别案件的共识水平也产生了实际性的影响，因此，就算与一般观念相悖，我们可以据此在判断个别案件相对应罚性的过程中创造出高度的共识水平。《一致与冲突》一文中的研究也证实，人们对于一般犯罪原则的高度共识可以转化为对个别案件的高度共识。

基于布拉曼、卡汉、霍夫曼对我们的主张作出了错误的假设，他们的文章十分难以理解。比如，它用一整章来展示在交易欺诈案件中人们的分歧，显然，人们在交易中是否被欺骗与他们对交易对象的期待度是相关联的。这种期待度具有深刻的文化依赖性，就算处于同一文化背景下，也会根据具体情境的不同而变化。在研究中我们使用了一个售货员给顾客少找了零钱的案例。我们之所以认为该案例的使用非常精准，是因为几乎所有人对购物这种最寻常交易方式中的找零钱行为都具有期待度，而此例是对这种期待度的违背。人们之所以愿意去交易是因为他们相信，交易双方对交易对象都有一致的理解。因此，在任何文化背景下，交易一般伴随着双方共同的期待度而发生，但是显然，并不是任何时候都是如此。

---

① PAUL H. ROBINSON & JOHN DARLEY, JUSTICE, LIABILITY, AND BLAME (Westview 1995), chapter 3.

更加令人困惑的是，布拉曼、卡汉、霍夫曼又用了一整节来展示人们对于性侵犯的分歧，[①]仿佛这与我们的主张相悖一样。但是《一致与冲突》一文已经展示出，人们对性侵犯的诸多方面都存在着高度的分歧。[②]在我们的研究已经是这种分歧的最优实证支持的情况下，很难解释为什么布拉曼、卡汉、霍夫曼还要如此不厌其烦地告诉我们相同的事。

大体而言，布拉曼、卡汉、霍夫曼将我们的主张倒置了。《一致与冲突》一文的目的并不在于展示人们对诸多事物都存在着分歧，而在于揭露现今一些常识的错误，即，至少对于个案而言，人们几乎不存在共识。布拉曼、卡汉、霍夫曼对我们的主张作出夸大理解再去批评的行为完全没有任何价值。

这里的重点是，研究者可以通过向人们展示具有争议性的话题来“找到”或者“创造”分歧，但这并不会削弱存在对于核心问题的高水平共识的事实。我们将会在下一部分讨论，高水平共识的存在意味着人们的正义直觉存在着可变性。

关于(3)：当布拉曼、卡汉、霍夫曼向我们展示人们对于犯罪的认定存在着高水平共识的主张时，其显示了和上部分相同的误读模式。《一致与冲突》一文中对于分歧研究的主要内容是完全与其相反的——它不仅显示了对于相对应罚性的分歧，也显示了对于某种行为是否应该入罪的分歧。在某两种情境中，超过20%的人认为该行为不该承担任何刑事责任；在另一种情境中，超过40%的人也得出相同的结论，[③]而事实上，这三种行为在现今的刑法框架下都是有罪的。

在《一致与冲突》一文中，我们还具体展示了以下事实：就算人们对于何处应为刑罚区间的最低端(即最轻微的刑罚的规定)存在着争议，人们也能对一项行为的相对应罚性达成共识。我们特地将“在自助餐中违反规则拿走食物”的情境规定为“边界案件”来作为参照，毋庸讶异，人们对其是否应当承担刑事责任存在着广泛分歧。但重点是，尽管如此，人们对该案在相对应罚性区间中的排列顺序的观点非常接近。更重要的是，人们对于案件相对应罚性的判断观点具有高度共识，而不是对何处应为刑罚区间的最低端存在共识。

布拉曼、卡汉、霍夫曼误读了我们的观点，他们理解为：人们不光对何者应为犯罪存在共识，对何者应为正当的观点也存在一致性。[④]这是因为，他们超越了“禁止性规范”(何种行为被视为不法并予以禁止)去阐释“正当化规范”(何

① 77U.CHI.L.REV.at 1573—1577. 1555—1556.

② C&C, supra note 291, 1885, table 6, 7.

③ See Id.at 885, table 6.

④ Supra note 298.

种不法行为在特定情境下是被允许的)。事实上,布拉曼、卡汉、霍夫曼的论述中并没有任何迹象表明他们认识到了两者的区别,或表明他们意识到自己作出了跨越。他们在文章开头假设了一个案件:一个人犹豫是否应该偷一张公车票去参加婚礼。他们指出,美国人可能认为在这种情况下该行为是错误的,但印度人可能不会,由此来反驳上述观点。

与他们所理解的不同,这个假设并不意在调查人们是否认为该偷窃行为有错,想必案件中的当事人也知道此种行为是错误的。关注的焦点在于,这种大家都一致同意其错误的偷票行为在这种情况下是否可以被免除罪责。因为此种情境中存在参加婚礼这一具有充分重要性的特殊理由,它或许可以使偷票行为正当化。即,该案不在于测试人们是否认为该偷窃行为有错,而是测试冲突利益的比较价值。

如上所言,如果比较的是人们对其意见一致的利益,就可以得到共识观点;反之,如果比较的是人们对其意见不一的利益(譬如父亲骨灰的价值和参加婚礼的重要性),比较结果就会产生分歧。在上述情况中,人们赋予出席婚礼的价值程度是具有文化依赖性的。布拉曼、卡汉、霍夫曼提出,相比美国人,印度人赋予了出席婚礼更高的重要性,而对此我们并没有足够的了解。

然而,进一步思索案件背后的内涵,可以猜想,对于特殊的情境可以正当化某些不法行为这一一般原则,人们持有高度的赞同。正如我们在《一致与冲突》一文中所展示的那样,如果某些个案仅仅涉及人们对其具有一致观点的因素,对于刑法一般原则的高度共识便可以转化为对于个案判决的高度共识;如果在案件中引入具有分歧性的变量,前文所言的共识水平便会明显降低。

布拉曼、卡汉、霍夫曼或许会向自己发问:为什么美国人和印度人,以及这个星球上存在的所有族群,都认可财产权?为什么所有人都认为,未经同意拿取他人有价值的所有物是错误的,需要正当化理由去为其辩护?毋庸置疑,"所有物"的概念存在着广泛的文化差异,不同文化赋予不同所有物的价值也不尽相同。但是为什么不同的文化族群似乎都认同这一基本原则:未经同意拿取他人有价值的所有物是过错之事。据此推测,还有一层更深的认同:所有物的价值越高,罪责越重。有趣的是,还存在一派惩罚现实主义者笃信,他们可以找到或者创造出一个社会,其中的人们认为未经同意拿取他人所有物是无过错的;或者就算人们认为有错,他们也可以被调教改变,转而认为偷取的所有物价值越高,罪责越轻。

二、可能与布拉曼、卡汉、霍夫曼产生的分歧

可以想象,基于我们对布拉曼、卡汉、霍夫曼展示的观点并不完全认可,进

一步深入理解其文章存在着困难。但是，我们有一些信心说，我们了解布拉曼、卡汉、霍夫曼的立场，因此我们十分犹疑是否应当提出一些有关这些观点的争辩主张。在下文中，我们猜想存在着真正的分歧，但是只要检验分歧的可能要点就可以确定其真实性。这些问题将留给布拉曼、卡汉、霍夫曼去定夺回答。

并不存在共识核心。布拉曼、卡汉、霍夫曼的观点大致为：并没有任何罪行的任何方面，存在着人们对于行为者相对应罚性的高度共识。实际上，这是早在《一致与冲突》研究之前便存在的常识。基于此，我们难以理解为什么这还可以作为一项合理主张被继续提出，但是布拉曼、卡汉、霍夫曼似乎通过继续否认核心和非核心案件的不同来坚持如此。

存在着共识核心，但是其毫无意义。布拉曼、卡汉、霍夫曼或许会承认我们展示的具有高度共识的核心，但是他们也相信，在某种意义上，这只是共识，不过是错误的或者是至少没什么实际意义的表象。①如果这是他们的观点，那么想必布拉曼、卡汉、霍夫曼也会主张，我们在共识实验中所使用的并认为其为组成共识核心的一部分的案件，尽管其具有蕴含共识或蕴含分歧的可能性，也与我们在分歧实验中所使用的非核心案件没有什么差别。②也就是说，他们认为我们展示的明显的共识核心并没有任何意义，因为人们对于相对应罚性的共识和分歧是可以被创造和消弭的，或者研究者可以随意进行再创造和再消弭。在这一方面，与应罚性有关的问题和其他问题并没有任何差别。所有的问题都存在蕴含共识和分歧的可能。他们可能争论，我们在《一致与冲突》一文中的共识研究（可能也包括我们的分歧研究）不过是研究者和改革家可以通过控制事实原因，来创造和消弭的万千共识与分歧模式中的一种。

基于实证，我们认为布拉曼、卡汉、霍夫曼的观点完全是错误的。他们不妨去做这样的一个实验：尝试能否通过在《一致与冲突》的分歧试验中所使用的非核心案件，创造出与使用核心案件所产生的跨越人口与文化的一致的共识水平。如果恰如他们所言，核心和非核心案件并没有什么实质意义的不同，那么他们也应该可以用非核心案件去创造出一致的高度共识水平。当然，我们相信这是不可能实现的，与他们的观点不同，我们认为核心和非核心案件迥异。

就算存在着共识核心，其对于人们正义判断的改变也并没有什么影响。

---

① 7U, CHI.L.REV. At 1568—1569.

② 77U.CHI.L.REV at 1566. See supra note 290 at 1566.

我们之所以认为共识核心至关重要，是因为其显示了，相比其他的一般案件问题，改变人们对于核心案件的直觉判断是非常困难的。如果在这些案件中引入其他具有分歧性的因素，对于核心案件的高度共识便会降低，但这并不意味着人们对于核心因素的直觉十分容易改变。无论是否介入具有分歧性的变量，对于核心因素的直觉都是难以撼动的。

布拉曼、卡汉、霍夫曼似乎认为，所有的正义判断都是可以被改变的，改革者可以用同一方法改变所有的正义判断。基于实证，我们认为布拉曼、卡汉、霍夫曼的观点完全是错误的。正如前文所述，跨越人口的高水平共识的存在恰恰显示了，现实世界中，根植于人口文化多样性的社会影响的强大力量，深刻影响了人们的观点和判断。如果核心直觉对该种力量是有免疫力的，改革者们又如何期望通过其他方法轻而易举地去改变它呢？

最重要的在于，严重犯罪应当被规制和惩罚是显而易见的共识性直觉。然而，正如我们在《正义直觉：对于刑法规制和司法政策的启示》（以下简称《启示》）一文中所展示的那样，现实中还存在着活跃的废法运动。考虑到上述惩罚直觉的强大力量和近乎一致的共识，如果此项运动获得了更多的支持，或者说被某个国家所施行，我们会被此种超现实的现象所震惊。如果如布拉曼、卡汉、霍夫曼所言，直觉可以被改变，或者如果废法运动者能够清楚阐释，惩罚罪行并不是规制犯罪的最优方法，为什么我们并没有看到哪个国家或社会体系废除了刑罚系统？更何况，此种共识性直觉判断还经受住了社会的变迁和时间的变化。布拉曼、卡汉、霍夫曼需要向我们解释，为什么此种正义直觉一直都没有被推翻重构。

事实上，布拉曼、卡汉、霍夫曼也基本承认了，正义直觉的根深蒂固使得对其施以改变非常不切实际。但是，布拉曼、卡汉、霍夫曼又提出，改革者完全不用担心这些广泛存在的正义直觉，因为它们并不是“针对现时的有生机的（live）的政策争论”。①或许他们认为，现在有关废除惩罚的争论，只是“过时的无生机的（dead）”争论，也就是说，他们换了一种方式去阐明废法运动不会盛行。但是，如果布拉曼、卡汉、霍夫曼认为，不论直觉的共识程度如何，所有的正义直觉都可以被改变，为什么还需要强调其不可以是“现时的有生机的”？不承认核心直觉可变性具有的显著的、可预见性的不同，他们又是如何将废法主义者的争论认定为“过时的无生机的”？

然而，布拉曼、卡汉、霍夫曼所提出的“存在于现时争论中的正义直觉难以被改变的”主张也是错误的。正如我们在《启示》一文中所述，废法主义者采取

① 77U.CHI.L.REV at 1597.

了一种更为现代的方式，即采用“恢复性司法”的理念。毋庸置疑，废法运动的创始者约翰·布雷斯韦特将推进反惩罚议程作为其主要任务。①恢复性司法的程序有很多不同的方式，一些人更倾向于废除应得刑罚。争论何种程序更好，实际上很大程度上是在争论哪些恰当的刑罚应当被废除。与我们的预测一致，恢复性司法的适用目前仅仅局限于未成年人犯罪，这是因为更大范围上的、对其他严重罪行的适用，将与人们的共识直觉相悖，即，严重犯罪应当被规制惩罚。我在出版的作品中也曾争论在严重犯罪中适用恢复性司法是否具有更大的价值，改革者们最好还是放弃反惩罚议程的推进来避免更大范围的适用。②

让我们沿着上述的惩罚直觉进一步思索一个具体的量刑规则：人们似乎具有一种非常强烈的对于引发伤害行为的直觉判断。例如，就算死亡仅仅是厄运的结果，杀人既遂应当重于杀人未遂，过失杀人应当重于鲁莽的危害行为。这种广泛持有的直觉的强大力量在不同的人口和文化中都反复显现。③

正如每位刑法教授都在课堂上经历过的那样，学生们可能对因结果不同从而给予造成伤害者不同惩罚的做法持有诸多反对性的理性意见：为什么行为人的量刑要随着其完全无法控制的因素变化？例如，袭击目标在开枪时刚好弯腰系鞋带躲过了袭击；本应被鲁莽的司机撞死的行人刚好跑慢了一点，在司机经过后才走上了人行道——但这并不能消弭行为人原有的罪错性。

教授们无疑可以在课堂上说服那些主张理性地忽略死亡结果的学生。但是，说服学生规则的不合理性与让学生明白司法正义需要忽略死亡结果是截然不同的。就算在正义角度说服学生，可能有一小部分特别理性的学生每年都需要被重新说服才行。这并不意味着此种理性超越直觉的胜利可以在售货员和蓝领工人身上轻易重现，就算改变，也不会按照改变共识的社会观点的速率进行。任何认为这种改变核心直觉的方式是可行的人，并没有和普罗大众有着充分的交流。

如果布拉曼、卡汉、霍夫曼想要引发一场具有广泛社会基础的，改变人们对于死亡结果直觉判断的运动，绝大多数人应该都不会认真采信。如果从正义角度努力说服那一部分极为理性的专业刑法学生都几乎不可能，就更难以想象怎样在社会中创造出一致共识。需要提醒布拉曼、卡汉、霍夫曼的是，无论赋予死亡结果重要意义看上去多么不理性，世界上也不存在哪一个社会（且

① Paul H. Robinson, The Virtues of Restorative Processes the Vices of Restorative Justice, 2003 UTAH L.REV.375, 377—378, 380.

② Id at 387.

③ See chapter 12 section A.

其中的民众对其应罚理念有高度支持)会忽略这一点。

我们认为,布拉曼、卡汉、霍夫曼的错误不仅在于其忽视了关乎可变性的核心与非核心问题的差别,而且也忽视了直觉判断和推理判断的不同(我们猜想,核心的绝大多数方面都是直觉判断,但核心之外的部分问题也可能是直觉性的)。正如我们在《启示》一文中所述,正义的直觉判断与推理判断具有诸多不同的特征。前者被认为是事实,人们在作出认定时具有极高的信心,且通常不会思考为什么会作出这样的判断。很显然,直觉性的正义判断与推理性的正义判断的显著差别对改革者而言至关重要。对于后者,改革者只要展示出一个更好的推理论断便可以改变;而改变前者则需要更多的努力。首先,改革者需要引导人们思索他们坚信的直觉判断值得重新检验;就算这一层障碍被克服,直觉判断也不能通过展示更好的推理思路而轻易改变。不懂法律的一般人群不会否认伤害结果的意义,因为他们有着自我的非理性的演绎体系。当布拉曼、卡汉、霍夫曼将广泛存在于共识核心中的直觉判断和普遍见于核心之外的推理判断混为一谈时,他们实际上给改革者提供了错误的建议。改革者如果想对大众观点作出有效改变,就需要考虑到改变直觉判断和推理判断的不同之处。

刑法规则遵循人们对于规制原则的正义直觉并没有任何意义。布拉曼、卡汉、霍夫曼似乎拒绝接受这样的观点:刑法规则如果与人们的正义直觉相冲突,会付出相应的代价。①该观点所依赖的广泛共识在任何司法体系中都普遍存在,它也敦促改革者在修正刑法典、适用刑法规则时,能够依据其所规制的群体民意,最大程度地提高刑法的道德信用。这对立法者而言是一条非常切实可行的建议。②

布拉曼、卡汉、霍夫曼的观点在这一二十年中也有相关的理论呼应:现代的犯罪控制原则并不在意产生与大众正义观相悖的结果。③然而,刑法学者的观念也会依据常识、经验和实证研究的改变产生相应的变化。仅仅就经验领域而言,大多数人都会认为,背负不正义名声的刑法体系难以在社会中产生规范性的影响效力,其不仅不会赢得人们的遵循和配合,还会培育出大众的抵触和颠覆心理。苏联的刑事司法体系便是一个很好的证明,它在社会中缺少道德信用,一旦政治性强制力量缺位,便难以获得人们的遵从。

实证研究更加清晰地显示了刑法体系的道德信用与人们的协助与遵从意

① 77U.CHI.L.REV. At 1594.

② 《Implication》, supra note 293, at 37—38.

③ See chapter 7 section A&B.

愿之间的关系。《启示》一文[①]以及其他的一些研究表明，[②]前者的改变调整可以在后者中产生相应的变化。如果布拉曼、卡汉、霍夫曼不同意该观点，难道还有哪些研究展示了相反的结果？

当前改革领域的现状意味着我们只能做保守的反改革者。布拉曼、卡汉、霍夫曼声称，我们的主张意味着我们是保守的反对改革者。[③]这种论断无疑是难以理解的。我们的研究意在为改革者提供更为高效的改革工具和更为切实的改革意见。相反，布拉曼、卡汉、霍夫曼的“惩罚现实主义”之说会损害为改革所付出的先行努力，也为固守明显不义的成规提供了借口。

《启示》一文的分析给社会改革者提出了两项建议。其一，不要将有限的改革资源完全投入正义直觉的改变，因为它是难以更改的，或者说，现在改革者所能为其提供的资源和机构力量是不足以改变的。即，改革务必聪明巧妙，谨慎施行。

其二，在设计改革方案时，要注意，相比于与其对抗，利用人们的正义核心直觉才是治理的更优方法。这种核心直觉是改革者可以纳为己用的力量。如果想要进一步增进家庭暴力在大众观念中的严重性，改革者需要着重强调其“暴力”方面，弱化清官难断家务事的观点。如果想要进一步增加非法下载音乐的可责性，改革者可以将其与窃取人身财产相类比，后者正是我们所了解的核心共识的一部分。

这不仅是能够给改革者提供帮助的切实建议，也是对决策选择复杂性的深刻理解，其充分领会了改革者创造和利用刑法道德信用的需求。正如《启示》一文所言，道德信用会帮助改革者改变人们的规范观念。[④]

而布拉曼、卡汉、霍夫曼却逆向行事，似乎成了现状的捍卫者。我们的研究挑战了过去几十年主导美国刑法学界的犯罪控制学说，其基于威慑和剥夺再犯能力的考量，有意且经常地作出不公正的裁决。在犯罪控制学说下制定的典型现代刑法规则包括：(1)“三振出局”，即对于之前有过两次犯罪前科的罪犯将适用长期监禁；(2)对低级毒品犯罪处以重刑，从而增强刑罚的威慑；(3)在罪行极其严重案件的刑事程序中降低年龄要求，未成年罪犯将被视为成人按照普通程序起诉，在刑事实体法律上承担一般主体的完整刑事责

---

① 《Implication》, supra note 293, at 26.

② See chapter 7 Section C.

③ 77U.CHI.L.REV. At 1602.

④ Paul H.Robinson, Criminalization Tensions: Empirical Desert, Changing Norms & Rape Reform, in DUFF, FAMER, MARSHALL, RENZO & TADROS EDS, THE STRUCTURE OF THE CRIMINAL LAW 186—202(2012).

任；(4)限缩或摒弃精神病辩护，加强对可能伤害他人的精神病人的预防性羁押；(5)严格责任，不要求对行为人实施犯罪行为时故意或者过失的罪过进行证明；(6)重罪谋杀规则，即对于任何在重罪的实施过程中出现的死亡结果，即使是基于意外造成的死亡结果，行为人均被认定为最严重、等级最高的杀人罪名——谋杀罪，而谋杀罪通常是要求行为人蓄意造成他人死亡。与相对应罚性的判断观点相比较，这些刑法规则与人们的正义直觉之间产生了强烈的冲突。考虑到其产生的不公正结果，最激进的功利主义者也应当反思拒绝这样的规则。

布拉曼、卡汉、霍夫曼的"惩罚现实主义"观点是对于不公正结果的非常不同的回应。他们通过贬低不公正结果的影响意义，向改革者展示正义判断易变性的虚假诱惑，来维持现状。他们认为(有些学者也对此作出了批评)，[①]改革者完全不需担心这些不公正的裁决结果，因为人们的应罚性判断全部都是可以被改变的。布拉曼、卡汉、霍夫曼似乎在尝试着教导他们，维持不公正的现状是可行的，只需要改变人们对不公正的看法就已经足够。如果具有现实可能性的话，改革者应当规训人们的思想，让他们认为威慑和剥夺危险者再犯能力即为正义。但是需提醒的重点是，弃道德应罚性于不顾，而试图说服大众此种机制即为正义的准则完全不具有合理性。但这种必定产生不公正的机制却恰恰是布拉曼、卡汉、霍夫曼所捍卫的。

三、结论

我们的研究目的在于如何使得改革更加巧妙高效，布拉曼、卡汉、霍夫曼究竟是怎样将其理解为保守的反对改革论调，我们不得而知。改革者应当在改革中考虑替代方法的比较困难和潜在效力，对有限的精力和时间作出适当分配，力求避免低效的改革机制。

思索一下布拉曼、卡汉、霍夫曼"惩罚现实主义"观点对于优化社会改革的积极效应。他们的贡献是否在于，告诉了我们有关何为正义世界范围内的观点是充满分歧的？谁会为此争论？事实上，不久之前理论界的共同观点是：对于正义判断人们只存在着分歧。他们的贡献是否在于，表明了人们的观点一般是被社会性因素所影响的？[②]但这似乎也是广为人知且存在长久的观点。或许他们的贡献在于，改革者应当尽力去理解具有社会依赖性的因素？[③]但想必

---

① Alice Ristroph, The New Desert, in Robinson, Gravey & Ferzan, eds., CRIMINAL LAW CONVERSATIONS 46(2009).

② 77U.CHI.L.REV.At 1566—1567.

③ Id., at 1566.

所有致力于社会改革事务的人员早已通晓。尽管重复无害，但其很难被认定为是布拉曼、卡汉、霍夫曼的新主张。

“惩罚现实主义”的积极贡献是否在于，其劝诫改革者核心和非核心案件并不存在分歧，因此他们在设计改革方案时，毋需对某些问题上高度共识的存在予以关注？规劝改革者通过削弱人们希望惩罚严重罪行的意愿、说服人们忽视死亡结果来推进改革，是不是一项好建议？事实上，鼓励改革者将有限的资源浪费在此种低效方案中并不是积极性的贡献。

那么，“惩罚现实主义”的积极贡献是否在于，其劝诫改革者可以忽略刑法法案内蕴不公正的潜在可能，并且认为此种不公正改革的长期成功并没有任何影响？常识、历史以及实证研究都表明这并不是一个具有积极效用的建议。如果某刑事司法体系下的民众视其量刑规则为不公，改革者却要继续推进，他们则需自担后果。

总而言之，布拉曼、卡汉、霍夫曼的“惩罚现实主义”主张主要贡献似乎在于，其批判了无人附和的“惩罚自然主义”。不过基于稻草人谬误理论[①]，“惩罚现实主义”或许还有其他意义也未为可知。

① 译者注：稻草人谬误，其概念就是给出与概念域A完全无关的概念域B，然后对B进行论证——可以是证明，也可以是证伪。

DEBF 第二部分

刑法是否应当考虑民众的正义观念

人们或许会疑惑，为什么刑法应当遵循人们的正义判断。事实上，在关注威慑和剥夺再犯能力的现代犯罪控制学说主导的年代，刑法机制并不在意其定罪量刑的规则是否与其规制人群的共识性正义判断相冲突。然而这一部分将叙述，刑法机制如果适用与规制下的民意相悖的定罪量刑原则，将承担相应的代价。经常且有意地依靠那些会产生不公正结果的规则来进行司法，刑法机制会收获不好的名声，且会培育出人们的颠覆和抵触倾向。这将损害刑法行为评价机制的规范性效力，在该效力趋于模糊的情况下，人们对于刑法的遵从意愿会由此降低，并进一步破坏刑法塑造社会规范观念的作用，降低其引导人们内化吸收刑法理念的能力。

第一部分回顾了实证研究的结果，即，普通大众对于司法的评价是非常精细具体的。这对于刑法学界具有极高的冲击性，也由此引发了思考与争议——在制定刑法的过程中考虑普通大众的正义直觉是否有所裨益?

从第六章可以看出，现今的刑法的确遵循了普通大众的正义直觉。例如，尽管美国法学会制定的《模范刑法典》是依据传统工具主义者的一般震慑、剥夺危险犯罪人的再犯能力、被害人与社区关系恢复等原则所制定的，其定罪量刑的规则也或有或无地体现出了刑法对人们正义直觉的屈从。然而，第七章清晰地展示出，它也经常使用一些严重违背人们正义判断的原则，其中很多都是广为政客所欢迎的现代犯罪控制策略。

第八章和第九章是该书的核心部分，它们解释了为什么刑法与大众正义观念的严重冲突会引发诸多问题。其展示了追踪民意的重要意义以及过去常被忽视的偏离民意的代价。第十章和第十一章展示了前述章节的结论所带来的启示，向改革者阐述了该进行哪些改革去遵循民意，同时也讨论了如何在必要情形下对大众观点进行改变。

第六章

当代刑法对民意的屈从

刑法理论界在过去的半世纪从未考虑过普通民众的正义判断对于立法者是否有影响。报应主义者关心道德哲学家所提出的道义论上的应得刑罚，功利主义者则一直着眼于刑法的犯罪控制效用。那么，为什么还要关注普通民众的观念呢？恰如本章所示，在现代美国刑法体系中，就算是明显依据功利主义原则制定的模范刑法典，也经常屈从于普通民众的正义判断。

有些规则明确要求不可拘泥于条文，给予了司法者一定的自由裁量空间；有些规则可能是立法者有意设计的，只能依靠司法者本身的正义判断来进行定夺裁量。这些规则的适用表现出刑法对于民意的妥协。有趣的是，立法者有时会刻意隐藏法典中与人们的共识直觉相悖的方面。如果立法者坚信工具主义的理论足够支撑起这些条文，为什么还要费心隐藏呢？一个可能的解释就是，就算没有白纸黑字地写明，立法者也暗中知晓，如果想要有效地控制犯罪，刑法典便不能与社会的共识正义判断有较大的出入。

■ 第一节　规则

一、承认宽宥辩护

每个国家的刑法都承认众多类型的辩护理由①——某项行为可能被认定为违法，但因为行为人一些非常态特征、状态以及外部原因，被告的辩护会被采纳进而脱罪。社会科学研究表明，辩护是普通大众正义直观的一部分。精神失常、非自愿醉态、未成年等法律辩护也都被检验证实为一般民众的正

---

① Paul H. Robinson, CRIMINAL LAW DEFENSES §171 n.1, §173 nn.1—5, §174 nn.1—3, §175 nn.1—2, §176 nn.1—3, §177 n.1, §82 nn.1—2, §183 n.1, §184 n.1, §185 n.1, §191 nn.1—3, §194 nn.15—20(1984 & Supp. 2000).

义观念所支持。①

但是,为什么依据工具主义学说所制定的刑法典会承认宽宥辩护?应该来说,所有对于辩护理由的承认和相应刑罚的减轻都会削减刑法的一般威慑效力。因为它创设了一种就算行为人犯罪,也可以因此逃脱罪责刑罚的可能性。尽管有些潜在罪犯不具有合法的辩护资格,他们也会谋划钻司法系统的空子来取得相应的资质。此外,就算滥用辩护机制的可能性微乎其微,其可能性也是确实存在的。实证研究的证据显示,人们倾向于夸大得到宽宥辩护的容易度。一个很具有证明力度的例子便是长期以来人们都高估了精神失常辩护的成功率。②也就是说,尽管上述辩护的适用并不多见,但刑法对其承认的姿态和传达出来的可能性都会逐步削弱刑法的威慑力度。

事实上,强调一般威慑效力的刑法可能恰恰适用与其相反的机制。其非但不会在相应案件中承认宽宥辩护,反而将其视为一种展示其威慑严厉度的绝好机会。通过惩罚一个精神失常的罪犯,刑法向大众传达出这样的信息:"看吧,看到我们的刑法有多么严苛了吗?就连精神病人法律都不会饶恕他,正常人犯罪就更别说了。"

然而,对于宽宥辩护的承认可能会和特殊威慑机制相兼容。相比而言,一般威慑机制强调震慑他人,而特殊威慑机制只震慑罪犯本身。如果严刑酷罚不能使得某些潜在罪犯感知刑法的威慑力,那么刑罚的实施也是一种浪费。如果一个人不能在罪行和刑罚之间建立起逻辑上的联系,或者,无论面临怎样的结果也不能抑制住犯罪冲动,刑罚对他也就不会有任何威慑效力。

但是,基于特殊辩护的原因,一些辩护理由和刑罚轻减也被立法者所承认。现代刑法学界的很多理论都根植于一般威慑学说,特殊威慑看上去更像是一种后来的反思。更重要的是,特殊威慑要求罪犯建立起犯罪与刑罚之间的逻辑联系,而宽宥辩护一般来说并不是因该需要而形成的。宽宥辩护主要关注行为人的认知程度,或者行为人对于自身的控制障碍,即无罪辩护关注可罚性。《模范刑法典》中规定了受胁迫的抗辩,例如"一个相当坚定的人在该情形下也无法抵抗"的强迫情形,③它并不在意对于行为人控制障碍的承认是否会削弱其未来的威慑效力。

---

① Paul H.Robinson & John M.Darley, JUSTICE, LIABILITY AND BLAME 127—155(1995).

② Richard Pasewerk, Opinion About the Insanity Plea, 8 J.FORENSIC PSYCHOL. 63, 64—66(1981); Valerie P.Hans & Dan Stater, "Plain Crazy": Lay Definitions of Legal Insanity, 7 INT'L J.L.& PSYCHOL.105, 105(1984).

③ Model Penal Code §2.09(1)(duress).

从威慑的角度来说，对于辩护理由的承认和刑法的轻减是非常难以理解的。可能在某种情境中，其他所有因素的分析结果都将罪犯指向相应的刑罚，这正是要求强化刑法效力的时刻，此时对辩护的承认会降低刑法的威慑力。在一个受胁迫的情境中，一开始行为人可能会挣扎，进而反抗失败，实施犯罪。如果法律因其受胁迫而赦免罪犯，倘若该胁迫情境再次发生，行为人反抗的欲望可能会因此降低。也就是说，宽宥辩护的适用会削弱行为人在实施犯罪中自我抑制的因素。

从剥夺危险者再犯能力的角度而言，对于宽宥辩护的承认更加令人费解。一般而言，宽宥辩护会在一些因行为人的特殊状况、特征而造成犯罪的案件中适用。因此，刑事司法系统就应该对其进行拘留来剥夺再犯能力，至少也应该对其进行一段时期的羁押来调查其再犯的可能性，或者对其适用缓刑和监外看管。尤其是，在引起行为人犯罪的精神错乱和未成年状态依然持续的时候，难以理解一个基于工具主义制定的法典作出了无罪赦免的判决。

民事拘留体系由此被创造，其承担着一些因精神失常等辩护理由而被赦免的人再次犯罪时的追捕任务。但是，如果刑事司法系统着重关注其控制犯罪的强制效力，为什么还要寻求民事拘留体系的帮助来保护人们免受赦免者的再犯伤害？

对于宽宥辩护的承认之所以令人难以明白还有一个原因。行为科学等理论预测未来犯罪的能力是有限的，关注剥夺再犯能力的犯罪控制机制的适用也一直受此困扰。在诸多对于未来犯罪的预测都是错误的情况下，刑法在出于剥夺再犯能力的考量去施加刑罚的过程中难免会出现犹豫。然而，在适用宽宥辩护的案件中，这样的忧虑被大大降低。因为从定义上说，这些因行为人特殊状况、特征而引发的犯罪本身便蕴含了再犯的可能性，这也给刑法在特定情况下介入私人自由边界、调查潜在的持续危险提供了正当化的理由。

二、没有考虑与强制性犯罪控制原则相关的因素

尽管现在的刑法重新纳入了许多过去单纯关注强制性犯罪控制效力的刑法所忽视的因素，如罪犯的相对应罚性；它却没有考虑传统犯罪控制系统中的核心因素，如法律实施部门抓捕罪犯的难度。然而，威慑的效力既来源于刑罚的严厉性，也来源于犯罪后抓捕归案的可能性。换言之，侦查抓捕的可能性是组成刑法威慑效力的重要因素。这意味着刑法在面对一些抓捕率较低的案件，比如抢劫、机动车偷窃时，应当适当提高罪行评定的严重级别来弥补侦查率的不足。在有些犯罪中，侦查立案的难度会随着个案的区别有很大的不同，这就要求刑法对其进行裁判时，要根据个案的不同适当调整罪行的评级和刑

罚的适用。因此，费尽心思逃脱的犯罪者会在抓捕归案之后面对更为严苛的刑罚。

然而，抓捕归案的可能性对定罪量刑造成的影响在现在的刑法体系中没有任何体现。在裁决犯罪的过程中，侦查的难度也没有作为罪行评级的考量因素。立法者在起草法案、设定评级标准时，更是没有将立案侦查的困难纳入考虑范围。

在关注剥夺再犯能力犯罪控制机制中，也有相似的忽略。社会科学研究强有力的实证表明，就业率、年龄、家庭环境等是预测未来犯罪的重要因素。然而，在裁判案件、起草设立评级标准时，也没有把这些纳入罪行评级的考量因素。[①]为什么会如此这般呢？

在法官具有高度自由裁量权的司法体系中，这些因素可能会被暗中纳入考虑。然而，它不会作为明示性条文规定在量刑指南之中。同样，量刑指南严令禁止使用这些以及其他与强制性犯罪控制机制有明显关联的因素。[②]但是，如果这些因素与预测未来犯罪有极高的关联，为什么没有被量刑指南所囊括？

与为什么侦查难度不能作为罪行评级的考虑因素一样，答案显而易见，这些与未来犯罪有关的因素之所以被忽略，是因为它并不是普通大众正义观念的一部分。在具有高度自由裁量权的司法体系中，这些因素可能会被暗中适用，但不会清晰写出。在一个具有明确的量刑指南的司法体系中，将这些因素纳入考量具有极高的危险性，因为一旦被知晓，人们会认为司法体系在行不义之事，其名声也会因此而毁坏。

三、在犯罪定义中纳入伤害因素

当案件中的行为人打算或冒险去引发一个违法结果时，该结果到底是出于希望还是冒险而产生，或者结果幸好没有出现，对于关注强制性犯罪控制效力的体系来说并不重要。在行为人射击时目标人物恰好弯下腰系鞋带并因此避免，该行为就不具有危险性，没有必要震慑这种不具有紧迫性的行为；相应地，如果学校的孩子在之前因其他因素中毒，在校园附近排放有毒化学物品的行为便不具有危险性，没有威慑的必要。因为强制性的犯罪控制机制是前瞻性的，其试图阻止未然案件，现下的偶然案件便没那么重要，其关注的重点在于罪犯的行为和意志因素。那么，为什么现在的刑法将结果因素纳入犯罪定

① Model Penal Code §7.07(3).Id.，7.03(1)，Id，§210.6(1)(d).

② 28 U.S.C §994(e)(1999).

义？为什么不把一些伴随特殊的意志因素例如有意引发伤害结果而实施的行为入罪？

同样，答案是普通大众认为伤害结果才是定罪量刑的重要因素。[①]社会科学研究证实，人们持有一种强烈的正义直观，即谋杀未遂在判处时应当轻于谋杀既遂；在孩子们没有受到具体伤害或因此死亡时，排放危险物的行为也应当从轻处罚。对于一般大众而言，伤害结果决定了处罚力度，具有高度的重要性。

因此，《模范刑法典》的起草者面临着一个难题：普通大众的正义直觉和高效强制性犯罪控制机制之间的直接冲突。人们绝对无法容忍刑法典将实质性实施的强奸、纵火、偷窃与怀有强奸、纵火、偷窃意图的行为混为一谈。怀揣正义直觉的普通大众要求刑法典区分“真正”的犯罪以及单纯意图的不同，其认为，对于是否发生了强迫性交、人们的房子是否被烧毁、财产是否被窃取的具体结果的忽视，是一种没有考虑到受害者的表现。

为了应对这个局面，法典起草者想出了一个非常巧妙的解决方法。一方面，他们详细定义了实质的犯罪，并将其与犯罪未遂作出了恰当的区分。《模范刑法典》将伤害结果囊括在实质犯罪的定义中，要求诸如强奸、纵火、偷窃等一系列犯罪需存在违法伤害的事实证据，表现出民众所期盼的姿态。另一方面，《模范刑法典》对犯罪未遂具体形态的评级作出单独规定，在某些特例中，犯罪未遂达到和犯罪既遂同样的惩罚等级。[②]

因此，虽然强奸和强奸未遂在名义上是不同的犯罪，实际上会按照相同的严重度进行处罚。刑法典中强奸的定义要求发生性行为，[③]纵火的定义要求造成他人房屋起火或爆炸，[④]偷窃的定义要求有未经同意拿取财物的行为。[⑤]事实上，这些伤害结果和其实际承担责任之间并没有太大的关联。因为依据定义来处罚太过拘谨，就算罪犯的行为表明其会造成与实质犯罪完全相同的严重结果，只要丧失了一个因素，行为人便只能按照犯罪未遂来承担罪责。通过这样的设计，立法者在实施高效的强制性犯罪控制规则的同时，也表现出与人们的共识正义直观相一致的外在特征。

然而，幻想破灭的危险总是存在的。如果这样的设计被发现，其危险性会进一步上升，人们会对刑法典的欺骗表示愤怒，并且质疑是否还有其他尚未被

---

① Chapter 16 section D.
② Model Penal Code §5.05(1).
③ Model Penal Code §213.1(1).
④ Model Penal Code §220.1(1).
⑤ Model Penal Code §223.2.

揭露的欺骗存在。一旦这样的情绪在大众中弥漫，就算刑法真的遵循普通民众的正义判断去制定施行，其再次获得道德信用也会变得困难。可能是出于此种道德信用危险性的考量，也可能并不是所有国家的立法者都依靠强制性的犯罪控制机制来匡扶正义，《模范刑法典》的量刑方法经常被其他国家所拒绝，[1]甚至包括那些受《模范刑法典》深刻影响的国家。[2]

以上三个例子说明了同样的道理，就算是高度依赖工具主义制定刑法典的立法者在起草法律时也会谨慎建构，至少在表象上不与普通大众的正义判断相悖。

第二节 标准

在设计刑法威慑未然犯罪的过程中，准确与具体是刑法的应有之义。对于行为规则（包括法律禁止、允许、要求的行为）的模糊定义会降低人们的遵从可能，潜在罪犯也可能由此无法清晰领会刑法具体禁止的项目，作出其在精确定义下会避免的犯罪行为。

相似地，判决规则（即决定何种罪犯实施何种违法行为将承担何种责任的规则）的模糊性也会引发这样的可能性，且给予了潜在罪犯逃脱罪责的可能性。模糊的辩护条款会在实践中创设出超越立法者意图的辩护理由，同样，模糊的责任条款，如对于共同犯罪、因果关系的模糊界定运用到现实中，可能出现限缩罪责的结果。

因此人们一般会认为，工具主义的刑法典应当避免这种模糊性。如果刑法遵循人们的正义直观而制定，这种模糊性便更不恰当。工具主义者们可能会担心，这种模糊并不是偶发性的，而是非常棘手难以处理的。它不能通过司法解释去弥补，只能任其模糊下去。

对于强制性的犯罪控制机制而言，遵循大众的正义直觉来创设刑法规则也存在诸多问题。因为大量的社会科学研究显示，大众的正义直觉在分配刑罚时，并不考虑处于犯罪控制学说核心的威慑、剥夺再犯能力、行为人与社区关系恢复等方面，而是关注应得刑罚，此点我们会在第八章第四节的第一部分详细说明。

因此，一个基于强制性犯罪控制机制制定的刑法典应当受到很多理由的驱使来积极地避免模糊、不精准标准的适用，因为这会使得决策者屈从于人们

---

① Paul H.Robinson, The Role of Harm and Evil in Criminal Law: A Study of Legislative Deception?, 5 J.CONTEMP, LEGAL ISSUES 299, 320 n. 67(1994).

② Id., at 321, n.69.

的正义直觉。但是,具有高度工具主义性的模范刑法典中的以下常见条款,将引起人们深思。

一、对于社会公众正义判断的明显依赖

对于刑法典而言,在判决时要求陪审团寻求自己正义直觉的判断,并将其明确地纳入犯罪责任评估机制的做法并不罕见。《模范刑法典》中定义了充分的因果关系,例如,“在行为发生时不会因太遥远或偶然而对行为人的责任和罪行的严重度产生[恰当的]影响”,[①]因此,陪审团的成员就要依据自己的感觉去分析什么会“对行为人的责任产生[恰当的]影响”。与其相似,如果一个违法行为因为“太轻微不值得被谴责定罪”而被赦免,[②]为了适用该标准,陪审团成员同样也要依据自己的感觉分析何种行为值得被谴责定罪。在适用这些条款时,没有其他指南工具的指导,只能依据人们自身的正义判断和应罚观念来摸索。

二、模糊的标准

有些条款的原则太过于开放,其不可避免地要求陪审团运用自身的正义直觉进行判断。例如,有一项罪名是,行为人“没有采用合理的措施”来控制或报告火情[③]、归还丢失的物品[④]、避免灾难[⑤]。在这些情况下,陪审团成员就要判断什么是“合理的措施”,并根据结果如何来决定是否判罪;还有其他诸如创造出“不合理的噪音”[⑥]、用“引起普通家庭的公愤”的方式对待尸体等罪名[⑦];如果一项袭击“对人类生命的价值表现出极度的冷漠”,其将被指控为严重伤害罪,[⑧]陪审团需要决定什么程度的冷漠是“极度的”冷漠,何种行为或因素能够表现出这样的冷漠;如果被告有“合理的解释和理由”来证明其“有极度的情感障碍”,谋杀的罪名也可降为过失杀人。[⑨]

事实上,包含“过失”(法典中规定的违约责任的等级[⑩])或“疏忽大意”等要

---

① Model Penal Code §2.03(2)(b)(alteration in original).

② Model Penal Code §2.12(2).

③ Model Penal Code §220.1(3).

④ Model Penal Code §223.5.

⑤ Model Penal Code §220.2(3).

⑥ Model Penal Code §250.2(1)(b).

⑦ Model Penal Code §250.10.

⑧ Model Penal Code §§210.2, 211.1(2)(a).

⑨ Model Penal Code §210.3(1)(b).

⑩ Model Penal Code §2.02(3).

件抑或使用“合理的”等词语(其被定义为既无过失,也非疏忽大意[①])的罪名在标准上都具有模糊性。过失和疏忽大意的定义都要求行为人存在忽视,抑或本该发现但未发觉犯罪因素存在的或将要造成的“实质的、不合理的危险”。[②]这种忽视和未发觉必须是“严重偏离了[守法/理性]的人能观察到的[行为/关注]标准”。[③]在这些情境中,陪审团需要决定何为“实质的”、“合理的”风险,以及被告对于风险的忽视、未发觉有无“严重偏离”守法者或一般理性人的观念。即,陪审团需要寻求自己的正义直觉来定罪量刑。

这种对于人们正义直觉的运用也体现在刑法典的一般责任条款中。例如,当行为人需迈出“巨大的一步”才能完成犯罪时,该行为就被定义为犯罪未遂。[④]陪审团需要在个案中单独定夺,何时单纯的非犯罪性的准备工作已经构成了犯罪未遂。与其相似,如果一个违法行为在“习惯性允许和容忍”[⑤]或者“立法机关在禁止时无法合理设想的,应酌情减轻”的范围内,则应当赦免。[⑥]决策者也需要决定什么是可以“合理设想”的,以及判断哪些违法行为一般是被大众所容忍的。

在刑法典的免责条款中,开放式的设计更为常见。例如,如果“通过实施该行为所避免的伤害大于防止该行为发生造成的伤害”,该行为可因此脱罪。[⑦]陪审团要斟酌比较相冲突的两方利益,仔细权衡,最终决定它们的相对价值;如果“一个相当坚定的人在该情形下也无法抵抗”,受胁迫的抗辩便可成立。[⑧]陪审团须决定被告人所受的何种程度的强迫足够使“一个相当坚定的人”实施行为。在模范刑法典中,如果一个行为产生于“对官方法律声明的合理依赖”,其亦可脱罪。[⑨]陪审团需运用其正义直觉去判断何种依赖可以被免责。如果一个共犯被证实“为制止犯罪做出了适当的努力”,则可以免除罪责。[⑩]是否撤诉取决于陪审团的认定,即什么在该情境中才是“适当的”。

另一个广为人知的案例体现在精神失常辩护中。研究者认为,陪审团在判断一个行为是否为精神失常的过程中,判断规则的选择并不重要——无论

---

① Model Penal Code § 1.13(16).

②③ Model Penal Code § 2.02(2)(c), (d).

④ Model Penal Code § 5.01(1)(c).

⑤ Model Penal Code § 2.12(1).

⑥ Model Penal Code § 2.12(3).

⑦ Model Penal Code § 3.02(1)(a).

⑧ Model Penal Code § 2.09(1).

⑨ Model Penal Code § 2.04(3)(b).

⑩ Model Penal Code § 2.06(6)(c)(ii).

是强调“缺乏实质能力”的阿里规则(ALI rule),还是着重于“缺乏理性”[1]或“因精神失常无法控制意志和判断”[2]的麦克诺顿规则(M'Naghten's rule),因为无论基于何种规则作出判断,案件判决的结果都是一样的。如果人们普遍认为,判断规则太过于开放,只能依靠陪审团或研究参与者自身的正义直觉来决定,上述结论便具有合理性。陪审团须依靠直觉认定,在这种情况下,有功能障碍的人是否可以合理地进行预估从而避免犯罪。

在致力于传达大众正义观念的人眼中,这些量刑机制可能正是他们所期望的;然而,对于一个关注威慑和剥夺危险者再犯能力效力的刑法体系而言,此种量刑机制的适用无疑是非常奇怪的。

三、需要陪审团谨慎思索的规则

《模范刑法典》遵循人们正义直觉的另一种表现是,在一些事实性问题上,刑法典依赖于陪审团的谨慎思索来解决问题。这样的思索不可避免地要求陪审团运用自己的正义直觉去考虑如何解决。当坚信刑法是在执行正义的陪审团被要求考虑一个事实问题时,逻辑表明,其得出的事实性结论,很有可能与法律所认为的“正当”结果相一致。

需要陪审团进行思索的最为常见的案件一般是与行为人犯罪时的意志因素相关的案件类型。行为人是否“相信或希望”犯罪结果会发生?[3]或者,行为人是否“几乎肯定”犯罪结果一定会发生?[4]行为人是否认为这种行为“出于保护自身的需要而非常必要”?[5]

陪审团一般需要通过询问这些问题来确定一个纯粹假想的状态。行为人是否“清醒地认识到风险”?[6]在其他的一些时刻,除考虑被告外,陪审团会考虑一般人的精神状态。一个“十分坚定的人”[7]是否会服从强迫而实施犯罪?“除了准备犯罪的人外”[8]的一般人是否会受警察行为的诱导而犯罪?有时陪审团会考虑被告是如何看待其他人的,被告是认为人们在刻意炫富还是有意藏富?[9]

陪审团有时甚至会进一步考虑,被告是如何设想他人在假想情境中的想

---

① Model Penal Code §4.01(1).
② Parsons v. State, 2 So. 854, 857, 863(Ala. 1857).
③ Model Penal Code §2.02(2)(a)(ii).
④ Model Penal Code §2.02(2)(b)(ii).
⑤ Model Penal Code §3.04(1).
⑥ Model Penal Code §2.08(2).
⑦ Model Penal Code §2.09(1)(duress).
⑧ Model Penal Code §2.13(1)(b)(entrapment).
⑨ Model Penal Code §§223.3(1), (3).

法。如果拿走财物之前询问主人，行为人是否“相信主人会同意”？[①]如果在非法侵入私宅之前打声招呼，行为人是否相信“主人会允许”？[②]

因此，在考虑事实问题时，陪审团很有可能会引入自己的生活经验去判断被告和一般人，甚至是被告所设想的他人的想法。在具体判断之前，陪审员会对案件的处理结果有一个大致感知，其最后得出结论的某些重要方面也受此初始感知所影响。如果陪审团倾向于免除罪责，其可能对被告的意志和动机作出宽恕性的解释。被告的行为究竟是否“出于保护自身的需要而非常必要”[③]，实际上取决于陪审团是否认为其应当为所做行为承担刑事责任。那么，为什么一部工具主义的关注强制性犯罪控制效力的法典会要求陪审团作出这样的事实性思索呢？

刑法典对于陪审团思索的邀请介入实际上更是对开放的“正义”判断的邀请介入。因为在大多数情况下，陪审团所面临的问题不仅仅是判断被告是否“相信”某个事实（例如，主人会在事先询问的情况下同意），还要判断被告是否“合理地相信”。[④]如果“既无大意，也无疏忽”，[⑤]也就是说，不符合疏忽大意的定义的话，此种信念便是“合理的”。[⑥]在判断的过程中，正如定义所要求的那样，行为人是否“本该发现但未发觉犯罪因素将要引起的实质的不合理的危险”，“考虑到行为人行为的性质和目的以及他所知的情况”，这种危险是否“达到了行为人无法察觉的程度，严重偏离了一般关注的标准”，此标准是指“一般理性人在行为人所处情境中所能观察到、所能给予关注的程度”。在这些案件中，陪审团除了运用自身的正义直觉来判断外，没有更好的办法。

此部分的重点并不在于批判这些法律的形式。相反，是提醒刑法在遵循社会正义观念时，基于这些观念的复杂性，必须引入陪审团的思考。刑法通过这样的设计来让社会看到其对正义的追求，事实上，这也是解释为什么刑法要询问陪审团意见的唯一角度。否则这只会对刑法的强制性犯罪控制效力产生反效果。

第三节　解释为什么屈从于普通大众的正义判断

有些人可能会提出，对于人们正义判断的依赖并不会和关注威慑、剥夺再

① Model Penal Code § 223.1(3)(c).
② Model Penal Code § 221.2(3)(c).
③ Model Penal Code § 3.04(1).
④ Model Penal Code §§ 223.3(1), (3); Model Penal Code § 221.2(3)(c).
⑤ Model Penal Code § 1.13(16).
⑥ Model Penal Code § 2.02(2)(d).

犯能力的犯罪控制机制不相兼容，因为人们的正义直觉有自然而然地追踪该机制的需求。也就是说，普通大众自然而然地就会理解对犯罪控制机制的需求，且认为强制性刑事责任是提高犯罪控制效力的手段。这对于经济学家和法学教授而言当然是正确的，对于普通大众来说，只能是“可能”正确的。如果这是真的，那么认为在刑事标准中引入普通人判断与强制性策略不相符合的主张便可能消沉。还有些人会提出，这并不是对于普通的正义直觉的屈从，而是对于那些考虑到威慑、剥夺再犯能力等犯罪控制效力的直觉观念的屈从。

现有的证据并不能支持上述主张。事实上，普通大众在定罪量刑时，不会直觉性地去适用威慑、剥夺再犯能力等原则。研究显示人们非但不会在定罪量刑时追踪强制性的犯罪控制策略，反而会与其相冲突。第八章第四节的第三部分便回顾了有关此要点的研究，并且在前述章节也列出了相应的证据。普通大众的正义直觉在评估罪责时会与强制性犯罪控制机制所遵循的策略产生系统性的矛盾。例如，人们的正义直觉会支持对于辩护理由的承认，①且在裁决时将伤害结果纳入考量，②但其不会考虑到侦查立案的难度。③

还有一个例子就是《模范刑法典》对于犯罪未遂的评级，它刻意模糊了这个与人们的正义直觉相悖的强制性策略。如果一般大众真的遵循强制性犯罪控制机制的策略，他们会认为伤害结果是不重要的，刑法典就没有了刻意模糊的必要。如此这般，刑法典便可以大方地在群众面前声明是否存在伤害结果无足轻重，法律仅仅是通过行为时特定的意志因素来给犯罪定性，完全不会考虑到伤害结果。然而，没有一部刑法典会有这样的举措。

另一个更具有可信度的解释是，虽然没有明说，但是立法者暗中知晓，如果刑法典明确地和社会的共识正义直觉相对立，其将不可避免地在其规制的社群中丧失道德信用，这种道德信用的丧失会进一步削减刑法的犯罪控制效力。我们将会在第八章中作出深入探讨。

① See chapter 15.

② See chapter 16 section C.

③ Kevin M. Carlsmith, John M. Darby, & Paul H. Robinson, Why Do We Punish? Deterence and Just Deserts as Motives for Punishment, 83J. PERS. & SOC. P8SYCH. 28 (2002).

第七章 当代刑法与民意的冲突

尽管《模范刑法典》的起草者一直以来小心行事，尽量避免把那些摒弃人们正义观念、关注强制性犯罪控制效力的刑法原则公之于众，前述章节已表明，刑法于五十年间已经发生了重大的转变，其在追求犯罪控制效力的过程中，开始公然适用与社会正义观念相违背的刑法原则。这一章展示出了许多这样的原则，并通过实证研究来展现它与民意产生了怎样严重的冲突；我们将在下一章中阐释这样的冲突会导致非常严峻的后果。①

第一节展示了当代刑法偏离民意的诸多方面（本书的第三部分展示了在众多具体原则中刑法与民意相偏离的事例）；第二节检验了七个非常普及的犯罪控制原则，它们其中的大部分自从完成模范刑法典编纂的 19 世纪 60 至 70 年代以来便被引入法律，且影响力不断扩张，第三节通过一个新近的研究展现出这些广泛适用的原则与民意之间的严重冲突；第四节重点阐述了为何会在民主社会中产生这样的冲突。

第一节 常见反复的细微冲突

当代刑法在许多微妙的方面与社会的正义观念产生了系统性的冲突。将刑法中有关共同犯罪的责任条款与社会观念对比，可以体现出这种微妙的差异。

如图所示，横轴代表共犯协助犯罪的程度，竖轴代表刑事责任，一旦协助程度达到了法定的最低临界值（见于处于图表中间位置的竖轴和上方的横轴所围绕的区域）法律便要求该犯罪承担全部刑事责任。与其不同，普通人的观点由曲线代表，他们认为应担责任的程度应随着共犯提供协助的大小而逐步

① Paul H. Robinson, Geoffrey P. Goodwin & Michael D. Reisig, The Disutility of Injustice, 85 N.Y.U.L.REV.1940, 1949—1995(2010).

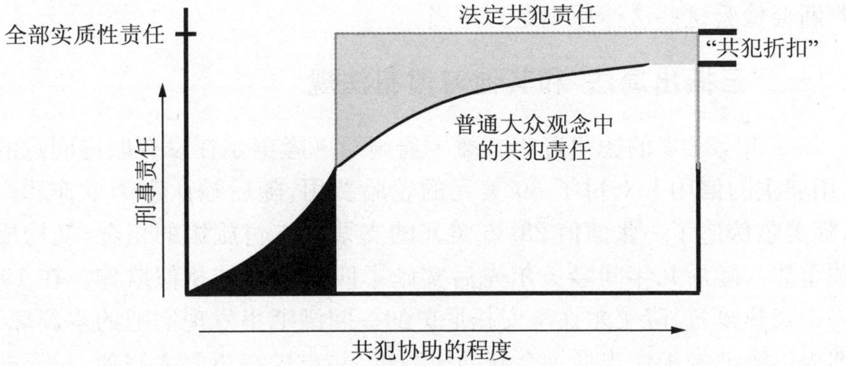

图 7-1

上升。注意，这条曲线永远不会到达全部责任的顶部水平线上，但是在协助程度低于法定临界值时高于法定责任。这被称为"共犯折扣"(complicity discount)。比起从犯，普通大众的正义直观更倾向于惩罚主犯，但法律却要求承担程度一致的刑事责任。

在犯罪未遂的责任条款，例如企图犯罪中，也出现了相似的情况。一些国家的法律按照同样的标准来惩治事实犯罪和企图犯罪，一旦行为人达到了承担企图犯罪责任要求的最低临界值，就要承担全部刑事责任。与之相反，人们普遍认为，对于企图犯罪的惩罚力度应取决于行为人距离完成犯罪的远近程度，但是企图犯罪所承担的责任永远不会达到与犯罪既遂相同的全部责任水准。第三节将对刑法与民意之间的冲突作更深层次的探讨。

值得庆幸的是，法律与民意之间的微妙差别并不会对刑法的道德信用产生严重损害，刑法给了人们一个大致公正的印象，这在人们的容忍限度之内。然而，也存在着与社会的正义判断有着严重矛盾的刑法规则，一旦人们知晓这些对立矛盾，刑事司法体系的道德信用便会被严重削弱。

第二节　与应得刑罚概念相冲突的犯罪控制规则

下文描述了七个常见且广受政客欢迎的司法原则，它们基于工具主义者的强制性犯罪控制策略提出，一般关注于刑法的一般威慑和剥夺再犯能力的效力。用来阐释这些原则的案例并不是于统计学上最为常见的案件适用类型，也不是水准较低的法官对于原则的反常适用。事实上，每一个案例都是基于原则的期望和意图所作出的恰当适用，它们之中的大多数都在上诉中得到了复核和批准，有些批准甚至是联邦最高法院作出的。在第三节中，人们的正义判断会检验这些法律原则是否正当。

一、"三振出局法"和其他习惯犯法规

1964年,21岁的德州青年威廉·詹姆斯·隆美尔在没有取得同意的情况下,用雇主的信用卡支付了80美元的轮胎费用,随后被认定为欺诈罪。1969年,隆美尔伪造了一张面值28.36美元的支票来支付旅馆的租金,又构成了另一项重罪。随后几年间隆美尔先后实施了四次以上的相似欺诈。在1972年的一个炎热夏日,隆美尔在圣安托尼奥的一间酒吧里发现酒吧的空调坏了,他随即告诉酒吧老板应当换一个新的压缩机,并自告奋勇要去修理,只要老板给他必需的零件钱即可。老板给了他120.75美元去买压缩机,他却再也没有回到这家酒吧。在酒吧老板起诉之后,隆美尔被抓捕。①他本来被认定为偷窃罪,②一般面临着2年到10年的监禁。③然而,因为这是隆美尔的第三次犯罪,根据得克萨斯州的累犯制度,他被判处终身监禁,④且该判决被联邦最高法院的联邦上诉法庭所核准。⑤

在另一个案件中,59岁的查尔斯·阿尔蒙德因为两个成年儿子喋喋不休地争论该看什么电视栏目而烦躁不已,随即拿起了大儿子丢在桌上的口径为0.22的左轮手枪将电视屏射碎。30年以前,阿尔蒙德曾两次因为在空置的建筑物中实施盗窃被判有罪;25年以前,他因向岳父驾驶的轿车投掷"导弹"(石块)而获罪;他还因偷电被判有罪。因为阿尔蒙德几十年以来的犯罪前科,在射击电视案中,他因"持有枪支"和"职业犯"被判处15年有期徒刑。⑥

诸如"三振出局法"和其他的习惯犯法规一般会对有过犯罪前科的罪犯施加长期监禁,这些法规背后的基本原理是十分典型的剥夺再犯能力。⑦拥护者

① Paul H.Robinson, CRIMINAL LAW CASE STUDIES 28(4th ed. 2010).

② Paul H. Robinson, WOULD YOU CONVICT? SEVENTEEN CASES THAT CHALLENGED THE LAW 32(New York University Press 1999)[ROBINSON, WOULD YOU CONVICT].

③ Id, 29.

④ Id, 32.TEX.CODE CRIM.PRO.ANN.art. 42.12 §15(a)(Vernon 1974)(amended 2009).

⑤ Rummel v. Estelle, 445 U.S.263, 285(1980); Rummel v. Estelle, 587 F.2d 651, 654(5th Cir. 1978). Rummel, ROBINSON, WOULD YOU CONVICT, 386, 22.

⑥ Paul H.Robinson & MICHAEL T.CAHILL, LAW WITHOUT JUSTICE: WHY CRIMINAL LAW DOESN'T GIVE PEOPLE WHAT THEY DESERVE 132—33(Oxford 2005)[ROBINSON & CHILL, LAW WITHOUT JUSTICE].

⑦ Authorities and examples collected at Paul H.Robinson, Punishing Dangerousness: Cloaking Preventative Detention as Criminal Justice, 114 HARV.L.REV.1429, n.2(2001).

认为，行为人过去的累犯经历表明其并不会被法律所震慑，剥夺再犯能力可能是预防未然犯罪的最佳方法。①

相似的习惯法规定在90年代变得十分普遍，典型特征是，会对有过两次犯罪前科的罪犯适用具有高度强制性的判决。这项法规最常见的适用方式(在十五个州内适用)要求前两次犯罪必须具备暴力因素，②另外的十个州纳入了其他特定罪行，如贩毒。③其他州适用除著名的“三振出局法”以外的习惯性法规。④

二、毒品犯罪

在另一个并不罕见的案件中，安东尼·帕帕的保龄球伙伴给了他500美元让他把一个内装可卡因的信封送到另一个邻近的城镇，事实上，把信封交给他的信使是一名卧底的缉毒警官。帕帕在传送这封包含4.5盎司可卡因的信封时被逮捕。在关注犯罪控制的法规的裁决下，帕帕被判以15年有期徒刑。⑤

无独有偶，在哈梅林诉密歇根案中，哈梅林在清晨驾车驶过底特律城时，做了违法的U形转弯闯了红灯。在哈梅林被警察叫停后，他又因持有大麻被逮捕，一名警察在他轿车后备厢中发现了672克散装的可卡因——差不多和一瓶半罐装汽水等量。之前没有过任何警方记录的哈梅林在密歇根的毒品法规下被判处终身监禁，且没有假释可能。联邦最高法院认为该项判决符合宪法规定，没有违反第八修正案“反对严酷与异常刑法”的禁令，予以支持。⑥

---

① Paul H. Robinson, Punishing Dangerousness: Cloaking Preventative Detention as Criminal Justice, 114 HARV.L.REV.1429, n.7(2001).

② Arkansas, Colorado, Connecticut, Florida, Kansas, Maryland(requires 4 strikes), Montana, New Jersy, New Mexico, North Carolina, Pennsylvania, Tennessee, Vermont, Virginia, Wisconsin. John Clark, James Austin & D. Alan Henry, NATIONAL INSTTITUDE OF JUSTICE, "THREE STRIKES AND YOU'RE OUT": A REVIEW OF STATE LEGISLATION 7—13(1997), http://www.ncjrs.gov/pdffiles/165369.pdf.

③ California, Georgia(2 strikes for violent felonies, 4 strikes for others), Indiana, Louisiana, Nevada, North Dakota(2 strikes), South Carolina(2 strikes), United States, Utah, Washington. 18 U.S.C §3559(c)(2006), 7—13.

④ Alabama, Alaska, Arizona, Delaware, Distirct of Columbia, Hawaii, Idaho, Illinois, Iowa, Kentucky, Maine, Massachusetts, Michigan, Minnesota, Mississippi, Missouri, Nebraska, New Hampshire, New York, Ohio, Oklahoma, Oregon, Rhode Island, South Dakota, Texas, West Virginia, Wyoming.Clark, 394, 7—13.

⑤ Rebecca Tuhus-Dubrow, Talking With Anthony Papa, THE NATION, DEC.9, 2004, http://www.thenation.com/doc/20041227/tuhusdubrow.

⑥ Harmelin v. Michigan, 501 U.S.957, 995—996(1991).

在联邦诉普林斯一案中，勒罗伊·普林斯租住了附近家具店老板希德里·格里菲斯家的房间。普林斯经常帮助格里菲斯从家中送家具到商店。作为交换，格里菲斯同意在普林斯由出租房搬至公寓的过程中，提供家具给普林斯。有一次，应格里菲斯的请求，普林斯在租住的房屋中帮助格里菲斯卸货，在此过程中闻到了大麻的味道，他悄悄地打开了箱子的一部分，证实了大麻的存在。虽然普林斯继续帮助格里菲斯卸货，但他坚持要求不可以把装有大麻的箱子放在他租住的房屋内，并帮忙把箱子转移到附近杂货店的地下室中。海关检查员后来查获了 47 箱共包含 1 169 千克大麻的货物。但基于普林斯在犯罪中的从犯角色、事先对大麻知识的缺乏以及供认不讳的认罪态度，法院依据《美国联邦量刑指南》减轻处罚，判处普林斯 5 年有期徒刑，且不得提前释放。①

尽管这些案件一般来说受所在州法律管辖，过去的几十年以来，联邦开始越来越多地在毒品类案件上行使管辖权。②为了增加威慑效力，联邦在惩治毒品类案件时非常严苛，2005 年该类案件的平均刑期为 85.7 个月，如果将大麻类案件从中剔除，平均刑期将上升到 98.9 个月；与其相比，联邦对于各类暴力犯罪判处的平均刑期为 95.2 个月，杀人案件的平均刑期为 118.3 个月——比非大麻类毒品犯罪只高出了不到 20 个百分点。③愈发严苛的联邦处罚表明，将会有越来越多的案件由州法院移送至联邦法院审理管辖。④

三、按照普通成人程序起诉未成年人

对于检察官而言，将未成年罪犯视为成人按照普通程序起诉，使之在刑事实体法律上承担一般主体的完整刑事责任，甚至适用长期监禁的做法并不罕见。⑤纳撒尼尔·布莱泽尔，一个 13 岁的男孩，在暑假前因为投掷水球被停课十天而闷闷不乐。他回到中学去和朋友告别，遇到了一位七年级的老师。当这位与他有着良好关系的老师告诉他必须要离开的时候，他掏出了一把手枪对准了老师。布莱泽尔开枪击中对方头部杀死了他。检方通过努力使法院视其为成人判处定罪，布莱泽尔最终被判处 28 年有期徒刑，且

---

① U.S.v. Prince, 110 F.3d 921, 926(2d Cir. 1997).

② Edward L.Glaeser, What Do Prosecutors Maximize? An Analysis of the Federalization of Drug Crimes, 2 AM.L.& ECON.REV.259(2000).

③ U.S. Department of Justice, Bureau of Justice Statistics, SOURCEBOOK OF CRIMINAL JUSTICE STATISTICS tbl. 5.25.2005(2005), http://www.albany.edu/sourcebook/pdf/t5252005.pdf.

④ Glaeser, supra note 400, 260.

⑤ Infra.[26—30].

不得假释。①

在另一个案件中，16 岁的扎卡里·艾格斯因杀害父母被判处两倍自然寿命的刑期。②目击者证实，因为父母的严厉管教，艾格斯一直以来对父母十分不满。③他的辩护律师声称，艾格斯在实施杀害时处于醉酒状态，并不清醒。④

美国的所有法院都允许，或者说至少在某些案件中允许，将未成年人移交到刑事法庭并将其作为成人起诉。⑤此种移送决定可以基于法官的自由裁量、推定、青少年法庭弃权管辖以及其他的具体法定标准作出，也可以仅限于具体案件来作出。

不同的州法院对于准允移送的最低年龄有着不同的要求。存在三个州的法院对年龄不设下限，⑥七个州的法院准允移送 10 岁到 12 岁的未成年罪犯，⑦其他 32 个州的法院准允移送 13 岁或 14 岁的未成年罪犯，⑧十个州的法院维持了较高的年龄要求，比如允许移送 15 岁或 16 岁的未成年罪犯。⑨

四、限缩或摒弃精神病辩护

在精神疾病占据埃里克·克拉克的生活之前，他还是一个普通的少年。他被诊断为偏执型精神分裂症，一种以错觉和幻想为特征的精神分裂症的亚

---

① Kate Randall, Another Florida Teenager Receives Harsh Adult Prison Sentence, WORLD SOCIALIST WEB SITE, Aug. 3, 2001, http://www.wsws.org/articles/2001/aug2001/flor-a03.shtml.

② Kim Smith, Teen gets life for killings of his parents, ARIZ, DAILY STAR, Sept. 23, 2005, B4.

③ Mitch Tobin, Teen guilty in 2 killings, ariz. DAILY STAR, Aug. 25, 2005, B1.

④ Id. Appellee's Answering Brief at 3, State v. Eggers, No. 2 CA-CR 05-0320, 2005 WL 5829847(Ariz. Ct. App. 2005).

⑤ Patrick Griffin, U.S. DEPARTMENT OF JUSTICE, TRYING JUVENILES AS ADULTS IN CRIMINAL COURT: AN ANALYSIS OF STATE TRANSFER PROVISIONS I (1998).

⑥ Maine, South Dakota, West Virginia. 14—15.

⑦ Colorado, Indiana (only Murder), Kansas, Missouri, Montana, Vermont, Wisconsin (only Murder).

⑧ Alabama, Arkansas, California, Connecticut, Delaware, Florida, Georgia, Hawaii, Idaho, Illinois, Iowa, Kentucky, Louisiana, Massachusetts, Michigan, Minnesota, Mississippi, Nevada, New Hampshire, New Jersey, New York, North Carolina, North Dakota, Ohio, Oklahoma, Pennsylvania, South Carolina, Texas, United States (18 U.S.C. §5032), Utah, Virginia, Wyoming.

⑨ Alaska, Arizona, District of Columbia, Maryland, Nebraska, New Mexico, Oregon, Rhode Island, Tennessee, Washington.

型。他不会饮用自来水，因为担心铅中毒；埃里克相信来自其他星球的外星人一直紧跟着他，他用珠子串起的渔线和风铃将自己的屋子围起来，以此作为防止外星人入侵的警报系统；他一直在自己的车中放置一只鸟作为毒气的提醒；有时埃里克会在附近转圈，大声播放嘈杂的音乐来赶走外星人，且认为外星人经常会伪装成政府特工的形象。

在附近邻居不堪忍受其制造的噪音报警之后，一名警官制止了埃里克的行为。然而，坚信警察的真实身份是外星人的埃里克因为不想被绑架或杀害，开枪杀死了这名警官。很显然，埃里克现在的状态非常危险。如果考虑其具有的严重精神疾病，他的应罚性就非常难以评估。然而，亚利桑那州法院限缩了其适用精神错乱辩护的可行性，摒弃了对于精神疾病患者的刑罚减轻，以至于埃里克的疾病实际上与他实施的行为并无法律上的关联。最高法院认为该案符合宪法，支持亚利桑那州最高法院适用的莫特规则（Mott's rule），即排除使用因精神疾病导致能力削减的证据来否定罪行中犯罪意图的要素。①

与其相似的还有安德里亚·耶茨案。她和她的丈夫以及四个孩子生活在一辆翻修过的公交车上，他们都有着虔诚的宗教信仰，经常在一起祷告，希望尽可能地繁育出更大的家庭。不幸的是，安德里亚越来越多地表现出精神疾病的症状，有一次甚至试图吃安眠药自杀。尽管医生给她开出了众多包含安定药物的处方，安德里亚却没有经常服药。她经常摇头，拒绝喂孩子吃饭，自残，宣称天花板上有摄像头。她的丈夫如斯提制止了她的一次差点就成功的自杀，但是没有把这个情况反映给她的医生。因为安德里亚极度不稳定的精神状态，医生曾警告耶茨夫妇不要再生孩子。但是很快，他们就有了第五个孩子，一个女儿。一家人从公交车搬到了房屋中，安德里亚的状况也开始逐步改善，但是这一改善持续的时间非常短暂。她又开始自残，拒绝喂养孩子。她担心自己的精神疾病会使自己成为坏母亲，正如牧师布道的那般，她的孩子注定会在地狱中遭受无尽的折磨。一天早上，在如斯提出去工作后，安德里亚在浴缸中放满水，溺死了所有孩子。她的儿子诺亚曾尝试逃跑，但被她抓住并死死地按在水中。她坚信自己的行为会让孩子们免受地狱中无尽的折磨之苦。

同样，人们都认为她的可罚性会因如此严重的精神疾病而减轻，但是她被定为重大谋杀罪，判处终身监禁（虽然该认定后来因为州证人的可疑证词而被推翻）。②耶茨并不符合得克萨斯州适用精神失常辩护的资格，因为该州规定此

① Clark v. Arizona，548 U.S. 735 779（2006）. ARIZ，REV. STAT. §13—502（A）（LexisNexis 2008）.

② Yates v. State，171 S.W.3d 215，216—22（2005）.

辩护只适用于因精神疾病而不知道自己的行为是犯罪的个人。①然而，尽管耶茨认为自己为拯救孩子做了正确的事，想必她也清楚自己的行为违反了法律规定。

目前为止，还有 2 个州不允许使用精神失常辩护，但它们允许使用精神失常证据来否定犯罪中的犯罪意图要素。②其他 31 个州允许在认知性障碍案件中使用精神失常辩护，控制性障碍不允许使用辩护。③余下的 19 个州有些允许在认知性障碍中使用辩护，有些允许在控制性障碍中使用辩护。④

---

① TEX.PENAL CODE ANN. § 8.01(a)(Vernon 2003). Ruffin v. State，270 S W.3d 586，592(Tex. Crim. App. 2008).

② Montana，MONT.CODE ANN. § 46-12-201(2007)；Utah，UTAH CODE ANN. § 76-2-305(2008).

③ United States，18 U.S.C. § 17(2006)；Alabama，ALA.CODE § 15-16-2(LexisNexis 2008)；Alaska，ALASKA STAT. § 12.47.010(2008)；Arizona，ARIZ，REV.STAT.ANN，§ § 12—502(A)-(B)(2008)；Arkansas，ARK.CODE ANN. § 5-2-312(2008)；California，People v. Drew，583 P.2d 1318(Cal. 1978)；Colorado，COLO.REV.STAT，§ § 16-8-101(1)，-104，-105(2)(2007)；Delaware，DEL.CODE ANN. tit. 11，§ § 304a，401(2007)；Florida，FLA.R.CRIM.P. § 3.217；Illinois，720 ILL.COMP.STAT.ANN.5/6-2(LexisNexis 2008)；Indiana，IND.CODE ANN. § § 35-41-3-6. -4-1(b)(West 2004)；Kansas，State v. Roadenbaugh，673 P.2d 1166(Kan. 1982) and State v. Grauerholz，654 P.2d 395(Kan. 1982)；Louisana，LA.REV.STAT.ANN. § 14:14(2007)；Maine，ME.REV.STAT.ANN.tit. 17-A，§ 39(2006)；Minnesota，MINN.STAT.ANN. § 611.026(West 2009)；Mississippi，Herron v. State，287 So.2d 759(Miss，1974)；Missouri，MO.ANN.STAT. § 522.030(West 2009)；Nebraska，NEB.REV.STAT. § 29—2203(2009)；Nevada，Poole v. State，625 P.2d 1163(Nev. 1981)；New Hampshire，State v. Plummer，374 A.2d 431(N.H.1977)；New Jersey，N.J.STAT.ANN. § 2C:4-2(West 2005)；New York，N.Y.PENAL LAW § 40.15(Consol. 2008)；North Carolina，State v. Vickers，291 S.E.2d 599(N.C.1982)；Oklahoma，Munn v. State，658 P.2d 482(Okla. 1983)；Pennsylvania，18 PA.CONS.STAT.ANN. § 315(West 1998)；South Carolina，S.C.CODE ANN. § 17-24-10(2007)；South Dakota，State v. Kost，290 N.W.2d 482(S.D.1980)；Tennessee，State v. Clayton，656 S.W.2d 344(Tenn. 1983)；Texas，TEX. PENAL CODE ANN. § § 2.04，8.01(West 2003)；Washington，WASH.REV.CODE ANN. § 10.77.030(2)(West 2002).

④ Connecticut，CONN.GEN.STAT. § 53a-13(a)(2007)；District of Columbia，Betha v. United States，365 A.2d 64(D.C 1976)；Georgia，GA.CODE ANN. § 16-3-3(2007)；Hawaii，HAW.REV.STAT. § 704-400(2009)；Idaho，State v. White，456 P.2d 797(Idaho 1969)；Iowa，IOWA CODE ANN. § 701.4(West 2003)；Kentucky，KY.REV.STAT.ANN. § 504.020(West 2008)；Maryland，MD.CODE ANN.CRIM.PROC. § 3—109(LexisNexis 2008)；Massachusetts，Commonwealth v. McHoul，226 N.E.STAT.ANN. § 31-9-3(LexisNexis 2009)；Ohio，State v. Anders，277 N.E.2d 554(Ohio 1972)；Oregon，OR.REV.STAT. § 161.295(2009)；Rhode Island，State v. Johnson，399 A.2d 469(R.I.1979)；Vermont，VT.STAT.ANN.tit. 13，§ 4801(2009)；Virginia，Godley v. Commonwealth，343 S.E.2d 368(Va. Ct. App. 1986)；West Virginia，State v. Lockhart，490 S.E.2d 298(W.Va. 1997)；Wisconsin，WIS.STAT.ANN. § 971.15(West 2007)；Wyoming，WYO STAT.ANN. § 7-11-304(2009).

五、严格责任

将一个严重犯罪，如法定强奸罪，转变为严格责任案件的尝试也很常见。在这样的机制下，判定一个人是否有罪仅与其性伴侣的年龄有关。20岁的雷蒙德·加内特是一个智商仅有52的智力障碍青年。他通过他人介绍和艾丽卡认识，介绍人声称艾丽卡已经有16周岁，她的朋友也证实了这一点。加内特和艾丽卡在电话中无所不谈，他十分享受这种不被人取笑的感觉。一天晚上9点左右，加内特没有回家在外游走，恰好发现艾丽卡的家就在附近。他走近艾丽卡家时，艾丽卡打开了自己位于楼上的卧室窗户，指示加内特用旁边的梯子爬上去，邀请他进屋。他们交谈了很久，彼此合意，发生了关系，加内特于凌晨4:30左右离开。八个月后，艾丽卡生下了一个孩子，她的父母报警后警方因法定强奸罪逮捕了加内特。事实上，在发生关系时艾丽卡只有13岁。加内特最终被指控为二级强奸，因为这是一个严格责任类型的案件，在审判中法院不允许他使用证明其误判了艾丽卡年龄的证据。①

在另一个案件中，19岁的拉斯·哈斯在自己公寓内收留了两名离家出走的女孩，她们声称自己已经18岁，并在不同的时间和哈斯发生了彼此合意的性关系。哈斯随后被抓捕，并被指控有两项对于儿童的性侵犯罪名。因为实际上，与他发生关系的女孩分别只有14岁和15岁。在审判中，他并不被允许出示能够表明他有合理相信两名女孩已经超过16岁的证据，16岁是该州法律要求的可以在同意基础上发生性关系的最低年龄。但是因为该案是一个严格责任案件，这种合理性与法院判决并不相关。哈斯的每项罪名被判处20—30年的有期徒刑，刑期相加连续适用。②

罗斯伍德·阿德金斯和一个刻意谎称自己年龄为14岁的女孩发生了彼此合意的性关系。在审议中，陪审团对该案十分关注，要求法官在定罪量刑时应当将女孩的谎言纳入考量。但法官告知陪审团，该因素并不影响行为人将要承担的刑事责任，合理误判年龄的理由并不能为他提供辩护。阿德金斯被指控有两项性行为犯罪，被判处并行计算的6.5年至22年的有期徒刑。③

---

① Garnett v. Maryland, 632 A.2d 797 (Md. 1993). ROBINSON & CHILL, LAW WITHOUT JUSTICE, supra note 390, 63—65.

② State v. Haas, No. A-05-804, 2006 WL 996535, at *5 (Neb. Ct. App. 2006).

③ People v. Adkins, No. 257845, 2006 WL 142120, at *1 (Mich. Ct. App. 2006).

33个州拒绝适用此种就算是理性人也会做出的年龄误判的辩护理由。[①]其他诸如酒驾类严重罪行，也可以成为严格责任案件。[②]而实际上，大多数的严格责任案件是较轻的罪行，比如“公共利益”类案件，[③]较为典型的有超速或其他车辆犯罪，以及饮酒、麻醉或者违反食品规定等。[④]有几个州已经废除了施加严重的监禁刑罚或给予行为人不合理的期待可能性的严格责任制度的适用。[⑤]《模范刑法典》也尝试将严格责任制度的适用局限在“违法”范围而不是犯罪范围内，[⑥]然而，严格责任制度依然适用于严重的法定强奸罪。[⑦]

① United States, 18 U.S.C. § 1111(a)(2006); Alabama, ALA.CODE § 13A-6-2(a)(3)(2009); Alaska, ALASKA STAT. § 11.41.110(a)(3)(2008); Arizona, ARIZ.REV.STAT.ANN. § 12—1105(A)(2)(2010); California, CAL.PENAL CODE § 1-8-1-189(West 2008); Colorado, COLO.REV.STAT.ANN. § 18-3-102(1)(b)(West 2009); Connecticut, CONN.GEN.STAT.ANN. § 53(a)—54(c)(West 2007); District of Columbia, D.C.CODE § 22—2101(LexisNexis 2010); Florida, FLA.STAT.ANN. § 782.04(West 2007); Idaho, IDAHO CODE ANN. § 18—3003(d)(2004); Illinois, 720 ILL.COMP.STAT.ANN.5/9-1(a)(3)(West 2002); Indiana, IND, CODE ANN. § 35-42-1-2, -3(West 2004); Iowa, IOWA CODE § 707.2.2—.3(2007); Kansas, KAN. STAT. ANN. tit. § 21—3401(b)(2007); Louisiana, LA. REV. STAT. ANN. § 14:30(A)(1)(2007); Maine, ME. REV. STAT.ANN.tit 17-A, § 202(1)(2006); Maryland, MD.CODE ANN., CRIM.LAW § 2—201(a)(4)(LexisNexis 2002); Massachusetts, MASS ANN.LAW ch. 265, § 1(LexisNexis 2008); Michigan, MICH.COMP.LAWS ANN. § 750.316(1)(B)(West 2004); Minnesota, MINN.STAT.ANN. § 609.185(a)(2)-(3)(West 2009); Mississippi, MISS.CODE ANN. § 97-3-19(1)(c)(2005); Montana, MONT, CODE ANN. § 45-5-102(1)(b)(2009); Nebraska, NEB.REV.STAT. § 28—303(2)(2009); Nevada, NEV.REV.STAT. § 200.030(1)(b)(2009); New Jersey, N.J.STAT.ANN. § 2C:11-3.a(3)(West 2005); New York, N.Y.PENAL LAW § 125.25(3)(Consol, 1998); North Carolina, N.C.GEN.STAT.ANN. § 14—17(West 2000); North Dakota, N.D.CENT.CODE § 12.1-16-01(1)(c)(1997); Ohio, OHIO REV.CODE ANN. § 2903.01(B)(West 2006); Oregon, OR.REV.STAT. § 163.115(1)(b)(2009); Rhode Island, R.I.GEN.LAWS § 11-23-1(2002); South Carolina, S.C.CODE ANN. § 16-3-20(c)(a)(1)(2003); South Dakota, S.D.Codified laws § 22-16-4(1)(2006); Tennessee, TENN.CODE ANN. § 39-13-202(a)(2)(3)(2006); Utah, UTAH CODE ANN. § 76-5-203(2)(d)(LexisNexis 2008); Vermont, VT.STAT.ANN.tit. 13, § 2301(2009); Virginia, VA.CODE ANN. § 18.2—32(2009); West Virginia, W.VA CODE ANN. § 61-2-1(2005); Wisconsin, WIS STAT.ANN.. § 940.03(West 2005); Wyoming, WYO.STAT.ANN. § 6-2-101(a)(2009).

② Leocal v. Ashcroft, 543 U.S.1, 8 n.5(2004).

③ Morissette v. U.S., 342 U.S.246, 255(1952); Francis Bowes Sayre, Public Walfare Offenses, 33 COLUM.L.REV.55, 84—88.

④ Wayne R.LaFave, CRIMINAL LAW 272 n.1(4th ed. 2003).

⑤ ID .279.

⑥ Model Penal Code.2.05(1)(a)(Proposed Official Draft 1962).

⑦ Model Penal Code § 213.6(1).

六、重罪谋杀

重罪谋杀规则，即对于任何在重罪的实施过程中出现的死亡结果，即使是基于意外造成的死亡结果，行为人均被认定为最严重、等级最高的杀人罪名——谋杀罪，而谋杀罪通常是要求行为人蓄意造成他人死亡。其不光要求造成死亡结果的行为人承担谋杀罪的刑事责任，还要求在潜在犯罪中处于从犯地位的行为人同样承担谋杀的刑事责任。[①]杰瑞·摩尔的案子非常典型。摩尔同意帮助他的熟人蒙杰托趁一家房屋主人不在的时候实施盗窃。两人都没有配枪，当房屋主人出乎意料地回家时，摩尔很惊讶地发现蒙杰托竟然拿出一把枪杀死了主人，事实上，这把枪是蒙杰托在屋内的床头柜上发现的。摩尔因为蒙杰托的枪击行为被指控为谋杀罪，判处附加苦役的终身监禁，且没有假释可能。[②]

在40个州内，这种规则一般仅仅适用于本质上具有危险性的重罪（如纵火、贩毒）。[③]10个州在所有重罪中都适用该项规则，[④]还有2个州废除了这项规则。[⑤]

七、违反监管的犯罪化

26岁的汤姆·林赛一次带着他的兄弟和六个朋友到著名的地狱谷国家休闲区漂流野营，该区由联邦法律创设并进行管理。[⑥]林赛取得了进行漂流和野营的必要许可，但是没有严格遵守相关规定。为了能在上午垂钓，林赛和他的朋友们没有等到规定要求的9点，而是在7点便开始漂流。他们还在河流的高水位标志的下游驻扎露营，而严格意义上说，这是州属地而不是联邦属地，他们这一举措是为了规避禁止在夏天搭立营火的联邦法的管辖。林

---

① LaFave, supar note 425, 744—65.

② Louisiana v. Moore, 2006-KA-1979, p. 2(La. App. 1 Cir. 3/28/07); 2007 WL 914637, at *1.

③ Supra note 442.

④ Arkansas, ARK, CODE ANN. § 5-10-102(a)(1)(2006); Delaware, DEL.CODE ANN.tit. 11, § 636(a)(2)(2007); Georgia, GA, CODE ANN. § 16-5-1(2007); Missouri, MO.REV.STAT. § 565.021.1(2)(1999); New Hampshire, N.H.REV.STAT.ANN. § 630:1—b(2007); New Mexico, N.M.STAT.ANN. § 30-2-1-A(2)(2004); Oklahoma, OKLA. STAT.ANN.tit. 21, § 701.7(B)(West 2002); Pennsylvannia, 18 PA.CONS.STAT. § 2502(b)(1998); Texas, TEX.PENAL CODE ANN. § 19.02(b)(3)(West 2003); Washington, WASH.REV.CODE ANN. § 9A.32.030(1)(c), -050(1)(b)(2009).

⑤ Haw, REV.STAT. § 707—701(LexisNexis 2008); KY.REV.STAT.ANN. § 507.020(LexisNexis 2008).

⑥ ROBINSON & CHILL, LAW WITHOUT JUSTICE, supra note 390, 197.

务局的人员逮捕了林赛和他的兄弟，他们之后寄信给林赛，告知他所取得的许可已经被撤销。林赛和他的兄弟之后因未经许可露营和未经许可搭立营火被起诉。[①]

联邦的刑法典在近几年有了"前所未有的扩张"。[②]在1980年到2004年间，接受刑事处罚的联邦犯罪增加了30%，[③]很多新近的法律将一些传统上由民事管制的行为犯罪化，这包括由侵犯版权[④]、污染环境[⑤]以及受托人不负责任等行为产生的刑事责任的扩张。[⑥]

这一现象不仅局限于联邦法，实际上，各州刑法典持续扩张的时间远长于联邦法。伊利诺伊州刑法典的扩张历程是一个尤为具有冲击性的案例。在1856年，该州刑法典中犯罪定义只有131种，到了1951年，这一数字膨胀至460种。[⑦]该法典于1961年成书时只有72页，到了2000年已经扩充到1 200页。[⑧]这样快速的扩张并不是伊利诺伊州所独有的，大部分情况下，造成这一结果的原因众多，包括：(1)长期以来适用已经由更普通的法规规定为非法的"设计师犯罪"；(2)适用的有关"今日犯罪"的法律文章包含大量的新闻报道和群众情绪；(3)长期以来适用的其他形式的修正案也可能扩大犯罪对象的范围。[⑨]

第三节　检验现代犯罪控制原则视角下的正义

我们把在上一节中详细叙述过的犯罪控制原则作为实验基准，以此来检测法律的判决结果与民意的契合程度。实验人员要求被试者给这些案件排序，并对以上每一个案件匹配相应的具体刑罚，随后将人们的量刑判断同

---

① Id.87—89.

② Sara Sun Beale, The Many Faces of Overcriminalization: From Morals and Mattress Tags to Over-federalization, 54 AM.U.L.REV.747, 755(2005).

③ ID.754.

④ 17U.S.C. § 101(2004)；17U.S.C. § 1204(2004).

⑤ 33U.S.C. § 1319(c)(2004)(enacted August 18, 1990).

⑥ 7U.S.C. § 2009. U.S.v. Ntshona, 156 F.3d 318(2d Cir. 1998)；U.S.v. Goldstein, 883 F.2d 1362(7 th Cir 1989).

⑦ William J.Stuntz, The Pathological Politics of Crimminal Law, 100 MICH.L.REV. 505, 513.

⑧ George H.Ryan. Executive Order to Rewrite and Reform the Illinois Criminal Code (Exec. Order No. 9)(May 4, 2000).

⑨ Michael T.Cahill & Paul H.Robinson, Can a Model Penal Code Second Save the States from Themselves?, 1 OHIO ST.J.CRIM.L.169, 170—173(2003).

法律认定的排序及处罚结果进行对比。此实验摘自本人与杰弗里·古德温(Geoffrey Goodwin)以及迈克尔·瑞斯格(Michael Reisig)合写的《不公正的负效用》一文。[①]

一、“里程碑”和“犯罪控制”情境

实验人员首先要求被试者给处于刑罚连续区间中的12种常见案例排序，并对其匹配具体刑罚。随后这12个案件发挥着“里程碑”的作用，与基于强制性犯罪控制效力作出判决的12个“犯罪控制”试验案件进行对比。如果我们仅仅关注被试者匹配的刑罚数量，比如说5年有期徒刑，我们并不能据此知道此刑罚结果所反映的试验案件的相对应罚性。基于人们对刑罚一般严厉性的不同认知，5年有期徒刑可能意味着该罪与轻微袭击，或者加重抢劫，抑或故意杀人等罪行有着一样的严重性。通过把人们对于常见案件的排序结果放置于刑罚连续区间中作为“里程碑”来进行比较，我们能够更好地了解人们对于试验罪行的相对应罚性的认知。

这些“里程碑”案件出自本书第二章与第四章的所展示的研究。[②]在这些研究中，人们根据罪犯的应得刑罚来对24个犯罪情境进行排序。实验结果显示，人们毫不费力地完成了该项任务，且肯德尔和谐指数高达0.95和0.88，对于排序结果表现出了跨越人种且令人惊异的高度共识。[③]

在此节展示的研究中，我们使用了24个情境中的12种来作为“里程碑标志”。[④]表7-1展示了作为里程碑的12个案件。这一案件集合展现了全部的刑法区间，从人们认为应当不承担刑事责任的案件(如情境1与情境2)囊括至常见的轻微罪行(如一些轻微的偷窃)，再到常见的严重罪行(比如一级谋杀)；第二列展示了每一个情境所代表的法定罪行；第三列则显示出，被试者于早前研究中对各案件所匹配的严重性与典型的美国刑法典(《模范刑法典》)所评定的犯罪等级大致吻合；第四列同样显示出，被试者的评定结果与各州对于州内罪犯的量刑结果大致吻合；最后一列显示出根据《美国联邦量刑指南》对联邦罪犯判处的量刑结果。

---

① Paul H. Robinson, Geoffrey P. Goodwin, & Michael D. Reisig, The Disutility of Injustice, 85 N.Y.U.L.REV.1942, 1961—1978(2010).

② Paul H.Robinson & Robert Kurzban, Concordance and Conflict in Intuitions of Justice, 91 MINN L.REV.1829, 1867(2007).

③ Kendall's W, chapter 2 section c.

④ Robinson, Goodwin & Reisig, supra note 444, 2027.

表 7-1 控制情境——“里程碑标志”

情　境	罪　行	《模范刑法典》的评定结果	各州量刑的平均期限	美国最高法院的量刑结果
12. 埋伏杀害	一级谋杀	重罪-适用死刑（§210.2(1)(a)，210.6(3)(h)）	10.5 年	终身监禁 §2A1.1
11. 刺伤	二级谋杀	一级重罪（§210.2(1)(a)）	10.5 年	19.5—24.5 年 §2A1.2
10. 被斗牛犬意外袭击	过失杀人	二级重罪（§210.3(1)(a)）	4.7—8.4 年	2.25—2.75 年 §2A1.4(a)(2)(A)
9. 在抢劫中殴打	加重抢劫	二级重罪（§222.1(1)(b)）	4.3 年	6.5—8 年 §2B3.1(b)(2)(D)&(3)(B)
8. 试图在加油站实施抢劫	抢劫意图	二级重罪（§222.1(1)(b)）	(<4.3 年)	4.25—5.25 年 §2B3.1(b)(3)(B)
7. 足球比赛后受伤缝线	加重袭击	二级重罪（§222.1(2)）	2.6 年	3.75—4.75 年 §2A2.2(b)(2)(B)&(3)(B)
6. 在唱片店中掌掴致使他人受伤	袭击	轻罪（§222.1(1)(a)）	(<2.6 年)	4—10 月 §2A2.3(b)(1)(A)
5. 入室盗窃微波炉	入室盗窃	三级重罪（§221.1(2)）	2.4 年	2—2.5 年 §2B2.1(a)(1)
4. 从车中盗取收音机	偷窃	轻罪（§223.1(2)(b)）	1.5 年	0—6 个月 §2B1.1(a)(2)
3. 偷取自助餐中的一个南瓜派	轻微偷窃	微罪（§223.1(2)(b)）	—	—
2. 狼的幻觉	袭击——精神失常辩护	不承担刑事责任（§4.01(1)）	—	—
1. 拿错雨伞	偷窃——过失	不承担刑事责任（§2.02(1)）	—	—

在对 12 个“里程碑”情境进行排序之后，被试者被要求对额外的 12 个“犯罪控制”试验情境进行排序。这些情境都是实践中的真实案件，且均涉及第

二节所提及的七项基于犯罪控制效应而制定的刑法规则。表 7-2 显示了这些真实案例以及它们涉及的犯罪控制原则，最后一列展示的是在犯罪控制效用的框架下法院作出的具体判决。

表 7-2 “犯罪控制”情境

情　境	案件名称	罪　行	犯罪控制原则	真实判决
L. 意外射杀老师	布莱泽尔	谋杀	降低年龄要求，未成年罪犯在刑事实体法律上承担一般主体的完整刑事责任	28 年/无假释
K. 为使孩子免受地狱之苦而溺死他们	耶茨	谋杀	限缩或摒弃精神病辩护	终身监禁
J. 盗窃中的杀人共犯	摩尔	重罪谋杀，盗窃	重罪谋杀	服苦役，终身监禁/无假释
I. 杀死以为是外星人的警官	克拉克	谋杀	限缩或摒弃精神病辩护	终身监禁
H. 服用过量可卡因	里柯克	重罪谋杀，非法分发管制物品	重罪谋杀	40 年
G. 箱子中的可卡因	哈梅林	非法分发管制物品的共犯	对低级毒品犯罪处以重刑	终身监禁/无假释
F. 空调诈骗	隆美尔	轻微诈骗	三振出局	终身监禁/无假释
E. 合理相信该女性符合年龄要求与其发生关系	哈斯	法定强奸	严格责任	40—60 年
D. 智力障碍者与不满年龄要求的女性发生性关系	加内特	法定强奸	严格责任	5 年
C. 运送大麻	帕帕	非法持有管制物品	对低级毒品犯罪处以重刑	8 年
B. 射击电视	阿尔蒙德	非法使用枪支	三振出局	15 年/无假释
A. 错误的龙虾容器	布兰福德	违反重要规定	违反监管的犯罪化	15 年到终身监禁

二、实验的设计与方法

该实验由美国国家科学基金会的社会科学实验系统实施操作，317 名受访者是在全美范围内随机征集的，覆盖了不同的社会经济、宗教、种族等背景。① 受访者在计算机系统上完成相关实验。在实验的第一阶段，屏幕左侧会向被试者展示出一条竖轴，其顶部标注“最严重的案件”(具有最高应罚性)，底部标注“最不严重的案件”(具有最低应罚性)。屏幕右侧展示出相应的案件描述。被试者阅读案件描述完毕后，便通过鼠标将相应案件拖拽到竖轴上与其应罚性对应的序位点上。在被试者完成 24 个案件的排序后，电脑会提示其重新检查并最终确认所作出的排序结果。

被试者随即向已经完成排序的 24 个案件分配相应的刑罚。屏幕右侧会展示在其相应序位上的案件，被试者需要根据行为人的相对应罚性将案件与其认为恰当的刑罚进行匹配。刑罚表中“不处罚”的选项包括：“应当承担刑事责任但不进行处罚”以及“不承担刑事责任”。

三、对实验结果的讨论

表 7-3 展现出被试者对于试验情境的平均排序。里程碑案件用黑体字表示，试验案件用斜体字表示。里程碑案件的顺序于被试者在早前实验中所作出的排序结果相吻合，试验案件散落分布在里程碑案件的应罚性区间内。与前述研究一致，被试者对于里程碑案件的排序表现出高度的共识性(肯德尔系数 0.86，$p<0.001$)(对于“犯罪控制”案件也表现出中等程度的共识，肯德尔系数 0.52，$p<0.001$)。表格中展示了被试者对案件的排序均值。

表 7-3 最令人震惊的特征在于其中“犯罪控制”案件的排序位置。在表 7-3 的最后一列中，大多数的案件都被判处了非常严重的刑罚：法院对于表格最上端的 8 个案件(E—L)所匹配的刑罚都与谋杀类似——终身监禁或与终身监禁等同。如果被试者的排序结果和法律的判决相一致，那么这些案件也应该出现在表 7-3 的上端，处在第十一位与第十二位里程碑案件的中间或上面。事实上，表 7-2 中顶端三个案件的排序结果都低于里程碑中的过失杀人案件，包括因斗牛犬而意外死亡。再下方的两个犯罪控制案件的排序结果甚至更低，其严重性处于“足球比赛之后受伤缝线”与“试图在加油站实施抢劫”之间。再下方的法律判处与谋杀类似刑罚的两个案件被被试者排列在“在唱片店掌掴他人致使受伤”以及“入室盗窃微波炉”之间；最后两个法律认为其严重性类似谋杀的案例被被试者排列在“入室盗窃微波炉”以及“从车中盗窃收

① TESS, See Robinson, Goodwin & Reisig, supra note 444, n.101.

音机”之间。这种惊人的差异也体现在余下的四个犯罪控制案例上，法院基于现代犯罪控制原则对其判处的刑罚为有期徒刑5年到15年或更久，而在被试者只将其作为轻微的违法行为对待——其严重性大概类似于“偷取自助餐中的一个南瓜派”，但不及“从车中盗窃收音机”。毋庸置疑，基于现代犯罪控制原则作出的判决与普通大众的正义判断有着极大的出入。

表7-3　被试者对于情境的平均排序

情　境	法律分析	平均排序
12. 埋伏杀害	**一级谋杀**	**23.3**
11. 刺伤	**二级谋杀**	**22**
10. 被斗牛犬意外袭击	**过失杀人**	**19**
L. 意外射杀老师	*谋杀—未成年人*	*18.8*
K. 为使孩子免受地狱之苦而溺死他们	*谋杀—精神疾病*	*18.4*
J. 盗窃中的杀人共犯	*重罪谋杀，盗窃*	*17.9*
9. 在抢劫中殴打	**加重抢劫**	**17.3**
8. 试图在加油站实施抢劫	**抢劫意图**	**16**
I. 杀死以为是外星人的警官	*谋杀—精神疾病*	*15.6*
H. 服用过量可卡因	*重罪谋杀，非法分发管制物品*	*14.7*
7. 足球比赛后受伤缝线	**加重袭击**	**13.9**
6. 在唱片店中掌掴致使他人受伤	**袭击**	**11.8**
G. 箱子中的可卡因	*非法分发管制物品的共犯*	*11.5*
F. 空调诈骗	*轻微诈骗—有前科*	*10.6*
5. 入室盗窃微波炉	**入室盗窃**	**10.1**
E. 合理相信该女性符合年龄要求与其发生关系	*法定强奸—缺乏罪责*	*9*
4. 从车中盗取收音机	**偷窃**	**8.7**
D. 智力障碍者与不满年龄要求的女性发生性关系	*法定强奸—缺乏罪责*	*7.8*
C. 运送大麻	*非法持有管制物品*	*7.2*
B. 射击电视	*非法使用枪支—有前科*	*6.4*
3. 偷取自助餐中的一个南瓜派	**轻微偷窃**	**6.2**
A. 错误的龙虾容器	*违反重要规定*	*5.8*
2. 狼的幻觉	**精神失常辩护**	**5.6**
1. 拿错雨伞	**过失辩护**	**2.2**

表 7-4　被试者的量刑判断与实际的判决结果

情　　境	被试者的量刑判断	实际的判决结果
12. 埋伏杀害	**终身监禁到死刑**	
11. 刺伤	**终身监禁**	
10. 被斗牛犬意外袭击	**20.6 年**	
L. 意外射杀老师	*19.2 年*	*28 年/无假释*
K. 为使孩子免受地狱之苦而溺死他们	*26.3 年*	*终身监禁*
J. 盗窃中的杀人共犯	*17.7 年*	*服苦役,终身监禁/无假释*
9. 在抢劫中殴打	**12.0 年**	
8. 试图在加油站实施抢劫	**9.1 年**	
I. 杀死以为是外星人的警官	*16.5 年*	*终身监禁*
H. 服用过量可卡因	*10.7 年*	*40 年*
7. 足球比赛后受伤缝线	**5.0 年**	
6. 在唱片店中掌掴致使他人受伤	**3.9 年**	
G. 箱子中的可卡因	*4.2 年*	*终身监禁/无假释*
F. 空调诈骗	*3.1 年*	*终身监禁/无假释*
5. 入室盗窃微波炉	**2.3 年**	
E. 合理相信该女性符合年龄要求与其发生关系	*2.9 年*	*40—60 年*
4. 从车中盗取收音机	**1.9 年**	
D. 智力障碍者与不满年龄要求的女性发生性关系	*2.3 年*	*5 年*
C. 运送大麻	*1.9 年*	*8 年*
B. 射击电视	*1.1 年*	*15 年/无假释*
3. 偷取自助餐中的一个南瓜派	**8.3 月**	
A. 错误的龙虾容器	*9.7 月*	*15 年到终身监禁*
2. 狼的幻觉	**1.1 年**	
1.拿错雨伞	**1.8 月**	

正如表 7-4 所示,将被试者对试验罪行匹配的刑罚和法院判处的实际刑罚相比较时,同样的鸿沟再次出现。表格中情境的序位为被试者所排列的顺序。

表 7-5 具象地显示出这种数据差异。实线与被试者的量刑判断相连

接——较黑的点表示里程碑案件，较浅的点表示犯罪控制案件；虚线与法律的实际判决相连接。

实线和虚线斜率的不同展现了对于相同的试验案件，被试者判断与法律判决之间差异的程度。需要注意的是，惩罚力度是倍数增长而不是线性增长的（这反映出美国刑法典犯罪等级的定义与普通大众刑罚判断之间的差异①），从某一较大点到另一较大点间的递增表明了惩罚力度两倍到三倍的增长。因此，表中斜率的不同实际上反映出巨大的差异。②

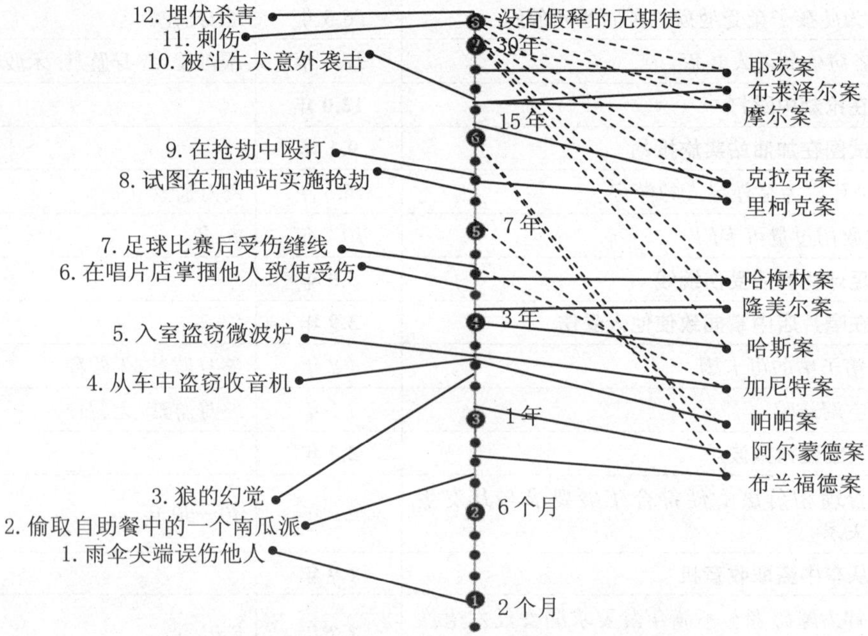

表 7-5　比较被试者的量刑判断与法律的实际判决

在这些样本中，对低级毒品犯罪处以重刑、三振出局等习惯犯法、严格责任、重罪谋杀这几项犯罪控制原则与大众观点相差最大。法律规定的刑事正义结论与社会公众直觉正义理念下的刑事正义结论之间的差异有时非常惊人：40—60 年与 2.9 年相对（E—严格责任）；无假释的终身监禁与 3.1 年有期徒刑相对（F—三振出局）；40 年与 10.7 年相对（H—重罪谋杀）；无假释的终身

① PAUL H. ROBINSON & JOHN DARLEY, JUSTUCE, LIABILITY, & BLAME: COMMUNITY VIEWS AND THE CRIMINAL LAW 8(Westview 1995).

② —— 被试者的量刑判断
----- 实际判决结果

监禁与 4.2 年有期徒刑相对(G—毒品犯罪)。[①]

事实上,该项研究中的被试者是非常具有惩罚性的。在对里程碑案件进行量刑时,其表现出的惩罚性大大超过了刑事法院的实际处理结果。人们对这些案件匹配的刑罚(表 7-4,第二列,黑体字)往往是实际判决结果的两到三倍(表 7-1,第四列、第五列)。因此,人们认为法院在判决里程碑案件中并没有对其施加不公正的处罚(如果有所抱怨的话,也是埋怨法律不够严苛)。在这样的情况下,基于犯罪控制原则所作出的处罚结果仍然极大地超出了被试者们已经具有较高惩罚性的量刑判断。

第四节 为什么民主框架下会产生社会认为不公正的量刑规则

通过以上章节的分析,一个非常值得思考的问题出现在人们视野中:为什么在一个实行民选制度、立法者在制定刑法条款时会有意呼应社会犯罪观点的框架下,会与社会的共识性正义判断产生如此严重的冲突?这句话似乎本身就是自相矛盾的:一部法律怎么会在考虑到大众情绪的基础上又与社会的直觉性正义观念相违背?事实上,政府在推进一项非常严苛的刑法条款进入实践领域时,经常会以"民众需要"作为其实施的主要动机,以此来表明该条款至少具有实现其民主功能的民意基础。

这一现象并不能用三言两语来解释清楚,我们只能通过诸多塑造社会存在、大众认知、国家机制、国家立法的因素来部分阐明这些真实存在的冲突的原因。但是,没有哪一个因素能够完全解释为什么要适用与社会的正义观点(实证性的应得刑罚)严重相悖但却广受支持的刑事政策。在立法机构将民众眼中不那么具备犯罪性的,或者说,不该适用那么长期刑罚的行为入罪的过程中,很多复杂的因素涉入其中发挥了作用。

很多关注该议点的学者认为,选民观点是增加刑期的主要因素。一些对关注司法正义的社会观点有着相关研究的社会科学家指出,民众对于量刑政策的影响不应被低估。很多量刑委员会和法官在某种程度上会受民意压力的影响而作出更为严酷的裁决。[②]量刑委员会的建议一般需要通过立法机关的批准实施,赞同这些法案的立法者也清楚地意识到其背后的选民观点。

① ROBINSON & DARLEY, supra note 450, p.132, table 5.2.

② Julian V.Roberts & Loretta J.Stalans, PUBLIC OPNION, CRIME, AND CRIMINAL JUSTICE 197(Westview Press 2000).

有趣的是，考虑到一些颇受关注的刑事问题，另一种思考路径由此呈现：一些人提出，公众的意识中具有潜在的犯罪控制因素，将严酷的刑事立法完全归因于民意压力是不正确的。真实的情况可能恰好相反：政客们对一些刑事问题予以的关注和重视可能会促进公众对该问题的兴趣，使之看起来似乎是应民意需要而开始相关立法——实际上，公众需要只是乘着政客的既有观点的大潮而兴起。①

乍一看来，选民的确期望更加严厉的刑罚。一些调查研究经常会询问民众，对于一些犯罪匹配的刑罚是过于宽恕、过于严苛还是恰到好处。调查结果显示，民众坚持认为这些刑罚过于轻减，期望着法院能够判处更加严酷的刑罚。不光如此，人们也承认，政客的量刑态度会影响他们的投票结果：约80%的受调民众声称，如果某一候选人支持更加严厉的刑事政策，他们将更可能向其投出选票。②

这一调查结果广为人知，政客们也认为其必须满足人们希望对犯罪施加更长刑期的期待；这一举措也避免了在选举中被对手冠以"对待犯罪太过软弱"的帽子。然而，依然没有哪一因素能够独立塑造大众对于刑法的观点，它们共同导致了看似广受支持实际上却没有反应社会真实观念的刑事立法。为揭示这一冲突的来源，我们对这些因素进行更深入的讨论。

一、媒体报道对影响量刑的重要事实的忽略

当前研究显示，"选民需求"的背后故事非常复杂。人们一般通过媒体报道，如报纸、电视、网络来了解某项具体案件的量刑结果。在一项实验中，研究人员要求一些加拿大和美国的公民来阅读报纸上所报道的量刑结果及其背景故事，并让他们评估这些量刑是否恰当。③大多数的被试者都认为法律对待罪行的态度太过仁慈，且对他们的自我判断非常自信。研究人员指出，报纸等媒体报道出的案情都是非常简略的，在报道判决结果时，其往往会忽略或潦草叙写定罪量刑背后的推定过程。研究发现，对于媒体报道的16个案件中的13个，人们对于其刑事量刑结果的普遍反应是"过于宽恕"。④此外，对于案件事

---

① KATHERINE BECKETT, MAKING CRIME PAY: LAW AND ORDER IN CONYEMPORARY AMERICA POLITICS 78 (Oxford 1997) [BECKETT, MAKING CRIME PAY].

② Michael J. Hindelang, Public Opinion Regarding Crime, Criminal Justice, and Related Topics, 11 J.RES.IN CRIM.& DELINQUENCY p.101, p.108(1974).

③ Julian Roberts & Anthony Doob, News Media Influences on Public Views of Sentencing, 14 LAW & HUM.BEHAV.451(1990).

④ Id., 456.

实,媒体只披露了少量能够作为评估何为合理量刑的事实依据,而被试者对于其量刑评估观点却表现出高度的自信。①

这项结果与其他研究的调查结果相一致。人们似乎主要把媒体的犯罪报道作为他们判断法院判决是否合理的主要信息来源。通过阅读报纸、观看电视,人们很快得出法院分配的刑罚不够严厉的结论。而事实上,这些社交媒体的报道包含了异于常规案例的大量暴力犯罪,且不会点明适用豁免的情境,亦不会展现法官的推定结果。人们阅读的新闻报道越多,其对于法院判决"过于宽恕"的评估结论便越坚定。而事实上,90%的研究受访者声称媒体报道是他们了解现今美国犯罪问题最重要的信息来源。②

此点阐明,在塑造民众"过于宽恕"的认知过程中,媒体报道发挥了核心作用。意识到这点,罗伯茨(Roberts)和杜布(Doob)检验了一种新情境:如果给人们提供不同的案情描述来源,人们对于量刑结果的认知判断是否会有所改观。③研究人员给被试者提供了一项报纸案例的官方法庭记录,向其展示了起诉过程中的真实举证的摘要和实际文件的释义。这份摘要中包含了一般会被新闻报道所忽略的信息,如行为人的犯罪前科、罪行的简要描述、检察官在量刑时的论辩、判决报告的总结、法官的最终意见等重要事实。④

研究人员将被试者分为两组,一组阅读覆盖所有相关信息的"法庭文件",另一组阅读对同样案件的报纸报道。两组被试者对于阅读材料的反应截然不同:在阅读报纸文件的小组中,63%的被试者认为法院的判决太过仁慈;然而在阅读法庭文件的小组中,只有 19%的人认为法院的判决过于宽恕,却有52%的被试者认为该判决太过严苛。不出所料,相比于阅读报纸文件的被试者,阅读法庭文件的人对于犯罪所评估的严重性较轻,其眼中罪犯的形象较好。

这些研究反映出,人们之所以期望更严苛刑法的部分原因在于,事实上,他们对于大多数犯罪事实与罪犯状况并不了解。媒体报道在某些方面甚至会与实际量刑时考虑的整体事实背道而驰。毕竟,媒体看重的是判决结果本身而不是其背后的原因。在有限的报道空间里(为了满足不同人群的理解需要,还会尽可能简化报道),新闻概要与判决时考虑的整体事实之间出现了代沟。这种代沟往往会导致人们认为法院匹配的刑罚太过轻微。如果这种现象在足

---

① Id., 457.

② RAY SURETTE, MEDIA, CRIME, AND CRIMINAL JUSTICE: IMAGES AND REALITIES 197(2d ed. 1998).

③ Roberts & Doob, 459, 461.

④ Id., 463.

够多的案件中反复发生，社会总体会误认为，为了修正刑法中的"问题"，适用一套更为严酷的量刑指南或立法提案非常必要。

二、对于一般犯罪问题的媒体报道：信息来源于政府

如前所述，人们一般把新闻报道作为其评判刑法运作状况的主要信息来源。如果新闻媒体可以作出客观详尽的报道，问题也可以迎刃而解。不幸的是，新闻媒体在报道刑事个案时，并不会提供全部的相关信息，其往往会歪曲人们对于量刑结果的认知。然而，更值得注意的是新闻媒体对于一般犯罪问题的报道——凸显"与毒品的战争"这样的主题，或者在某项研究显示犯罪率有所上升时，以"爆炸性新闻"这样的方式来报道。报道的本身并没有问题，关键在于新闻的功能：报道出什么与社会息息相关，什么对社会至关重要。媒体在塑造公众对刑法的看法这一过程中所发挥的作用可以追溯到将新闻传递给媒体的最初消息来源。尽管人们经常认为，民主程序的一般模式为：新闻报道首先在前，其随即塑造社会观点，由社会观点推进诞生政治举措。研究调查的结果展现了截然不同的景象。

事实上，被时下新闻所广泛报道的政治举措才是改变社会观点的主要原因。贝克特总结认为："政府资源的能力不光在于其可以频繁提供便捷的格式化消息，还意味着其可以满足新闻工作者的组织化需要。"她主要研究由官方信息渠道提供给报社的"一揽子"新闻(package news)，结果显示，在纽约时报、洛杉矶时报、华盛顿邮报刊登有关犯罪信息的四段时期中，对报纸内容的分析表明，65%的"一揽子"信息的背后有政府赞助支持，其反映出报社对于政府信息来源的依赖。分析 80 年代电视新闻对于毒品问题的报道，其结果更加具有冲击性：76%包含明确的有关毒品及相关犯罪"一揽子"信息的新闻报道都是由官方信息渠道所提供。①

这些研究只阐明了一半的事实内容。政府作为新闻媒体的官方消息渠道并不惊奇，事实上，可能半数以上与犯罪相关的新闻报道都是由政府官方提供。在新闻并不能真正反映社会整体预先关注要点的情况下，政府对于媒体界的介入仅仅是为了关照人们现下对刑事判决与政策的讨论。人们一般认为，立法者出于诸多原因的考量，理应响应社会的期望，然而人们并不能判断出此种期望是不是根本性的。我们知道，社会整体会受媒体报道的影响，且会据此形成相应观点。但是，如果媒体所营造出来的图景恰恰是想要增加刑法严苛性的立法者自我创制的产物，那么，推动刑事立法的便不是社会需要，而

① BECKETT, MAKING CRIME PAY, supra note 457, 76.

是立法者自身。换言之,政府对于媒体的影响推动了偏离大众应罚观点的刑事立法。

在许多情况下,这便是事实。尽管媒体报道不能引起公众观点的任何特别变化,在进行研究时,当权的政客们却认为:"毋庸置疑,官方政治意见是新闻媒体报道的关键组成部分;在赢得民众对犯罪和毒品政策支持的过程中,媒体对于官方意见的再创造于其间发挥了至关重要的作用。"①在 1964 年至 1974 年间,社会对于犯罪问题的关注与政治倡议以及媒体报道的功劳密不可分,并且这种关注是在政治举措开始施行之后被广泛引起的。②然而,这段时期实际的犯罪率并不契合人们对于犯罪的密切关注。③在 1985 年至 1992 年间,研究发现,有关毒品法的政治倡议与人们对毒品问题的关注呈现出一致的发展路径,但是有关毒品问题的犯罪率并没有相应上升。

当然,政治和媒体并不是影响民意的唯一因素,公众也并不总是被政客们牵着鼻子走——事实上,民意和政治行为处于相互强化的关系中。④出于选举的需要,候选者们至少要尝试着努力满足民意需求。在 1993 年 6 月,一项全国民意调查的结果显示,只有 7%的受访者认为犯罪是当前国家面临的最为严重的问题;到了 1994 年 8 月,这一数字攀升到了52%。⑤令人费解的是,这种关注的增长与该段时期的犯罪趋势恰恰相反:研究表明,在这段时期中,大部分的犯罪呈现出下降趋势。然而,1994 年 1 月克林顿总统于联合国发表的演讲着重强调了美国的犯罪问题。⑥同年,国会讨论并通过了美国最为重要的犯罪控制法案之一——暴力犯罪控制和执法法案。毫无疑问,这一举措是造成 1993 年至 1994 年间民众持续关注犯罪政策的重要原因。

总而言之,可以清晰地看出,媒体是塑造民意的主要动力之一。尽管人们通常认为媒体报道客观中立不带偏见,事实却不是如此。同理,政客们也不是像人们期望的那样会严格回应民意的需求。虽然从表面上看,人们对更为严苛的犯罪控制法律有着急切需要,实际上此种需求却是被号称遵循民意的政客所塑造出来的。前述内容也曾提到,人们对于个案裁决的评判观点会随着是否提供完整的案件事实而有极大的差异。据此便可推断,如果可以给人们提供关于一般刑事法规和现行提案的详细公允的资料,人们对于更为严格的刑事立法的需求也会有很大的不同。最后,尽管政客们声称其施行更为严酷

① Id., 78.
②③ Id., 21.
④ Id., 23.
⑤ BECKETT, MAKING CRIME PAY, 457, at 25.
⑥ http://www.gpoaccess.gov/sou/index.html.

刑罚的行为是出于民意需要的考量,真实情况却并不是如此。调查证据已经表明:民事不是引发立法活动的原因,而是立法活动衍生的结果。政客的论调曲解了事实真相。

三、以典型样板为范例

如前所示,人们在形成对于刑法的看法时,往往以媒体报道作为其主要判断依据。研究发现,人们之所以认为现行刑法太过宽恕的原因也与人们对犯罪的认知有关。在上述调查中,当被问到"对于犯罪匹配的刑罚是过于宽恕、过于严苛还是恰到好处"时,大多数的人作出了"过于宽恕"的选择。研究显示,人们接受调查时脑海中会浮现出暴力犯罪的印象,并由此作出"过于宽恕"的回答,而这显然是不恰当的。[①]对于犯罪现实状态的歪曲也归功于新闻报道:媒体只会呈现出最严重或最重要的犯罪。

当民众思索如何对犯罪施加恰当刑罚时,其脑海中会出现犯罪的典型样板。普通大众不会像司法系统那样去考虑什么是构成犯罪的充分和必要条件,而法律必须仔细判断犯罪,比如杀人或强奸的构成要件。当人们在判断终身监禁是否与"谋杀"相匹配的合适刑罚时,其所想象的是自己脑海中谋杀的典型样板,然后会作出"恰当"的回答。事实上,如果一个妻子结束了重症在床久治不愈的丈夫的生命,人们并不会认为对其处以终身监禁是恰当的,反而会认为该刑罚太过严酷,尽管这也是一种"谋杀"。

一种系统性的畸变因此出现——人们脑海中犯罪的典型样板是清晰绝对的故意杀人,并不包括需要进一步审查其发生是否符合谋杀要件的案例。换言之,在提起谋杀时,人们并不会把安乐死等情况纳入考量。这种畸变也发生在谋杀以外的其他犯罪中,且由于新闻媒体的误导报道而进一步恶化。谋杀占据了媒体犯罪报道的25%,而只占据了实际生活中全部犯罪的1%。[②]

此外,当某项法案被通过时,这种"类别拓宽"的现象也会由此发生。性侵犯法的扩张便是一个典例。当一些严重案件发生时(比如孩子遭遇绑架性侵,且最终被杀害)立法者会感应到要求加重刑罚的民意需求,如果相似的案件在未来继续发生,这种需求会被进一步鼓动起来。一旦"性侵犯"的犯罪类别被创设出来,相关刑罚也会随立法确定,此类犯罪一般而言会适用长期刑期。在性犯罪罪犯服刑结束后,对于其中的"精神病罪犯"一般会采取继续监禁的措施——事实上,大多数的罪犯都被审查小组认定为有"精神疾病"。最后,法律

---

① Roberts and Doob, supra note 459, at 464—465.
② Id, 452—453.

会对已释放的罪犯施加禁止令，要求他与孩子们聚集的地点保持一定距离。[①]

人们脑海中性犯罪的典型样板（孩子被绑架强奸）使得人们对上述刑罚持坚定的赞许态度。然而，性犯罪法中包含了许多在道德上与典型样板距离较远的犯罪行为。例如，在新泽西州，一名少年与另外一名恰好处于法定许可年龄之下的少女发生了性关系，这也是性犯罪。这种情境下的罪名为"犯罪化的性接触"，因为受害者是未成年人。[②]尽管事实犯罪与样板犯罪有着巨大的差异，法律上却一致地称其为性犯罪。

然而，新闻媒体在报道通过性犯罪法的立法举措时，仍然会选取那些触发了立法行动的严重案例。它们几乎不关注那些处于法律范围之内但犯罪性较低的案件。因此，社会并不会关心法案的范围是否过于宽泛，对那些行为并没有败坏道德的罪犯所施加的刑罚是否过于严厉。这些法律的不公正结果由此被低估，且逐渐隐匿于大众视野之下。

问题在于，对于量刑政策的解释远比标准解释复杂。当立法机关通过了意在制止犯罪的"严酷措施"时，标准解释一般为：立法机关此举是在把"人们的期望"付诸实践。然而，社会和政治科学家指出，当人们被问到相对简单的犯罪问题时，他们的回答是基于对问题的瞬间解读而作出的。为了回答问题，他们会联想到新闻媒体展示的犯罪报道，一般都是以夸张的大版面所展示的暴力类犯罪。其回答的量刑结果表明了对犯罪危害性和应罚性的认可。然而，如果问题设计允许人们对犯罪作出更为温和细致的解读，他们也会有相应的回应。[③]即，对于犯罪事实的细致展现会引发人们更为精确的量刑判断。

总而言之，第三个原因在于，当讨论某种犯罪类别时，人们倾向于使用脑海中快速自发呈现的典型样板。这些典型样板一般是某种犯罪类型的"完美"版本，以谋杀为例，一般是对于无辜者实施的故意杀人案件，并不涉入非典型谋杀所包含的犯罪意图、挑衅因素、人为过失等复杂因素。人们一般会将此种有关刑法严厉性的问题概念化为判断该刑罚对于样板犯罪是否恰当的问题，并由此表现出期待更为严酷的刑罚的倾向。而事实的真相是，人们只是期待对"完美"犯罪样板（或者说最严重的犯罪）匹配相对严重的刑罚。然而，其导致的量刑结果是，立法者对低级犯罪也施加了更为严酷的刑罚，人们对此却并不知情。

---

① Brenda Goodman, Georgia Justices Overturn a Curb on Sex Offenders, N. Y. TIMES, November 22, 2007, A26.

② N.J.STAT.ANN. § 2C:14—3(2005).

③ Dena M. Gromet & John M. Darley, Restoration and Retribution: How Including Retributive Components Affects the Acceptability of Restorative Justice Procedures, 19 SOC. JUST. RES. 395, 421(2006).

四、公众的恐惧

人们对于何为恰当刑罚的判断会随着其对某项犯罪威胁度的认知而波动。如果正如新闻媒体报道的那般,如果人们认为某项犯罪具有极高的威胁度,其将选择将罪犯囚禁起来以减少威胁。即,长期监禁是减少犯罪威胁的方法之一。当人们作出"刑罚太过宽恕"、"希望增加刑期"的回答时,实际上是在表明控制犯罪的意愿,并以增加刑期为实现方式之一。

重点在于,人们会基于对犯罪率的自我认知而采取不同的评判角度回答调查问题,且不论这种认识是否正确。在回答具体问题时,人们倾向于对犯罪整体的感觉进行一般化的概括。在接受调查询问时,人们如果急于传递出希望对犯罪控制给予更多关注的意愿,他们将用非常支持的姿态来回答所有他们认为具有犯罪控制成分的问题。因此,他们可能赞同实施"更加严厉的囚禁刑罚"。但是,如果人们稍微停下来思索一番就会发现,对于具体案件适用一致的严刑酷罚实际上有失公允。然而,人们认为这并不是其正在回答的问题,他们认为自己是在表达对剥夺危险者再犯能力或威慑罪犯这一政策的认同。

调查显示,人们对于威慑和剥夺危险者再犯能力等犯罪控制实践非常支持。[①]这一论断与前述章节有着很大的出入。前述章节一般认为,公众在某种意义上经常会被大范围的媒体报道所误导,进而支持适用不公正的刑罚。而现在的观点认为,人们有时会把关于刑罚适用的问题解读为调查其对于犯罪控制偏好的问题,并不把自身对于刑罚是否适当的判断纳入考量。简而言之,如果一个人期望增加犯罪控制的效力,他会一直选择作出"刑罚应当更为严厉"的回答,其并不会仔细思索现在适用的刑罚是否已经足够严厉,或者说,过于严厉。

公众高度恐惧犯罪的另一影响是"设计师法律"(designer law)的文章。这一文章旨在强调已经被广泛报道的进入公众视野的具体案件。想象一下,一群穿着 Polo 衫的青年假装在公园练习高尔夫,继而对一对母子实施了残忍的袭击。媒体报道不遗余力地更新案件进展,煽动情绪。尽管大多数的年轻人只是想进行一场短暂的游戏,忧心忡忡的民众却会要求法律对这类具有高度公共性的威胁采取行动。出于民众的忧虑及其厉行惩治的期望,立法者"对此类事件保持高度警觉",并将在一定的"安全区"内(比如离学校或公园只有

① Kevin M. Carlsmith, On Justifying Punishment: The Discrepancy between Words and Actions, 21 SOC.JUST.RES.119, 133(2008).

半里远的地方)持有高尔夫球杆或其他“可做武器的运动装备”的行为入罪。显然,这一处罚太过严厉。实际上,要求在所有情况下对“非法持有高尔夫球杆”进行惩治的民众需要,大多数都来源于伊始时触发社会情绪的袭击案件。然而,真实情况却不是人们看起来的那般严重。为了直接回应人们因犯罪报道而产生的恐惧,[1]立法机关通过了众多严厉的刑事法规,却忽视了在先前的立法方案中早已将该行为入罪。这种恐惧或恐慌驱使的立法会带来灾难性的后果。[2]

五、选举的弱点

在20世纪70年代到80年代,一种特别的采用“法律与经济视角”的观点涌现出来,很快赢得了诸多拥趸。它被称为“公众选择视角”,阐明了为什么立法者有时会选择适用那些在公共政策的角度下并不好的措施,尤其是投票赞成严厉的量刑法案。这种观点的基本构想为,立法者和其他政客相同,会理性地实现自我利益的最大化。换言之,在选举立法者时,选民并不会创造出始终为公共利益服务的圣人;相反,在朝者一般是具有自我野心的人,其心心念念的关注对象始终是个人利益。

公众选择理论指出,赢得再选便是其关注的利益之一。[3]立法者一方面要筹集日益昂贵的再选费用,另一方面要作出能够在未来选举中吸引选票的立法举措。事实上,不菲的选举费用对于在职的立法者而言十分有利,因为它为竞争对手创设了门槛。因此,在职者的任务是在各个“利益集团”的夺标战间作出定夺;利益集团的任务在于回馈立法者对它的选择。回馈可以是对于竞选的赞助,或者是调动利益集团可驱使的选票为候选者而用,抑或是对未来竞选予以支持的隐晦承诺。

一般来说,立法者的主要目标是保持任职。如果已经在立法机构中就职了几个任期,立法者对于利益集团的价值便更大。因此,成功的立法者对于有可能阻碍其赢得选举资金、吸引选票的状况非常警觉。对于刑法典和惩罚刑期的表决态度便有可能引发这种状况。

这种问题在上文中已经提及:会被选举对手扣上“对待犯罪太过软弱”的

---

① David Garland, THE CULTURE OF CONTROL: CRIME AND SOCIAL ORDER IN CONTEMPORARYSOCIETY, p.133.(University of Chicago Press 2002).

② Paul H.Robinson & Michael T.Cahill, The Accelerating Degradation of American Criminal Codes, 56 HASTING L.J. p.633, pp.637—638(2005). ID.103—139.

③ Brian Tamanaha, LAW AS A MEANS TO AN END:THREAT TO THE RULE OF LAW, pp.193—195(Cambridge University Press 2006). id.194.

帽子。“对待犯罪太过软弱”的立法者一直关注着人们对于苛刑的明显支持与立法增加监禁刑期之间的动态变化，因此在选举中很容易受到对手的攻击。在职者通过扭曲投票制度的意义实行消极竞选是一种常见的政治现象。对于政客而言，在相当长的时间内避免留下任何投票记录是非常有意义的，这不会给对手留下可乘之机——毕竟任何政客都不希望自己被冠以支持“犯罪游说”(crime lobby)的名声。[①]此种竞选的典型事例便是有关威利·霍顿的广告，在最后当选的乔治·布什(George H.W.Bush)总统和民主党候选人迈克·杜卡基(Michael Dukakis)的选战中，该广告被布什团队用来攻击杜卡基对待犯罪的软弱。威利·霍顿曾因被控在马里兰州杀害并强奸一名妇女而入狱，布什在广告中陈述他支持死刑，而杜卡基不但不支持死刑，而且准许罪犯周末休假，结果霍顿在休假期间又实施了谋杀。[②]在实践中，这种消极攻势到底有多少不得而知，但是其存在的可能足以使得政客们在对待犯罪问题时非常警惕，只会支持更为严厉的刑罚。政客对于被视为“对待犯罪太过软弱”的惧怕处于一个自我维持的循环中——如果没有哪个政党愿意被对手贴上这样的标签，无论其结果是否符合民意，量刑标准也会持续上升。

第五节 结论

读者现在应当认识到，公众的观点会受到诸多因素的影响。在这其中，没有哪一个因素处于决定性地位，它们共同施效塑造了民意。正如结果所示，立法活动和民意调查并不能折射出人们真正的观点。在媒体报道的影响下人们会承认某种观点，但如果给人们提供了某一特定案件的详尽信息，他们又会得出不同的结论。人们倾向于对犯罪做概括化处理，并基于脑海中的典型样板建构出相应的量刑判断，在接受调查时，这便使得人们会经常简化对于问题的思考。因为只有最严重的案件会被报道并出现在人们的认知中，他们便会对这些案件施加最为严酷的刑罚。立法者将此种有瑕疵的民意纳入考虑，并得出大多数人都支持适用严刑酷罚的结论。实际上却并非如此。

刑法之所以会和大众的应罚观念产生冲突的另一个原因在于民主过程的自身性质。媒体在对犯罪进行报道时，其信息往往来源于政府的官方渠道。民意不是引发立法活动的原因，而是立法活动衍生的结果。此外，就算减轻刑

---

① Douglas Husak, OVERCRIMINALIZATION: THE LIMITS OF THE CRIMINAL LAW, p.16(Oxford 2008).

② Steve Takesian, WILLIE HORTON: TRUE CRIME AND ITS INFLUENCE ON A PRESIDENTIAL ELECTION(2002).

罚和反对适用苛刑这一举措真正符合普通大众的正义判断，立法者出于自身选举利益的考量、避免给对手以可乘之机，也会避免做出这样的行为。

尽管不能用一个独立原因去阐明为什么民主的立法过程会产生出与社会的正义直觉相悖的刑事立法，我们却可以找到共同作用于结果的诸多因素。正如第三节的研究所显示的那般，立法机关经常会通过一些违背大众正义观念的法律，这是无可争议的事实。然而，了解背后的原因可以帮助立法者在未来尽量避免此种偏离的发生。与人们的共识正义观念保持一致有益无害，且会减少因偏离应罚观念而引发的不利后果，这也是下一章将要探讨的主题。

第八章

规范化的犯罪控制原则：应得刑罚的效用

刑法是否应当在意普通大众的正义观念？第八章和本书的第二部分都旨在回答：是，且应当非常关注。刑法在定罪量刑等刑事规则中融入社会的正义判断理念对于增加其犯罪控制力至关重要，因为只有得到所规制的社会共同体的道德信赖，刑法才能够行使影响社会和内化规范的强大力量。本章深入探讨了支持"规范化的犯罪控制原则"的理念，检验了刑法在规范社会的过程中所扮演的角色。①

第一节探讨了传统的"强制性犯罪控制"机制，即使用威慑、剥夺再犯能力、矫正罪犯等理论作为定罪量刑时的分配原则。乍一看来，这一原则似乎是应得刑罚理论外的另一可选方案，且具有所有社会都期望的更强效的规避未然犯罪的能力。然而，仔细审视之后，该原则的严重局限性便显现出来：尽管在以应得刑罚理念为分配原则的刑事司法体系中引入该原则作为替代，可能看到原有的威慑、剥夺再犯能力等效力的边际增长，但此种犯罪控制效力的边际增长相比于刑法为其付出的代价并不值当：刑法由此被大众视为在行不义之事。

第二节则说明，倘若定罪量刑等刑罚分配原则遵循社会的正义判断理念，该意在控制犯罪的分配原则便可最大化社会对于刑法的道德信赖。尽管这种"经验性的应得刑罚"与道德哲学家所推崇的"道义论上的应得刑罚"有许多共通之处，第三节会探索二者所具有的差别。虽然以经验性的应得刑罚作为刑罚的分配原则有诸多裨益，它也存在着一些亟待解决的问题，第四节就展示了

---

① Paul H.Robinson, The Ongoing Revolution in Punishment Theory: Doing Justice as Controlling Crime, 42 ARIZ.ST.L.J.1089, 1090—1104(2010); Paul H.Robinson & John M. Darley, Intuitions of Justice: Implications for Criminal Law and Justice Policy, 81 S.CAL.L. REV.1, 18—31 页(2007); Paul H.Robinson, Competing Conceptions of Modern Desert: Vengeful, Deontological, and Empirical, 67 CAMBRIDGE L.J.145, 148—555(2008).

对于经验性应得刑罚理论的批评建议。

第一节 传统强制性犯罪控制原则的局限性

以经验性应得刑罚理论作为定罪量刑的分配原则之所以是一个非常有吸引力的方案,部分原因便在于适用强制性犯罪控制原则的局限和代价。在探讨这两个方案之前,我们首先来了解一下人们对于“分配原则”的初步意见。

在刑事司法系统的框架之内,怎么去决定谁应当受到惩罚?惩罚的力度是多少?这是一个核心问题,可能同时也是刑法理论与实践领域的核心问题。它不仅是一种学术性的探寻,同时也具有非常重大的实践意义。如果法典起草者或法官需要决定是否应当去适用一项既有规则、特定解释或者给予特定裁决,其背后的逻辑指导又是什么?人们对于刑罚的“目的”以及在目的指引下所适用的规则、解释和裁决一直是给予殷切关注的。在这种情境中,刑法的目的成为决定刑罚和罪责的分配原则,因此在这里我们亦称之为“分配原则”。

如下文所示,引导决策者公正地适用不同可选原则的困难在于,不同的原则指向了不同的答案。因此,刑法理论与实践领域的核心问题又转变为:刑事司法应当依赖于哪一项分配原则(或者说,哪种定义的原则组合)?①

出于精确术语使用的目的,我们将讨论的可选原则具体列出。

表 8-1 分配原则

分配原则	分配标准	量刑所依赖的因素
应得刑罚——道义论及经验性	行为人的应罚性	伤害的特点与程度;罪责程度;正当化情境;个人能力
剥夺危险者再犯能力	行为人的危险性	行为人具有充分危险性需要对其进行限制羁押的时长
矫正罪犯	行为人对改造的接受度	矫正罪犯需要的时长
威慑——特殊	何以震慑犯该罪的罪犯	与犯罪的严重性成正比;较在先犯罪施加更为严重的刑法;首次犯罪适用较低刑罚
威慑——一般	何以震慑所有罪犯	与犯罪的严重性成正比;与罪行的公共性水平的成正比;与抓捕率成反比

① PAUL H. ROBINSON, DISTRIBUTIVE PRINCIPLES OF CRIMINAL LAW: WHO SHOULD BE PUNISHED HOW MUCH? (Oxford University Press 2008).

如上表所示，每一种可选的分配原则都具有不同的分配标准，因此对于处在不同情境中的不同行为人会给出不同的量刑结论。例如，一个老人曾是一名纳粹分子，在对其进行裁决时，如果单纯关注应得刑罚，基于其残酷行为来进行定罪量刑便非常简单；如果关注点落在一般威慑上，希望通过对此案的惩处来阻止他人在未来实施此种行为，便有了合理理由施加严重刑罚；而在关注剥夺再犯能力和矫正罪犯的人眼中，对这样的老人适用刑罚是对司法资源的浪费，因为行为人几乎不具有危险性，亦无矫正的必要。

在另一个情境中，行为人具有严重的精神疾病，且因此在实施犯罪的过程中并没有意识到其非法性。那么，法律应当认可行为人的辩护理由吗？如果仅仅关注应得刑罚，该行为人便不具有可罚性，也没有理由对其进行处罚；对于关注特殊威慑的人而言，因为该行为人严重的功能障碍，其并不能理解或不能理性回应刑罚的威慑；然而，正如前文所述，①对于关注剥夺再犯能力和矫正罪犯的人来说，有合理理由否认辩护、施加惩罚，因为精神疾病本身便证明了行为人具有危险性；最后，在关注一般威慑的人眼中，对该案施加惩罚恰恰是向不具有精神疾病的潜在罪犯释放威慑信号的有效方式：刑法对这种案件都给予了严厉的惩罚，潜在罪犯们便不该幻想在实施犯罪后用精神疾病辩护来逃脱罪责。确实，对于精神疾病辩护的否认是加强威慑效力的大好机会。

注意，有趣的是，不同的分配原则不仅对于精神疾病辩护问题给出了不同的答案，相比之前的老年纳粹案，不同的原则对于精神疾病辩护问题考量的角度也是不尽相同。有些问题也会类似地引发原则的不同站队。例如，摆在刑法典面前的一个问题便是，是该对犯罪未遂和犯罪既遂处以一致的刑罚，还是应当减轻前者的刑罚？以剥夺再犯能力和矫正犯罪为分配原则的人便会认为，应当对二者处以一致的刑罚，因为至少在常见的一般案件中，犯罪未遂和犯罪既遂具有同等的危险性；然而，关注一般威慑和特殊威慑以及部分关注应得刑罚的人便会认为，对犯罪未遂应当处以较轻的刑罚。

简而言之，刑事司法系统所适用的分配原则存在着显著的不同。本章欲阐明的是，没有一种分配原则是完美的，每一种都有着相应的瑕疵。然而在这种情况下，其中的一些分配原则却明显优于另一些分配原则。

一、威慑

一般威慑理论的显著优势在于其蕴含的巨大潜在效率。通过对一小帮人

① Chapter 6 section A.1.

施加惩罚,它便有震慑数以千计的潜在罪犯的可能。但是,刑事司法体系对违法行为施加惩罚是否会产生一般威慑效力,人们对其略有争议。应得刑罚的分配原则本身便具有威慑的效力,那么,使用一般威慑理论作为定罪量刑的原则是否会产生更大的威慑效力便不甚清晰,需要进一步的考察。

如果一些基本的前提条件没有得到满足,威慑效力便不复存在。首先,威慑对象必须要了解这一项法律用来影响规制人们的规则;其次,威慑对象将会或者乐意从自我利益的角度去计算实施行为的代价和利好——即,他们必须或乐意去承担威慑原则对其所具有的威胁,并据此来决定怎样行动。最后,经过这些计算考量,威慑对象必须得出结论:就将要面对的刑罚而言,其正在筹备的犯罪产生的代价超过了犯罪所带来的利好。然而,正如下文所言,这些前提条件一般不会存在。除了规则是真实具有的,囊括以上所有先决条件的情境(产生威慑效力的必要条件)并不存在。

让我们来逐个思索这三个前提条件,了解在实践中满足它们的复杂性与困难性。对于第一个条件而言,威慑对象必须要了解这一威慑规则。研究显示,行为人一般对其并不了解。有多少人知道他们的行为属于重罪谋杀并知道相应刑期呢?他们又是否了解自己的行为会适用"三振出局"原则呢?并没有多少(对于该书的读者,大抵也是如此)。那么,一个站在便利店前预谋实施抢劫的年轻人知道这些规则的几率又有多大呢?尽管他的行为正是该规则想要去施加威慑影响的。

一般而言,某人对于犯罪行为涉及得越多,其了解该刑法规则的几率便越大。然而研究证实,就算是罪犯也对具体规则知之甚少,又或者,就算他们以为自己了解,实际上也经常有着错误的认知。

就算威慑对象了解规则,除非他会用已知的规则信息理性指导其行为,威慑效力才会存在。问题在于,潜在罪犯一般并不会作相应的计算考量,或言他们并不在意将要面临的惩罚结果。大多数的罪犯都是处于酒精、毒品、愤怒、恐惧、群体煽动、认知转变、过分冲动、精神疾病等诸多不同因素的控制影响下,并不能清晰无障碍地作出相应的计算考量。当然,并不是所有的罪犯都是如此。白领阶层的罪犯作出威慑效力要求的理性思索的可能性便更高。

在威慑对象已经了解规则且作出理性思索的条件下,还需要其意识到预谋犯罪所产生的代价超过了犯罪带来的利好,威慑效力才可能发生。正如边沁著名的论断所言,①这一认知诞生于三个要件:实施惩罚的可能;惩罚的强度

① Jeremy Bentham, The Rationale of Punishment(R.Heward, ed 1830).

(数量);实施惩罚耗费的时间(犯罪后与实施惩罚所间隔的时间)。让我们继续对这三个威慑的组成要件逐个进行梳理剖析。

对于威慑效力而言,惩罚可能性这一因素的确值得考虑。尽管不能对动物实验依赖过多,它至少指示了可能出现的问题所在,因为许多物种都与人类有着相同的生理反应,例如,小白鼠的实验便说明了在惩罚率降低至高可能水平之下时,威慑效力便急剧降低。然而,对于大多数犯罪而言,惩罚率都有着百分之一到百分之百的可能。毫无疑问,对于威慑而言,这样的惩罚率是远远不够的。

但实际上,人们倾向于夸大罕见现象的可能,这可能对威慑效力有所帮助,同时也是为什么人们乐衷于购买乐透彩票的原因,然而,一个人的犯罪欲望越是强烈,其想了解真实惩罚率的动机也随之增强,随后便会发现实际中的惩罚率非常之低。

人们倾向于夸大自我能力的现象也不利于威慑效力的施行。某一罪犯可能听说另一个小偷被逮捕并接受了惩罚,但是他会认为自己是一个更聪明厉害的小偷,并因此缩减了自己被抓捕归案的可能。安德森在实验中发现了"不幸底线",即绝大多数或者多数的罪犯都认为,惩罚的威胁度十分低,并不与自己相关。①

如果将施加惩罚的数量纳入考量,显然,刑事司法系统是可以实施严苛的惩罚的。问题在于,威慑对象是否会像威慑原则要求的那般调节认知的刑罚数量。事实上,预测和控制能被威慑对象所感知的刑罚数量在实践中存在着诸多困难。

一个典型的复杂性因素便在于,人们倾向于低估未来的利好和代价。因此,大多数的人们宁愿要眼前的 100 美元,也不要有着充分担保的一年后的 150 美元。

另一个复杂性因素在于所谓的"疼痛学习"。研究人员给小白鼠施以 80 伏特的电击来震慑其不得进食,然而,60 伏特的电击则不足以震慑住小白鼠。它们会承受住这样的疼痛,继续进食。如果首先对其施加 60 伏特的电击(小白鼠可以忍受),然后施加 70 伏特的电击(小白鼠依然可以忍受),最后再施加的 80 伏特电击则不具有威慑力。因为前面两次低强度的电击已经教会了小白鼠它可以忍受这样的疼痛,因此相比直接施加,最后施加的 80 伏特电击已经没有了恐吓性。不仅如此,如果持续逐渐增加电击强度,小白鼠在被震慑前

① David, Anderson, The Deterrence Hypothesis and Picking Pockets at the Pickpocket's Hanging, 4 AMER.L.ECON.REV.295 at p.1(2002).

最后可以忍受高达300伏特的电击。①

威慑效力的复杂性不仅仅限于此，人类幸福实验便展示了另外一个复杂性来源。就算人们中了彩票巨奖或因车祸致残，随着时间的推移，人们也会自我调节其看待事物的基准角度。中了彩票的人可能会欣喜若狂一阵子，但因为其期待值的提高，又会逐渐回到原有的平凡不乐的状态；对于因车祸致残的人而言亦是如此。这对于威慑机制而言并不是一个好现象，因为这意味着刑罚所带来的痛苦很可能会随着时间流逝而逐渐消弭，就算连续施加与先前刑期相同的监禁刑罚，后者的痛苦程度也会降低。即刑期越长，威慑的效率越低。②

事实上，人类的本性亦加剧了适用威慑机制的复杂性。"期限忽略"研究显示，只有最高强度的刑罚才能决定威慑对象所能感知的惩罚性，刑罚的持续反而会带来忽略性影响。③与上段要点，即刑罚痛苦会随着时间消弭结合起来，于威慑效力而言可谓非常棘手。刑罚的期限越长，刑罚终点的惩罚性强度便越低。因此，罪犯感知到的短期刑罚的痛苦可能高于长期刑罚，因为短期刑罚终点的惩罚性强度更高，且罪犯也没有充足时间去调整降低自我期待值。④

对于威慑效力的第三个要件——惩罚的迟延而言，另一个动物实验可以阐明其背后的道理。⑤研究人员在饥饿的小狗面前放了不同的碗，分别装着好吃的食物和难吃的食物。首先，研究人员让小狗们辨别出好吃的食物，随即让它们进入实验室，立即奔向好吃的食物。但这之后，研究人员用报纸狠狠敲打了小狗的鼻子，这对于小狗们是一次非常不好的体验。有些小狗立刻就被敲打，有些是在五分钟后，还有些是在十五分钟后。在小狗们被再次允许进入实验室进食时，惩罚迟延的差别导致了截然不同的结果。十五分钟后才被敲打的小狗只花了三分钟便重新尝试着去吃好吃的食物，但是五分钟后被敲打的

---

① Anthan Azran, Fixed Ration Punishment, 6 J.EXPER.ANAL.BEHAV.141, at 144 (1963).

② Robinson, Ongoing Revolution, supra note 482, 1095—1097.

③ D.Redelmeier and Daniel Kahneman, Patients' Memoeries of painful Medical Treatments: Real Time and Retrospective Evaluation of Two Minimally Invasive Procedures, 116 PAIN 3(1996); Daniel Kahneman, Evaluation by Moments, Past and Future, in DANIEL KAHNEMAN & AMOS TVERSKY, EDS, CHOICES, VALUES AND FRAMES 693, at 698(2000).

④ Shane Frederick & George Loewenstein, Hedonic Adaptation in Well-Being: The Foundations of Hedonic Psychology 302—329 (Daniel Kahneman, Ed Denier, & Norbert Schwarz, eds, 1999).

⑤ R.L.Soloman, L.H.Turner & M.S.Lessac, Some Effects of Delay of Punishment on Resistance to Temptation in Dogs, 8 J.PERSON.& SOC.PSYCH.233(1968).

小狗却犹豫了八天,那些立刻就被敲打的小狗甚至花费了两周时间才重新进食。显然,适用惩罚的迟延极大地影响了威慑效力。

然而在现实生活中,刑事司法系统在适用惩罚时经常会有旷日持久的迟延,一般是在认罪的七个月后和庭审定罪的十三个月后。因此,一些人会担忧这种迟延会严重损害刑法的威慑效力。这亦和本节主旨相符合,即,威慑涉及诸多复杂的动态变化,且会在很多方面丧失效力。

可见,构筑犯罪的代价面临着诸多困难,如惩罚的低度可能和长久迟延;而在威慑对象的认知中,实现犯罪的利好却具有高度可能(因为抓捕率较低),且唾手可得,真实可感。

然而,不仅存在着威慑机制是否可以满足上述三条先决条件的怀疑,在适用威慑机制的过程中,还存在着附加的独立复杂因素,譬如著名的替代效应问题。凯亚尔提出,就算威慑机制成功生效,它也只会诱导行为人实施更为严重的犯罪。除此之外还有动态效应问题。①巴吉尔和哈雷尔认为,如果成功地产生了威慑效力,未来构成威慑的因素可能会被改变。②

最终,有关聚集效应的研究展示了创设威慑的困难。③该研究立足于实践,追踪某项刑事政策适用前后犯罪率的变化来反映该规则或政策是否具有预期的威慑效力。该研究的重要性在于,一些人认为就算取得威慑效力的先决条件并不能得到满足,威慑机制依然可以通过某些社会科学家尚不能完全了解的方式产生相应的效力。然而,研究驳斥了这一观点,展现了全然相反的结果。它证实了上述结论,即,只有在满足前提条件的情况下,威慑效力才可能产生,而这些前提条件在现实生活中一般不会得到满足。研究显示,就算改革者积极地致力于增加威慑效力,大多数情况下也都不会产生结果。至多只会有一些微小的变化,且常常难以预测,有时甚至会增加某项特定行为的犯罪率。

这并不意味着刑事规则的设计改变永远不能产生威慑效力的增长。在某些特定的、所有的前提条件都得到满足的情况下,它依然会产生适度的威慑效力,但这种效力极易消逝。最终结论并不是要反对以威慑效力作为刑罚的分配原则,而是意在阐明该原则适用的特定要求和产生效力的局限情境。它的长处和缺点可以用下表总结:④

① Neal Kumer Katyal, Deterrence's Difficulty, 95 MICH.L.REV.2385(1997).

② Oren Bar-Gill and Alon Harel, Crime Rate and Expected Sanctions: The Economics of Deterrence Revisited, 30 J.LEGAL STUD.485(2001).

③ ROBINSON, DISTRIBUTIVE PRINCIPLES, at pp.50—58.

④ ROBINSON, DISTRIBUTIVE PRINCIPLES, supra note 483, chapter 3 & 4.

表 8-2　威慑的优缺点

分配原则	优　势	劣　势
一般威慑	• 在恰当的情况下可以避免犯罪 • 对现下的罪犯具有威慑效力	• 只在前提条件得到满足时生效，而该情况一般不常见：了解基于威慑制定的刑事规则；有计算个人最大利益的能力和意愿；认识到犯罪代价（可能性和具体惩罚）超过了犯罪收益 • 会产生超出应得刑罚的惩罚
特殊威慑	• 在恰当的情况下能够避免现下的犯罪	• 只对现下的罪犯生效 • 只在前提条件得到满足时生效，会产生超出应得刑罚的惩罚

二、矫正罪犯

以矫正罪犯作为定罪量刑的分配原则，人们对此也有很多疑虑。首先，这一机制可能只会作用于特定的罪犯和罪行，且就算生效，其效力也十分有限。其次，如果以矫正罪犯作为定罪量刑的唯一依据，刑事司法系统便应当释放所有不能被矫正的罪犯，而这可能占据收监罪犯的绝大部分。除此之外，不论人们关注于犯罪控制效力抑或致力于执行正义，该原则对任意一方而言可能都是无甚成效的。这或许也解释了为什么没有一个已知的刑事司法系统以矫正罪犯为唯一的分配原则，其可能会将矫正罪犯与其他原则杂糅，作为综合性分配原则的一部分。例如，刑事司法系统在某些情境下以矫正罪犯为分配原则，在该原则不适用时，又会转向考虑剥夺危险者再犯能力的原则。

然而，矫正罪犯也可能会成为一项非常好的刑事政策。事实上，人们会希望典狱官以及司法者对于有可能实现最终矫正的罪犯应尽可能地适用矫正机制。在恰当的情形下，这是一项收益颇丰的投资手段。问题在于是否应当将矫正罪犯作为决定惩治对象和刑罚期限的基准。相较于犯罪控制效力，矫正罪犯有其独特的价值。人们也普遍承认矫正原则的固有价值便在于改变罪犯、帮助其恢复能力并过上更美满的生活。下文的表 8-3 展示了以矫正罪犯为分配原则的优缺点。①

三、剥夺危险者再犯能力

与威慑与矫正罪犯不同，毫无疑问，剥夺危险者再犯能力这一规则适用能够有效控制未来犯罪。在民众心目中也有着同样清晰的共识，他们认为，社会

① ROBINSON, DISTRIBUTIVE PRINCIPLES, supra note 83, chapter 5.

有权通过限制羁押诸如具有精神疾病、接触性传染病、毒品依赖的危险者来保护自身的安全。

然而，当刑事司法系统将剥夺危险者再犯能力作为定罪量刑的分配原则时，其不足便由此显现。问题在于，刑事系统一直宣传强调的是自身的“刑事司法”特征（业务），似乎其设计目的仅仅在于惩治过往的犯罪。因此，当该系统为防止行为人实施未来犯罪，剥夺再犯能力，转而适用预防性的羁押政策时，它必须隐匿自身的预防性特征，假装其只对过去的罪行主持正义。刑事司法系统在适用预防性羁押的同时又刻意隐匿其自身预防性的行为会引发严重的问题。这样的实践会损害刑事司法系统的预判准确度，转而降低其预防效力和实施效率；同时增加了其对被拘留者的不公正性，并由此损害了刑事司法系统在民众间的道德信用，最终降低了系统的规范化犯罪控制效力。

人们可能会疑惑：为什么刑事司法系统要费心思考适用预防性羁押？为什么不设立一个直接明确地关注于行为人危险性的独立、开放、民事性（civil）的预防性羁押系统？事实上，现实生活中的非然设计的确有恰当的理由，即，系统设计者认为，作为“刑事司法”者，其有必要适用隐蔽性的预防性羁押政策而不是开诚布公。

这样的隐蔽有助于刑事系统避免合逻辑地适用预防性羁押时产生的局限性，例如对民事拘留的法律限制。以隐蔽性的预防羁押作为刑事司法的手段，也不易于让人们知晓刑事司法系统对应得刑罚的偏离。这对于系统而言至关重要，因为这种偏离的透明度越高，其道德信用越容易受到损害，由此也会进一步降低规范化的犯罪控制效力。

尽管可以理解为什么这样的隐蔽对系统设计者而言非常具有吸引性，然而，预防性羁押的效力也因此产生了问题。例如，当刑事司法系统想要剥夺危险者的再犯能力时，其常见的做法是以该行为人的犯罪前科为考量因素，而不是直接对行为人目前的危险度进行评估。这是因为犯罪历史看起来与行为人的应罚性关系更为密切，此种举措亦与人们眼中的执行正义更为接近。但事实上，就未来犯罪的预测指标而言，犯罪前科的准确率远低于直接对行为人的危险度进行评估。

又如，当刑事司法系统适用预防性羁押时，其一般会给予确定期限刑罚，却不会作出释放决定。这是因为法官在判决时重点在于处以刑罚（包含了释放期限），而不是拖延判决直到人们考虑到释放。就隐蔽性的目的而言，这样的举措深有含义：在判决时，所有影响到应得刑罚的因素都是可用的。但如果出于执行正义的考量需要隐匿预防性羁押的适用，便没有理由拖延作出释放决定。隐蔽性实践的困难在于，在判刑时同时作出释放决定将会极大地降低预防性羁押的预估准确性，在最终释放时也很难预估未来犯罪的可能。在最初对罪犯进行量刑时，在未来犯罪的几个月或几年甚至几十年前进行准确预估便显得更为艰难。

此种隐蔽性举措对于高效有力的预防性羁押而言尤为不利，因为它降低了预估准确性，在高成本基础之上只对社会提供了极少的保护。以犯罪前科作为危险度的评估因素意味着没有充分犯罪历史的危险犯也可以被释放。以潜行跟踪为例，如果社会科学家能够作出潜行跟踪会发展为暴力犯罪的可靠预估，在预防性羁押的框架下，刑事司法系统会偏向对行为人适用拘留等手段。然而，犯罪历史的缺乏则会将该判决转为当庭释放。

此外，以犯罪前科为危险度的评估因素也意味着没有危险性的罪犯可能仅仅因为具有犯罪历史或在判决之前具有危险性而被判处适用拘留。这其中的问题在"三振出局法"中得到了很好的体现。例如，暴力犯的一般犯罪轨迹是，当处于十几二十岁睾酮素水平较高的年龄段时，暴力倾向会增加，其后会随着年龄增长而逐渐降低。因此，对于关注犯罪前科的"三振出局法"而言，这意味着年轻的罪犯会在最具有暴力倾向时获得自由，逐渐构筑其犯罪历史，直到达到"三振出局"的要求而被收监，而这往往是其暴力性已经减少弥散的时候。这样的立法实践可能会产生大量已经不具有危险性的老年拘留者。

以隐蔽性的预防羁押为刑事司法手段不仅有损于预防羁押的效力，更会造成对拘留者的不义裁决。以刑事司法的名义实施预防性羁押，避免了逻辑上应当限制刑期的局限性。具体而言，如果以对未来犯罪的预估为判处拘留的理由，司法系统在逻辑上只能对行为人适用最低程度的限制。这是因为预防性羁押的基本原理认为，实现保护社会的目的并不需要更多程度的限制，即不可以使用监禁外的其他方法。预防性羁押于逻辑上也意味着使用非惩罚性的手段；如果对行为人实施治疗会减少拘留的必要，其也意味着行为人有获得治疗的权利；此外，它还意味着司法系统需对行为人进行定期检查，如果想要持续适用拘留，就必须证明行为人的持续危险性；最后，预防性羁押还意味着该系统需制定一套最低决策标准，譬如对违法行为、伤害威胁的最低可能进行定义，也需要对预测可能性的最低水平进行定义。

如果以剥夺危险者再犯能力为定罪量刑的分配原则，因契合逻辑地适用预防性羁押所产生的局限性都可以避免。如果一定要适用预防性羁押（事实上，也存在着为什么社会一定要适用该机制来保护自身的争议），那么，公开在民事拘留体系中适用预防性羁押，而不是采用刑事司法系统中的隐蔽手段，对于社会和拘留者而言可谓两全其美。

但是，这种民事拘留系统的扩张也具有危险性。自由民主党人以及美国的价值观一直强调要限制政府力量对私人自由边界的介入。惩罚犯罪是一回事，但仅仅因为对未来犯罪的预估便实施拘留又是另一回事。然而，重点在于，与轻减刑罚相反，当前的刑事司法系统隐蔽地适用预防性羁押的做法产生了判处严刑厉罚的可能，它规避了公开适用预防性羁押所要接受的监察，亦规避了预防性羁押应当遵循的逻辑限制。

如果人们依然有所疑虑，不妨回顾一下隆美尔案。想象一下最高法院不把它作为刑事司法案，只作为单纯的预防羁押案会如何。隆美尔实施了第三次较小的欺诈，在"三振出局法"下被判处了终身监禁。最高法院则认为该判决符合宪法，①事实上，的确有很多理由来解释为什么宪法不限制此种极为严苛的判决，刑事司法有时的确需要使用终身监禁来作为惩罚手段。但是，终身监禁真的能够起到警示作用，避免其他微小欺诈罪的发生吗？我想并不是如此。②下表展示了以剥夺危险者再犯能力和矫正罪犯作为定罪量刑分配原则的优缺点。

表 8-3　矫正的优缺点

分配原则	优　势	劣　势
矫正罪犯	• 如果成功，可以避免现下的罪犯犯罪 • 可能有其自身价值，帮助行为人过上更好的生活	• 只对现下的罪犯有效 • 只在有限的案件中发挥一般的效力 • 会施以超出应得刑罚的惩罚 • 独立作为分配原则存在很多问题，必须和其他原则糅合使用 • 强制改变人们的特性，可能过多侵入私人边界，引发道德问题
剥夺危险者再犯能力	• 毋庸置疑，可有效降低现下罪犯的犯罪可能	• 只对现下的罪犯有效 • 其预估一般不准确，会引发司法资源浪费、不义裁决等问题 • 会施以超出应得刑罚的惩罚 • 如果从刑事司法转为民事预防羁押，能够更好地降低预防成本，减少道德信用的损害，增加预估准确性

第二节　规范化的犯罪控制：为什么人们要遵守法律

现在回顾一下以实用主义的应得刑罚作为定罪量刑的分配原则。（本节

① Rummel v. Estelle, 445 U.S.263, 285(1980).

② ROBINSON, DISTRIBUTIVE PRINCIPLES, supra note 483, chapter 6.

主要摘自本人和约翰·达利合著的《正义直觉:对于刑法规制和司法政策的启示》①一书。)人们会思索,为什么大多数人一般情况下都会“遵守法律”,就算某些轻微的违法行为并不会涉入刑事司法系统的抓捕、定罪和惩罚程序?此时刑法遵循普通大众正义判断的效力便浮现出来。又及,考虑到刑法对民众较为微弱的震慑威胁,②为什么绝大多数的社会成员都按照刑法规制来行为处事?社会科学家对此给出了两个答案,他们认为人们之所以遵守法律是因为:(1)人们认为法律代表了有道德的人会遵从的一般原则,在社会化的过程中,人们愿意遵循这些道德规则;(2)如果人们可以感知到整个社会对于“法律正当性”的信赖,便会害怕因违反法律而导致社会群体对自我的否认。在社会科学研究中,这两项因素被称为:(1)已经被个体内化接纳的道德标准和规则所产生的“内化行为”;(2)“因规范化的社会影响而产生的遵从”,一般表现为当某人违反一项已被群体接纳的行为准则时,他人对其将要面临的处罚的关注。刑法可以通过这些机制对人们的行为施加影响。

这两项对于违法行为的阻却(内化道德的制约以及社会群体的制约)在分析和实验上都是分离的,但是长期看来又彼此融合。婴孩通过强有力的社会化过程的训练,逐渐内化吸收所属文化环境中社会规范;人们也开始持有生于斯长于斯的文化环境中的道德标准。内化的道德标准和外部的社会规范会向人们匹配灌输是非曲直的观念。

那么,因为对于社会制裁的恐惧或出于对道德义务的满足,对于犯罪预防又有什么影响?一些先前的零散实验提供了相应的支持结果。基于许多关于社会制裁运作的研究也对内化道德在控制犯罪过程中所扮演的角色提供了相应的研究证据,对两种力量的研究证据一般同时显现。

哈罗德·格瑞斯米克(Harold Grasmick)和他的助手长期以来一直致力于研究遵守法律过程中的非正式决定因素。其研究持续观察到,对于社会否认的恐惧以及内化道德的遵守都阻却了违法行为的发生。③他们表示,该调查结果凸显了内化控制在产生人们对于法律的遵从意愿中的重要性。④其他的调查也得出了类似的结论。帕特诺斯特(Paternoster)和诺瓦里(Iovanni)总结

---

① Paul H.Robinson & John M.Darley, Intuitions of Justice: Implications for Criminal Law and Justice Policy, 81 S.CAL.L.REV.1, 18—31(2007).

② ROBINSON, DISTRIBUTIVE PRINCIPLES, supra note 483, chapter 3 & 4.

③ Harold Grasmick & Donald Green, Legal Punishment, Social Disapproval and Internalization as Inhibitors of Illegal Behavier, 71 J. CRIM. L. & CRIMINOLOGY 325 (1980).

④ Harold Grasmick & Robert Bursik, Conscirnce, Significant Others, and Rational Choice, 24 LAW & SOC'Y REV.837, 854(1990).

道:“对于非法行为的最佳阻却来源于社会控制的非正式力量”;[1]迈尔(Meir)和约翰逊(Johnson)则提出:“尽管人们现在倾向于强调法律制裁的重要性,我们的研究结果与累积的文献资料是一致的,即,人际影响超越了法律制裁。”[2]汤姆·泰勒(Tom Tyler)从现有的研究中总结出:“通过测试各种态度因素的效力来预测对于遵从的影响变量,最重要的增值贡献来源于人们的道德。”[3]

那么,这些规范化力量与刑法有关吗?本节意在提出,刑法可以通过营造出权威可靠的形象在民众中培育出声望,进而在其所规制的社会中提高道德信用,从而驱使这些规范化力量。一个具有道德信用的刑法系统至少可以在以下五个不同的方面产生效力:(1)通过行为评价来驱使社会影响的力量;(2)控制私力救济;(3)避免民众产生对刑法的抵制和颠覆;(4)塑造社会规范;(5)在非典型案件中取得遵从。

一、通过行为评价来驱使社会影响的力量

人们一般会感觉到社会规范这种外在力量的强大影响。从某种意义上说,这与人们熟稔的刑事司法系统对于犯罪行为施加的惩罚没有什么不同。然而,社会规范对于犯罪的制裁一般由群体所实施。出于诸多原因,人们会去遵从其生活社群之中的社会规范。比如,违反社会规范会使得人们在社群中丧失以往成就所建立起来的地位名誉;同时也会丧失珍贵的人际资源所带来的利益,因为这种人际关系已经崩塌;此外,还需因声名狼藉而刻意回避。如果一个人被他人视为实施了犯罪,其可能会丢失工作、无法借钱、得不到他人信任、丧失商业伙伴,甚至会迎来黯淡的婚姻前景。[4]

其他学者也做了类似的对于社会资产和相互信任的观测研究。他们提出:普遍的信任取决于个体对于社会规范的遵从意愿,并且,信任和其他社会资产被视为遵从社会规范的产物。[5]此外,社会科学家开始认识到“可信声望”的社会价值,人们没有办法去指望一个不被信任的人在社会生活赖以存在的人际交流中取得自己的一席之地。因此,一个在遵守社会规范上有所缺陷的

① Raymond Paternoster & Lee Ann Iovanni, The Deterrent Effect of Perceived Severity: A Reexamination, 64 SOCIAL FORCES 751, 769(1986).

② Robert Mier & Weldon Johnson, Deterrence as Social Control: The Legal and Extralegal Production of Conformity, 42 AM.SOC.Rev. 292, 302(1977).

③ TOM R.TYLER.WHY PEOPLE OBEY THE LAW 60(Princeton: 1990).

④ Paul H.Robinson & John M.Darley, The Utility of Desert, 91 NW.U.L.REV.453, 472—476(1992).

⑤ Jack Knight, Social Norms and the Rule of Law: Fostering in a Socially Diverse Society, in TRUST IN SOCIETY 354—373(Karen S.Cook ed., 2001).

人会给他人这样的信号:该人在换取他人目前给予的积极对待的态度时,并不一定会遵守未来的承诺。对于社会来说,就算是不需承担刑事责任的犯罪行为也意味着不应当对该行为人予以信任。

为了将此一般观点规范化,埃里克·波斯纳创设了一个社会规范理论的信号机制。他指出,人们通过遵守目前的社会规范去传达出其会在未来的社会交往中与他人进行良好合作的信号,当然,参与到这些社会交往中对他们的个人利益也至关重要。换言之,人们通过规范化的可信赖行为来营造出良好的声誉,且会因在未来基于该声誉来进行交易获利。①

核心在于:人们一般不会违反社会规范,如果他们认为刑法准确地刻画标注出这些社会规范,人们也会去遵守法律。现实中大多数刑事司法系统的行为控制力量都来源于社会中普通民众对于违法行为的污名化行为评价——这对于潜在罪犯而言非常有效,且相比刑事司法系统的抓捕、审判、定罪和监禁等手段所耗费的经济和社会成本,此种控制成本花费极为低廉。但是需要注意的是,只有在大众认为违反刑法典的行为也是对社会规范的违反时,这种高效有力的犯罪控制结果才会出现。刑事司法系统行为评价的影响效力根植于其在社会中所具有的道德信用。也就是说,如果违法行为想要同时触发社会的污名化评价,刑事司法系统必须在社会中取得一定的名望,即其准确公正地表现了何种违法行为应受或不应受道德谴责。偏离社会正义判断共识的定罪量刑规则将会削弱此种名望。

二、控制私力救济

私力救济可能是人们对于司法失败的最直观的反应。②一般而言,私力救济是指公民群体认为实施官方救济的司法系统怠于执行某项规则时,转而求诸自身的行为。从历史上看,私力救济一般盛行于新落成的尚未形成官方法律执行机制的地区。然而就算警方和法院确实存在,如果人们认为刑事司法系统未能完成其保护公民免受非法行为伤害的职责,私力救济也会发生。

一些新近的案件可以生动形象地向读者阐明引发民众实施私力救济的动因。1981 年,密苏里的一个小镇上发生了这样的一起案件:有一个人在镇上横行霸道了数年,强奸年轻的女孩,抢劫农人的财物,甚至公然恐吓胆敢起诉他的人以及庭审中的证人(这个案子中存在着一个操纵法律来为其辩护的律

① ERIC POSNER, LAW AND SOCIAL NORMS 18—27(2002).

② INFORMAL JUSTICE 25—40(Dermot Feeman ed., 2002); 99—134; Elisabeth Ayyildiz, When Battered Woman's Syndrome Does Not Go Far Enough: The Battered Woman as Vigilante, 4 AM.U.J.GENDER & L.141, 146(1995).

师)。小镇中的警方可能也受到了恐吓,但是却没有办法阻止其犯罪和威胁行为。一天,该人将其卡车停在了一家他曾给予死亡威胁的杂货店前,在车里密切监视。然而,事实证明他的报应来了。正当杂货店中的人不知所措时,一些恰好在附近聚会的小镇居民纷纷离开会场看到了他坐在车中恐吓杂货店的一幕。这个人被多种武器群起攻之,最后被杀死。①毫无疑问这是犯罪,且该情形中一定存在目击者。但是警方却无法找到目击证人,或者说,没有人愿意向官方举报。

该案是人们对难以容忍的情况所反应出的十分典型的私力救济行为。皮特·弗兰斯(Peter French)指出,三种心理状态会引发私力救济行为。②首先,人们有深刻的被剥削感,在该案中表现为正义的剥夺;其次,人们一直持有无能为力感,在该案中表现为法律多年以来未能主持公正。最后,上述两种感受共同引发了人们对于行为人的鄙视、憎恶、轻蔑和讨厌。这是非常强有力的回应,也会激发同样强有力的行为。③如果司法系统一直容忍社会认为具有道德错误的行为,人们会对罪犯和司法系统有着不一样的认知评估:憎恶和讨厌是就罪犯而言,鄙视和轻蔑是就司法系统而言。相反,如果司法系统惩处了社会认为在道德上可以接受的行为,人们会对受到不公正对待的行为人产生同情、支持的心理,同时会对司法系统产生鄙视、轻蔑、讨厌等情绪,相随而来的还有恐惧和愤怒。

三、避免产生抵制

选择私力救济是人们对司法系统未能执行正义的十分激烈的反应,愤愤不平的民众会跳出刑事司法系统转而求诸自身。但是当刑事司法系统有意偏离大众视角下的正义观念时,一个不那么激烈但是更为常见的比较动态结果将会发生。如果司法系统的定罪量刑规则经常与社会共识有所出入,刑法规则的道德信用将会由此消弭。具体而言,司法系统的高效运作取决于刑事法律程序参与者的配合,至少也要有默认——行为人、法官、陪审团、目击证人、检察官、警方以及其他参与者。如果刑事法律规则与社会正义判断的冲突使得人们认为在其实践适用中经常形成不公正的裁决或者未能执行公平正义,配合和默认的程度就会降低乃至消散。此外,因为这种偏离十分频繁且会引发道德后果,抵触的情绪就会在社会中产生。④

---

① HARRY MACLEAN, IN BROAD DAYLIGHT(1990).

②③ PETER FRENCH, THE VIRTUES OF VENGEANCE 6(2001).

④ Lewis R.Katz & Robert D Sweeney, Jr., Ohio's New Drunk Driving Law: A Half-hearted Experiment in Deterrence, 34 CASE W.RES.L.REV.239, 240(1984).

通常来说，刑事司法系统偏离大众视角中的恰当刑法有两种路径：其一，未能惩罚社会认为在道德上具有错误的行为；其二，惩罚了社会认为在道德上十分清白的行为。对于这两种违反正义直觉的司法结果，社会会作出不同的特定反应。如果法律“容忍”了社会认为应当受到谴责的行为，人们会求诸非正式的方式来给予这些行为以限制和制裁；另一方面，如果法律将社会或者大多数人认为在道德上无可指责的行为纳入犯罪圈加以规制，人们会继续实施这样的行为，但是会转入地下暗中施行。这反过来又会导致以下结果：滋生了专门以帮助他人实施活动来牟利的机构，产生了实施行为的聚集场所，向官方行贿让其睁一只眼闭一只眼的行为，等等。

但是，如果刑事司法系统与社会的正义观念相悖，除以上试图实施私力救济或者脱离刑法控制机制的反应外，丧失道德信用的司法系统还会引发另一种不那么显著但更为常见的棘手后果。大体而言，这些反应源于刑法对于指引正确行为能力的丧失。一开始，人们只会认为刑事司法系统不合理地适用了一些有违社会道德观念的特定法律规则；然而，如果政府的社会控制机构，比如警方和法院，一起实施了不恰当的法律规则，或者对于具有道德错误的犯罪行为冷眼旁观，这便引发了人们对于司法系统所有方面的蔑视，且对刑事法律规则产生了怀疑。刑事司法系统与实用主义的应得刑罚观念的脱离会影响社会共同体对于法律体系的尊重。

如果刑事法律系统对于被社会视为十分不适当的犯罪行为只给予了十分轻的刑罚，该司法系统会名声扫地；同样，如果其刻意惩治人们认为不具有犯罪性的行为，也会引发相同的结果。在道德谴责与刑事惩罚不匹配的情况下，这并不意味着刑法不再是教化民众的工具，它只是指出：如果司法结果与社会的正义观念没有太大的偏离，就不会产生对于司法系统的接受度和效用的损害。①

上文所述的私力救济行为是人们认为司法系统未能阻却违反具化在刑法典中的核心道德规则的犯罪时，所给予的最为极端的回应。然而，当人们感知到不公正的裁决时，不那么激烈但更为常见的抵制就会出现。在适用陪审团或者人民陪审制度的刑事司法体系中，陪审员可能会轻视陪审团的指导，不遵循法律指引而是纯粹按照个人想法作出判断；警察、法官、检察官等司法人员不会严格遵守法律规范去适用裁判规则而是介入主观意志进行独立于法律客观性的自我判断；目击者不愿意去提供信息或作出证词；罪犯不会参与和配

---

① Joseph M. Livermore & Paul E. Meehl, The Vitues of M'Naghten, 51 MINN. L. REV. 789, 792(1967).

合，反而会反抗裁判和矫正的过程。

实证研究也对此给予了支持。研究发现，当美国的民众认为法律与他们内心的道德规则相一致时，他们会愿意将法律尊为正当的道德权威；①当人们将法律视为正当的道德权威时，他们则会愿意遵守法律。正如泰勒（Tyler）总结的那样："法律对于遵从度的最重要的规范化影响在于人们的认知：他们所遵守的法律与内心的是非观相一致。"②

这也从反向表明，人们如果认为法典与内心自有的道德准则有着严重偏离，其遵从的意愿也会降低。两个新近的实验显示出，当人们开始发现刑法典与他们的道德正义直觉之间的鸿沟时，拒绝过程便会开始。在这些实验中，被试者们阅读了一个案件，其中的法律适用和参与者的道德直觉有着严重的背离，且这种背离对于多数参与者而言都是极为震惊的。该案取材于一个真实的故事。一名年轻男子在一个半私人的地方强奸了一名年轻女孩并杀死了她，一个知晓犯罪全过程的旁观者冷眼相望，没有采取任何措施去制止该行为，也没有向可制止犯罪的有关机构报告该行为。此后两天，犯罪人在赌场吃喝玩乐并回到了家中。该名目击者却向朋友吹嘘自己所目睹的罪行。因为当时没有针对案件中目击者行为的法律，无法对其适用任何司法惩处。③很多被试者对法律犯罪规制的缺位感到不可思议。④本书的第十二章囊括了对于不作为犯罪的刑事责任的研究，在其中的第六节有着相同的发现，即，如果潜在救助者的参与行为不具有严重的不便或者不会引发对于自身的危险，但却没有尽到救助义务，被试者们一般会惩罚这些人。这与上文所描绘的案件不谋而合。

已经知晓此类不公正案件的被试者表示，他们对于警方的合作意愿严重降低，且不太可能会以法律作为行为指导。⑤具体而言，那些阅读了有关司法系统与人们的道德直觉相分歧的案件的被试者表示，他们情愿使法律作出改变（比如更换立法者、检察官，参加游行等），而不愿意配合警方；其参加自力救济的可能性更高，以法律为行为指导的可能性较低。总体而言，在阅读完那些与社会的正义直觉严重背离的案件后，人们表现出不愿意给予法律以任何原有的倾向。⑥在另外一个研究中，被试者在了解这些存在冲突的案件后，

①② TYLER, supra note 498, 68; chapter 9.

③ PAUL H. ROBINSON, CRIMINAL LAW: CASE STUDIES & CONTROVERSIES, 399—414 and Teacher's Manual(3rd ed. 2012).

④⑤ Janice Nadler, Flouting the Law, 83 TEX.L.REV.1399, 1417(2005).

⑥ Erich Justin Greene, Effects of Disagreements Between Legal Codes and Lay Intuitions on Respect for the Law, 64 SCI.& ENGINEERING 2-B(2003).

表现出对日常生活中的无关法律的蔑视倾向，且会嘲笑那些作出法律无效决定的陪审员。[①]第九章中描绘了对于该问题的更为新近的研究。

这些研究展现出，当人们辗转得知司法系统未能主持公正时，对于刑法的轻蔑过程便由此开始。不仅如此，在另一种相反的情形中，刑法将社会认为在道德上可以接受的行为纳入犯罪圈进行规制时，也会引发人们对于司法系统的轻蔑。美国的禁酒令"实验"便形象地展示出，当刑法典与大多数民众的道德直觉间的巨大鸿沟直接影响到人们的日常生活时会出现怎样的严重后果。人们一直想要饮酒，司法机构却认为在非必要情形下饮酒是非法的。禁酒令引发了立法机构没有预想到的后果：走私与非法制造私酒等犯罪行为盛行；与酒类有关的诉讼将法庭堵得水泄不通；[②]犯罪滋长且逐渐转为"组织化"；犯罪集团最后开始涉及酒类消费之外的犯罪活动。与禁酒令想要在社会上端正腐败之风的目标相反，它强化了腐败影响。因为这使得很多人对该项法律的道德正确产生了轻蔑，由此进一步对执行法律的机构产生了怀疑，最终对刑法典产生了鄙夷。

美国国会一直以来都被认为具有类似的"犯罪化泛滥"(overcriminalization)的举措。约翰·卡菲(John Coffee)声称："过去几十年以来，实体联邦刑法的主导性发展显示出，民事和刑事之间的清晰界限已然消弭。"[③]他微带愤恼地总结道："侵权和犯罪之间的界限模糊必然会带来不公正的后果，且会最终弱化刑法的社会控制效力"[④]，这是因为"能够区分刑法的最佳因素在于，其以道德教化和社会化的机制运作。人们之所以遵守刑法不是因为其背后的惩治威胁，而是因为人们认为其规范具有正当意义，值得被遵循"。[⑤]

卡菲也引用了其他作出类似论断的学者的观点。"我们最主要的刑法学者——亨利·哈特(Henry Hart)，斯坦福·卡迪什(Stanford Kadish)以及赫伯特·帕克(Herbert Packer)一直以来不厌其烦地警告'犯罪化泛滥'的危险；具体而言，对于刑事制裁的过度依赖，尤其是对于那些本身不具有道德谴责性的行为施以制裁……三者都认可，区分刑法的基本方法……包括了刑法与一般大众认为具有道德谴责性的行为之间的紧密联系。"[⑥]

---

① See Nadler, 511, 1399.

② Paul L. Murphy, Societal Morality and Individual Freedom, in LAW, ALCOHOL, AND ORDER: PERSPECTIVES ON NATIONAL PROHIBITION 67, 67—80(1985).

③ John Coffee Jr., Does "Unlawful", Mean "Criminal"? Reflections on the Disappearing Tort/Crime Distinction in American Law, 71 B.U.L.REV.193, 193(1991).

④ Id., 193.

⑤ Id.193—199; TYLER, supra note 498

⑥ Id, 197—198.

这不仅适用于民法和刑法之间界限模糊的情况，且适用于诸多“道德主义”的刑事禁令。在纽约时报的一篇专栏文章中，查尔斯·默里(Charles Murray)对一项最近通过且签署生效的“通过禁止美国银行向博彩网站汇款来阻止网上赌博”的法案作出了点评。他首先评点到，通过法案的人将会损失网上赌博者的选票，因为这些人认为该行为在道德上无可指摘。随后，他继续写道：

> 长久看来，深受其害的在于社会运作。如果一个自由的社会想要运转，绝大多数民众对于法律条件反射式地遵循不能在于对惩罚的恐惧，而是在于，他们接受那些使社会成为可能的规则。在法律惩治限于具有社会一致支持的核心问题时，就算人们对方法有所微词，条件反射式的法律遵守也可以实现。
>
> 因此，当绝大多数理性负责的公民都认为通过的法律极其愚蠢时，社会运作就会弱化。这样的法律会使得良好遵纪的公民也明知故犯，因为其坚信这在道德上无可谴责。
>
> 人们对于禁酒令这项20世纪最为愚蠢的法律的反应就是一个典型案例。纵览20世纪，政府的激进扩张却不止于此。
>
> 对于良好遵纪的公民而言，如果该种法律无法强制执行，其忽视违反的可能就越大。试图禁止网上赌博的案件便可作为典例。在我经常玩扑克牌的四家网站中，一家因为该法屏蔽了美国公民，其他三家却照常运转，自信一切如初。它们并不是美国的网站，而从美国银行汇款至境外机构再转至博彩网站可谓轻而易举。
>
> 然而，联邦政府却再次实施了无法达成其目的的举措，且和大多数民众的观念产生隔阂，人们认为自己的做法无可非议。站在自由主义一派，我感到非常痛心，唯殷切期盼出现一个新的政治联盟让政府重归其位；但是考虑到公民意识，我又有所领悟。对于法律规则条件反射式的忠诚是不可或缺的文化资产，诚信公民越是认为违法理所应当，其对于法律以及创设法律之政府的忠诚便越是有所磨减。①

当特定的法律规则没有呼应社会的典型认知，即违反道德规范的行为应当受到刑事司法系统的制裁时，抵制就会出现。刑法可以通过适用遵循社会正义直觉共识的刑事规则来最大化其道德信用，尽可能减少抵制和颠覆倾向。如果刑法典不能协调其与社会正义判断之间的关系，转而适用一系列有违人们公正概念的禁令，其将在社会中丧失道德信用。

---

① Charles Murray, The G.O.P.'s Bad Bet. N.Y.TIMES, OCT.19, 2006 at A27.

四、塑造社会规范:法律的劝导功能

或许,实用主义应得刑罚的最大效力会通过一种更为微妙但具有潜在力量的方式表现出来。如上文所言,获得人们对于社会规则的遵从的能力不在于官方刑事制裁的威胁,而在于社会和个人道德控制的交织力量的影响。人们存在于人际关系的网络之中,社会规范和禁令在人际关系网络中传播共享,内化的代表性规范和道德观念控制了人们的行为举止。

话虽如此,法律也并不是和社会与个人力量毫无关联。尤为重要的是刑法,其在创设和维持社会共识的过程中扮演了核心角色,这对于可持续的道德规范而言至关重要。事实上,在一个如此繁复的社会中,刑法系统可能是唯一一个具有社会广度的、跨越了文化与种族差异的机构。因此,刑法最重要的现实效力可能在于其对于构筑、塑造以及维持社会规范和道德原则的协助。对于人际关系和个人道德所产生的遵从力量,刑法既助力其中,又驭使其上。

在诸多对于刑事司法系统的讨论中,反复强调的是:刑法区别于其他社会治理机构的特点在于,其对于向公民合法使用强制力具有垄断地位。然而就算如此,也不意味着刑事司法系统没有强制行为以外的劝导功能。汇集了立法者、法律哲学家、犯罪学专家以及执行机构的刑事司法系统完全具备劝导公民接受其实施法律背后的道德合理性的能力。

社会科学家主要着眼于劝导功能的持续经验和失败教训,对其了解颇深。一方面,刑事司法系统是一个“劝导来源”;另一方面,大多数研究都显示出,具备某些特征的来源机构是具有说服人们接受其结论正确性的强大力量的,一个被视为权威合法、领域专业、行为可信的来源机构尤为具备高度说服力。[①]如果刑事司法系统,或者更为泛化地说,政府的刑事定罪量刑规则成为了公民行为的说服性指导,在公民群体争论何为主要的社会规范时,法律规范便会在其中占据一席之地,扮演着重要的角色。

五、在非典型案件中获得遵从

刑法亦可以通过控制另一个相关机制来获得人们的遵从。如果刑事规制与社会眼中具备谴责性的行为相契合,刑事系统会赢得相应的名声,人们也会视其为道德权威,更愿意遵从其规范;同时,在人们对非典型案件中的某项行为是否适当心存犹疑时,也会认为遵守法律规定是最为恰当的做法。这种作

① RICHARD PETTY & JOHN CACIOPPO, ATTITUDES AND PERSUASION, CLASSIC AND CONTEMPORARY APPROACHES 62—69(1996).

用的重要性不应当被低估。在一个复杂的相互依赖的社会中,看似无害的行为也会引发灾难性的后果,因此法律起草者会对这种行为进行"犯罪化"处理。一旦法律系统将该种行为纳入犯罪圈进行规制,就算人们可能尚未立即直觉性地反应过来为什么要禁止此种行为,立法部门也会希望民众能够对该法予以尊重。如果人们倾向于相信法律准确地指明了恰当审慎和道德正当的行为,亦有益于其对于法律的遵从。

对于"说服力"的社会科学研究也支持上述结论,同时揭示了这种想法的产生机制。最近研究人员对于说服的两种类型进行了区分:一种更为分析化和直接化,另一种则更具有外围性和启发性。[①]后者与我们讨论更具有关联性。实践中,立法机构会给予人们一定的线索来引导其相信某种处于争议中的行为的是非对错、犯罪与否,而不是直接呈现为何如此的结果。这极大地依赖于人们对话语来源机构的评价。具体而言,如果权威可信的机构传达出某项信息,人们会更愿意接受其话语背后的正确性。[②]这是即时产生的接受与服从,默里称之为"对法律条件反射式的忠诚"。[③]譬如,在通过针对股票市场内幕交易的法律时,人们对其并不了解,只是通过新闻知晓,国家取得遵从所依赖的便是上述的即时服从。虽然不知道为什么内幕交易在道德上是错误的,大多数人却接受了其具有错误性的结论,因为相关的权威机构经过审慎思考并认定其为错误。这也是我们驾车在一个未曾行驶过的高速路上时所依赖的。当看到"注意,障碍弯道"的标识时,我们会减速行驶,同时认为他人也会做出同样举措。这在某种意义上是"盲目的服从",对于社会运转却极为有用。该机制的运行取决于人们对于信息来源机构的信任态度,而这种态度又是因为该机构过去提供消息的可信经验而产生的。

泰勒于 1990 年在芝加哥实施的随机抽样调查显示出,人们大体上认为法律是其言行举止的可信指导。[④]82%接受调查的民众强烈赞同或者赞同"几乎没有理由违背法律",85%接受调查的民众强烈赞同或者赞同"就算法律与自

---

① Tilman Betsch, Henning Plessner & Elke Schallies, The Value-Account Model of Attitudes Formation, in CONTEMPORARY PERSPECTIVES ON THE PSYCHOLOGY OF ATTITUDES 251, 252(Geoffrey Haddock and Gregory Maio eds., 2004)

② Richard Petty & John Cacioppo. The Elaboration Likelihood Model of Persuasion, in 19 ADVANCES IN EXPERIMENTAL SOCIAL PSYCHOLOGY 123—205 (Lennard Berkowitz., 1986).

③ Charles Murray, Op-Ed., The G.O.P's Bad Bet, N.Y.TIMES Oct. 19, 2006, at A27.

④ TYLER, supra note 498, 46.

我的正确观念相悖,也应当遵守法律”。[1]然而,须谨记于心的是,这项调查也显示出泰勒所调查的人们高度认可法律规范,将其视为道德权威。正是这种“道德信用”给予了法律社会科学家所谓的“信息影响力”:这种力量使得人们遵守法律,就算其对某项行为的正确性无法确定。[2]

刑法的道德信用与其犯罪控制效力之间的关系并不是一个全新的论断。约翰尼斯·安德纳斯(Johnnes Andenaes)评议:“对成文法一定程度上的尊重对于社会的平稳运转而言具有关键影响,丧失了此种尊重的执法部门无异于身处外国领土的侵略占据军。”[3]第二次世界大战创造出一种广为认可的观点,即对于占据军所施行法律的强烈违背非但不被视为不道德,反而是极为正当的。如果刑法与其所规制的社会共同体的道德直觉有着极大的出入,整个刑事司法系统从社会中得到遵从的力量便岌岌可危。

第三节　道义的应得刑罚与经验的应得刑罚

第二节重点叙述了以经验主义的应得刑罚为定罪量刑的分配原则。正如上文所言,尽管经验性的应得刑罚与道义论上的应得刑罚有许多共通之处,二者仍存在着显著的差别,下文会详细剖析其相似与不同之处。[4]差别的重要性在于,是经验主义的应得刑罚而不是道义论上的应得刑罚强化了社会对于刑事系统的道德信用,并进一步触发其犯罪控制效力;相似的重要性则在于,二者之间的共通之处或许会使得道义论应得刑罚的支持者转而接受经验性的应得刑罚,这或许是道义刑罚在现实世界中所能期待的最为切实可行的最佳替代。

一、两种应得刑罚的概念

从道德哲学家的论断和分析中可以得知,道义论上的应得刑罚重点关注行为人的应罚性。“犯错者须接受与其过错相应的处罚,这契合道德的要求;刑法亦当因其罪责对其施以刑罚,而刑罚的严厉程度应与行为的堕落程度相匹配。”[5]道义论应得刑罚概念的核心要点在于,它超越了现下的特定人群、情

①② TYLER, supra note 498, 46.

③ JOHANNES ANDENAES, PUNISHMENT AND DETERRENCE 34(1974)

④ Paul H.Robinson, Competing Conceptions of Modern Desert: Vengeful, Deontological, and Empirical, 67 CAMBRIDGE L.J.145, 148—155(2008).

⑤ J.Rawls, “Two Concepts of Rules”, (1955) 64 PHILOSOPHICAL.REVIEW.3, 5. Central here the writings of Immanuel Kant. “The Metaphysics of Morals” in H.Reiss ed. And H.B.Nisbet trans, Immanuel Kant: Political Writings(1991)156.

境，整合了根植于基本价值和是非观的原则，其在产生正义的过程中不考虑政治、社会以及其他情境特征。正如亨利·西奇威克的著名论断所言，是“站在上帝视角”作出道德判断。①

与道义论的应得刑罚相似，经验性的应得刑罚也着眼于行为人的应罚性。但是在决定定罪量刑的原则时，其考虑的不是哲学式的分析，而是社会的正义判断。对于人们评估应罚性的考量因素的实证调查是该分配原则的主要来源。现有的研究显示，这些因素与决定道义论应得刑罚的因素一样丰富繁多。伤害和恶意的程度在其中占有重要地位，但并不是唯一的因素，这其中包括了与行为人的境遇和个人能力相关的诸多因素。

此外，经验性的应得刑罚也同样设想着一致适用于所有人的定罪量刑规则。在特例中社会共同体对于应得刑罚的观念在此并不相关。事实上，在收集到的创设定罪量刑规则的大数据中，对于真实案件的观点，尤其是对于广为人知的特别案件的观点数据，并不是一个有效的实验资源。这类案件中的社会观点一般都会受到政治或社会环境以及其他诸如种族等因素的扭曲影响，而人们公认这些因素对于构筑司法原则并不恰当。社会的正义判断必须从控制变量的社会科学研究中得出，这其中，在决定何为影响人们评估罪犯应罚性的因素时，研究人员并不会询问人们抽象的因素，而是让其对诸多经过精心构造的各种案件进行“判决”，以此来辨明在这些情境之中不同的因素会产生怎样的量刑差异。

二、两种概念的互通之处

道义论应得刑罚与经验性应得刑罚的重要相似在于，二者均认为施加的绝对刑罚量无足轻重，②其重要性非常有限。它们关注的中心要点在于对有着不同程度的道德应罚性案件所施加的相对刑罚量，重点落在确保对行为人施加的刑罚量在不同案件应罚性区间内处于恰当的序位。③

尽管刑罚的绝对严厉性并不是经验性或道义论应得刑罚理论关注的中心，二者可能会在决定社会刑罚区间终端的过程中发挥着某些作用。相比在决定每个案件的恰当排序时所发挥的核心功能，在决定刑罚区间终端时，其发

① H.Sidgwick, The Methods of Ethics, 7th ed.,(London 1907)420—421.

② J.Dressler, The Wisdom and Morality of Present-Day Criminal Sentencing, 38 AKRON L.REV.853, 860(2005). L.Crocker, The Upper Limit of Just Punishment, 41 EMORY L.J 1059, 1065(1992).

③ A.von Hirsch, Past or Future Crimes: Deserverdness and Dangerousness in the Sentencing of Criminals(New Brunswick 1995)39—46.

挥的功能又不尽相同。它们会给出一个大致的指导,譬如避免适用极刑,而不是指导人们选择出精确的刑罚终端。(正是在这种有限的意义上可以适用诺弗尔·莫里斯的"限制报应主义"理论[①]。)

此外,道义论和经验性的应得刑罚共有的特质还在于对待刑罚方法的态度上。没有一方坚持认为,刑罚须匹配给罪犯以折磨的方法(这是另外一种报应的应得刑罚概念所强调的)。道义论和经验性的应得刑罚只着眼于刑罚量——能够依照罪犯的应罚性,将其放置于恰当序位上的刑罚量。只要刑罚量给予的惩戒完成了恰当排序的任务,二者便不会在意以何种方法实现这一惩戒。[②]

尽管可能会用到诸多不同的制裁方法,罪犯应当得到与方法的惩戒性相应的惩罚"资格"。这便要求建立起反映出不同惩戒性的惩罚方法之间的恰当配比。如果一个星期的监禁的惩罚性与一个月的周末监禁的惩罚性相等,抑或与80小时的社区服务的惩罚性相同,道义论和经验性的应得刑罚理论对适用上述任何一种制裁方法都不会持有异议,只要惩罚量与罪犯应罚性所反映出的应得刑罚量相符即可。[③]

三、两种概念的分歧之处

尽管道义论的应得刑罚与经验性的应得刑罚有诸多相似之处,二者也有着重要的差别。考虑到它们是在不同的应罚性理念之上构筑而成,想必人们也可以预见到这种区别:一方是基于正确良好的原则进行理性分析,另一方是建构于社会共享的正义判断之上。根本标准的区别会衍生出截然不同的定罪量刑规则。譬如,道德哲学家并不认可伤害结果的重要性;又如,是否应当对行为人施加与实质犯罪同等程度的惩罚——争论的双方都给出了貌似可信的理由。然而,所有的可用数据都显示出,普通大众似乎都认为伤害结果是尤为重要的,行为人的应得刑罚将会由此增加,这种观念广为流传且深入人心。[④]这只是道德哲学家的分析性结论与基于普罗大众正义判断所收集得到的实证数据的差别之一。[⑤]

---

① 更早关于莫里斯理论的讨论参阅第一章第二节。

② 参阅如 M.S.Moore, "The Moral Worth of Retribution, in Responsibility, Character and Emotions," Responsibility, Character, and the Emotions(Cambridge 1988), 180。

③ Paul H.Robinson, Desert, Crime Control, Disparity, and Units of Punishment, in PENAL.THEORY AND PRACTICE: TRADITION AND INNOVATION IN CRIMINAL JUSTICE, 93—107(A.Duff eds. 1994).

④ See chapter 12.

⑤ Paul H. Robinson, The Role of Moral Philosophers in the Competition between Philosophical and Empirical Desert, 48 WM.& MARY L.REV.1831—1843(2007).

相比应罚性判断上的差异，两种刑罚观念背后塑造出不同的适用情境的根本理论的区别可能更为重大。在最基本的形式上，其区别在于：经验性应得刑罚的特殊价值在于其犯罪控制的功利效用；道义论应得刑罚的特殊价值则在于其具有得出不受个人或社会观念干扰的真正正义原则的能力。

正如在第二节所论断的那般，且第九章也会通过新近的实证研究对此作出进一步的阐明：种种迹象和理由都显示出，内蕴人们的共识正义判断的定罪量刑原则将产生极大的效用，且可能优于传统的功利主义的分配原则。（即强调最大化威慑、矫正罪犯、剥夺危险者再犯能力。）道义论的应得刑罚无法产生这样的效用，与经验性应得刑罚理念相悖离的刑法会在社会中丧失道德信用，并由此进一步削减其规范化影响。就算哲学家们依其精密分析得出，在评估应得刑罚时将伤害结果抛之不顾才是正确的做法，依此行事的刑事司法体系将会被普罗大众视为对正义原则的适用作出了不可信赖的判断，其信用会严重受损。

尽管经验性的应得刑罚的犯罪控制效力可谓独树一帜，其对于社会共同体的正义判断的依赖也显现出，它存在严重的不足之处。就算人们对其持有高度共识，社会的直觉正义也可能是错误的。经验性的应得刑罚只能告诉我们人们所认为的公正，道义论的应得刑罚才能阐明什么才是真正的公正。正如南北战争前的美国南方的奴隶主以及二战前的反对犹太人的德国人那般，其并不能理解蓄奴观念与排犹想法的不义之处，尤其是这种观念于彼时被周遭多数人所共享接受时。一个广为流行的定罪量刑原则也可能是不公正的，只有道义论的应得刑罚能够勘明大众正义判断的错误之处，提供一种超越时间、社会和文化的应得刑罚理念；也只有它能避免人类固有的非理性的变迁侵扰，给予我们分辨出何者才是真正应得的方法。

第四节　对于以经验性应得刑罚为分配原则的批评

业界对于以经验性的应得刑罚为定罪量刑的分配原则存在着诸多批评，其中的一些很具有说服力，另一些则不然。下文显示的前两种批评意见在第一章和第二章已经展示过，在此我们只做简要提及；其他的几种意见则需要更加细致入微的探讨。这一节主要摘自本人和约翰·达利合著的文章：《正义直觉：对于刑法规制和司法政策的启示》。①

① Paul H.Robinson & John M.Darley, Intuitions of Justice: Implications for Criminal Law and Justice Policy, 81 S.CAL.L.REV.1, 18—31(2007).

一、应得刑罚概念的模糊性

不论以何种应得刑罚理念为定罪量刑的分配原则，一种常见的反对意见是所谓的“模糊性”。一些作家，譬如诺瓦尔·莫里斯[①](Noval Morris)也乐于承认应得刑罚概念并没有想象的那般模糊，其也具有一些意义和价值。但是他同时提出另一种略有不同的批评意见：应得刑罚理念对定罪量刑问题无法作出量化界定，而只能根据比例性原则辨识出刑法介入或者不介入的大致范围。

然而，正如在第一章第二节所阐述的那般，上述看法并没有关注到应得刑罚与民意直觉的具体需求。这种误区主要源自未能对两种截然不同的判断作出区分：一是确定刑罚体系的终端；二是对刑罚体系进行顺序排列。每一种刑法制度都必须决定其社会共同体下最为严重的刑事案件的刑罚措施——死刑、无期徒刑或者15年有期徒刑。一旦刑罚终端确定，分配应得刑罚应当解决的问题是，确定不同犯罪行为的相对可谴责性，并对其进行顺序排列。精确量化的刑罚需要根据其相对可谴责性所作出的恰当排序来确定。

但刑法理论上有观点进一步提出，特定犯罪行为相对其他犯罪行为在刑罚阶梯上的相对排序位置仍然没有全面解决应得刑罚概念模糊性问题的质疑。确定刑罚的排列位置本身就是一项非常模糊的工作，建立特定的刑罚排列顺序似乎也是不可能的。根据应得刑罚来对犯罪行为的严重性进行排序，超出了社会共同体正义直觉或者经验判断的能力。人们能够大致地区别相关刑事案件或者特定犯罪行为的严重或者不严重，但无法说明或者体会不同案件或者犯罪行为之间的精细且微妙差别。

上述论断显然只是思辨性的，正如第一章第三节所显示的那样，大量实证研究表明：人们在刑事可谴责性判断方面展现出相当精细化的分析能力。刑事案件事实要素中非常具体或者微妙的变化，也能够引起人们在定罪量刑判断结论中重大、有规律且可预期的改变。迪尔凯姆也强调：人们似乎完全能够针对非常具体化的事实作出高度具体化的定罪量刑。[②]非法律专业人士有能力汇总诸多因素对定罪量刑问题进行考量，并且，人们有能力在不同的情形下对各种要素的影响性作出不同的分配。所以，社会公众的刑事司法直觉并不是模糊或者简单化的，而是相当成熟与复杂的。

---

① NORVAL MORRIS, THE FUTURE OF INPRISONMENT 75—76(1974).

② Alexis M. Durham III, Public Opinion Regarding Sentences for Crime: Does it Exist?, 21 J.CRIM.JUSTICE 1, 2(1993).

二、应得刑罚概念的争议性

进一步的疑问是，以经验主义应得刑罚来分配刑事责任，即使特定范围内的社会成员都有能力形成非常清晰且具体的应得刑罚判断意见，但这些直觉判断与定罪量刑理念之间，会存在很大的分歧。第二章对这一反对意见进行了详细的解释。与假设司法直觉判断或者民意非常模糊相同，这种思辨性的反思内容并不符合实证研究的调查结果。过去以来，人们对于刑法的一般严厉性与刑罚区间的终端所存在的争议，模糊了其对于不同案件相对严重性的共识程度。有些分歧的表象，可能只是一种误导而并非问题的本质。研究方法的使用偏差会导致错误估计民意对司法判断的一致性。当一个犯罪情形在表述的过程中具有一定的模糊性，不同的受访者对事实的建构出现差异，那么本来持有相同正义理念的受访者就有可能作出不同的刑事司法直觉判断。当一个刑事案件以头条新闻的形式传递出潜在的社会、经济、文化等信号时，不同的个体可能建构不同的事实认知。如果人们对案件事实具有不同认识，对于应得刑罚的直觉判断显然会出现不一致的意见。

第二章中的研究大致展示了人们的共识直觉：严重罪错应受处罚以及对于不同案件相对可谴责性的共识判断。该结论具有相当程度的固定性。人们能够辨明不同犯罪行为应得刑罚的程度，并对此存在高度共识，且此种共识跨越了文化差异。这并不意在断言人们的正义判断之间就不存在分歧，第四章已经说明人们对于与犯罪和刑罚的诸多问题存在着争议。然而，核心的犯罪行为也是存在的，存在于其上的高度共识超越了文化与疆域的影响力。

三、社会公众的刑罚观念源于震慑与再犯剥夺而非应罚

对于将经验主义的应得刑罚作为刑事责任分配原则的第三种反对意见是：人们对于刑事责任的固有判断并不是建立在应得刑罚之上，而是建立在有关有效威慑或剥夺再犯能力的功利主义因素之上。然而，社会科学实证研究并不支持这样的观点：人们在进行刑罚判断时其所依赖的准则是充分感知罪犯的道德应罚性，人们通常都在刑罚判断中忽视对威慑和剥夺再犯能力的充分考量。①

---

① See John M.Darley, Kevin M.Carlsmith & Paul H.Robinson, Implication and Just Deserts as Motives for Punishment, 24L.& HUM.BEHAV.659(2000)[Implication and Just Deserts]; Kevin M.Carlsmith, John M.Darley & Paul H.Robinson, Why Do We Punish? Deterrence and Just Deserts as Motives for Punishment, 83 J.PERSONALITY & SOC.PSYCHOL.284(2002)Deterrence and Just Deserts.

第一项实证研究旨在探索不具有法律专业知识的普通公众在面对定罪量刑问题时，到底是基于应得刑罚还是剥夺再犯能力对相关刑事案件作出直觉判断。研究人员向参与者简短描述了十个刑事案件，它们由五种程度的道德严重性，即“案件严重性”（偷窃CD，偷窃贵重物品，袭击，无预谋杀人，刺杀）和两种不同的历史经历，即“累犯情况”（无前科以及有与犯罪行为一致的前科）整合而成。在事先没有对判断基础有任何指示的情况下，研究人员要求参与者根据7分制的犯罪严重等级（从“毫无影响”到“极其严重”）和13分制的刑事责任等级（从“不承担刑事责任”到“死刑”）给每个罪行匹配相应的刑罚。研究人员随后要求参与者重新考虑犯罪情境，并分别从应得刑罚和能力剥夺的角度分配刑罚。应罚标准指引被试者分配“罪犯因其犯罪所得的公正刑罚”，剥夺再犯标准则引导参与者给予罪犯“足以保护社会免受此者未来犯罪伤害的长期刑罚”。①

另一项实证研究探索了参与者在作出决策时对于应得刑罚和威慑因素的依赖程度。在一系列相关实验中，研究人员给予了参与者根据两种不同形式变化的犯罪情境：这些情境包含了高低不等应得刑罚因素（罪行严重度和减轻情节）以及威慑因素（侦查和公开性）。在不同的情境中，威慑和应得刑罚因素会有着不同的变化，参与者们使用与上述实验相同的方法对不同的情境匹配相应的刑罚。该项实验同时也通过问题进一步调查：参与者们是否认可应得刑罚和威慑理论的一般论调？情境犯罪的道德接受度是多少？应当在抓捕罪犯和预防未来犯罪中投入多少司法资源？

无独有偶，实验结果再次证实：人们在定罪量刑过程中所默认的直觉正义是应得刑罚，然而，当实证研究参与者在刑罚分配中明确支持刑法震慑理念时，他们实际上是站在了“偏离严格应罚性基准”的立场对定罪量刑问题作出判断。②所有的实证研究都表明，人们在对实施故意伤害的行为人匹配刑罚时，所依据的是其应得刑罚，并不会将威慑因素纳入考量。就算参与者对威慑理论的概念和目标表现出支持的意愿，这种意愿也不会进一步转化成为定罪量刑上的差异。

在第三项实验中，研究人员使用了一种“判断追踪机制”来检验参与者的量刑直觉是否建立在应得刑罚的考虑之上。③在这种机制中，研究人员只会对参与者描述犯罪的大致情形，比方说，一个员工挪用了公款。参与者们在作出

① Implication and Just Deserts，supra note 539，681.

② Deterrence and Just Deserts，supra note 539，295.

③ Kevin M.Carlsmith，The Roles of Retribution and Utility in Determining Punishment，42 J.EXPERIMENT.SOC.PSYCHOL 437(2006).

恰当的量刑决策时,需要自行选择其认为对于定罪量刑至关重要的信息,再向研究人员提出请求以获得相关资料。研究中的单元信息有些与应得刑罚相关,有些则与剥夺再犯能力、威慑因素相关。信息的请求顺序折射出信息的重要程度,位于请求首位的信息具有最高的重要性。结果显示,被试者于伊始请求的信息均与应得刑罚相关,在此之后才转而搜寻一些与剥夺再犯能力相关的信息,几乎不会考虑与威慑相关的因素。

在请求信息的节点时,研究人员会询问被试者对于其量刑判断的信心程度。实验显示,被试者的信心的增长与应得刑罚信息的提供息息相关。当被试者对自己判断的最为犹疑时,便会首先寻求得到应得刑罚信息。然而,在后续实验中,这种情况便不再出现,被试者定罪量刑时的信心增长受到了应得刑罚信息的持续影响。①

这些实验合力指向了相同的结论:普罗大众在定罪量刑过程中主要依据的是公正的应得刑罚的考量。

四、经验主义应得刑罚所不可避免的苛刑风险

反对以应得刑罚为定罪量刑的一般原则的阻力还来源于这样一种推理论断:(1)首先,我不喜欢很多严酷的基于现代犯罪控制理论所产生的改革结果——比如"三振出局法"、降低年龄要求并将未成年罪犯视为成人按照普通程序起诉、对低级毒品犯罪处以重刑、将某些行政违法行为纳入刑事犯罪圈进行规制。(2)其次,这些改革是最近的反映社会观念的立法活动的产物。(3)因此,刑法对于经验主义应得刑罚的屈从只会放大公众的苛刑偏好的影响。

然而,这样的推理论断既误解了经验主义应得刑罚的特质,也错误地假定认为美国的刑事政策追踪了大众的正义判断。事实上,经验主义的应得刑罚与人们对于热点案件的观念见解无甚关联,现代的美国刑事政策也与普罗大众的正义判断并不相关。与其相反,这些基于现代犯罪理论所衍生的改革结果极大地背离了社会的共识性正义直觉,第九章将会通过实证研究直观地展现这一要点。

经验主义的应得刑罚整合了人们在评估相对应罚性时对其产生直觉性依赖的正义原则,而不会关注人们对于热点事件所宣扬的主观臆断。确定社会正义判断的最可信赖的方法,是给予人们一系列彼此迥异的案件,观察人们的

① Kevin M.Carlsmith, The Roles of Retribution and Utility in Determining Punishment, 42 J.EXPERIMENT.SOC.PSYCHOL 447(2006).

评估差异,然后从这种事实差异中推断得出塑造人们正义判断的真正因素。人们对于案件应罚性的真实评估才可以被信赖,其在热点案件上所表现出的姿态并不值得考虑。再者而言,人们的政治观点和对于头条案件的反应与其正义判断毫无关联。大众特有的政治立场和头条案件背后的政治信息会将人们的观点“染色”。譬如,对于是否支持死刑这一问题的回答,要看人们将自己置于复杂的社会和政治维度框架下的什么地方,并不能代表他们真实的正义判断。

更为重要的是,美国的刑事政策背后可能并不是社会的正义判断,而是主要取决于以威慑、剥夺再犯能力为主要特征的犯罪控制理论,其与道义论和经验主义的应得刑罚理念都相距甚远。刑事司法系统对于“三振出局法”、降低年龄要求并将未成年罪犯视为成人按照普通程序起诉、对低级毒品犯罪处以重刑、将某些行政违法行为纳入刑事犯罪圈进行规制以及其他改革规则所提供的正当化理由在于其声称的犯罪控制能力,而不是主张其对于秉持正义必不可少;适用扩张的刑事犯罪规制和增长的刑罚是由于其强大的威慑效力;实施更为长期的监禁也是因为其剥夺再犯能力更为有效。第九章将会详细阐述,这些犯罪控制规则不仅没有遵循社会的正义判断,反而与其产生了巨大的鸿沟。

五、经验主义应得刑罚潜在的不道德性

尽管经验主义的应得刑罚并不模糊,其争议性亦可消除,也并不会产生不可忍受的苛刑,它却面临着一项非常正当且重要的质疑:将其作为定罪量刑的分配原则会产生潜在的不公正。我们在第三节的结论当中亦有简单提及,社会共同体可能会对某种行为是否道德、某项处罚是否恰当达成共识,但这种共识观点并不能代表其具有真正的正当性,正如美国南北战争前南方奴隶主的蓄奴观念那样。经验主义的应得刑罚只能告诉我们人们所认为的公正是什么,并不能告诉我们何者是超越疆域差别和个体意识的真正公正,这是道德哲学家提出的道义论上的应罚观所解决的问题。

实际上,这种反对意见针对了所有功利主义的定罪量刑原则。它们背后的指导目的并不意在主持公正,而主要是为了最大化规避未然犯罪的效用。然而,相较于其他功利主义的分配原则,经验主义的应得刑罚所受的指责可能最少,因为它最为接近按照真正的道德应罚性来确定的分配原则。当然,经验主义应得刑罚在概念和实践上都与道义论应得刑罚有所差别,至少也在潜在意义上与其互为歧路。

为了防止社会共同体错误的正义判断所带来的影响,刑事司法系统在

实践中必须具有高瞻远瞩的能力，放宽局限于经验主义应得刑罚的眼界，将道义论上的应得刑罚纳入考量，依此得到的定罪量刑原则才能具有跨越时空差别和个体意识的公正性。不幸的是，对于道德哲学家所使用的现代方法论的检验表明，其并没有领会经验主义应得刑罚与道义论应得刑罚二者间差异的重要性。他们的分析通常构筑于自身的共识性正义判断之上，由此得出应当支持与人们的共识性正义判断相契合的司法原则，这样的结论是有所扭曲的。①

道德哲学家所使用的现行方法论对于正义判断的依赖十分多样。现时的道德哲学家使用的一种标准化分析模式是，在一系列假想情境中，通过分析哲学家们自身对于何者才是恰当解决方式的直觉性判断的变化，归纳得出道德原则。这与约翰·罗尔斯(John Rawls)在《正义论》一书中所提出的“反思的均衡”②(reflective equilibrium)相吻合。道德哲学家在不同假想情境下所作出的直觉性判断的差异成为重要的数据点，因为这正是哲学家们归纳得出道德原则的来源。反之，也可以在一系列新的假设情境中测试与哲学家们的正义直觉相悖的道德原则来对该实验进行进一步的佐证和完善。③

但是这一方法机制过度依赖于哲学家们的正义直觉，错误地得出了道德原则是与直觉判断相一致的偏见结论。通过逻辑推理得出的道德原则反而并不会获得哲学家的支持，甚至会被弃之不理，这仅仅是因为哲学家们认为此种结论与其自身的共识性直觉判断有所出入——道德哲学家的共识性直觉判断对其作出了实际否决。④

更棘手的问题在于，对于共识性正义直觉的依赖本身也是一种实践难题，因为哲学家内部对于诸多事件都存在相当大的分歧。社会共同体要如何对哲学家们的意见进行取舍？换言之，尽管理论上而言，哲学家们提供的道义论上的应得刑罚检验了经验主义应得刑罚的不足之处，在实践意义上其可能是几乎无用的。

尽管社会共同体的共识性正义直觉具有道德上的缺陷，现代哲学也未能给予其确信可靠的指导，倘若将经验主义的应得刑罚作为定罪量刑的分配原则，这既削减亦增加了其吸引力。一方面，这意味着道德哲学并不能弥补直觉

---

① Paul H. Robinson, The Role of Moral Philosophers in the Competition between Philosophical and Empirical Deserts, 48 WM. & MARY L. REV. 1831 (2007) [Robinson, Moral Philosophers].

② JOHN RAWLS, A THEROY OF JUSTICE 48(1971).

③ Leo Katz, Incommensurable Choices and the Problem of Moral Ignorance, 146 U.PA.L.REV.1465, 1482—1483(1998).

④ Robinson, Moral Philosophers, supra note 544.

正义所需的跨越性公正，降低了以经验主义应得刑罚作为分配原则的吸引力；另一方面，这也意味着与经验主义应得刑罚相比，以道义论上的应得刑罚作为分配原则并不具有优势。因此，如果还存在一个真正的经验主义应得刑罚的对手的话，则需要去其他的功利主义理论中搜寻。在现有的功利主义原则中，经验主义应得刑罚可能最为接近真实的正义。它至少以道德应罚性作为其主要准则，这是其他的功利主义原则所无法做到的，第二节对此已经作出了总结。此外，长期而言，其减少犯罪的能力也最为有效。

第五节　结论

总而言之，尽管对于以经验主义应得刑罚为定罪量刑的分配原则存在着诸多批评，其中很多都是没有事实依据的。认为正义直觉的概念过于模糊、其争议性无法消弭、其观念源于震慑与再犯剥夺而非应罚、其会产生苛刑风险的批评意见都与实证研究不相吻合。然而，认为其不能确保提供跨越时空差别和个体意识的真正公正的批评，却是非常合乎情理的。

表 8-4 总结了道义论应得刑罚和经验主义应得刑罚的长处和不足，同时归纳展示了第一节中所阐述的强制性犯罪控制原则。这提供了经验主义应得刑罚整体上的比较视角。

表 8-4　分配原则及其优缺点

分配原则	优　　势	劣　　势
一般威慑	• 在恰当的情况下可以避免犯罪 • 对现下的罪犯具有威慑效力	• 只在前提条件得到满足时生效，而该情况一般不常见：了解基于威慑制定的刑事规则；有计算个人最大利益的能力和意愿；认识到犯罪代价（可能性和具体惩罚）超过了犯罪收益 • 会产生超出应得刑罚的惩罚
特殊威慑	• 在恰当的情况下能够避免现下的预谋罪犯实施犯罪	• 只对现下的罪犯生效 • 只在前提条件得到满足时生效，会产生超出应得刑罚的惩罚
矫正罪犯	• 如果成功，可以避免现下的罪犯犯罪 • 可能有其自身价值，帮助行为人过上更好的生活	• 只对现下的罪犯生效 • 只在有限的案件中发挥一般的效力 • 会施以超出应得刑罚的惩罚 • 独立作为分配原则存在很多问题，必须和其他原则糅合使用 • 强制改变人们的特性，可能过多侵入私人边界，引发道德问题

续表

分配原则	优　势	劣　势
剥夺危险者再犯能力	• 毋庸置疑，可有效降低现下罪犯的犯罪可能	• 只对现下的罪犯生效 • 其预估一般不准确，会引发司法资源浪费、不义裁决等问题 • 会施以超出应得刑罚的惩罚 • 如果从刑事司法转为民事预防羁押，能够更好地降低预防成本，减少道德信用的损害，增加预估准确性
经验主义应得刑罚	• 最有可能被人们视为公正的刑罚，增加刑事系统的道德信用，进一步增加犯罪控制效力	• 可能产生社会无法察觉的不义之举 • 在威慑三前提满足时，遵从经验主义应得刑罚可能会错失实施特殊威慑的良好机遇
道义论应得刑罚	• 秉持公正	• 无法预防可避免的犯罪 • 因为道德哲学家自身存在的分歧而难以付诸实践

经验主义应得刑罚可以在优势与不足之中取得最佳平衡。无论是出于工具性还是道义论的考量，其都是最优之选。在经验主义应得刑罚的适用过程中，它也给予了威慑、剥夺再犯能力、矫正罪犯等原则以参与机会，同时也避免了与社会正义判断相对立时所产生的对于刑事司法系统规范化影响效力的损害。经验主义应得刑罚也可作为道义论应得刑罚在现实生活中最为切实可行的替代，其最为接近我们所期望的具有广泛适用性的公正。同时，我们也心知肚明，经验主义应得刑罚并不能产生真正意义上的道义论应得刑罚，这便使得我们不会对大众可能具有错误性的正义判断掉以轻心，而是予以应有的审视和批评。

第九章

道德信用和不公正的负面效用

在第八章中我们已经阐明，通常情况下，相较于在传统的强制性犯罪控制理论框架下依据威慑、矫正罪犯、剥夺再犯能力等要素来定罪量刑，遵循社会共识性正义判断的定罪量刑规则有着更为强大的效力。①具体而言，如果刑事司法体系意图增加其通过行为评价来驭使社会影响的力量、避免产生在被视为不公正的刑事体系中所存在的抵制与颠覆、致力于加强社会交流的通畅性、在某项问题的可谴责性定性上维持社会共识、在非典型案件中作为道德权威以取得人们的遵从，上述种种在很大程度上都依赖于刑事司法系统在其所规制的社会共同体中所取得的道德信用；因此，刑法的道德信用对于有效的犯罪控制而言至关重要；此外，如果刑事体系的定罪量刑被人们视为正义之举——即依据社会共同体的共识性正义判断来分配刑责，这种道德信用会得到进一步增强。与其相反，如果刑事体系的定罪量刑规则与人们的应得刑罚认知相冲突，其道德信用和犯罪控制效力都会有所削减。

本章为前述章节所提出的理论性论断提供了多种多样的实证性研究支持。实际上，受访者在接受测试之前都对既有的刑事体系的可信赖度形成了固有的看法。研究人员改变这些既有观点的空间是十分有限的。然而，尽管能做的只是对受访者公平正义观念进行微调或者施加"微影响"，我们还是能够在研究结果中看到，刑事系统道德信用的改变会产生人们对于刑事司法体系遵从意愿的相应变化。本章主要摘自本人与杰弗里·古德温(Geoffrey

---

① PAUL H. ROBINSON, DISTRIBUTIVE PRINCIPLES OF CRIMINAL LAW: WHO SHOULD BE PUNISHED HOW MUCH? pp.175—210(2008)[ROBINSON, DISTRIBUTIVE PRINCIPLES], Paul H. Robinson & John M. Darley, Utility of Desert, 91 Nw. U.L.REV.453(1997)[Robinson & Darley, Utility of Desert]; Paul H.Robinson & John M.Darley, Intuitions of Justice: Implications for Criminal Law and Justice Policy, 81 S.CAL. L.REV.1(2007)[Robinson & Darley, Intuitions of Justice].

Goodwin)以及迈克尔·瑞斯格(Michael Reisig)合写的《不公正的负效用》一文。①

第一节　关于不公正之负效用的实证研究

本节所展示的两项研究结果为第八章第二节中所提出的观点提供了实证支持。这些实验意在探索,刑事司法体系道德信用的削减是否会使得人们对其既有的美好设想破灭,由此进一步损害道德信用所带来的大众的遵从意愿。具体而言,该研究检验了在人们知晓现有的刑事司法原则是与普罗大众的正义判断相距甚远的情况下,其对于法律的尊重心态和合作、支持以及遵从意愿是否会受到影响。在第一项实验和第二项实验所假设的刑事司法原则与一般民众的正义判断严重偏离的情境中,测试结果显示,如果人们知晓刑法将会产生的可预见性的不义举措或未能主持公正,其会对大众给予法律的尊重态度施加负面影响,且会损害人们对于刑事体系的合作、支持以及遵从的行为意愿。

一、第一项实验的设计理念和方法论

第一项实验中共有59名被试者(34名女性,25名男性,年龄处于18—77岁之间),该项实验使用了一种较为简单的前后对照的设计。该实验在计算机程序上实施。电脑首先将会询问被试者一系列问题来评估其对于刑事司法系统的一般态度和行为意愿,并以此作为基准回答。随后电脑将向被试者展示一系列案件,在这些案件中,假想情境下的刑事司法系统均对其作出了不公正裁决,或过于严苛,或过于轻减。实际上,所有的案件和结果都是真实的,且不是由仅仅一个法院作出。此后,电脑将会再次询问被试者,如果生活在这种假想情境下,其对于相同问题的回答将会如何。实验的关键在于,在相同的问题背景下,假想情境下的回答是否与前述所言的基准回答有所区别。

表9-1展示了实验所使用的八项问题。问题1、2、3旨在探寻人们是否将刑法作为可信赖的道德权威,并乐于内化其传达的规范观念。问题4、5则意在检验人们对于刑事司法系统的配合与协助意愿。譬如,人们在对某些法定犯罪的可谴责性心存犹疑时,是否继续愿意向有关部门举报。问题7、8则旨在揭示人们在处于道德灰色地带时,对于法律的遵从意愿又会是多少。被

① Paul H.Robinson, Geoffrey P.Goodwin, & Michael D.Reisig, The Disutility of Injustice, 85 N.Y.U.L.REV.1942, 1997—2006(2010).

试者基于9分制的里克特量表(Likert scale)来评估对于每项陈述的赞同程度,1分为“强烈反对”,9分为“强烈赞同”,中间项包括3分的“反对”,7分的“赞同”以及“不确定”。当然,通常情况下,大多数被试者都会避开极端选项,其答案一般位于“反对”与“赞同”之间。对于每位被试者而言,这些问题都会在实验伊始呈现出全新的随机排列顺序。

表9-1 刑事司法系统的道德信用的影响

问题:赞同还是反对?
1. 无期徒刑表明罪行极其严重 你在晚报上看到了一则报道,一名罪犯被处以无期徒刑。因为其刑罚如此严酷,你总结得出该人一定犯下了极其严重的罪行,相信此人应当被判处无期徒刑。
2. 制作并传播法律禁止的错误言论应得刑事谴责 你从报纸上得知,在他人的个人社交平台下(如脸书、微博)传播错误的负面评论可构成诽谤罪。因为刑法禁止这样的行为,你也认为它具有可谴责性。
3. 金融市场操纵行为应当受到严厉的刑事谴责 你从报纸上得知,操纵税收行为构成一项刑事犯罪,且法律对其予以了极其严重的处罚(28—32年有期徒刑)。因为法律对其判处如此高程度的处罚,你总结得出这一行为在道德上具有可谴责性,应当被判处此种惩罚。
4. 向有关部门举报非法移除箭镞的行为 你得知镇上的一个人从他游览的一处重要的名胜古迹非法取走了一个箭镞。在该历史古迹处带走任何东西都是非法的。你会向有关部门举报这一行为。
5. 将无意发现的手枪上交警方 你在一个小巷的排水沟处发现了一把手枪,你知道将手枪丢在这里弃之不顾对孩子可能产生危险,但是你又担心把手枪上交警方会给自己带来麻烦。你的周围并没有目击者。你会拾起手枪并将其上交警方。
6. 向有关部门举报非法养狗的行为 你的邻居十分喜欢狗狗,他最近又养了三只宠物狗,总共养了六只宠物狗。法律只允许每户人家养三只宠物狗。你会向有关部门举报邻居的行为。
7. 返回并向加油站举报自己的错误 在一处远离你居住地的地方度假时,你忘了付钱直接离开了加油站,你后来才意识到这一错误,但是你也知道工作人员对你的行为并不知晓,你也不会被追赔。你可以返回该地报告这一错误,但是你又担心这一举报行为会让自己遭受处罚。你会返回并试图联系加油站,改正自己的错误。
8. 返回并向餐馆举报自己的错误 在一处远离你居住地的地方度假时,你忘了付钱直接离开了餐馆,你后来才意识到这一错误,但是你也知道服务生对你的行为并不知晓,你也不会被追赔。你可以返回该地报告这一错误,但是你又担心这一举报行为会让自己遭受处罚。你会返回并试图联系餐馆,改正自己的错误。

被试者对于这些问题的回答将被作为实验基准。随后电脑将向被试者展示七个发生在真实世界中的案件，测试显示，这些案件的实际判决结果与一般民众的正义直觉有着严重的出入。在这七项案件中，有几项案件在判决时使用了第七章第二节提及的现代犯罪控制原则。被试者依次阅读这些案件，按照刑罚表向其分配自己认为恰当的刑罚。①

随后，电脑会向被试者展示案件在实际判决中所接受的处罚，并再次提示，这些裁决均来源于真实的案例。在七项案例中，法院对其中五项所作出的实际裁决远重于大多数人的认知中的恰当刑罚；在余下两项案例中，法院并没有对其判处任何惩罚，然而大多数人都认为应当对其予以严惩。每展示一项案例，电脑程序都会向被试者揭示其实际判决，并要求被试者再次输入之前根据自己的正义直觉所分配的刑罚结果。其后，电脑会要求被试者计算二者之间的差额并将其输入程序。这项举措的目的在于促使被试者重点专注基于其正义直觉作出的处罚与实际处罚之间的差异。在此之后，电脑程序会询问被试者，如果生活在作出以上判决的刑事司法系统的管辖下，他们对于表 9-1 中所显示的同样问题的回答又会是什么。

这一情境设计意在探寻，如果人们得知刑事司法系统作出了显失公正的裁决，这一知晓的状态是否会损害刑事体系的道德信用，并对人们的尊重态度产生不利影响。我们的预估是，当要求被试者想象其居于上述所假设的刑事司法系统的管辖之下并回答有关其想法和行为的问题时，被试者对于刑法的尊重倾向、内化其规范观念的意愿以及合作遵从的行为态度都会有所降低。

二、第一项实验的结果和讨论

不出所料，被试者对于案件匹配的平均刑罚与刑事司法系统所判处的实际处罚大相径庭。②这一实验的关键数据在于，在阶段一（揭示判决差异前）和阶段二（揭示判决差异后）分别询问被试者有关其对于刑事司法系统的尊重意愿和行为态度的问题时，人们所作回答之间的差异性。正如表 9-2 显示的那般，与阶段一的基准回答相比，被试者在阶段二所给予的回答有了极为显著的变化。每一问题的回答变化背后都隐示了三种信息的改变：其一，刑法将某项行为纳入犯罪圈进行规制并将其固化为规范性制度时，人们是否信服遵从；其

---

① 表中的选项：死亡，终身，30 年，26 年，22.5 年，19 年，15 年，13 年，11 年，9 年，7 年，6 年，5 年，4 年，3 年，2.5 年，2 年，1.5 年，1 年，10.5 个月，9 个月，7.5 个月，6 个月，5 个月，4 个月，3 个月，2 个月，6.5 周，5 周，3.5 周，2 周，11 天，1 周，4 天，1 天，承担刑事责任但不受处罚，不承担刑事责任。

② Robinson, Goodwin, & Reisig, Disutility of Injustice, supra note 548, at 2031.

二，民众对于刑事司法体系的配合和协作意愿；其三，民众对于刑法的遵守态度。表 9-2 展现了人们回答的变化，以及阶段一和阶段二的平均值：

表 9-2　第一项实验的平均值

刑事法律规制与问题	基准均值	测试后均值	显著性(significance)(p-价值(value))
1. 无期徒刑表明罪行极其严重	6.46	5.14	p<0.001
2. 制作并传播法律禁止的错误言论应得刑事谴责	6.14	5.76	p<0.07
3. 金融市场操纵行为应当受到严厉的刑事谴责	5.25	4.63	p<0.02
4. 向有关部门举报非法移除箭镞的行为	5.93	5.14	p<0.01
5. 将无意发现的手枪上交警方	6.66	5.56	p<0.001
6. 向有关部门举报非法养狗的行为	5.15	4.59	p<0.01
7. 返回并向加油站举报自己的错误	7.05	5.69	p<0.001
8. 返回并向餐馆举报自己的错误	7.15	5.71	p<0.001

从此八项情境的结果来看，该刑事体系在被试者眼中定罪量刑的不公正程度与被试者从阶段一到阶段二的态度变化是一致的。这种一致性非常重要，因为它显示出个人对于刑事体系公正性的信赖程度与其愿意给予的尊重态度和配合意愿休戚相关。

第一项实验阐明，如果人们知晓刑事司法系统具有体制性上的不公正，此种了解的状态会对人们的尊重态度产生负面影响；这一负面态度会进一步削弱人们对于刑事体系的遵从、配合和遵守意愿。从阶段一到阶段二所发生的态度和意愿上的系统性改变在容量相对较小的样本(数量小于 60)中也会发生，意味着其影响效力不可小觑。

然而，第一项实验使用了同一组被试者，许多学者对这一设计提出了批评——如果询问被试者同样的问题两次，某些被试者可能从这一行为中读出其背后隐含的指示信息，即，研究人员希望他们对自己的回答作出改变。而事实上，和实验室中进行的测试不同，该研究是在计算机网站上调查实施的，且完全匿名，这便打消了被试者在面对研究人员时所具有的要给出不同回答的隐示压力。此外，这些案件的实际判决结果和人们的正义直观之间的隔阂呈现出两种方向——有些太过严酷，有些则太过轻减，这便使得被试者难以琢磨研究者到底期望其对于回答作出怎样的改变。然而，为了平息这种疑虑、得出更有确信力的结论，第二项实验在继续使用与第一项实验相似方法的基础上，新使用了不同的被试者组别。在这种设计中，每一被试者只会被询问一次。

三、第二项实验的设计理念和方法论

计算机程序将 207 名被试者随机分配到两组之一。电脑会向“高度失望”组（数量为 108 人）展示在第一项实验中使用的发生在真实生活中的七个案件，在这些案件中，法院和实际处罚和普罗大众的正义直觉背道而驰。被试者们依次阅读这些案例，并对其分配符合自我认知的恰当刑罚。随后，电脑会向被试者揭示法院的实际判决，同时展示出被试者基于正义直觉所作出的裁判。和第一项实验一样，电脑会提醒被试者这是源自真实生活中的案例，被试者需要假设这些案件的判决结果都是由某一个独立的刑事司法系统作出，且自身就生活在其管辖之下。随后，被试者会回答与第一项实验相同的八个问题（见于表 9-1），这些问题会以随即顺序呈现出来。

“低度失望”组（数量为 99 人）遵循与上述设计相同的实验程序，但不同的是，电脑向“低度失望”组展示的七个案例经过了精心挑选，在这些案例中，法院的实际判决与一般民众的正义直觉更为接近。①也就是说，这些案件中并没有我们在第七章第二节所阐述的现代犯罪控制原则的参与。

实验的预想是，一旦向被试者揭晓刑事司法系统的不义举措或未能执行正义的事实，以及那些基于现代犯罪控制原则所造就的偏离大众正义直觉的处罚结果，刑事体系的道德信用会受到损害，且会产生与第一项实验相同的负面影响。当要求被试者设身处地，想象位于此种刑事司法系统的管辖之下又会如何行事时，相对于低度失望组而言，高度失望组会表现出更少的遵从、配合和遵守意愿。除展示的案例不同之外，高低二组使用的实验程序近乎完全一致，在这种最大可能地控制其他实验变量的情况下，可以从二者对比之中探寻到失望程度与遵循意愿之间的因果关系。

四、第二项实验结果和讨论

高度失望一组中，被试者的对于七项案例的平均量刑和刑事司法系统所判处的实际刑罚截然不同。②与其形成对照，低度失望一组的量刑结果和法律之间的隔阂相对较小。在这种差别存在的情形下，当询问被试者对于该假想刑事体系的一般印象时，相比处于低度失望一组的被试者，高度失望组的组员

---

① Paul H.Robinson & Robert Kurzban, Concordance and Conflict in Intuitions of Justice, 91 MINN.I., REV.1829(2007).

② Robinson, Goodwin, & Reisig, Disutility of Injustice, supra note 548, at 2031—2033.

认为该刑事体系就秉持公正一事更加无所作为。高度失望组的被试者认为，刑事司法体系在分配应得刑罚上完全是搪塞了事，会丧失民众对其予以的信任。在两种情境中，高度失望组的平均数值显著低于数值中点 5，低度失望组的平均数值却高于数值中点。显然，这一实验设计显示出高度失望组对该刑事司法系统产生了更深刻的负面态度。

问题的关键在于，此种位于一般态度之上的负面影响是否会转化成为对于刑事体系尊重意愿的降低。表 9-3 的第三和第四列显示了这一结果。诚如预料，在回答测试问题时，相较于低度失望的被试者，高度失望的被试者对于刑事司法系统表现出更低程度的遵从以及配合、协助的意愿。

表 9-3 的第二列展示了于第一项实验伊始采集到的基准回答作为比较对象。在回答第一项实验开始的八个问题时，被试者对刑事司法系统存在着美好的设想，没有掺杂任何失望情绪。在七个问题中，没有失望一组的统计平均数值和高度失望一组的平均数值有着迥然不同的差别，这一差别对于余下的问题(即问题 2)有着极为重要的边际影响。表 9-3 展示的结果显示出，人们的失望程度越高，其对于刑事司法体系的配合意愿便越低，更加不会将其作为具有塑造社会规范能力的道德权威来对待，且怠于内化该刑事体系的规范理念。

表 9-3　第一项实验的基准回答和第二项实验的结果

刑事法律规制与问题	第一项实验基准回答:没有失望	第二项实验结果:低度失望	第二项实验结果:高度失望
1. 无期徒刑表明罪行极其严重	6.46	6.59	5.35
2. 制作并传播法律禁止的错误言论应得刑事谴责	6.14	5.38	5.59
3. 金融市场操纵行为应当受到严厉的刑事谴责	5.25	5.16	4.34
4. 向有关部门举报非法移除箭镞的行为	5.93	5.65	4.95
5. 将无意发现的手枪上交警方	6.66	5.40	4.32
6. 有关部门举报非法养狗的行为	5.15	4.75	4.43
7. 返回并向加油站举报自己的错误	7.05	6.63	5.63
8. 返回并向餐馆举报自己的错误	7.15	6.47	5.84

刑法若想实现犯罪控制的目的，就要为其不义举措付出相应的代价。该实验结果显现出，如果大众认为刑法致力于惩恶扬善、主持公正，刑事司法系统会从中得到显而易见的好处：譬如，民众对刑事司法系统更高程度的协助和

配合,这是刑事体系所赖以维系的;实现更为强大的社会影响效力以及督促民众内化规范的能力;在非典型案件中取得遵从从而进一步塑造规范理念。

然而,也会有人提出质疑:如第七章的第四节所言,普罗大众对于犯罪和刑罚的认知会受到外力的扭曲,且本身便存在固有的瑕疵。尽管刑事体系实施了不义之举或未能执行正义,这一内情也不会被一般民众立刻且全盘知晓。刑事司法系统的声望会受到媒体的有意偏袒和刻意模糊的保护,因此,就算刑事体系的量刑偏离了应得刑罚,它也不会遭受道德信用的损害,也不会对其产生负面影响。

不幸的是,媒体并不能为刑事司法系统的行为遮风挡雨,刑事体系不可能一边为所欲为,一边完全不用担心受到揭露和丧失道德信用。实际上,就像犯罪是新闻一样(且媒体一般会夸大犯罪率和犯罪特征),刑法的不义之举或荒废本职的行为也是新闻。就算新闻报道刻意疏略了其与普罗大众的应罚观念相背离的部分,刑事体系若是变本加厉,这些严重违背人们正义直觉的判决便越是有可能被曝光。

更为严重的是,尽管能够损害刑事体系道德信用的揭露报道数量极少,我们已经在第八章第二节讨论过,如果刑事司法体系想要制造和维持良好的声望,其必须向大众传达出致力于秉持公正的意图,[①]这是尤为重要的。若社会认为刑法一直专注于执行正义,便不用在意偶发性和不可避免的不公正裁决;然而,如果社会认为刑法一直故意偏离应罚观念来定罪量刑,就算是一个案件也会引发极其严重的负面结果。刑事司法体系唯一的出路,便是尽其所能地主持正义。[②]

第一项实验和第二项实验均使用了在控制变量的情境中收集数据的方法,其结果显示:刑事司法系统的不义之举以及怠于执行公正会使得其遭受道德信用的损害,且进一步削减民众对于系统的支持、协助和尊重意愿。也有人会疑惑,是否能在具有更大人口容量的样本数据中观测到相同的效应。在一项关联实验中,[③]研究人员使用了国家数据库中的信息来检验刑事司法系统的道德信用对于其有效运行所具有的现实的影响。该项全国性的大型调查使用电话采访的方式,在这一过程中可能会存在相关的影响变量。该数据库中所包含的民众都有过参与刑事诉讼的经历。在对观测结果进行评估、探寻其是否支持实验预设时,研究人员使用了二元和多元的统计方法。结果显示:如果

① Robinson & Darley, Utility of Desert, supra note 549, at 495—96.

② PAUL H. ROBINSON & MICHAEL T. CAHILL, LAW WITHOUT JUSTICE: WHY CRIMINAL LAW DOESN'T GIVE PEOPLE WHAT THEY DESERVE(2005).

③ Robinson, Goodwin, & Reisig, supra note 548, 2016.

刑事司法系统的道德信用有所增益，人们在未来于相似案件中对法院的遵从意愿也会随之上升。这一发现表明，第一项实验和第二项实验中呈现出的道德信用与遵从意愿之间动态变化在曾经有过实际诉讼经历的人群中也同样适用。简而言之，如果一个人对刑事司法系统的道德信用具有高度信心，其在未来将会更愿意遵从该系统的规制。

第二节　之前的研究

上述两项实验得出的结论与之前的研究结果不谋而合。先前的一些研究显示，刑法的分配规则与社会所共享的正义直觉之间的冲突会引发与上述实验相同的不利影响。已经有大量研究证实，个人对于某一特定法律的道德确信与其遵守意愿息息相关；此外，这些研究还显示得出，人们过去对于法律的遵守程度以及未来所预想的遵守程度也与其对于法律道德正当性的判断此呼彼应。有些研究还进一步展示了，人们对于法律所施行的不义举措的何种程度的认知可能会引发更为普遍的蔑视法律的行为。

存在着大量实验都着眼于探寻刑法的道德确信与人们的遵从意愿之间的关系。格瑞斯米克和格林便设计了这样一个实验，他们从波尔克城市姓名录中随机挑选了 400 名成年人作为实验对象，随后对其进行采访。[①]研究人员向被试者展示了八项非法行为——偷窃价值 20 美元以下的财物；偷窃价值 20 美元以上的财物；非法赌博；骗取退税；故意伤害他人；乱扔垃圾；非法使用烟花爆竹；酒驾。其后研究人员要求被试者基于自我认知来评估这些行为的抓捕确定性、刑罚严厉性以及自身对于既有法律规则的遵守态度的道德承诺。研究人员从结果中总结得出，“三个彼此独立的变量——道德约束，刑事处罚的威胁，社会否定的威胁，这些简明扼要的因素共同构建起阻却非法行为的效力体系”。[②]

与其相似，雅各提出：相比违法行为所带来的惩罚可能性与遵从意愿之间的关系，刑事法律系统的道德正确性与会遵从意愿之间的联系可能更为紧密。他借助计算机程序随机抽取电话号码的方法，从伊利诺伊州的埃文斯顿随机挑选了 176 名成年被试者。[③]研究人员询问被试者：是否会在高速公路上超速

---

① Harold G.Grasmick & Donald E.Green, Legal Punishment, Social Disapproval and Internalization as Inhibitors of Illegel Behavior, 71 J. CRIM. L. & CRIMINOLOGY 235 (1980).

② Id.334.

③ Herbert Jacob, Deterrent Effects of Formal and Informal Sanctions, 2 LAW & POL'Y Q.67(1980).

行驶？是否会吸大麻？在无人注意的情况下，会不会从商店中窃取价值50美元的物品？结果显示，吸大麻的人是最多的，其次是超速者，再次是有可能行窃的人。三分之二的被试者认为每小时55里的限速指令是非常正确的；同时，四分之三的人认为法律禁止在商店行窃是完全正当的；然而，只有四分之一的人认为禁止吸大麻是正确的。在那些认为限速是正确行为的被试者中，62.3%的人愿意遵守法律，但在不赞同限速的被试者中，只有9.8%愿意遵守法律。与其相似，对那些认为禁止大麻的法律十分公正的被试者而言，其中的85%都不再会吸大麻，反之，只有36%的认为禁止大麻不正确的被试者愿意遵守大麻禁令。对于在商店行窃这一行为，统计数据上并不存在着差异。这意味着人们对这一行为的错误性有着高度共识。研究人员据此总结："与社会的遵从意愿与人们所感知的刑罚确定性或刑罚严厉性之间的关系相比，遵从意愿与人们法律正当性之间的联系更为密切。"[①]

西尔贝曼(Silberman)也做了一项类似的研究，对一所私立大学的147名学生进行了调查。[②]研究人员询问学生是否有过违反道德规范或法律的行为，比如殴打他人、使用硬性毒品、小偷小摸、打砸抢、偷窃商品、酗酒、行为不检、婚前性行为、抽大麻、在法定饮酒年龄以下喝酒等。被试者会基于行为的道德性、刑罚获得的确定性、刑罚严厉性以及同伴是否参与来作出相应的回答。实验的预想是：道德规范对某项法律规定的支持程度越高，该项被规制犯罪的在犯或将犯可能就越低。而西尔贝曼则依据实际的测试数据得出："如果社会普遍对某项罪行持否定意见，其在很大程度上便不会发生。同样的道理，对于具有高度道德约束感的人而言，就算他可能有过轻微的违法行为，其实行严重犯罪的可能性也极低。"这一结论也证实了他的猜想。[③]

前述实验均显示出，人们对于某项特定法规的道德正当性的认知会影响到其遵从意愿。还有一些实验进行了更为深入的探究，展示了人们对于某项特定法律以及刑事法律体系中某项法令的不道德性的认知会对其遵从意愿产生怎样的影响。最近的一项典型的案例便是杰尼斯·尼德勒(Janice Nadler)所进行的实验。她调查了在知晓刑事法律系统所造就的不义裁决的情况下，人们的遵从意愿又会有着怎样的变化。[④]在这项实验中，研究人员给被试者阅

① Herbert Jacob, Deterrent Effects of Formal and Informal Sanctions, 2 LAW & POL'Y Q.70(1980); Robert F.Meier & Weldon T.Johnson, Deterrence as Social Control, The Legal and Extralegal Production of Conformity, 42 AM, SOC.REV.292, 301(1977).

② Matthew Silberman, Toward a Theory of Deterrence, 41 AM. SOC. REV. p.442 (1976).

③ Id.457.

④ Janice Nadler, Flouting the Law, 83 TEX.L.REV.1299(2005).

读了两份虚拟的有关刑事立法的报纸文章，一份报道的立法举措被视为具有极高的公正性，另一份则被视为具有极高的不公正性。阅读了不公正报道的被试者随后表现出更高的实施轻微违法行为的意愿，比如违章停车、非法下载软件等。另一项在电脑上进行的实验中，被试者需要扮演成为陪审员，并对一项虚拟案件作出裁决，在这项案件中，所有的证据都指向了有罪认定。在此之前，研究人员向被试者们出具了一份虚拟的犯罪新闻报道(实际上是真实的犯罪)，一名男子目睹了他的朋友在赌场诱拐并强奸了一个七岁幼女的行为，但无动于衷。该新闻有两个版本——在公正版本中，该男子被处以了恰当的刑罚；在不公正版本中，法律对其没有任何科刑。在接下来的模拟审判情境中，阅读了不公正版本的被试者更倾向于做出“陪审团忽略”(jury nullification)，即不顾法律严格规定而作出裁判，从而对该虚拟案件作出无罪认定。

格林(Greene)所做的类似实验进一步检验了上述情境对于被试者尊重态度的影响。[①]格林得出了与尼德勒十分相似的研究结论。具体而言，在阅读了包含刑事司法系统与社会道德直觉之间的冲突的案例后，被试者们“更有可能参与到改变法律的活动中，不愿意配合警方的行动；更有可能实施私力救济，而不愿意以法律为行为指导”。[②]他继续总结道：“总而言之，在阅读了与其正义直觉相冲突的法律案件后，人们似乎不愿再予以任何利好。”[③]

这些实验再次证实了我们在第一项实验和第二项实验中所得出的结论。尼德勒的实验和结论与我们最为接近。然而，尼德勒的实验仅仅探寻了有关遵从意愿的信息，我们的实验则进一步拓延了她的结论。尼德勒研究中的不公正情境使用了虚拟设计，我们则使用了真实案例。但是，尼德勒的研究可作为我们进行深入探寻的重要初步基础。我们得出的结论是：刑事司法系统的不义之举不仅会对人们的遵从意愿产生影响，还与民众的配合以及刑事体系本身的道德信用休戚相关。且人们只要知晓几项这样的不公正案例，就足以产生此种后果。

马伦和尼德勒进行的一项更为新近的研究则显示了，一旦人们感知到刑事体系的某些行为在道德上的非正当性，其作出逾矩行为的可能性便会有所上升。[④]这项实验共有 137 名大学生参与，研究人员会让被试者阅读一个案件

---

① Erich J. Greene, Effects of Disagreements Between Legal Codes and Lay Intuition on Respect for the Law (June 2003) (unpublished Ph. D. dissertation, Princeton University) (Mudd Library).

② Id., iv.

③ Id., v.

④ Elizabeth Mullen & Janice Nadler, Moral Spillovers: The Effect of Moral Violations on Deviant Behavior. 44J. EXPERIMENTAL.SOC.PSYCHOL.129(2008).

的新闻报道，文章中的医生实施了非法晚期堕胎手术。这篇报道也有两个版本，一个版本中法院认定该医生有罪，另一个版本中法院判处其无罪。研究人员随机向被试者分配两种版本的文章。这是实验的第二阶段。此外，在进行这项实验的一个星期前，也就是实验的第一阶段，被试者会收到研究人员寄来的调查问卷，这份问卷意在评估其对于堕胎的态度，调查结果会作为后续实验所依赖的重要因素。尤为巧妙的是，在这一过程中，研究人员还会关注其后被试者是否会归还与调查问卷一同送达的用以填写的钢笔（某种意义上，也就是偷窃）。上述两阶段完成之后，实验进入第三阶段。研究人员会要求被试者将钢笔和调查问卷放在一个指定的盒子中。这些钢笔都被做上了特殊的只能在紫外光下看到的标志。因此，被试者不会察觉到这些钢笔上的标记，研究人员却可以识别出这些钢笔到底有没有被归还并对其进行统计。结果显示，对于那些强烈地主张堕胎合法但是却阅读了有罪版本报道的被试者，即，法律认定与其道德原则有着激烈冲突的被试者而言，其不归还钢笔的比例显著高于他人。研究人员将这一结果解读为：如果人们知晓刑事司法系统的裁判结果与其坚定持有的道德信念相背离，其作出违法行为的可能性就会上升。

人们对于税法的遵从与以上结论也有着千丝万缕的联系。尽管对于逃税行为而言，罚金不多，立案侦查的可能性极低，处罚也十分轻微，大多数的美国公民还是会乖乖交税。①基于这一现象，刑法学界的很多学者都一致认为，人们并不是出于对官方制裁的恐惧才去纳税。②金赛（Kinsey）最近进行的一项调查则揭示了纳税行为背后的驱使力量。③如果在和国家税务局交流之后知悉了自己的一位朋友或者同事缴纳了较其应交税款更多的税，人们会普遍认为税法不及之前所设想的那般公正，且认为其可能会在未来有意地骗取税款。尼德勒对这一调查结果评论道："税法调查的结果告诉我们，在特定情形下如果人们知晓了不公正的法律行为，其认知中的法律公正性可能会普遍降低，且会引发未来的不遵守法律的行为。"④也就是说，就算逃税的惩罚成本极低，人们之所以遵守税法却不是为此，而是因为在其脑海中税法和国家税务局有着极其公正的形象。

总而言之，这些实验强化了我们在第一项和第二项实验中得出来的结论：

---

①② Eric Posner, Law and Social Norms: The Case of Tax Compliance, 86 VA.L. REV.1781, 1782(2000).

③ Karyl A.Kinsey, Deterrence and Alienation Effects of IRS Enforcement: An Analysis of Survey Data, in WHY PEOPLE PAY TAXES: TAX COMPLIANCE AND ENFORCEMENT 259(University of Michigan Press 1992).

④ Nadler, supra note 564, at 1409.

如果人们了解到刑事司法系统经常性，尤其是有意地实施不义之举，这一了解状态会对人们的尊重态度和行为意愿产生一系列负面影响。人们不愿去遵守其视为不公正的法律所作出的规范。当人们认为刑事司法系统作出了不公正的裁决结果时，其遵守意愿也会降低。这些实验还显示出，这种负面影响不仅局限于遵从意愿，同时涵盖了人们对于刑事系统的配合和协助态度，以及系统自身的道德信用，还会进一步影响到刑法实施社会影响、塑造社会观念的规范化效力。当然，它也从反面展现出，如果刑事司法系统遵循了普罗大众的正义认知，它便可以借助一系列心理机制来增加民众的协助、配合、遵守以及遵从意愿。

第三节　结论

过去的半个世纪以来，刑法学界的传统理论一直认为，在控制犯罪的过程中与大众的应得刑罚观念互为陌路，转而施行威慑、剥夺危险者再犯能力以及其他的强制性犯罪控制机制是完全无代价的，然而上述实验却有力地驳斥了这一论断。如果在犯罪控制的过程中与应得刑罚相偏离，刑事司法系统就会在其规制的社会中丧失道德信用，而这又是强效的控制犯罪机制所需要的必不可少的因素。

将此章展现的法律所具有的实施社会影响、塑造社会观念的规范化效力与第八章第一节所阐述的对于传统强制性犯罪控制机制的真实效力的质疑放置于一处考量，不难得出，长期看来，致力于执行正义才是控制犯罪的最佳途径。

第十章 与经验主义应得刑罚的偏离

第八章和第九章已经对以经验主义应得刑罚为定罪量刑的分配原则作出了详细的说明。刑事司法系统如果将一般民众的正义判断融入司法实践，便会在社会之中构筑起程度较高的道德信用，其驾驭社会影响、塑造社会规范的能力也会进一步增强，最终实现犯罪控制的目的。然而，这并不意味着刑事司法系统应当始终附和经验主义应得刑罚的观念。

正如第一节所示，有些对于经验主义应得刑罚的偏离是不可避免的。但为了提高道德信用，刑事司法系统应当尽其所能地遵循社会共同体的正义观念，至少也要意识到与其偏离会付出相应的代价，这是评估偏离成本的重要考量因素。

第二节意在说明，一些分歧的表象，可能只是一种误导而非问题的本质。但第三节则显示出，有些分歧则是真实存在的，很有可能会逐渐侵蚀刑事体系的道德信用。然而，一个良好的功利主义分配原则在提升系统的道德信用并增加其犯罪控制效力的同时，其在实践的过程中必须坦然接受偏离的可能性，但须确保其衍生的犯罪控制效力超越了刑事法律为此种偏离而付出的代价。此外，犯罪控制并不是刑事司法系统所追求的唯一抑或最为重要的社会利益。保护隐私、实现公正、简政放权以及其他种种的重要意义均不逊于犯罪控制，这些都是刑事体系所孜孜追寻且致力实现的。

进一步而言，改革者也不应当一味遵循社会非专业人士的通俗性正义判断。为了社会治理的有效运转，在某些时刻适用偏离现有正义判断的刑事规则才是恰当之举。第四节便检验了社会机制的有效运转所带来的挑战，也为改革者如何高效巧妙地改变社会共同体的正义观念提出了建议。

最后，第五节则意在介绍，如果一般民众认为审判程序极其公正，刑事司法系统的“正当合法性”便会由此建构，且会进一步增强民众的配合程度和遵从意愿。这与刑事体系通过公正的审判结果来获取道德信用，从而激发民众的配合和遵从是一致的。然而，实践证明，程序正义和结果正义之间存在着冲突。通过程序正义来提高刑事体系的正当性或许会对结果正义所带来的道德信用产生损害。在这种对立情况下，我们该选择哪一种呢？

■ 第一节 不可避免的偏离：道德问题上的社会分歧

我们在第四章已经说过，民意在跨越“核心”罪错的诸多问题上都存在着分歧。第八章和第九章也提出，这种分歧会威胁到刑事法律道德信用的建立。不论社会选择适用哪一种犯罪化规则，总会存在一小撮人对结果的公正性提出异议。当社会中的不同群体就某项问题（比如堕胎）的道德性判断存在着严重的分歧时，这便对刑事司法系统道德信用的构筑以及其得到遵从的能力产生毁灭性的影响。具体而言，如果刑法将某项道德正当的行为纳入犯罪圈，或者没有规制某项违背道德规范的行为，譬如，没有将某项被视为谋杀的行为收编入法，社会中的一方就会认为法律是不道德的。如果刑事法律没有将堕胎列为违法行为，那些希望对堕胎进行犯罪化处理的人就会对立法机关以及执法机构丧失尊重，最终整个刑事司法系统在其视角下都会丧失合法性。[1]

如果人们认为法律没有禁止某项谋杀行为，他们便有可能“依靠自己来主持公正”，即选择实施私力救济。这种情况也发生在很多反对堕胎的人身上。反对堕胎的人可能会采用激进化的处理方式。首先，他们可能会在实施堕胎手术的诊所前示威抗议，其后还可能会采取一些更为强制的阻碍措施，此时就这种行为是否影响到他人行使合法权利还尚存争议；随后，这些激进分子可能会在夜间向诊所中喷撒有毒物质，这已经是无可抵认的实质犯罪了；接着，这些人还可能会在夜间放火焚烧诊所，因为“在夜里没有人会受到伤害”，但这种行为已经构成了纵火罪，并且具有威胁生命的可能。激进化的最后一个阶段是对实施堕胎手术的医生或护士予以死亡威胁，有些人甚至真的会对医生和护士施以谋杀。

在人们对某一特定法律持有异议的情况下，有一个方法可能会降低这种分歧对刑事体系所产生的不利影响（以堕胎为例，刑法可以将其列为一项单独的禁令），这种方法能够将此种人们观念中的“恶法”和刑事司法系统的其他部分区分开来。但是将人们之于某项法律的不尊重和之于整个系统的不尊重之间画上泾渭分明的界限的可能性是相当有限的，更为常见的后果还是会产生所谓的“整体性不尊重”。

---

① Paul H.Robinson & John M.Darley, The Utility of Desert, 91 Nw. U.L.REV.453, 482—485(1997).

为了解释上述观点，我们假设新出台的宪法修正案禁止饮酒，继而剖析人们在此种情境下的心理过程来作出佐证。对于一个其文化传统中就有在特定节假日饮酒习俗的人来说，他的固有观念无疑是支持饮酒的。如果法律将饮酒这种行为纳入犯罪圈进行规制，他肯定会觉得这项法律不合道德。一开始，他可能只认为这是一部单独的非常规法律，其仅仅不会承认这项特定法律所具有的道德正当性而已。然而他却无法否认，做出这项犯罪化举措的官方机构同时也制定出了一整部刑法典。此时他对官方就其他行为的制裁和犯罪化规制的道德正确性就必然存在着怀疑。这个过程在逻辑上可能说不通，在心理学上却很好理解。如果警察因饮酒而逮捕了他，他可能会恍然大悟：警察对于其他犯人的逮捕行为也可能是不正确的。如果法院给他定罪，法院显示出的这种伪善嘴脸必然会使得其对其他法院丧失信心。如果他又知晓了其他违背自我道德感知的立法例，其会对整个刑事司法系统丧失尊重意愿。这便是"整体性不尊重"发生时的一般过程。

如果社会并不是对于某项特定法律存在争议，这种"整体性不尊重"发生的可能便越大。若刑事司法系统对一项广受关注的争议性热点事件作出的裁判结果遭到了社会的反对，比如实施禁酒令或者增设堕胎权，将整个刑事司法系统与该项争议性法律相剥离开的可能便极低。但是更为常见的情况是，作出这项裁决结果的背后来源并不显而易见、广为知晓，在这种状态下，将人们对于该项法律的不尊重和对于整个系统的不尊重分而治之根本是无法实现的。就犯罪定义、量刑原则的问题而言，刑事法律与社会观念在诸多方面都存在着争议。如果人们对于强奸的定义、过失的构成要件、共犯的量刑规则、伤害结果与行为之间的因果关系以及其他一系列审判大多数案件时所依赖的一般原则上存在异见，必然会产生充满分歧的结果。但是，人们视角下的错误结果的背后来源并不为人所知，呈现给民众的只有不公正的结果。如果无法对一项独立可见的"恶法"予以谴责，民众们只能对整个刑事司法系统抱有怀疑。

对于刑事法律道德信用的此种损害是不可避免的，这便意味着刑事司法系统在其可控制的方面和范围内，要尽可能地实现其道德信用的最大化。

第二节　正确的偏离：在纷繁复杂的世界中主持正义

如果一味基于应得刑罚观念来定罪量刑，很有可能产生被外力操纵和滥用的风险，最终非但无法秉持正义，反而会产生不公正的结果。出于此种情况的考量，一些刑事规则在适用过程中会刻意偏离应得刑罚观念的轨道。也就是说，他们会忽略眼下案件对于正义的抽象性需要，而是致力于提高长远意义上的最终正义。在现实世界中，因为时间、知识以及金钱的局限，我们无法在每一个案件中都实现正义。因此，我们需要在现有的时间、知识以及金钱的框架下作出一定的妥协，尽可能地实现更高程度的正义，这就要求我们在适用规则的某些时刻要与应得刑罚观念有所偏离——尽管我们深知这样的偏离使得眼下的一些甚至很多案件中产生完美的正义成为不可能，但是我们认为这样的举措在更广大的视角下以及绝大多数案件中能够产生公正的裁判结果，且比之纯粹依照应得刑罚观念来定罪量刑的举措更为有效。也就是说，这样的妥协在现实世界中非但不会减少公正，反而会实现更高程度上的正义。①

很多时候人们会对这种偏离的规则是否会产生更为公正的结果的准确性产生争议。但是重要的是，我们须明晰争议的对象。这些争议涉及的是实践层面上的分歧，而非关于原则本身的分歧。无论人们是拥护还是反对这种偏离规则的适用，其都会支持基于应得刑罚理念所创设的刑事规则，但是考虑到在实践局限下如何实现公正时，二者的观点则产生了差异。

出于三种不同实践局限性的考量，刑事司法系统需要适用偏离应得刑罚的量刑规则。其一，在某些情境中，纯粹适用依据经验主义应得刑罚所制定的规则会使得陪审团作出不恰当的无罪裁定，采用偏离应得刑罚的规则可以限制或者避免无罪辩护和从轻处罚的滥用。其二，如果严格按照经验主义应得刑罚来定罪量刑，审判过程中对证据的可靠性就提出了极高的要求，使用存疑或不完整的证据来证明被告是有罪还是无辜便会存在着不可避免的苦难。最后，在涉及辩诉交易或证人豁免等实践问题时，考虑到时间、司法资源以及侦查能力的局限性，刑事司法系统唯有在个案中作出妥协才能最大程度地实现正义。

就是说，之所以做适用偏离应得刑罚的刑事规则是由于实证性的因素所致，而不是因为经验主义应得刑罚理念本身特性的原因。但是这一适用是基于一个前提而作出的，即尽管依据应得刑罚理念的规则在抽象意义上似乎看起来更为公正，采用偏离的规则却可以提高整体意义上的正义程度。这一前提是依据客观条件所作出的事实认定，具有足够的证明效力。因此，至少可以通过对客观事实的分析来确定这一偏离的恰当性。在讨论偏离规则的真实效力时，有必要将眼光从学术性的抽象论断转移到实证研究之中。

---

① PAUL H.ROBINSON & MICHAEL T.CAHILL, LAW WITHOUT JUSTICE: WHY CRIMINAL LAW DOESN'T GIVE PEOPLE WHAT THAY DESERVE 27—88 (2005).

然而,适用偏离应得刑罚的规则存在着损害刑事司法系统道德信用的风险,只有在无法通过其他不偏离的方式实现目标的情况下才能采取这种措施。在这一原则的指引下,有些偏离应得刑罚的规则就不该适用。然而,刑事司法体系也可以向大众解释为什么偏离其共识观念的规则反而会产生整体意义上的公正,由此维护其社会声望,有些明显偏离的规则也因此被保留下来。刑事体系的良好意图在其声望的构建中占据了重要的部分。总而言之,尽管适用了一些在表象上与应得刑罚理念相悖离的量刑规则,刑事司法系统实际上是在纷繁复杂的现实世界中尽其所能地主持真正的正义。

第三节　对于偏离经验主义应得刑罚的解释

其他对于经验主义应得刑罚的偏离可能不是出于实现长远意义上的正义的考量。也就是说,这种偏离的目的并不在于秉持公正、建立道德信用,而是着眼于其他目标。我们对下列几种不同情境中与经验主义应得刑罚的偏离作出了解释,且考虑到其作为分配原则的优点。执行正义、实现高效的犯罪控制并不是刑事司法系统所追寻的唯一社会利益。下文所述体现了在经验主义应得刑罚的价值与其他社会利益之中的取得平衡的一般原则:

1. 经验主义应得刑罚的基本原则:基于经验主义应得刑罚形成定罪量刑结果以及行使裁决权,最大程度地在社会共同体中构建起刑事司法系统的公正声誉。即根据其所规制的社会共同体的共识性正义判断下行为人的相对应罚性,也就是经验主义的应得刑罚来定罪量刑。在以下的三种情境中,其与经验主义应得刑罚的偏离处于允许的合理范围内。

2. 难以察觉的偏离:为了提高其他重要的社会利益,刑事司法体系在定罪量刑上可能会有意偏离经验主义应得刑罚的理念。如果这样的偏离非常微小,难以让公众察觉,其对刑事司法系统的道德信用产生的影响便可忽略不计。

3. 为了更高程度的犯罪控制效力:在将有意偏离所带来的对于系统公正名誉之损害的弥补成本纳入考虑的情况下,刑事司法系统如果认为(1)适用与经验主义应得刑罚相偏离的规则所带来的犯罪控制效力超过了弥补失去的犯罪控制效力的成本;(2)为了保持现有的犯罪控制效力,必须适用与应得刑罚理念相偏离的规则。那么,刑事体系可以与应得刑罚观念互为歧路。如果这种偏离可以产生数量可观的犯罪控制效力,刑事司法系统出于最大化犯罪控制效力的考量便应当采取此种偏离的举措。

4. 为了实现犯罪控制效力以外的社会利益:在追求其他诸如实现公平、保护隐私、简政放权等社会利益的过程中,刑事司法系统可能会有意偏离经验主义应得刑罚来科以刑罚。如果与因偏离所损失的犯罪控制效力相比,此种利益更为重大,且没有其他除偏离施用以外的合理方式来达到此种目的,刑事司法系统则应当便宜行事。

如果依赖经验主义应得刑罚来定罪量刑仅仅因为其功利主义的犯罪控制效力,那么它的价值也很容易被除此之外的关注犯罪控制效力以及其他社会利益的原则所超越。(当然,如果适用经验主义应得刑罚是出于其他利益的考量,比如其内蕴的民主价值和其他效力,①上述的分析便不再适用。)

一、为了更高程度的犯罪控制效力

因为经验主义应得刑罚为分配原则的正当性基础都是建立在其工具主义的效力之上,所以,相比其他单纯的应得刑罚理念,经验主义应得刑罚应当在犯罪控制的层面尽可能地发挥其高效性。然而理论上来说,长远来看,在珍贵的控制犯罪的时机出现的时刻,刑事司法系统应当偏离经验主义应得刑罚转而适用其他规则,以此来实现更高程度的犯罪控制效力。

当然,这样的机会是非常难得的。矫正罪犯以及特殊威慑原则的适用的确能够在眼下的个案中产生预防未来犯罪的效力,然而,因为这种影响只能在现在的个案中生效,其取得的增益便不可能超过因此种偏离而造成的对于刑事司法系统整体意义上的道德信用的损害。如果人们认为刑事体系有意地实行不义之举或未能主持公正,就算是少数案件中的偏离也会对系统的声望产生不利影响。尽管如此,一个良好的工具主义的分配原则在适用的过程中应当包容此种情况发生的可能性。

适用剥夺危险者再犯能力原则很可能具有实质性的犯罪控制效力,通过羁押行为人,其预防未来犯罪的能力尤为强大。但是,这并不意味着此种效力能够使得与经验主义应得刑罚的偏离正当化。除了损害刑事法律的道德信用外,这种预防性羁押还面临一个不同的困境。我们之前曾说过,只有在无法通过适用除偏离原则以外的方法来保持犯罪控制的效力时,与经验主义应得刑罚的偏离才有理可循。然而第八章第一节的第三部分则表明,对危险者适用民事性的预防羁押不仅更为公正,而且会产生更为有效且花费低廉的犯罪控制效力。也就是说,偏离应得刑罚观念转而适用刑事性的剥夺再犯能力原则是没有正当性的。

---

① Andrew E. Taslitz, Empirical Desert: The Yin and Yang of Criminal Justice, in CRIMINAL LAW CONVERSATIONS 56, Robinson, Gaevey & Ferzan eds, (2009); Adil Ahmad Haque, Legitimacy as Strategy.

一般威慑原则能够对整体社会中的所有潜在罪犯产生威慑，这可能是另一个可供使用的且能够给予此种偏离正当理由的分配原则。这的确是真实的。在个案或者少数案件中放弃应得刑罚原则转而适用一般威慑便足以向大多数群体中的潜在罪犯释放强有效的震慑力量。然而，正如第八章第一节的第一部分所阐明的那般，大多数情况下适用一般威慑的三前提是难以满足的，这便意味着其对刑事司法系统产生极高程度的利好效果的可能性非常之低[①]（威慑三前提是：潜在罪犯了解基于威慑制定的刑事规则；有计算个人最大利益的能力和意愿；认识到犯罪代价超过了犯罪收益）。但不可否认，也存在着满足威慑三前提的情形，在这种情况下适用一般威慑原则就可能对刑事体系产生显著的增益。

需要注意的是，仅仅满足威慑三要件并不足以对此种与应得刑罚的偏离提供正当性基础。只有在一般威慑的效力超越了此种被视为有意实行不义之举或未能执行正义的行为对刑事司法系统的道德信用所带来的长期损害时，这种与应得刑罚的偏离才具有合理性。如果在一个处于舆论风头的热点案件中（这种处于舆论风头的广为人知的个案对适用一般威慑非常有效），刑事司法系统的裁决结果与社会共同体的正义判断背道而驰，仅仅这样的一个案件就足以对刑事体系的名誉产生严重的负面影响。因为人们会认为，这种有意偏离折射出刑事司法系统怠于笃尽其执行正义的职责的信息。[②]因此，尽管偏离应得刑罚适用一般威慑原则的情况确实存在，这种机会出现的可能比我们想象的要低得多。

在此节一开始对于一般原则的论述中我们曾表示，立法部门在起草量刑指南等事件中要有意限制此种偏离规则的适用。在个案的裁决中，更要小心施用，谨慎施行。因为个案中的偏离会带来系统层面上的道德信用的损害。在评估此种偏离所带来的效益是否超越了系统损害的代价时，这不应该是单独一个法官所能决定的事项，而应该在系统层面上予以定夺。然而，若上文论述的特殊情形出现且在损害成本和预期收益之间取得良好平衡时，也不应当排除此种偏离规则的应用。

二、为了实现犯罪控制效力以外的社会利益

在有关刑法与惩戒的理论争议中，争议的焦点一般都集中在犯罪控制以及正义执行等方面。但显然，还有其他承载着刑事司法系统的孜孜追寻的重

① ROBINSON, DISTRIBUTIVE PRINCIPLES, supra note 579, at 24—49.

② Id., at 198—200.

要社会利益。比如,刑事司法系统不应当只追求结果正义,程序正义对于社会公众而言也至为重要(这一点我们会在第五节详细说明)。此外,自由民主派也十分重视限制政府对于公民私人生活领域的介入。公民隐私在值得保护的社会利益中也占有一席之地。社会一直以来对政府权力的行使也予以密切关注。基于罪刑法定原则,社会会希望由政府体系中最具民主意识的部门来制定犯罪与刑罚的规则,即这项职责应当归于司法以及执法部门以外的立法机构行使。

当然,决定哪些上述利益的价值凌驾于秉持公正和犯罪控制之上是一项艰难的问题,这是研究道德哲学、宪政思想以及政治理论学者的重要议题。展示的要点在于,我们需要明晰这些争议焦点也与科以刑罚的分配原则密不可分。

这些与犯罪控制效力相对立的利益存在并不能使得与经验主义应得刑罚的偏离拥有充分的正当性基础。就算这项利益的实现能产生令人信服的效果,其亦不足以使得此种偏离正当化,只有在无法适用除偏离方式以外的方法来显著提高此项利益的效用时,刑事司法系统的不义之举和未能执行正义才具有了正当性事由。

这一正当性条件便限制了立法者在起草量刑指南或其他事件中作出与应得刑罚相偏离的决断。这不是某个独立的法官所能决定的事务。一方面,犯罪控制效力以外的利益数量众多,另一方面,其对于刑事司法系统道德信用的潜在伤害以及适用结果与预期收益的差别亦蔚为重大。因此,在解决其他社会利益与犯罪控制的冲突时,这些决断应由系统层面上的刑法委员会以及量刑委员会作出,而不应当是某个独立法官私人定夺的结果。

第四节　改变社会的规范观念

如果刑事法律一直服膺于民意,社会改革者意欲在此种情况下运用刑法来改变现有的道德规范便会非常艰难。过去的经验表明,社会对于醉驾和家暴的看法之所以能在过于几十年发生重大的改观,部分原因就是由于刑事法律跳脱出了民意的局限框架。

然而,社会改革者并不能轻易地促使刑事法律与社会观念相偏离。就算计划实施的改革机制能够产生极大的利好,其也需要为此种偏离付出代价。我们以改革强奸法律为例。假如你是一个改革者,你认为在现行法律的框架下,男性没有予以在性交前确保双方之间存在明确和自由的同意以足够的重视。那么你可能就会认为现行法律和社会观点是存在问题的,因为它们在某些方面接受了这些男性的随意态度，而你却认为这些人对明确和自由的同意缺乏重视。你可能会据此总结，正是刑法传统的责任制度设计使得行为人一直缺乏对于事前合意的足够重视。

在这种情形下，在将“缺乏合意”纳入罪行的责任要求时，你非但不会认可在明知故犯的情况下所使用的责任制度，也会反对按照具有疏忽大意的过失时所设立的责任制度来论处。因为你认为对于“疏忽大意的过失”的定义是与社会民众按照“合理性”标准来判断行为人的疏忽相混合的。这一标准对于现有的社会观念过于依赖，因此对于改革者而言非常棘手。

这就不难理解为什么关注强奸法律的改革者会被严格责任制度所吸引。他们会阐明，对于缺乏合意的行为人（无论是否过失）的辩护使得现有的错误观念持续滋长。如果法律真的对社会改革予以重视，就应当对所有缺乏合意的案件施以严惩。在这种情况下，这些年轻气盛的男性们才会理解其必要性，才会重点关注行为中的事前合意。

一、道德信用对于社会改革者的重要性

然而，事情对于改革者而言总不会那么简单，其面临的一个基本问题是：实际上，社会改革者比其他任何人都更为需要刑事法律在面对公众时所具有的道德权威性。如果刑事法律想要通过其道德权威引导人们根据刑事体系设想的方式重构规范观念，刑事司法系统就必须在其意欲影响的方面具有充足的道德信用，一旦人们认为刑事司法体系与应得刑罚理念有任何偏离，法律的道德信用就会受到损害。

这并不是说，只要刑事司法系统与民意稍有不合，其道德信用就会完全丧失。如果这种偏离是不可避免的，社会很快就会原有这种偏离。刑法在过去一直致力于使得人们的事实认知重归正确的轨道，在有关犯罪心态的问题上更是可谓苦心孤诣。同时，如上所言，还存在其他重要的社会利益要求刑事司法系统与应得刑罚理念做出一定的偏离。尽管大多数人都认为秉持公正至关重要，它并不是刑法所追求的唯一社会利益。富有经验的刑事司法系统应当抓住一切能够产生道德信用的机会，最终建立起其“道德筹码”的储备体系。在改变现有社会规范的过程中，刑法可能不得已要与应得刑罚理念产生偏离，其需具备一双慧眼，将道德筹码花费在预期收益大于信用成本的特殊情境中。如果成功地改变了社会原有的规范观念，刑法与民意的冲突也会逐渐暗淡，因为社会观念已经发生了转变。

那么，改革者应当如何在民意的遵循和偏离之间取得平衡？首先，刑法不应该与社会的共识性正义判断产生明显且严重的偏离，其应当避免产生被公

众视为有意施行不义之举的案例。这就意味着对于强奸法律改革的最终实现而言，在事前合意问题上适用严格责任规则可能并不恰当，因为这样的规则会对哪怕是最为严谨小心的人也无法避免的过错行为施以严惩。

其次，刑事司法系统应当在其他情境中尽力遵循社会的正义观念，以此建立起其"道德信用筹码"的储备体系。也就是说，刑事体系不能将这种筹码浪费在无法产生高效收益的偏离之中，比如在没有满足威慑三要件时偏离应得刑罚理念适用一般威慑原则。①重点在于，只有在其预期利好非常明确的情况下，这种偏离才会被允许。最近的实证研究已经证实，刑法学界过去五十年来所盛行的"与应得刑罚理论相偏离是无成本"的论断是不成立的。②

最后，如果改革者想要在某些事项中花费道德信用，其必须三思而后行。这意味着刑事司法体系要学会"选择对象"，因为其所有的道德筹码非但有限，且尤为珍贵。不要在现在的一般案件中肆意挥霍，待到更重大的机会出现时才追悔莫及。

仅仅少数案件并不足以使得社会原有的规范观念产生转变。规范观念好似冰川一般，力量庞大，流动缓慢。然而，一旦对这些规范观念做出成功的改变，人们的行为也会发生相应的变化，某些行为也会被纳入犯罪圈进行规制。社会规范的力量甚至会渗入两人之间的私密行为中，虽说没有一个人会把这种行为公之于众，更别说寻求刑法的规制，但毋庸置疑，完成改变的内化性规范观念会改变人们的私人行为，这实际也是社会改革者乐于得见的。

二、改变规范观念的限度和技巧

需要注意的是：并不是所有的规范观念都能被社会改革者轻易改变，至少无法通过自由民主者所允许的方式改变。（事实上，通过强制性的教化方式可以改变很多顽固的规范观念，但这需要严重介入和控制公民的私人生活领域。③）我们的猜想是，就实践层面上而言，有关罪错核心的一致性观念很难被

---

① Paul H. Robinson, John M. Darley, Does Criminal Law Deter? A Behavioral Science Investigation, 24 OXFORD J. LEGAL STUD, 173(2004); Paul H. Robinson & John M. Darley, The Role of Deterrence in the Formulation of Criminal Law Rules: At Its Worst When Doing Its Best, 91 GEO. L. J. 949(2003); ROBINSON, DESTRIBUTIVE PRINCIPLES.

② Paul H. Robinson, Geoffrey P. Woodwin, & Michael Reisig, The Disutility of Injustice, 85 N.Y.U.L.REV. 1940, 2025—2026(2010).

③ Paul H. Robinson, "The Case of Richard R. Tenneson," CRIMINAL LAW CASE STUDIES pp.158—159(West, 4th ed. 2009).

改变。罪错核心一般包括人身伤害、偷窃等问题。①在核心之外问题上就有了成功改变的可能性，比如说，改变人们对于强制性交的观念。

认识到这两种可改变以及不可改变的正义直觉之间的差别对于改革者而言至关重要。首先，这可以避免在不可实现的目标上浪费刑法资源。（比如，说服人们不去惩处具有严重可责性的犯罪行为无疑是愚蠢的。②）想要做出真正改变而不是为了单纯作秀的改革者必须关注这两种可能性的不同。

其次，如果意识到有关罪错核心的正义判断难以撼动，理性的改革者应当巧妙地将其为我所用。建立起核心罪错与非核心罪错之间的比较体系就是一个非常有效的策略。最近的一个广告中就体现了这样的方式。音乐产业界的人士一直致力于减少非法下载音乐的数量，在电视广告中，他们向公众展示了一边一个正在偷农民钱的小偷，另一边一个正在偷努力工作的音乐家钱的小偷。这则广告向公众传达出非法下载音乐的行为和偷窃无异的信息，其试图建立起未经同意窃取他人财物这一核心罪错与非法下载音乐之间的比较体系。对于关注强奸法律的改革者而言，上述实践则显示出，如果改革者们想要引导教育公众认识到强制性行为的不合理性，他们应当建立起其与身心胁迫之间的比较联系；如果改革者希望公众认识到非合意性交的伤害性，他们则应当建立起其与袭击之间的比较联系。

总而言之，最应当关注刑法是否遵循民意的不是他人，正是想要运用刑事司法系统的道德信用来改变社会规范观念的改革者。

三、改革的收益与风险：说服和藐视

上文已阐明，通过使用刑法因遵循民意而产生的道德信用来改变社会的规范观念具有强大的潜在价值。但是，试图改变社会规范观念的举措也会引发实质性的风险——不但改革会半路夭折，刑事法律的道德信用也会受到摧毁，其犯罪控制效力以及其助力于未来改革的能力亦会受到损害。也就是说，在一些时候，法律能够说服民众给予刑法条文以尊重态度并实际遵守；但在另一些时候，法律与个人道德直觉间的隔阂反而会使得民众愈加固执己见，且进一步引发公众对法律的藐视。③

社会研究表明，一些因素决定了改变策略的说服性，其中有两项尤为重要

① Paul H.Robinson & Robert Kurzban, Concordance and Conflict in Intuitions of Justice, 91 MINN.L.REV.1829(2007); Paul H.Robinson, Robert Kurzban, & Owen D.Jones, The Origins of Shared Intuitions of Justice, 60 VAND.L.REV.1633(2007).

② Chapter 11, section C.

③ Robinson & Darley, Utility of Desert, supra note 575, at 485—487.

的因素：其一，说服主体的信用程度；其二，说服目标对于其固有观念的确信程度。说服主体的信用越高，其传达出来的信息便越容易被说服目标所接受；[①] 说服目标对于原有观念越是坚信，其接受劝导、改变观念的可能便越小。[②]

这些因素在现有的案例中有着非常直观的体现。说服信息的来源便是法律以及法律背后持有特定意图的起草者，这些信息在本质上，无外乎便是教导人们将这样或那样的行为犯罪化，或者让人们理解某项行为应得特定水平的惩罚。那么，在什么时候作为信息来源的法律会被人视为具有信用呢？我们在前述章节中已经说明，法律只有在具有道德信用时才会具有可信度。这种信用中有两项重要的组成因素。首先，法律的信用部分是由其量刑判断的可信度所产生的，法律依据其说服目标（民众）的正义原则来定罪量刑能够增加自身的可信度。其次，如果人们认为法律是具有专业权威性的，也可以使法律的信用得到增益。比如，法律会向大众解释为什么要给予一个看似没有显著危害性的案件严厉的处罚，因为这种行为引发了看似不明显但实际存在的损害结果。在这种情况下，法律实际上是在说："要相信我们这些法典起草者，我们可是经过深思熟虑的。这项行为具有足够的伤害性，应当被收编入法进行犯罪化规制。"

另一个影响法律说服性的因素便是原有观念的力量。在已有刑法规制的情况下，人们会在什么时候对其观念抱有深刻的确信呢？实证表明，人们会对诸如杀人、防火、偷窃等行为的犯罪性持有高度确信，这些举动在历史上一直被视为"本身即过错"的不法行为（malum in se）。人们对第二章所展示的"核心罪错"的犯罪行为也存有高度共识。然而，不同的人在某些事情上可能会有不同的认知，比如有些人坚信堕胎是错误行为，另一些人则不这么认为。就历史上法律所禁止的不法行为而言，人们对其犯罪性的确信程度则相对较低。其确信性会受不同的个人经历所影响。如果一对父母因司机酒驾而失去了孩子，他们无疑会对醉驾的过错性持有高度的确信。

因此，社会科学的有关文献提出了五项一般准则，但大多都是对前述章节所得结论的再次确认。第一，刑事法律在科以刑责时应依据社会共同体的道德认知（何为道德，何为不道德，不道德的行为应受何种程度的处罚），由此其会被民众视为可信指导，在此基础之上才可以构建起刑事司法系统的整体信用。第二，刑事法律的信用程度越高，在劝导人们相信法律判断的过程中其具

---

① Glen Hass, "Effects of Source Characteristic on Cognitive Responses and Persuasion," in COGNITIVE RESPONSES IN PERSUASION 141(Richard Petty et al, eds. 1981).

② ALICE EAGLY & SHELLY CHARIES, THE PSYCHOLOGY OF ATTITUDES 429—430(1993).

有的说服力就强，人们遵从法律并将其判断内化为道德正当观念的可能就越大。第三，相较于“本身即错”的不法行为，人们对法律禁止的不法行为的确信度相对较低，因此法律应当努力在这些罪行中说服民众使其信服。第四，如果法律惩处了一项人们笃信其不具备道德谴责性的行为，或者没有惩处某项人们相信其在道德上具备可谴责性的行为，刑事司法系统的信用便处于岌岌可危的境地中。通常情况下其信用程度都会降低，甚至会被摧毁。第五，如果刑法一方面声称自己为专业权威，另一方面又对一个不具有显著伤害性的行为进行犯罪化处理，倘若人们事后发现该行为引发的实质后果通常不被人们视为犯罪，刑法的信用也会受到损害，但不会产生第四点中毁灭性的后果。

假如法律起草者想要推进一项特定提议进入实施轨道，且心知肚明其与社会的道德直觉或部分道德直觉互相冲突，那么，他们便面临着一项困难但又不是无法完成的任务：改革者需要说服民众，他们现在所秉持的直觉观念是错误的；依据这项新规则来定罪量刑更加符合正义。因此，他们必须直接强效地参与到这项任务中，且必须要取得成功结果。如果改革者在没有说服民众的情况下依然不管不顾推进新法，法律的信用程度便会降低。如果在没有经过此种教化程序的情况下直接适用新法，社会对法律的藐视可能就会产生。如若违背新法的行为受到起诉，人们一旦知晓这种情况，藐视可能就会转变成真。

重点是在于给予社会改革者以及影响改革的人一定的建议：要想成功改变法律，则必须对社会观念作出相应的改变。如果社会观念已经完成了转变，或正被改革者引导走向预期方向，那么一切都会平安无虞。但是如果法律改变了，在相当长的一段权衡时期后，社会观念依然没有做出变化，改革者则应该立刻对该项议程进行反思，必要时甚至可以撤回改革。等到与民意的冲突进阶成为对法律的蔑视时，其不仅会对现下的改革进程产生不利影响，也会损害依赖于法律的道德信用来实现说服策略的其他改革。

第五节 提高合法性

由汤姆·泰勒[①](Tom Tyler)所倡导的“合法性”展现了一种和经验主义应得刑罚与道德信用之间关系相似的动态变化。一方面。刑事司法系统可以

① Tom R.Tyler & Yuen J.Huo, TRUST IN THE LAW xiv(2002); Tom R.Tyler, Procedural Justice, Legitimacy and the Effective Rule of Law, 30 Crime & Just, 283, 286 (2003); Tom R.Tyler, WHY PEOPLE OBEY THE LAW(2006); Tom R.Tyler, Legitimacy & Legitimation, 57 ANN.REV.PSYCH 375—400(2006).

通过公正的裁决结果产生道德信用，并进一步提高人们的配合和遵从意愿；另一方面，系统也可以通过公正的审判程序产生“合法性”，由此提高公众的配合和遵从意愿。然而，尽管这两种动态关系非常相似，它们却有着显著的不同。按照公正程序进行审判的刑事司法系统可能会产生极为不公正的结果，但按照缺乏公正性的程序实施的审判却可能会产生公正的结果。简单来说，执法实践、司法审判程序、公正的量刑结果可能是全然不同的事物。此外，这三者不仅处于迥异的轨道之中，有时甚至会互相冲突。具体来说，提高执法实践和审判程序的公正性可能会损害量刑结果的正义性，实现结果正义的执法实践和审判程序可能被视为不够公正。当程序正义和结果正义之间产生不可调和的冲突时，我们该选择哪一种？本节主要摘自我与约书亚·鲍尔（Joshua Bower）合写的文章：《公平与正义：合法性与道德信用的共同目标以及偶发冲突》[①]（Perception of Fairness & Justice: The Shared Aims & Occasional Conflicts of Legitimacy and Moral Credibility ）。

一、冲突焦点

程序公正与结果正义之间有许多冲突的焦点。比如，美国的刑事司法系统一直禁止使用非法取得的证据、重审已经被判处无罪释放的被告，且禁止检方出于有利诉讼的考量而拖延庭审。如果适用上述规则，就会将被告置于被判有罪的危险境地，且不利于迅速审判案件，亦违反了非法证据排除原则。然而，尽管这些规则自身不具备正义性，适用这些事实[②]不明或不具备足够可信度的证据却可能利于产生正义的审判结果。

非法证据排除原则会将那些通过非法手段采集的足够证明行为人有罪的可信证据予以排除，其产生结果可能非但不利于刑事司法系统执行正义，反而会将其置于争议之中。以拉里·艾勒（Larry Eyler）案为例。拉里实施了一系统的针对年轻同性恋男子的连环杀人案。一次，当他把车停在高速路边准备杀害一名搭便车的年轻男子时，一名警察恰好经过。警察对他产生了怀疑，并立即报告上级，调出了他之前的嫌疑档案。随后警察将拉里带回警局对拉里的车子进行搜查，并得出了足够证明他之前犯罪的有力证据。然而在庭审中，法院却排除了这些非法取得的证据。拉里被判处无罪释放，继续其杀人

---

① Joshua Bowers & Paul H.Robinson, Perceptions of Fairness & Justice: The Shared Aims & Occasional Conflicts of Legitimacy and Moral Credibility, 47 WAKE FOREST L.REV.211(2012).

② Paul H.Robinson & Michael T.Cahill, LAW WITHOUT JUSTICE: WHY CRIMINAL LAW DOESN'T GIVE PEOPLE WHAT THAY DESERVE(2005).

行径。他因为一项之后的犯罪被逮捕定罪。①很多人都会质疑这项案件中判决的正义性，坚持非法证据排除原则所带来的利好值得这些年轻生命所付出的代价吗？

在适用禁止双重危险原则②时也有类似的情形。在梅尔文·伊格纳托(Melvin Ignatow)案中，布伦达·沙弗(Brenda Schaefer)被梅尔文和他的前女友强奸虐杀。在审判中，梅尔文的前女友作为检方的证人出庭作证，但法院却认为她是一个不可信的证人，对其证词不予采纳，梅尔文最终被无罪释放。十个月后，搬到梅尔文之前屋子的新屋主在换地毯时于地板下发现了一带胶卷。洗出来的胶卷完整展现了梅尔文对布伦达施加的残暴罪行，梅尔文因此被判以谋杀。③与上述案件相似，该案中正义的缺位损害了刑事司法系统在民众心目中秉持公正的形象。④

或者我们可以假设，拉里和梅尔文是因为迅速审理的需要或因诉讼时效届满，抑或因为罪行规定不明(尽管行为人完全明白其行为是错误的)⑤而无罪释放，尽管在这些情境中明确体现了迅速审理制度、诉讼时效制度以及罪刑法定原则等程序的公正性，其对于结果正义的损害却是非常重大的。

然而，考虑到程序公正的需要，刑事司法系统也有坚持适用这些传统机制的合理理由。首先，程序公正本身即具有不可替代的独特重要性。但汤姆·泰勒(Tom Tyler)也提出，⑥实践意义上的犯罪控制效力是凌驾于程序公正的价值之上的。刑事法律可以在大众心目中建立起公正形象来获得“合法性”，并由此提升其得到遵从的能力。但也有学者提出，刑事司法体系宁愿给予结果正义极大损害也要适用公正的程序原则更能体现出法律对于程序公正的坚守。如果刑事体系在这些极其严重的案件中，依据公正的审判程序做出了损害系统正义性的裁决结果，人们就会坚信刑事体系在没那么严重的案件中更会遵循公正规则。这种对于程序正义的坚守也会提高刑事司法系统的合法性，一旦人们得出这样的认知，其对于系统的遵从意愿和顺从程度也会相应提高。

---

① Id., supra note 139—149, at 157—159.

② 译者注：英美法系国家的禁止双重危险原则，大陆法系国家称之为一事不再理，其基本含义是一个人不能因同一行为或同一罪名受到两次或多次审判或处罚。

③ Id., supra note 159—166, 169—170.

④ Paul H.Robinson, Criminal Law Case Studies & Controversies, Teacher's Manual (2d ed. Aspen 2008).

⑤ Keeler v. Superior Court, 470 P.2d 617(Cal. 1970); Billingslea v. Texas, 780 S.W. 2d 271.

⑥ TOM R.TYLER, WHY PEOPLE OBEY THE LAW at 3(2006).

但社会也可能会在结果正义和程序正义中作出不同的取舍，刑事司法系统因此应当限制这些规则的适用，比如说，在罪行相对不那么严重的案件中坚守这些规则。[①]或者刑事司法系统可以转而适用那些既不损害结果正义也能产生程序公正的审判策略，比如在警方实施非法搜查行为时，用民事补偿和行政处分代替非法证据排除原则。[②]如果适用这些规则对于结果正义有着极大的损害，放弃适用对程序正义而言则却损害平平，刑事司法系统便可以对此种情境中的规则适用作出相应限制。譬如，当被告通过其欺骗性举动获取了无罪释放的判决结果，刑法便可以禁止在这种情形中使用一事不再理原则。[③]

二、弥合分歧

尽管刑事司法系统既应当致力于实现程序公正，也应竭力保证结果正义，但多数时候，鱼和熊掌是难以兼得的。当二者发生冲突时，应当牺牲哪项去保全另一项？是解决程序公正和结果正义在道义论层面上的冲突时研究道德哲学、审判程序以及刑法理论的学者所要解决的重要议题。更进一步而言，当司法系统意图提高其得到遵从的能力时，又该选择实现哪种正义呢？我们将在下文详细分析。

总的来说，泰勒也承认：相比合法性来源，[④]道德信用具有更高的塑造遵从意愿的能力。当然，不能因此而不假思索地一味偏向道德信用，事情的复杂性远不止于此。在不同的情况中，合法性与道德信用内蕴的潜在性规范化效力的相对优劣是不同的。例如，在警方维持秩序的情境中，由于许多规制公共秩序犯罪的法律十分边缘化，缺乏固有的规范性效力，在这种情境下就无法发挥道德信用的力量。[⑤]但合法性确实是真正规范化效力的唯一来源，实际上，合法性可能也是任何公权力的唯一有效来源。传统的打一棍子给一颗糖的软硬兼施方法在规制普通的犯罪时并不具备充足的威慑效力。在执法资源有限而罪行又太过普遍的情况下，警方只能有选择性地执法，[⑥]这便又创设了一个困境：公众会认为选择性执法行为缺乏合法性，由此会引发更多的违法行为，违法行为又会进一步引发更多的选择性执法，其又会强化缺乏合法性的认知。该情境中的诸要素处于一个恶性循环之中。程序公正要在没有道德信用以及威慑

① United States v. Janis, 428 U.S.433, 454(1976).
② ROBINSON & CAHILL, LAW WITHOUT JUSTICE, supra note 592, at 149—155.
③ Id., at 67—68.
④ TOM R.TYLER, WHY PEOPLE OBEY THE LAW(2006).
⑤ William J.Stuntz, Self-Defeating Crimes, 86 VA.L.REV.1871, 1894(2000).
⑥ Tom R.Tyler, Legitimacy and Criminal Justice: The Benefits of Self-Regulation, 7 Ohio St. J.Crim. L.307, 311—12(2009).

效力的支持下孤军奋战，单纯凭借其力量独立解决这种困境。如果民众认为不合法的执法程序在继续实行，其会加重情境解决的困难度。[①]这种负面反馈循环也促使我们反思，为了达成行政管理的目的，应当对刑法有何种程度的依赖。[②]

然而，在“本身即错”的不法行为中，就算刑事体系缺乏合法性，抑或工具主义的规则不足以震慑穷凶极恶的罪犯，普通人依然会遵循法律，毕竟大多数一般民众并不是这种极端的罪犯。由于民众对于杀人案的道德性厌恶十分强烈，他们会遵循有关谋杀的法律，且会配合谋杀案中的刑事调查和起诉程序。[③]在严重的不法案件中，就算执法行为只具备极低的合法性，道德信用本身也足以发挥提高民众遵从意愿的效力。[④]

总而言之，程序正义衍生的合法性在规制行政案件时更为有效，结果正义衍生的道德信用在规制传统犯罪时更为重要。如果刑事司法系统一定要在二者之间作出轻重比较的话，则是道德信用的意义大于合法性，因为道德信用发挥效力的不法行为领域正是传统刑法的主要规制对象；合法性要件只在少数行政案件中发挥作用，且通过民事途径或其他方式也能产生同等或相似的作用。

那么，哪一项概念能够最大化刑法所获得的遵从意愿呢？诸多原因表明，道德信用能够最大程度地优化刑法获得遵从意愿的能力。第一，道德信用蕴含人们对于实体法律和执法结果的具体评估，合法性则需要人们在高度抽象的层面进行制度性分析。合法性与产生遵从意愿之间还需经过一项认知过程：潜在罪犯要对意欲进行的违法行为进行一番考虑，再了解将要适用其上的执法程序，随后再根据其自我认知决定是否要实施犯罪。这项认知并不是基于单纯的法律作出，而是对于规定法律的刑事体系的感知。而在道德信用产生尊重意愿的过程中，潜在罪犯只需要考虑违法行为本身以及自身对于违法行为的认知即可：我应该遵守这项法律吗？这项法律具有道德公正性吗？我应当配合审判吗？这项审判具有道德正当性吗？相比较人们对其道德正确性存疑但法律却予以规制的行为，民众更愿意避免那些被视为不道德的案件的发生。[⑤]莎拉·劳斯基（Sarah Lawsky）便据其观察经验提出：“人们对于分

① Stuntz, supra note 60, 1984(2000).

② ROBINSON & CAHILL, LAW WITHOUT JUSTICE, supra note 59, at 186—195.

③ Stuntz, supra note 601, 1800.

④ Id., at 1871.

⑤ Linda Skitka, Chritopher Bauman, & Brad Lytle, The Limits of Legitimacy: Morality as a Constraint on Deference to Authority, Presentation to 22nd Ann. IACM Conf. (June 15, 2009), see http://papers.ssrn.com/sol3/papers.efm? abstract_id=1493520.

配原则的评定结果会直接产生相应的遵从意愿，并不需要合法性的中间介入。”[①]实证研究也证实：“对于程序正义的评定结果只能影响到人们的观念和意愿，对于可产生结果正义的分配原则的评定结果却可以影响到人们的具体行为。”[②]

第二，道德判断具备与生俱来的可理解性。我们都是有着道德标尺的社会人，在接受公正的应得刑罚过程中并不需要任何的辅助性理解。[③]但是接受程序正义合法性则需要我们具备一定程度的社会化水平。我们需要理解刑事司法系统的目标、结构和方法以及其实践程序和策略选择的背后含义。这种对比就显示出，道德信用概念不仅易于理解，且具有更高的正确性，因为人们的道德价值观难以受到外力的撼动。然而，人们对合法性的认知却不一定能反映出现实情况，因为这些认知大多都是基于不完整且不准确的有关执法程序和判决经过的信息所作出的。事实上，正是因为人们对于程序公正的认知根植于事实信息而非直觉观念，相较于结果正义问题上共识性判断，程序正义的问题上则存在着更多的分歧。[④]

第三，合法性是一种涵盖了从失礼举动到歧视行为等种种事项的综合性概念。虽然合法性原则缺乏全面性的整合体系，我们也不难理解被视为不道德的刑事司法体系所遭受的遵从意愿的损害会显著高于刑事体系单纯的鲁莽行径所带来的损害。

第四，与对于结果正义的认知相比，对于程序正义的认知更容易收到社会力量的影响。因此，一些腐败的刑事司法系统可能会通过操纵程序正义的合法性来服务于其卑劣目的。

总之，道德信用具有更高的力量和规范性效力。

---

①② Sarah B. Lawsky, Fairly Random: On Compensating Audited Taxpayers, 41 CONN L.REV.161(2008).

③ Paul H.Robinson & John M.Darley, Intuition of Justice: Implications for Criminal Law and Justice Policy, 81 S.CAL.L.REV.1(2007)；第一章第二节。

④ Robinson & Kurzban, Concordance and Conflict.

第十一章

刑法改革的启示

第八章和第九章已经阐明，刑事法律可以通过执行正义在社会中赢得相应的声望，这种声望又会对刑事司法系统有所裨益。那么，为了在规制的社会共同体中建立起道德信用，现行的刑事法律又需要进行哪些改革呢？

第一节告诉我们，成效最为显著、实施最为迫切的改革是将民意纳入刑事法律的定罪量刑规则，首先应当解决的可能就是第七章所展示的现代犯罪控制原则与社会正义观念之间的严重冲突。

第二节则展现出，企图破坏一般性惩罚的改革却是最为有害的，它包括了大热的"恢复性司法"活动。

第三节则讨论了对于第十章提出的与经验主义应得刑罚相偏离的规则所进行的改革，同时也探讨了其他对于偏离规则的改革。

第四节则意欲说明，最重要的任务可能是要明晰刑事与民事之间的区分。

第五节则告诉我们，若一味地依据根植于社会通俗观念的经验主义应得刑罚来定罪量刑，刑法可能会认为可以仅仅通过自由裁量来作出轻减的量刑结果。甚至会考虑到行为人的自身特征来质疑过去被证明是十分明智的法律的正确性。

第一节　中心要点：执行正义

刑法所具有的培育社会规范性观念以及得到民众遵从意愿的能力与其道德信用休戚相关。如果刑法将某项行为新纳入犯罪规制圈的举措能够将该行为的法定可谴责性转化成社会的规范性观念，那么刑法必须通过以往准确规制具有道德可谴责性行为以及将不具有道德可谴责性行为脱罪的立法举措来赢得相应的声誉。如果刑法想要仅仅通过一系列没有反映社会道德认知的规则来建立声望，其就不必期望在有关道德是非的社会争论中，民众会将刑事司法系统尊为道德权威。那么，刑事司法系统如何才能得到这种道德信用？在什么样的情形下又会丧失道德信用?

提高刑事司法系统道德信用的关键在于,其必须向公众阐明刑事体系对秉持公正的关注高于一切。因此,对于刑事法律道德信用而言最为重要的改革是与刑法的定罪量刑规则有关的。如果想要获得良好的声誉,刑事司法系统就需要做到:(1)在公正的规则框架下惩罚那些应受惩罚的人;(2)避免惩罚那些不具有可惩罚性的人;(3)应得刑罚是多少,具体施加的惩罚就是多少,不多不少恰到好处。比如,刑罚应当对那些被人们视为无法对自己行为负责的罪犯适用精神错乱辩护,避免适用严格责任原则。同时,也应当限制非无罪辩护理由的适用。①

刑法与社会正义判断的任何偏离都会逐渐损害刑事法律的道德信用,且会进一步损害其塑造社会规范、内化规范观念的效力,亦会损害其作为道德权威得到遵从的能力。与过去刑法学界所盛行的观念不同,偏离应得刑罚的举措并不是无成本的,在决定何种分配原则能够最有效地减少未来犯罪时,偏离成本必须要被纳入考量。比如,仅仅证明一般威慑原则具有的积极效用是不够的,还必须要说明其对于犯罪控制效用的利好超越了其量刑结果的不公正性对犯罪控制效用的减少。

第二节　废除刑罚以及"恢复性司法"

如果构筑刑罚道德信用的中心要点是执行正义,下文则展现出,企图破坏一般性惩罚的改革对于刑事法律的道德信用而言则是最为有害的。这也与第二章第一节中的结论一致,即一般民众普遍认为严重的罪错应当受到惩处。但却有一些学者鼓吹废除刑罚——他们认为对于刑事罪犯进行简单的惩处过于粗糙,具有误导性,不应当在刑事司法体系中留有一席之地。②

废除运动的拥护者们有着这样的看法:

重点在于,刑法规制和审讯调查都是基于抑制性理念而作出的。它们从一开始就不是在解决问题,而是在创造问题。对一种不具备预防性的案件予以刑事处罚只会使得越来越多的罪犯丧失社会能力。因此,应当废除强制性的刑罚措施,用一些更加具有修复性的方式来替代它们。③

---

① PAUL H, ROBINSON & MICHAEL T.CAHILL, LAW WITHOUT JUSTICE: WHY CRIMINAL LAW DOESN'T GIVE PEOPLE WHAT THEY DESERVE 183—185.

② Intuitions of Justice: Implications for Criminal Law and Justice Policy, 81 S.CAL.L. REV.1, 11—18(2007).

③ Rene van Swaaningen, What is Abolitionism? In ABOLITIONISM: TOWARDS A NON-REPRESSIVE APPROACH TO CRIME(1986).

那么，在废除主义者的眼中，又应当用什么来替代刑罚呢？

首先，我们认为应当用“冲突”(conflict)或“问题”(trouble)来代替“犯罪”(crimes)的说法。废除主义者批评的不仅是惩罚，而且也批判需要通过刑罚予以规制的“犯罪”概念本身。其次，我们认为应当用赔偿、修复、和解的手段来代替报应与惩罚(“施加痛苦”)。我们并不用惩罚的痛苦和报应的手段来震慑罪犯，相反，我们追求与被害者洽谈赔偿事宜，修复冲突主体之间的关系，在个人之间或个人与社会之间达成和解。①

最为盛行的废除主义活动便是“恢复性司法”。(但是并不是所有恢复性司法主义者都支持废除刑罚，我们将在下文说到。②)尽管在其描述中也使用了“司法”(justice)一词，实际上这一概念是明确拒绝使用报应性的惩罚措施的，但这又是大多数人所认为的司法实践的关键部分。③恢复性司法的倡导者之一，约翰·布雷斯韦特(John Braithwaite)这样解释道：

> 恢复性司法是一个将受到某一罪行影响的当事人聚集在一起，使得他们对如何修复犯罪所造成的伤害达成一致意见的过程。其目的是为了达成一种所有利害关系人都赞同的方式，由此来恢复被害者的利益，恢复罪犯的社会能力，继而修复社会。恢复性司法的重点之一在于，我们认为不应求诸刑罚方式来进行社会规制，这一概念拒绝采用以惩罚痛苦来衡平犯罪伤害的司法手段。④

实际上，布雷斯韦特提及的“以眼还眼，以牙还牙”的司法概念也是大多数现代应罚理论的拥护者所拒绝采用的。现代的应罚理论者不仅仅考虑到“犯罪伤害”，同时还会充分思考到罪犯的个人特质和所处境遇。其分配原则关注的要点不是被害人所受到的伤害，而是着眼于犯罪者的相对应罚性。⑤但是布雷斯韦特所提出的纯粹的“恢复性司法”理念却拒绝在任何情况下使用刑罚手段。

出于两项原因的考量，我们认为“恢复性司法”并不是一个良好社会应当

---

① R.A.Duff, Penal Communications: Recent Work in the Philosophy of Punishment, 20 CRIME & JUST.1, 69—70(1996).

② Paul H.Robinson, The Virtues of Restorative Processes, the Vices of “Restorative Justice”, 2003 UTAH L.REV.375, 379[Robinson, Virtues].

③ Id., 382.

④ John Braithwaite, Symposium: The Future of Punishment: A Future Where Punishment is Marginalized: Realistic or Utopian?, 46 UCLA L.REV.1727, 17431999)[Braithwaite, Symposium].

⑤ Paul H.Robinson, Conceptions of Modern Desert: Vengeful, Deontological, and Empirical, 67 CAMBRIDGE L.J.145(2008).

或将要适用的理念。这是因为，其一，社会中的大多数民众都对废除刑罚持有强烈的反对态度，这是因为对严重犯罪施以惩处的观念是根深蒂固的。其二，对违法行为予以惩罚能够极大地减少违法行为的发生几率。这并不是说刑事司法系统对犯罪者所施加的长期监禁以及身陷囹圄罪犯的“监禁化”处境能够减少现时社会中违法行为的发生几率，而是说，刑罚机制的缺位将引发一系列足以威胁到社会存在的犯罪行为。

废除刑罚的支持者并没有考虑到实际性的问题，即说服人们不再关心司法或不对严重犯罪予以惩罚是否具备现实可能性。

罗宾逊……在他的结论中便敦促恢复性司法主义者认识并回应人们这种“固有于人性”的对报应的情感需要。实际上，我也怀疑正是这项根植于生理特质的期望帮助了我们的祖先在缺乏具有生产力的土地资产时战胜饥饿。在讨论时，我们应当承认人们对于报应的根深蒂固的渴望。然而，恢复主义者却希望人们跨越此种对于报应的渴求继而实现社会进步。他们提出，与以往实现生物遗传的环境不同，在当代的社会情形中，适用报应性的惩罚只会对我们的繁衍生息构成危险。它会引发报应相生的恶性循环。恢复主义者希望这种修复性理念能够帮助人们更加明朗地看待问题。①

这些观点都对社会持有非常乐观的态度，但只是理智性的推断，缺乏情感性的考量。但布雷斯韦特认为，这些对今日的公众和社会有益的观念能够解决人们基于进化压力和社会机制所产生的直觉性正义带来的阻碍，这一理性论断可能过于达观了。

实证已经阐明，对于司法的渴望是人性的一项基本需求，非常难以消除。布雷斯韦特却忽视了这一强有力的实证继续写道：

对于给定类型的犯罪而言，什么才是恰当的刑罚？哪怕是最卓越的刑法学者一直以来也被这个问题所困扰。但这一问题似乎本身就是愚蠢的，为什么要假定惩罚才是对犯罪的恰当回应呢？为什么不去假设，惩罚并不是应对犯罪的最佳方式？可能是由于想象的匮乏，也可能是因为忽视了其他文化背景下摒弃刑罚转而运用其他犯罪规制方式的司法实践，人们作出了前项假设。很多土生土长的美国人都相信，不应将案件中的行为人作为考虑的焦点，而应当将问题本身置于中心地位。对罪犯施以所谓的“正确”刑罚很难成为最佳的问题解决方式。②

---

① John Braithwaite, The Theory and Jurisprudence of Restorative Justice: Holism, Justice, and Atonement, 2003 UTAH L.REV.389, 407—408(2003).

② John Braithwaite, A Future Where Punishment is Marginalized: Realistic or Utopian? 46 UCLA L.REV. p.1727, p.1743(1999).

但是，本土的美国民众真的曾经有过或现在有过对司法行为，或对严重违背道德观念的行为予以刑事惩罚这一举措的不信任吗？布雷斯韦特需要提供出可以支持这项论断的实证基础。此外，也没有证据表明的确存在不具有正义直觉或不使用刑罚方式的社会。事实上，对于现有的跨文化实验的回顾表明，就算跨越了广阔的文化背景，人们之间仍然存在着一种共识性正义直觉：严重犯罪应受处罚。①

美国之外的其他当代社会可能有着更为成功的控制犯罪的体系，或者存在着更好的教化民众的机制，因此需要使用刑罚来进行惩治的违法情形非常之少。但就算这是真实的，这并不意味着在相应情形出现时，他们就不需要或不使用刑罚手段加以规制。

因为某些自然的心理反应是非常有害的，我们必须不时对其作出摒弃（比如嫉妒、贪欲和盛怒），转而适用一种经过了更多深思熟虑的处置方式。因此，人们对报应的固有渴求也是一样应予摒弃的。当然，也有人提出："这关系到心理学的问题，我们就是由这些感情组成的，我们难以对罪犯做出施以惩罚以外的其他反应；因为这一情感不能被剥夺，所以并不需要为刑罚的正当性提供任何多余的证明理由。"然而，这一论断被诸多反例驳斥了，在这些案例中，当事人并不憎恶那些侵害了其重要权益的罪犯。实际上，民众中一直存在着废除刑罚的呼声。②

同样地，这一论断的真实性是存疑的。到底什么是"证明刑罚正当性的其他理由"也值得我们深思。此外，现实生活中的确存在很多"当事人并不憎恶那些侵害了其重要权益的罪犯"的情形，但是在这些案例中，违法者要么就是提供了其并不是出于故意的宽宥事由，要么就予以了赔偿，要么就是两者兼而有之。人们不能在报应性刑罚成功地维持了社会对于犯罪的控制时将其消灭。

最近有一项研究检验了美国社会对于纯粹的"恢复性司法"实践的接受度。③研究人员要求被试者扮演"委托法官"的角色，其任务就是在三个不同的法院系统之间作出取舍，决定要将具体案件移送到哪一个法院进行审理。其中一个法院纯粹依据恢复性司法理念进行审理；另一个则是标准的关注监禁刑罚的法院；还与一个法院既囊括了恢复性司法的程序，也会在必要情形时选

---

① Paul H.Robinson & Robert Kuezban, Concordance and Conflict in Intuitions of Justice, 91 MINN.L.REV.1829, 1852(2007).

② Mirko Bagoric & Kumer Amarasekare, The Errors of Retributivism, 24 MELB.U.L.REV.124, 159(2000).

③ Dena M.Gromet & John M.Darley, Restoration and Retribution: How Including Retributive Components Affects the Acceptability of Restorative Justice Procedures, Social Justice Research, 19 SOC.JUST.RES, 4.(2006).

择适用惩罚性手段。

研究结果表明，被试者会将 80%左右严重度较低的案件移送到纯粹依据恢复性司法理念进行审理的法院，但随着案件的严重度上升，被试者又会倾向于将其移送到混合了恢复性司法程序与惩罚性手段的法院之中。对于严重度中等的案件而言，被试者会将 40%左右的案件移送到纯粹适用恢复性司法程序的法院之中，同时也会将 40%左右的案件移动到混合法院之中。但对于极其严重的案件来说，只有 12%左右的案件会被移送到纯粹适用恢复性司法理念的法院，有 66%左右的案件会被移送到混合法院进行裁决。

就算这一结果可能夸大了人们对于刑罚的放弃意愿，我们也可以据此总结：只有在处置严重度较低的案件中，"恢复性司法"才是一个可以被接受的选项，因为被试者们相信适用恢复性司法程序所产生的结果已经足够给予行为人相应的惩罚。也就是说，不能因为受害者同意适用"恢复性"的处置方法就得出受害者不认为这样的处置是应得惩罚的结论，是非与否取决于这一特定的受害人对实现正义的坚守程度。

在某种意义上，这一结果取悦了"恢复性司法"的拥护者，因为这是第一个证实人们会在某些情形下接受恢复性司法系统的研究。然而，这项结论也可能不是那么遂人心愿的，因为"要想让人们在面对较为严重的犯罪时接受恢复性司法程序，并把其当作传统法院体系的替代选择的话，就必须在这一程序中允许报应性惩罚措施的参与可能"。①

我也曾说过，刑事和解等恢复性程序是非常优秀的处置方式，在现在的实践中应当增加这种处置方式的适用。有一些恢复性司法的举措也含有惩罚性的因素。但是，在面临更严重的罪行时，人们就会寻求对其施以更严重的惩罚措施，在恢复性程序无法实现惩罚目标的情况下，就需要刑事司法系统的介入。②

也有一派学者在赞同"恢复性司法"理念的同时，也拒绝为了达到恢复性目的而完全禁止报应性措施的做法：

> 在制定司法目标（或原则）以及实践的过程中，有些恢复性司法的倡导者不仅扭曲了过往历史，也对现下的实践予以了严格的限制。他们认为，在恢复性司法的实践过程中应当排除所有的报应性因素，同时也拒绝采用"敌意态度"，且认为报应性的司法原则应当被严厉拒绝。

这些学者灵活地整合了多重司法目标，其包括：

---

① Robinson, Virtues, at 395.
② Robinson, Virtues, at 375.

1. 报应性司法的因素(这是对过往犯罪的谴责);

2. 矫正性司法的因素;

3. 恢复性司法的因素……①

学者达夫(R.A.Duff)在一篇最近的文章中写道:

> 我的论点非常简单。对于"恢复性司法"来说,我们规制犯罪的目标在于"恢复",如果在某项犯罪的恢复过程中有必要引入刑事手段,也可以通过报应性的惩罚来完成这一目标。也就是说,行为人需要为其犯罪承受报应与惩罚的痛苦。但是,这一惩罚的核心目标在于完成恢复。简单来说,我的口号是"通过报应手段完成恢复"。②

总而言之,就算有人在理智层面上坚信废除刑罚是一个非常理想的改革目标,这项改革也永远无法成功施行,甚至连尝试推进也是荒唐愚蠢的。第二章的第一节已经阐明:人们在面对严重罪行时会要求刑事司法的介入,如果缺失能够对其予以应得刑罚加以规制的司法系统可能会产生难以容忍的后果,这是一项再简单不过的事实。

第三节　对偏离应得刑罚的规则进行改革

第八章、第九章以及第十章展现了诸多现有的与经验主义应得刑罚相偏离的规则,我们需要对其进行检验来判定其实施收益是否超出了耗费成本。如果没有的话,我们又应该对其进行怎样的修改抑或直接摈弃,又或者,我们是否可以通过其他没有偏离应得刑罚的方式来提高它的收益?③

一、刑事司法改革

有些与应得刑罚性偏离的规则可能本身就不再有效,比如诉讼时效的规定。在经历了相当长的时间后,法官在审理时可能因为太过老旧而难以排除不合理的证据。但在现代的庭审过程中,法院给了辩方律师充分的机会来指出检方证据的不足之处,诉讼时效制度的需要程度在今天似乎有了降低。但是长期来看,也没有必要抛弃这一制度设计,因为排除合理怀疑的证明标准以

① Kathleen Daly, Restorative: The Real Story: 4 PUNISHMENT AND SOCIETY 55, 58(2002).

② R.A.Duff, Restorative Punishment and Punitive Restoration, in RESTORATIVE JUSTICE AND THE LAW 382(L.Walgrave ed., 2002).

③ Paul H.Robinson & John M.Darley, Intuitions of Justice: Implications for Criminal Law and Justice Policy, 81 S.CAL.L.REV.1, 49—51(2007).

及检方的实力会随着时间的推移而下降，这就意味着检方一般也不会翻出陈年旧案自讨苦吃。然而，科学技术的发展（尤其是指纹检测和DNA分析的运用）提高了检方在陈年旧案中获得具有极高可信性证据的可能。因此，今天的一些法院也不出意料地废除了该制度，抑或延长了诉讼时效。①

但是对很多其他的偏离规则来说，其潜在代价表明：需要在某些方面对其予以限制，或者应该探寻一种在不偏离社会应罚观念的同时又能达到其相同效力的规则。例如，相比拒绝以合理的法律错误为由进行辩护或者施用严格责任原则，刑法可以采用举证责任倒置的方式来避免产生滥用等风险。②刑法不应因为担心无罪释放的判决会对禁令明晰性产生模糊影响而拒绝合法的辩护理由，而是可以创设出一个可以对无罪释放进行区分的裁决系统：一种是宽恕被告行为的无罪释放；另一种是对其行为予以谴责但却宽宥行为人的无罪释放。③刑法也不应出于矫正罪犯、剥夺再犯能力以及威慑的考量来作出严重背离社会正义观念的量刑结果，而是应当依据应得刑罚来科以刑责。但在执行的时候可以选择一种能够最大程度地发挥犯罪控制效力的惩罚方式。实际上，在监禁之外还存在着其他众多的惩罚手段，且其中多数对于实现目的都更为有效。④

刑法的道德信用亦依赖于程序与制度上的改革。这一改革意在增强刑法对于执行公正、避免不义的坚守。⑤比如，为了避免排除具有可信度的证据，减少非法证据排除原则的使用；在其理由与真正的事实争议无关时，减少辩诉交易的使用；发展出能够产生与其应得刑罚量等效惩罚性的非监禁刑罚。为了提高刑事司法系统的道德信用，刑法还需进行其他方面的改革。例如，增加对囚犯的保护，避免其受到来自同狱犯人的暴力伤害；在决定刑期时，逐渐减少以危险性作为评判标准的举措；训练检察官以及警察队伍的纪律性和领导力，提高其解决公民纷争的能力。⑥

二、以民事程序取代刑事手段

尽管实现以上刑事司法改革是可能的，现今最为有效和重要的改革则是

① ROBINSON & CAHILL, LAW WITHOUT JUSTICE, supra note 14, at 53—63.

② Id., at 205—209.

③ Id., at 210.

④ Id., at 212.

⑤ ROBINSON & CAHILL, LAW WITHOUT JUSTICE, supra note 614, Paul H. Robinson, Moral Credibility and Crime, THE ATLANTIC MONTHLY 72(Mar, 1995); Joshua Bowers & Paul H.Robinson, Perceptions of Fairness & Justice, 591, 57—61.

⑥ Chapter 10, section 5.

将提高社会利益的任务从刑事司法系统移转到其他机构中来。例如，刑事司法系统对于行政违法案件的惩处一般都是单处罚金刑，这对于刑事司法系统的道德信用而言并没有任何增益，反而可能会产生损害。倘若对明显不具备道德可谴责性行为的案件进行刑事定罪，这样的定罪结果只会稀释刑事量刑的谴责效力。换句话说，对行政违法行为进行刑事犯罪化处理会损害刑事量刑的固有特征。[①]一个典型事例便是对非人的法定主体，譬如企业，予以刑事定罪。因为这种法律拟制的主体并不能作出具体的道德性决定，那么，对这种非人的法定主体施加道德性谴责是否会损害刑事量刑的谴责效力？[②]当然，结果的真实与否取决于实证研究，需要调查在对企业进行刑事定罪时的社会反应。企业在一般民众心中越是人格化，通过刑事手段来谴责非法的企业行为就越是恰当。

另一个更为重要的改革可能是以民事手段来代替刑事方法去控制警方的行为，避免因为警察的错误而排除非法取得但具有可信性的证据。这种排除行为偏离了社会的正义观念，刑事司法系统需为此付出一定的代价；同时，也要力图规避因警方对职业罪犯的蹲守行为使得对方以诱惑侦查为由提出陷阱抗辩。通过公民审查委员会来对违规人员予以行政处罚，或者对权益受损的公民予以快速、简单的实体赔偿，抑或兼用两者，能够避免适用偏离应得刑罚理念的刑事处罚对刑事司法系统道德信用产生损害，此外，其亦可以更有效地控制警方的行为。[③]

还有一个迫切的改革是停止以刑事司法系统作为预防性羁押的实施机构。这一行为存在着很多问题。如果一面对危险犯施以预防性羁押，一面却又装作这是对其过往犯罪的惩处，不仅刑事司法系统会被人们视为在行不义之举，预防羁押系统也会被认为是不公平且低效的。这是因为，预防羁押系统关注的是行为人的危险性，而一般民众却希望刑事司法系统以行为人先前的犯罪记录来作为其危险性的替代。但是这一替代也是非常不完善的，它可能将监禁刑罚浪费在不具有危险性的行为人上，也可能将真正具有危险性的行为人释放。如果仅仅以其未来危险性的预估就对行为人的人身自由予以严格限制，这种通过刑事司法系统实施的预防性羁押便应当被另一种更为合理的方式替代。比如，对于一个司法目的是规制过往犯罪的刑事司法系统而言，就没有必要适用这种非惩罚性的羁押政策，而应当遵循予以罪犯最低限制的原则，对具有现时危险性的行为人进行定期审查。如果一定要对危险犯实施预

---

① ROBINSON & CAHILL, LAW WITHOUT JUSTICE, supra note 614, at 218.

② Id., at 192—195.

③ Id., at 222.

防性羁押,那么对于在押犯和社会公众来说,适用民事性的羁押政策可能对双方而言都是更好的选择。①

该节的重点在于,一旦知晓与经验主义应得刑罚的偏离会对犯罪控制的效力有所削减,刑事司法系统就不应当坚持适用这种偏离规则。除非其对于犯罪控制或者其他的效益有极大的提高,且无法通过其他无偏离的方式得到这种效果,刑事体系才可以允许这种偏离规则的使用。

第四节　明晰刑民之分

前述章节已经说明,刑事司法系统在适用某些规则提高社会利益时,可能会偏离经验主义的应得刑罚。在这种时候,以民代刑会是一个不错的选择。当然,如果法律模糊了民事和刑事处置之间的区别的话,这项举措也不会有较大的收获。因此,为了提高刑事司法系统的道德信用,当前最为迫切的改革之一就是在民事和刑事处置之间划上泾渭分明的界限。②

一、一般民众对于刑民之分的看法

普罗大众可能会疑惑,为什么要有两个不一样的法律系统呢?这可能是因为,刑法意在施以责备、谴责和惩罚,而民法却不具备这样的功能。那么,为什么功能上的不同需要两个不同的互为独立的司法系统呢?如果将事务集中到单一的司法体系中,不是既消除了复杂性的忧虑又避免了两个系统的重复浪费,从而更为高效吗?难道不能创设出一个单一的司法体系,其可以在应当予以谴责、惩罚和判处赔偿损失时施以这样的处罚,也可以在只能判处损失赔偿时放弃谴责和惩罚的适用?并且,考虑到法律和社会文化的差异性,难道就不存在只具有单一司法体系的社会吗?为什么不能期望有些社会作出了刑民之分,而有些社会是刑民一体的呢?

实际上,第二章已经阐明了问题的答案:人们对作出道德判断有着非常普遍的渴望。③第八章也显示出,对于人们的渴求予以正式的法律表示有着极为重要的实证价值。只有具备区别性的刑事司法系统才能有效地传达出谴责信

---

① Paul H. Robinson, Punishing Dangerousness: Cloaking Preventive Detention as Criminal Justice, 114 HARV.L.REV.1429, 1429—1455(2001).

② Paul H.Robinson, The Criminal-Civil Distinction and the Utility of Desert, 76 B.U. L.REV.201, 202—212(1996), Robinson & Darley, The Utility of Desert, Nw. U.L.REV. 479—482(1997).

③ James Q.Wilson, THE MORAL SENSE(1993).

息，并从这一举措中得到实际利好。

区别制度设计的第一个优势在于其交流价值。在现实中，大多数人的生活都被各种各样的烦恼和压力所壅塞，很难再去关心法律。如果司法系统想要和普通民众交流，或者更进一步，和文化程度较低或者智力较为低下的人交流，这种交流过程必须要是简单清楚的。通过创设一个特别的“刑事”标签，并广泛传播这一个标签所具有的独特谴责性意义，司法系统可以提高其传达谴责性信息的能力。如果没有这样的区别，刑事系统就很难向大众传达出有些案件需要进行谴责规制（也就是刑事案件）有些却不需要的理念。

刑事和非刑事的区别也不仅仅在于最终的裁决结果。如果刑民之分只在于结果不同的话，人们也可以在一个使用不同裁决标签的单一的司法系统中完成所有事务。但是人们必须要知道某一调查自身就是刑事性的调查。司法体系会通过调查、起诉、庭审等方式向公众传达出一定的信息，因为这些举动就意味着某项行为已经吸引了司法系统的注意，处于怀疑圈中。司法系统也可以通过对某项案件不予调查、不予起诉、不进入庭审程序，或者在庭审中判处无罪释放的方式来向公众传达信息。这就意味着人们可以基于调查阶段来判断某项行为是否处于司法系统的怀疑圈中；或者说在意外情况下（比如出于正当防卫的需要①），就算某项行为可能违反了法律规定，行为人也可以被宽宥（比如被胁迫）。也就是说，只有在与民事体系互为独立、相互区别的刑事司法体系中，其才可以通过调查程序以及该程序所伴随的意义来传达出刑事性的特征。

就算在单一的司法系统中，刑事和民事的不同功能也决定了对于不同规则和不同程序的需求。因此，区别制度设计的部分双倍成本也被这一需求抵消了。这些不同包括：原告的不同特征（私人和公诉机关）；罚金或损失赔偿的对象（私人或官方）；抗辩的有效性；出于维护刑事量刑的需求对程序设计的更高需要；以及其他种种因为功能不同而存在的重要差异。譬如，民事拘留就不必像作为惩罚的刑事拘禁那般严苛。意在惩罚过往犯罪的刑事拘禁一般都会有一个固定的期限，但关注行为人危险性的民事拘留系统只需要对罪犯进行定期审查来检测其现有的危险性。就算这些区别不能完全抵消区别制度设计的双倍成本，它们却支持了相互区别的系统所具有的交流意义上的重要价值。

二、混淆刑民区别的负面效应

如上所示，明晰刑民区分的制度性改革至关紧要，但过去二十几年以来的

① Paul H.Robinson, Competing Theory of Justification: Deeds vs. Reasons, in CURRENT PROBLEMS OF CRIMINAL THEORY(A.T.H.Smith & A.Simester, eds. 1995).

实践却显示趋向模糊的相反处境。民法已经因越来越多地适用惩罚性的损害赔偿而“刑事化”，然而，更加令人忧虑的是刑法的“民事化”趋势：其愈加倾向于将社会认为不具有谴责性的行为纳入犯罪圈进行规制。杰克·科菲(Jack Coffee)就提到，在对行政违法行为进行刑事化处理的大趋势之下，联邦法院所处理的“犯罪”案件达到令人瞠目结舌的300 000件。①问题便在于，现今的法律规制超出了传统的不法行为领域，将那些在某些程度上给官方带来一定不便的“伤害性”行为也纳入了犯罪圈。因此，很多联邦行政案件都被转为犯罪案件进行惩处，这便膨胀了行政管理者的执行影响力。还有就是越来越多地使用严格责任制度和替代责任②制度，这是民法的一个常见特点，对于刑法而言却显得不合时宜。

一些具体的实例更能说明问题。我们都知道，政府会要求个人和组织提供大量的私人信息进行管理。提供虚假信息有时甚至可能构成犯罪化的行政违法行为。如果是为了逃避污染规制、偷税漏税、躲避安检，在明知的情况下仍然提供虚假信息，社会也会认为值得对该种行为进行刑事处理。然而，如果只是在无意间提供了错误信息，又或这样的信息根本没有重要性，社会就不会认为这样的行为具有应受犯罪化规制的道德可谴责性。我们假设一个员工因为疏忽大意没有将要求的所有信息放置在联邦政府要求的报告中(这与明知故犯是不同的)。有些人可能会争论这一行为在某些程度上对社会造成了伤害，但也没办法具体说明是怎样造成了伤害；就算的确有，也不会有人(就算是真的对报告的全部信息有着切实需要的人)会认为这种几乎可以忽略不计的伤害达到了足以对其进行刑事定罪的伤害水平。如果一个看起来像成年人一样的20岁小伙子用高度仿真的虚假证件在一个疲倦的调酒师那里买到了酒类饮料，人们可能会难以认定该行为是否有罪。但是在严格责任制度下，这名调酒师就需要承担责任；在替代责任制度下，酒吧店的老板则需要承担责任。

在没有明确的刑民之分的情况下，法律难以建筑起道德信用。很多民法上的规则都与应得刑罚无关。就算人们在这一事项上存在着分歧，但在侵权案件中使用严格责任和替代责任制度就非常正当。就算在分配侵权责任时以公正原则作为基本考量因素，也没有人会声称应当把侵权责任限制在具有道德可谴责性的案件中。一个混合的司法系统会不可避免地在判处一些案件时适用道德应罚理念，在判处另一些案件时则适用其他的理念。因此，这样的司法系统若想建立起致力于对道德应罚性作出精确判断的形象，并由此在社会

① John C.Coffee, Jr., Does “Unlawful” Mean “Criminal”?: Reflections on the Disappearing Tort/Crime Distinction in America Law, 71 B.U.L.REV.193, 216(1991).

② Id., at 210—215.

中赢得相应声望是非常困难的。任何没有基于应得刑罚原则作出的定罪量刑结果都会损害系统的道德信用,“刑事”标签也没有办法传递出其代表了应得道德谴责的信号。如果司法系统想要树立起道德谴责的旗帜,刑民一体的处置结果只会让这面旗帜黯然失色。将司法系统区分为互为独立的民事和刑事体系能够使得刑法专注于应得刑罚,又或者说,让民众认为其就是专注于应得刑罚的。这就使得“刑事”标签拥有了其独特的效力。①

现在的混淆刑民区别的趋势无疑是愚蠢的,因为它并不能产生长期性的收益。首先,行政违法案件、严格责任案件、替代责任案件一般不会触发监禁刑罚的适用,对这些案件予以罚金刑或损害赔偿足以对其进行惩戒,而这些处罚都是民法可以施予的。因此,将这些案件进行刑事化处理,由此对其施以更严厉的刑罚并不会产生什么收益。

当然,那些赞同扩张刑事制裁的人却并不以能够对案件施加更为严厉的刑罚为理由。民事系统也可以处以更为严酷的惩罚。主张扩张刑事化处理的人主要着眼于刑事责任带来的污名化道德评价的效力,这是民事责任所不具备的。②

刑事制裁所产生的污名化行为评价的确可以助力于规制潜在罪犯的行为,但是这种扩张的污名化行为评价却不会产生预期的效果,因为,这一举措非但没有在民众中构建起新的道德观念,反而与其固有的道德规范产生了冲突。将某项行为新纳入犯罪圈并予以立法通过并不意味着人们也会认为它是不道德的。前述章节已经说明,法律并不能创设规范,只能作为现有共识性道德观念的参与者。将某项行政违法行为定为“犯罪”并不表示人们也会对这项违法行为进行道德上的贬低。刑事扩张所产生的 30 000 件行政违法的“犯罪”案件甚至会使得人们认为,量刑结果不再代表其应得的道德谴责。同样,如果仅仅因为严格责任和替代责任的适用就对这些案件进行刑事化处理,人们也并不会认为这些案件具有了犯罪性。这些举措不仅不会使法律成为值得尊敬的独立道德权威,反而会使人们觉得法律非常荒诞。

更重要的是,以扩张的刑法来规制这些民事或行政违法行为不仅是无效的,反而会产生毁灭性的负面效果。刑法越是对不具有道德可谴责性的行为

---

① Paul H. Robinson, The Criminal Civil Distinction and Dangerous Blameless Offenders, §3 J.CRIM L.& CRIMINOLOGY 693(1993).

② John C. Coffee, Jr., “No Soul to Damn: No Body to Kick”: An Unscandalized Inquiry Into the Problem of Corporate Punishment, 79 MICH. L. REV. 386, 424—434 (1981), Michael K. Block, Optimal Penaltics, Criminal Law and the Control of Corporate Behavior, 71 B.U.L.REV.395(1991).

施加污名化的行为评价，这种刑事行为评价的污名化效力就越是低迷。如果其惩治的缺乏可罚性的行为的数量持续增长，“刑事责任”与可罚性的关联意义就会逐渐降低，也越来越难以引发民众对该项行为的道德谴责。如果刑法继续对严格责任案件、替代责任案件以及情节非常轻微的案件予以犯罪化规制，越来越多的人会据此认为，刑法并不意在反映社会的应得刑罚观念，而是对普通民众的个人生活有着严重侵扰的政府的工具。刑法的扩张一旦超越了应得刑罚的界限就会弱化甚至摧毁其进行行为评价的效力——而这种污名化的行为评价效力恰恰是刑事扩张想要取得的效果。最终，对不具有可谴责性的行为予以刑事处罚的举措会使得民众对案件的当事人产生同情，同时也会对施以惩罚的司法系统产生鄙视。刑法的道德信用一般也会因此摧毁。对社会认为不具有应罚性的违法行为予以刑事裁决不仅会影响到刑事责任的意义，同时也会损害所有刑事定罪传达出来的谴责性信息。

第五节　提高可罚性的门槛：宽宥处理

上述章节回顾了为提高刑法在其所规制的社会中得到道德信用而可能做出的改革，本节则通过实证案例展示出，经验主义应得刑罚已经使得刑法远远超越了其现有的界限。本节表明，如果刑法完全以应得刑罚为依据，其可能会产生许多超出现有法律的新兴辩护理由。这些案例也再次证明了，前述章节所提出的担心应得刑罚会产生太过严苛的量刑结果的忧虑有多么不合理。[1]

一、宽宥的特征

虽说宽宥可能并不应该是犯罪者应得的，但毋庸置疑，施予宽宥的人是具备明确的美德的。受害人在给予原谅的同时也证明了自身的善良。确实，在受害者完全有权要求对犯罪者予以惩罚的情况下放弃这种权利的举动是具有极大的情感感染性的，原谅这一行为足以使得受害者受人尊敬。这种类型的宽宥是受到追捧的。

但注意，宽宥的美德仅仅是给予者所具有的。受害者原谅了伤害他的人才是一种美德，不相关的人原谅了对于他人的侵害行为并不能算是美德。在后种情形中，这些人因为原谅举措而牺牲了什么呢？这些不是受害者的人有什么权力原谅他人呢？如果没有受到损害，原谅行为又何谈是美德呢？因此，

---

① Paul H. Robinson, Mercy, Crime Control & Moral Credibility in MERCIFUL JUDGEMENT AND CONTEMPORARY SOCIETY: LEGAL PROBLEMS, LEGAL POSSIBILITIES 101—103(Austin Sara ted. 2011).

法官在裁决中原谅侵害他人的罪犯又怎么会具有美德性呢？

姑且抛开过于抽象的美德不谈，人们肯定也注意到仁慈、怜悯、原谅等行为是具有相当高的实践价值的。在婚姻生活中，夫妻一方对另一方错误的宽容能够建立起一段更加恬美静好、愈久弥坚的和谐关系。这种宽容效力同时也适用于朋友之间。实际上，陌生人之间的相互宽容也能创造出更美好的世界，并且社会也不需要为这种宽容行为付出什么代价。然而，受害人可能要为其做出的原宥承担一定的成本，但这种本来可以完全避免的代价也是他自愿选择去承受的。然而，如果这种行为的广泛施行使得罪犯开始质疑其应得的惩罚，它便可能引发严重的社会代价：一方面其使得法官对如何定罪量刑产生困惑，另一方面其增加了原来可以规避的犯罪的数量。

人们可能会据此总结，在私人领域之外就不应该适用宽宥处理。被伤害的人原谅侵害他的人和刑事司法系统将不予以罪犯应得刑罚这一行为体系化完全是两码事。这不仅是因为这并不是受害者本人做出的宽大处理，也不是因为这一宽宥的体系化需要社会为其付出相应的代价（私人领域则不会衍生出此种社会成本），更重要的在于，如果将宽大处理收编入法，就算这不是罪犯的一项固有权利，其也会对轻缓处刑产生期望，这便会损害宽容行为的美德性——正是因为它是无权被要求的，给予宽宥才是一种美德。

二、民众对于酌定量刑情节的直觉性看法以及损害法律道德信用的问题

在前文中我们已经说明，应当将宽大处理排除在刑法之外。然而，也存在着一派功利主义的理论希望刑事司法系统能够正式认可轻缓处刑，将其作为普遍的做法，而不是在酌情考虑的情况下才予以减刑。的确，在某些特殊的情境中，民众会呼吁对案件中的当事人进行轻缓处理，也就是我们所谓的宽宥。考虑到这种呼声的高涨程度，顺应经验主义的应得刑罚便要求刑事体系对轻缓刑罚做出认可，以此来提高其在所规制社会中的道德信用。

如果刑法想要在其规制的社会中建立起道德信用，它就必须在定罪量刑的过程中将那些得到社会强烈支持的酌定量刑情节（Extralegal Punishment Factors）纳入考量。可惜的是，这并不是当前的做法。但是，刑事司法体系如果一直忽视这些法外惩罚因素，民众就会认为其对于社会的正义观念完全是充耳不闻的。

此外，如果想要维护刑法在民众心目中的道德信用，其就要避免适用那些人们认为与恰当刑罚无关的酌定量刑情节。如果法官依据这些因素来定罪量刑，就会产生损害刑事司法道德信用的风险，同时也会降低其塑造社会规范观

念的能力。

本书第二十一章展示了一项实验，其意在调查普通民众对于酌定量刑情节的直觉性看法。研究人员指出，刑事司法体系在科以刑责时最好将这些实验反应的民意结果纳入惩罚规则与具体实践之中。譬如，人们普遍认为，行为人对于犯罪结果的态度是非常值得考量的重要因素，但是其个人特征和犯罪前科则没有那么重要。行为人的懊恼、悔恨、歉疚会降低人们于正义直觉的框架之下对其予以的惩罚，但是其个人特征却没有这般强大的影响力量。此外，行为人因惩罚所遭受的苦痛程度也是一项重要的考量因素。不仅如此，人们还认为，这些法外惩罚因素是否或应在何种程度上影响量刑结果应当取决于当前罪行的具体特征。法官、假释委员会以及其他量刑人员如果希望将民众的正义直觉内蕴于定罪结果之中，其不仅需要考虑那些单纯呈现在眼前的法外惩罚因素，还需要仔细忖度当前罪行的具体特质。在很多情形中，案件的具体特征能够衍生出轻缓量刑或加重判处的不同结果。最后，民意的通俗观念认为，在规制那些不怎么严重的犯罪时应多多考虑这些酌定因素并作出宽大处理。但须注意的是，与此相反的推论是不成立的：民众并不认为在规制更为严重的犯罪时应当加重处罚。

三、有关酌定量刑情节的分歧以及适用不一致的问题

本书第二十一章的实验还展示了一项发现：在判断何为酌定量刑情节的恰当影响时，民众之间存在着巨大的分歧。但如果刑事司法系统在适用这些酌定量刑情节时没有一致性的指导，其只会损害刑法在民众心目中的道德信用。

在刑事司法的过程中，存在诸多节点需要决策者仔细忖度是否要将法外惩罚因素纳入考虑。检察官在起诉或进行辩诉交易时需要决定是否应当考虑这些法外惩罚因素；法官在行使自由裁量权时，也要基于法律的权威性决定是否要在定罪量刑时将酌定量刑情节纳入考量；有些酌定因素可能来源于庭审证词，陪审员在做出裁定时也要思索是否要适用这些酌定量刑情节；在某些量刑制度的设计中，①陪审团也要参与量刑过程，此时其也要思考是否要依据酌定量刑情节作出决策；假释委员会在决定释放罪犯时也需要对酌定量刑因素进行深思熟虑。

普通民众和专业学者之间似乎存在着广泛的共识，即刑事司法系统的公

① Nancy J.King & Susan R.Klein, Essential Elements, 54 VAND.L.REV.1467, 1510 (2001).

正性和正义性与其量刑结果是密不可分的。特征相似的行为人实施了相似的罪行就应该得到相似的惩罚结果。最终量刑应当取决于行为人的具体罪行、有罪程度及行为能力，而不是归功于决策者是好是坏。正如 1984 年在制定联邦量刑改革法案时参议院的上书所言：

> 罪行不同和罪犯差异并不能给量刑不一致提供正当化理由，这对于罪犯和民众来说都是不公平的。量刑结果和罪行严重度不成比例会导致社会对法律的不尊；量刑结果太过严苛会在同狱犯人之间产生不必要的冲突，加大监狱的规训难度。①

然而，就算是在罪行完全一致、罪犯完全一致、酌定量刑情节完全一致的情况下，人们对于如何恰当运用这些因素仍存在着巨大的分歧。②研究显示，在20%以上的酌定因素中（90 中的 19 个），被试者的意见是完全迥异的；在40%—60%的酌定因素中，被试者的意见较为相近；在超过四分之一的酌定因素中（90 中的 25 个），三分之一以上的被试者都对其适用持有异议；在几乎一半的酌定因素中（90 中的 43 个），四分之一或以上的被试者都对其运用存在着争议。

也就是说，考虑到人之常情，我们无法期望这样巨大的意见鸿沟会在警察、检察官、法官、陪审员、假释委员会以及其他刑事司法系统中的决策者身上弥合。③但是，坦然地承认量刑结果取决于具体决策者的好坏对于大众而言显然是不可接受的。

实际上，如果被定罪的罪犯没有意识到决策法官之间存在的差异，情况就会更为严重。④在适用酌定量刑因素时缺乏一致性的指导就会引发参议院所指出的问题：罪犯所接受的“更为严重或更为轻缓的量刑结果完全是因为他恰好遇上了某个特定的法官”。⑤

---

① S.Rep. No. 98—255, at 45—46(1983), restrinted in 1984 U.S.C.C.A.N. 3182. 3182—3562. Michael M.O'Hear, National Uniformity/Local Uniformity: Reconsidering the Use of Departures To Reduce Federal-State Sentencing Disparities, 87 IOWA L.REV.721, 729(2002).

② Paul H.Robinson, Sean E.Jackowitz, & Daniel M.Bartels, Extralegal Punishment Factors: A Study of Forgiveness, Hardship, Good-Deeds, Apology, Remorse, And Other Such Discretionary Factor In Assessing Criminal Punishment, 65 VAND.L.REV.737(2012).

③ Id., at 32, table 4.

④ Stephanos Bibas, Transparency and Participation in Criminal Procedure, 81 N.Y.U. L.REV.911, 928(2006).

⑤ Stephanos Bibas, Transparency and Participation in Criminal Procedure, 81 N.Y.U. L.REV.911, n.35(2006)(citing S.Rep. No.98—225, at 79).

在不同的社群文化背景下，对于酌定量刑情节差别适用的程度更加严重。①尽管跨文化的人群中存在很多共识观念，他们之中也存在着许多分歧看法。但是，某个罪犯的量刑结果不应该由决策者的不同文化背景所形成的看法来决定，而是应该由法官、陪审团、检察官基于审慎考量得出具有共识性的结果。

因此，如果要依据酌定量刑情节来定罪量刑，刑事司法系统则有必要制定一套规制其具体使用的正式规章，至少也有一些非正式的使用指导，以此来规避滥用风险，提高不同决策者量刑的一致性。在处置罪犯时，个体决策者应当依据与案件有关的标准因素来科以刑责，而不是根据个人喜好和个人风格来作出裁决。刑罚的差别适用只会损害刑事司法系统的道德信用。

---

① Robinson, Jackowitz & Bartels, XPFs, at 39—50, table 9&10.

DSBF 第三部分

正义评价的核心内容

在第一部分中，我们探讨了一般民众正义评价的确存在及其具体特征；第二部分展现了民意对于刑法的重要性。下文的第三部分则旨在剖析人们的正义判断究竟为何，尤其对那些影响到刑法制定其定罪量刑规则的民意看法予以了重点关注。第七章已经展示了特定现代犯罪控制规则与普通民众正义判断之间的严重冲突，第三部分则进一步从更为全面的角度挖掘了刑法必须予以重视的法律问题。

第十二章和第十三章检验了社会对于行为原理的意见：其一是定义罪行的犯罪化规则，其二是将某些违法行为正当化的正当化规则。二者的重要性在于，其可以传递出刑法对于民众行为的期望意愿。

如果一个人违反了某项行为规则，刑法便须判定该项行为是否具有充分的可归责性以至于行为人必须为此承担谴责和惩罚。第十四章着眼于主观罪过的规定，即犯罪构成需要行为人在实施时具有特定的犯罪意愿。在故意杀人案中，就算罪犯有充足的主观罪过，如果其行为能力存在缺陷，或处于一般理性人也无法遵守法律的情境中，法律就会酌情予以宽宥。这种宽宥一般会在行为人具有精神疾病、未成人、受胁迫或处于非自愿醉酒状态的情况下发生。第十五章则展示了社会对于此种酌情裁量规则的看法。

如果必须要使行为人承担刑事责任，刑法则需决定其施以惩罚的一般程度和具体“等级”。那么，在社会的视野下，哪些因素又是应该影响惩罚等级的呢？第十六章便检验了普通民众对于影响惩罚等级因素的看法，其中包括行为人主观罪过的水平、犯罪行为与犯罪结果之间因果联系的紧密性、行为人的其他犯罪经历。

最后，第十七章回顾了前述章节的研究，深入探讨了前文实验所观测到的刑法规则与社会通俗观念之间的分歧。该章总结得出，尽管微小的隔膜可以通过陪审团的行为来予以弥合，对刑法典进行改革、使其更好地反映出民意需求则是更为优秀的方式。第二部分已经列举了进行此种改革的理由。

此外，第十二章第一节和第二节详细描绘了贯穿第三部分研究实验的方法论。

第十二章

行为原理:犯罪化

犯罪化的原理旨在回答一个问题:“什么行为应当被禁止?”刑法必须事先告诉人们行为的规则。法律应该告诉人们对于法律不同程度的违反会带来不同严重程度的后果,因为有些规则需要人们根据其严重程度来分辨违法行为的不同——例如许多行为正当化的辩护理由允许对于一定禁止性规范的违反,但前提是这里的违法是为了避免造成更大的伤害。如果一部法律想要将其所反映的群体观念落实到它对相关事件的指导中,那么这部法律应该看起来是个什么样子?

大部分人都认为凶杀、强奸、盗窃等行为应当作为犯罪处理。而部分犯罪如操纵市场价格在直觉上并不是那么地不妥。普通法系将前者称为“malum inse”(即自然犯,依据大众观念即认为是犯罪),后者称为“malum prohititum”(即法定犯,根据法律禁止才认为是犯罪)。法定犯在其禁止事项中可以看出人为干预的痕迹;但是,人们对于其所保护的最终客体往往是能够达成一致的——例如操纵市场价格罪所保护的就是市场的公平竞争。有人可能认为行为的犯罪化未必是解决某一问题的最好方法,但大家都会同意犯罪化可以对这种问题的解决产生帮助。

而在关于诸如卖淫、赌博、贩卖特定毒品药物等“无被害人”犯罪上,人们显然存在不同的意见。此类行为的犯罪化是为了推行该群体所认可的道德观念。然而20世纪20年代禁酒令的失败表明不同群体对于什么“行为不道德”的问题有着截然不同的看法。如果群体对于某一道德问题的一致性逐渐淡化,那么对于强力推行这一道德观念的执法强度也会逐渐减弱。从今天的文化中人们可以看到,对于那些诸如卖淫这样的无被害人的犯罪,其强制执法已经无法得到一致认同。①

---

① M.Levi & S.Jones, Public and Police Perceptions of Crime Seriousness in England and Wales, 25 British J.Crim. 234(1985).

此前有学者对法定犯及其认知进行了研究。[①]而本章的内容则将会关注一些更加复杂而鲜有论及的问题。法律对于禁止事项的表述不仅表达了对于该事项的禁止，还有可能包含基于这一规定的对其他事项的附带禁止，而这其中的规则将会更加复杂。法律明确禁止杀害他人，但是法律是否应当明确禁止杀人的企图[②]、制造他人死亡的危险、协助他人杀人、因不作为导致他人死亡？如果是的话，那么这些附带禁止的法律应该以什么形式出现——何种程度可以认定为杀人企图、何种程度可以认定为共犯、什么程度的风险属于刑事风险？群体对于这些更加复杂的责任承担问题的看法又是什么？本章主题就是要讨论上述话题，该部分内容主要来自本人与约翰·达利(John M.Darley)合写的《正义、责任与谴责：群体观念与刑法》一书中。[③]

第一节　对于正义的非专业判断的研究方法

在进行研究评论之前，让我对本部分及下一部分所采用的研究方法及其理由作一介绍。(这一研究方法还有其他类似版本在其他研究上得到了更好的应用，详见第七章和第二十一章第三节关于研究方法的注释。)

对司法的非专业判断进行测试的最好方法是“场景”研究。被试者将会收到一张表格，上面载明某人实施某种行为，然后被试者根据自己判断回答此人是否要对该行为承担刑事责任以及应受何种惩罚。完成之后，被试者又会收到另一张不同的表格，判断某人是否应当承担刑事责任以及应受何种惩罚，如此重复。实验提供表格中的“场景”根据实验设计各不相同，而研究人员则主要关注被试者对于不同场景所给出的不同量刑。

被试者对不同的场景进行评级很快会产生大量数据，那么为什么不让他们直接提出一条公式对特定场景采取特定处理方法呢？这是因为心理学家发现，被试者在作出决定的时候其精神活动并没有涉及所谓的原理和依据，因此这些原理并不能够在其决定中得到准确反映。所以本研究没有采用这种方法，而是给被试者提供不同的案件来进行判断，然后从其判断的模式中来推导

① Thorsten Sellin & Marvin E. Wolfgang, The Measurement of Delinquency 268 (1964); Jeffrey A.oth, Prosecutor Perceptions of Crime Seriousness, 69 J.Crim. L.& Criminology 232(1978); Joseph E.Jacoby & Francis T.Cullen, The Structure of Punishment Norms: Applying the Rossi-Berk Model, 89 J.Crim. L.& Criminology 245, 263(1998).

② 译者注：由于法学理论的差异，原文 attempt 在中文中通常翻译为未遂，与中国法律和大陆法系的未遂存在相似之处但又有所不同，也有学者将其翻译为“企行犯”。

③ Paul H.Robinson & John M.Darley, Justice, Liability & Blame: Community Views and the Criminal Law chs. 1&2(1996).

出其作出判断的原理和依据。

以企图犯罪的客观要件为例来说明这一研究方法。一人的行为需要实施到什么程度才可以被认定为企图犯罪？法律本身采用了多种认定方法，但是如果一部刑法要想尽可能契合大众的直觉，那么应该采用哪种认定方法？

被试者首先阅读了一段关于案件不同场景所共享的核心背景剧情设置，然后他们将会读到一段特定的场景并对该场景中行为人的刑事责任作出判断。实验的基础场景设置如下：

“雷某，锁匠，想要打开一家硬币商店的保险箱。这个保险箱放在商店里屋，里面放有大量珍贵硬币。雷某想着他可以在营业时间偷偷潜入商店里面打开保险箱。雷某决定他要盗取这家商店。在他为盗窃进行准备之前，他把他的计划告诉了朋友。”

在上述版本的场景中，雷某尚未实施任何实际盗窃行为，他还在构思。这一设计的有用之处在于它与后续另一版本场景产生了对比，在另一场景中，雷某离着手实施犯罪又更近了一步。另一场景如下：

“雷某，锁匠，想要打开一家硬币商店的保险箱。这个保险箱放在商店里屋，里面放有大量珍贵硬币。雷某想着他可以在营业时间偷偷潜入商店里面打开保险箱。雷某决定他要盗取这家商店。为了确保保险箱的位置没有变化，雷某事先到商店进行踩点。第二天雷某到了商店见到了商店主人，就在店主招待其他客人的时候，雷某偷偷溜进商店里屋，打开了保险箱，拿着一皮箱的珍贵硬币逃走了。当晚雷某将此事告诉了朋友，其朋友向警察报了警。第二天，两名警察带着搜查令搜查了雷某的住处，在其住处发现了被盗的硬币，雷某被逮捕。”

如果说前一个场景为行为的整体图像设置了开始，那么后一个场景则为行为的整体图像设置了结局。在这两者之间，还有大量其他不同的场景，从“形成犯意”到“实行完毕”，而相应的责任评价也基本上处在“形成犯意”到“实行完毕”之间。

对于所有场景，有人会比其他人给出更为严重的惩罚，这一点并不意外。在涉及杀人的案件中，有人就会给出死刑的裁判，而反对死刑的人则不会。采用这种研究方法，我们可以得出判断被试者在量刑倾向上究竟属于严厉还是宽和，但这并不是研究的重点。研究的重点在于被试者对不同场景的不同量刑的区别，而非总体量刑风格。

正如前文指出的，不同场景设计之间存在差别，被试者在判断行为人客观行为的时候可能对这些差别都会进行考察，这有可能影响实验的目的。因此实验设计要求对上述场景作出一项法律判断，即行为是否符合“企图”进行判断。例如在第一个场景中，雷某的行为达到了《模范刑法典》关于“实质步骤”(substantial step)的规定，因此达到了该款条文的起刑点：

“雷某，锁匠，想要打开一家硬币商店的保险箱。这个保险箱放在商店里屋，里面放有大量珍贵硬币。雷某想着他可以在营业时间偷偷潜入商店里面打开保险箱。雷某决定他要盗取这家商店。在他为盗窃进行准备之前，他把他的计划告诉了朋友。”

而在另一个场景中，雷某的行为较前者更进一步，满足了普通法系中关于“危险临近”的规定：

“雷某，锁匠，想要打开一家硬币商店的保险箱。这个保险箱放在商店里屋，里面放有大量珍贵硬币。雷某想着他可以在营业时间偷偷潜入商店里面打开保险箱。雷某决定他要盗取这家商店。为了确保保险箱的位置没有变化，雷某事先到商店进行踩点。第二天雷某到了商店见到了商店主人，就在店主招待其他客人的时候，雷某偷偷溜进商店里屋，开始开箱。在他还没有打开保险箱之前，两名卧底警察冲进屋子将其逮捕。”

此外还有一系列关于雷某实施这一行为的其他场景，这些场景可以符合刑法的不同规定。从被试者关于不同场景中雷某的不同责任和量刑我们可以看到被试者对于企图犯罪的最低限度要求的潜在直觉究竟是什么。

请注意不同的场景是基于研究对象内在理论差异而设置的，简而言之，被试者所感知到的场景大同小异，而导致被试者量刑差别的恰恰是这里的小异。在这一实验中，其差别主要是前后不同场景距离犯罪行为“实施完毕”越来越近。而下文将会讨论更为复杂的场景设计：被试者对于行为人的刑事责任拥有很大的裁量空间，有不承担刑事责任、承担刑事责任但免予刑罚处罚，以及从 1 日监禁直到死刑的 11 个不同等级量刑。监狱服刑时间的增加与量刑梯度的上升并不成比例。例如第二等量刑为 14 日监禁，而第一等量刑为 1 日监禁，刑罚等级上升一级仅增加了 13 日监禁，但是从第八等量刑上升到第九等量刑却足足增加了 15 年监禁！

量刑梯度如此设计主要基于以下两大原因：首先，也是最重要的，这种设计与美国各州现行刑法典的刑罚区间和量刑梯度相一致。其次，对于量刑梯度之间的相应差别应当多大才算公平，普通民众的感受也是截然不同的。因此，本实验所给出的不同刑罚区间的量刑梯度是有现实依据的，是立法者在思考如何惩治犯罪时所想到的，是陪审团和法官量刑时需要考虑的，同时也是公民看到相关新闻报道时所能够联想到的。

在进行场景设计的时候，关键在于要尽可能多地设计不同的场景，这样才能够对研究对象进行更为深入细致的了解。前文提到的关于企图犯罪的研究就设计了 11 个不同的场景。这其中包括 2 个基本场景，4 个分别包含企图犯罪所必需的一个或若干客观要件的场景，5 个为了考察其他要素对于责任和量刑的影响而设计的行为人在不同阶段放弃犯罪的场景。

先前研究显示在大部分研究中被试者可以在 90 分钟内完成 10 至 14 个场景的判断。被试者在这一时间内能够集中精力，他们的报告也表示他们觉得任务非常有趣，他们对于案件中的什么要素使他们觉得有所不同进行了认真思考。

所有的被试者都对所有的案件作出了反馈。在实验设计的相关文献中，这被称为“被试者内化”(within subjects)设计。这一设计关注的乃是被试者对于不同场景差别的关注。这里的风险在于有些被试者可能认为不同场景中的差别是实验者故意设计的，他们应当将其找出来并对其进行不同的量刑。考虑到这种可能性，被试者在进行实验之前都被明确告知实验者并不要求他们对存在差异的不同场景给出不同量刑，他们根据自己的判断给出量刑并说明理由。而从个体反馈来看，某些被试者确实对于不同的案件给出了相同的量刑。

此类实验还经常采用的一种设计是：被试者所看到的不同案件顺序是随机打乱的。为了保证被试者的比较任务能够更加容易，具有相同维度变量的案件被放在同一组，但每一组里面的不同案件顺序都是打乱的，被试者看到不同组案件的顺序也是打乱的。这种随机顺序安排可以保证被试者对于案件量刑的排序不会受到阅读案件顺序的影响。①

研究方法上还有一个问题需要特别关注，那就是场景设计。很明显，本实验的场景其实就是刑法学教授长期用来进行分析和论证的各种不同假设案件的加强版。但这些场景和以往有着重要区别，而这一区别恰好突出了以往法学教授和伦理学家们采用假设案例进行探讨时所存在的误区。

当人们对可归责性作出判断时，他们考虑的因素很多。任一种类的任一因素都有可能对人们的最终判断产生重要影响。正是由于这种直觉错综复杂，因此当要求人们就可归责性作出直觉判断时，他们希望能够了解故事全貌。他们需要知道故事的主人公是谁，到底发生了什么。更重要的是，如果相关场景没有给出故事细节，被试者会通过想象自行补充这些细节，然后认为这种场景“通常”属于什么情况或者“很有”可能发生了什么，用已有的信息来推测出一个完整的故事。但是人们的生活经验是不一样的，所以即使读到同样的场景，他们所想象出来的故事是截然不同的。场景给出的信息越少，需要人

---

① 更多研究方法讨论参见前注 Robinson & Darley, supra note 682, app'x. at 217—228。

们自行想象的就越多;场景设计越简短,人们所想象的故事版本就越丰富。

对于场景设计者而言,场景所表达含义的不确定性最令人头疼。这让场景设计变得困难重重。因此在完成一部分场景设计后,有必要进行现场检测,从而保证研究对象能够得以突出,能够在不同场景中对其进行有效调节,能够让被试者正确地感知。而在这一现场检测中,被试者所接收的问题并不是实验的最终问题——"何种责任与量刑是恰当的?"被试者被问到更多的是"这些场景说了些什么?"例如,"根据场景设置,阿贝尔是否故意制造伤害?"又或者"行为的伤害有多重?"

这些现实操作性的检测能够告诉场景设计者,被试者所接收的场景信息与预期是否一致。如果不一致,场景设计者就需要对场景描述作出修改,然后再次进行检测。如果没有这种操作性检测对实验进行质量控制,我们就无法知晓被试者的反应究竟是依据不同的场景设计还是根据他们自己不同的想象。

正如上文所指出的那样,场景设计提供信息越少,被试者自行脑补画面越多。这也是为什么刑法学家和伦理学家们传统所采用的假设问题讨论的方法十分危险的原因所在,因为这种假设的问题给出的信息往往十分单薄,而讨论时则会夹杂很多不可控和不可知的因素。

场景设计者所关心的问题中还包括以下方面,例如采用以下两种简要假设来测量被试者对于伤害案件共同犯罪中的不同人物的不同责任所采取的直觉:

1. X对Y实施了打击,造成Y受伤。

2. Z对Y实施了打击,造成Y死亡。

问:上述两种假设中X和Z的责任如何承担?

表面上看两个场景中不同人物如果责任承担存在差异,那么应当和他们对于伤害所起的作用有关,是吧?其实不是。

被试者在阅读这一场景的信息时往往会自行构思行为人的主观故意可能存在差别。他们很有可能认为在造成死亡的场景中行为人的主观故意要大于造成伤害的场景。因为Z的打击造成了死亡而X没有,所以Z的打击很可能更加剧烈而X的打击很可能仅仅是为了制造伤害。而在作出基于直觉的可归责性判断时,被试者很多时候会不假思索地进行上述猜测。在这种情况下,对于不同场景的不同责任判断很有可能并不是因为其损害结果的差异,而是因为被试者所感受到的行为人主观故意所存在的差异。

为了更好地对被试者的感知进行控制,这一假设可以更明确地表述为:

1. X欲杀害Y,对Y实施了打击,造成Y受伤。

2. Z欲杀害Y,对Y实施了打击,造成Y死亡。

问:上述两种假设中X和Z的责任如何承担?

事实上,如果你把被试者需要了解的信息直接告诉他们反而没有用。尤其是当那些主观性较强的因素如犯罪故意等与客观因素如危害程度等形成鲜明反差的时候,被试者就会认为文中所表述的事实不可信而不予考虑。

假设你的实验已经通过了操作性检测,能够有效控制被试者对于犯罪故意信息的感知。你能确定被试者关于责任的判断后果就一定是基于危害后果作出的?也未必。被试者很有可能这么想,即使X和Z都具有杀人故意,但毕竟Y被Z打死了,而没有被X打死。有了这样的想法,后面的责任判断不论有什么差别都没有意义了。因为这个时候被试者往往都会判断Z的量刑大于X,但是作出这一判断的原因并不明确,可能是因为死亡结果重于伤害结果,也可能是因为Z对Y的打击要重于X,又或者二者兼而有之。

又假设你为了避免上述实验方法问题对本案中的打击方法进行了详细描述:

1. X用一根直径一英寸的棍子击打Y,棍子断为两截,造成Y受伤。

2. Z用一根直径一英寸的棍子击打Y,棍子断为两截,造成Y死亡。

问:上述两种假设中X和Z的责任如何承担?

此时对于X和Z的责任判断是否完全基于危害后果作出的呢?未必。人们在对危险的程度进行评估时,往往会考虑到其潜在危害后果。而当这一潜在危害后果应验时,人们会回过头来调高此前对于该危险确定性的判断,如果潜在危害结果没有发生,则对于此前危险确定性的判断会被调低。这种事后补偿并不符合人们对于危险最初的判断。所以X和Z承担责任的差异很有可能部分或全部因为被试者认为X和Z制造的危险存在差异。被试者可能会认为尽管X和Z采用暴力的数量相同,但其击打方式可能存在差异,这种差异对于他们导致死亡的危险程度是不同的。所以责任判断的差异既有可能是因为危害结果的差异,也有可能是因为危险程度的差异,又或者是二者的某种不确定的折中。

上文的主要目的在于场景设计需要经过检测,确保场景设计的信息能够按照其设计意图让被试人员准确感知。通过场景设计的感知检测,对其内容进行调整来保证被试者能够准确感知设计者所传达的信息,设计者能够更加确信其实验结果关于责任判断的模式是基于研究对象而产生的,而不是因为被试者受到了其他因素的干扰。不幸的是,对实验方法进行操作性检测费时费力,有时甚至比实验本身更加漫长,所以研究者往往都希望能够在这个问题上抄近路。

第二节　示例:企图犯罪刑事责任客观要件的实验

为了明确这种场景变化研究方法在现实中的应用,下文将以企图犯罪刑事责任客观要件的实验为例来进行展示。实验所针对的案件中,行为人的行为步步逼近犯罪但最终没有完成犯罪。想要犯罪本身不是犯罪,但是在犯意形成之后犯罪实施之前,其行为一旦逾越了某个特定节点,行为人就要承担刑事责任。

历史上美国早年继受英国的刑法(Anglo American Criminal Law)中曾经对于企图犯罪有过若干十分特殊的规定,其中就有规定将准备行为作为企图犯罪进行处理。但后来美国的国家立法没有继承这一观点。这种差别背后的现实考量主要包含两层意思:一方面,法律并不希望在一个人还没有实施犯罪的时候就让其承担责任,而这里此人最后也不会实施犯罪。另一方面,法律又希望能够在犯罪实施之前就对其进行吓阻,并对那些明确表示将要实施犯罪的人进行惩罚。而从更理论化的层面来看,单纯的思想并不具有足够的道德可归责性,对其进行定罪和谴责并无必要。但是,可归责性就是在"形成犯意"到"完成犯罪"这个过程中得到满足的。所以有必要在其中确定一个区间作为企图犯罪进行处罚。

在此类案件中,由于犯罪行为的危害后果尚未发生,其相应的刑事责任也被称为"初步责任"(inchoate liability)。在当今大部分法律体系中,初步责任要轻于同一犯罪实施完毕所要承担的全部责任。当然这一问题也存在争议,作为美国 3/4 州刑法改革模板的《模范刑法典》就基本上没有对既遂和企图的责任程度作出区分。但是,绝大部分的司法区域在立法时并没有照搬《模范刑法典》的这一章节。

过去普通法系对于某人的行为是否达到企图犯罪的程度要求颇高,行为人的行为需要十分接近实施犯罪才可以。而根据普遍采用的"危险临近"(dangerous proximity)的标准,犯罪行为极有可能成功实行完毕的情况才属于企图犯罪。而在此之前受到逮捕则不需要承担责任。前文就曾具体探讨过"危险临近"的情况,锁匠雷某企图盗窃他工作过的一家硬币商店,雷某想着他可以在营业时间偷偷潜入商店里面打开保险箱。雷某决定他要盗取这家商店。为了确保保险箱的位置没有变化,雷某事先到商店进行踩点。第二天雷某到了商店见到了商店主人,就在店主招待其他客人的时候偷偷溜进商店里屋,开始开箱。在他还没有打开保险箱之前,两名卧底警察冲进屋子将其逮捕。尽管雷某并未完成盗窃,但雷某距离犯罪实行完毕已经十分接近,因此符合"危险临近"的标准,因此雷某构成企图犯罪。

危险临近标准反映了道德可归责性的一个评价标准，那就是刑事制裁只有在行为人十分接近犯罪实行完毕时才应该启动。这一标准是对上述两种现实考量的折中和融合，为可能有人出面制止犯罪预留空间，从而将承担责任的时间节点后移至犯罪行为实施完毕。危险临近标准的实用性在于它并不对行为人的意图进行复杂的追问，它只要求公民对于犯罪行为的计划不要实施到可以顺利完成的程度。

美国法中最为常用的标准乃是"实质步骤"标准，《模范刑法典》5.01(1)(c)对此进行了规定。实质步骤标准与危险临近标准正好相反，临近危险标准关注的是犯罪行为距离完成还有多远，而实质步骤标准关注的则是犯罪行为距离犯意形成已经走了多远。只要行为人的犯罪意图是清晰而明确的，那么朝向犯罪完成的每一个实质步骤都可以进行准确判断。而实质判断标准的责任承担起点就比危险临近标准要更加靠前，也表明这种标准背后含义乃是其道德可归责性产生更早，刑事制裁也要更早。同时这也改变了个人与社会之间的利益平衡，使其更加倾向于保护社会，因为这种做法排除了个人主动放弃犯罪的可能，而更加倾向于外界对于犯罪的干预。

企图犯罪的11种不同场景设置以及被试者所作出的法律判断可以参见前文。初始核心场景中行为人开始形成犯意。实质步骤场景中行为人返回现场踩点来确认保险箱依然摆放在原地。

在阅读完每个场景后，被试者要判断案件中的锁匠雷某是否需要承担刑事责任以及承担多重的刑事责任。实验者将被试者的判断进行了总结并归纳，给了三个选项，分别是：应负法律责任，不应负法律责任，不应负法律责任也不受刑罚。在实验结束后，给出了普通法系和《模范刑法典》对于相关案件可能的责任分配与刑罚裁量，作为对照。（这一实验关注的乃是不同的企图犯罪场景会被认定承担不同的责任并分配不同的量刑，被试者可以对最初的实验进行提问并讨论行为人中止犯罪以及其他类似行为的后果，如行为人中途因为害怕被捕而放弃犯罪等情况。[①]）

研究将不同的场景按照通常的犯罪行为的发展进程顺序排列。在第一个场景中，行为人产生了犯罪意图但没有后续跟进。而在第六个场景中行为人在现实中实施了犯罪。

被试者要根据这三种不同的依据来对行为人的刑事责任作出判断。每个被试者要在11档刑事责任中选择一档，不承担刑事责任或者承担刑事责任但免于处罚的记录为0。此外还记录了行为人被判定为不承担刑事责任（相当于

---

① 参见 Robinson & Darley，上注，682，第23—26页。

陪审团裁定无罪)的比例以及行为人被判定不承担刑事责任或者承担刑事责任但免于处罚的比例(此次意味着被试者不愿对被告科以刑罚)。

最后,《模范刑法典》认为共犯与主犯应当承担相同的刑事责任,但是被试者显然不这么认为,即使是在共犯的帮助程度很高的情况下,即使是在帮助行为对于完成犯罪具有实质影响的情况下,也是如此。被试者和大部分地区的立法一样,对共犯的量刑都会较主犯减轻至少一档。

所以即使对于单纯产生犯罪意图而言,被试者也都倾向于使其承担刑事责任,请注意在本案中锁匠雷某仅仅是产生了确定的盗窃硬币商店的意图但其后续没有采取任何其他行为。我们发现65%的人认为这一行为不承担刑事责任,35%的人认为行为人应当承担刑事责任,他们认为即使没有实施犯罪而只是形成了确定的犯罪意图也应当承担刑事责任。需要注意的是,认为需要承担刑事责任的被试者中又有1/3(约占被试者总人数的13%)判定行为人承担刑事责任但对其免除了处罚。

行为人实施犯罪的决意在其他语境中对于是否承担刑事责任具有决定意义。所以即使一小部分被试者对于仅仅产生犯意的行为人判定其承担刑事责任也不足为怪。此处需要注意一个容易被忽略的场景特性,场景设计是开了"上帝视角"的,被试者可以从场景设计中感受到设计者的内心意图,这一特性会导致研究结果与现实中法庭审判存在差距。实验中被试者能够确信行为人已经形成了实施犯罪的确定意图,而在现实中,在没有任何行为的情况下要判定行为人具有犯罪决意是十分困难的,现实中甚至都很难对其进行起诉。

场景设计中场景1到场景4属于尚未达到"危险临近"标准的场景。请注意这些场景的刑事责任判定都较低,被试者认为此类场景应当承担的刑事责任也都差别不大。而场景5达到了危险临近标准,其刑事责任陡然上升。这意味着危险临近标准乃是被试者在判断企图犯罪的刑事责任时所考虑真正采用的。

27%至65%的被试者认为前面四种场景不承担刑事责任,即行为人还没有达到危险临近标准。而在达到危险临近标准的场景5和场景6中,不承担刑事责任的比例都降为0,没有人认为不应当承担刑事责任,这一数字显然具有统计学上的显著性($p<0.01$)。更让人惊讶的是,62%到77%的人判定场景1至场景4不承担刑事责任或者承担刑事责任但免于处罚,而这一人数在场景5和6中骤降为0。这种结果表明,人们对于是否达到危险临近标准(前面四种尚未达到,后面两种已经达到)的观念存在戏剧性的差异。这意味着现有研究能够证明,在本案中普通法系所采用的危险临近标准十分准确地反映了大部分被试者判断刑事责任所采用的标准。

被试者对企图犯罪和犯罪既遂的责任判定显著不同:危险临近标准所对应的责任承担如第五行 5.35(1.8 年)要明显低于第六行 6.12(3.4 年)。这一结果与传统的企图犯罪责任轻于犯罪既遂的观念是一致的,而与《模范刑法典》则并不一致,《模范刑法典》中企图犯罪的刑事责任与犯罪既遂相同。而与《模范刑法典》所采用的"实质步骤"标准 1.54(7.5 日)相对比时,我们发现《模范刑法典》关于犯罪既遂责任判定 6.12(3.4 年)显得更加不妥。而尽管《模范刑法典》认为某人企图犯罪的刑事责任应当与犯罪既遂相同时,绝大部分被试者(第二行 C 栏约占 73%)认为在采取实质步骤之前不需要科处刑罚。①

上述实验关于责任承担的研究结论可以用如下心理学术语进行小结。在被试者看来,只有在行为人达到危险临近标准时才能对其科处刑罚。企图犯罪的量刑应当明显低于犯罪既遂的量刑。

结合现行法律实践,本研究试图确定公众眼中企图犯罪的客观要件究竟是什么。在以下场景中,如行为人刚刚满足实质步骤标准、确定犯罪意图、可能中途放弃犯罪,相当一部分被试者都认为其不应当承担刑事责任或者应当承担刑事责任但可以免于处罚。而当场景中行为人达到了普通法系中的危险临近标准时,则出现了戏剧化的一幕:所有的被试者都作出了承担刑事责任并科处刑罚的判断。这一情况意味着如果刑法典的制定要是能够反映公众对于犯罪的观念,那么就应当采取普通法系上的危险临近标准。如果为了提高犯罪预防的效果需要增加执法部门的提前介入,立法可以设立相应机构进行介入,而不是对产生犯罪意图就判处刑罚,刑事责任的起点应该设置在一个轻罪的标准上,如"为了实施犯罪行为进行准备"或者其他相似的程度。

第三节　企图犯罪中的中止、放弃以及补救

如果行为人的行为已经进入了可以构成企图犯罪的界限而需要承担刑事责任,他是否可以悬崖勒马并采取一定措施来防止刑事责任的承担?或者说,行为人是否可以在其完成犯罪之后又通过自愿的补救措施来积极挽回从而逃避刑事责任?

关于犯罪中止(desistance)的规定在不同时间不同地域都存在不同的处理方法。过去的普通法系对企图的犯罪和实质的犯罪不作区分,一旦犯罪的要件得到满足,就不存在回退一说。企图犯罪的刑事责任在一旦企图犯罪完

① "Justice, Liability, and Blame: Community Views and The Criminal Law"一书第六章对量刑要素进行了分析。

成之后就不可改变。《模范刑法典》为企图犯罪设置了“放弃犯罪”作为辩护理由，并设置了其他初步责任的形式，而当行为人自愿彻底放弃犯罪则可以无罪。如果行为人仅是出于害怕而中止犯罪或者将其企图犯罪的计划推后则不构成有效辩护。[①]《模范刑法典》之所以为企图犯罪设置辩护理由，其目的在于平衡其采用实质步骤标准所导致的犯罪成立起点的前移。同时也考虑到《模范刑法典》对于企图犯罪的量刑与完成犯罪几乎相当，实质步骤标准意味着一旦行为人采取了实质步骤，他就没有理由停下来，因为无论他是否中途停止其刑事责任都是一样的。而普通法系和现行各大法律体系都保持了量刑之间存在梯度，从而保证立法能够为行为人在任一阶段中止犯罪提供动力，所以他们反而不是很需要为企图犯罪另行设置专门的辩护理由。这种情况在绝大部分司法区域得到延续，即使很多地方对初步犯罪量刑本身就轻于完成犯罪，这可能也是因为主动放弃犯罪的道德可归责性更低。

第二节对研究所依据的法律规则进行了比较。场景 3a、5a、6a 分别代表行为人自动中止犯罪、或完成犯罪后采取补救的情况。

在行为人开始着手实施犯罪的案件，显然中止犯罪明显降低了其刑事责任，不过需要注意的是这一场景本身的量刑就很低，为 1.81(14 日监禁)，所以是否中止犯罪的差别也不会太大。在行为人达到危险临近标准的场景，请注意这里被试者的反馈与普通法系和《模范刑法典》的规定都不一样。普通法系并没有为行为人达到危险临近标准后设置辩护理由，但实验中被试的量刑却出现了显著下降。此外，85%的被试者认为中止犯罪的案件不需要科处刑罚，而被试者一直认为如果行为人达到危险临近标准而没有中止犯罪则必须科处刑罚。这意味着大多数被试者认为中止犯罪乃是一个有效的辩护理由，即使行为人已经达到了危险临近标准，即使达到危险临近标准意味着企图犯罪已经成立。与普通法系不同的是，《模范刑法典》在此类案件中规定行为人自愿且彻底终止犯罪可以作为辩护理由，这似乎符合被试者的直觉，如果案件中的锁匠因为自己的原因决定不再实施犯罪，那么就可以获得较轻的量刑。

而结果却有点讽刺意味。上文提到普通法系并不认可中止犯罪的辩护理由，而《模范刑法典》设置了中止犯罪的辩护理由，为什么？因为立法者意识到他们应当设置这样的规定，否则他们在其他规定上作出的调整会与这一规定发生冲突。具体而言，《模范刑法典》采用了实质步骤标准，实质步骤标准允许官方在行为初期就可以进行干预，这就意味着行为人在行为初期就是有责的。这一规定与《模范刑法典》就企图犯罪和完成犯罪承担同样刑事责任的规定相

① 《模范刑法典》，5.01。

一致，一旦行为人在犯罪道路上采取了实质步骤，那么他就承担完成犯罪相等同的刑事责任。所以，对于理性犯罪人而言，一旦实施了实质步骤就没有理由不把犯罪实施完毕，因为完成或者不完成所面对的量刑是一样的，而这种对于犯罪可能性的强化显然不是立法所追求的社会效果。所以问题再次出现：如果一个人在刚开始干坏事时就要承担和干完所有坏事一样的惩罚，他们就没有理由不去把坏事干完。因为实质步骤标准对于责任承担的界线设置太过靠前，导致一开始就为犯罪注入动力。正因为如此才需要在这里设置中止犯罪作为辩护理由，在行为人开始实施犯罪之后给行为人一个理由来停止犯罪。所以打击前移和辩护前移是相辅相成的。如果我们压根不同意《模范刑法典》所采用的实质步骤标准和同等量刑的做法，那么也就没有必要为其设置中止犯罪的辩护理由了。然而，数据显示被试者倾向于保留这一辩护理由，而其中的原因显然和《模范刑法典》设置这一辩护理由的初衷不同。

最后，补救犯罪对于量刑的影响在犯罪完成后要比犯罪完成前小很多。未中止已完成犯罪量刑为 6.12(3.4 年)，已完成又中止或补救的犯罪量刑为 3.23(2.8 月)。达到企图犯罪标准在《模范刑法典》中是十分严重的，更重要的是一旦达到企图犯罪标准则不存在任何中止或放弃可以作为辩护理由。但被试者对于犯罪实行完毕之后采取的中止或者放弃给予了宽缓的量刑，可能他们认为即使犯罪已经实行完毕，但后面的中止或者放弃能够表明行为人主观上已经不再具有最初那么坚定的犯罪意图了，所以适当减轻他们的刑事责任也是可以理解的。而下文将会提到，缺乏实质损害可能也是其中原因之一。

如果行为人在达到危险临近标准之后中止犯罪并非出于回心转意，而是因为害怕被捕，则被试者的量刑将会增加，从 0.69(不足 1 天)增加到 1.58(8.8 天)。占 65%多数的被试者始终认为不应科处刑罚，当然这 65%认为应当承担刑事责任。《模范刑法典》和普通法系在这一问题上都没有设置辩护理由。企图犯罪没有造成实质损害，被试者对于这一点的考虑显然要比那些法律条文更多。

企图犯罪没有造成实质损害，这一要点得到了被试者的密切关注，被试者对于行为人在企图犯罪完成之后又放弃的案件中的回答反映了这一点。行为人对危害结果采取补救(归还赃物)并不能够免除其刑事责任，但可以大大降低其量刑，从 6.12(3.4 年;最高量刑)降至 3.23(2.8 月，最高量刑的 73%)。请注意如果行为人在完成犯罪后放弃犯罪但又无法采取补救措施的，其量刑则更加接近已完成未放弃的场景。放弃犯罪但又无法归还赃物的盗窃犯的刑事责任为 5.83(1.8 年监禁;最高量刑的 96%)。

更多的研究结果表明危害结果并不是唯一的影响因素，悔过也会产生影响，事实上二者可能差不多重要。注意，达到危险临近的企图犯罪场景的责任与完成犯罪后想要放弃但无法补救的场景是一样的，均为5.35(1.8年)。前一场景中行为人想要完成犯罪但没有造成损害，后一场景中行为人造成了损害但是内心出现了悔改。这些场景的责任分配与其他场景有着至关重要的区别：行为人坚决实施并顺利完成犯罪，造成损害且没有悔过，其责任分配为6.12(3.4年)。而这两个场景的量刑都高于以下场景：(1)完成犯罪前放弃，刑事责任分别为0.38和0.69，对应量刑均小于1日。(2)完成犯罪后放弃，刑事责任3.23，对应量刑2.4月。这一现象表明客观危害和主观悔过都会对被试者的量刑产生影响。

最后值得注意的是被试者很多时候都选择"承担刑事责任但是免于处罚"。这一选项不仅在"满足危险临近标准之后立即中止或放弃犯罪"的场景中得到广泛应用，即使在没有满足危险临近标准的企图犯罪中也同样存在。这些结果显示被试者认为必须对行为人的行为进行否定，但是由于他们与造成现实危害后果之间还不够接近，被试者对于是否让他们接受惩罚则显得有些犹豫。(大部分人都对所有的案件判定承担刑事责任，比例分别为50%、58%、73%，不过这些比例数据是根据表格中的数据换算得来的。)对于被试者而言，对行为人的行为和意图进行否定是必须的，但最终他们会因为缺乏足够的可归责性而不愿意对行为人科处刑罚。

第四节　制造刑法禁止的风险

正如行为人会因为企图制造刑法所禁止的损害而承担刑事责任一样，行为人也会因为企图制造可能带来刑法所禁止的损害的风险而承担刑事责任。当然并不是所有风险都在刑法禁止之列，现行各州刑法典一般只对可能导致危害的实质风险规定刑事责任。立法一般会对刑法禁止的风险设定一个下限从而与其他法律所禁止的风险相区分。而刑法禁止的风险的下限设置在哪里是立法者所面临的一大难题，但有一点是存在共识的，那就是对于这种风险的刑法属性的最终判断乃是以以下要素为根据的，这些要素包括危险导致实害的严重性、危险导致实害的可能性、危险行为的目的等。例如行为人在草坪上安装了一个洒水器，那么他就制造了把行人弄湿的风险，但这个风险微不足道，不需要用刑法来进行规制。而当行为人驾驶车辆时，撞死撞伤行人的风险总是存在的，但这种风险很低，而驾驶行为的价值很高，所以驾驶车辆不属于刑法禁止的风险。

因此行为人所制造的风险是否应当为刑法所禁止需要对风险的危害严重性和危害可能性进行广泛的评估。此处研究的目的就是为了确定公众所认可的刑法禁止潜在危害和制造风险的下限。此外,研究还试图了解二者之间是否存在联系和互动。

研究试图发现这些对于刑事责任具有影响的要素与被试者认为行为人制造刑法禁止的风险的主观过错是否存在关联。为了实现这一点,有必要将被试者阅读完案例信息之后会带来的普遍心理倾向考虑在内。如果行为人被描述成制造了轻微危险,那么很有可能就会被解读成他的主观方面对于这一风险仅有大概了解。相比之下,如果行为人制造了巨大风险,那么他的主观方面显然不会是大概了解这么简单,他至少因行为会导致危害结果而一定程度上希望危害结果的发生。[①]所以将两个案件进行对比的话,其中一个行为人制造较小风险,而另一个行为人制造较大风险,那么后者往往要承担更大责任,这很有可能是因为人们往往认为如果制造了较大风险那么其主观状态也更应该受到谴责。

本研究的目的试图在保持行为人主观过错保持不变的情况下来判定风险程度的增加以及潜在危险的增加是否与刑法规定的刑事责任的增加相符合。之所以要保持行为人主观过错状态不变的原因就是为了避免由较高的客观风险推导得出较高的主观过错的情况。为了保证这一点,该实验的场景设计对于行为人主观状态都明确定义为"明知且希望发生"。这意味着行为人的主观过错都是最严重的,相互之间不存在差异,因此案件刑事责任判断结果的不同就排除了主观过错的影响,而只可能是因为客观的风险所造成的。

本实验的场景设计如下:一个妻子试图杀害其配偶,于是在其早餐中下毒。案件结果又分为若干版本:轻度损伤如造成丈夫肠胃不适、腹泻等症状;中度损伤如造成丈夫肠胃器官实质损坏;重度损伤即造成丈夫死亡。是否造成损伤的风险取决于丈夫进食早餐的可能性。

实验记录了相应场景的刑事责任判断,其中包括被试者判定行为人不承担刑事责任以及承担刑事责任但免于刑罚的比例。

值得注意的是,所有的场景中没有人认为行为人可以不承担刑事责任,这意味着危害风险及其实现虽然可能与量刑梯度有关,但并没有为潜在危害和潜在可能设置的刑事责任承担设置下限,也就是说无论危害多小、发生可能性多小他们都应该承担刑事责任。或者说即使存在最低限度,那么这个限度显

① Marylee Karlovac & John Darley, Attribution of Responsibility for Accidents: A Negligence Law Analogy, 6 Soc. Cog. 287(1988); Baruch Fischhoff, Hindsight Does Not Equal Foresight, 1 J.Experimental Pschol.28(1975).

然要比本实验中的最低限度还要低。这一结果与上文关于企图犯罪的实验结果是一致的。

正因如此，本实验的结果乃是分级，而分级乃是第十七章的重点，此处先对这一问题进行一个预热。随着危害发生可能性的增加或者潜在危害的严重性的增加，其刑事责任也随之增加。

有趣的是，上述两个要素之间相互作用的统计结果十分明显。这一结果表明严重性和可能性这两个要素对于刑事责任的共同作用要高于他们各自作用之和，出现了1+1大于2的情况。尤其是场景12的刑事责任要显著高于其他场景(所以这一场景有可能是两个要素相互作用的核心部分)。在妻子试图杀害丈夫并付诸实施的场景中，被试者判定的刑事责任尤其严重。如果该妻子想要谋害丈夫并成功实施，那么她的量刑可以达到终身监禁。

除了这一场景的刑事责任显得十分突兀，其他场景中被试者的刑事责任判断的变化都呈现出比较平缓的渐变趋势，随着潜在危害的严重性或者可能性的增加，其刑事责任也慢慢递增。

那么被试者的反应与刑法典是否一致呢？只能说总体上一致。因为场景设计中将行为人的主观定义为“明知且希望”，所以这些案件在刑法典中都已经达到了企图谋杀的程度，其刑事风险的严重性或可能性的程度将不再区分。但被试者们的反应恰恰相反，这些要素影响了他们的量刑，而且影响还不小。首先他们认为风险程度越高量刑越重。(这与重度、中度、轻度的风险级别划分相一致。)换句话说，被试者认为只要制造了风险那么就应当和刑事责任相挂钩。而这种倾向证明与立法相比，被试者更注重危害本身的考察，即使此时他们所面临的仅仅是危害前的风险。其次，他们的刑事责任裁量还会考虑犯罪故意中的伤害程度。所以他们的判断又一次以实际制造的而不是意欲制造的风险为标准。这一话题及其含义将会在第十七章得到更加全面和细致的探讨。

那么还有一类情况尚未讨论的乃是行为人出于非常轻微的主观过错(如过失、疏忽大意等)但却制造了极为严重且极有可能实现的风险，那么应该如何处理？这些案件的刑事责任如何分配？立法者可能只有在这些案件的危害十分严重时才会考虑到对其追究刑事责任。所以另有一项实验对这一问题进行了研究，该实验中行为人仅制造了一种危害的风险，但是风险所对应的危害种类则各不相同。所以这一研究能够显示被试者对于风险的惩罚是否因为风险所对应的具体危害而存在差异。而关于这一话题还有很多内容值得进一步探讨。

第五节　共犯的客观要件

如果行为人被认为是“共犯”，那么他有可能会因为他人的行为而承担刑事责任。以下内容针对的便是共犯的客观要件：行为人要满足什么条件才会构成共犯并承担刑事责任。

法律要求行为满足什么要求才能达到共同犯罪？普通法系对于共犯的规定是，行为人必须为主犯提供了某种支持或帮助。因此构成共同犯罪通常具有两种认定方法：第一，通过教唆他人实施犯罪来促使行为人产生或坚定其实施犯罪的决心；第二，为他人提供帮助，这种情况不仅在精神上对主犯给予了支持，也在客观上为犯罪行为贡献了力量。需要注意的是普通法系关于共犯的规定并不要求共犯的行为必须对犯罪行为具有帮助性，例如，即使没有人经过，望风也可以构成共犯；即使没有派上用场，驾驶逃跑车辆在旁边等候也可以构成共犯。同理，即使主犯已经坚定犯意，即使没有教唆也会实施犯罪，但教唆行为依然构成共犯。

普通法系规定如果帮助行为或者教唆行为没有成功，那么不承担刑事责任。所谓帮助行为和教唆行为没有成功是指主犯并没有在其帮助或教唆下实施犯罪，即教唆失败。

《模范刑法典》认为这种教唆失败而免除刑事责任的规定并不妥当，因此对其刑事责任进行了扩张，规定教唆失败或者帮助失败的共犯同样应当承担刑事责任。共犯只要满足“帮助、同意帮助、企图帮助”之一即可构成共犯。①

一旦确定共犯责任原则，那么犯罪一旦发生，从犯也要承担刑事责任。企图犯罪（犯罪未遂）等未完成形态的刑事责任一般低于完成形态，但共犯的责任原理是为了确立全部刑事责任，所以从法律的角度来说，从犯和主犯的刑事责任相同。

本研究的目的就是为了确定行为人提供教唆或者帮助行为能够达到承担刑事责任的最低限度是多少，以及被试者是否会根据共犯对于犯罪行为的教唆或帮助程度来调整量刑。很少有刑法典会根据共犯的参与程度对其刑事责任划分等级，但是《美国联邦量刑指南》中对这一问题提供了一个相对宽泛的目录。②

该研究设计了一系列的场景由被试者来判定刑事责任，场景中行为人试图为一起谋杀提供帮助，其中就包括行为人进行教唆或者帮助而失败的场景。

---

① Model Penal Code 2.06(3)(a)(ii).

② United States Sentencing Commission Guidelines Mannual(1994) §§3B1.1 and 3B1.2.

本研究的重要目标就是测试被试者的责任判断是否基于危害结果是否发生，第十章第三节的研究就证明现实危害结果要在责任裁量中具有重要的作用。而本案中的危害结果就是死亡是否发生，为了结论更加准确，实验者设计了一系列主犯未能成功杀害他人的场景。

本研究的核心场景是一位婚姻不幸的妇女希望她的丈夫可以早日去世，这样她就可以成为一名有钱的寡妇。一位熟悉了解她感受的朋友知道了她的想法并采取了一系列不同的措施帮助或者试图帮助并最终杀死了她的丈夫，这些不同的措施体现在不同的场景设计中。不同的场景中还分别设计了谋杀既遂、未遂等不同情况。

可以看到当谋杀成功时，妻子的刑事责任为10或更高，量刑相当于终身监禁。如果谋杀失败，妻子的刑事责任就降到7.5(11年监禁)。这一模式与被试对于完成犯罪(既遂)的量刑重于企图犯罪(未遂)的模式相一致。在其中一项未遂场景中，妻子向丈夫开了一枪但是没有打中，因此没有造成伤害。被试者有可能会据此推断妻子内心存在矛盾，其犯罪意图不是很坚决。而这两个因素也许可以解释为什么三个未造成死亡的场景中妻子的量刑出现了显著下降。

下面我们来回答本研究的核心问题，共犯的刑事责任。场景1中，妻子的男性朋友的主观想法是：如果她决定下手，他就愿意出手。但就与她沟通之前，该妻子已经开枪打死了丈夫。在这种情况下，没有人认为这一朋友应当承担责任。和前面一样，被试者需要回答一系列问题，关于他们对于这一案件的感受。表格下面记录了这些问题，场景1的在“对朋友的帮助行为的认同”一项，根据规则7代表同意、9代表极其同意，该栏的数值在8到9之间(同意度颇高)。请注意，所有情境都对朋友同意妻子行为表示认同，在是否达成合意方面只有第一行显示被试者明确知晓朋友没有帮助妻子。

在本章以及其他章节的场景中，如果被试者认为行为人已经形成了犯罪的决意并采取了一定措施，那么总会判定其承担一定的刑事责任。但在本研究中，被试者对于共犯并没有判定其承担任何责任，即使他已经下定决心要帮助他人实施谋杀。这种差别的原因在哪里？因为决定帮助实施犯罪与决定实施犯罪相比后撤了一大步，也许正是这一大步后撤对于被试者而言具有显著意义。又或者“认为某人愿意实施帮助”也可以被解读为一种不甚坚定的犯罪故意，如第十章第一节中所讨论的锁匠试图盗窃保险箱而未遂的案件中那样。

在朋友试图帮助妻子杀害丈夫但是帮助行为没有成功实施，即该妻子并不知道朋友要帮助自己，第二行的结果中妻子成功杀害丈夫，在相反的结果中妻子没有成功杀害丈夫。这类案件的刑事责任很低，仅次于行为人“形成帮助犯罪意图”的刑事责任。与此形成鲜明对比的是,《模范刑法典》对于这种未能成功实施帮助或教唆的行为规定了全部责任而非初步责任。

在第三行的“教唆”(encourage)场景中,朋友对于妻子想要杀害其丈夫的想法表示赞同。结果显示被试者认为此处朋友和妻子已经达成了杀人的合意。这种“进行怂恿”的行为在普通法系和《模范刑法典》中都被认为已经达到了共犯的标准,实验中被试者也认为其应当承担刑事责任,只不过其责任程度较轻而已。(此类行为还符合了共谋的标准,《模范刑法典》对其规定了与实质犯罪一样的刑事责任,不过现实中大部分司法区域的刑事责任规定要低于实质犯罪。)

朋友的刑事责任被认定为4.15(约7个月监禁)。但需要注意的是,仍有38%的人认为无论此人是否被认定有罪,都不应该真的将其关进监狱。这一量刑再次显著低于《模范刑法典》。(当然,《模范刑法典》与公众的观念差别在其他关于“合意”的案件中没有这么大。而在此处,由于妻子已经决定杀害其丈夫,所以朋友的赞同对于妻子的犯意形成没有影响,但不可否认朋友的赞同会更加坚定妻子的犯意。)

所以上述各项要素反映了基于一个确定的犯罪行为,行为人及其共犯在不同情况下所应当承担的不同惩罚。记住这一点我们来分析被试者的责任判定存在什么样的模式。八个不同场景描述的乃是在妻子杀害丈夫的过程中她分别得到了八种不同形式的帮助,同时实验方法的操作性检查对被试者是否如预期的那样理解场景的信息进行了检查。

场景2属于“未能帮助”场景,在这个场景中该朋友听到了妻子向其姐妹谈到想要杀害其丈夫,于是约妻子见面并为其提供必要的手枪,但就在他们见面之前,妻子已经开枪杀死了丈夫。被试者认为这种处于“未能提供帮助”和“企图提供帮助但未能成功”之间的中间状态的刑事责任为分别为1.44和1.56。

场景4属于“最低限度帮助”场景:妻子想要开枪杀死丈夫,而朋友告诉她哪里可以买到枪。显然,这种情况下朋友对于犯罪计划的同意表现得十分隐晦。被试者认为这种情况处于“提供最少帮助”和“提供实质帮助”之间,其刑事责任分别为4.71和4.21,根据规则责任等级4表示达到最少帮助标准,5表示达到实质帮助标准。

场景5属于“实质帮助”场景:朋友给了妻子一把枪来射杀其丈夫,这就达到了实质帮助的标准,妻子开枪并打死了丈夫。(注意本案中没有设计妻子开枪但是没有击中的场景。)被试者都认同此处朋友达到了提供实质帮助的标准,刑事责任评级为5.44,根据规则5表示刑事责任评级达到实质帮助标准。

场景 6 和 6a 属于“必要帮助”场景，该帮助是完成犯罪所必需的：该妻子无法获取武器而该朋友为其提供了武器。妻子又表示自己不会使用枪支，于是朋友教会了她如何开枪。被试者对于这两个场景的责任评价和预期的一样又有所提高，分别为 6.41 和 6，根据规则 5 表示达到必要帮助标准。

场景 7 属于“必要且独特帮助”场景，该场景中朋友提供了必要且独一无二的帮助：他通知妻子其丈夫产生怀疑并准备逃离本地，于是妻子赶回家中在丈夫逃跑之前将其杀害。不过被试者对这种场景的判断与预期并不一致，他们认为这种行为仅属于提供实质帮助。

场景 8 属于“主谋”场景，即该朋友并未亲自实施犯罪，但他却是这一整个案件的主谋：该朋友是丈夫的一名商业伙伴，如果丈夫死亡，则该朋友的一大笔债务可以不用偿还。在知道妻子与丈夫不和之后，该朋友为妻子设计了一整套方案，这样妻子就可以开枪打死丈夫并把现场布置成一个意外。而在这一场景中，有一半的被试者认定该朋友属于主谋，而另一半的被试者认为他的行为属于提供必要且独特的帮助。

综上所述，除了场景 7 存在例外，其他场景中被试者的反馈都与预期相一致。那么他们判断不同责任分配的依据是什么？对 11 个案件进行考察不是一件容易的事，两项研究将为我们提供帮助。

一项研究的目的是为了检验在犯罪中共犯程度的增加对于刑事责任会产生什么样的影响。该研究只收录了妻子成功杀害丈夫的所有场景（场景 7 除外，因为操作性检查显示被试者并没有按照预期的那样理解场景 7 内容），而排除了妻子杀害丈夫失败的场景，该部分将在后面进行讨论。总体上看，随着该友人实施共犯的程度不断增加，从帮助失败到最低限度帮助，直到成为犯罪主谋，其刑事责任也相应上升。随着该友人对于导致谋杀的参与程度的不断增加其刑事责任也随之上升。对于实质帮助、必要参与和犯罪主谋，被试者会判定其承担将近 30 年监禁。这意味着实质帮助是共犯责任的一个门槛，在其之后即使行为人的帮助行为提高了很多，但对于最终的责任认定影响反而没有那么大。其从犯责任要普遍低于实行犯的责任（从犯责任分别为 9.18、9.32、9.18，实行犯责任分别是 10.12、10.06、9.97），从犯责任的相互差异也更小，曲线变化也更加平稳。现有的证据说明被试者认为从犯的责任就应该低于实行犯，而并不关心从犯在案件中的角色有多么活跃。

主谋场景暗示从犯责任减轻的规律是存在限制的。在主谋场景中，该友人的刑事责任就很高，量刑在 30 年以上，但依然低于本案中妻子的量刑。但是妻子的刑事责任要低于妻子在其他相对独立犯罪的场景中的刑事责任。妻子在这一场景中的刑事责任被部分转嫁给了共犯，这就是本案有意思的地方，也是唯一一个妻子量刑小于终身监禁的场景。而当妻子对于死者的刑事责任被减轻时，我们就会期望主谋的刑事责任应当加重，这一加重甚至可以突破平常从犯量刑低于主犯的普遍规律。

再来看场景7中设定的提供“必需且独特”帮助的场景。上文提到，被试者所理解的该场景的信息和场景设计并不一致，这一场景设计中所描述的提供“必需且独特”的帮助原本对应的刑事责任等级应当为7，但现实中被试者普遍将其理解为刑事责任等级为5，而5只相当于前面的提供“实质帮助”的标准。未来需要设计一个场景其中从犯为犯罪提供了“必需且独特”的帮助，实验预期该场景很有可能会被被试者判定为“主谋”。也就是说被试者对于所谓“必需且独特”标准的判定存在两极化，要么低要么高。不管怎样，场景7和5之间的对比出现了戏剧性的变化，按照实验设计预期场景7应当比场景5严重，但是由于被试者对于场景5的理解是符合实验预期的，而对于场景7没有按照预期来进行解读，所以最后场景5的刑事责任反而要比场景7高出许多（场景5的量刑为30年以上监禁，而场景7仅为2年监禁），不过二者还是大致符合被试者对于从犯在案件中承担责任的一般认知的。这意味着案件中还有一些未知的因素影响了被试者的判断，后续的研究会对这些因素进行识别。

然后犯罪结果与共犯的责任存在何种关联？妻子成功杀死丈夫会怎样或者开枪但未能击中又会怎样？另一项研究回答了这一问题。该研究记录了该朋友试图帮助但未能成功、提供最低限度帮助、提供必要帮助一共六种场景。被试者对于朋友的刑事责任判定在妻子没有成功杀死丈夫的案例中要相对减轻。（谋杀未遂的曲线要始终低于谋杀既遂的曲线。）正如此前提到的，被试者表现出对损害没有实际发生的案件判定较轻刑事责任的规律。这种情况第一眼看上去与《模范刑法典》对此类案件的规定是一致的。但是“企图帮助但是未能成功”与“成功实施帮助行为”的刑事责任却是一样的，这意味着主犯行为虽然未得逞对从犯责任只是名义上的——毕竟他的帮助行为只是对于企图犯罪而不是对于全部犯罪而言的。这不禁让人觉得《模范刑法典》的规定有点像前面重了，后面补救。尽管大部分司法区域会对企图犯罪的刑事责任给予轻减，《模范刑法典》对企图犯罪规定了实质犯罪同样的责任评价，因此共犯责任也不会得到减轻。

综上所述，该研究的结果乃是被试者根据直觉判断作出的。共犯所提供的帮助行为的程度越高，共犯所要承担的刑事责任就越重，其中共犯的帮助行为从最初的帮助他人坚定犯意一直到最终的制定犯罪计划逐步升级。

首先，不同判断规则的显著差异表明其更接近于普通法系的刑法规则而与《模范刑法典》的规定相反，例如共犯的责任是否需要满足现实的帮助行为，又如企图帮助但未能帮助是否可以构成共犯。被试者的普遍反应与普通法系的规则相一致，即要求该共犯实施了实际的教唆行为或帮助行为。

其次，被试者会根据从犯在犯罪中实施的帮助行为的程度不同而对其处以不同的量刑，数据记录表明被试者的这一行为模式具有很强的规律性，但这一规律显然与法律体系的倾向截然相反。法律体系往往不对参与犯罪主题的角色进行区分，在犯罪中起到支持角色的人与真正实施犯罪的人全部一视同仁。在很多立法中，这个问题是两极化的，要么没有责任要么全部责任，不存在分级。如果不构成共犯，那么就不承担责任；如果构成共犯，那么和主犯承担同样责任。但在实验中被试者始终坚持对不同的行为人判处不同的刑罚。而这正是量刑指南诞生的目的，为共犯提供具有区分度的量刑指导。①

最后，《模范刑法典》认为共犯与主犯应当承担相同的刑事责任，但是被试者显然不这么认为，即使是在共犯的帮助程度很高的情况下，即使是在帮助行为对于完成犯罪具有实质影响的情况下，也是如此。被试者和大部分地区的立法一样，对共犯的量刑都会较主犯减轻至少一档。

第六节　不作为的刑事责任

上文讨论了实质犯罪以及禁止犯罪企图、禁止制造风险、禁止共犯，这些内容基本上就是法律划定的范围，告诉人们什么绝对不能做。但除此以外，特定刑法还会要求人们必须做些什么。人们必须交税、服役、特定行为必须申请特殊执照等等都是如此。那么究竟哪些行为需要法律规定，一旦没有实施就启动刑法来施加痛苦呢？尽管本书对这一问题未能涉及，但后续研究将会对这一问题进行跟进。是否存在某些受到刑罚处罚的行为，在公众看来并没有严重到应受罚的程度？刑法是否可以设定在必要时必须采取某种行为的义务？

本研究一方面针对实践，实践中很多立法对行为人通过积极作为实施的犯罪行为和因为不作为而没有履行法律义务所构成的违法处以同样的刑事责任。例如，通过积极作为制造死亡和没有履行法律义务的不作为导致死亡，在其他情况不变的情况下，法律认为二者是一样的。

本研究的另一方面针对一项争议极大的话题，即法律是否能够要求人们在他人受重伤或遭受生命危险时必须进行救助。英美法系一直拒绝在法律上创设此类义务要求行为人在陌生人陷于危难时进行救助。在现有的规定下，不作为承担刑事责任的前提是某人必须具有实施特定行为的特殊义务，而这

① United States Sentencing Commission Guidelines Manual(1994).

种义务的数量很少，其适用的场合也极为罕见。例如，行为人遇到了一个落水者，他只用把湖边的救生圈扔下去就能把他救上来，法律可以规定行为人有义务对其进行救助，如果不作为就需要承担法律责任，但这种规定仅仅局限于行为人与落水者具有法律规定特殊关系时才适用。最常见的救助义务存在于父母与其子女之间，此外还包括其他契约性的义务，如泳池雇用救生员，救生员的合同义务就是救助溺水者。还有一种情况就是一旦行为人对落难者进行了帮助，那么他就有义务完成救助行为，因为他的帮助行为会让其他人认为情况已经得到控制，其他人就会放弃提供帮助，此时如果行为人中途而废就有可能导致落难者无法得到其他人的救助。所以行为人一旦承担起救助义务，即使在自愿的情况下，法律就要求他将这一救助义务履行完毕。

但是如果上述关系都不存在，那么法律认为该人没有任何帮助的义务。所以在上述的落水案中，行为人认识到了危险，也可以避免这一危险，但他并没有义务这么去做。即使行为人知道如果他不扔救生圈落水者就会丧生，即使行为人知道他只要动动手就可以救人一命，即使诸如扔个救生圈的行为并不会给行为人带来不便，更不用说会带来危险，但行为人依然没有义务这么去做。行为人没有义务这么去做，他的不作为也不需要承担任何刑事责任。

关于这一问题的争论历史悠久。若干评论者都曾对这一问题进行过批判。利文斯顿(Livingston)就曾主张在救助行为不会产生个人风险或经济损失的时候，行为人应当对他人进行救助。①但这一建立普遍救助义务的提议受到了批判，理由是这种普遍救助义务的范围太宽泛了。麦考利(Macauley)则指出："即使连最小的人身危险、最少的经济损失都不存在，救助仍有可能带来极大不便。"②更多情况下，是否需要创设普遍救助义务的探讨已经超越了刑法的范围而进入了道德义务的范畴：

> 人不应为恶，这是必须的，但是是否必须与人为善呢？刑法自然应该禁止为恶，而劝人向善之事还是应该留给教师、留给教堂、留给公众思想。诸多证据表明因为不具善行而惩罚他人是荒唐的。仁爱的道德不会对不作为予以苛责，绝大部分的不作为也不应受到惩罚。如果非要惩罚，我们必须说服自己，这些不作为和其他的到底有何不同，惩罚它们又有何作用，这么做究竟是否符合刑法本意？③

---

① Edward Livingston, A System of Penal Law, Code of Procedure, ch. II, art. 12—13(1833).

② Thomas Babingston Macauley, A Penal Code: Prepared by the Indian Law Commissioners 53—45 n.M(1837).

③ Id., 55—56.

尽管不作为并不一定具有道德上的正确性，但我们的观点是，除非在极其特殊的情况下，不作为不需要承担刑事责任。

虽然也有个别例外，这就是社会法律的普遍观念。尽管对于为不作为创设刑事责任受到普遍反对，但少部分州已经创设了一种有限普遍救助义务，其有限表现在行为人的救助义务仅限于被害人处于严重危险而行为人不会因为救助而导致自身危险。①而且立法对于不作为的处罚也非常轻微。

以下关于不作为刑事责任的实验是为了测试被试者对于未能对落难者进行救助是否应当承担刑事责任并受到刑罚惩罚的看法，以及面临不同程度风险和不便其承担的刑事责任和刑罚会出现什么样的变化。研究还会对作为和不作为的责任进行比较，尤其是在如父母的监护义务、基于合同的救助义务、先行行为导致的救助义务等几种确定的义务来源。本研究的基本场景是一人将被害人推下水，如果不采取救助被害人就会溺水身亡，而另一人在旁边目睹了事件的发生但没有采取救助措施。场景第一组设计包括场景 1 到 4 中都设计了一个救生圈，旁观者只需要把救生圈扔下去被害人就能获救。第二组设计从场景 5 到 8，由于实验想要了解被试者是否希望该旁观者采取进一步的行为来进行救助，因此这一组场景中旁观者需要游向被害人才能进行救助，而实验也将该旁观者的属性设定为游泳健将。在实验中，被试者需要对推人者和旁观者的责任都作出判断。场景中的变量包括旁观者和被害人的关系、旁观者救助所面临的不便或者危险的等级。

第一个显著的特点其实全球通行的，与推人者的刑事责任相比，旁观者的责任要显著减轻。推人者的刑事责任在所有场景中几乎都很一致，刑事责任等级为 8.6(24.4 年监禁)。而旁观者没有采取救助行为的其刑事责任则普遍较低。旁观者的刑事责任低于推人者，在所有场景中都始终保持如此。

即使是在旁观者具有救助义务的场景 2 到 4 中，其刑事责任同样要低于推人者。（在场景 2 中，旁观者是落水者的父母；在场景 3 中，旁观者对落水者具有合同上的救助义务；在场景 4 中，旁观者对于落水者具有先行救助行为引发的救助义务。）即使在这些具有救助义务的场景中，不作为导致死亡的刑事责任为 5.1(1.2 年监禁）到 6.2(3.8 年监禁），显著低于作为（推人）导致死亡的刑事责任 8.6(24.4 年监禁)。

研究记录了被试者所认为的行为人未能施救时所具有的主观心理状态，这意味着被试者对推人者和旁观者的刑事责任判定存在差异很有可能是因为他们主观上具有不同的过错。被试者认为推人者是为了淹死落水者而将其推

① 参见 R.I.Gen. Laws §940.34。

落下水的，而旁观者即使没有施救也不会被这么认为。（对于旁观者的不作为，其刑事责任在 3.38 和 4.76 之间，根据规则 3 表示被试者不认为行为人希望落水者死亡，5 则表示被试者不确定行为人是否希望落水者死亡。）无论如何，都显示被试者认为潜在的救助者明确知道如果他们不采取救助则落水者会溺亡。这意味着相对于推人者而言，被试者对旁观者的刑事责任打了折扣，不过他们依然认为旁观者的不作为应当受到谴责。

回头来看影响责任等级的其他因素，被试者显然对于陌生人（场景 1、5、8）和具有救助义务者（场景 2 到 4）的责任分配作出了显著区分。对于有救助义务者的不作为，绝大部分（约 93%—100%）被试者都判定其承担刑事责任和刑罚处罚。这一结论证明法律为此类法定关系设定救助义务与公众的观念是一致的，这种法律上的救助义务的创设是有道理的。所以，研究结果显示在公众看来行为人没有履行法定义务为其承担刑事责任提供了基础。但是，研究中被试者对此类具有救助义务的案件的刑事责任判定和量刑远轻于《模范刑法典》的量刑。《模范刑法典》对于不作为的量刑与作为几乎一样，如研究中的场景其责任等级大约为 8.6（约 24.4 年监禁），而被试者对此类案件的责任判定要明显低得多，约为 5.1—6.2（1.2—3.8 年监禁）。

被试者并不是对所有案件都宽宏大量。与具有法定救助义务场景相反，被试者对于没有法定救助义务场景的责任判定反而要比《模范刑法典》更重。除了其中一个场景设定旁观者的救助会给自己带来巨大风险以外，在其他所有旁观者不作为的场景中，绝大部分被试者（约 79%—86%）都对其判处了刑事责任。而即使在救助行为会给旁观者带来巨大风险的场景中，也有 45%的被试者认为旁观者的不作为应当承担责任。而与此相比，基本法理一般不要求无救助义务的不作为承担刑事责任。而在被试者看来，即使没有救助义务也不能免除行为人不作为而导致陌生人死亡的责任。从场景 5—8 的被试者反馈来看，被试者认为如果旁观者会游泳，那么他就应该下水去救落水者，否则他就应该承担刑事责任。

话虽这么说，被试者对于救助陌生人的要求还是进行了细致区分的，我们并不是要否定这一点。无救助义务场景又分别设置了四个场景，按照救助者实施救助行为所要承担的风险从低到高排列，分别是较为不便、十分不便、较为危险、十分危险四个等级。结果显示被试者的责任判定随着救助者承担风险的增加而逐渐降低，也就是说被试者认为如果救助风险越小，那么旁观者就越应该进行救助。

但除了实验结果显示的这种责任分配模式以外，被试者所理解的干预义务还是非常宽泛的，远远超出了现有立法的范围。在十分危险的场景中，旁观者需要跳入鲨鱼出没水域来进行救助，45%的被试者依然认为没有进行救助应当承担刑事责任，只不过相应的量刑比较低而已。

法典规定与大众直觉对于无救助义务场景的区别相对较小，而且此类场景更加关注的是量刑而不是责任。许多被试者给出承担刑事责任但免于刑事处罚的判决，在两个救助行为存在危险的场景中只有少部分人认为应当承担刑事责任，其中较为危险场景为38%，而十分危险场景为14%。导致这种模式的原因可能是被试者需要通过刑事责任来表达他们对于不作为的否定和谴责，但又因为情有可原而免除其实际的惩罚。而在没有救助危险的场景中，大部分被试者给出了量刑，不过量刑幅度不高而已，约为2.9（约7.4周监禁）至3.79（5.2月监禁）。①

综上所述，本研究的结果显示在其他条件不变的情况下，被试者认为不作为导致死亡的案件应当承担一定的刑事责任，当然其责任要低于作为导致死亡的案件。而标准的法律区分也得到了研究结论的支持：无救助义务的不作为其责任程度要低于有救助义务的不作为。在无救助义务的场合，随着采取救助行为会带来不便或者危险程度的上升，其责任和量刑会相应降低。然后只有在救助行为十分危险时，该旁观者的不作为才有可能不用承担刑事责任。与此相比，救助行为存在不便则不能作为免责理由，只是量刑相对较低而已。上述结果与美国部分州的立法设置了有限救助义务相一致，这种有限救助义务规定公民应当对处于严重危险的陌生人进行救助。

但是当行为人具有法律上的救助义务如亲属关系、合同义务、先行行为引发的救助义务而未能救助时，其刑事责任要明显低于现有的法律规定。在主观方面都能够认识到落水者可能死亡的情况下，不作为导致死亡的可归责性要显著低于作为。当前的立法要求实质犯罪承担全部刑事责任，但研究中的被试者普遍降低了不作为的责任。这意味着立法者对于未能履行义务的刑事责任作了很大程度的降低。

最后需要指出的是被试者对于那些并非大相径庭的案件，而只是近似的案件也能作出细致的区分。例如，被试者会在不同的场合对产生救助义务的不同场景的责任裁量作出区分。在救助陌生人的场合，其责任也会因为救助所带来的不便或危险而发生变化，其责任承担总体上呈现出一个连贯的区间。

① 这与罗得岛和威斯康辛州救助法律的量刑是一致的，其中未能救助被认定为“轻罪”（最高6个月监禁）或者C等轻罪（500美元以下罚款，或30日以下监禁，或者二者并处）。

第七节　结论

本章所包含的四个研究对于刑法中的次级禁止(secondary prohibitions)乃是研究公众与立法之间观念差异的重要资源。对于同一事项,法典可能会规定刑事责任,而公众则认为不应当承担刑事责任,或者其责任等级要减轻很多。例如,在企图犯罪的研究中,公众就认为普通法上所认可的危险临近标准要比《模范刑法典》的实质犯罪标准更为科学。此外,被试者对于犯罪中止更为宽大,即使犯罪过程已经进入了刑事责任阶段。未能成功教唆或帮助犯罪在被试者看来不需要承担刑事责任,这一结果也更加贴近普通法的规定,而不是《模范刑法典》的规定,《模范刑法典》对其规定承担全部责任。同样在谋杀案件中,被试者对于谋杀未遂而仅仅造成轻微伤害的责任判定要比《模范刑法典》大为降低,而《模范刑法典》对于谋杀未遂的责任规定与谋杀既遂一样。《模范刑法典》规定共犯的责任与其在犯罪中的作用相适应,作用越大责任越重,但是其责任程度始终低于主犯。研究结果还发现被试者认为如果行为人存在救助义务而没有进行救助的应当承担刑事责任,不过其刑事责任不会达到谋杀的标准,而《模范刑法典》对其责任的规定相当于谋杀。

在其他场景中,被试者所判定的刑事责任往往要重于现行立法,或者对现行立法没有规定刑事责任的行为判定承担刑事责任。比如,对于仅仅形成确定犯罪意图而言,部分被试者认为应当承担刑事责任,但现行法律并没有如此规定。又比如,未能成功帮助他人实施犯罪,部分被试者认为应该承担责任,但现行法律并没有如此规定。

最后需要着重讨论的是,除了极少数情况下,即使救助行为十分简单,美国法律也并不要求行为人对他人实施救助。而被试者对此表示反对。他们对此类案件中的部分情况判处了刑事责任。尽管他们对于责任等级的判定很轻,一般也都会建议作出承担刑事责任但免于刑罚处罚的判决,但这依然意味着他们倾向于扩大法律对于救助义务规定范围。这一现象还显示被试者对于责任分配具有两大功能,而很多时候这两大功能并没有得到明确的区分。对于法律人而言首先也是最重要的,刑事司法体制的任务就是分配刑罚。但同时它还有另一个功能就是向公众传递信息,什么行为是允许的,什么行为是禁止的。而被试者的责任判定很多时候是在执行第二种功能。

上述讨论对法律与公众在具体案件中对于责任分配的观念差异,其实还可以对它们之间对于不同案件在责任分配中所具有的行为模式差异进行关注。对这种差异的关注可以让我们揭示法律与公众潜在判断标准的概念差别。例如被试者对于从犯的责任分配始终小于主犯,而法典对从犯的责任规定与主犯相同。此外,与此相关的是,被试者对于次级禁止行为的责任判定也要低于首要禁止行为,而对于《模范刑法典》而言,二者的责任是一样的。

最后,需要对被试者判断系统中的一个非常深层的问题予以关注。公众观念要比《模范刑法典》更加受到"实害导向"(harm oriented),他们的责任判断更加关注是否产生了实际危害。如果某人试图对他人下毒,成功毒害他人的量刑十分严重,如果下毒失败则量刑就会减轻。一个妻子试图杀害丈夫并向其开枪射击,如果丈夫被杀则妻子量刑就会十分严重,如果丈夫没有死亡则妻子量刑就会减轻很多。与此相比,《模范刑法典》更加关注行为人的主观方面,其责任等级基本都以犯罪既遂为标准来进行判定。

第十三章

行为原理：正当化

什么情况下可以实施一般情况下会被认为是违反刑法的行为？法律确实认可人们在特殊情况下实施通常会被禁止的行为来避免更大的伤害或获得更大的利益。烧毁他人财产是违法的，但是如果点燃他人财物可以挽救整个小镇，那么这一行为就可以得到容忍。又比如殴打他人也是不允许的，但是如果是警察面对拒捕的行为则有必要采取一定的武力。对他人开枪通常也是非法的，但如果是必要的正当防卫那就是合法的。法律将这种通常情况下禁止但特殊情况下合法的行为称为正当化根据，这也是刑事辩护经常采用的理由。不过这些只是出罪理由，只是告诉我们在什么时候违反犯罪化的规定是允许的，但它并不要求行为人一定要这么做。

刑法中规定了一系列的正当化根据。例如此处研究的针对自我防卫或财产防卫就允许行为人对加害者对其自身或者财产的侵害进行防卫。执法人员的权威本身就包含非防卫性质的武力，如对违法者进行逮捕等。部分案件中的警官或者公民在违法者已经失去威胁后还会继续使用武力，此类案件也在研究中受到关注。其他类似的非防卫性质的强制力使用人员还包括：教师、狱警、部队长官、父母或其他监护人管教子女、公共交通的管理人员、医生、司法人员，等等。需要看到，法律对于所有正当化根据都要求具备以下几方面条件。基本上正当化根据要求武力使用需符合最低的限度，从而保证特定利益的延续或者避免过度的伤害。武力使用还需要满足比例原则的要求，即武力使用与其保护利益应当成比例。①

下列研究不仅对正当化行为的原理进行了研究，还对人们对于自己行为是否属于正当化行为如何进行判断以及为何判断失误的基本原理进行了研究。为了保证研究概念的一致性，那些判断失误的防卫过当或者行为失当的

---

① 参见《模范刑法典》第3条。Paul H.Robinson，Criminal Law Defenses：A Systematic Analysis，82 Colum. L.ev. 1999(1982).

案例这里也都姑且一律称为正当化案例。①下面的讨论将会区分哪些是正当化行为,哪些只是被人们误以为是正当化的行为。

与第三部分其他章节的讨论不同的是,该领域的研究中有一批心理学的文献对普通民众对行为正当化根据合法性感受的偏差从而导致刑事责任的现象进行了研究。达利(Darley)和赞纳(Zanna)的研究就证明即使是幼童也可以认识并认可法律体系中规定的几类最为常见的正当化根据。②

本章研究针对的乃是公众判断与立法认可的正当化根据之间相符合的范围大小。该部分内容主要来源于拙作《正义、责任与谴责:公众观念与刑法》。③

第一节　自我防卫中使用致命武力

法律允许人们在自卫过程中使用武力,这种武力甚至可以达到致命的程度。在这种情况下,杀死他人的行为就不属于谋杀,而属于正当防卫。对于自卫中采取必要武力的做法乃是一种世界通行的基本法理。所谓"必要"的含义是指自卫采用武力的程度不能过大,否则便是不必要的,而不必要的过度武力便是不正当的;如果某人完全可以不采用武力,那么任何武力的使用都是不正当的。所以一般情况下法律会要求人们在使用致命武力之前先进行退让。不过法律也对这一退让义务作出了限制,如果某人是在自己家中或者工作单位,那么他就不需要进行退让,因为退让会让他陷入更大的危险。另一个至关重要的因素是自卫应当考虑到侵害的严重程度,也就是要符合比例原则,例如仅仅因为别人踩了你一脚就对他人采用致命武力显然是不正当的。比例原则要求自卫的性质与侵害的性质相对称,法律也将使用致命武力严格限制在造成严重身体伤害的场合。

如果某一场景并不符合使用致命武力的要求而行为人误认为其符合而在自卫中使用了致命武力,那么出于自卫可以作为一项辩护理由或轻判事由。例如虽然某人当时处于可以退避的情况,但他有理由相信自己当时无法退避而在自卫中采用了致命武力,那么他就可以用自卫作为辩护。又例如某人有理由相信侵害者会对其造成严重身体伤害的情况下也可以采取自卫。如果行为人对于侵害的错误认识存在过错(过失或者疏忽),那么在特定的司法区域会对其追究刑事责任而一些地方会相对减轻其责任。如果行为人对于某严重

① 参见 Paul H.Robinson & Michael Cahill, Criminal Law § 8.5(2d ed. 2011)。

② John Darley & Mark Zanna, Making Moral Judgments, 70 Am Scientist 515(1982).

③ Paul H.Robinson & John M.Darley, Justice, Liability & Blame, Community Views and The Criminal Law ch. 3(1995).

威胁的判断失误而失手杀人，那么他会被追究过失杀人（manslaughter）的责任，而不再是故意杀人（murder）。如果行为人的错误认识是处于疏忽大意，那么他会被追究过失谋杀（negligent homicide）的责任。（由于专业术语意义不能完全对应，上述罪名严重程度排列为 murder＞negligent homicide＞manslaughter）如果行为人对于现场状况的认识正确，但对于法律规定存在认识错误，这种情况不能作为辩护或轻判的理由。法律同样禁止防卫挑衅行为，即先对他人进行挑衅导致对方进攻然后再杀死对方并用自卫进行辩护。[①]

显然法律对于正当防卫的规定是十分详细且复杂的。本项关于正当防卫的研究的目的是就关于使用致命武力的规则与条件在公众观念和法律条文上存在何种差异进行对比。本研究的核心场景设计是：某人合法持有并随身携带枪支，一天夜里他正走在市里一条荒凉的街道上，这时有人上来搭讪，于是发生了后续一系列不同的状况，衍生出不同的场景。下文将对这些场景进行详细讨论。

在对结果进行讨论之前我们先来看该研究的两个基准案例所设置的责任界限。一个基准案例场景为：行为人杀人，没有任何防卫性质。另一个基准案例显示行为人受到了致命武器的袭击并予以还击打死了攻击者。这些结果表示的是被试者对于行为人在符合法律规定防卫状态下杀死某人的责任裁判。其结果表明被试者给出的责任等级都很低，平均为 0.14，相当于不到 1 日监禁，而 71％的被试者直接判定不需要承担责任；97％的被试者认为不需要承担刑事责任或者承担刑事责任但免于刑罚处罚。

对于满足正当化条件的杀人行为而言，第一个基准场景设置的基准责任程度为 7.97（约 15 年监禁）。研究结果让实验者感到惊讶，因为被试者在此场景中的责任判定要远远低于被试者在其他场景中对于谋杀案件的责任判定。通过对实验数据进行检视，我们得出了一个解释。本案中行为人遇到的是一个乞丐并开枪打死了这个乞丐。显然，死皮赖脸的行乞令人生厌（本案中乞丐在被拒绝后依然不厌其烦地讨要钱财），而这也导致被试者认为行为人的可归责性要低于典型谋杀案件，因为在本案中行为人是被动受到了骚扰，而对于典型谋杀案件而言行为人是主动寻找他人并实施杀害的。不过令人遗憾的是，还有一种可能就是被试者自行脑补了行为人受到乞丐人身威胁的画面，并据此认定他遭受了危险。

本书前文其他研究曾经提到，谋杀的刑事责任总是很高的（平均约为 10，最高可达终身监禁），所以人们基本上不太可能对谋杀表现出宽容。而本研究

---

① 《模范刑法典》3.04(2)(b)(i)。

对于杀害乞丐的责任判定会如此之低，出乎人们预料。所以允许人们采取防卫行为的危险的最低限度在哪里，未来有必要对这一问题进行深入研究。而且场景描述的内容可能也对危险的评估产生影响：比如在地铁站台上某一举动可能会有危险，但换成阳光灿烂的小镇街道就显得稀松平常。本案中被试者很可能会认为深更半夜偏僻街道表示比较危险。更不用说很多人认为乞丐的主动接近是对其开枪射击从轻处罚的理由之一。

而观察该研究中其他场景的责任分配，被试者们认为只要行为人主张他的行为具有正当化根据，那么他的责任就应当适度减轻，不管他的正当化根据是否合法。非基准案件的责任分配均低于第 1 个基准案件：即杀人没有任何防卫性质。

在其他这类案件中，责任分配的总体模式反映了对于被攻击者的危险的严重程度。在遭到徒手攻击就打死了攻击者的场景中，行为人知道攻击者并没有携带武器，所以他并没有必要使用致命武力，其承担的责任程度为 6.66 (5.8 年)。这要显著低于第 1 个场景中没有危险或危险并不明显，这意味着只要危险程度有所上升，行为人的责任程度就会出现显著下降。在被试者看来，责任程度与危险程度存在一个对应的变化通道。未来应当对这种对应关系的性质继续深入研究，而现在需要注意的是这一情况并不符合现行立法的规定。现行立法采用了简单的一刀切的方法：就看是否相信危险存在。如果存在严重危险危及生命安全，那么就是正当防卫。如果没有严重危险危及生命安全，那么就是故意杀人。当然这里要求行为人主观上认为他没有受到生命威胁。

进一步而言，随着危险程度的增加被试者允许行为人使用武力的程度也随之上升。该研究同样记录了被试者观念中可以允许行为人使用武力的最高限度，同时也很有可能包含了其责任判断的依据。如果被试者认为该场景中自卫允许使用的武力程度很低的话，那么行为人直接杀死他人的做法就会受到从重量刑。如果被试者认为自卫允许使用的武力程度较高的话，那么行为人直接杀死他人的做法就可以从轻量刑，在最后四个场景中，被试者表示能够容忍较为强烈的武力使用，其中包括对攻击者造成重伤这样的情况，而他们给出的责任裁判也非常之低。此处被试者的判断很具有普遍性，他们根据阅读所获得场景信息来判断在案件中应该采取哪种行为才是合适的，根据危险与反应的对比来判断行为人的行为以及应当承担的责任。所以这种观念再次表现出与现行立法“一刀切”做法的显著区别。《模范刑法典》中，只有在面临严重伤害危险或者更严重的危险时才允许使用致命武力，剩下的情况都只允许使用低于致命程度的武力。

研究在可以退让的场景中发现了一个公众观念和现行立法之间有趣的差

异。美国人，非常固执地坚持所谓“坚守领地”(standing their ground)的原则(该原则认为行为人没有进行退让义务，尤其是在家庭住所等场合坚守领地原则更加受到支持)，而本研究中的被试者更加表现出对于行为人坚守领地的愿望，而现行立法却并没有这么规定。以可以安全避开袭击的场景为例，当行为人可以安全躲避而不需要采取致命武力的时候，被试者给出的责任是减轻的，而《模范刑法典》则没有。而在被调查者心中认为面对这种情况可否使用武力进行调查后发现，被试者同意行为人可以进行退让，但其潜意识中依然觉得行为人可以不用退让，不能和故意杀人等同视之，在本可以安全避开袭击的场景中，被试者的责任判定为 4.63(9.6 个月监禁)，显然要比立法对于故意杀人的量刑减轻了很多。显然还有一部分被试者并不确定是否应当适用先行退让的规则，被试者中 23%判定不承担刑事责任，40%判定承担责任但免于处罚。尽管大多数人认为应当适用退让规则，但他们所适用的基准要远远低于《模范刑法典》所使用的故意杀人的责任基准。

如果说被试者对于退让规则的支持是相对模糊的，那么公众观念和现行立法显然一直同意行为人在自己家中无需退让，即使他完全可以退让。(调查中有一场景设计为在家中进行退让。)此外对被试者对于案件的不同维度的感受进行调查后发现，被调查者极不情愿承认可以进行退让。在责任分配的调查中，43%的被试者认为这种情况不应当承担责任。相似的是，行为人错误认为无法退让的场景中，被试者几乎全都认为其几乎没有责任(责任程度 0.49)。行为人错误但真诚地相信必须使用致命武力的场合，被试者与立法的判断也都认可其作为辩护理由。这种情况包括行为人错误认为攻击者可能造成自己重伤如攻击者持有武器，又或者行为人错误地以为自己无路可退。前者结果表现的乃是人们对于危险环境下作出开枪这种艰难选择的同情，后者结果表现的乃是被试者对于退让规则本身的支持就十分有限。许多地区对于认识错误的规定要求认识错误必须具有合理依据，如果该错误认识缺乏合理依据那么就应当承担故意杀人的责任，也有其他地区对其规定了相对减轻的刑事责任。本研究场景设计并没有给出任何线索来说明行为人的认识错误是否存在过失，而对于被试者心中可否使用武力以及使用武力的最大限度的调查也显示被试者对于此类场景中使用武力的严重程度表示认可。所以不承担刑事责任的结果与《模范刑法典》中基于合理依据的认识错误的无罪辩护相一致。可能有人认为即使责任很低也是有责任，而不能将其等同于没有责任，毕竟行为人的错误认识有可能会被认为是存在过错的，所以立法应当对这种虽然真诚的认识错误，至少应当规定从轻处罚。后续研究可以针对正当防卫中的认识错误是否承担刑事责任继续深入进行。

被试者很可能通过假设一个理性人在面对攻击者的行为时会做出什么样的反应来理解什么样的防卫行为是合理的。所以很有可能是攻击者的特定行为导致防卫者决定采取使用致命武力予以还击。防卫者的这种判断可能并不准确，但是要考虑到在那种环境下防卫者的判断是受到极大干扰的。除非这种判断具有明显的恶意，否则不得不说防卫者作出任何判断或者任何反应归根到底还是因为攻击者所引起的。换句话说，防卫者不仅有权来判断采取何种程度武力来应对目前攻击者所采用的武力，防卫者还有权来判断攻击者使用的暴力是否会升级。哪怕刚开始只是拳打脚踢，又有谁能保证接下来不会动刀动枪？

公众观念与《模范刑法典》在另一个问题上也达成了一致，行为人对于法律的错误认识导致其对没有任何武器的攻击者使用了致命武力，其法律上的认识错误不构成合理抗辩。在错误地认为使用致命武力是合法的场景中，被试者给出的责任等级为 6.71(5.9 年监禁)，这一数值与行为人没有错误认识而使用致命武力的责任等级没有显著差别(后者为 6.66，5.8 年监禁)，也就是说不管是否存在认识错误，这两种情况都是过当的，量刑差别不大。这也反映出被试者的另一个观点，那就是人们不能杀害一个手无寸铁的人。误以为法律允许这么做显然不能作为合理的辩解，而如果知法犯法那就更是罪加一等了。

对于防卫挑衅的场景来说，即行为人故意挑衅激怒对方攻击自己然后以自卫的名义进行还击。对于这种情况，被试者给出了较重的责任判定，而《模范刑法典》规定的责任更重。防卫挑衅的责任等级为 6.40(约 4.6 年监禁)，这意味着防卫挑衅显然要承担责任，但是其可归责性则没有故意杀人那么严重，甚至还没有基于轻微威胁杀害他人的刑事责任重(7.97，约 15 年监禁)。未来研究还需要对这一复杂问题的讨论设置更为具体的参照系。如前文指出，被试者认为被挑衅者一旦爆发，采取武力应当是合理的。(被试者对于此场景允许给出的最大武力限度的值为 5.11，根据规则数值 4 相当于受伤，5 相当于重伤。)直觉上看，受到严重挑衅而爆发要比受到轻微挑衅就爆发更合情理，所以挑衅程度与杀人正当性成反比，挑衅越严重则杀人越不当，毕竟挑衅越严重对方越占理而自己越没理。直觉上事情应该是这个样子：虽然我骂你了，但话也不是很难听，结果你直接冲我掏刀子，这个时候我要是不弄死你，你就要弄死我，所以即使我把你杀了，我的责任也要减轻。虽然我挑衅了，但是挑衅的程度很轻，你如此穷凶极恶就过头了。但是，如果我的挑衅本身十分过火，那么我的责任就要加重。讨论此类场景时，人们总是想要问一个非常熟悉的问题："谁先动手的？"①还有一个重要问题就是挑衅者到底想干什么？就好像在西部

① Barbara Carpenter & John Darley, A Naïve Analysis of Counteraggression, 4 Personality & Soc. Psychol. Bull. 68(1978).

片里一样，一个坏蛋快枪手要求和一个好人决斗，然后他就可以因为出枪更快而打死了对方，这就是谋杀，而如果是英雄人物打死了坏蛋，那这一幕倒是为人们所喜闻乐见。所以还有很多有意思的问题有待继续深入研究。

综上所述，被试者的判断是非常复杂的，在很多场合他们对问题的区分模式与《模范刑法典》相一致。在若干《模范刑法典》认为可以进行辩护的场合，被试者同样认为不应处罚行为人：例如行为人可以退让但是事发地点在其家中；例如行为人错误但是真诚地认为自己面临重伤威胁；例如行为人错误但是真诚地认为自己无路可退。而在《模范刑法典》认为不构成合理抗辩的场合，被试者同样认为（应当）判处刑事责任：例如行为人知道攻击者并未携带武器；例如行为人知道他可以安全躲避；例如行为人挑衅在先。

另一方面，证据显示影响被试者反馈模式的另一个特点乃是被试者判定的责任等级要显著低于《模范刑法典》。在行为人明知没有必要采用致命武力的场合，或者行为人进行防卫挑衅的场合，被试者和《模范刑法典》对于责任分配的程度存在明显分歧。而在行为人可以安全躲避的案件中，被试者与《模范刑法典》的分歧尤为明显。《模范刑法典》认为这些场景都不属于有效辩护理由，行为人应当承担故意杀人的刑事责任，而被试者却认为至多构成过失杀人，而在没有进行躲避的场合，其刑事责任更低。显然在被试者看来，防卫过当的杀人和没有受到攻击而实施故意杀人存在显著区别。被试者的观念认为即使防卫过当杀人也会因为属于防卫行为而得到从轻处理，有关正当防卫的规定恰恰反映了这一点。被试者与《模范刑法典》在这一问题上的显著共识恰恰是普通法几个世纪发展以来所形成的公众观念的自我宣示，而现有这些规则就是以此为基础建立的。具体详细的规则并不一定以直觉为基础，但是公众观念和法律规定其背后都是某种基本原理的具体实现，而这种基本原理要求防卫行为应当以必要为限，不能过分。①也许这些法律规则一开始对于公民的道德体系而言显得十分陌生，但随着时间的推移，他们也逐渐成为了道德原则的一部分。道德可以塑造法律，法律也可以塑造道德。②

第二节　保护财产时使用武力

刑法总体上允许人们在保护财产时使用武力。和保护自己一样，保护财

① 对于此类基本原理及其在《模范刑法典》中的体现，参见 Paul H. Robinson, Criminal Law Defenses §131(c) &(d)(1984)。

② Thomas Andrew Green, Verdict According to Conscience (University of Chicago Press 1985).

产的武力使用应当具有必要性,在使用武力的程度和时间上都是如此。程度上的必要性是指比此更轻的武力无法提供有效保护,时间上的必要性是指在此之后使用武力无法提供有效保护。使用的武力必须与威胁在总体上比例相当。(但是)在这种情况下,为了保护财产而使用致命武力往往是被禁止的,就算当时只有使用致命武力才能对财产起到有效保护。和自我保护的场合一样,保护财产的场合如果行为人对于使用武力的必要性存在认识错误,根据他认识错误的主观过错程度,他的责任可以被减轻或者免除。几乎所有的地区都会将理由充分的认识错误作为合法抗辩;而缺乏充分依据的认识错误,部分地区减轻其责任,而部分地区则不予免责。对于使用致命武力保护财产的非法性没有错误认识是其进行辩护的基础。

保护财产的研究旨在将现行保护财产的法律与公众对于保护财产场景中使用武力行为的责任分配进行对比。研究的场景设计是行为人为了保护其摩托车不被偷走而使用了武力,其中的一个基准场景是,行为人使用了必要且非致命的武力,根据现行法律规定其行为合法,不需要承担任何责任。其他六个场景中行为人使用武力的情况超出了基准场景的范围,于是违反了保护财产使用武力的一项甚至更多规则。保护财产的研究同时记录了窃贼的责任等级,可以预料,窃贼显然要承担一定的责任,但是根据案件情况差异其责任不尽相同。

根据基准场景的设置,此处使用了必要且非致命的武力,被试者基本都认可其行为不承担责任,89%的被试者判定不承担责任,还有11%判定承担责任但免于处罚。

而在另一场景中使用武力被描述为“必要性值得怀疑”,其场景的具体描述是:“乔某在认为必要的时候推了那人一下。这时乔某的妻子向乔某大喊,说窃贼瘦小枯干,把他吓跑就行了。乔某也觉得妻子说的对。”这一场景中乔某基本上也不承担任何责任。

保护财产的研究记录了被试者所认识到的不同场景的不同设置。如使用武力是否超出了必要限度;使用武力时间是否过早,“必要性值得怀疑”的场景中的行为人使用武力限度受到怀疑,而被试者似乎作出了有利于行为人的裁决。这意味着被试者并不认为武力超出了必要限度或者可以暂缓使用。在现有场景中这意味着乔某事后才意识到他没有必要使用武力,所以对于场景的理解应该说是合理的,其责任分配也是恰当的。

在一场景中,车主为摩托车设置了一个保护装置,任何人强行点火,车子就会爆胎。本案中窃贼强行点火导致车子轮胎爆炸,结果窃贼的鼻子被撞破了。

这一场景中旨在试探被试者对于此类受到法律严格限制的机关陷阱的态度。[①]保护装置的使用乃是法律中的一个复杂领域，其损伤程度难以预料，触动装置的威胁也难以确定。还有一个问题就是一旦有了机关，主人就不需要出现在现场，所以机关伤人的时候其实并没有谁的人身安全受到威胁。对于这一案件，被试者基本认为还在可以接受的范围之内：他们并不认为这一武力超出了必要限度。而且，他们并不认为这一装置存在导致他人死亡的风险，93%的被试者认为本案车主不需要受到惩罚。未来研究有必要让被试者对于更多致命机关作出判断。

而某些场景显示出被试者对于保护自己财产的人们的基本态度是从宽处理。当在一场景中对使用武力的描述是“不具有明确的必要性”时，82%的被试者认为车主不应当受到惩罚。这里当车主乔某喝止窃贼时，窃贼虽然离开了但却明确表示自己已经拿到了钥匙印模，他还会再回来的。乔某此时使用武力乃是为了拿回钥匙印模。另一场景则明确表示车主在明知的情况下使用了过度的武力，“乔某知道大声呵斥就可以吓跑窃贼但他还是跑过去朝着窃贼脸上来了一拳”。即使在这种情况下，依然有93%的被试者认为车主乔某不应受到惩罚。

在每一个场景中，被试者都需要回答一个问题，那就是他是否同意行为人其实可以比案例中使用更少的武力来保护财产。这一检验其实反映了被试者在从宽量刑背后的想法：他们并不认为案例中的武力超过必要限度。所以就算一个场景明确指出说这里使用的武力超过必要限度了，被试者还是不这么觉得。在明确表示车主在明知的情况下使用了过度的武力的场景中，被试者认为必要武力的强度平均为5.59。中间档为5，比中间档只高出不到一档。这意味着他们并不确定使用武力超出了必要限度。而且这里很有可能的情况是，被试者会将自己代入到财产所有者的角色中去，所以他们会认为不能苛求车主对事情形成清晰的认知并作出妥善的处置，更何况是面对一起正在发生的盗窃案件。此外被试者可能还对财产的价值进行了评估，而一辆摩托车往往价值不菲，所以窃贼脸上挨一拳也不冤。

被试者倾向于认为非致命性武力的使用是必要的，所以即使到了不必要的场合，他们也未必会进行判断。即使在上述引用的最后一个场景中，被试者对于使用武力的必要性也是不甚确定——55%认为不需要承担责任，93%认为可以免于处罚。

由此可见，在涉及使用非致命武力的场合，相当大一部分人都认为不需要

---

① 《模范刑法典》3.06(5)。

承担任何责任，将近82%的人认为不承担责任或者承担责任但免于处罚。立法对使用武力进行了细致区分，但公众并没有这么精细，他们总体上认为在保护财产的时候都可以采取武力，不管是否超过必要限度，只要不致命就行。

当然这只是总体判断，如果对实验结果进行更细致的检查就会发现被试者在进行责任裁量时还是考虑了使用武力的必要性的。使用武力必要性最低的两个场景分别是"使用武力不具有明确的必要性"和"明确表示车主在明知的情况下使用了过度的武力"，操作性检验表明对于上述两个场景不必要的程度仅为5.75和5.59，其中1表示强烈同意，5表示不确定，9表示强烈同意。而在其他非致命武力场景中，是否认为使用了过度武力的认可程度分别为3.16、3.70、3 .75，这意味着即使材料信息明确指出该案件存在过度使用武力，但被试者对此并不认同。同样在这两个场景中，不承担刑事责任的比例也是最低的，只有相应的48%和55%。这种情况最多也只能认为是与现行法律关于使用武力必要性基本规定的有限支持。回忆一下，现有的法律规定认为在保护财产中如使用武力不具有必要性那么就不能作为从轻或者免除刑事责任的理由。而被试者则显然更加愿意将其作为从轻的理由，他们给出的刑事责任为0.48和0.14，二者的量刑都不到1日监禁，要显著低于现有法律规定。依照现行法律规定，这种情况就是很简单的人身攻击，应判处1年以下监禁。①

与使用武力的必要性相比，公众更加关注的乃是使用武力程度的合理性与威胁的严重性是否相对应，这一原理在法律中被称为使用武力的比例原则。在前面的五个场景中，窃贼试图窃取车辆，被试者对于在这种情况下行为人为了保护财产可以采取武力的"最大限度"几乎都是一致的。（表示身体伤害的值一直保持在3.39—3.91。）而在最后两个场景中，窃贼在遭到车主反复阻止而依然不愿放弃的，使用武力的最高限度又有所提升，其数值分别为4.32和4.25。如前文提到的，后续研究应该看看允许使用武力的最高限度是否会随着保护财产价值的增加而得到提高。如果行为人是一个商店的店主在保护货物，那么他可以使用武力的最高限度是不是也要高于保护其他并不值钱的物品？这些问题都有待进一步研究。

在使用非致命武力的场合，即使与客观条件形成明显冲突，被试者依然倾向于认可使用武力具有必要性。在"知道不合法，使用了致命武力"和"认为自己是合法的，使用了致命武力"这两个场景中，包含了使用致命武力的情形，其核心内容是：一个窃贼正在盗窃一辆摩托车，车主发现并试图制止，但窃贼仍旧不肯罢休，于是车主掏出手枪朝窃贼开了一枪，窃贼中枪受伤但没有死亡。

---

① 《模范刑法典》211.1 & 6.08。

由于案件中窃贼在受到若干次制止后仍不罢休，所以朝他开枪看起来似乎也合乎情理，但令人感到意外的是操作性检测的数值为5.48和5.41，这意味着被试者不但没有对使用致命武力表示认可，反而轻微地认为这种做法是不必要的，最起码他们并不确定这么做是必要的。而根据研究显示，被试者可以接受的制止不肯罢休的窃贼所允许使用武力的最大限度为身体伤害，但不能达到严重身体伤害。而从使用有死亡风险的武力来看，他们认为案件中使用的武力(开枪)可能造成死亡，所以相比之下已经超出了可以允许使用武力的最大限度。这一结论得到了他们认为的窃贼的责任等级的数据支持。

在此类使用致命武力的案件中，不承担刑事责任的比例直线下降，仅为21%和18%。而承担刑事责任的比例显著上升，从0—0.4(不到1日监禁)到2.56—2.63(约5.6周监禁)。尽管随着窃贼攻击性的上升可以为使用武力加强提供依据，但使用致命武力需要承担刑事责任的比例确实有了显著提高。尽管被试者普遍认可保护财产时可以使用非必要武力，但这一原则是存在例外的，为了保护财产而使用杀伤性武器是不行的。大部分认为对摩托车的偷车贼开枪是不对的。有趣的是，即使告诉他们行为人当时错误地认为这么做是合法的以后，他们依然不为所动，比如在“相信自己是合法的，使用了致命武力”这一场景。这意味着人们认为这里存在明确的道德问题：人们应该知道还有比直接开枪更好的办法来保护财产。

这些发现与立法禁止使用致命武力保护财产的立场相一致。不过需要注意的是，公众看待这些问题的观念与立法之间还是相去甚远。实际上，几乎半数的被试者(46%和48%)在使用致命武力保护财产中会裁定免于处罚。同样显著的是，即使判定有责，其责任也仅为2.56和2.63，相当于不到6周监禁，要比《模范刑法典》规定的1年或者3年以上10年以下监禁的量刑减轻许多。

“知道不合法，使用了致命武力”可能是对于公众判断最具说服力的一个场景：“乔某回到家中发现有人试图盗窃其摩托车，之后乔某采取了若干措施来制止窃贼，但是该窃贼不肯轻易罢休，尽管乔某觉得开枪射击可能并不合法，但他的确想不出其他的方法来制止窃贼。于是他回到房间拿出手枪回来朝着窃贼开了一枪。窃贼被打伤并随后被警方逮捕。”

研究显示被试者能够接受的在这一环境下使用武力的最大限度是4.32(4相当于身体伤害，6相当于严重身体伤害，8相当于严重身体伤害可能导致死亡)，相当于能够造成身体伤害的足够武力。显然被试者认为本案中乔某的行为可能导致死亡，但即使乔某没有能够将其防卫行为限制在被试者可以接受的范围之内，依然有46%的被试者认为他不需要承担刑事责任或者可以免于处罚。而对于那些认为应当进行处罚的被试者而言，74%的人仅给出了1年监禁甚至更低的量刑。[①]这种情况与立法规定存在巨大差异:立法将这种情况规定为故意伤害,乃是第二等重罪,最高可以判处10年监禁。

综上所述,即使在保护财产中使用武力并无必要或者超出限度,与立法相比,公众更倾向于不予处罚。在保护财产的场合,即使根据客观场景无法得出有必要使用武力的结论,被试者还是更加倾向于行为人,认为其举动对于保护财产具有必要性。而在保护人身的场合,自卫这一属性会对被试者的判断产生重要影响。即使行为人的防卫行为存在故意的不当——本人明确知道这么做违法,被试者还是会减轻其责任承担。同样,被试者对行为人为了保护财产而不当使用武力与行为人在其他非防卫场合不当使用同等武力进行了区分。这说明对于那些在面对攻击而采取自卫时出现认识错误的人而言其责任应当减轻。被试者在裁判时是否对被保护财产的价值进行了考虑尚不明确,有待未来研究跟进。

如果根据本研究结果按照公众观念对立法进行修改,那么在保护财产中只要没有使用致命武力,不管必要与否都应当免责。而使用致命武力虽然不被允许,但如果该武力是必要的,那么其责任和量刑将会很低,尤其在没有造成死亡的情况下。后续研究可能要对个人进行裁判的潜在观念进行研究。有没有人认为即使在保护财产的场合也可以使用致命武力?这种观点是否反映出刑事司法体制在财产保护方面的效果不尽如人意?如果一个公民对于刑事司法体制没有对上述对象能够成功提供保护而感到愤怒,那么上述研究就真有可能会得出这样的结论。这种结论认为:“如果制度不能为我的财产提供保护,那么制度就应该允许我自己采取必要(甚至更多)措施来进行保护。”

第三节　公民的执法权限

公民在部分情况下也会承担起执法的角色,比如当他们发现某人正在实施犯罪而将其扭送归案。这种情况在正当防卫的情况下是容易理解的,如果某人正在实施攻击或者实施盗窃,那么人们就可以采取正当防卫来保护自己或者保护财产,而此时使用武力的程度一般要大于其他场合公民维护法律所采取的行为。那么在制服罪犯的时候使用武力是否可以不再是防卫性质而具有攻击性质呢?例如在一起强奸或者损坏财物发生之后,公民就有权利采取一定程度的武力来制服罪犯。[②]

① 这一比例是指量刑为1年以下的人数占判处承担刑事责任人数的74%,该数据并未在表格中记录。

② 《模范刑法典》3.07(1)。

执法行为的公众参与受到若干限制。例如公民在抓捕犯罪人时不得使用致命武力(除非极少数特殊情况,如该公民正在协助警察执勤)。[①]公民仅能在当时必要的场合采取非致命武力来实现抓捕。如果行为人出现失误,比如他对于所要抓捕的人究竟是不是犯罪人出现了认识错误,那么即使他的认识错误存在合理理由,他也只能被认为是正当防卫。如果他的认识错误没有合理依据,那么他就要承担相应的责任,某些地区则没有对此设定任何出罪理由,而某些地区对于这种情况规定从宽处理。在从宽处理的地区,如果行为人因为大意或者疏忽对他人造成伤害,那么根据案件不同,他应当承担相应的过失责任。[②]《模范刑法典》并没有根据抓捕所针对的犯罪的严重程度来对非致命武力的等级程度作出划分,在所有的案件中,武力使用必须以有效实施抓捕为限。

公民执法权限研究的目标就是对比法律规定和公众观念在这一问题上的差异。本研究的基本场景是被害者在强奸或损坏财物(纵火烧毁被害人车辆)后试图制服犯罪人并使用了非致命或致命武力。需要注意的是在所有的案件中,使用武力的时间都是在犯罪完成之后,所以这里的使用武力不属于防卫行为。使用致命武力场景中被害者在犯罪人逃跑时开枪将其打死;使用非致命武力场景中被害者使用电击枪使犯罪人失去知觉,但不会造成永久性伤害。在部分场景中被害人将犯罪人射杀或者电晕,在另外一些场景中被害人将其他无辜者错当成犯罪人射杀或者电晕。被试者如此前一样要对本案中行为人(此处也是被害人)是否承担刑事责任及其责任程度作出判断。除此之外,被试者还需要回答在此类情况下行为人可以使用武力的程度以及使用武力是否存在致死风险。

研究结果如下:首先请注意被试者对使用手枪和电击枪作出了明显区分,这一点与预期相一致。比如他们认为手枪存在致死风险(并不意外,因为案件描述中就有开枪射杀犯罪人的信息),而电击枪不会。前者的致死风险为7.92,而后者的风险平均为2.83。

然后我们来看责任承担。首先我们来看行为人使用武力制服实际犯罪人的四个场景,分别为对强奸犯使用了致命武力防卫;对无辜者使用了致命武力防卫;对强奸者未使用致命武力防卫;对无辜者未使用致命武力防卫。对强奸犯使用了致命武力防卫(责任0.21,量刑少于1日监禁),对无辜者使用了致命武力防卫(责任2.60,量刑5.6周监禁),这两个场景中使用了致命武力。对“强

① 《模范刑法典》3.07(2)(b)。
② 《模范刑法典》3.09(3)。

奸者使用非致命武力”和“对破坏财产者使用非致命武力”这两个场景中使用了非致命武力，行为人都不承担责任。尽管使用致命武力场景的量刑比使用非致命武力要高出一点，但最令人震惊的是不管使用武力的程度如何，被试者都倾向于免除行为人的责任。使用致命武力的场景乃是公众与立法的观念差异表现最为戏剧化的地方。显然多数(65%)的被试者认为应当允许行为人采用致命武力来抓捕犯罪人，如果再加上有罪但免于处罚的判决，那么人数就达到90%之多。而《模范刑法典》则恰恰相反，没有规定出罪或减轻事由，于是乎行为人将被追究故意杀人的责任。只有在使用致命武力抓捕损坏财物犯罪人的场景中才出现了较为明显的责任认定(67%)，显然这种情况下使用致命武力超出了被试者对于武力的认可范围。但是即使这种情况下其责任等级只有2.6，对应量刑5.6周监禁，与立法规定的故意杀人依然是天壤之别。

这种裁量模式在行为人对其他无辜人士进行错误的射杀或电击时是否发生改变？变化并没有想象的那么大。虽然在某些场景中行为人对错误的对象使用了武力，但是根据研究记录显示，被试者认为行为人并没有认识到出现错误的可能性，所以行为人并不是说要对身旁周遭进行随意报复，她只不过是错误地打击了她所认为的犯罪人。

此处《模范刑法典》与公众观念在认识错误的问题上有着诸多区别。《模范刑法典》确实对行为人采用非致命武力对无辜者进行错误打击的行为予以免责，大部分公众(本研究中强奸案件中的83%和损坏财物案件中的80%)也认为可以免于处罚。但另一方面，在使用致命武力却进行了错误打击的场合即“对无辜者使用了致命武力防卫”和“对无辜者未使用致命武力防卫”，二者的态度则截然不同。这种情况下《模范刑法典》不允许任何辩护，以故意杀人追责；而最具实质意义的是被试者对这些场景中不负法律责任或免受刑罚处罚的支持比例，强奸案件中68%判定免于处罚，损坏财物案件中45%判定免于处罚。免于处罚的比例在认识错误和没有错误之间并没有发生显著变化(强奸案件为60%比90%，损坏财物案件为43%对45%)，但是判定免责的比例要显著低于错误杀害无辜者的场合(强奸案件中13%对65%，损坏财物案件中8%对33%)。对此，一种解释是错误射杀的行为自然要受到否定，而且应当受到法律制度的正式否定，形式就是有罪判决，但是又不希望行为人真的入狱服刑。这种“承担责任但是免于处罚”的反馈我们已经越来越熟悉不过，本书的最后一章将会对这一现象进行深入探讨。

错误使用致命武力的责任等级竟然如此之低确实令人感到意外。要理解这一现象首先要记住立法对于这种情况的规定是作为故意杀人罪来追究的，其责任等级约为10。只有在对车辆纵火的案件中，行为人将无辜人士误认为是罪犯而将其杀害的情况下，才有占多数的被试者(57%)判处了刑罚。而即使在这一案件中，有无辜人士因此遭到杀害，相应的量刑也仅为 3.6 月监禁。这与《模范刑法典》的规定相去甚远，如果按照《模范刑法典》的规定此类杀人案件的量刑可以达到终身监禁(甚至死刑)。在这些场景中，行为人的认识错误是否存在正当理由具有很大争议，但是最起码行为人将他人误认为是犯罪人时并非完全无中生有。未来研究可以对导致认识错误各种原因的可信性进行研究，其中应该存在某种差别可以导致截然不同的结果。而在现有研究显示只有在认识错误并且使用致命武力的场合才会存在实质意义的刑罚，而且该量刑与立法的规定依然存在天差地别。

被试者对于此类案件的感受所存在的模式很有可能反映了他们做出从轻判决背后的依据。其依据包括三个方面：第一，由于犯罪人正要潜逃，所以行为人认为如果要将其抓获就必须立即采取必要措施。第二，在强奸案件中，采取措施如果更轻将无法成功抓捕，被试者所清楚看到的正是场景所刻意营造的两难境地：犯罪正在逃逸，如果被害人不采取手头现有的措施(手枪)，犯罪人就将成功潜逃。第三，也是前文曾经提到的，被试者始终认为被害人对于自己有可能对犯罪人发生识别错误的风险毫不知情。这三个方面的感受叠加在一起决定了被试者的判断，被试者认为被害人对事件所采取的反应是合理的。

让我们回忆一下《模范刑法典》的规定，《模范刑法典》规定使用武力的严重程度与犯罪的严重程度相对应。但是《模范刑法典》对于强奸案件中使用武力的责任等级与损坏财物案件中是一样的，这意味着《模范刑法典》并不认为犯罪越严重则公民为了抓捕犯罪人可以使用武力的程度也越高。而从被试者对上述各个场景可以使用的最大武力的观点来看，被试者对此表示明确反对。被试者认为强奸案件的抓捕显然要比损害财物案件的抓捕可以采用更强的武力。强奸案件抓捕中使用武力最大限度的平均值为 6.94，根据规则 6 表示造成严重身体伤害，规则 8 表示造成严重身体伤害可以导致死亡；而对车辆纵火案件中使用武力最大限度的平均值为 4.10，根据规则 4 相当于造成身体伤害。被试者们认为，抓捕一个强奸犯所使用的武力可以造成重伤但不要导致死亡，而抓捕一个对汽车纵火的犯罪人只能造成一般性伤害。这些结果都显示被试者会希望法律根据犯罪的严重程度来对使用武力的限度进行调整。

综上所述，关于公民实施抓捕所允许使用武力的研究结果显示：对于使用非致命武力进行抓捕的情况，公众与《模范刑法典》都一直认可其作为出罪理由。而对使用致命武力，《模范刑法典》对于公民在并非协助执法人员的情况下独立使用致命武力予以禁止，而绝大部分被试者认为抓捕强奸犯时可以使用致命武力，大部分被试者认为即使是抓捕损坏财物者也可以使用致命武力。

总体上看，对于行为人存在认识错误而进行了错误打击的情况，被试者要比《模范刑法典》更加宽容。这种错误杀死无辜者的情况依照《模范刑法典》要按照故意杀人来追究责任。但大部分被试者与此相反，即使在强奸案件中采用致命武力错误杀害无辜者的情况下，他们也并没有判处刑罚。而只有在错误杀害破坏财物者的案件中才有刚好超过半数的被试者认为应当进行处罚，但是量刑与《模范刑法典》依然相去甚远。如前文提到的那样，不同犯罪之间的严重性差异是否影响进行抓捕使用武力的许可程度，被试者认为可以，但《模范刑法典》认为不行。

这些结果都很令人惊讶。尽管直觉告诉我们公众对于公民使用武力抓捕罪犯的容忍程度要大于立法，但是没想到大这么多。而使用致命武力的场景预计会受到更多的谴责，毕竟其使用武力进行抓捕已经不再是防卫性质而具有攻击性质，这一点也得到了验证，尤其是损坏财物案件中。不过损害财物案件中使用武力的量刑要比其他案件高，但总量依然很低。

第四节　行为正当化：结论

上述三项研究分别对行为人使用武力具有正当依据的情况进行了分析，这三种情况分别是：保护自己、保护财产、抓捕逃犯。所有三项研究都显示公众对于这三种情况下使用武力的认可要大于立法。立法规定承担刑事责任的诸多情况在被试者看来都可以免责。而在被试者判定有责的情况其量刑一般也都较轻。这种差别至少在规定正当防卫制度的地区是十分显著的。在自我防卫的场合，立法在若干情况下允许使用致命武力。而公众观念与现行立法的差异在保护财产的场合十分显著，而在公民使用武力抓捕罪犯的场合则显得更为突出。与立法相比，公众（最起码是被试者所代表的公众）对于使用武力的态度表现出更多的容忍和较少的制裁，即使他们表示反对。

对于公众标准与刑事立法的尖锐反差该如何解释？能想到的一种可能是刑事立法是有前提的，那就是现行刑事司法体制能够正常有效运转。所以对于立法者而言他们的假设是谁只要实施了犯罪就会受到逮捕、审判、定罪、量刑、服刑。但现实中的人们并不那么认为，人们可能觉得刑事司法系统未必能够抓到罪犯，即使抓到未必能够将其定罪，即使定罪未必能够公正量刑。公众有可能对刑事司法体制是否能够保护公民失去信心。现有的结论很可能受到了这种普遍情绪的影响，所以当公众认为刑事司法体制的效率低下的时候，他们就会认可公民应当在保护自身、保护财产、执行法律等方面自力更生。体制效率越低，人们越希望允许被害人进行私力救济。

如果这种解释是对的，那么现状确实让人担忧。这种公众观念和现行立法之间的差距表明相当一部分民众对于刑事司法体制存在很深的不满情绪。我们所观察到的矛盾乃是警力资金短缺、法院系统失职等无效刑事政策所付出的一种隐形代价。

第十四章

裁判原理：主观罪过

违法行为什么时候应当承担责任？一旦某种行为受到刑法禁止，那么违反这一禁止规定要受何种处罚以及处罚程度都要同时作出规定。但是即使某人违反了刑法的行为规则，也并不是一定就要承担责任，尤其是按照公众对于法律的理解来说。刑法具有谴责属性，这一属性要求惩罚对象必须具有可归责性，如果行为人的违法行为不具有可归责性，即使他确实造成了禁止的损害，也不应当进行处罚。

为了明确可归责性的下限，刑法必须对行为人对于犯罪各大要素承担责任进行证明。这种情况下，擅自闯入你家地下室的人必须知道这是他人房屋才构成侵入住宅，如果他只是刚刚搬进这个小区，而这里的房子都建得一模一样，他错把你家当成了自己家，那么他虽然走错了地方，也违反了行为规则，但是他仅仅属于违法，而并不一定有责，不需要受到刑事定罪程度的谴责。

现代刑事立法根据行为的环境和结果将行为人的责任状态分为四种情形：故意（purpose）、知情（knowledge）、疏忽（negligence）、大意（reckless）。（类似于中国刑法中的直接故意、间接故意、过于自信、疏忽大意）故意是指行为人希望某一个特定结果发生，例如某人安装炸药希望造成该区域人员伤亡。知情是指行为人知道但并没有对结果发生满怀期待，比如某人为了盗窃财物炸开保险箱，爆炸可能对附近人员造成伤害，但人员伤害并不是行为人的目的。行为人认识到伤害的风险但是放任了这一风险。疏忽是指行为人应当认识到（正常人都认识到）但没有认识到危害他人的风险从而造成他人损伤。①

一般情况下，刑事责任的客观要件都需要具有一定限度的大意，这是因为

---

① 《模范刑法典》2.02(2)；Paul H.Robinson & Jane Grall，Element Analysis and Defining Criminal Liability：The Model Penal Code and Beyond，35 Stan. L.Rev. 681(1983)。

与民事法律相比，刑事司法体制所施加的惩罚的确非常严重。所以行为人必须对其行为风险存在认知，例如他的行为可能堵塞高架、他拿走的乃是他人财物、他进入的并非自己家，在这种情况下才可以判处刑事责任。承担刑事责任最需要的、最低限度的大意在《模范刑法典》中有专门章节对其作出了规定，即使特定犯罪定义没有规定主观状态，其有责性也被认为是隐含在客观要件之中。

本书此前章节对这一问题已经有所涉及，如第十二章第二节的案例中行为人形成了实施犯罪的确定意图。第十二章第四节的案例中行为人的目的是杀害他人，但其行为仅造成了轻伤，但被试者依然认为其主观责任较大。这些研究结果都说明主观罪过不仅是承担责任的先决条件，同时也是决定责任等级的重要因素。①

■ 第一节　主观罪过要求与认识错误/意外事件辩护

犯罪的定义一般包括危害行为及其危害结果，或者行为在特定情况下造成危害结果。所以犯罪的定义一般包含三个客观要件：行为、结果、环境。②结果要件意味着被诸如纵火之类的犯罪中房屋因火遭到损坏。环境要件意味着被纵火的房屋属于他人(烧毁自家房屋不在此列)并且有人居住，或者强奸案件中性行为没有得到受害人的同意，或者在"法定强奸"(statutory rape)案件中性行为的另一方未满法定年龄。行为要件在纵火案中意味着点火行为，而在强奸案件中则意味着性行为。在一些特殊场合，犯罪的定义并不一定要求某种行为，例如杀人案件意味着法律禁止一切可以导致死亡的行为。损坏财物案件则一般仅对特定损坏的行为进行禁止。

承担刑事责任的前提就是犯罪定义中的所有客观要件都得到满足。但在犯罪定义所包含的客观要件以外，现代刑法都要求行为人必须对于这些客观要件具有特定的主观罪过才构成犯罪。③所以仅仅具有纵火行为或者性行为是不够的，行为人还必须对于财产属于他人以及对方不同意发生性行为具有主观罪过。

正如刑事责任的成立需要证明所有犯罪客观要件，犯罪的主观罪过要件也需要得到证明。而在主观罪过无法证明的场合，被告可以采用一种辩护称

---

① 《模范刑法典》2.02(2)。
② 《模范刑法典》1.13(9)。
③ 《模范刑法典》2.02(1)&(3)。

之为认识错误，尤其是在需要证明行为人对行为环境存在特定认识的情况下。[①]例如在法定强奸要求性行为一方未成年，如果行为人有足够理由相信对方已经成年，那么行为人对于对方未达法定年龄这一事实就不具有过错。而当行为人对于危害后果不具有罪过的时候，通常会将此类案件称为意外事件。意外事件中的行为人没有理由应当认识到危险的存在，例如行为人受朋友之托保管一批物品，但他并不知道这批物品是易燃化学品，因为没有按照规定进行特殊保管，化学品发生自燃烧毁了隔壁邻居的住宅。所谓意外事件的合理性就是说行为人对于发生危险不存在疏忽。

我们可以想象刑法的起草者要对数以千计的客观要件的主观罪过程度进行设定，要考虑不同犯罪的主观罪过的最低限度，还要考虑是否设定认识错误或者意外事件可以出罪。那么立法者在进行立法设计的时候他们所遵循的是什么原理，又会经过什么样的过程呢？如果行为人的主观罪过要超过最低限度是否应当加重他的责任呢？

研究的场景包括六种认识错误：造成房屋损坏的认识错误、造成闲置财产损坏的认识错误、损坏房屋归属的认识错误、损坏闲置财产归属的认识错误、未经同意发生性行为的认识错误、性行为对象未满法定年龄的认识错误。这六种案件又被分别对应四种不同的罪过形式：知情（knowledge）、大意（recklessness）、疏忽（negligence）、无过错（faultless）。与此前做过的其他研究所不同的是，该项研究中的一个非常重要的一点就是被试者被明确告知行为人的主观罪过形式，而不是告知他们案情然后让他们自行推导行为人的主观状态。例如，在损坏财物存在认识错误的场合，被试者被告知该行为人事先咨询了律师而从律师口中确认该财物归其所有。（当然这里律师给出的意见是错误的，不过律师的责任并不是这里讨论的内容。）而在对于损害财物存在疏忽的案件中，行为人并不知道该财产属于自己，但是任何一个具有正常理智的人都应当知道。（由于这些信息都是经过特殊设计的并直接告知被试者的，而且被试者要进行判断的案件数量实在太多，所以本研究没有再进行操作性检测，没有询问被试者对于案件传达信息的真实感受。未来研究如果涉及这些问题的话应该对研究的设计细节进行进一步检验。）

表 14-1 展示了一共 24 种不同案件情况的排列组合。这一表格的信息是详细的，但是显得略微复杂，因此要对其中的要点进行重点说明。

---

① 《模范刑法典》2.04(1)。

表 14-1　责任承担

	(a)	(b)	(c)	(d)
场景:罪错要件和行为人的主观罪过	承担刑事责任	%不承担刑事责任	%不承担刑事责任或者不应接受惩罚	模范刑法典
1. 损坏房屋				
A. 知情	6.21	0	0	二级重罪[§220.1(1)(a)]
B. 大意	5.08	0	10	三级重罪[§220.1(2)(b)]
C. 疏忽	2.22	8	55	三级重罪 b[§220.3(a)]
D. 无过错	1.25	30	75	不承担刑事责任
2. 损坏闲置财产				
A. 知情	5.54	0	3	轻罪 a[§220.3(a)]
B. 大意	4.31	3	18	轻罪 a[§220.3(a)]
C. 疏忽	1.75	15	65	轻罪 a[§220.3(a)]
D. 无过错	0.95	38	83	不承担刑事责任
3. 损坏他人房屋				
A. 知情	5.77	0	3	二级重罪[§220.1(1)(a)]
B. 大意	5.31	0	3	三级重罪[§220.1(2)(b)]
C. 疏忽	3.62	0	28	不承担刑事责任
D. 无过错	3.26	8	38	不承担刑事责任
4. 损坏他人闲置财产				
A. 知情	4.92	3	10	轻罪 a[§220.3(a)]
B. 大意	4.49	3	13	轻罪 a[§220.3(d)]
C. 疏忽	3.10	3	38	不承担刑事责任
D. 无过错	2.44	10	50	不承担刑事责任
5. 强奸—缺乏对方同意				
A. 知情	6.60	5	8	一级重罪[§213.1(1)(a)]
B. 大意	5.55	3	15	一级重罪[§213.1(1)(d)]
C. 疏忽	3.82	17	33	不承担刑事责任
D. 无过错	0.26	78	90	不承担刑事责任

续表

场景:罪错要件和行为人的主观罪过	(a) 承担刑事责任	(b) %不承担刑事责任	(c) %不承担刑事责任或者不应接受惩罚	(d) 模范刑法典
6. 法定强奸—未满年龄				
A. 知情	5.28	8	8	三级重罪[§213.1(1)(a)]
B. 大意	3.97	23	23	三级重罪[§213.1(1)(a)]
C. 疏忽	1.38	73	73	三级重罪[§213.1(1)(a)]
D. 无过错	0.51	88	88	不承担刑事责任

量刑尺度:N=不承担刑事责任,0=承担刑事责任但是不接受惩罚,1=1天,2=2星期,3=2个月,4=6个月,5=1年,6=3年,7=7年,8=15年,9=30年,10=终身监禁,11=死刑。

A. 假设财产损失在100—500美元之间;

B. 假设财产损失超出500美元;

C. 假设被告至少已满18周岁(比14岁的受害者大4岁)。

在这六个案件中,责任分配的不同取决于主观罪过的不同,这意味着主观罪过对于责任和量刑会起到重要影响。被试者清楚知晓主观罪过的不同是各个场景的最大区别,而随着其罪过不断增加其责任也随之增加。研究数据还显示在大意和疏忽之间存在明显区别(这乃是一种知道与不知道的区别)。所以从大意到疏忽的责任会出现急剧增长的情况。这种大意与疏忽之间的区别与《模范刑法典》的规定存在相通之处,《模范刑法典》将大意规定为一般情况下主观罪过的最低形式。①

但是对数据的深入解读还发现了一些立法中并不常见的情况。对于知情和大意的不同责任分配显示,作为更为严重的罪过形式,知情的责任等级要比大意高出一个级别。根据表14-1中d栏,《模范刑法典》有时也会对大意和知情作出区分,但并非总是如此。在损坏邻居房屋的案件中,知情损坏邻居房屋为二级重罪,而大意损坏邻居房屋仅为三级重罪,这与研究中被试者的反馈是一致的。但是在损坏闲置财产和强奸案件中,被试者对大意和知情的责任作出了区分,而《模范刑法典》却没有。如果按照被试者的裁判模式,那么《模范刑法典》就应该对所有案件的责任都按照主观罪过的大意或者知情作出相应区分。

事实上,《模范刑法典》有区别地对不同案件进行主观罪过划分,但这一做

① 《模范刑法典》2.02(3)。

法与被试者渐行渐远，因为被试者会对所有案件的主观罪过都作出区分。表14-1中第1、2行记录了《模范刑法典》对造成损害的不同罪过形式的规定，《模范刑法典》中对居住房屋造成损害的知情或者无过错的规定都与被试者的反应相类似。知情的责任要比大意高出一个等级，而无过错的可以免除责任。《模范刑法典》与被试者出现分歧的地方在于它并没有对疏忽造成损坏的情况从轻处理。事实上这里《模范刑法典》对于疏忽和大意的责任规定是一样的，而这与它自身通常在疏忽和大意之间划定界限的做法背道而驰。

《模范刑法典》对于损坏闲置财产的规定(表14-1中第2行)也与被试者的观念出现明显的偏离。如上文提到，疏忽乃是《模范刑法典》设置刑事责任的基础，而被试者会对其责任减轻许多。知情和大意在《模范刑法典》中并没有作出明确区分，它们与疏忽的责任基本一致，但在被试者看来应当对其作出明确区分。

《模范刑法典》与被试者观念的差别还体现在对于财物归属认识错误的场景中(参见表14-1中第3、4行)。《模范刑法典》对于疏忽或无过错的财物归属认识错误没有规定责任，但被试者却认为应当承担责任，只不过程度很低。

再来看强奸案件(表14-1中第5、6行)，被试者对于两个强奸案件的不同场景感受如何？首先来看缺乏对方同意的场景，《模范刑法典》对此的规定同样与被试者存在不同。被试者对于罪过的认定进行了分级，随着罪过形式由疏忽上升至大意，再上升至知情，其责任也随之加重。相比之下，《模范刑法典》对于疏忽导致的认识错误没有规定责任，而被试者是认定有的，责任等级为3.82(5.2月监禁)。《模范刑法典》没有对大意和知情作出区分，二者均认定为一级重罪；而被试者对二者作出了区分，知情承担责任更重6.60(5.4年监禁)，大意承担责任较轻5.55(2.2年监禁)。

而在法定强奸的场景中，责任差异变得更加夸张。《模范刑法典》对于知情、大意、疏忽的判断等级是一样的，而被试者则很明显地进行了区别对待。73%的被试者认定疏忽不承担责任或者免于处罚(表14-1中第6c行c栏)，而《模范刑法典》将其认定为三级重罪。

强奸案件的结果显示被试者试图为两种不同的场景设置不同的责任底线。在法定强奸场景中，大部分被试者判定无过错和疏忽案件免于处罚。而在普通强奸中，只有对于缺乏被害人同意不存在过错的场合大部分被试者才会认为可以免除其处罚。不同案件需要设置不同的最低限度罪过，人们从直觉上也知道自己为什么进行如此区分。

如果对于法定强奸的立法希望采用公众直觉作为依据，那么它对犯罪的分级就应当是一个逐级变化的过程，而《模范刑法典》现在的做法乃是简单的一分为二，要么有责要么无责，有责就是重罪，不管疏忽还是更严重的罪过都是三级重罪。

上文的很多结果可以概括为：研究基本支持《模范刑法典》在大意和疏忽之间作出明确区分的做法。但与《模范刑法典》经常发生冲突的是，被试者对于其他罪过形式之间也进行了明确的区分，而《模范刑法典》却没有，比如知情与大意之间、疏忽和无过错之间。这一结论非常重要，但其实也在意料之中，根据直觉也能猜到。但是还有数据模式所显示的结果则显然出乎意料之外，最起码此前预料的结果远远不及实验数据所表现的那么强烈。这些结果如果得到后续研究的验证，那么将能够反映出立法与公众之间存在巨大分歧。

关于分歧的证据，请回头看损坏房屋和损坏闲置财产的责任。研究结果显示，随着财产归属的变化，责任的差距也发生变化。房屋的分别是 5.77(2.6 年监禁)到 3.26(3.2 月监禁)，财产的分别是 4.92(11.4 月监禁)到 2.44(4.4 周监禁)，这种差距要比损坏的罪过发生变化后小很多，房屋的是 6.21(3.8 年监禁)到 1.25(4.9 日监禁)，财产的是 4.92(11.4 月监禁)到 0.95(1 日监禁)。这意味着在被试者看来，行为人对于不同问题的罪过形式的影响力也存在差异，行为人的罪过对于造成损坏的影响力就要大于行为人对于财物归属认识错误的罪过。

该研究证明犯罪定义中的不同客观要件在决定归责的时候作用也不相同，这种观点在刑法学的理论界和实务界都有存在，此前这种观点没有那么明确，而现在这种观点有了客观证据予以支持。哪怕都造成损害、都是别人财产，都有两种不同的罪过形式，造成损害的罪过与误认他人财产的罪过在决定责任程度和量刑等级时的作用却是不同的。造成损害乃是决定性因素，是核心要素，而财产属于他人仅仅是附带性质的，仅仅作为最低限度的背景条件而存在。本章小结部分会对这一问题作一分析。

最后需要注意的是，被试者在本研究中所了解的信息将不同案件描述成具有不同严重性质的犯罪。所以不同案件的责任呈现出一定的变化规律。例如强奸案件中由于有被害人遭受侵犯，所以责任最重，知情情况下责任为 6.6(约 5.4 年监禁)，其后是损坏住宅 6.21(3.8 年监禁)，因为住宅有人居住所以可能导致人员伤亡。损坏闲置财产 5.54(2 年监禁)，法定强奸 5.28(1.6 年监禁)。

综上所述，本研究根据三种不同犯罪，对公众观念中对于与不同犯罪客观要件相对应的不同等级罪过形式在责任评价中的作用进行了研究。犯罪的罪过要件主要具有两个功能：确定责任的最低限度，确定犯罪的严重等级。研究对于被试者裁判中哪个功能起到更多作用进行了研究。

研究最有意思的结论还是关于责任的最低限度。在设定刑事责任最低限度要求以及对犯罪进行分级的过程中我们发现有些罪过形式的重要程度要明显高于其他罪过形式。例如在损坏财物案件中,如果行为人对于财物损坏没有过错或只有疏忽的(知道财物属于他人),大部分被试者认为可以免于处罚。如果行为人对于财物属于他人没有过错或只有疏忽(知道自己的损坏行为),大部分被试者认为应当处罚。被试者似乎是在表示,最起码是在储存危险化学品的案件中,行为人需要对行为的风险进行评估。被试者也觉得行为人即使不是那么认真,也应该能分清哪栋房子是自己的,但这要比储存危险化学品的要求低了一等。这种注意乃是人之常情。行为人首先要对自己可能导致风险的行为存在意识,对于他们而言行为可能引发的风险则是第二个问题。因此,正式的表述是,行为人对于损坏财物的罪过对于被试者责任判断的影响要大于行为人对于财物属于他人的罪过对于被试者责任判断的影响。同样的模式在严重罪过场合同样存在:对于损坏财物的更严重的罪过所导致的惩罚要显著大于对于财物归属他人的更严重的罪过所导致的惩罚。

这种模式意味着在确定责任最低限度要求的时候需要对不同要件进行区分。如果遵循公众直觉,损坏财产罪过形式的最低限度就高出财产属于他人罪过形式的最低限度。更进一步而言,损坏财产的所有罪过形式对应犯罪的责任等级都要高于财产属于他人的所有罪过形式。但是这种做法又会存在《模范刑法典》§ 2.02(4)中的危险,那就是对于所有客观要件采用一种固定的罪过形式。它对所有的核心要件都采用了一种罪过形式,而对其他所有附带要件或背景要件又采取了另一种罪过形式。

但问题是,到底什么是核心要件而什么又是附带要件?研究表明这一问题并不简单。研究显示对于罪过要件的权衡会随着犯罪的场景改变而改变。而这些复杂的考量值得后续研究继续跟进。

而对于罪过要件的第二个功能即判定犯罪的不同等级(如凶杀案件),被试者的责任分配会因为罪过形式的不同而表现出极大的差异。尤其是行为人在知情和大意情况下所判处的刑罚差距要比同一犯罪在美国刑法中更大。同样,被试者也对其他罪过形式进行了区分:从疏忽到大意到知情到故意,行为人所判定的责任也越来越重。而这一责任分配模式与《模范刑法典》的模式具有显著差别。首先,除了凶杀案件以外,很少有案件会因为罪过形式而对犯罪等级作出明确划分,事实上很多犯罪一般都只有一个等级。当然不能排除一种可能性就是《模范刑法典》的做法是为了保障法官在量刑时具有自由裁量权限。而自《模范刑法典》颁布后出现了量刑规范化运动,该趋势已经持续了三十多年,这一运动意味着《模范刑法典》应当适时进行修改,对其中的犯罪等级进行更加细致的划分。而根据罪过的程度对犯罪进行划分无疑可以更好地反映出公众对于责任和刑罚的判断。如果立法者希望刑法典能够反映出公众的观念，那么就很有必要进行这样的研究来确定不同犯罪的不同要件的不同罪过起点以及高于这一起点的罪过是否应当得到更高的量刑。

第二节　共同犯罪的罪过要求

共同犯罪的责任要求行为人对他人实施犯罪进行了帮助。帮助行为客观要求的相关内容可以参见第十二章第四节。而在客观要件以外，现行法律还要求行为人对于提供帮助行为具有特定的主观罪过状态。

正如不具有主观过错的违法不应当承担刑事责任一样，不具有主观过错的帮助行为也不应当承担刑事责任。所以《模范刑法典》规定在对主犯进行帮助的时候，从犯的行为必须具有“提升或者辅助犯罪实施的故意”（promoting or facilitating the commission of the offense）。[①]此前有人提议用“知情”（knowledge）来替代“故意”（purpose），但是这一提议受到了美国法学会成员的一致反对。故意要件被认为更加合理，也延续了普通法长期以来的传统。

但是“提升或者辅助犯罪实施的故意”的表述要点不甚明确，即这里的“故意”是指行为人对于主犯帮助行为具有故意，还是说对于所有实质罪行的其他要件如危害后果等等也都具有故意？如果这一故意是针对所有要件的，那么后果会十分戏剧化——共犯将会很难成立。共犯的范围将会极大缩限，只有在行为人不仅希望犯罪行为发生，还希望犯罪结果发生的情况下才能成立共犯。例如，在法定强奸的案件中行为人对于性交对象未成年这一事实的主观罪过往往仅限于疏忽。如果某人对于法定强奸实施了帮助行为，他是否辩解说自己只是觉得女生有可能未成年（大意）或者他并不知道女生未成年或者他不需要知道或者不希望知道她是否未成年？所以故意的对象要包含所有实质犯罪要件的话，那么对于女生未成年这一事实如果不具有故意那么就不成立犯罪。又例如在存在危害结果的案件中，制造危险的案件中要求主犯对于制造死亡风险的主观罪过至少存在大意。如果行为人故意帮助实施了某一制造危险的行为（例如在某操场旁边倾倒有毒废物），他是否可以辩解说自己虽然知道自己所帮助的行为具有导致他人死亡的风险但他并不希望这一风险实现？如果共犯责任要求对所有犯罪要件都具有故意，那么对于制造死亡风险

① 《模范刑法典》2.06(3)a。

的行为的罪过如果小于故意那就不构成犯罪。

这种表述不清在艾策维勒案(Etzweiler v. State)[①]中得到了体现。本案中一名司机因为醉酒驾车撞死了他人,而被告被认为是本案从犯。本案中被告确定对主犯的醉驾行为进行了支持,因为是他把车给了喝醉的同伴。但是被告对于朋友醉酒驾车是否存在导致他人死亡的风险并非故意也很难说具有明知。最多只能说朋友已经喝醉的情况下还把车钥匙给他,行为人对于后来的死亡风险存在大意。这意味着在交付钥匙的那一刻,他是知道可能存在致死风险的。

新罕布什尔州刑法关于共犯的故意要件部分以《模范刑法典》为模板,但是进行了大范围的修改,该州最高法院的法官对这一规定该如何解释产生了分歧。法官中的多数认为故意要件将杀人犯罪所有要件的罪过要求都提升到故意的水平。所以尽管过失杀人只要求行为人对于死亡结果存在大意,但过失杀人的共犯却要求其共犯行为对于死亡结果具有故意(而即使谋杀案件中对于导致死亡也只要求主观上具有明知)。普通法中的一些案件也遇到了类似的情况,共犯的主观罪过要求甚至高过了主犯的罪过。但是大部分普通法的案件基本上与少数法官的看法是一致的,简要描述如下。

本案中的少数派法官认为共犯的主观罪过只要求共犯对于帮助主犯行为具有故意——这意味着行为人在交付汽车钥匙允许他人醉酒驾车时具有故意即可。本案的主犯对于导致死亡存在大意,因此构成过失杀人罪。因为主犯的罪过也只有大意,所以不能将共犯的罪过状态提升至故意。在这一观点的支配下,对于制造死亡风险的行为故意实施了帮助并认识到行为可能制造导致死亡的实质风险(例如对导致死亡存在大意)即可成立共犯。《模范刑法典》[②]在这一案件中明确表达了"从犯罪过无需过高要求"的观点。本书关于从犯罪过的研究试图对大众在责任分配和刑罚裁量中对共犯对于辅助行为的罪过以及共犯对于实质犯罪行为的罪过的不同评价进行分析。

本研究以上文艾策维勒案为模板,核心场景就是行为人把自己的车钥匙给了一个喝醉的朋友,并总共设计了六个不同场景。场景基本信息如下:两人来到工厂,里面一个人喝醉了,所以另一个人开车。等到了工厂喝醉的人说有东西落在家里了,要借车开回去取东西。车子从工厂到他家的路段正好是工

---

① Etzweiler V.State, 125 N.H.57, 480 A.2d 870(N.H.1984);另可参见 State v. Rivera, 27 A.3d 676(N.H.2011)(本案对新罕布什尔州的裁定,该裁定认为在共同犯罪中如果主犯的行为的结果是可以明显预见的,那么行为人就要承担共犯的责任)。

② 《模范刑法典》2.06(3)a。

人上班必经路段十分拥挤。在部分案件中，该清醒的行为人非常清楚如果醉酒同伴驾车肯定会撞死他人；部分案件中，该清醒的行为人只是认识到如果醉酒同伴驾车可能会撞死他人。所以本案中将共犯行为人对于导致死亡的主观罪过明确规定为知情和大意两种，因为这两种罪过状态对于被试者会产生比较重要的影响。醉酒者拿到钥匙，开车回家途中撞死了两名刚刚走进工厂大门的员工。

研究对于场景进行了特定的描述从而将共犯行为人对于醉驾者获得其钥匙并醉酒驾车行为的主观罪过明确区分为故意、知情、大意。在故意的场景中，行为人主动将车钥匙交与醉驾者。在知情的场景中，行为人对醉驾者进行了劝阻但最后不情愿地给了他钥匙。在大意的场景中，行为人拒绝了醉驾者但是没有把钥匙收起来，行为人也想到朋友可能会自己去拿钥匙但是没有在意，结果醉驾者真的自己拿了钥匙去开车了。

表 14-2、表 14-3 中记录了相关研究结果。表 14-2 记录了该共犯行为人的责任分配。表 14-3 记录了被试者所认为的共犯（车主）和主犯（醉驾者）在不同场景中的不同主观状态。

表 14-2　共犯行为人的责任分配

	(a)	(b)	(c)	(d)	(e)	(f)
场　　景	主犯（醉驾者）	共犯（车主）	%不承担刑事责任 (N)	%不承担刑事责任或不接受处罚 (N-0)	模范刑法典的责任分配	“过高要求”的责任分配
协助醉驾—故意						
1. 导致死亡—知情	7.76	4.50	8.8	29.4	谋杀	不承担刑事责任
2. 导致死亡—大意	7.65	3.56	8.8	44.1	过失杀人	不承担刑事责任
协助醉驾—知情						
1. 导致死亡—知情	7.82	3.56	5.9	38.3	不承担刑事责任	不承担刑事责任
2. 导致死亡—大意	7.68	3.74	14.7	50.0	不承担刑事责任	不承担刑事责任
协助醉驾—大意						
1. 导致死亡—知情	7.50	1.82	17.6	67.6	不承担刑事责任	不承担刑事责任
2. 导致死亡—大意	7. 74	1.68	23.5	70.6	不承担刑事责任	不承担刑事责任

量刑尺度：N＝不承担刑事责任，0＝承担刑事责任但是不接受惩罚，1＝1 天，2＝2 星期，3＝2 个月，4＝6 个月，5＝1 年，6＝3 年，7＝7 年，8＝15 年，9＝30 年，10＝终身监禁，11＝死刑。

表 14-3　被试者对于共犯主观罪过的认知

场　景	(g) 共犯对于醉驾的主观状态	(h) 共犯对于导致死亡的主观状态	(i) 主犯对于导致死亡的主观状态
协助醉驾—故意			
1.导致死亡—知情	3.09	2.59	1.29
2.导致死亡—大意	3.21	1.97	1.26
协助醉驾—知情			
1.导致死亡—知情	2.82	2.47	1.29
2.导致死亡—大意	2.59	2.00	1.32
协助醉驾—大意			
1.导致死亡—知情	2.21	2.24	1.29
2.导致死亡—大意	2.03	1.91	1.35

主观状态：1＝疏忽；2＝大意；3＝知情；4＝故意
关键：
(g) 对于醉驾的主观状态
1. 共犯并未意识到行为人将会驾驶汽车的实质机会；
2. 共犯意识到行为人将会驾驶汽车的实质机会；
3. 共犯非常确定行为人将会驾驶汽车；
4. 共犯希望或想要行为人驾驶汽车。
(h) 对于导致死亡的主观状态
1. 共犯并未意识到行为人将会杀死某人的实质机会；
2. 共犯意识到行为人将会杀死某人的实质机会；
3. 共犯非常确定行为人将会杀死某人；
4. 共犯希望或想要行为人杀死某人。
(d) 主犯对于导致死亡的主观状态
1. 主犯并未意识到自己将会杀死某人的实质机会；
2. 主犯意识到自己将会杀死某人的实质机会；
3. 主犯非常确定自己将会杀死某人；
4. 主犯希望或想要杀死某人。

首先我们来看一些数据模式的大致状况。第一，我们会注意到表 14-2 中 a 栏结果基本符合常识，醉驾者的刑事责任都是比较高的，其量刑基本在 11—14 年监禁之间，这一结果也在意料之中。醉驾者虽然喝醉了，但又不是酩酊大醉，他硬是从车主那里拿走了钥匙，走到汽车，发动汽车，开走汽车。如表 14-3 中 i 栏记录的那样，被试者认为醉驾者对于他的行为存在导致他人死亡的实质风险处于具有认识和没有认识之间。第二，请注意醉驾者的责任在所有场景中都很稳定，并没有受到共犯主观状态的影响，而这一结果也在预料之中。第三,请注意每一个场合,b栏所显示的共犯的责任都要比主犯的责任显著减轻。请注意,而现行立法对于共犯的责任认定与主犯是一致的。

其次我们来看被试者对于不同场景中从犯主观罪过的感受,该部分数据参见表14-3中g栏和h栏。被试者的回答可以分为四个等级,其中4表示故意(最高),3表示知情。首先来看第1行和第2行两个案子对应的g栏数据,被试者认为共犯的罪过接近知情(3.09和3.21,3表示知情),而这一结果要低于案件预期设定,案件预期设定描述的从犯的主观状态是故意。而在第3行和第4行中原本设定为知情的案件,被试者的感受也要略低于知情(2.82和2.59,3表示知情)。而第5行和第6行的场景中,被试者的感受与案件预期设定基本相符,均为大意(2.21和2.03,2表示大意)。

然后再来看从犯对于导致死亡的主观罪过,参见h栏。这里我们看到一个熟悉的现象,设定为大意的场景(第2、4、6行)中被试者的感受与设定基本一致(1.97、2.00、1.91,2表示大意),设定为知情的场景中被试者的感受要低于场景设定,大概介于知情和大意之间(2.59、2.47、2.24)。最后的结果处理起来有点麻烦,从犯对于导致死亡风险的罪过乃是本研究此前设计最为重要的一个变量,但结果发现被试者对于这个变量的感知没有达到预期效果。所以当我们对数据进行解释时需要把这个问题考虑在内,责任承担的差距可能比实际上要大,只是没有得到充分反映。

从研究结果中我们可以看到,从犯的量刑预期与主观状态有关,既包括在他知道他的朋友将会醉酒驾车后依然交付钥匙的故意程度,也包括他对于驾驶行为导致风险的故意。首先,行为人在交付钥匙时如果对于其朋友的驾驶持有故意态度则其量刑较高,如果只是知情的话则量刑较低,大意最低。其次,行为人越是知情量刑越重。(不过需要注意的是被试者对于知情的理解大概介于实验设计的大意和知情之间。)当行为人在交付钥匙时仅具有大意的情况下,他对于可能导致死亡的主观状态的重要性降低了,这种变化所导致的责任差异却并不明显。这一情况也有待后续研究跟进。

在帮助行为的两种较高级别的罪过形式中,其效果看起来是一样的。对于死亡风险,知情和大意的责任也就差了一个级别,而帮助他人行为的主观方面也基本相差一个级别。需要注意的是,对于导致死亡的罪过在《模范刑法典》中是被忽略不计的,但在这里却成为了一个主要决定因素。但请注意这一预测并没有在结果中得到体现的原因可能在于:场景中关于导致风险的罪过所设计的描述并没有达到预期的效果,这也导致了这一方面的数据跨度要比理想情况小很多。鉴于被试者对于罪过程度感受的细微差异就有可能导致量刑的巨大差异,我们可以猜测对于导致死亡的罪过会在这里产生巨大影响。

但是这一解释未经证实，同样需要后续研究跟进。

综上所述，第一，也是之前我们曾经见到过的情况是，被试者对于责任的判断是一个逐级变化的过程，而不是如《模范刑法典》那样的一刀切。第二，被试者可以而且确实分辨了两种不同罪过的差异，并对其责任作出区别对待。这意味着立法应当对这两种罪过都作出相关规定。

然后我们要对艾策维勒案件裁判规则中的不同法理进行一个分析。在此之前请复习一下关于"故意"(purposeful)要件的相关解释的讨论。其中一种观点被称为上升观点，即共犯对于危害后果要具有故意，相应地在本案中就是对可能导致死亡结果要具有故意。正如 h 栏所显示的，即使在不是最严重的场景如场景 1、场景 3、场景 5 也都符合这一标准，这几个案件中的从犯也都被判承担严重的刑事责任。显然被试者认为从犯对于导致死亡的罪过不需要"上升"到故意的程度。事实上，这一罪过甚至不需要达到知情就可以成立；而对于死亡风险仅仅具有大意，甚至都不满足知情的案件，被试者虽然有所减轻，但依然给出了明显的责任。无论如何，请注意当共犯对于死亡的主观状态从知情降低到大意的时候，被试者给出的量刑也出现显著的降低。

被试者对于从犯罪过要求上升的观点表达了明确的反对，这一点在表 14-2 中非常明显。如果对共犯罪过要求过高，则其不需要承担任何责任，而研究中被试者对所有的案件都判定承担责任。从知情到大意，被试者都作出了承担责任的判定。在被试者看来，不需要像艾策维勒案件中那样把对共犯的罪过要求提到那么高，而犯罪等级应当根据行为人所表现出的罪过程度来进行认定。

即使依据 e 栏中《模范刑法典》的非上升规定，行为人对于导致死亡行为的帮助并不需要满足故意，但这与被试者的判断依然存在差距。共犯基于知情而非故意实施帮助行为的(第 3 行、第 4 行)，其量刑分别为 4 个月以上和 6 周以上。而共犯仅仅基于大意的情况下(第 5 行、第 6 行)，其责任得到了减轻，但依然需要承担，其量刑分别是 11 日监禁和 9 日监禁。①

记住被试者并不觉得那些被标记为故意的案子真的那么故意。但是尽管实验没有让被试者充分感受到案件设定中那种强度的故意，这个变量终归还是达到了效果的。所以有理由相信在未来的研究中这一变量的权重还会继续提高。如果这一判断正确，那么就可以确定导致死亡结果的罪过就应该排在决定责任因素的第一位。

---

① 然后有趣的是，根据表 14-2 中 d 栏显示，约 50%的被试者对这些案件判处承担责任但免于处罚。所以他们这里还是采用了这种策略，即通过有罪判决来对行为进行谴责，但又觉得并不需要因为把钥匙留在桌上这样的事把人抓去坐牢。

在被试者看来，《模范刑法典》的错误在于把故意作为共犯主观罪过的起点。曾经有一份法典草案与本研究的结论观点一致，应当将知情作为帮助行为的罪过起点，但这份草案被美国法学会集体否决。更进一步而言，尽管帮助行为仅仅要求知情即可构成，《模范刑法典》还是会与公众观念发生分歧，因为法典并没有规定大意可以构成共犯。最后，被试者还是会认为《模范刑法典》的分级制度存在不足，因为它没有根据责任程度来进行等级划分。

所以对于知情和大意的帮助行为，《模范刑法典》不予处罚，但被试者们都认为应当受到处罚，只不过责任相应减轻而已。那么其中有什么差别？有一种可能性推测认为，立法似乎想当然地认为共犯的核心问题是从犯和主犯是否承担的是同一个犯罪的责任？换句话说，从犯所犯之罪与主犯所犯之罪是否同一犯罪？对于这一问题，立法的回答是肯定的，所以也难怪立法为共犯的罪过形式设立了很高的起点。而从研究结果来看，被试者显然没有这么认为。在本案中，被试者并没有问"从犯是否要对别人过失杀人负责?"，他们只是表达了一个观点认为如果行为人为他人的犯罪提供了帮助那么就应该受到惩罚。帮助行为越是出于故意，则责任越重，无论从客观的帮助行为来看还是主观的罪过来看都是如此。但是，即使行为人对于帮助行为仅仅出于大意，他也会承担责任，只不过很多时候他只需要受到谴责而不需要真的坐牢。

上述观点已经在部分地区立法中得到采纳。一些州的刑法中增加了"帮助犯罪"(criminal facilitation)规定，从犯的责任低于主犯，从犯的主观罪过要求也低于主犯。这种责任模式会与公众观念越来越接近。

第三节　自愿麻醉状态(如醉酒)

如果行为人是自愿喝醉并在这种状态下实施了行为并导致了结果，那么其刑事责任的判定就会比较复杂，因为它受到两种相互对立因素的共同作用。由于处于醉酒状态，行为人对于其行为性质和结果可能缺乏认识。例如他的行为可能导致他人死亡的风险，但由于处于醉酒状态他对于危险可能一无所知。缺乏风险认知很有可能阻却大意凶杀(过失杀人)的刑事责任，因为在大意的场合需要对风险存在认识。本章的第一项研究对于主观罪过在责任承担方面所具有的重要性进行了验证。另一方面，由于行为人的麻醉状态是由自己主动导致的，所以他是否应当从轻处罚也变得不甚确定，很多人会认为行为人不能自己引起某种功能丧失然后从中获利。因此这个问题也显得略微复杂。

现行刑事立法对于这一两难问题作了如下基本规定：如果行为人对于麻

醉状态具有罪过，那么尽管他由于麻醉状态而缺乏风险认识，但他的责任评估依然将其作为具有风险认识来处理。这一规定设定了自愿麻醉的罪过形式起点（疏忽，《模范刑法典》§2.08(5)(b)），于是决定了是否将风险认识归罪于个人（大意）。这意味着如果行为人因为疏忽而导致自己处于麻醉状态并因此杀人，那么按照《模范刑法典》他应该承担大意凶杀（过失杀人）的责任。

根据这一法律规定，案件调查和法庭审理时的首要关注点就是行为人进行自我麻醉的时候处于何种主观状态。比疏忽更高的主观罪过——大意、知情、故意并不会增加行为人的责任。而行为人在麻醉前的可能存在的不同罪过形式也不会对其责任产生影响。确定地说，即使行为人仅仅因为疏忽而导致自己处于麻醉状态，那么法律也会对他追究大意的责任，甚至是导致死亡的大意。而这种情况下其责任似乎高于行为人理所应当的责任。

而与此同时，行为人可能试图伤害他人，然后把自己喝醉并且实施了伤害，他却可以与没有伤害意图的行为人承担同样的责任。直觉告诉我们这种情况不对。如果行为人知道自己喝醉之后会出现暴力倾向，那么他就更应该防止自己陷入这种状态，或者说这样的人如果喝醉并且实施了犯罪，那么他应该受到更多的谴责。

自愿麻醉研究试图查明公众是否支持现行法律的规定，即只要导致麻醉状态的主观不低于疏忽，那么其麻醉后实施的行为的主观罪过都以大意来认定。研究还试图查明依据公众观念对于案件的判断是否存在高于或低于现行立法统一规定的大意。研究针对行为人在麻醉前具有不同主观罪过并在麻醉后导致他人死亡的不同情况进行了分析。

研究预测行为人在麻醉前对于犯罪要素（造成他人死亡）的罪过状态会对其麻醉后实施犯罪所要承担的刑事责任产生影响，前者的升高会带来后者的加重。行为人在麻醉前对于风险没有认识（无过错）的责任相对较低，麻醉前对于风险存在认识的（大意）责任相对较高，而行为人麻醉前就想要希望造成死亡的（故意）责任最重。简而言之，行为人知道自己会酒后乱来的要比不知道的责任更高。

现行立法对于麻醉前的主观状态只考虑其是否认识到会被麻醉，而没有考虑其是否认识到麻醉后的危害行为。这就很奇怪，按道理说，对于一个人的责任而言，对于犯罪行为的罪过影响最大，对于醉酒的罪过影响较小，而且后者在现实中也未必如现行立法所设定的最低限度要求（疏忽）那样来运行。

研究设置了两个对照组，在对照组中行为人在没有醉酒的情况下分别故意、大意杀害他人，根据现行立法分别构成故意杀人罪和过失杀人罪。然后研究给出了九种实验场景，规定了行为人对于犯罪行为的不同罪过和对于醉酒的不同罪过。九种场景对行为人的状态描述为酩酊大醉,因此行为人在实施杀人行为时对于自己的危害行为没有认识。他在杀人时的主观方面应仅为疏忽,但现行立法会将其按照大意来进行责任认定。所以立法对这些案件的规定都是一样的——过失杀人罪。

这里有必要对相关场景做一点评。场景的核心内容如下:本案行为人的室友与行为人的女友互有好感。在对照组的故意杀人场景中,行为人回到家中对室友进行殴打,室友随后死亡,此处责任评价为 9.54(约 30 年监禁或终身监禁)。在对照组的过失杀人场景中,行为人只想把室友狠狠揍一顿而没有想杀他,但他使用了一根铅制水管猛击室友头部,室友随后死亡,此处的责任评价平均也是 30 年监禁,这里的量刑比其他案件中要高,因为用铅制水管猛击他人头部是很有可能导致他人死亡的。所以这里的过失杀人案件的行为设定过了一些,未来的研究应当要对过失杀人案件中导致死亡的确定程度有所缓解。

非对照组的实验场景依次如下:故意场景中,行为人计划杀死室友并在等待实施过程中喝醉;过失场景中,行为人计划狠揍室友并在等待实施过程中喝醉;无过错场景中,行为人对室友十分生气但没有计划要殴打或杀害室友,行为人最终没有杀死室友但误杀了室友旁边的另一个人。而对于醉酒原因而言,故意醉酒中行为人故意喝醉;大意醉酒和疏忽醉酒场景中行为人都在服用一种药物,饮酒会与药物产生反应,大意场景中行为人意识到酒精和药物可能产生反应,但没有予以理会;疏忽场景中,行为人从来没有看过医生诊断和药品说明书,对于药物反应和服药禁忌一无所知。大意和疏忽两个场景中都出现了饮酒之后药物与酒精相互作用导致行为人陷入严重醉酒状态,这种严重醉酒状态远远超出了单纯饮酒所导致的醉酒。

表 14-4　自愿醉酒状态的责任承担

	(a)	(b)	(c)	(d)	(e)	(f)
场　景	责任承担	%不承担刑事责任(N)	%不承担刑事责任或不接受惩罚(N-0)	醉酒的罪过程度—醉酒前	杀人的罪过程度—醉酒前	杀人的罪过程度—杀人时
控制:						
1. 故意杀人	9.54	0	0			1.71
2. 大意杀人	9.02	0	0			3.14
醉酒前—故意杀人:						

续表

场　　景	(a) 责任承担	(b) %不承担刑事责任(N)	(c) %不承担刑事责任或不接受惩罚(N-0)	(d) 醉酒的罪过程度—醉酒前	(e) 杀人的罪过程度—醉酒前	(f) 杀人的罪过程度—杀人时
3. 故意醉酒	9.89	0	0	1.59	1.07	1.83
4. 大意醉酒	9.78	0	0	2.37	1.37	1.96
5. 疏忽醉酒	9.46	0	2	3.26	1.28	2.17
醉酒前—大意杀人:						
6. 故意醉酒	8.82	0	0	1.80	3.37	3.52
7. 大意醉酒	8.56	0	0	2.44	3.76	3.67
8. 疏忽醉酒	8.37	0	0	3.61	3.85	4.07
醉酒前—无过错杀人:						
9. 故意醉酒	8.38	0	2	1.65	4.29	3.80
10. 大意醉酒	8.02	0	4	2.50	4.39	3.80
11. 疏忽醉酒	7.89	0	7	3.57	4.52	3.91

量刑尺度:N=不承担刑事责任,0=承担刑事责任但是不接受惩罚,1=1天,2=2星期,3=2个月,4=6个月,5=1年,6=3年,7=7年,8=15年,9=30年,10=终身监禁,11=死刑。

在对责任数据进行分析之前我们先对被试者对于场景的感知做一检验,看其是否符合场景设计想要表达的效果。首先请注意表14-4中最右边的d、e、f三栏,这三栏记录了被试者对于不同罪过的感知,这些罪过的差异会影响被试者的责任判断。d栏显示的是行为人对于醉酒的罪过程度,换句话说就是行为人把自己喝醉有多少是出于自己的意愿。本案故事情节中的重要环节就是喝醉本身是具有某种意图的。如果行为人是故意喝醉,那么就比大意喝醉的蓄谋程度更深。而行为人如果是因为疏忽而喝醉,则其蓄意程度又要比大意更低。不过现实中被试者的感知并没有预期的那么明显,例如故意场景中被试者所感受到的大约介于故意和知情之间(平均值约为1.68,根据规则1表示故意,2表示对于醉酒基本知情)。

e栏显示的是被试者所感受到的行为人对于杀人行为的罪过。行为人已经形成杀人意图的场合,即使行为人后来喝醉了杀人时也没有意识,但被试者还是认为他就是故意的,这一结果也在意料之中。不过这种情况在行为人只是想要殴打室友的场合就减轻了许多,而在没有任何企图的场合被试者则认为其没有罪过。最右侧的f栏记录了被试者认为行为人在杀害其室友时的对于杀人行为的故意程度。其结果显示被试者认为这里的故意性存在差异。如果被试者对于故意的感知能够再稳定一些,那么这一结果将会更加简单。(但是实验设计导致被试者并没有完全领会场景意图)这就造成了一些困惑,文章后面将予以解答。

下面对不同实验场景所对应的不同责任等级进行分析。行为人醉酒前对于杀人行为的罪过状态对责任等级的影响具有很强的统计学上的显著性。这意味着被试者认为行为人醉酒前对于醉酒后杀人行为的罪过乃是决定责任等级的至关重要的因素。

这一点还在其他场合得到验证,如醉酒前对于故意杀人行为具有故意的,其责任与对照组中故意杀人场景的责任不相上下,而醉酒前对于杀人行为仅具有大意或无过错的场景中,其责任就要比对照组中故意杀人场景小了很多。(这些数据在醉酒场景中的三种不同程度故意都有存在。)这意味着被试者认为醉酒前的故意与故意杀人罪相近,而醉酒前的大意或者无过错则要比故意杀人轻。对照组中另一案件也支持这一结论:醉酒前就具有杀人故意的责任与无醉酒的过失杀人罪的责任相比明显要高出许多。而大意案件三档责任中有两档与对照组的过失杀人案不相上下;而无过错案件中的所有责任都小于对照组中的过失杀人罪。

所有这些都证明,如果行为人在喝醉之前就有杀人故意,然后故意喝醉,然后杀害他人,那么被试者认为其罪责要比过失杀人更加严重;如果是醉酒前的大意,那么相当于过失杀人;如果醉酒前没有过错,那么要轻于过失杀人。总而言之,行为人醉酒前对于造成死亡所具有的罪过不仅对责任承担具有决定性的影响,事实上被试者们认为行为人醉酒前(清醒时)的罪过就相当于没有醉酒而造成他人死亡案件(对照组)的罪过一样。

无过错杀人场景的责任对于读者而言可能偏高。但是如果考虑到现实情况可能也没有很高。行为人对室友感到不满,于是出去和朋友喝酒,喝醉之后一个朋友送他回家,结果他失去理智,找了一根铅制水管猛击朋友,该朋友随后死亡。行为人饮酒前就具有消极情绪这一点可能对被试者的判断产生了影响:如果情绪不好就不应该喝酒。而且在被试者看来那些会拿着水管砸人脑袋的人就应该关起来。而且行为人由于对于造成死亡尚未达到疏忽程度,他的责任也要比过失杀人罪更轻,当然其总量也不低,平均量刑为20年。

立法对行为人导致自己处于麻醉状态的主观罪过给予了相当的重视,那么公众对于这一问题又是如何来看的呢。实验中被试者被告知,行为人在等待室友回家的过程中故意或者大意或者疏忽(不知道药物会和酒精发生反应)把自己喝醉。这种差异也导致被试者在责任判断时进行了区别对待,这也是意料之中的,不过这里相互责任之间的差距要小于醉酒前对于杀人行为的罪过所引起的责任差距。

所以从统计学上看,被试者认为行为人把自己喝醉的主观罪过对于其喝醉之后实施杀人行为之间存在联系,但对最终责任认定的影响相对较小。根据表 14-4 中 d 栏显示被试者可以感受到行为人醉酒的分别出于故意、大意、疏忽,于是他们根据罪过程度对量刑进行了轻微的调整,不过调整范围不大。

这种量刑上的微调意义并不大,尤其是被试者对于行为人导致醉酒的主观罪过感受并没有实验预期的那么明显。而在对醉酒罪过案件的等级进行检查时发现,疏忽导致醉酒的场景中行为人因为服用药物与酒精发生反应导致醉酒,但被试者并没有认为这一案件属于疏忽,而是将其认定为大意,其背后的理由可能是普通人如果服药就应当知道相关的服药禁忌。此处可参见表 14-4 中第 5 行、第 8 行、第 11 行。导致醉酒的罪过平均值为 3.48,这意味着被试者判定行为人的罪过对于风险的认识处于有认识和没认识之间,而普通人都应当认识到风险的存在。

尽管行为人导致自己醉酒的罪过对于责任的影响有限,但被试者的责任判断与立法还是存在差异,后者把这一罪过仅仅作为一个"触发"机制来对待,视作一个罪责的起点,但对于责任等级并没有影响。事实上有行为人对于醉酒至少存在疏忽,所以现行立法对于这些案件的处理几乎没有差别,都会按过失杀人罪来认定;而相比之下,被试者的量刑则是根据当时不同场景的特点做出的。从大的角度来看,结果与现行法律规定基本一致。所有的行为人对于醉酒至少具有疏忽,因此所有人的量刑都与对照组中过失杀人罪的量刑在一个区间之内。所以整体偏高的责任印证了立法的做法,将疏忽(而非大意)作为导致醉酒罪过的起点,将醉酒行凶的整体责任按照过失杀人来进行认定。

至于说以疏忽作为导致醉酒的罪过起点是不是太低了?研究暂时还无法给出完美的回答,因为根据表 14-4 中 d 栏第 5 行、第 8 行、第 11 行,对于实验设定为疏忽的行为人,被试者并不认可,被试者认为他们的罪过高于疏忽但小于大意,处于两者之间。而即使当被试者认为行为人是处于疏忽时,即行为人在杀人时对于行为结果并没有认识,被试者依然给出了较重的量刑。这意味着在被试者看来将疏忽作为责任起点也并没有太低。

这里需要对被试者所感受到的行为人在杀人行为发生时对于造成死亡的主观罪过进行一个讨论。请回头去看实验记录表 14-4 中 f 栏所记录的行为人杀人时对于造成死亡的罪过状态。其第3行、第4行、第5行记录的乃是行为人此前就有杀害室友的计划，然后出于不同的原因喝醉了酒。这时相关结果中出现了一种有趣的现象。请注意行为人杀人时的罪过等级在2上下徘徊，这意味着被试者认为行为人在杀害室友时对于自己的杀人行为是知情的，但根据实验设计和场景描述，行为人在当时步履踉跄、视线模糊、意识不清，简而言之就是行为人在杀人的时候不知道自己在杀人。但是被试者对于这种说法并不买账。尽管之前预期的是被试者会认为行为人对于自己的行为结果认识程度要小一些，那么对于导致死亡的罪过也小一些。但被试者并没有这么做，被试者认为那位行为人的目的性还是比较明显的，而被试者的这种说法也有他的心理学依据：如果行为人已经计划想要杀害某人，那么他的杀人意图始终存在，不管醉酒是否影响了他的动机、思维和感知。我们认为即使在受到影响的情况下，人们还是会坚定其心中意图行事，所以我们量刑也按照他们的清醒状态来进行。未来研究要看看是否能够将被试者对于这两种罪过的感受进行区分才行。（否则被试者无法按照实验设计进行判断。）

综上所述，在被试者看来，对于责任具有最高决定性的乃是行为人醉酒前对于犯罪行为所具有的罪过。不管行为人在发生醉酒时对于醉酒的主观罪过是出于故意、大意还是过失，只要他醉酒前对于造成死亡的主观罪过是出于故意，那么他就会被作为杀人犯来对待，因为在被试者看来他对于死亡具有很大的罪过。而当行为人原本企图殴打而对于造成死亡仅是出于大意时，不管其醉酒的罪过是因为故意、大意或者疏忽，其责任相当于过失杀人。而在无过错场合，行为人因为室友横刀夺爱于是与朋友外出借酒消愁，在他的朋友送他回家时他因为醉酒失去控制失手杀了自己的朋友。此时行为人的量刑也非常高，但是要比大意和故意的场合减轻了一些。

上述结果表明公众观念与现行立法在一些场合存在差距，但这种差距与此前其他章节的研究相比并没有那么显著。立法与公众对于行为人醉酒前没有犯罪意图而对于醉酒存在过错的态度是一致的，大部分法典都将其规定为过失杀人罪，被试者的判断也基本如此。

公众观念与现行立法的主要差别在于二者对于行为人醉酒前对于导致死亡的主观罪过的态度。被试者对于行为人醉酒前对于导致死亡的主观罪过的不同形式作出了不同的裁判，而法典则没有进行区分。醉酒前如果行为人已经存在杀人故意，那么被试者会判处其故意杀人，而法典仅判处其过失杀人。这意味着法典的规定与直觉相违背，法典对于醉酒前有犯罪意图的人和醉酒前无犯罪意图的人完全不作区分。不过，本文其他地方也曾提到，法典并不禁止检察官对故意醉酒且在故意醉酒时对于犯罪行为具有主观罪过的人进行起诉。[1]而这一检控理论则有可能导致如实验被试者所给出的故意杀人罪的刑事责任。

导致醉酒的罪过如果要高于疏忽，那么可能增加责任程度，但并没有那么显著，而这种情况仅是对于公众观念而言，现行立法则没有作出这种规定。显然，导致醉酒的罪过对于最终的责任承担影响不大，它只是为责任承担提供一个起点。立法应当对具有更高的导致醉酒的罪过规定一个相对更高的责任，或者将这一因素在量刑中进行考察。

第四节 疏忽认定客观标准的个别化

《模范刑法典》的罪过形式分为故意、知情、大意、疏忽，其严重程度在被试者看来应当是从重到轻降序排列的。在其他条件不变的情况下，如果罪过形式越轻，那么相应的责任等级也就越轻。较高的罪过形式如故意、知情，以及较轻的形式如大意主要针对的都是行为人对于引起危害后果的主观知情状态，分别对应的乃是追求危害结果、知道危害结果以及甘愿冒着危害结果发生的风险。罪过形式最轻的是疏忽（或者大意中较轻的一种），并不要求行为人对于行为具有认识，而是要求行为人注意其自身行为是否会制造法律所不允许的风险。所以对于疏忽的认定与其他罪过形式会存在显著的不同，它必须要对行为人应当知道什么或不必要知道什么进行识别。如果行为人把车子停在山坡上，那么他就必须考虑到车子如果没有设置驻车制动就有可能从山坡上滑下来；如果行为人在自家的后院打猎，那么就要考虑到子弹是否会击中其他东西。

在此类疏忽案件中，行为人对于环境或者结果没有尽到注意义务因而需要承担刑事责任，但是法律通过对比其他“理性”或者“谨慎”的人在同样的环境下是否能够尽到注意义务来判断行为人是否真的存在疏忽。一个理性的人能够认识到车辆在斜坡上会下滑，子弹会击中物体。基于这一原因，法律上认为疏忽的判断具有客观标准，而不是根据该行为人的主观状态所进行的主观问询。

所以如果行为人的行为制造了一个风险，而该风险是任何一个理性人所能够预见的，那么行为人就具有罪过。显然，理性人的措辞并没有给出一个精确的描述。它更像是为法官或陪审团提供了一种关于行为人是否有责的认定

① Paul H.Robinson, Causing the Conditions of One's Own Defense: A Study in the Limits of Theory in Criminal Law Doctrine, 71 Va. L.Rev. 1(1985).

机制。从统计学上看,人类的平均水平就达不到理性这个标准。所以所谓理性更多地意味着某人具有一些品质而能够被群体视为是理性的。这意味着一个人是否理性不仅仅是他个人的事,它包含了一个人是否能够如预期的那样行为处事,但并非每个普通人都会真的如此行为,而心理变态患者也显然不是这一问题所关注的对象。所谓理性人标准也并非对所有人或者所有场景都适用同一标准。现代刑法要求陪审团想象如果一个理性的人处于被告的处境时会如何行为,一个理性人是否也会和被告一样没有意识到风险?而所谓将理性人置于行为人所处的环境显然还有更多的环境因素和个人因素要进行考虑。

制造不当风险的判断还可以进一步精炼。例如对于驾驶行为而言,有些行为就存在疏忽。行为人可能开车习惯非常危险。行为人没有注意时速表,没有注意前方学校的标志,没有注意到学校的学生正在放学,行为人对于自己制造的这一系列不当风险都没有认识,所以他会因此受到惩罚。一个理性而小心的驾驶员应该认识到这些风险,本案中的行为人也应当认识到。他没有尽到注意义务,应当受到谴责,这也是其刑事责任的基础。

刑法和民法对于疏忽的责任和惩罚作了一个有趣的区分。并非所有偏离理性人标准的行为都需要受到刑事责任的制裁,民事责任往往只需要在各个主体中选定一方来承担损失即可,刑事责任的承担不能仅仅因为发生了损害或者导致这一损害的被告不是一个理性的人。刑法上的疏忽要求必须具有充分的非理性程度才能进行谴责。因此,《模范刑法典》要求行为人的风险行为远远地偏离了理性人的注意标准。所以刑事司法体制吸收的乃是社会上的代表而非被害人的代表(指陪审团),采用社会中最为严厉的惩罚来处理那些严重偏离社会标准的疏忽行为。而相对不那么严重的案件则可以由民事司法体制来进行处理,其惩罚也主要是对受害一方进行经济上的赔偿。

法典和案例对于刑法上疏忽的各方面特点进行了详细的阐述,而这中间有一个特点,问题格外突出。早期的法律对疏忽的定义采用了完全客观的描述,或者说大家都认为其定义采用了客观描述。而行为人的个体特点——无论行为人当时如何鬼使神差,又或者注意力被不同寻常的事务所分散。但是对于这一原则的绝对适用我们传统上都带着一丝担忧,因为某些评论者会认为这样的做法不切实际,对于行为人也不公平。例如智障患者或残障患者就无法满足所谓绝大部分人都能够达到的客观标准。因为行为人能力有限而无法满足客观标准要求而对其科处刑事责任显然违反了刑法的基本原理,受处罚的行为人必须具有可归责性。如果行为人的能力根本无法完成某项事务,那么就不能因此对他进行惩罚。

为了对这一基本问题作出应对，一些现代立法对这一客观理性人标准进行了部分个别化的修改。①如果行为人自身无法达到理性人标准，那么就需要在行为人适用理性人标准的时候作出一些调整。所以，智障患者就可以按照类似智障患者的标准来进行，如果类似的智障患者在同样的情况下无法感受到普通人所能感受到的风险，那么该智障患者也就不需要承担责任。

这一政策的弱点就是很难确定应该对理性人标准中的哪一个指标作出个性化调整。智力缺陷式的例子就很明显，理由也很充足，意思就是我们不能对智障患者期望过高。那么父母对于孩子早夭的悲痛是否应当予以考虑？我们的期待是否应当根据行为人的年龄、性别、文化背景、宗教信仰、基因构成作出调整？某种意义上，客观标准的个别化确实存在日趋主观标准的危险，因为我们的个别化程度会越来越高以至于到最后为行为人打造一个个人专属的标准。这时哪怕是一个冷酷自私狂妄的人都会被认为没有责任，因为同等冷酷自私狂妄的理性人在同样的场合也无法感知风险。此外还有更加复杂的问题接踵而至，如果我们可以在特定场合降低我们的法律期待，那么我们是否可以在特定场合提高我们的法律期待？因为以行为人的能力可以比普通的理性人做得更好。

在判断行为人是否存在大意时也遇到了同样的问题。行为人对于他所制造的风险存在认识但是在特定环境下对其进行了忽略。而大意的判断标准也是行为人在忽略风险时的行为是理性的。而同样，我们必须回答当时的环境究竟是什么，以及行为人的属性又是什么，一个理性人在那样的场景下会如何反应，这样才能够判断行为人在当时忽略风险存在是否应该担责。那么这时我们要考虑的环境因素和个人因素与我们考察疏忽案件中的一样吗？

《模范刑法典》和现有的文献都没有为我们提供一种自洽的理论来判定理性人标准的个别化需要对那些个人属性进行考察。事实上《模范刑法典》的起草者们其实承认了这一问题超出了他们现有的能力范围。《模范刑法典》允许法官和陪审团将需要考虑的要素进行前置，其标准依然是以“一个理性人位于行为人当时的处境中会作出的反应”为标准，评论如此说道：“处境一词不可避免存在模糊性。如果行为人失明或者遭受重击或者心脏病发，与传统法律一样，这些因素在判断刑事责任时当然应当考虑在内。但是在判断疏忽的时候却并不考虑遗传、智力、性格等因素，而所谓客观性却不得不包含这些因素在内。本法典并不试图消除这种区别对待，而更愿意将其留给法庭来进行裁判。”

① 参见《模范刑法典》2.02(2)(d)。

现有研究首先对个别化的内容进行了分析，如果行为人没有认识到风险（疏忽），或者行为人有意识地忽略了风险（大意），哪些因素应当进行考察？由于现有文献或案例法没有为我们提供一种通说理论或基本原理可以进行检测，本研究选取了一些最为前端的属性，这些属性很可能在公众看来会导致疏忽责任的认定出现减轻或者加重的情形。我们希望这一初步的抽样可以得到某种反应模式，根据这种反应模式可以提出某种假设，而这种假设可以在未来的研究中进行进一步的验证。

表 14-5　核心案件中的责任承担和主观罪过

场　景	(a) 责任承担	(b) %不承担刑事责任	(c) %不承担刑事责任或不接受惩罚(N-0)	(d) 作为或不作为?	(e) 罪过程度
1. 作为:死亡	3.98	2	32	1.73	4.00
2. 不作为:死亡	4.82	5	29	2.00	3.87
3. 不作为:财产损害	2.61	7	44	2.02	4.07

量刑尺度：N＝不承担刑事责任，0＝承担刑事责任但是不接受惩罚，1＝1天，2＝2星期，3＝2个月，4＝6个月，5＝1年，6＝3年，7＝7年，8＝15年，9＝30年，10＝终身监禁，11＝死刑。

关键：
(d) 你基于以下判断事件是否会发生：
1＝行为人所做的事
2＝行为人未能做的事
3＝其他与行为人举动无关的原因；
(e) 事件发生时，行为人：
1＝想要他人死亡
2＝十分确定其作为(或不作为)会引起严重伤害甚至死亡
3＝意识到严重伤害或死亡的实质风险
4＝应当但未意识到实质风险
5＝未意识到实质风险，且一般理性人也不会意识到此种风险。

本研究所采用的方法与本书中读者渐趋熟悉的其他方法颇有不同。行为人首先要对三个基本场景的责任和量刑进行评价，三个场景分别是：不作为导致财物损坏；不作为导致人员死亡；作为导致人员死亡。财物损坏场景中房屋主人没有进行妥善维修导致房屋失火，参见表 14-5 中第 3 行，平均责任 2.61，约 5—6 周监禁。不作为导致人员死亡的场景中行为人是一名照看婴儿的保姆，由于没有及时发现婴儿生病并采取医疗措施导致婴儿死亡，参见表 14-5 中第 2 行，平均责任 4.82，量刑约 10—11 周监禁。作为导致人员死亡的场景中行为人是一名猎人，在野外偏远的地方将另一名猎人误以为是猎物而射杀，参见表14-5第1行，平均责任3.98，量刑约6周监禁。被试者对于问题的回答参见表14-5中d栏，d栏第1行“事件是否行为人的行为所导致的?”，d栏第二行“事件是否因为行为人没有做什么所导致的?”。显然，两项不作为的场景都被认为属于不作为，但作为的场景却被认为与不作为更接近(表14-5中第1行d栏)。这一问题让研究者感到困惑，直到与被试者交流之后这一谜团才得以解开——被试者之所以认为猎人的案子属于不作为是因为猎人“没有尽到注意义务”。而e栏中关于罪过的规定，猎人案件的责任在4上下徘徊，4表示“应当认识但是没有认识到潜在风险”，这意味着行为人认为这一案件属于疏忽，与预期的相一致。

然后被试者需要回答哪种属性发生改变会导致他们对基本场景中的行为人责任判定产生影响，研究一共给出了14种属性，这14种因素都是从最有可能加重或者减轻责任的影响因素中挑选出来的。这14种因素一般情况下属于某一线性特征的两个方向，例如智商，高于平均水平或低于平均水平；训练，高于平均水平或低于平均水平；年龄，年老或者年轻。被试者需要回答如果行为人具有其中某一项属性时，其责任将会发生怎样的改变。被试者的责任改变被分为9个等级，其中5表示责任不变，数字越小责任越轻，数字越大责任越重。需要注意的是表14-6与其他表格的解读存在差别。数值0表示被试者认为该项属性不会对责任产生影响。评级与0的差值大于0.7的表示变化显著，这意味着数值小于等于−0.7的意味着被试者要减轻责任，数值大于等于0.7的意味着被试者要加重责任。

在对研究结果进行分析之前我们先对故事场景的由来作一个简要介绍。故事场景中设置了许多变量来对案件的结果产生影响，例如缺少文化背景就有可能导致无法正确了解婴儿疾病或者没有尽到妥善管理义务导致失火，又例如以往的成长经历也有可能导致缺乏婴儿护理知识或者并不了解打猎。所以案例作者只是根据大致的分类将他们认为可能性比较大的因素作为个别化的依据安排到案例中去。基于这一原因，不同的案件虽然都被贴上不同个别化类型的标签，但这只能说明这些案件能够表达这种趋向，而被试者是否一定能够读出这种趋向则并不一定，被试者对案例的解读可能并不那么确定，其中夹杂着些许疑虑。

首先来看表14-6，被试者给出的评级一般不会太大，这意味着他们并不觉得哪一项个体属性可以引起责任的显著加重或减轻。(表格中数据较为显著的我们用*号进行了标注)虽然这些故事场景的设计就是为个别化提供空间的，但有趣的是，被试者此时倒是和立法者一样对疏忽客观标准的个别化表现得非常谨慎。

表 14-6 疏忽标准的个体属性

	场景		
	(a)	(b)	(c)
行为人特征:	作为:死亡	不作为:死亡	不作为:损坏财物
1. 年老	−0.3	−0.4	0.0
2. 经验丰富	0.6	1.6*	1.8*
3. 遗传因素	−0.5	−0.9*	−0.7
4. 婴儿护理(知识)	1.5*	−0.2	−0.3
5. 正常智力之下	−0.2	−1.4*	−0.7*
6. 宗教(知识)	0.2	−0.2	0.0
7. 正常智力之上	0.6	0.8*	0.6
8. 婴儿护理(环境)	0.7*	−0.3	−0.1
9. 缺乏知识(文化)	−0.3	−1.7*	−1.0*
10. 标准教育水平之下	−0.4	−0.3	−0.2
11. 文化观念	−0.8	−0.1	−0.5
12. 心情不佳	−0.4	−0.4	−0.5
13. 宗教(观念)	0.2	0.0	−0.1

*与不在此情境下的行为人的责任分配相比,该项在统计学上与其有显著差异($p<0.05$)。

无论如何在特定的场合,被试者的确采纳了个别化的观点。研究结果显示,行为人的某些特定属性在被试者看来确实可以影响行为人的责任。每个场景都会存在 2 个甚至更多的个别属性会导致责任与原有责任发生偏离。表 14-6 中 a 栏记录了猎人场景,该场景中的猎人从小学习打猎的时候长辈就告诉他如果树丛里有响声,那就说明有猎物,闭着眼睛朝树丛开枪就对了。但是这种文化背景对于枪支使用缺乏足够细致和谨慎,在现在看来又是疏忽的一种表现。表 14-6 中 c 栏记录了房屋主人对于特定材料易燃缺乏足够知识,于是其责任相应减轻,如果具有专门知识则责任会相应增加。

表 14-6 中 b 栏记录了婴儿保姆没有尽到照顾义务导致婴儿死亡的场景,该场景中有若干因素会导致责任的加重或减轻。该场景中个别化因素的数量比其他两个场景更多,这是因为该场景要比其他两个更加复杂,因为照顾婴儿本身就是一个比较细致的工作,要能够分辨婴儿哭闹到底是为什么。不够成

熟、智力低于常人、基因异常、缺乏婴儿护理知识等都对责任有所减轻。而智力高于常人、有过照看婴儿以往经验等则对责任有所增加。

还有人可能会问哪些个别化属性是被试者在所有场景中都认为会产生影响的？但是概括起来确实比较困难。只能说以下观点具有一定的合理性但也存在讨论的余地：在所有的场景中，如果以往具有应对相同场景的经验，那么责任就会加重；如果具有遗传基因缺陷或者文化差异所导致的知识欠缺，那么责任就会减轻。而研究结果显示，哪些因素可以作为个别化的因素并没有统一标准，需要根据现实场景因地制宜作出判断。这也印证了《模范刑法典》起草者的观点，个别化的问题确实十分复杂，把这一问题留给法庭进行个案处理也是非常正确的。未来研究也许展现一种模式，即哪些场景中会有哪些个别化要素对责任产生影响。又或者法理著作可以提出一种能够进行测量验证的假设。

综上所述现有的研究结果还是从多个角度给出了洞见。研究证实客观标准个别化确实在一定程度上符合公众观念。而且研究证明个别化既有可能提高人们的期待也有可能降低人们的期待。被试者明确认为行为人具有以往经验，或者智力高于常人，就应该提高其评价标准。

更进一步而言，尽管《模范刑法典》的起草者在官方评论中明确表示将智力低于常人和遗传基因缺陷排除在个别化的因素之外，但是被试者还是会根据自己理解的这方面的信息来减轻责任。人们可能会认为在法律体系中一般由陪审团来对案件中的行为人设定一个理性人的标准，那么这些从轻判处的案件也是可以接受的。但不幸的是事实并非如此，虽然陪审团作出是否有罪的裁判，但是哪些证据可以进入审理则是由法官来决定，陪审员的直觉在这里并不保险，因为有关个别化因素的证据陪审团则未必能够看到。所以从这一点来看《模范刑法典》的官方评论特意剔除智力偏低是很麻烦的。法官可能为了遵循法典而剔除这方面的证据，但依据研究被试者都认为这一要素恰恰是个别化的重要因素。法院是否愿意对疏忽案件采用个别化的客观标准尚未可知，但最起码可以让陪审团注意一些具有普遍影响的个别化要素，看是否可能在具体案件中予以考虑。

第五节　结论

对于不同犯罪的不同罪过形式研究表明：第一，法律试图明确区分大意和疏忽得到了公众观念的广泛认可。研究显示被试者会对大意和疏忽作出明确的区分，这一点与法典的规定基本一致。但有一点与法典却不尽相同，法典对于杀人案件的处置采用了同一标准，知情、故意状态下的责任并没有高于大意，但对于被试者而言，如果罪过形式高于大意，那么责任程度也要重于大意。被试者还对大意和疏忽进行了区分，但是和一般立法不同的是，立法对于疏忽导致犯罪量刑普遍较低，而被试者在个别场合对疏忽犯罪量刑很高。总体而言，要遵循被试者的判断，立法者在对犯罪进行分级时应当更多地将罪过的分级考虑在内，而不是采用简单的二分法。

当然如果行为人的行为在法官看来已经超过了知情而达到故意的程度，那么法官完全有可能给出一个较重的量刑就解决了所有问题。（不需要立法再进行犯罪分级）但当前的趋势是量刑规范化，这一趋势的目的就是限制法官的自由裁量权，所以基于这一大方向，有必要将这些规定纳入立法，最起码应当将其纳入量刑指南。此外，现有的疏忽案件一般不会导致刑事责任，所以也不会进入审判，但在被试者看来这些案件都应当承担刑事责任。

共犯的罪过要件研究出现了一个熟悉的结果。立法要求共犯的罪过起点为故意，而被试者则认为共犯提供帮助如果出于故意自然应当承担责任，如果出于大意也应当承担责任。

而在自愿麻醉的案件中，我们发现了一种裁判模式与现行立法的案件处理的某个方面相一致。立法一般将疏忽作为责任的起点，被试者也是如此。但是被试者对于麻醉前的罪过形式给予了重要的关注，而现行立法则并没有将麻醉前的罪过考虑在内。

如果行为人忽视了风险的存在，而换成其他理性或谨慎的人都不会忽视风险存在的，那么行为人就存在疏忽。传统立法把这一规则作为罪过评价的客观标准，而这一标准不应受到其他因素如智力低下等的影响而发生改变。但是现代立法不再顽固遵守这一标准，而是允许对其进行个别化的调整，对行为人的一些个别属性进行考虑，只不过要对哪些个别属性进行考虑还没有形成一个统一的理论。因此现实中允许法官（或者陪审团）根据个案对这些个别化要素进行考察。由于没有现成的理论可以进行检测，研究者自行设计了一个探索性的实验来对这一理论进行研究。研究结论略显复杂，个别化因素中有些会加重责任有些会减轻责任。这一结果表明客观标准个别化的要求符合公众的观念。而由于实验结果缺乏规律化的模式，这也意味着现实中把这一问题留给法官和陪审团来进行个案裁量是有道理的。而《模范刑法典》的官方评论将智力较低排除在个别化因素以外的做法也存在着危险，因为在公众看来依据这一要素应该减轻责任。而由于提交法庭的证据是由法官来决定的，所以陪审员很可能压根不知道一些个别化因素的存在，而这些因素事实上会影响他们的判断。

第十五章

裁判原理:责任减免

责任减免所关注到的问题是:违法行为什么时候无需责备?因为如果行为人实施了犯罪且主观上具有罪过的话,那么就基本满足了受到责备的要求。但是这一结论并非绝对,行为人可以因为在行为时具有某种特殊的原因而不需要承担责任。一名精神病纵火犯点燃了一幢大楼,他的纵火行为具备主观罪过,但是他会因为是精神病而不用承担责任。法律中规定了一系列的减免事由可以为行为人提供辩护,如精神障碍、未成年、非自愿导致麻醉状态、受到胁迫等。这是因为,在一般情况下法律规定所对应的默认状态是精神正常、成年、神志清醒、缺乏强制的,但是在特殊情况下,行为人有可能会遇到意料之外的事件影响从而导致其实施了违法行为。

由于行为人遇到某种异常或能力丧失,对他的行为期待也会相应降低,这种现象在此前关于疏忽的研究中(第十四章第四节)已经有所涉及,被试者会因为行为人所处的弱势状态相对降低评价标准。还有一类减免的理由属于"错误抗辩",这类理由关注的不是行为人的异常,恰恰相反,此类理由关注的乃是人之常情,即普通人在当时的环境下都会做出的正常反应,因此该种情况下也不能对于行为人过于苛责。下列研究就是针对缺乏责任能力而免责的公众观念所进行的。

第一节　精神障碍

此前诸多心理学研究都对精神障碍研究提出了一系列的问题,其中有两个问题看起来最为贴切。第一个问题所进行的调查对公众眼中精神障碍辩护作为一种公共政策的公正性和有效性究竟如何进行了关注。比较不同人群对于采用精神障碍作为辩护理由的态度,这一调查的结论十分显著。采用这一方法,Pasewark 及其同事对比了普通民众和立法者对于被告采用精神障碍作为辩护理由的频率的估计。①他们的研究发现立法者的估计要比普通人的估计稍微保守一些(也就是少一些),但两个群体都大大高估了使用精神障碍作为辩护理由的几率。这种高估在近期的研究中得到进一步证实:人们往往会高估精神障碍作为辩护理由在刑事司法体制中的地位和作用。②这一发现在现有语境下是很有意思的,这说明那些不愿为自己进行过度辩护的人们是不太愿意采用精神疾病作为理由来躲避刑事责任的。

有关普通人如何理解精神障碍的调查和实验构成了精神障碍辩护研究的第二条路径。这些研究主要关注的乃是精神障碍问题在陪审团作出裁判的过程中所起到的影响。研究的一个结论是在模拟审判中要求陪审员依据不同立法有关精神障碍的规定来分别作出判断,虽然立法有异,但陪审员最终的判断几乎没有什么区别。③这意味着每个人都有自己关于精神障碍的理解,即使在模拟诉讼中已经明确要求他们按照立法来进行,他们的这种观念也不会有所改变。换句话说,普通人关于精神障碍的观念是很强烈的,在决定是否判处因精神障碍而无罪的案件中,这种观念的作用会盖过立法的特殊定义。

一项研究对精神障碍的立法定义之平民理解进行了直接的研究。④1982年一个名叫小约翰·欣克利(John Hinckley Jr.)的人试图刺杀当时的美国总统里根,刺客最终因为精神障碍被宣告无罪,而该研究的时间就在该案件判决后的一周进行。在判决公布后的一周内,有关精神障碍的报道铺天盖地袭来,美国民众在这段时间内了解到了精神障碍众多信息和争论。与此前研究一样,汉斯(Hans)与斯莱特(Slater)的研究也发现被试者依然无法对欣克利案件中所适用的精神障碍的法律标准进行准确的描述。有相当一部分人(23%)自己设计了一个定义:"不知道自己在干什么。"⑤

有意思的问题在于,到底普通人第一反应的精神病和法律所适用的精神病的概念有什么关联,又有什么区别?上述研究并未对这一问题作出解答。

---

① Richard A.Pasewark & Mark L.Pantle, Insanity Plea: Legislator's View, 136 Am. J.Psychol. 222(1979); Richard A.Pasewark & Deborah Seidenzahl, Opinions Concerning the Insanity Plea and Criminality Among Patients, 1 Bull. Am. Acad. Psycho. & Law 199(1980).

② Valerie P.Hans, An Analysis of Public Attitudes Toward the Insanity Defense, 24 Criminology 393(1986).

③ Norman J.Finkel, Insanity of Trial, in 8 Perspectives in Law and Psychology(B.D. Sales ed., Plenum Press 1988).

④ Valerie P.Hans & Dan Slater, "Plain Crazy": Lay Definitions of Legal Insanity, 7 Int'L J.Law & Psych 105(1984).

⑤ Id., 107.

那么立法到底是如何规定的？精神疾病或精神缺陷在立法上对刑事责任存在以下影响：(1)否认行为人主观上具有该犯罪所需要的罪过要件。(2)符合一般精神障碍的免责条件。后者的适用不需要针对特定起诉罪名来进行。如果满足精神障碍的条件，那么行为人就可以不用承担刑事责任。与犯罪构成的针对行为人的主观精神状态有所不同，精神障碍辩护针对的乃是行为人是否具有正常的精神和情感功能。本研究测试的便是公众标准和立法规定对于精神是否正常的理解差异。

普通法所承认的精神障碍辩护采用的标准被称为麦克诺顿规则(McNaughten test)，如果行为人具有某种精神疾病，该种疾病会导致其存在理性缺陷，从而导致其无法正确认识自己实施的行为性质；又或者行为人能够认识其行为性质，但并不知道行为是错误的。①该标准只关注行为人的认知出现的问题而不考虑其行为控制，而且要求认知功能即使不是完全丧失，其错乱也要达到很高的程度。行为人对于其行为的错误"必须缺乏认识"。与此形成鲜明对比的是，《模范刑法典》对于认知障碍标准的表述要更为现代，但其实要求并不高：它只要求行为人缺少实质能力来对行为的犯罪性质或错误性质进行认同。②《模范刑法典》的措辞对于认知功能障碍的要求相对较低，只需要出现障碍，而不需要完全丧失。

很多采用麦克诺顿规则的地区已经逐渐吸收了另一个出罪的方法：即使行为人能够认识到行为的错误性质，只要行为人失去了能力来控制自己的行为，他在行为的当时并不是具有自由意志的个体，那么他同样可以免除刑事责任。③这种做法采用的就不再是认知障碍的标准，而是单纯的控制障碍标准。但是和麦克诺顿规则一样，控制障碍标准对于其适用要求同样采用了绝对化的措辞。行为人对于其行为必须"没有"控制力，他的自由意志在当时已经"被摧毁"。而在《模范刑法典》的阿里规则下的控制障碍规则中，行为人则只需要缺少足够能力来保证其行为符合法律要求即可。④《模范刑法典》并没有要求一定要失去控制，只要控制能力受到实质损害就足够了。

这两种差别——认知与控制，功能全部丧失与功能实质丧失代表了美国有关精神障碍辩护相关规定的基本差别。部分地区至今依旧采用麦克诺顿规则——要求严重认知障碍；部分地区采用麦克诺顿规则并兼采不可抗拒冲动规则作为补充——严重认知障碍或者严重控制障碍。很多地区都采用了《模范刑法典》的阿里规则。这一规则要求要么存在实质认知障碍或者实质控

---

① McNaughten' Case, 8 Eng. Rep. 718, 7222(1843).
②④ 《模范刑法典》4.01(1)。
③ 参见 Parsons 案，Parsons v. State, 81 Alaska 577(D.Alaska 1887).

制障碍。不过部分地区最近放弃了阿里规则中的控制部分，只保留了认知部分。他们没有回归传统的麦克诺顿规则，而是保留了阿里规则中的实质障碍分支。[①]公众的觉醒与不满也导致一些地区彻底放弃了使用精神障碍作为辩护。[②]

关于精神障碍的实验试图确定被试者是否愿意将精神障碍作为一般出罪理由；被试者是否认可现行立法所采用的所谓认知障碍和控制障碍分类的合理性；如果上述分类合理，哪一种更加符合公众观念。本研究的核心场景是：行为人在不同场景中被赋予不同特征暗示存在精神障碍，随手拿起身边的一件物品，如棒球棒、木棍、石头，然后对另外一个人进行了击打并造成他人死亡。案件的设计者希望行为人的精神障碍特征表现得十分明显，他们对案件在多个方面进行了不同的设计。而更为关键的是被试者对于每个案件中行为人精神失常程度的感受。

对于被试者对于不同场景中行为人精神障碍程度感受的检测发现，他们的感受与预期并不一致。案件以及被试者感受结果参见表 15-1。

其中 a 栏和 b 栏记录了被试者认为行为人控制失常的程度。右边的 c 栏、d 栏、e 栏记录了被试者认为行为人认知失常的程度。认知失常的问题数量要更多一些，这是因为现行立法将认知失常分为两类：第一，行为人对于行为性质没有认识（不知道会打到人）；第二，行为人对行为错误性质没有认识（不知道打人是错的）。所以问题需要将这两种认知失常都纳入进去。

研究结果显示被试者能够清楚地分辨认知失常和控制失常的区别，这一事实为立法的这种分类提供了支持。从表中第 4 行和第 6 行可以看到，被实验设计的场景在表现高度认知失常和高度控制失常方面取得了成功。被试者认为第 5 行的场景属于高度控制失常；第 6 行的场景属于明显认知失常。而在失常程度的评级上，上述一对条件在控制失常场景中等级较高，而在认知失常场景中属于中等偏低，而这对条件在认知失常场景中评级较高而在控制失常场景中评级较低或中等。所以在责任判断的分析中，尽管希望将不同对条件的区别更加细致，但每一对组合中的相互双方都可以作为另一对组合中的对方来对待。这就是表 15-1 和表 15-2 中场景标签上建议的场景描述。

---

① 18 U.S.C. § 17. For a description of which states have adopted which formulation, see Paul H.Robinson, Criminal Law Defenses § 173(a) nn.1—5(west 1984).

② 爱达华州、蒙大拿州、犹他州废除了精神障碍辩护；康涅狄格州通过其他方法达到了类似结果。

表 15-1　被试者对中行为人精神障碍程度的感知

控制失常			认知失常		
	(a)	(b)	(c)	(d)	(e)
场景标签	实质	全部	实质	未意识到行为特征	未意识到罪错
1. 高度控制，低度认知	7.58	7.39	3.05	2.76	2.71
2. 高度控制，低度认知	7.29	6.61	2.95	2.50	2.74
3. 中度控制，高度认知	4.47	4.74	7.68	7.97	7.58
4. 低度控制，高度认知	3.79	3.89	6.82	3.39	6.68

* 在询问被试者是否认为行为人具有实质或全部控制或认知失常时，1＝强烈反对，5＝不确定，9＝完全赞同。

表 15-2　精神疾病的责任承担

	(a)	(b)	(c)
标　签	责任承担	%不承担刑事责任	%市政拘留
控制情境：			
1. 谋杀	10.42	0	
2. 自卫	0.11	79	
3. 误认身份	7.79	0	
实验情境：			
4. 高度控制，低度认知	1.89(0.19—8.29)	81	81
5. 高度控制，低度认识	3.00(0.34—9.25)	66	66
6. 中度控制，高度认知	0.64(0.08—5.67)	92	92
7. 低度控制，高度认知	1.65(0.16—9.00)	84	84

量刑尺度：N＝不承担刑事责任，0＝承担刑事责任但是不接受惩罚，1＝1 天，2＝2 星期，3＝2 个月，4＝6 个月，5＝1 年，6＝3 年，7＝7 年，8＝15 年，9＝30 年，10＝终身监禁，11＝死刑。

* 在计算数值时，市政拘留被算作 0。括号内的数字显示了分配刑事责任的被试者百分比以及责任分配均值。

表 15-1 中还有一个结果需要解释。认知失常的两个不同特征彼此之间有着非常复杂的联系。如上文提到的，行为人可能知道行为性质(在干什么)

但是并不知道行为是错误的。看起来被试者对于这个案件的看法是这么认为的，和立法是一样的。场景7中的行为人在被试者看来能够认识行为性质(d栏)但没有认识到行为的错误性质(e栏)。而根据c栏显示，被试者认为行为人存在实质精神失常。这里要注意如果行为人对行为性质都缺乏认识，自然也就不会知道行为是不是违法。但这句话反过来说就不行。所以这种分类——对于行为性质和行为对错存在认识——的相互关系应该是递进的而非并列的。

表15-2中一般情况下的责任结果在a栏和b栏中显示。在对精神疾病案件的责任等级进行分析之前我们先将对照案件做一注释。对照案件分别为第1行、第2行、第3行。第1行场景中，行为人对他人不满，跑到该人家中用棍棒将其殴打致死，典型的故意杀人罪。然后请注意a栏的责任评定，量刑大概介于终身监禁和死刑之间。第2行场景中，便利店老板遇到有人持刀抢劫，劫匪想拿刀捅他，他从柜台下面掏出一根警棍还击将劫匪击毙。本案看上去应该是一个典型的正当防卫的案件，被试者的裁判也基本如此。第3行场景中，也是一个便利店的老板在追逐一个劫匪，但错将他人当成劫匪进行击打并最终导致其死亡。本案的责任还是蛮高的。这一结果为我们理解被试者对于行为人的认识错误的观念提供了线索。被试者的反应值得引起注意，因为这里的这种错误与精神失常所导致的错误是非常类似的。

关于a栏的记录还有一个额外的结果需要进行解释。注意c栏记录的被试者对行为人判处刑事责任的数量。在现实世界中，法官或陪审团所面对的精神障碍案件并不仅仅是关于有无刑事责任的问题。一个判决可以因为采纳精神障碍的辩护而判决无罪，但其后续会附带行政拘留，而不是单纯的无罪释放。所以基于这一考虑，研究也为被试者提供了采用行政拘留的选项。如果不给予被试者这种选项，一些对群体安全最为关注的被试者就会担心如果不对行为人科以刑事责任是否就有可能导致公共安全受到威胁，有了这一选项就消除了这种疑虑。不仅可以判处行政拘留，其长度还可以长达一年，这就为行政拘禁提供与刑事责任相当的效果。这样就可以保证被试者的分布更加明确，确保那些给出刑事责任的被试者确实认为行为人应当受到刑事判决的谴责和惩罚。而结果发现很多被试者都选择了行政拘留这一选项，根据c栏显示人数占了66%甚至更多。

这些多种责任判断对比中第一个值得注意的问题很有普遍性。行为人如果高度失常，无论是认知失常还是控制失常，他们一般都不需要承担刑事责任。换句话说，被试者确实认可了精神障碍作为辩护理由的合理性，对于患有精神疾病的犯罪人的刑事责任大大减轻，而这种判断与现行立法基本一致。

基本上,70%以上的被试者对于此类案件都判定免除刑事责任。

目前存在一种争议,精神障碍辩护是否应该只承认认知失常还是应当同时承认控制失常,而上述结果对于解决这一争议很有意义。美国联邦法律修改之后只承认认知失常这一种精神障碍,而不再承认控制失常,这一做法也被几个州的立法所效仿。显然被试者不会同意这种做法。在场景 4 中,被试者认为行为人具有轻度认知失常和高度控制失常,高达 81%的人都认为应当免除刑事责任(场景 5 中,感受相近,66%)。在场景 7 中,被试者认为行为人具有高度认知失常和轻度控制失常,84%的被试者认为应当免除刑事责任。这意味着无论认知失常还是控制失常都可以作为精神失常的辩护依据。这一结论同时还得到了场景 6 实验结果的支持。场景 6 中行为人具有中度控制失常和高度认知失常,92%被试者认为可以免除责任,比场景 7 中还要多。控制失常可以作为辩护理由,控制失常越严重,则辩护理由越充分。当然,这些被试者也都认为行政监禁对适用于精神障碍者而言是合适的,他们当然不希望这些人被放归社区。如果按照被试者建议的长度来设置监禁的话,抛开监禁措施究竟是民事还是刑事的性质不谈,这一长度的监禁对于所有的案件而言还是很有道理的。被试者在这里所作的判断是十分复杂的。法律界一般认为要对某人实施监禁存在以下几种理由:行为人应受谴责,该当惩罚;监禁行为人可以避免再犯。鉴于给出的选项,被试者们希望用监狱服刑来惩罚神志正常的犯罪人,将神志失常者监禁一段时间,只是后一选项在我们现有的体制中怎么看怎么像监狱。

现在可能精神失常的行为人从而造成他人死亡的案件中的责任。表中 a 栏记录的是责任。没有括号的数字是正常情况下的责任,取所有被试者的平均值,判定免除责任、免于处罚、行政监禁的被试者的责任判定记录为 0。带有括号的数字是判处刑事责任的平均值。(为了让阅读更加方便,两个数字被嵌套在一起。第一个数字是判处刑事责任的被试者比例,第二个是刑事责任的平均值。例如第 4 行,19%的被试者判处刑事责任,刑事责任的平均值为 8.29。)这一新的平均值显示在这群被试者中,有一小部分人并没有因为行为人的精神障碍而免除其责任,反而给出了一个较高的量刑。这一点从第 4 行到第 7 行的案件中都有体现。而就在这一小部分人中,其责任等级依然存在差异。对两个严重控制失常的案件判定责任的被试者要略少于对两个严重认知失常案件判定责任的人。未来要对这种差异的稳定性和重要性,以及它们是否会超越原有的剧情设定等进行进一步研究。

表 15-3　立法概念的普通理解和精确理解

感知障碍的不同方面	普通理解	精确理解
1. 未意识到行为特征	因为精神疾病，行为人并没有意识到他正在用棒球棒击打房客	因为精神疾病，行为人在此种缺陷下做出举动，且并不知道其正在进行之行为的性质与特征
2. 未意识到罪错	因为精神疾病，行为人并没有意识到用棒球棒击打房客是错误的	因为并不知道自己所做是错误的，行为人在此种缺陷下做出举动
3. 罪错认知方面的实质损害	因为精神疾病，行为人理解其行为罪错的能力遭受了实质损害	因为精神疾病或缺陷，在行为之时，行为人缺少领会其行为犯罪性或错误性的实质能力
4. 完全失去控制	因为精神疾病，行为人缺少阻止自己用棒球棒击打房客的能力	由于精神疾病的控制，行为人目前丧失了避免做出题述行为的能力，因为行为人的自由行动能力被破坏了
5. 控制方面的实质损害	因为精神疾病，行为人阻止自己用棒球棒击打房客的能力遭受了实质损害	因为精神疾病，在行为之时，行为人缺少使其行为服从法律要求的实质能力

表 15-4　被试者的感知

场　　景	感知障碍的不同方面	(a) 立法概念的一般理解	(b) 立法概念的精确理解	(c) 相关性
1. 高度控制，低度认知	1. 未意识到行为特征	2.76	3.42	0.79
	2. 未意识到罪错	2.71	2.97	0.87
	3. 罪错认知方面的实质损害	3.05	3.29	0.86
	4. 完全失去控制	7.39	7.13	0.94
	5. 控制方面的实质损害	7.58	7.47	0.86
2. 高度控制，低度认知	1. 未意识到行为特征	2.50	3.24	0.84
	2. 未意识到罪错	2.74	3.08	0.90
	3. 罪错认知方面的实质损害	2.95	3.21	0.86
	4. 完全失去控制	6.61	6.42	0.83
	5. 控制方面的实质损害	7.29	6.84	0.83

续表

场　景	感知障碍的不同方面	(a) 立法概念的一般理解	(b) 立法概念的精确理解	(c) 相关性
3. 中度控制，高度认知	1. 未意识到行为特征	7.97	7.71	0.48
	2. 未意识到罪错	7.58	7.63	0.34
	3. 罪错认知方面的实质损害	7.68	7.50	0.57
	4. 完全失去控制	4.74	4.42	0.68
	5. 控制方面的实质损害	4.47	4.61	0.85
4. 低度控制，高度认知	1. 未意识到行为特征	3.29	4.16	0.77
	2. 未意识到罪错	6.68	6.68	0.74
	3. 罪错认知方面的实质损害	6.82	7.16	0.89
	4. 完全失去控制	3.89	3.63	0.85
	5. 控制方面的实质损害	3.79	4.26	0.95

* 在询问被试者立法概念的一般理解和精确理解是否与四种场景中的感知障碍的五方面相符合时，1＝强烈反对，5＝不确定，9＝完全赞同。

本研究还涉及另一个问题，那就是：被试者究竟如何来理解立法中关于不同精神障碍的规定？每个场景中被试者都要对行为人应该符合精神障碍规定中的哪一种作出回答。这项工作采用了两种方法：第一，表 15-3 中“普通理解”栏记录的是对于立法概念最为普通的理解；第二，表 15-3 中“精确理解”栏记录的是对立法概念最为精确的理解。例如，根据描述行为人“没有意识到用棒球棒击打房客是错误的”，被试者需要据此回答他们对于这一描述的认可程度。

表 15-4 记录了被试者对于这些问题回答的平均值，更重要的是记录了同等问题回答之间的联系。从表中可以看到，相关性普遍较高，场景 4 为 0.86，场景 5 为 0.85，场景 6 降至 0.58，场景 7 又回升至 0.84。这种高度相关性表明被试者认为这两类问题的含义基本一致。所以可以得出结论，这两种类型问题可以进行实质上的替换，这也得到了研究的支持，因为两类相关问题的答案是几乎一致的。(a 栏和 b 栏结果在不同行之间的比较证明了这一点。)这意味着，一方面，刑事司法系统采用普通语言来设计问题对陪审员作出引导来判决行为人是否符合精神障碍的标准，这种做法并没有问题。另一方面，在给出特定场景的情况下，陪审员也完全能够理解复杂的法律专业用语对于精神障碍

的规定并准确地适用。这与此前的研究发现人们无法转述立法有关精神障碍的定义并不冲突。

回忆一下现行法律对于上述案件如何规定，有那么一会儿我们会觉得这些案件都是无罪的，事实上也是如此。如果真的如此，那么《模范刑法典》关于精神障碍的规定、麦克诺顿＋不可抑止冲动规则和被试者的判断完全吻合，而麦克诺顿规则和近期联邦法律修改反而不符合公众的观念。尤其是最后两条规定，当行为人因为行为失控所导致并不能够作为出罪理由，而在被试者看来行为失控是可以作为精神障碍辩护的理由之一的。所以精神障碍辩护应当具有两个分支，要么存在认知失常，要么存在控制失常，二者都是有效的精神障碍辩护的理由，这种规定最为符合被试者的判断。更进一步而言，被试者能够清楚区分认知失常和控制失常，这一结论为法律规定进行如此分类提供了支持。而法制史的发展可能会认为对于被试者而言，认知失常要比控制失常更具有说服力。

表 15-1 中 c 栏记录了场景 6 和场景 7 中被试者对于失常描述的同意程度作出了反馈，通过对这一数据进行进一步分析还可以得到一个初步的结论。尽管被试者对失常的描述表示了很高的认同，但这也并不表明他们是绝对认同。这从某种角度印证了《模范刑法典》的规定，《模范刑法典》关于认知失常的规则要求行为人必须缺乏实质能力从而无法认识行为的犯罪属性。未来研究应该针对认知失常在被试者看来是否足以引起认识行为犯罪属性实质能力的缺失从而引起被试者以精神障碍作出无罪判决。

未来研究也有必要对上述结论基于更多的支持。鉴于被试者普遍认为这些案件都存在高度控制失常或认知失常，那么未来的研究就应该进一步探明究竟什么程度的控制失常或者认知失常可以成立精神失常辩护。而且有必要查明被试者对于责任的判断采取两分法，即精神失常程度达到一定水平就判定无罪；还是采用的逐级递进的方法，即随着精神失常程度不断升高，刑事责任等级则不断降低。而前者的两分法更加符合当前大部分立法所采用的方法。

当代社会对于精神障碍辩护存在巨大争议。如前文所指出的，很多人认为精神障碍辩护会让很多人逍遥法外，当然这种观点并不一定正确，但也不能说没有道理。有鉴于此，我们认为应当指出研究表明如果行为人当时真的神智失常，那么即使他把别人活活打死，绝大部分被试者还是也会免除其责任。很多时候争议在于，在公众看来案件中行为人的失常程度仅仅是中等的，并不能够免除责任，而在陪审员看来则程度够高，可以免除责任。而且应当注意到还是有一小部分被试者的确判处了刑事责任，而且给出的量刑还不轻。

第二节　未成年与非自愿麻醉

上文对有关精神障碍的研究进行了综述，结果发现当行为人实施犯罪是受到某种因素的影响而丧失行为控制能力或者行为辨别能力的时候，刑法一般都会为其提供出罪的理由。除了精神疾病以外，法律还规定其他几种出罪的形式，如非自愿麻醉状态、未成年、受到胁迫等。

现行立法基本采用人的生理年龄作为刑事责任的评价起点，如果行为人在一定年龄之下那么就默认他/她过于年轻而无法辨认其行为在刑法上的意义。①本研究的目的就是为了测试被试者是否因为行为人未成年而免除其责任。研究的场景设定主要针对某行为人实施了一项侵害，而该行为人实施侵害时分别处于不同的年龄段。案件没有再给出其他可以用来从轻量刑的选项，所以被试者如果作出了从轻量刑那么就只是因为年龄的缘故。

法学理论对于非自愿麻醉作为辩护理由的依据与未成年和精神障碍相类似。前文第十四章对自愿麻醉状态的法学理论进行了探讨。如果行为人是自愿导致麻醉状态的，他的麻醉状态对于减轻责任具有一定的作用。如果行为人的麻醉状态是非自愿的，那么他的责任就可以得到减轻或者免除，其理由主要基于两个方面：第一，非自愿的麻醉状态否定了该犯罪要求的特定主观要件的存在从而导致犯罪不成立；第二，即使犯罪成立，但由于符合一般非自愿麻醉的辩护条件而免责。这些条件与精神障碍辩护的条件基本类似。②对于精神障碍而言，最常使用的认定标准包括麦克诺顿规则、麦克诺顿规则＋不可抗拒冲动规则、阿里规则等。这些规则的不同主要在于认知失常和控制失常的不同，功能失常和功能丧失的不同。

本研究试图发现未成年和非自愿麻醉作为辩护理由在法律中的出罪机制到底能够达到何种程度。为了研究公众对于普通非自愿麻醉辩护的观念及其对于责任判定的影响，案件一共设计了5个杀人场景，不同场景中行为人都存在不同的失常现象：单纯严重认知失常、单纯轻微认知失常、单纯严重控制失常、单纯轻微控制失常、轻微认知失常附带轻微控制失常。有关未成年的研究中设计了三个场景，场景中行为人采取了类似的行为（当然这里不涉及醉酒），场景中的变量就是行为人的年龄，分别是10岁、14岁、18岁。为了对比结果实验还设置了一个对照组，对照组案件中行为人的责任不会受到任何的从轻减轻理由的影响。

---

① 《模范刑法典》4.10。
② 《模范刑法典》2.08(4)。

对照组案件和年龄相关案件的基本场景是：兄弟二人不睦已久。一天二人发生争吵，一人给另一人下药并待其睡着之后点火烧死他。在非自愿麻醉场合，麻醉是由两种不同的药物相互作用所导致的，这两种药物一种是行为人长期服用的止疼药，另一种是不需要处方就可以在药店柜台直接买到的感冒药。（这里提到药物可以在药店柜台直接购买是为了说明药物的安全性，让被试者感受到行为人有理由相信服用该药物一般情况下不会与其他药物发生危险反应。）开药的医生此前也没有提到过这两种药同时服用会发生反应，行为人也从来没有问过。案件场景中设计的杀人行为是行为人用煤油将兄弟毒倒然后将其烧死。其失常的状态通过两个方面来进行描述，一方面由案件材料对行为人的精神动态进行描述，另一方面借助医生的证言来描述药物冲突可能导致的失常反应。所以实验试图营造一种效果就是行为人的非自愿麻醉行为导致了后来的要么高要么低的认知失常或者控制失常。

表 15-5　未成年和非自愿麻醉状态的责任承担

	(a)	(b)	(c)	(d)
场　景	责任承担*	%不承担刑事责任(N)	%不承担刑事责任或不接受处罚(N-0)	%市政拘留
控制：				
1. 谋杀	10.42	0	0	
非自愿麻醉：				
2. 高度控制	5.00	7	44	
3. 高度认知	3.84	23	52	
4. 低度控制	6.19	0	26	
5. 低度认知	6.83	0	20	
6. 低度控制和认知	6.93	7	20	
未成年：				
7. 10 周岁	4.84(0.53—8.94)	48	47	47
8. 14 周岁	6.66(0.77—8.77)	23	23	23
9. 18 周岁	8.70(0.9—9.26)	7	10	7

量刑尺度：N＝不承担刑事责任，0＝承担刑事责任但是不接受惩罚，1＝1 天，2＝2 星期，3＝2 个月，4＝6 个月，5＝1 年，6＝3 年，7＝7 年，8＝15 年，9＝30 年，10＝终身监禁，11＝死刑。

* 在计算数值时，市政拘留被算作 0。括号内的数字显示了分配刑事责任的被试者百分比以及责任分配均值。

表 15-6　被试者对于未成年和非自愿麻醉状态案件的认知

	(a)	(b)	(c)	(d)	(e)	(f)	(g)	(h)
场　景	年龄	麻醉状态	非自愿麻醉状态	未意识到行为	未意识到罪错	理解能力损害	无力阻止	停止损害的能力
非自愿状态醉酒								
2. 高度控制		7.19	6.13	3.77	3.87	4.90	6.03	6.42
3. 高度认知		7.90	6.52	7.00	7.10	7.13	6.74	7.10
4. 低度控制		6.90	6.03	3.71	3.55	5.13	4.74	5.58
5. 低度认知		8.26	8.45	6.39	7.10	8.00	6.84	7.39
6. 低度控制和认知		6.42	5.97	4.06	4.32	5.48	4.58	8.19
未成年								
7. 10 周岁	10.19			2.58	2.90	3.61	2.58	3.35
8. 14 周岁	14.13			1.74	1.90	2.42	2.00	2.19
9. 18 周岁	17.87			1.39	1.32	1.39	1.426	1.48

关键：
1＝强烈反对；5＝不确定；9＝完全赞同

首先来看表 15-5 中第 2 行至第 6 行非自愿麻醉的场景。非自愿麻醉场景的案件与此前的精神障碍案件十分接近。不过在这类场景中行政监禁这一选项并无存在必要，因此实验也没有提供。首先，很明显，根据 a 栏显示行为人的责任与对照组相比被大幅减轻。其次，认知失常和控制失常都可以作为辩护理由。这一结论与精神障碍辩护的结论相一致。再次，统计分析显示严重和轻微失常案件的结果会因为失常程度不同而不同。严重失常的案件责任普遍要低于轻微失常的案件。

在将接受这一结论的表面价值之前我们先来检视一下被试者对于不同场景中的行为人失常程度的感受到底如何。表 15-6 中 b 栏显示，被试者普遍认为这些场景中行为人都受到了药物的麻醉，但在场景 6 中其麻醉程度最低，所以其失常程度也较低。而根据 c 栏显示，被试者都认为所有的场景中行为人都因为药物麻醉所以不需要承担任何责任。

然后我们对每个场景进行个别分析来看是否可以从中得出个别化的结论。从 d 栏到 h 栏记录的乃是被试者对于案件的感受是认知失常还是控制失常，其中从 d 栏到 f 栏侧重于认知失常，g 栏和 h 栏侧重于控制失常。

在第2行的严重控制失常案件中，被试者认为行为人无法停止行为(参见g栏)，其停止能力也受到了损害(参见h栏)。他们还认为行为人的意识能够进行中度的认知，这意味着他们并不认为行为人对于行为缺乏认识(参见d栏)，不认为行为人对于行为的错误缺乏认识(参见e栏)，不认为行为人认识行为错误的能力受到损害(参见f栏)。在这种条件下，我们有理由说被试者所感知到的乃是行为人处在一种中度认知失常和严重控制失常的状态，换句话说，这一案件被描述为"严重控制失常、轻微认知失常"也不能算错。如果行为人被认为存在这一种类这一程度的失常往往会被从轻发落，不仅与控制组中的故意杀人案相比是如此，与其他失常程度较低的案件相比也是如此。不过，等级为5的刑事责任(约1年监禁)还是有点高的，毕竟很多立法对于这种情况的失常都会规定免责。但还是要承认，被试者认为基于控制失常的辩护理由还是具有相当的合理性的，这也表示采纳了控制失常作为精神障碍辩护一部分的立法能够很好地反映公众观念。

再来看场景3，该场景描述的乃是严重认知失常和轻微控制失常，其中严重认知失常是指行为人对于行为的性质和危害的错误毫无意识。被试者需要回答两个关于行为人无意识的问题以及一个关于行为人感知自身行为错误的能力是否受到损害的问题，而结果都显示被试者认为行为人存在严重认知失常。但是被试者对行为人的控制失常也给出了很高的评级。这意味着该研究没有能够成功设计一个场景来实现严重认知失常和轻微控制失常搭配。(而这种一高一低的搭配设计在精神障碍章节中的设计是成功的。)请注意这里行为人的责任被从轻处理，其数值为3.84(约5.5月监禁)，这一量刑乃是非自愿麻醉案件中最低的量刑。当然这一结果是有道理的，因为在被试者看来行为人的认知和控制都存在严重失常。

事实上被试者的这种认为如果存在严重认知失常那么也会存在严重控制失常的想法很能够反映他们对于"精神失常理论"的潜在理解。直觉告诉我们，如果行为人的想法极其怪异从而导致其无法认识到杀人的错误性，那么他也就没有任何道德理由来停手，我们也就不觉得他会停手。换一种说法就是，如果行为人对于自己的行为没有认识，那么在被试者看来缺乏这种认识本身就会导致控制失常。精神障碍案件中也出现了类似的模式，行为人如果存在严重精神失常那么被试者也会认为他们即使没有完全控制失常，那么也会存在实质控制失常。(参见表15-1中第6行)

表15-6中第4行到第6行记录了轻微失常的若干场景，但在被试者看来这些场景似乎都包含了一种普遍的中度失常。场景4和场景6的描述试图让被试者感受到一种中度的控制失常和认知失常。(参见d栏到h栏)直觉上，

被试者给出的责任判定与对照组的案件(表15-5第1行,责任等级10.42,量刑大于终身监禁)或者已满18周岁非麻醉状态下的行为人实施相同行为的案件(第9行,责任等级8.70,约25年以上监禁)相比都存在减轻。但是这一量刑也不算很轻,毕竟有5年监禁,也只有很少一部分被试者给出了免责或免罚的判决。

研究中还出现了一个目前无法解释的异常。在第5行"轻微认知"损害的场景中被试者感受到行为人存在相当程度的控制损害和认知损害,但却依然对其判处较高责任。未来要对这一问题进行进一步的研究,被试者在这一场景的描述中看到了一些特点才给出这种奇怪的反馈。

所以尽管不算完全一致,研究还是得出了与立法者相近的结论。非自愿麻醉在被试者看来与精神疾病相类似,他们分析非自愿麻醉时采用了和分析精神疾病一样的精神失常和控制失常的概念。因此这也证明为非自愿麻醉提供与精神障碍辩护相类似的出罪条件的传统做法是有道理的。

对于核心场景中造成非自愿麻醉的环境,一些点评非常到位。回忆一下,行为人长期服用止疼药,而医生并未对服药禁忌作出警示,在药店柜台直接购买另一种普通药物,结果药物相互作用导致精神失常。如果说行为人对于自己的行为会对自己的精神状态产生何种影响的注意存在两个端点,一段是控制,一段是失控,那么本案显然是奔着失控的那个极端去的。所以该行为人的行为无法预见两种药物混合会导致精神失常而可以予以免责。相比之下,如果行为人长期服用某种药物,然后偶然情况下又服用了一些街头贩卖的毒品,于是药物之间发生反应,导致精神失常,从而杀害了某人。在这种情况下行为人的药物反应和行为的因果关系是一样的,但在被试者看来,后者的情况显然责任较重。因为被试者认为,长期服药的人应该知道不能乱用药物,乱服药可能导致神志不清进而导致其他严重危险。换句话说,后一种情况就很有可能被作为自愿麻醉案件来对待。在自愿麻醉的案件中,如果行为人对于造成自己麻醉的故意越重,责任也就越重。在非自愿麻醉的案件中可能也有类似的动态因素作用,即行为人应当对麻醉的可能存在认识。

那么未成年的案件中被试者的相关感受和责任判断又有什么值得探讨的呢?让我们再回到表15-6中第7行到第9行,首先来看a栏对行为人的年龄进行了记录,所以被试者对于行为人的年龄可以得出明确的判断。然后来看从d栏到h栏,分别记录了行为人对于行为结果和行为错误的认识。总体上,其结果根据行为人的年龄发生变化,越是年轻则对于行为的错误性质和行为结果的认识越少。但需要注意的是无论行为人的认识怎么少,他依然是有认识,而不是没认识,在认识有无的问题上行为人的认识始终要在中间线以上。

其次请注意表 15-5 中的行政监禁措施。由于案件涉及未成年犯罪人，被试者需要回答是否建议采取其他替代措施，而不用入狱服刑，很多时候少年司法系统会专门提供这样的措施。这里确实有一部分被试者建议对未成年犯罪人采取这种措施，而行为人的年龄越轻，建议采取替代措施的被试者比例越多。对于 10 岁的未成年人，超过一半的被试者都建议采取替代措施。

然后再来看表 15-5 中记录的不同年龄行为人的不同责任等级。(a)栏中带括号的数字表示判处刑事责任的被试者比例以及平均量刑。给出的量刑还都比较重，而且几乎与年龄无关。这一现象让人有些惊讶，要看这种模式在未来的研究中是否还会延续。无论如何，下面的这种解释虽然不算详尽，但终归有一定的说服力：行为人年龄越小，被试者越希望其受到传统刑事司法以外的替代措施处遇，但对于那些认为应当承担刑事责任的被试者而言，年轻却不会减少量刑。对于后者，这些人要么认为刑事监禁能够改造年轻个体，要么这些少年犯和成年犯一样都无药可救。

综上所述，本研究的非自愿麻醉场景乃是处方药物和非处方药物出现了药物冲突反应。会有人认为单纯分析这一场景得出结论略显牵强，应该有更多的非自愿麻醉的场景来进行探讨。尽管如此，非自愿麻醉场景的辩护确实和以精神障碍作为一般辩护理由的原理十分接近。但是被试者很明显并不十分愿意以此为由来出罪，而且虽然这一理由可以减轻量刑，但量刑的总体水平还是比较高的。未来研究应当查明这一现象是否在所有非自愿麻醉场景中都有存在，或者只是在本研究设计的场景中存在。

犯罪人越年幼，被试者希望其受到刑事司法系统以外的替代措施进行处遇的比例越高。但是，不管前面讨论了多少种理由，那些愿意由传统刑事司法系统来处置未成年人的被试者依然会给出 20 年以上的重刑。被试者所关注的可能更多的是行为人的理智程度，而并不是年龄。所以还有很多问题有待进一步研究，而且应当注意到现有的刑事司法系统似乎处在一种与少年犯处遇剪不断理还乱的关系之中。

第三节　胁迫和圈套

立法对于胁迫也给予了免责。不过需要注意的是，与精神障碍、未成年、非自愿麻醉等辩护理由不同的是，胁迫关注的并非行为人的失常，而是引起行为人失常的外部原因。这种压力通常都是有一些不恰当的行为所导致的，而面对这种压力即使是完全理性的人也会屈服。劫匪绑架了银行经理的亲属，银行经理在威逼之下不得不放劫匪进了银行的保险库，这就是典型的胁迫。这种外部压力引起强迫，强迫引起控制失常，这与精神障碍和未成年辩护中的失常存在类似之处。法律一般情况下要求要达到辩护的要求，行为人所受到的外力要超过一定的现定，能够充分实现强迫而使得行为人自身无可归咎。通常情况下这一外力的水平会需要用到一个的法律拟制概念“理性人”。以《模范刑法典》为例，外力的强度必须达到“通常理性强度的人无法恐惧”的程度。

圈套（尤其是警察圈套）的案件有着类似的哲学基础：如果行为人不是陷入某种不正常的场景是不会实施犯罪行为的。这类案件在政府执法人员对行为人进行引诱、怂恿行为人的情况下更为明显。如果行为人是受到执法人员的引诱或教唆实施犯罪，其辩护的最高程度可以免罪。不过就像直觉告诉我们的那样，圈套类案件的立法一般都会有附加的限制和禁止。其辩护一般仅限于不当警方圈套、圈套中的教唆。这也不像胁迫案件中的强迫行为那样看起来十分明确地可以免除行为人的责任。

警察圈套作为辩护理由似乎只有美国才有，而在美国的各州对于这一概念的定义也不尽相同。各种不同定义争议的焦点也集中在如何对其进行合理的限制。这种限制一般情况下有两种途径。一种称为主观标准，行为人在警察引诱下实施了犯罪，如果没有警察引诱行为人是不会犯罪的。在这种情况下，这一规则就不适用于职业毒贩，因为不管是否存在引诱职业毒贩都会进行毒品贩卖。可以注意到与直觉相反的是，这一主观规则并不要求行为人受到的引诱或者施压需要达到一定的程度。只要行为人此前并没有犯意，那么任何程度的引诱或者施压都可以作为辩护理由。所以这种主观标准对警方和行为人都进行了关注，其成功出罪需要满足两方面条件——警方行为不当（导致无犯罪意图的行为人犯罪）以及被告缺乏犯罪意图。

第二种普遍适用的途径称为客观标准。这一标准并不考虑行为人的状态——无论他是否预先存在犯罪意图——而只对政府执法人员的行为是否得当进行关注。当然，主观标准也对警方行为的一个方面进行了关注——这样的行为是否会导致没有犯意的行为人实施犯罪？这一关注焦点与客观标准的差别只在于客观标准不对行为人是否预先存在犯罪意图进行考虑。

如果采用客观标准，那么在政府行为存在不当的情况下，职业毒贩依然可以采用警察圈套作为辩护理由而出罪。那么究竟什么样的政府行为才算“不当”呢？依据《模范刑法典》（其规则更接近客观标准），执法人员的以下行为可能被认为存在不当：(a)在明知的情况下进行虚假陈述从而导致行为人误认为其行为不受禁止；(b)采用说服或者引诱等方法，引发已经存在犯意的人以外的其他人实施犯罪的风险。①

请注意客观标准看起来似乎与公众观念差别更大。该条的第一款规定只要进行了虚假陈述就可以了，而第二款则只要求对没有犯罪意图的人进行了引诱即可。所以法律并没有要求行为人实际上相信了虚假陈述或者真正被说服或者受到引诱准备实施犯罪。这意味着，行为人并不需要真的受到引诱，他只需要为了回应该警察圈套而实施相应行为即可。所以在特定情况下，如果执法人员告诉某个职业毒贩贩卖某种药物并不违法，那么尽管该毒贩心知肚明这么做是违法的，而他也确实这么做了，那么根据客观标准他依然可以逍遥法外。

所以现在我们可以清楚地看到，警察圈套严格来说并不是行为人免责的理由，它让行为人免责的原因不是因为行为人没有责任，而是为了保证公平正义，防止政府不当行为。而这一点对于无论主观标准或者客观标准都是如此。引诱不需要达到任何的最低限度要求都可以成立。但是如果行为人所受到的引诱是来自其他公民，那么这一辩护则不能成立。

我们目前的研究设计的案例同时包含了胁迫和圈套。首先，本研究试图探明被试者是否认可胁迫作为辩护理由，如果可以那么胁迫需要达到那种程度才能成功出罪。其次，本研究对有关圈套的问题进行了进一步的探索，当然其结论也是初步的。研究试图查明被试者是否认可圈套作为出罪理由，如果不能出罪那么被试者是否会因此对行为人从轻发落。研究还试图查明警察圈套适用的主观和客观两大标准哪一个更符合被试者的观念。

研究根据需要对场景进行了不同的设计，胁迫场景包括不同程度的强制，警察圈套场景包括了具有和缺乏犯罪意图的行为人、存在或缺乏执法人员的引诱、受到执法人员或者其他公民的引诱等不同情节。案件的核心场景是行为人答应替他人运输8盎司的可卡因。然后被试者需要回答他们对于行为人是否具有犯罪意图及其程度、行为人受到强制的程度、一个具有正常理性坚定程度的人是否会因为强迫或者引诱而实施犯罪、导致行为人犯罪的引诱的不当程度、行为人应得的惩罚等等。

首先请注意表15-7中第1行，该场景中行为人运输毒品的行为并没有受到任何胁迫或引诱，其责任为5.52，约2年监禁。第2行的场景乃是最为严重的胁迫场景，该场景中行为人没有任何犯罪记录，他人以杀害其家人来威胁其运输毒品。根据a栏显示这一场景的责任为2.29，约3.8周监禁，显然，严重胁迫场景中行为人的责任要显著低于对照组，而有的被试者认为行为人在本案中应当免于处罚。

① 《模范刑法典》2.13(1)(a)&(b)。

表 15-7　胁迫和圈套的责任承担和被试者感知

	(a)	(b)	(c)	(d)	(e)	(f)	(g)	(h)
场　　景	责任承担	不承担刑事责任	不承担刑事责任或不接受惩罚（N-0）	强迫程度	一般理性人会屈服的强迫	引诱	不当行为	一般理性人都会被引诱
1. 控制—没有胁迫或引诱	5.52	0	3			5.58		
受胁迫情境：								
2. 高度强迫	2.29	9	50	8.21	6.31	2.32	8.09	6.32
3. 低度强迫	3.65	3	24	6.29	4.88	3.68	7.53	4.82
圈套情境：								
4. 初犯	2.44	21	50	7.62	6.06	2.79	8.18	5.91
5. 再犯	6.24	6	9	3.65	4.38	6.91	6.03	4.50
6. 初犯—有同伙	3.50	3	26	7.12	5.41	2.65	7.62	5.18

量刑尺度：N＝不承担刑事责任，0＝承担刑事责任但是不接受惩罚，1＝1 天，2＝2 星期，3＝2 个月，4＝6 个月，5＝1 年，6＝3 年，7＝7 年，8＝15 年，9＝30 年，10＝终身监禁，11＝死刑。

＊被试者反应：1＝强烈反对；5＝不确定；9＝完全赞同

而根据第 3 行案例的现实，随着强迫程度的降低，被试者给出的责任也降至高度胁迫和对照组之间，责任等级 3.65，约 4.4 月监禁。这一结果的分布并没有出现两个峰值，这意味着强迫理论基本上存在一个门槛。被试者的责任判断乃是一个渐进的通道，而现行立法则为因为胁迫出罪设置了一个最低限度强制的门槛。立法只关注强迫是否存在，而被试者关注的是存在何种程度的强迫。

然后我们来看强迫案件从 d 栏到 h 栏被试者对于强迫感受。在严重强迫案件中，被试者都同意该场景中的强迫是严重的（参见 d 栏，估值为 8.21，而 9 表示极端强迫），而且被试者都同意在这种强迫下任何理性人都会屈服（参见 e 栏）。（不过请注意，这里的同意程度并不是很高仅为 6.31，根据规则 5 表示不甚确定，而 7 表示认同。而根据被试者的反馈，他们认为行为人还可以选择报警。）而在轻微强迫的场景中，行为人走私毒品是怕自己丢掉卡车司机的工作，被试者认为这一强迫程度与严重相比属于中等，所以根据 d 栏显示其评级为 6.29（最高为 9），而且他们明确表示并不确定这种程度的强制是否足以导致一个理性人屈服，e 栏显示均值为 4.88，几乎就是不确定。这表明未来研究应当将轻微强制的案件纳入进去来查明被试者所认可的强迫的起点究竟在哪里。可能有一部分案件在被试者看来虽然存在某种压力,但其程度还不足以产生强迫。而且要看到,出罪所需要的强迫程度比预期的要高很多,即使是在严重强迫的场景中也只有一半的被试者认为可以免责。所以这一情况让人深感疑惑,因为案件场景描述的强迫已经很严重了,被试者也觉得很严重,但为什么依然不为所动不给予行为人彻底免责呢?

当然强迫程度的不同对于他们的责任确实产生了影响。这也是证明被试者能够认识到强迫程度存在差异的第二条证据。请看轻微强迫的案例中 e 栏的记录,被试者认为一个理性人是否会受到该种强迫影响而实施犯罪。在被试者看来导致一般理性坚定的人会实施犯罪的强迫强度与责任之间存在很强的关联性。被试者看来强迫程度越低,量刑越高。

然后我们来看心理学上更为复杂的警察圈套场景,看我们是否能够从中发现某种规律。在场景 4 中,该卡车司机没有任何前科,遇到了以前部队里的熟人,受到该熟人指使运输毒品,而该熟人其实是一个卧底警察。场景 5 的案情也基本一样,只不过该卡车司机有过运输毒品的前科并且准备重操旧业。结果这两个案件的责任判定出现天差地别。有前科的行为人的责任要比没有受到引诱的行为人的责任要高很多。将这一结果与客观标准进行对比我们会发现,客观标准仅仅针对执法人员行为的恰当性,而这显然不符合公众的直觉。对于客观标准而言,前科记录对于现有行为的责任判断不具有关联性,有关的乃是执法人员主动接近行为人并对其进行了引诱。但对于被试者而言,前科的影响至关重要,有前科的行为人的量刑达到 4 年,甚至超过了对照组的案件,而没有前科的行为人的量刑仅为 4—5 周。

导致这一差别的原因应该就是被试者所感受到的行为人预先存在的犯罪意图。表中 e 栏记录了被试者对于"行为人无论是否受到诱惑都会实施犯罪行为"这一问题的回答。如果行为人有前科记录,那么在被试者看来其后来的犯罪只不过是前面犯罪的延续,他们并不认为行为人是受到了强迫,他们根据前科判断行为人就是具有犯罪习性。相比之下,如果行为人是初犯(第 4 行),那么引诱所产生的强制力就是巨大的,那么行为人的责任也就相应减轻许多。所以这里发生的一切在心理学上是十分戏剧化的一幕:对于被试者而言,对事情的理解会因为行为人有没有前科而发生巨大变化。

这并不意味着与执法人员的引诱或者不当行为没有关系。存在警察圈套的场景(第 4 行)其责任要比受到朋友引诱(第 6 行)稍微减轻一些,而判处免于处罚的比例也要更多(参见 c 栏)。但是对于其他情况进行综合分析后发现,导致这一情况的原因可能并不是因为警察圈套,而是因为在被试者看来由于圈套是警察设置的，而警察显然在设置圈套这种游戏上要更加内行，所以才会导致其引诱程度在被试者看来略有升高，一般理性坚定者屈服的可能性也略有加重。

无论行为人遭受到朋友或者警察的引诱具有何种差异导致责任存在何种区别，无论采用警察圈套辩护的主观标准或者客观标准，这一结果都会对这一辩护理由产生动摇。尽管在被试者看来警察圈套与非警察来源的引诱相比并非责任的决定性因素，但辩护依然仅限于警察引诱。

关于客观标准的很多内容在研究中还没有涉及，有待未来研究的继续跟进。我们其实可以设计一个警方实施了引诱但行为人并没有受到强迫的场景；我们还可以设计一个警方违反客观标准禁令，如告诉行为人特定行为并不违法的场景。

警察圈套认定的主观标准是这样的：行为人没有预先的犯罪意图，因为受到了警察的引诱而实施了犯罪，在该种情况下如果其他人受到引诱也会实施犯罪。在对研究数据进行初步检验时我们发现主观标准要比客观标准更加符合被试者的观念。场景 4 乃是三个警察圈套案例中的第一个，其平均责任为 2.44(约 4.9 周监禁)，而根据 f 栏显示该行为人被认为预先没有犯罪意图。而根据 h 栏显示，被试者认为一般人受到该种引诱也会实施犯罪。场景 5 中行为人存在前科，因此被认为具有预先犯罪意图，而引诱也被认为不足以导致一般人实施犯罪，因此其量刑甚至超过了对照组的场景 1。更进一步的分析证实被试者对于引诱的感受也会影响其判断，被试者越是认为该种引诱可以导致一般理性人实施犯罪的，其给出的责任判断就越轻。

请注意即使是警察圈套的主观认定标准依然没有得到被试者的完全肯定。无前科行为人陷入警察圈套实施犯罪的其量刑约为 2.44(约 5 周监禁)。被试者的量刑很少但不是没有，这说明他们并不认为警察圈套可以作为无罪理由但是可以作为罪轻理由，但是现行立法则将其规定为无罪理由。而且请注意无论主观标准还是客观标准都强调引诱者是执法人员，而在被试者看来这一因素并不重要。

所以从公众的标准来看到底是否需要警察圈套的辩护理由值得探讨。有一个问题有待进一步研究的就是如何来解释被试者对于警察圈套案件中存在的与胁迫相类似的强制而作出的轻减处理。部分结果显示被试者只在警察圈套的程度与胁迫相类似的时候才会给出从轻处理。(虽然胁迫作为辩护理由会考虑受到强制的程度，但也只是作为罪轻辩护而不能成立无罪辩护。)如果这一判断真的成立的话，那么要制定一部符合公众观念的刑法典就应该扩大胁迫辩护的适用范围，为从中度强制到高度强制的案件都提供轻减处理。在完成这一修改之后，就可以将警察圈套的辩护彻底废除，因为已经没有存在的必要了。

综上所述，本研究证实人们会对受到强制的行为作出轻减处理。如果存在胁迫，那么责任就可以降低。行为人受到的胁迫程度越高其责任减少越明显，但该责任并不会得到免除。被试者经常给出的一个选项叫做“承担责任但免于处罚”，这说明被试者并不认可这一行为，但是否定这一行为未必就否定了被试者对行为人免责的意愿。要注意这和精神障碍不一样，精神障碍对出罪理由作出了清晰的说明，而现行立法中的胁迫辩护的出罪理由则显得含混不清。所以这种情况下我们更多追求的乃是一种“违法但免责”裁决。这种反应对于免除某人责任不存在任何的矛盾，但是对于行为是否认可则存在问题。

研究还对警察圈套进行了关注，结果发现无论是强调引诱行为导致犯罪的，还是强调警方引诱行为存在不当的，二者对于被试者的责任裁判影响并不大。在被试者看来行为人受到强制的程度才是关键，要看在该种程度引诱下普通人是否也会实施犯罪。所以按照公众观念，警察圈套辩护可以废除或者将其纳入胁迫辩护的一个分支。

第四节　结论

本章对缺乏能力的辩护理由进行了研究，对该领域非常广泛的现象进行了认定，也发现还有更为广阔的领域有待进一步探索。精神障碍在被试者看来为免责提供了足够理由。精神障碍规则认为同时存在控制市场和认知失常才能构成免责的充足理由，而在被试者看来这二者只要有其一就可以免责，而失常的程度越高，则免责的可能性越大。

非自愿麻醉的法律原理与精神疾病相类似，在被试者看来也是如此。被试者对于非自愿麻醉的责任判定与精神障碍的十分接近：他们认为控制失常和认知失常都可以作为出罪理由，失常越严重，越可能无罪。

胁迫场景的话根据数据显示最少可以给犯罪提供罪轻理由，强迫的程度也决定了责任减轻的程度。胁迫是否能够彻底出罪有待进一步研究。立法规定警察圈套作为辩护需要行为人受到警方引诱实施犯罪，而被试者并没有意识到这一要求的重要性。他们认为这些案件要考虑的因素与胁迫案件要考虑的因素相类似，这就导致警察圈套作为独立辩护理由存在的必要性受到质疑，警察圈套辩护可以纳入胁迫辩护的一部分。

对于这些案件被试者的判断往往都有点复杂，他们一般都会否定行为，但是他们对于行为人最多也就象征性地惩罚一下而已。

第十六章

裁判原理:责任分级

责任分级关注的问题乃是:应当谴责的行为该受何种程度的惩罚?立法对于应当谴责行为的严重性分级有两种形式:犯罪内部和犯罪外部。例如对于常见的犯罪如强奸或者盗窃而言,法律会规定若干不同情节的强奸或者盗窃。这些不同的情节、种类也会对应不同等级的刑罚。除此以外,不同的犯罪也会被分为不同的等级,其严重性也会产生相互对比。

第一节　犯罪内部和犯罪外部的等级区分

前面章节对于不同犯罪之间的严重程度差异进行了关注。①在布鲁姆斯坦恩(Blumstein)和科恩(Cohen)1980 年进行的调查中,被试者被要求依照"最符合犯罪严重程度的标准"给出刑罚裁量。②该研究结果显示犯罪的严重性从轻到重依照以下顺序排列:人身攻击、盗窃、醉驾、销赃、诈骗、非法持枪、入室盗窃、汽车盗窃、鸡奸、抢劫、吸毒、严重伤害、非法持有海洛因、越狱、骗领医保、使雇员身处危险工作环境、武装抢劫、贩卖可卡因、强奸、以杀人故意实施攻击、过失杀人、二级谋杀、一级谋杀。

1972 年罗西(Rossi)等人进行了一项深度研究③,该研究乃是塞林(Sellin)和沃尔夫冈(Wolfgang)此前研究的一个翻版。④该研究采用 9 分制(9 代表最为严重)对 140 种犯罪进行了排序。

---

① 参见第二章第三节和第四章第二节(有关人们对于不同犯罪依照严重性进行排序的研究);第十二章第二节(企图犯罪不同形式的严重程度及其应用)。

② Alfred Blumstein & Jacqueline Cohen, Sentencing of Convicted Offender: An Analysis of the Public's View, 14 L.& Soc. Rev. 223, 229(1980).

③ Peter H.Rossi et. al., The Seriousness of Crimes: Normative Structure and Individual Differences, 39 Am. Soc. Rev. 224(1974).

④ Thorsten Sellin & Marvin E.Wolfgang, The Measurement of Delinquency(Patterson Smith 1975).

同种犯罪依据不同情节进行的内部分级前文已经提到多次,犯罪化和责任承担的最低限度要求的相关因素为犯罪内部分级设置了起点。他们为给出的犯罪设置了最低的分级起点。而随着犯罪等级的升高,其评估就需要考虑更多的相关因素。几乎所有地区都会对杀人案件进行等级划分:疏忽杀人、过失杀人(基本上为大意杀人)、谋杀(故意杀人)。很多地方还会在这些分级的内部再进行区分。一些地区会将过失杀人再分为两个等级,将谋杀也分为两个等级。这种情况下,一级谋杀的适用范围就只能适用于最为残忍的杀人案件之中。其他的犯罪也会在其犯罪定义之内设置不同的等级划分,如严重攻击。强奸也会分为三到四个等级,而真正的"强奸"可能仅是针对其中最为严重的等级。

第二个问题涉及的乃是不同犯罪之间的"相互等级"划分。这一问题针对的乃是人们对于不同罪名的严重性进行对比所作出的判断。从直觉上看,谋杀要比强奸更加严重,而强奸要比盗窃更严重,于是立法对谋杀的等级规定就会高于强奸,而强奸高于盗窃。

由于受到量刑规范化运动的影响,法官对被告定罪都要依据量刑指南来进行量刑,因此犯罪严重性和分级问题变得日益重要。以往案件的量刑由法官来进行,而法官对于刑罚具有很大的自由裁量权,但现在不一样了,量刑指南对刑罚的裁量给出了非常具体的规定。所以,历史上犯罪分级原理在制定刑法时就表现出了重要性,而今天这一原理又因为量刑问题再度成为人们关注的焦点。

犯罪化原理一章中对判断一个人应当受到何种程度惩罚的重要因素进行了分析,而这些因素决定了犯罪所造成的损害或恶行,因此这些因素也可以被称为"犯罪相对分级"。有趣的是,尽管也有人认为相对分级可以更多地依靠逻辑来进行推演,但对上述因素的识别更多时候都会依靠人的直觉来进行。通常情况下,人们总是认为人身安全要高于财产安全;与 9 岁女生发生关系显然要比和 16 岁女生发生关系更加严重。所以对于犯罪的分级需要考虑到刑罚所保护的所有利益的价值进行一个排序。刑法学家只在晚近时候才开始去建构判断违法行为严重程度的基本原理,而在过去我们依靠的往往都是文化中所存在的共享直觉。①

立法者所面临的分级任务可以分为两个层次:对犯罪的不同等级进行区分,确定一个最低限度作为定罪起点;对犯罪的不同场景进行区分,找出这一

① 参见 Joel Feinberg, Harm to Others: The Moral Limits of Criminal Law(Oxford University Press 1984); Andrew von Hirsch & Nils Jareborg, Gauging Criminal Harm: A Living-standard Analysis, 11 Oxford J.Leg. Stud. 1(1991)。

罪名比定罪起点更为严重的其他版本。最后还有一个任务，将这些版本进行排序。本书此前的很多章节内容都为这一问题的解答作出了暗示。

首先，犯罪的危害越严重，犯罪等级越高。严重性乃是一个直觉问题，人们对于一个犯罪到底有多严重可能会有不同意见，但不可否认，严重性的确是立法进行犯罪分级的核心标准。存在生命危险甚至造成死亡的犯罪总是要比其他犯罪的量刑更重，我们也会不经意将其他犯罪称为其他较轻犯罪的原因。在主观罪过一章第一节中，人们认为性侵（未经他人同意与之发生性行为，即强奸）要比对住宅纵火更为严重，而对住宅纵火要比对无人居住建筑纵火更为严重，因为后者可能无人居住。其次，根据类似的严重性指标可以对同一大类犯罪的等级进行划分。危害风险研究显示被试者会根据危害风险的增加来加重责任。①

对犯罪内部和犯罪外部进行分级的操作原理似乎都是一样的：危害越大，或者风险越大，责任越重。当然前提是其他条件不变的情况下。本章后面会提到，在一项关于性侵的研究中，公众对于不同的严重程度的行为能够做出十分细致的区分。研究还显示，“伤害越大责任越大”这一基本原理在性侵案件中同样适用，之所以这么说是因为以往性侵案件的措辞往往都会以行为的非道德性来进行表述而不是以行为的危害后果来进行表述。

分级的第二个强有力的影响因素是罪过程度。前面章节的若干研究都显示在损害确定的情况下，罪过程度越高导致责任越重。而且在若干情况下，对他人犯罪行为实施帮助的共犯行为也会因为罪过程度越高导致责任越重。②此前研究还显示行为人在麻醉状态下杀害某人的，如果该行为人此前是故意使自己陷入麻醉而非知情或者大意而导致的，那么他也将受到从重处罚。此外，本研究还通过对重罪谋杀（felony murder）的研究对上述图景进行精炼，此前立法关于该领域的规定一直被批评违反了罪过一般原理，③研究结果显示被试者可以对罪过作出非常精确的判断。

犯罪分级的第三个影响因素是犯罪行为导致危害的现实存在以及行为人导致该危害的原因力。请注意该因素与犯罪危害是相互联系但又相互区分的两个不同因素。举个例子，在人们看来故意杀人要比盗窃更加严重，因此其犯罪等级更高。我们要表达的是，在故意杀人的问题上，真正的杀害他人要比杀人未遂的责任更重，上文关于企图犯罪的研究表明了这一点。④本章研究更进

① 本书第十二章第四节。
② 本书第十四章第二节。
③ 本书第七章第二节。
④ 本书第十二章。

一步证明了这一点，危害的实现会导致责任的增加。不过需要注意的是，危害的实现必须是与行为人的行为之间存在充分的因果关系。本研究还针对被试者对于导致死亡的不同原因的不同反应进行了研究，结果显示行为与危害之间的因果关系越紧密，责任就越重。这一结果在第十二章第五节共犯的客观要件中也有提及。共犯乃是导致他人犯罪的一种形式。研究显示共犯促成他人犯罪行为的作用越大，该共犯的责任也就越重。

影响行为人最终量刑的第四个要素是犯罪数量(罪数)。想象一下报纸头版头条“惯犯入室盗窃二十余次终于落网”。当然该行为人是否真的实施了二十多次盗窃有待法庭认定，假设他真的实施了二十余次，那么这一犯罪数量肯定会在他的量刑中得到反映。但问题是这已经超出了犯罪等级的范畴，但对于确定刑罚的区间却至关重要。本研究对于数罪的刑罚区间的确定也进行了关注。

■ 第二节　犯罪严重性：性犯罪

制定刑法的一个主要目的就是明确影响犯罪行为严重性的最重要因素究竟是什么，并且通过对这些因素的描述来对犯罪进行定义。本节的第一个实验对性犯罪的分级进行了研究。之所以选择这一犯罪的原因在于，现行立法关于这类案件的相关规定在很多现代人看来已经过时了。

根据《模范刑法典》的规定，性犯罪的定义围绕着几个核心要素展开。例如，强迫发生性行为与自愿发生性行为，但是与同伴未成年相比就要更加严重一些。而在这两种情况下，《模范刑法典》都会加入一些具体情节来对犯罪进行分级，而这恰恰就是立法与公众观念发生冲突的地方。比如，如果被害人与行为人具有伴侣关系或者此前有过自由的性关系，那么强迫发生性关系的严重性就会有所降低。①又比如，如果行为人和被害人是夫妻②或者以夫妻名义共同生活③，那么强迫发生性关系的严重性也会降低。而另一方面，如果强迫发生性行为的双方是一对以婚姻名义生活的同性伴侣，其严重性则没有强奸那么严重，因为双方的关系在《模范刑法典》中并未得到认可。④

合意性交案件的严重性也依据若干要素进行分级。与未满16周岁女生发生关系(法定强奸)或者与智力障碍女性(无法辨认自己行为的性质)发生关

① 《模范刑法典》213.1(1)。

② 《模范刑法典》213.6(2)。

③ 《模范刑法典》213.1(1)(2)。

④ 强奸和强制猥亵(gross sexual imposition)的被害人只能是女性，法定强奸亦同。参见《模范刑法典》213(1)(2)。

系的严重性都要小于强迫发生性关系的强奸，但要重于女性与智障男性发生关系，或者与被监管人发生关系（如犯人和预警）。而且如果被害人此前与他人有过性乱交行为的，那么该情况可以作为出罪的辩护理由，即使法定强奸案件也是如此。①

性犯罪研究的目的是检测《模范刑法典》的规定是否符合公众观念，其中每一个场景都根据《模范刑法典》的规定设置了一个变量。本研究与此前研究不同的一点是，他的场景设计可以更加多边，因为研究者们希望可以对每个案件全部可能性进行全面分析。所以个别场景的变量可能与法律问题并无关联，而当这种情况出现的时候，研究中会对其进行说明和评注。

研究设置了一个场景即“陌生人强奸”作为对照组，在该场景中一名女性离开健身房时被一名陌生男子劫持至一处废弃停车场，该男子对其进行威胁不许喊叫或反抗并对其实施了强奸。这一行为的量刑是 7.84 个单位，约 13.4 年监禁。第 2 行的场景为约会场景，行为人与一名女性外出约会，然后一同回到女方住处并对其进行了强奸。而根据《模范刑法典》的规定，这种情况属于具有社交关系的同伴，但是其责任只比陌生人的案件减轻了一点点，7.26（约 9.4 年监禁）。

对于这一差异的解释可能有点复杂，因为被试者认为女方对于性行为的认可程度（虽然还是不认可）要比陌生人案件中高一些，虽然也没有高很多。而事件发生是由于女方所导致的原因（类似于被害人过错）也要多一些。未来研究如果还要对比约会强奸和陌生强奸，那么就应该将两类案件中对于女方同意程度和女方导致程度的设计保持一致，然后再来看性侵者的责任是否依然会有减轻。不管怎样，尽管被试者也认为约会场景中女方的同意程度要高一点，但他们认为对于最终责任的影响微乎其微，并不足以支持法典起草者对这两种案件的分级差异。很有可能接受约会邀请这一行为的含义在今天已经与法典起草者的那个时代发生了很大的改变。所以这里可以提炼出的观点是公众观念会随着时间推移而发生改变，而立法也应当随之作出改变。这两类案件差异为我们提供了一条线索来理解《模范刑法典》对这两种案件分级差异的理由（一级为终身监禁，二级为 10 年监禁），但即使如此法典的量刑差异在被试者看来也并不合理。

接下来的两个案件中，强奸发生在同居的双方之间。分别是男女双方共同生活和男女双方为夫妻，然后女方告诉男方她要离开对方并且不想再见到他。这段对话发生在他们的住处，然后女方让男方到别的房间或者到亲友家

① 《模范刑法典》213.1(1)(a)&(2)(b)，213.3(1)(a)，213.4(2)&(8)，213.6(4)。

去借宿。男方为此十分恼火，两人在卧室中发生争吵，然后男方强迫女方发生性关系并威胁她如果喊叫或者反抗就杀了她。请注意这里很有可能是男方拒绝了女方要求，所以被试者可能会认为男方情绪激动并因此减轻其责任。

被试者认为此类强奸也使用了暴力，但其暴力程度要小于陌生人强奸和约会强奸的场景。被试者认为被害人的同意程度很低，但是比陌生人强奸中要明显高出很多。这也部分说明了为什么被试者对这两个案件的量刑要显著低于前两个案件：陌生人强奸7.83（约13.4年）、约会强奸7.26（约9.4年）；同居强奸6.27（约4.2年监禁）、夫妻强奸5.68（约2.4年）。但即使考虑到这种可能性，其量刑的差别也没有《模范刑法典》规定的那么大，根据《模范刑法典》前面两种案件属于一级或者二级重罪，而后面两个案件仅仅属于轻罪（最高一年监禁）。所以这里有必要对法典的这一规定进行反思。

如果《模范刑法典》认为发生在具有同居关系或者夫妻关系之间的强迫性行为并不是那么严重的话，那么这种想法显然已经跟不上时代了。而如果法典对犯罪等级有所降低是因为立法者默认被害人的同意程度在这里是有所上升的话，那么这也是不合适的。而且令人感到遗憾的是，近几十年的研究显示实施殴打、虐待、强奸的恰恰就是配偶。所以被害人对于侵害行为的认可到底有多少还是应该由陪审员根据具体案件来进行具体分析。

而当强迫性行为发生在同性伴侣之间时，法典和公众的分歧愈加凸显。在遭到同性伴侣强奸的场景，其余设置与夫妻场景中一样，然后其中一方宣布他要分手，从而导致另一方怒火中烧并对其实施了强奸。被试者对于本案的判罚为5.58，与夫妻场景的判罚（5.68）几乎一样。这一点与《模范刑法典》形成了鲜明对比，《模范刑法典》规定异性伴侣之间的强迫性行为属于轻罪，为轻度攻击（都不算性犯罪），而同性伴侣之间的强迫性行为则是严重性犯罪、变态性犯罪、二级重罪。显然，导致这种差别的原因在于被试者对于婚内强奸的严重性认识要高于法典。更进一步而言，被试者显然并不认为同性性行为是变态的，而《模范刑法典》显然这么认为。

法典与公众的分歧还表现在合意性交场景中。这里的两个案件分别属于法定强奸和有过乱交经历的法定强奸。这两个案例中，一名14岁的女生主动与另一名十几岁的男生发生关系。而在后一种场景中，该女生此前就曾有过乱交经历。对此，《模范刑法典》规定被害人的乱交经历可以作为法定强奸这一三级重罪的免责理由，但在被试者看来这一经历并不对行为人责任产生影响，被试者判定法定强奸责任为2.29，虽为法定强奸但该女孩有过乱交经历的场景责任为2.39。两者量刑均为不到4周监禁，而半数以上的被试者认为应当免于处罚。鉴于本案场景具有一定特殊性，场景中女生年龄为14周岁，该年龄接近可以自主性行为的年龄，而且该女生主动提出性行为，而且性行为的伴侣也是一名十几岁的男生，中间也没有暴力存在，无论该女生是否存在乱交经历，本案在被试者看来都无足轻重。请注意在这两个案件中，而且只有在这两个案件中，被试者认为是被害人导致了性行为的发生，参见表 16-3 中 c 栏。而且被试者强烈认为女生对性行为是同意的，参见 b 栏，当然案例本身就明确告知了这一点。所以从《模范刑法典》的三级重罪的规定与被试者2.29（约 3.8 周监禁）的轻微量刑对比我们可以看出，被试者认为此类法定强奸的案件并不算严重。

《模范刑法典》将与未成年女性的合意性行为以及与智力障碍女性发生性行为列为同一等级，被试者对此表示认可。两类案件的责任差异也不甚明显。但是对于智障类案件还需要作特别说明。本案的智障在被试者看来可能并不严重，因为根据案例描述，该智障女性可以自己参加当地健康机构提供的物理治疗，而且案例中明确表示是该女性主动提出的性要求。在调查结果中，被试者认为受害人同意的数值是 6.95，由于被害者原因所导致了强奸的发生的数值是 4.05，可以发现被试者明确感受到这些场景中该智障女性对于事件的发生起到了相当的作用，而且她本人对于性行为显然是同意的。

在这种场景下，被试者并不认为男性对于事件的参与应该受到责备。但这种情况并不是绝对的，还有一个场景中的行为就有可能存在严重的错误，例如在这一场景中被害人存在严重精神残障而无法对行为作出判断。结果显示被试者还是能够非常敏锐地感受到这些细微差别的存在，但他们还是认为法定强奸或者与智力障碍女性发生关系有《模范刑法典》中规定的三级重罪那么严重。

需要明确上述结果存在一个明显的限制：与未成年人合意性交的场景中，该未成年人的年龄设定为 14 周岁，在被试者看来该女生表达意志的能力已经相当于成年人。如果被害人年龄再小一些的话，那么我们可以预计被试者对问题的严重性就会另眼相看了。（《模范刑法典》就是如此，当被害人年龄小于 10 周岁时，《模范刑法典》将其规定提升到一级或者二级重罪，与陌生人强奸案件同一等级。[①]）同样，现有案件给出的智障人士的智力状态似乎完全可以胜任行为判断，所以被试者也认为案件没有那么严重。无论如何，法典和公众对于这两类案件的分歧还是十分明显的，其背后的原因将在下文进行讨论。

接下来三个场景分别是智力正常男性与智力障碍女性发生性关系，智力

① 《模范刑法典》213.1(1)(d)。

正常女性与一名智力障碍男性发生性关系，一名女性囚犯与男性狱警发生性关系，狱警对于女犯具有监管权力，不过根据场景描述该案中该狱警并没有利用职务上的权力来强迫该女性就范。《模范刑法典》对这三类案件进行了区分，男性与智障女性性交属于三级重罪，而女性与智障男性性交以及与被监管人员发生性关系仅属于轻罪。形成鲜明对比的是被试者并没有对这三种合意性交案件作出如此明显的区分，当然被试者对它们的判罚也都不重，所有人的量刑都不到 2 周监禁，还有不到 2/3 的被试者认为可以免于处罚。

在这三类案件中，被试者都认为被害人对于性行为是同意的。研究对“同意”一项的检测结果进行了记录，该记录显示几乎所有被试者都认为这三类案件中的被害人同意进行性行为。当然这里还有一个潜在的问题会被法典起草者提出来，那就是所谓被害人的同意到底有多少是出于自由意志的表示，被害人自己又是否有能力来作出同意的表示，又或者一个理性人站在行为人当时的处境对于这一问题又会有何感受？《模范刑法典》对于其他设计囚犯或者智障人士的案件进行区别对待，因为在这些案件中被害人的同意是较低等级或者说不完全的。果真如此的话，那么法典的起草者应该讲这种同意的程度和质量作为法庭询问的关键，而不是把犯罪按照同意的不同程度来进行分级。所以这里的案件恰恰是那种现行法律规定与被试者直觉判断形成显著反差的地方，而这种反差背后所展示的问题确实需要进行认真的思考，而在这类案件中这些问题也确实有必要进行更加精确的认定。

本研究的结果中另一个值得注意的问题是被试者中在量刑问题上出现了较为明显的群体划分。更确切地说，不同群体在量刑上表现出很大差异。大部分被试者对于从“法定强奸”到“女性囚犯与男性狱警发生性关系”都认为不需要进行处罚。被试者对于量刑的不同观点可以分成两派，一派认为不应处罚，一派认为应当处罚(该派的量刑为 4—6 之间，4 相当于 6 个月监禁，6 相当于 3 年监禁)。如果量刑的分布符合一般曲线的话，其量刑还会更高。

显然这一结果是从那些量刑较低的案件中凸显出来的。这也是本书列举的若干研究中十分罕见的那么几次被试者之间形成显著差异的地方。导致这一结果的原因会在未来研究中进行讨论。一种可能的假设就是男女差异，男性被试者和女性被试者对于这一问题的看法存在差异，但这一假设似乎并不正确。[①]还有一种可能就是与未成年人或者智障人士发生关系在一小部分的被试者看来是十分严重的，但对于大部分被试者来说则并非如此。

① 被试者问题可能导致男性和女性给出不同反馈，研究也对这一差异进行了关注。而统计显示男女反馈并不具有统计学上的显著性(12 名男性、27 名女性)。

综上所述,性犯罪的研究结果显示被试者在部分问题上与《模范刑法典》表现出一致,但在另一些问题上则存在分歧。对于所有测试场景而言,强迫性交的所有形式在被试者看来都要比非法但是合意性交更为严重。而《模范刑法典》对存在社交关系的强奸给予了明显的减刑,而被试者对此并不认可。《模范刑法典》采用了某种类似于夫妻关系的观点来进行认定异性关系从而给予从轻量刑,而被试者对此也不认可。而对于同性伴侣,《模范刑法典》则不认为其具有类似夫妻的关系而将其作为两个陌生人之间的犯罪进行处理,而在被试者看来此类案件也应当适用类似夫妻关系的原理。这种差异都显示公众观念自 1962 年以来发生的改变,之所以是 1962 年是因为《模范刑法典》就是那一年制定的。

所有的合意性交在被试者看来都要比《模范刑法典》规定的严重性要轻。而与未成年人的合意性交只比其他形式的合意性交严重了一点点。而与《模范刑法典》相反的是,先在的乱交行为在被试者看来并不具有从轻的效果,当然这也可能是因为被试者本身对于没有先在乱交行为的责任判定已经很低,所以即使有也没法再低了。所以在这一类合意性交的案件中,《模范刑法典》所采用的诸多从轻理由诸如先在乱交行为、男性智障者等都反应了 1962 年之前的观念。而如今时间已经过去了半个世纪,公众观念已经发生了巨大改变。即使是在本书研究之后的这几年间,很多州已经将强奸犯罪的配偶例外原则(即不认可婚内强奸或者婚内强奸从轻处罚)从传统的性犯罪规定中删除。这样看来,州立法对于公众观念的变化还是进行了密切的关注,其立法也作出相应的修改。

对于法典与公众差异的另一个解释是立法标准主要是基于两点考虑:第一,有关同意程度的假设是根据行为人和被害人之间的现有关系推导出来的;第二,以丈夫的权利以及同性恋关系的非自然属性为基础进行考虑。未来研究可以看看在这些问题上存在差异的被试者在责任判断上是否也同样存在差异。所以法典如果要对同意的程度进行举例说明,那么最好不要从现有的双方关系来进行推导,最好还是直接从具体案件的审判中来确定比较准确。

那么立法是否应该直接针对最终问题“有效同意”,而不是采用其他标准来进行替代,比如年龄、精神状况、隶属关系,等等。曾几何时,性骚扰成为一个非常普遍的话题。有人会建议这些客观标准还是有其存在的必要的,毕竟人们是根据这些标准来判断对方是否有能力、有条件作出同意的表示。这种情况下就可以避免对那些真诚但是错误地认为对方作出了有效同意表示的人进行处罚。但是也还有另一种方法来对他们进行保护:采用罪过要件来进行出罪。从逻辑一致性来看,法定强奸也需要行为人具有罪过要件,而这种情况往往被人们所忽略。

本节内容显示近几十年来公众对于性犯罪的观念发生了巨大的变化。公众观念并非发生了全面改变,但显然需要一种机制来监测这种变化,并适时提醒我们是否要对性犯罪定义进行反思。这也是对刑事责任和刑罚的公众观念进行社会科学研究的一个重要目的。

■ 第三节　行为人罪过:重罪谋杀

有人导致他人死亡。直觉告诉我们,法律关注的乃是到底发生了什么,并根据这一问题的回答来进行不同的责任裁判。杀人案件的标准分级时责任等级与行为人导致死亡的罪过相对应,行为人故意或者知情导致他人死亡的属于故意杀人;行为人大意导致他人死亡的属于过失杀人;行为人疏忽导致他人死亡的属于疏忽杀人,这种情况下每个罪行之间的差异减少了。①

而在共犯参与杀人的场合也对罪过提出了要求。共犯对于被害人死亡所具有的罪过对于其责任具有决定意义。和主犯一样,共犯如果是故意或者知情而导致死亡的,属于故意杀人;如果共犯是出于大意,则属于过失杀人;如果共犯是出于疏忽,则属于疏忽杀人。②

但是,有一种杀人案件不再对主犯还是从犯以及他们的罪过进行考察,一律都定谋杀罪(故意杀人罪),这就是重罪谋杀。重罪谋杀是指在实施一项重罪的过程中发生了杀人。大部分地区针对此类案件会有专门规定,一般被称为"重罪谋杀规则",根据这一规则行为人需要对死亡承担谋杀责任,无论该行为人主观上对于该死亡是出于何种罪过。所以本来是因为疏忽而导致他人死亡的应该定疏忽杀人罪,但如果该情况是发生在抢劫过程中,由于抢劫属于重罪,那么该疏忽杀人就会被认定为谋杀。③而且这种罪过升级的规则不仅适用于主犯也适用于从犯,所以该抢劫案中的从犯也构成谋杀罪。④

人们根据直觉就可以看出这一规则的用意。比如我正在抢劫一家银行,我为了示威朝地面开了一枪,结果跳弹击中了一名顾客导致其死亡。在一般人看来,行为人在本案中的行为风险要比疏忽杀人更加严重。既然我制造了

---

① 《模范刑法典》210.2(1)(a), 210.3(1)(a), 210.4(1)。

② 《模范刑法典》2.06(3)(a)(ii)&(4)。

③ Ca. Penal Code §189(West 1994); 18 Pa. Stat. Ann. §2502(b)(West 1994); N.Y.Penal Law §125.25(3)(McKinney 1994).

④ 18 Pa. Stat. §2502(b); N.Y.Penal Law §125.25(3).

这一危险场景那么就应该对潜在的风险进行更高的关注。不过人们还是会看到本案与故意杀人(谋杀)之间的区别,会建议从轻处理。

重罪谋杀规则在一些地区扩张得更加厉害,感觉与公众观念渐行渐远。一些地区要求行为人承担被害人反抗导致他人死亡的责任。①在这种情况下,如果行为人实施抢劫,而被害人用枪自卫结果不小心打死了旁边的路人,那么行为人就要对该路人的死承担谋杀罪的责任。用一个案例就可以说明该规则如何具体实行,以及该规则为何令人不安。两个窃贼挖了个地道来偷银行的保险库,但是被秘密警报发现,于是警卫蜂拥而至。不幸的是,两队警卫都冲进了保险库,慌乱之中,一名警卫不慎射杀了另一名警卫。两个窃贼都被抓了,两人都没有携带任何武器,但是两人都被按照谋杀罪起诉。显然,是他们制造了这起事件,他们对事件后果负责也是合情合理,但是他们的责任真的要和开枪打死警卫的劫匪一样吗?

《模范刑法典》的起草者对重罪谋杀规则表示了反对,即使是该规则最狭义版本。取而代之的是,他们采用了一种需要证明的假设,即该重罪犯导致死亡是出于"在当时环境下对人类生命价值表现出了极大漠视的大意",这一表述精确地描述了谋杀的罪过,并且允许被告进行反驳。②评论者对重罪谋杀规则进行了类似的批评,也对《模范刑法典》对该规则的批判表示了赞同。③法典起草者和评论者都认为重罪谋杀规则没有对行为人的可归责性进行准确评估。这意味着他们与外行人对于可归责性的判断是一致的,他们一致认为行为人制造了事件,该事件引发的状态导致了死亡,但这种方式与典型的谋杀不尽相同。

有趣的是,重罪谋杀规则乃是为数不多的几次《模范刑法典》的起草者对各州刑法丝毫没有产生影响的情景。重罪谋杀规则有多盛行呢,约 2/3 的州按照《模范刑法典》修改了他们的刑法,总体上采纳了《模范刑法典》的基本结构和条文,但其中大部分州又在各自的刑法典中重新加入了重罪谋杀的条款。这有没有可能是因为各州的立法机关对于该问题的公共标准理解有误呢?公众在上面列举的这些案件中真的都愿意判决成立谋杀罪吗?抑或只是立法者们错误地认定公众会作出那样的判断?当然采纳重罪谋杀规则也是有理由的。重罪谋杀规则可能失之宽泛,但确实是一个很好的威慑,能够促使行为人

① Jackson v. State, 286 Md. 430, 408 A.2d 711(1979).

② 《模范刑法典》210.2(1)(b)。

③ George P.Fletcher, Reflections on Felony-Murder, 12 Sw. U.L.Rev. 413(1980); Maynard E.Pirsig, Proposed Revision of the Minnesota Criminal Code, 47 Minn. L.Rev. 417(1963).

在实施重罪的过程中更加谨慎小心，或者能够直接防止他们实施重罪。与此相关的是，重罪谋杀规则还可以为检察官提供强有力的武器，为其提供更多的策略选择，如果行为人不配合侦查的话就可以用升级后的谋杀罪来起诉他们。

下文对有关重罪谋杀的公众观念进行了审视，试图查明在若干可能的长河中重罪谋杀规则是否有效。此外下文还对《模范刑法典》对重罪谋杀规则的反对理由进行了讨论。

研究设置了若干可以使用重罪谋杀规则的场景以及三个对照组案例。对照组案例主要用来设定被试者对于标准谋杀罪的量刑，三个对照场景为故意杀人，过失杀人，疏忽杀人。其他场景的责任或量刑的结果可以和对照组的结果进行对比，从而判断这些案件究竟与哪一场景更接近，是故意杀人、过失杀人还是疏忽杀人。

首先来看从故意杀人到疏忽杀人，这三个案件乃是为了判断被试者对于故意、大意、疏忽杀人案件的量刑基准，也为适用重罪谋杀规则的案件提供了参考要素。

而重罪谋杀案件相对比较复杂。为了更好地对研究结果进行解读，这里我们将对这些案例进行详细说明。重罪谋杀案例包括四个案例。这四个案例的核心场景是一样的：两人计划持枪抢劫一家酒类专营商店，店主磨磨蹭蹭不肯打开钱柜，于是其中一人（被标记为主犯或枪手）向其开枪。案件又根据行为人的罪过分为四种不同情况：如果店主不配合打开钱柜，其中一人准备朝其开枪、两人都准备朝其开枪、一人准备拿枪威胁、两人都准备拿枪威胁。但是不管此前两人如何策划，最终都发生了枪击事件。之所以这样设计的理由是，如果行为人（无论是主犯还是从犯）此前并没有开枪的计划，那么现实中的枪击事件就有可能被认为是由于疏忽或者大意所造成的，其量刑就有可能从轻处理。而如果适用重罪谋杀规则，则所有这四种场景都应当认定为谋杀。

研究记录了责任的数据。对于这些数据我们可以提出一系列的问题。每个案件中枪手都存在故意或者疏忽两种情节，而从犯则没有。那么这种主犯和从犯之间的差异是否会导致被试者责任裁判的差异？

从调查数据来看，这种差异显然存在。结果清楚显示，主犯的量刑更高。不管该主犯此前是否有开枪的计划，也不管该从犯事先是否有开枪的计划，主犯的量刑都要高于从犯的量刑。而相比之下现行立法就没有能够体现对从犯的从轻处理。包括《模范刑法典》中的共犯标准规则也将共犯作为主犯来处理，而被试者并不这么认为。而这一研究的结果与其他研究中出现的“共犯减轻”规则是一致的，可参见第十二章第四节和第十四章第二节。当然被试者以及立法也在另一个问题上表现出一致性，那就是无论主犯还是从犯，其责任的绝对值都不低。

另一个值得关注的问题是对于被试者而言两名抢劫犯对于导致死亡的主观状态是否会有影响。不同的变量将本案中主犯或者从犯的主观状态分为两种情况:如果没有开枪计划那就是疏忽;如果有开枪计划那就是故意。

那么再回头来看前述的数据调查,显然主观状态也会对责任产生影响。对比"一人准备朝其开枪"和"二人都准备朝其开枪"两个场景,我们就会发现,有杀人意图的量刑显然要高于无杀人意图的场景。我们的研究基本上与预期保持一致,其结果可以简要地归纳为以下几个要点:开枪的责任要重于没有开枪的,计划开枪的责任要重于没有计划开枪的。

在三种情况下共犯的量刑都要低于主犯,只有在主犯没有计划开枪而从犯计划开枪的场合,从犯的责任才略高于主犯。有鉴于此,我们可以得出以下结论:总体上被试者认定主犯的责任要高于从犯,这反映了人们更加倾向于惩罚真正开枪的人。被试者对于之前没有计划开枪的人的责任判定较轻,无论是主犯还是从犯。如果把这两条叠加,那么没有计划开枪的从犯的责任在案件中就表现出明显的降低。

这里我们需要记住一点即该场景让被试者相信本案中至少一个劫匪并没有计划开枪,而场景本身也对此作出了明确表示。主犯的主观罪过和从犯的主观罪过数据统计显示被试者的感受与案件描述是一致的。而罪过形式的差异的确会导致责任的差异,根据罪过形式可以对责任和量刑作出预测。现实当中一名劫匪很难说服陪审团来相信自己没有开枪的意图,所以他的行为很可能被作为故意杀人(即谋杀)来处理。而根据研究中被试者的反馈,至少应该给被告一次机会来说服陪审团他原本的意图究竟是什么。但是总体而言,重罪谋杀规则和被试者反馈之间的差异反映了评论对于重罪谋杀规则的批评和《模范刑法典》对该规则的抵制。

被试者判断背后的规则可以按照如下方式来表述。首先请注意疏忽杀人的量刑往往得到减轻,但不会轻于行为人在清理枪支时不慎射杀他人的程度。疏忽杀人的基准线为4.58(约9.6月监禁),而被试者对疏忽杀人主犯的量刑为8.53(约22.5年监禁)和8.78(约27年监禁),疏忽杀人从犯为6.92(约6.6年监禁)和7.31(约9.4年监禁)。显然,这一量刑要比疏忽杀人量刑基准高出很多,这意味着重罪谋杀规则并非没有道理:在一个重罪过程中实施的杀人应当要比没有重罪过程中实施的杀人得到更为严重的惩罚。这也意味着被试者和立法者在这一问题上是一致的,他们都认为在武装抢劫的过程中,行为人显然应该意识到导致他人死亡的风险。数据规律显示在被试者看来,重罪谋杀规则的方向是对的,但是走得过头了而已。被试者认为重罪谋杀规则最多可以将武装抢劫中的主犯疏忽杀人升格为过失杀人，而不至于升格至谋杀，而对于从犯而言其升格幅度应当更小一些。换句话说，被试者认为如果把重罪故意杀人改成重罪过失杀人，然后对从犯再予以减刑，他们其实是同意的。

而接下来三个场景的设计则颇有点不同寻常。在这三个场景中，店主的妻子在抢劫中躲在一旁没有被发现，然后该妻子开枪打死了本案主犯。店主的妻子是出于正当防卫，自不必多言，主犯被打死也是罪有应得，只是本案还剩下一个从犯该如何处理？正如前文指出的，部分地区把重罪谋杀规则的适用范围进行了扩张，案件中无辜者在反抗过程中导致他人死亡的，该死亡的责任也要记在主犯的头上。三个场景分别为：从犯计划开枪但没有来得及开枪，而店主妻子故意开枪打死了主犯；从犯没有计划开枪也没来得及开枪，而店主妻子故意开枪打死了主犯；从犯没有计划开枪，而店主妻子意外开枪打死了主犯。很显然根据直觉可以把这三个案例作一个排序，从犯有计划开枪的显然是最严重的，而从犯没有计划开枪而妻子故意开枪显然应该是最轻的。

但是，我们预期的这种结果并没有出现。被试者对三个案例的责任判断基本上都在5.20(约1年监禁)上下徘徊，彼此之间并无明显差距。对于这一结果的一种解释就是在被试者看来这种情况并不属于重罪谋杀规则扩展版本的适用范围。直觉上，被试者会认为是第三者射杀了主犯，而不会认为这种情况与从犯意图之间有某种复杂的关系。

而在此类案件中，被试者对从犯的责任判定也是相对较轻的，与疏忽杀人责任的基准线4.58(约9.6个月监禁)相距不远。有可能标准的杀人案件对于疏忽杀人的责任判定就是这么多。所以陪审员很有可能是这么来理解的，当一个劫匪走进一家商店掏出枪来的时候，他对于导致他人死亡至少存在疏忽，至于到底是谁开的枪、打死了谁，在所不问。如果真的是这样的话，那么被试者对于那种无辜者开枪射杀共同主犯案件的责任判定很可能与立法规定相一致，即使不采用重罪谋杀规则。在被试者看来，这一规则是必要的，但只限于主犯出于疏忽杀害无辜者的情况。而且在被试者看来，这一规则只需要把疏忽升格为过失杀人(大意)就可以了，而在很多案件中升格幅度还可以再小一点。

对于最后一个场景的探讨会更加复杂，因为该场景的设计充满了戏剧化，在该场景中一名旁观者为了制止犯罪而开枪，结果误伤店主将其打死。在这一案例中，即使主犯对于导致他人死亡是故意或者知情的，被试者给出的责任却不是很高，为6.83(约6.2年监禁)，要显然低于一般谋杀。事实上，这一责任要比类似场景中的从犯还要低，例如主犯出于疏忽射杀他人，从犯的责任为9.11(9相当于30年监禁，10相当于终身监禁)。所以人到底是否由主犯或者从犯所杀，还是由其他无辜者所误杀，在被试者看来关系重大。

综上所述，这一研究证实被试者和现行立法一样都会对实施重罪过程中杀害他人的行为人加重其责任。他们认为实施抢劫过程中出现的疏忽杀人的责任相当于普通情况下的过失（大意）杀人。如果行为人在抢劫过程中挥舞枪支结果枪支走火打死他人，被试者并不会对这种情况表示同情。但是在被试者看来现行立法规定矫枉过正了，将疏忽杀人升格为故意杀人显然过于严厉，他们认为要对其进行升格，但是升格为过失杀人就可以了。所以与重罪谋杀相比，被试者更倾向于"重罪误杀"。

重罪谋杀的共犯问题也出现了类似的问题。和立法一样，被试者也认为当主犯在实施重罪中杀害他人时，从犯也应承担责任。但是现行立法将从犯也按照谋杀进行追诉显然过了，在被试者看来其责任与过失杀人基本相当，而且从犯的责任会得到显著减轻。这与此前其他研究的结论保持了一致，在其他条件不变的情况下，从犯的责任总是要低于主犯。所以如果刑法要采纳从犯减轻这一基本规则的话，重罪谋杀中的从犯责任显然应当轻于重罪误杀的主犯。

重罪谋杀规则中，当被害人或旁观者在反抗中误杀他人时，主犯需要替代他们承担责任，而且要承担谋杀罪的责任，这种做法在被试者看来是不合理的。而当被害人杀死从犯之一时，被试者认为另一从犯的责任也不应比疏忽杀人更高，远远小于部分地区按照谋杀重罪规则所给出的谋杀罪的责任。而当抢劫的被害人误杀其他无辜者时，从犯的责任也只是比疏忽杀人高了那么一点，远远达不到过失（大意）杀人的责任程度。所以这一结果明显低于普通的杀人案件分级，所以这意味着被试者认为完全没有必要将重罪谋杀规则扩展至这些案件。

我们的结论是，即使没有重罪谋杀规则，陪审团依据行为人在制造事件中对于导致他人死亡的可能性具有罪过，完全可以作出与实验中被试者相同的判断。所以和此前指出的一样，被试者很可能是根据行为人对于制造危险环境所应当受到的谴责来作出判断的。根据现有的杀人案件分级规则，这种责任升级的可能性即使不是很大，但也不能说没有，而如果按照《模范刑法典》中的证明假设方法的话，其可能性还会进一步增加。《模范刑法典》将重罪作为基础进行推定，行为人只要具有"在当时环境下对人类生命价值表现出了极大漠视的大意"就可以被认定对谋杀具有充分的罪过，而被告则可以对这一推定进行反证。人们可能会说这些证据一方面证明重罪谋杀规则并没有存在的必要，但却从另一个方面证明了这一规则是不可抗拒的（如果政治上有这种需要就会延续）。为了更好地符合公众观念，将其责任程度稍微降低即可。

所以在被试者看来，一个重罪犯在实施重罪过程中因疏忽导致杀人的，其责任应当上升到过失杀人，而不用上升到故意杀人。而共犯则不需要再适用任何特殊规则，共犯根据其罪过形式来定罪量刑，并且遵循一般的共犯减轻的原理。而重罪罪犯可能会因为被害人误杀其他无辜者而需要承担疏忽杀人的责任，但不是像现在重罪谋杀规定的那样需要承担谋杀的责任。

第四节　因果关系：行为人与禁止结果的联系强度①

行为人的行为所指向的结果可能为法律所禁止，例如他人的死亡。行为人的行为未必直接导致结果的产生，但可能由于某种因果链的作用，最后还是发生了。那么行为人是否应当承担责任呢？这种场景对于喜欢律政剧的人而言并不陌生。行为人并不希望杀害某人，他只是造成某人受伤并将其送至医院，而由于医院处理不当导致某人死亡，行为人构成谋杀吗？行为人朝某人开了一枪但是没有击中，被害人被枪声惊吓致死，行为人构成谋杀吗？行为人给某人投放了慢性毒药，但在毒药发作前被害人被第三人殴打致死，行为人的责任如何？历代哲学家都提出过类似的案例来讨论道德制裁的界限，本研究也采用了一些类似的案例来探究被试者的反应。

当代刑法要求行为人具有两个条件才会被追究责任：第一，行为人的行为对于结果发生是必要的（符合若非……则不……的判断公式），“如果没有该行为则结果不会发生”②。第二，即使行为人的行为是结果发生的必要条件，但其联系的性质必须充分闭合且直接。这意味着该结果的发生与行为人的责任或者犯罪之间不能过于遥远或者具有偶然性。③这两种因果关系前者被称为事实因果关系（factual causation），后者被称为法律因果关系（legal causation），这两大因果关系必须同时得到满足才可以对行为人进行处罚，而且一般情况下也只能追究行为人企图犯罪（犯罪未遂）的责任，部分情况下甚至可以不用承担责任。

传统的法学立场要求存在必要原因。而在《模范刑法典》起草的争论中，有人提出可以采用一种要求更低的替代措施来认定因果关系，只要是“导致结果发生的实质因素”就可以认定因果关系，这一标准要比充分因果关系标准低

① 译者按：请注意本节关于因果关系的充分与必要与中国刑法学和德日刑法学中的充分和必要的理解并不相同，充分往往是指行为在逻辑上足以导致结果但现实中并未导致结果，必要是指行为在现实中导致了结果。充分而不必要往往是指行为能够导致结果但在过程中被其他事件阻断。

② 《模范刑法典》2.03(1)(a)。

③ 《模范刑法典》2.03(2)(b)。

好多。美国法学会拒绝了充分因果关系说和实质因果关系说而采纳了必要因果关系说。①这意味着在上述行为人向被害人投毒，但被害人却被第三人用棍棒打死的案件中，行为人并不需要承担谋杀的责任（但是需要承担企图谋杀的责任）。尽管行为人投放的毒药不需要辅助或者干预就可以最终杀死被害人，因此符合了充分因果关系说，但却并不符合必要因果关系说，因为被害人即使没有被下毒，也会被他人殴打致死。关于因果关系研究的一个目标就是查明这两种标准：必要因果关系说和充分因果关系说哪个更符合公众观念。

因果关系研究所关注的第二个问题就是行为人的必要原因和法律所禁止的结果之间的关系，即所谓法律因果关系。这一问题在上文中已经有所涉及，上文案例中提到行为人企图杀害某人，但仅造成其轻伤并将其送往医院，由于医院处置不当最终造成被害人死亡。法律因果关系标准在这一案件中就显得十分模糊。（该结果的发生与行为人的责任或者犯罪之间不能过于遥远或者具有偶然性。）但很多问题的解决却都要采用这一标准，尤其是对实质犯罪（既遂）和企图犯罪（未遂）的责任进行区分。（而在部分案件中也可能导致无需承担责任。）这些“遥远”或者“偶然”的结果在责任裁量中会对被试者产生何种影响，本研究的目的就是要查明这一点。而对这一问题的查明可以让我们了解到人们在适用现有模糊标准的时候，其背后具体蕴含的标准和导向。

综上所述，因果关系研究针对两种因果关系判断标准：必要因果关系说和充分因果关系说。研究的首要目的就是查明这两种标准在因果关系责任判断时哪一个更加符合公众观念。研究的次要目的是查明行为人的必要原因和法律的禁止结果之间的关联——法律因果关系，其关联强度有多大。

研究首先设置了两个控制组场景作为基准。一个场景记录了一起清楚、直接、即时的杀人案件；另一个场景记录了一起杀人未遂案件。这两个对照组场景的设定为后续其他场景的责任对比提供了基准。通过研究记录我们发现，对照组的谋杀案件责任相对较高，为 9.89，仅比终身监禁略低一点。企图谋杀的平均责任为 7.25，约 9.4 年监禁。仅是这两者之间的巨大差距已经反映了本研究的一个重要内容，即危害后果是否发生对于被试者的责任判断而言至关重要。

然后我们来看必要说与充分说的辩论。在另一个场景中，1 号行为人对被害人制造了足以致死的伤害，但就在被害人死亡之前，2 号行为人在对此前攻击不知情的情况下开枪将被害人直接打死了。此案与前文提到对被害人下毒后被害人在毒发身亡之前被他人殴打致死的案例有着异曲同工之妙。请注意

① 《模范刑法典》2.03(1)(a)。

法律要求的必要因果关系在本案中并没有得到满足。1号行为人的行为对于导致死亡而言是充分的，但却不是必需的，因为被害人即使没有受伤也会被2号行为人打死。

被试者对1号行为人给出了很高的责任，与对照组中直接杀死被害人的责任十分接近（对照组故意杀人场景直接杀人案责任为9.89，因果关系充分但不必要的本案为9.47）。所以对于行为与结果之间具有充分但并不必要的关系，被试者给出的责任只比行为与结果之间的关系既必要又充分的轻了一点。

显然，在被试者看来无论充分说还是必要说都应当作为谋杀来进行看待，而在《模范刑法典》看来一个是谋杀（既遂），另一个是企图谋杀（未遂）。这里研究发现了刑事立法和公众观念的差异所导致的重要结果。讽刺的是，《模范刑法典》的起草者似乎认为他们必须保留必要说的原因在于这一标准符合大众心理。但是请注意，被试者并不肯定1号行为人的行为对于导致死亡是否必要，他们对于这一问题的回答也在同意和不同意的临界点徘徊。未来研究有必要查明与谋杀相等的量刑所对应的行为在被试者看来对于导致死亡是否属于充分而不必要的。

然后来看法律因果关系要件，这一要件的要求是要对行为人科以责任必须以行为与结果之间具有临近而直接的联系为前提。以下四个场景呈现了可能符合法律因果关系的若干场景，其中包括一个企图谋杀。这四个案例的核心场景是两人同时到被害人住处去杀他，1号行为人朝被害人开枪，但是要么没打中，要么只是打伤没有打死。2号行为人负责望风。场景的主要差别在于被害人的死亡方式。四个场景分别为：被害人在治疗过程中因为药物过敏死亡；被害人因为护士的操作失误死亡；被害人在事发两个月后回医院复查时在途中遭遇车祸死亡；被害人死里逃生躲过一劫，就在机场准备登机时因为挖掘机作业事故丧生。

研究的一个主要任务就是对被试者对于法律因果关系的感受进行分析。在进行分析之前我们先来看本案中主犯和从犯的责任分配。由于所有的复杂因果关系都要受到检测，所以有必要将两个行为人的行为都考虑在内。数据显示主犯和从犯的责任始终保持差距，从犯责任始终低于主犯。

这一现象与此前研究提到的从犯减轻原则相符合。此前研究中行为人作为望风的共犯，而立法却将其与主犯一视同仁，都以谋杀来追究。所以本研究的结论再加上前文有关共犯的研究都表明，公众观念在共犯问题上与立法存在严重分歧，公众认为共犯的责任就应当降低，量刑就应当减轻。

不过需要注意的是受伤后被杀的场景不在此处讨论范围之内。因为在受伤后被杀的场景中，2号行为人在不知道1号行为人行为的情况下，进入房间杀死了已经受伤的被害人。这时 2 号行为人已经不再是从犯，而是一个独立的主犯，因此理当承担谋杀罪的责任。

还有若干案件，行为人的行为在被试者看来对于导致死亡是必须但不充分的。各个场景分别是：被害人因为药物过敏死亡；被害人因为用药错误死亡；被害人在逃跑过程中死于一场安全事故。被试者能够判断行为人的行为对于导致死亡是否必要但无法确定是否充分。他们对充分性的评价始终在同意和不同意之间左右徘徊。而根据对各个场景的责任判断，这三个案件的责任都有所减轻。三个案件的平均责任为 8.15（约 18 年监禁），与对照组的谋杀案件 9.89（略小于终身监禁）相比减轻了不少，但是要高于对照组的企图谋杀案件 7.25（约 9.4 年监禁）。此前的研究中也经常出现这种情况，行为导致伤害的其量刑要高于行为没有导致伤害的。此处被害人在逃跑过程中死于一场安全事故的场景就被认为属于谋杀未遂。在去掉该场景之后，剩下两个“必要但不确定是否充分”的案件的平均值就上升到 8.54（22.5 年监禁），正好处在谋杀既遂和谋杀未遂中间。

将这些结果与受伤后被杀的场景进行对比，受伤后被杀的场景中 1 号行为人的行为充分但并不必要。对比显示被试者会在必要说或者因果说之间选择一中点作为因果关系成立的起点。不过，这一判断依然有待进一步证实。未来有必要将实验场景设计成显然不充分和显然不必要，然后再来进行测试。还需要注意的是被害人在枪击事件后两个月回医院复查时死于交通事故这一场景中，被试者此时非常迷惑，不知道行为人的行为是否必要，也不确定是否充分。但有一点是确定的，被试者的责任裁判要高于谋杀未遂。这意味着即使被试者对于必要和充分的问题并不确定，但他们依然愿意判处责任。

然后我们回到法律因果关系的问题上来。这里的问题在于，当事件的链条过长时，被试者并不认为某一结果是因为某一个行为所导致的，即使这一结果就是该行为最初的意图。当行为人的行为具有必要性，但在被试者看来并不充分时，如被害人因为药物过敏死亡；被害人因为用药错误死亡；被害人在逃跑过程中死于一场安全事故这三个场景中，被试者给出的责任就要明显低于一般的谋杀。

场景“被害人因为药物过敏死亡”和场景“被害人在逃跑过程中死于一场安全事故”等复杂因果关系场景的责任下降表明这些场景中还包含其他的因素会促使被试者对行为人的责任进一步减轻。

导致结果的行为是否符合常理也是导致责任差异的重要因素，请对比过敏反应 8.75（27 年监禁）和安全事故 7.36（10.2 年监禁）；违法行为人对导致结果的贡献，对比过敏反应 8.75（27 年监禁）和护士操作失误 8.33（19.5 年监禁)；行为与结果之间的空间间隔和时间间隔，如两个月后在复查途中遭遇车祸 8.03(15 年监禁)。未来研究可以设计要素来测量对于空间、时间间隔的感知及其对责任的影响，或者可以设计一个同时涵盖时间、空间、必要因果关系、成分因果关系的理论模型。

请注意除了挖掘机安全事故案例外，主犯在测试场景中的责任结果与对照组相比具有显著的统计差异，基本上介于谋杀既遂和谋杀未遂之间。这意味着在被试者看来这些场景可以减轻责任但是不能免除责任。换句话说在被试者看来，因果关系也是一个连续存在而不是简单的一分为二。而现有的法律规则恰恰相反，将因果关系作为最低要求，只要存在因果关系就需要承担全部责任，如果不满足则构成未遂。

所以正如常识告诉我们的那样，随着行为人行为与结果之间因果关系的不断减弱，行为人所应当承担的责任也会不断减轻。此外还有很多因素在被试者看来过于遥远或者十分偶然，因此也应当对最终责任作出相应的减轻。罕见事件如药物过敏等就可以导致责任减轻。他人过失介入因果关系的可以导致责任更进一步减轻，而行为和结果之间存在明显时间间隔也具有同样效果。同时我们也应当看到因果关系的判断并没有一种简单通行的规则，挖掘机安全事故仅在谋杀未遂后几分钟内发生，而回医院复查图中遭遇车祸是在谋杀未遂之后两个月，但前者的责任比后者还要低。所以还是要对相关因素之间的关系进行更加细致的区分，而这个工作立法者更愿意将其留给陪审团来进行，抽象立法显然很难做到这一点。

综上所述对于现实的原因问题而言，研究结论并不具有排他性。在充分因果关系场景中被试者给出的责任与对照组几乎一致，这意味着立法采用的必要因果关系范围太窄。但是研究又显示被试者并不确定场景中的因果关系是否属于必要因果关系。

研究结果显示随着行为与结果之间的关系越来越远或者趋于偶然，则行为人的责任就会越发减轻。研究结果与现行立法表现诸多不同。现行立法对于因果关系的规定采用了两分法，但被试者并不这么认为。在被试者看来，因果关系不是一个有或无的问题，而是一个关于归责的连续体。随着行为人可归责性不断上升，他的责任也会不断加重。现行立法在很多场合都采用了两分法来处理这种连续体的问题，因果关系就是其中之一。

第五节　数罪的量刑

现行法律对于确定多个犯罪的合理量刑存在诸多困难。如果说一个单独的盗窃的量刑应当为 X 的话，那么两起相互独立的盗窃的量刑应该是多少？按照传统，法官会对两起盗窃分别量刑，然后再来决定两个刑罚同时执行还是先后执行。同时执行的两个刑罚在同一时间执行，相互并不冲突；先后执行的两个刑罚在时间上存在先后顺序。所以此时就会存在一个奇怪的结果，某人因为实施了两起盗窃，分别被判处 2 年监禁，那么如果同时执行的话，他只需要服刑 2 年就可以了。所以同时执行受到批判是有道理的，因为第二起犯罪的刑罚被事实上免除了。如果采用先后执行的话，那么该行为人需要服刑一共 4 年。先后执行所面临的批评是行为人所应得的惩罚不能是两次量刑的简单相加。

但是问题又来了，如果数罪的量刑不是数次犯罪量刑之和，那又应该是多少？导致上述批判的原因可能在于量刑考虑的主要是行为造成的损害，如某人的财产被剥夺。行为人违反社会公开规则的意愿也是量刑的一部分，而在数罪的场合，该部分内容在前罪的量刑中已经计算在内，如果在后罪量刑中再计算一次，那就出现了重复计算。在这种情况下我们就会觉得，如果后面还有第三、第四、第五次犯罪，那么刑罚的总量势必要继续增加，但每次增加的幅度都会相应减少。这种数罪量刑酌减的规定在《美国联邦量刑指南》中得到了体现。这样增加的每一起犯罪都会受到惩罚，只不过增加犯罪的量刑会被减轻许多。(《美国联邦量刑指南》采用的方法是将不同犯罪的严重程度考虑在内，以最为严重的犯罪的量刑作为基准，然后将增加犯罪按照严重程度降序排列来增加量刑。)①

数罪量刑酌减是对量刑法官量刑方法的最好表述，但他们的选项依然受到此前同时执行和先后执行的限制。(据法官介绍，有一种操作方法就是对其中一项罪名给出偏高的量刑，然后两个刑罚同时执行，这样实际的服刑时间也是高于一罪低于数罪。)

鉴于有关数罪量刑存在多种模式，我们有必要对普通人如何看待这个问题进行一下研究。本节的数罪量刑研究的目的就是为了探明被试者对于数罪量刑酌减的做法是否认可。

研究的另一个目标是多个犯罪之间的时间间隔(所有的犯罪都发生在其被定罪之前)。我们预计如果犯罪发生的间隔越短，越容易被认为是同一起犯罪，其量刑也就越低。数罪之间的间隔越长，越容易被认为是完全独立的犯罪，其量刑也就应当独立而不需要减轻。还有一种可能就是在被试者看来如果行为人再次实施犯罪，那么他就是惯犯，所以再犯的量刑会大于初犯。

---

① 《美国联邦量刑指南》§§ 3D1.1—3D1.5.1。

研究还试图查明不同犯罪种类，如侵犯人身犯罪和侵犯财产犯罪之间，其量刑操作规则是否一样。有人可能会认为，侵犯财产犯罪的危害后果可以采用金钱来计算，所以很有可能只考虑到这一方面，所以侵犯财产犯罪往往会将财产损失简单相加。换句话说，两次攻击就是两次犯罪，因为导致两次攻击的场合等因素存在实质区别，所有都要独立评价，但两次盗窃则有可能被认为相当于一次盗窃，然后把两次盗窃财物的总额相加就好了。《美国联邦量刑指南》就采纳了这一思路：如果数罪的危害性质是一样的，那么就可以对其进行相加，如盗窃或者诈骗，数罪总量就是各罪具体数量之和。①所以联邦量刑委员会对数罪量刑采取了两种路径，一种是性质一样可以相加的，一种是性质不同不能相加的。在这种情况下，多起盗窃和多起攻击会出现完全不同的量刑模式。但即使是对于可相加的犯罪如盗窃，也不是盗窃金额中的每一张美元都按照其票面价值进行累积计算，盗窃的分级本身就会对金额增长的量刑存在酌减，所以这就忽略了整体的损害究竟是由一起盗窃造成的还是由数起盗窃造成的。

此外还有其他的假设可以为数罪量刑提供其他的模式。即应当先进行研究，然后根据研究结果再来提炼理论。这里共设置了两组场景，在攻击案例的核心场景中，行为人被同事或者以前的同事所激怒然后回到办公室，拿着棒球棒把同事打成骨折。在盗窃案例的核心场景中，盗贼在现场一直等到四下无人(之所以等待是为了希望没人干扰，避免使用暴力)从加油站偷了一桶 55 加仑的汽油准备转卖，又或者该盗贼从若干个加油站盗窃了若干桶汽油。

为了研究时间间隔对于数罪的认定和量刑会产生什么影响，若干场景包含了行为人攻击数人或盗窃数桶汽油的情况，其时间间隔要么没有、要么 2 周、要么 2 年。

对于时间间隔对于数罪的认定和量刑会产生什么影响的研究调查，在提炼结论方面似乎有些困难。唯一可以明确归纳出来的结论就是没有被试者认为可以不用承担责任，而且只有极少数人认为可以免于处罚，盗窃案件几乎都是这种情况。

首先，攻击行为的量刑始终高于盗窃，与预期的一样，这一结果与直觉和立法都一致，因为侵犯人身犯罪总体上要比侵犯财产犯罪更加严重。

其次，犯罪次数越多责任越重，但是这种增长并不是线性的，其增长幅度会逐渐减缓。

再次，研究结果并没有认可《美国联邦量刑指南》的相加原则。根据指南，

① 《美国联邦量刑指南》§ 3D1.3(b)。

盗窃罪是可以相加的，而人身攻击则不可以。所以盗窃罪的责任会随着责任的相加而得到一定的抵扣，每次偷一桶油的刑罚不应该超过一次偷两桶油。但从被试者对窃贼量刑的迅速上升来看，被试者并不遵循这一规则。未来研究应该对比从不同 X 个加油站每次盗窃一桶油和从一个加油站一次盗窃 N 桶油有什么区别。

而盗窃与攻击相比其增长并没有那么猛烈，这有可能是因为在被试者看来，如果第一次窃贼的盗窃是因为冲动或者其他原因，那么后面的盗窃就只是一种预先计算设定好的盗窃意愿的延续而已。

然后我们来看时间间隔对于被试者的量刑模式所产生的影响。实验结果表明时间间隔会对责任产生影响，时间间隔越长，各起犯罪的独立性就越强，各自的量刑也就越重，统计检测证实了这一点。但是也需要注意的是，时间间隔所产生的影响并没有那么显著。被试者对于时间间隔较长的犯罪所给出的责任也只是稍有升高而已。这也有可能是因为间隔时间越长，犯罪的独立性越强，因此被试者觉得其量刑应当独立进行而不需要考虑此前犯罪的递增效应。所以对于这一研究结果的最佳表述就是：数罪时间间隔增加会对责任有轻微的增加。

所以正如一系列人类归因认知研究所昭示的一样，人类都是通过他人行为的相关信息来推导出其背后的目的动机，被试者也是如此。①所以在这里，如果行为人对于该行为只实施了一次，那么其解释会有很多可能，诸如环境压力等。窃贼盗窃汽油可能是出于巨大压力，比如孩子生病急需用钱治疗；行为人攻击他人也有可能是因为此前受到了同事的骚扰。但是如果行为人在不同场合多次实施同一行为，那么我们就会认为他的行为就是蓄意的，偷东西可能就是窃贼，打人者可能就是有暴力倾向。数据所反映出的规律是时间间隔表明行为发生的两个场合是相互独立、相互区别的不同场合。

综上所述，被试者的反应确实如社会直觉一致，与《美国联邦量刑指南》中的一般非叠加规则相一致。对于两起犯罪，被试者的量刑会高于一起，但低于两起之和。他们所遵循的不是先后执行的相加规则，也不是同时执行的不增加规则。被试者的量刑规律与此前研究的发现是一致的：他们遵循的是刑罚乃是基于犯罪所引起的损害的理念。行为人违反社会通行规则的意愿乃是刑罚的一部分，但是这一因素其实早已在此前的量刑中得到体现。

---

① Edward Jones & Keith Davis, From Acts to Dispositions: The Attribution Process in Person Perception, in 2 Advances in Experimental Social Psychology (Academic Press 1965); Harold H.Kelley, Attribution Theory in Social Psychology, in 15 Nebraska Symposium on Motivation (D.Levine ed., University of Nebraska Press 1967).

研究显示被试者并不认可联邦量刑指南中的相加规则。按照联邦量刑指南的规则，盗窃属于可叠加犯罪，所以多起犯罪的盗窃金额相加可以视为一起总额相当的盗窃，但事实上被试者对第二起盗窃给出的量刑要明显大于量刑指南的规定。被试者与联邦量刑指南的区别还表现在人身犯罪方面，尽管被试者本身对攻击和盗窃的量刑也存在差异，但这种细微的差异并不足以证明被试者对二者的量刑观念存在区别。

未来研究需要关注的是设置一组条件来判定被试者是否会从一种量刑模式转向另一种量刑模式，前者即现在的量刑增加但增幅递减，后者则将惯犯的概念考虑在内。后者可以适用于行为人重复此前犯罪的场合，那么此时"心理学上的逻辑"就是此前刑罚没有对犯罪形成有效抑制，那么这次的量刑应该更重才对。当然还有一种逻辑就是，因为行为人此前已经被制裁过一次，那么再次犯罪就是对刑法权威的再次挑衅，所以量刑也要加重。（此处被试者采用的是报应观念。）最后还有一种逻辑就是：如果行为人此前实施过某种犯罪，那么过了一段时间，他再次实施这种犯罪的几率与普通人相比应该是更高的，通过这种思路我们也可以窥探到被试者量刑的规律。这种情况下被试者可能考虑的是刑罚的剥夺方面，如果行为人可能继续实施犯罪，那么就应该将其监禁起来。

第六节　结论

本章若干研究显示，被试者对于犯罪不同变量的分级与立法之间存在差异。例如在性犯罪中，被试者只针对强迫发生性行为这一要件，至于行为人和被害人之间此前是否存在各种关系在所不问，而立法对于性犯罪的分级则将大量先在关系考虑在内。至于"重罪谋杀规则"，被试者更加倾向于采用"重罪误杀规则"，并兼采共犯减轻的一般原理。所以当我们面对公众与立法的分歧时，对公众判断背后的原理进行分析是很有帮助的，对于立法背后的原理也应当这样来理解。

总之，被试者与立法一样会在总体上对犯罪进行分级。被试者会对性犯罪进行明确的分级，只不过采用了与立法不同的分级方式。有趣的是，在重罪谋杀的案例中，也许是出于政策考虑，立法特别强调反对在重罪谋杀内部进行分级而要将所有案例视为谋杀，而被试者则明确表示应当对重罪谋杀内部再进行分级，如果行为人对于导致死亡结果的距离越远，那么他的量刑也就越轻。与此相类似的还有因果关系研究中，被试者根据行为人对造成死亡的因果关系的不同而对杀人案件进行了不同的分类，尤其是那些企图杀人但是未遂的案件，其量刑明显减轻。所以犯罪分级无论在被试者还是立法者眼中都是一种基本而且科学的立法功能。

不过需要注意的是，被试者对犯罪的分级与立法对犯罪的分级是在不同的情况下进行的。立法更加倾向于二分法：一次失败的攻击虽然没有杀死某人但某人最后因为一连串其他的事件最终导致死亡，如果该攻击与死亡的因果关系够近那么就是谋杀既遂，如果不够近就是谋杀未遂。相比之下，被试者的判断乃是一个连续体：这种实施攻击行为以后又因为其他事件介入导致他人死亡的责任位于谋杀既遂和未遂之间，低于前者而高于后者。

还有一个值得注意的问题就是立法具有一种倾向，包括《模范刑法典》在内，对于犯罪分级种类过少，这与被试者的精准判断显然不同。《模范刑法典》提供了五级分级方法，而很多地区已经建立了比五级更多的分级方法，但即使如此，即使是七级、八级的分级方法还是无法与被试者量化的分级方法那样精细。现行立法的这种分级体制的缺陷在于即使它能够对特定的加重或者减轻要素进行识别，但是它每次加重或者减轻都有可能出现加得太多或者加得不够、减得太多或者减得不够的情况。例如被试者也同意《模范刑法典》的做法，如果此前没有性关系那么强奸的责任要加重，但法典对两种案件的区分导致结果天差地别，而在被试者看来这种差别要小得多。

数罪的量刑也为现有的法律规定带来了结构上的挑战。当前，数罪的量刑要么遵循同时执行的原则，要么遵循先后执行原则。而被试者对于后续追加犯罪的量刑一般介于二者之间，大于一罪而小于两罪之和，而继续追加的犯罪也都遵循这一规律。这与《美国联邦量刑指南》量刑规则之一十分契合，未来也有必要按照这一规则对立法进行修改。

第十七章

法律规定与公众观念的异同

第十二章至十六章就公众对于正义的判断作了诸多讨论，其中包括有关责任和刑罚的诸多问题，以及公众观念与法律规定的对比。下文第一节主要讨论刑法与公众观念一致之处，而第二节则主要讨论刑法与公众观念相冲突的地方，并再次重申第七章中提到的有关现有犯罪控制模式法律规定的观点，然后以第八章提出的“报应的功效”为基础，对法律规定与大众直觉的冲突进行深入解读。

第三节解释了公众与法律在责任判断上不仅是结果不同，其路径同样有异。例如刑法对于刑事责任经常采取的两分法，而公众则将责任问题视为一个连通的区间。这就意味着法律的标准定义是为了区分有无，要么承担全部责任，要么不用承担责任；而被试者对各种要素的关注是为了区分增减，要么加重责任，要么减轻责任。

第四节针对被试者在实验中经常采用的“承担责任但免于处罚”选项进行了重点关注。这一特殊选项的普遍使用能够让我们对公众正义判断的深层逻辑作一管窥。

第五节讨论了陪审团制度对于本书研究之间是否存在关联。显然，由陪审员进行裁判可以让法官和律师更加熟悉非专业人士的司法判断。难道大家不想了解陪审员裁判背后的动机吗？而人们有时会更加关注，陪审员选择忽视法律的能力（将相关法律视为不相关的）对于法律与公众冲突的反映。但研究显示，立法规定要正确才是至关重要的。尽管陪审团知道自己有权忽略法律，当然他们也并不会经常如此，他们还是愿意遵循法律规定来作出自己的判断，毕竟他们是宣了誓的。当然，绝大部分的刑事案件并不需要陪审团来裁判。

第一节　法律与公众的一致

第十二章到十六章的研究结论显示现行立法在很多方面都能够体现大众

观念，其中包括若干刑法赖以建立的基础原则。其中原则之一就是刑事责任的程度应当与行为人违反法律之罪过的严重程度相符合，而被试者对于这一原则表示了认同。研究显示，被试者对于行为人的量刑始终与行为人的罪过程度保持一致，从疏忽一直到故意。这一现象在罪过要件研究中尤为明显，而在其他章节也有体现。

同样被试者对于法律所采纳的各种出罪理由也表示了认可。例如行为人因为精神疾病所导致的重度异常就可以作为出罪的理由，即使是最为严重的犯罪。除此之外，本研究还发现了一系列对于行为正当化的支持依据。如果行为人的行为符合法律承认的若干正当化理由之一，其原本违法的行为可以不受惩罚。

研究还为现行立法的很多方面，包括一些饱受评论家批评的方面提供了印证。例如在实施重罪过程中导致他人死亡在被试者看来确实比在其他场合导致死亡要更加严重。由于疏忽导致麻醉状态并在麻醉状态下实施犯罪的，在被试者看来是可以处以刑事责任的。被试者还与现行法律一样对认知失常和控制失常的出罪理由表示了认可。

■ 第二节　法律与公众的分歧

尽管法律与公众表现出诸多一致，它们之间分歧也不在少数。那么这些差别在总体上应该如何描述呢？刑罚应该如何修改才能符合这些公众观念？

实证研究显示许多现行法律所参考的因素并不在公众对于可归责性的考虑之内。例如有关性犯罪的研究就显示，20 世纪 50 年代起草的《模范刑法典》在很多场合已经无法准确反映社会公众观念。与未成年人的合意性交在被试者看来已经不再像《模范刑法典》看起来那么严重；法典会因为该未成年人此前具有性乱交行为而对行为人予以从轻处理，但被试者并不这么认为；法典会因为双方存在社交关系而对行为人予以从轻处理，但被试者也不这么认为。在被试者看来，只要性行为违背了女性意志，无论此前是否存在任何社交关系都不足以作为从轻的理由。事实上很多州的立法已经根据这种观念的转变作出了改变，配偶已经不再是强奸的免责理由，社交关系也不再作为从轻理由。

研究还显示公众观念会对法律的责任评估产生影响。在罪过要件的研究中我们发现，由于行为人的罪过超过了最低限度，被试者给出的责任裁定显著上升。针对同一行为，随着行为人的罪过从疏忽发展到故意，被试者给出的量刑也随之加重。而除了杀人案件以及其他少数几种案件以外，刑法对于绝大部分犯罪的规定只有一个等级，对应一种罪过形式，通常是大意。如果法律想要反映大众观念，那么有关罪过的研究表明一种犯罪应该根据罪过形式分为若干等级。更具体而言，立法者应当根据行为人的罪过形式对犯罪再规定加重等级，而不能仅仅采用大意一种等级来进行。

实证研究不仅有能力判断哪些要件是成立犯罪额外需要的，还有能力对这些罪行进行描述，甚至还可以确定不同罪行所对应的不同罪过形式。关于罪过的实证研究显示被试者对于罪过形式的最低限度以及罪过形式加重导致责任加重的程度等问题有着独到的见解。请注意这一判断乃是一个非常复杂的问题，要对不同要件的罪过形式作出判断，要区分核心要件和附带要件，不同的罪过形式会具有不同的效果。

除此以外，实证研究还可以为犯罪提供替代性的罪状表述或者为犯罪提供新的罪状表述和判断标准。在有关企图犯罪（犯罪未遂）的研究中，《模范刑法典》关于企图犯罪客观要件的规定就受到了挑战。尽管立法一般认为只要行为人采取了犯罪的实质步骤就可以认定构成企图犯罪，但77%的被试者认为此处不应该处以刑罚。恰恰相反，被试者更加倾向于采用古老的普通法系传统关于企图犯罪的认定规则。法律与公众的分歧不仅是一个有趣的话题，更会引发刑事政策的大讨论。而从目前有关刑事立法的担忧来看，法律确实将犯罪化的防线在逐渐提前。为了保护法律道德权威，立法者必须对这种情况进行充分细致的说明，为什么公众对于成立犯罪的要求那么高，而法律要把成立犯罪的要求降低。

如前文所示，研究显示公众对于在实施重罪过程中发生的杀人行为要比一般情况下发生的杀人行为给予更为严重的处罚，这一点公众与法律是一致的。但即使如此，研究表明公众的这种观念与传统的重罪谋杀规则还是存在出入。不仅学者对重罪谋杀规则进行了批判，上述研究也使得这一规则的政治前途晦暗不明。例如在抢劫过程中意外杀害他人的情况，按照现行法律的重罪谋杀规则应当追究故意杀人的刑事责任，而在被试者看来这种情况的责任应当小于过失杀人。此外还存在很多这种不被接受的法律规定，这意味着这些规定都应当进行修改。很多情况下，被试者都不认可这种规则，抢劫过程中出现他人死亡，抢劫犯就要定谋杀罪？如果是银行保安射杀了其他劫匪呢？显然重罪谋杀规则在很多场合显得十分牵强。

根据公众观念对立法规则进行重构是可行的。重罪谋杀规则可以保留，但是应当限制在行为人及其共犯的行为所导致的范围内，之所以将共犯也纳入其中主要是考虑到犯罪行为的参与者都应当对犯罪结果承担一定程度的责任。可能有人会提议采取一种规则来替代重罪谋杀，这种规则可以称作证据推定，《模范刑法典》采纳了这一规则，但很多州对此表示拒绝。采用这一规则的话，如果在一起重罪发生过程中出现了死亡，那么行为人就被推定为对于该死亡具有罪过，至少为大意，因为行为人“在当时环境下对人类生命价值表现出了极大漠视”，应当追究其谋杀的责任，而作为被告方则可以对这一推定进行反证，辩方可以举证证明行为人的行为并没有出现大意，或者行为人并没有对人类生命价值表现出漠视。

实证研究的另一个用途就是可以确定或者调整犯罪等级划分。如果重罪谋杀规则无法废除或者无法调整，那么至少应该对其责任等级有所降低。重罪谋杀规则（故意杀人）太重了，重罪误杀规则（过失杀人）似乎更合理一些。

有关企图犯罪（犯罪未遂）的研究向我们展示了关于犯罪分级的更为基本的问题。部分立法，对于犯罪既遂和犯罪未遂规定了同样的责任，包括《模范刑法典》在内；[①]当然绝大部分立法都对企图犯罪（犯罪未遂）的责任作出了从轻处理。被试者的判断与绝大部分立法相一致。[②]如果行为导致现实损害，是否应当增加责任？长久以来相关文献对于人类直觉这一问题的问答存在诸多争议，而上述研究对这一问题作出了一定的回答。[③]研究证明危害结果的实现确实会增加人们对于应得惩罚的预期，即使部分情况下行为人在危害结果实现以后再进行事后补救也无济于事。这一证据对于立法表述以及犯罪分级包括共犯责任都有重要意义。这意味着立法明确区分了现实危害是否发生的不同场景并对其中现实危害发生给予更为严重的处罚。

研究还显示出公众观念与法律规定对正当化理由中的认识错误问题的态度差异。在被试者看来，如果认识错误作为正当化理由不能完全出罪，那么至少应当可以从轻处理。关于这一问题本书第二十章会有更为深入的讨论。

行为正当化的领域乃是法律与公众观念冲突的一个重点区域。我们可以回忆一下在保护自己、保护财产、抓捕罪犯过程中公众认可的使用武力的程度。这几个问题的共同之处在于公民自行维护法律的行为可以达到哪种程度。而研究显示被试者允许公民使用武力的程度、允许公民使用武力的场合都要远远超过现有法律规定的范围。

---

① 《模范刑法典》5.05(1)。

② 参见第十二章第二节企图犯罪的客观要件。

③ 对比 John H. Mansfield, Comment, Hart and Honore, Causation in the Law, 17 Vand. L. Rev. 488(1964), with Stephen J. Schulhofer, Harm and Punishment, 122 U. Pa. L. Rev. 1497(1974)。

对于这一问题可能存在以下几种可能的解释。首先，在很多人看来刑事司法体制正在逐渐失去作用，无法保证其作为社会契约的一方的地位，无法顺利抓捕罪犯、无法成功对其进行定罪量刑。如果这一情况属实，那么这是否意味着人们就更愿意回到一种私力救济的状态，每个人都可以采取任何必要措施来保护自己的人身或者财产？由于上述情况确实存在，所以立法者会面临一系列很复杂的问题。到底人们对于刑事司法系统失效的感受有多深？好像要回答防卫行为允许使用的武力限度之前要先回答这个问题才对。如果上述情况确实存在，那么行为人即使使用了不必要或者不成比例的武力，也只需要承担非常轻微的刑罚即可。所以问题的关键还是在于被试者是否认为自己的社会正在经历一个犯罪危机。人们会觉得警察本来就已经不堪重负，他们不会劳神费力去抓小偷小摸，法院也不会对这些案件作出特别认真的对待。所以人们会认为，对小偷的惩罚只可能来自失主，所以犯罪的被害人就被赋予了惩罚犯罪人的权力。

其次还有一种可能，对于合理使用防卫武力这一问题，公众和法律采用的乃是截然不同的两套判断标准。在很多情况下，法律对被害人的要求过于繁琐，被害人要考虑一系列的复杂问题，进行一系列的思考和计算，侵害人究竟要做什么？能够抵御侵害的武力的最低限度是多少？在大众看来，让一个正在受到攻击的人在一个迅速发生、受到惊吓的场合作出这么精确的判断显然是强人所难。

上述事例证明被试者认为法律应当对特定的行为予以免责或者减轻处罚。但是在另一些场合，被试者似乎认为应当对一些行为进行犯罪化或者加重其处罚。研究显示部分场合应当增设新的罪名或者对原有罪名的适用范围进行扩张。针对不作为的研究显示，80%的被试者认为如果行为人在实施救助不会对自己造成危险的情况下而没有进行救助的应当受到惩罚。而现行立法并没有规定该种救助义务，所以无论救助是否造成任何不便，法律都不会对没有救助进行惩罚。

第三节　二元论与分类论：刑法制定的合法性和规范性

研究显示公众的责任评估过程和法律对这一问题的概念界定走的是完全不同的两条道路。在很多情况下，立法将某一要素作为责任有无的分水岭，而在被试者看来这一要素的功能则应当是对责任和量刑进行加重或者减轻。例如很多立法规定共犯承担全部责任，而在被试者看来共犯的罪责显然应当要小于主犯才对。还有一类减轻责任的案例是不作为。尽管现行立法认为不作为的责任与实质犯罪的责任基本相同，而被试者则普遍认为在行为人可以采取作为形式实施犯罪的情况下，其不作为的责任应当从轻处理。从直觉上看，公众的观念有时比法律规定更加合理。在不予施救的案件中，没有救助义务的行为人不进行救助的，法律不进行任何惩罚，这似乎过于轻纵；而有救助义务的行为人如果没有实施救助，法律就追究相当于故意杀人或者过失杀人的责任，这又似乎过于苛刻。

有关企图犯罪行为的定义和分级同样反映了法律与公众之间的这种差距。法律在犯罪准备和犯罪实施之间确定一个分界点来区分不同的责任。而被试者的看法是，行为人离实施犯罪越近责任越重。

现行法律的一个严重的缺陷就在于其普遍采用两分法。现行立法判断责任的方法过于简单粗暴，要么有要么没有。而在被试者看来，这应当是一个逐级递增的连续体。所以责任判断和刑罚裁量更多的应该是一个或增或减的问题，而不是一个纯有纯无的问题。

可能有人会马上认为这只不过反映了刑事立法的现实局限性，但也只是在责任和分级规则部分，仅此而已。事实上，法律很多时候是会对被试者们所主张的内容进行考虑的。但很多时候法律对于这些问题的考虑结果与公众感受相去甚远，例如根据行为人的罪过来确定其责任等级。法律的责任谱系并非是一个线性连续存在，而是将所有的罪过分为四个大类。但回过头来看，这种四分法其实也能够体现其连续性，只不过更加简单实用而已，当然也相对粗糙一些。

而在更多的场合，现行立法并没有能够采用被试者在实验中所表现出的那种连续性量化判断，而这些场合正是法律可以哪怕至少朝着连续量化判断进行努力的场合，比如犯罪等级划分。以共犯为例，被试者不仅就认为共犯应当从轻处理，而且其从轻幅度应当根据共犯在犯罪中所承担的作用来进行裁量，而现行立法则连共犯从轻的规定都没有。以不作为为例，被试者认为责任程度应当根据行为人施救所要承担的不便甚至危险的程度来判断。以因果关系为例，被试者认为责任程度应当根据行为与结果之间联系的紧密程度来进行判断，而法律则设定了一个行为与结果之间最大距离容忍值的上限，只要行为和结果的关系距离不超过这个上限，那么行为人就应当负全部责任。

当然，刑事立法显然无法把诸多要素都进行连续量化，这个工作量太大。但是要让立法首先承认这些要素对于责任判断会产生影响，这个要求并不过分。那么只要承认会产生影响，把这些要素按照对于责任所产生的或增或减的效果进行一个初步的量化分类显然也是可行的。现代刑事立法对于危害和罪过的规定都采用了类似的方法，而更多要素的量化也可以采用类似的方法。刑法的任务是为刑罚种类提供一个区间，而即使这样一种相对简略的连续量化也已经能够实现这一点。而更多更精细的区分则可以在量刑阶段实现。

那么把所有的区分都留到量刑阶段不行吗？不行。当这一工作在立法阶段就可以得到有效完成的情况下，对相关要素进行初步分类的做法并不应当放到量刑阶段。除此之外，还会涉及很多其他的问题：首先，从原则上看，这是罪刑法定原则的要求，也是现代法律关于正当程序的要求。决定刑事责任的相关要素应当在立法中明确规定，如此陪审团才可以根据法律规则的指引对案件进行审判。把上述工作放到量刑阶段违反了罪刑法定原则的要求，违反了陪审团审判的机制，违反了正当程序的法理。其次，从现实层面来看，陪审员在对案件进行裁判时还是严格遵守法律规则指引的，如果判决不符合刑法种类的一般区间会导致陪审团的不满和抵制。

第四节　承担刑事责任但免予刑罚处罚

在很多研究中，被试者都会作出“承担刑事责任但免予刑罚处罚”的决定，例如行为人有意实施犯罪但其行为并没有达到足够的危险程度，又如行为人符合某一犯罪的客观要件但缺乏主观罪过，又如行为人因为危险而没有实施救助，又如行为人为了保护自己或者保护财产时不当使用致命武力，或者为了保护财产而不当使用武力，或者在抓捕过程中使用了过度武力，等等。

被试者的这种做法乍看似乎非常奇怪。既然行为人的行为在被试者看来已经严重到应当判处刑事责任的地步，那么为什么又免除其刑罚呢？一种解释是被试者希望表达他们对行为人行为的否定，但又觉得还不足以对行为人进行惩罚。曾几何时在学者们看来刑法的功能就是对犯罪行为进行威慑，如果我们采用这种观点，那么被试者的做法似乎毫无意义。责任的判断意味着威慑性的惩罚是合情合理的，但是有责又不罚似乎就有点自相矛盾了。但如果我们换一种思维，刑法的功能不仅仅是威慑，而是具有双重身份，一方面对适当行为进行昭示，一方面对违法行为进行调整，更进一步而言将报应作为量刑的首要考虑因素，那么这种“行为不当，免于处罚”的裁判结果就会显得合情合理。这种情况背后所蕴含的乃是被试者试图调和法律内部冲突的一种机制：向后看是对行为人过去的违法行为的可归责性进行裁判，而向前看则是通过对行为是否适当进行裁判从而向社会传递信息。

需要注意的是“承担刑事责任但免于刑事处罚”的裁判所针对的场合中，行为人的行为尽管没有那么严重但其是否恰当总是存在争议。比如在不作为的案例中，针对行为人对于落水者不予施救的行为，被试者往往会选择承担有责而不罚的裁判。这里被试者想要的意思似乎就是：行为人不予施救是不对的，但要因此把他抓去坐牢似乎又有点过了。所以这里被试者所采用的乃是法律的谴责功能，因为在普通人看来法律对于公民是具有道德指引作用的。他们并不觉得当时情况下的行为人应当受到惩罚，他们只想表达这种行为在道德上是不恰当的。所以通过这种做法我们发现被试者表达了一个非常重要的观点：法律在国家的公民看来是具有道德强制力的，而这种道德强制力与法律的现实强制力是相互独立、并行不悖的。

但是，在此类案件中科处刑事责任从某种角度来说也是一种刑事判决功能的滥用。如果行为人的行为并不具有足够的罪责，那么为什么要承受刑事判决的谴责？刑法的有限选项中为我们提供了可能的答案。一方面，如果行为人的行为是刑事违法，那么只能通过刑事判决来进行否定，除此以外并无他法。另一方面，科处责任的目的是对行为人进行责备，但又不需要对该责备承担任何连带责任。所以有责而无罚似乎是该种情况下一种很好的折中选择。

最后需要强调的是，承担刑事责任但免于刑事处罚这一选项只能够说是一种折中和妥协，而并非被试者或者陪审员的准确表达。事实是，尽管行为人没有受到惩罚，但刑事责任依然具有羞辱性。所以这种做法不仅对于行为人而言不甚公平，对于被试者和陪审员而言同样会损害刑法的有效实施。如果法律的任务是实现正义的话，那么对一个不足以责备的人定罪的做法就违背了这一职责。而免于处罚的做法只不过减少了其中的不公而已。而在现实中，当陪审团作出有罪判决之后，他们也没有办法控制法官是否给出量刑。

因为刑法具有两项至关重要但又相互区别的功能，不同的功能又有着不同的要求，所以才导致这种两难情境的出现，导致我们不得不作出一定的妥协。这两大功能分别是事先对于行为规则进行宣告的指引功能和事后对违反规则的罪责进行评估的裁判功能，而这两个功能之间此消彼长。指引功能为多数人群提供了行为指导，告诉他们什么能做、什么不能做、什么必须做。裁判功能(事后)则为裁判者评估违法行为进行指导，这些裁判者包括检察官、法官、陪审团。当某一条文要同时实现上述两种功能时，必然导致其中一种功能被贬损。在这种情况下，如果行为人被定罪是为了向社会传递否定其行为的信号，那么刑法的行为指引功能得到了满足，但它的裁判功能则受到了贬损，反之亦然。①

① See Paul H.Robinson, Rules of Conduct and Principles of Adjudication, 57 U.Chi. L.Rev. 729(1990).

要解决被试者的两难处境和法律的不公就应当允许被试者在否定行为人行为的同时而不用对其进行谴责。这就要求审判裁定可以对两种无罪进行区分,一种是基于对行为表示认可的无罪,另一种是基于行为不当但却无需责备的无罪。这种做法意味着将判决分为三个种类:没有违法(no violation)、无咎违法(blameless violation)、有罪违法(guilty)。

第五节　法律与社会的分歧之弥合者:陪审团

有没有可能我们对于法律与公众对比的精心观察其实没有找到焦点?可能会有人提出上述问题对法律体系进行了曲解,而且忽略了陪审团的存在,因为陪审团本身就是为了解决机械适用法律可能导致违反公众标准而存在的。众所周知,陪审团经常会作出有别于法律严格规定的裁决,比如裁定某人无罪或裁定其成立较轻的犯罪从而获得较轻的刑罚。

伯恩哈德·格茨(Bernhard Goetz)的案例颇有教育意义,此人在纽约乘坐地铁时觉得有几个人可能要对他实施抢劫于是朝那几个人开了枪,他当时被四个黑人团团围住,他们分别是达雷尔·凯贝(Darell Cabey)、巴里·艾伦(Barry Allen)、特洛伊·坎提(Troy Canty)、詹姆斯·兰瑟(James Ramseur),这四个人都是高中辍学生,而且都有犯罪前科。他们当时的举动非常具有侵略性,结果导致该车厢的15—20多名乘客都躲到车厢的另一头离他们远远的。坎提和艾伦跟格茨索要5美元,然后一人还把手伸进口袋想要掏什么,口袋看起来鼓鼓囊囊的,后来调查证明该人口袋里放了一把打磨过的螺丝刀。格茨假装没有听清,让他们再说一遍,就在两人重复要求的时候,格茨迅速掏出手枪朝这四个人射击,并且至少每人都被击中一次。格茨看到凯贝坐在驾驶室旁边后说:"你好像看起来还行,再来一个。"然后朝凯贝又补了一枪。坎提、艾伦、兰瑟的枪伤最后都得到治愈并逐渐恢复,但凯贝的枪伤却使其瘫痪并带有大脑损伤。陪审团最后裁定格茨无罪,但显然格茨的行为违反了正当防卫的法律。与此相似的是,长期遭受丈夫虐待的妇女如果杀死了自己的丈夫也经常被陪审团裁定无罪,但她们的行为显然都违反了正当防卫的法律。

当然在盎格鲁-撒克逊法律传统中,陪审团可以对法律进行所谓"陪审团忽略"(jury nullification),即陪审团可以不顾法律严格规定而作出裁判。这一做法虽然并不受到鼓励,但也并不受到禁止。但从历史上看陪审团不会总是偏离法律规定进行裁判。在陪审团出现的早期,曾经有市政首脑因为对陪审团的判决不满而将陪审员投入监狱的事情发生。所以在后来,陪审团制度出现了陪审员免责的规定,以防止对陪审员裁决进行惩罚性的事后追责。所以这就给了陪审团以机会，按照法律规定有罪的被告可以判决无罪，而根据法律规定可能无罪的但并不受人欢迎的被告可以判决有罪。有趣的是格林(Green)在12世纪对陪审团审议的研究中发现，即使行为并不符合当时法律对于正当防卫的严格要求，但主要在陪审团看来该攻击或杀人行为是处于正当防卫的，陪审员就会选择忽略法律来判定该被告无罪。

当时的法律与现在的差别也并非十分显著，也要求在这种场合下侵害必须是紧迫的，也不具有退让的可能性。如果加害人和被害人发生搏斗，而加害人受伤的部位不在正面而在侧面或者背部，那么被害人的正当防卫的主张就会受到质疑，因为加害人受伤的部位暗示打斗可能并非面对面进行或者在一个空旷的场所进行，而这些情况都表明被害人可以选择躲避。法医的报告往往都会表明这些尴尬的情况确实存在。但在陪审团审议的过程中，法医报告里的那些位于侧面或者背部的伤口都会"移到正面"来，而所谓的空旷地带也变得沟壑纵横、障碍密布，总之就是被害人当时无处可逃。①陪审团忽略法律的机械性规定这事早在12世纪就有，20世纪还有，毋庸置疑，其间的八个世纪也有。通过这种做法，陪审团将公众标准带到了司法领域，而该领域最初的设计并没有为公众标准提供任何显著地位。

但是依靠陪审团忽略法律的做法来弥合法律与公众之间的分歧似乎并不是一种有效的裁判机制。首先，这种做法并不能够保持不同案件的公平正义都得到实现。一个知道自己有此权力的陪审团可能这么做了，另一个不知道自己有此权力或者被法庭权威所震慑的陪审团可能就没有这么做。然后两名被告，一个锒铛入狱，一个无罪释放。法律与公众的分歧变成了两个个体命运的差异，而这一结果只会让人民感受到法律的不公。

其次，如前文讨论过的，法律将一些人们在道德上可以接受的行为规定为犯罪，陪审团对于这些行为在极少数情况下还是会给予无罪处理，这就意味着这种法律规定损害了人们对于司法体制的尊重，所以也会损害司法体制的道德可信赖性。

再次，如格林所指出的，如果陪审团系统性地对法律的某种功能作出保留，这反而阻碍了法律向着更好的方向进行修订的可能。最严重的情况就是他们绕过法律作出判决。

更进一步而言，陪审团忽略的能力之所以有效是因为他们判断责任的权力在增长。陪审团的权力只能朝着一个方向运行，他们只能把被告人的刑种

① Thomas Andrew Green Verdict According to Conscience (University of Chicago Press 1985).

降到最低，但他们却没有办法保证法官不对他们的判决作出最高的量刑。最后需要说明的是，很多与公众观念存在冲突的法律规定都在量刑指南体系中得到了体现。此前提到的量刑没有酌减或者简单二分法等问题在联邦量刑指南中依然存在。尽管量刑法官可能和陪审团一样都希望偏离法律的规定来作出裁判，但这一可能却会因为量刑规则的严格规定而被再次抹杀。①所以基于以上所有原因，公众标准与其在司法阶段倒不如在立法阶段将其直接纳入法律中去。

① 量刑体系如何更好地反应公众观念，参见 Paul H.Robinson，A Sentencing System for the 21st Century?，66 Tex. L.Rev.1(1987)。

DSBF 第四部分

非专业性司法判断的实证研究及其法律和政策启示

第三部分的内容展示非专业性司法判断的实证研究，借助该部分研究我们可以用来理解第二部分关于刑法规则的制定理由。刑法的立法者可以借助这些研究以及与此相近的其他研究来保证立法能够体现公众观念。而在第四部分我们将会展示，关于外行司法判断的实证研究还可以具有其他用途，例如对责任判断规则的历史演变作出解释、对相互对立的刑法理论分析优劣、在司法自由裁量中提供引导，等等。

第十八章展示了犯罪性如何从普通法系传统下的客观概念逐渐转变为现代刑法下具有主观属性的概念。立法上的这种从客观到主观变化是否也反映了现代人对于刑事责任观念的变化？哪一种思维模式能够最好地反映现代公众观念？第十九章对敲诈勒索这一永远有趣的话题进行了分析，刑法学者提供了不下六种立法模式，而本研究将告诉读者哪种立法模式更加贴近普通大众的判断。第二十章对正当化辩护的相关概念进行了分析，对比了"需要说"和"理由说"的异同，并明确哪一种理论能够更好反映普通大众的观念。最后第二十一章对于曾经影响刑罚自由裁量的要素进行了分析来确定普通人的司法判断是否会对这些要素进行考虑，这些因素是否得到认可或者反对、程度如何？如果这些要素确实能够反映公众观念，那么是否应当将他们的采纳或者反对通过立法予以确认进而实现其现实适用的一致性。

我们的主要观点似乎无论是立法、理论或者政策分析都应当考虑外行的正义判断，根据第二章显示通过有效的研究可以对这一经验问题进行权威解答。本部分将要阐述的四个研究不仅表达了该研究所涉及的问题宽度和深度，更重要的是这些研究所采用的方法对于回答这些经验问题具有普遍的适用性。

第十八章

犯罪性观念的历史演变

要想回答有关刑法更为深层次的问题就必须要了解从普通法传统向现代刑法典过渡的过程中所发生的理论转变。这些改变是否存在特定的模式？是否存在一种理论能够解释为什么这些转变会在同一时间段内纷至沓来？有关犯罪化的理论是否也发生了潜在的转变？如果有的话，那么这一转变的性质到底如何？

第一节我们展示了理论变化的一种共生模式，反映了犯罪化的主导观念的转变，这一转变也被乔治·弗莱彻(George Fletcher)称为"犯罪性从传统主义向现代主义的转变"。弗莱彻的观点认为有关犯罪性的观念本质上是一种经验，理论转变所体现的乃是人们对于犯罪性的观念转变。第二节则用研究表明这一观点如何通过实验来证实。

第三节中存在的一项实证研究结果显示不同领域的理论变化确实存在一种共生模式，这与弗莱彻的判断是一致的。而与弗莱彻判断不一致的地方是，现代普通人群(外行)的观念并不符合弗莱彻所描述的现代主义观念。现代的普通人在进行责任判断时对犯罪性所采用的是主观主义的观点(用弗莱彻的话说就是现代主义观点)，而在进行犯罪分级判断时对犯罪性所采用的却是客观主义的观点(用弗莱彻的话说就是传统主义观点)。所以实证研究的结论表明观念的转变是不完全、不彻底的，于是形成了一种新旧观念并存的共生模式，人们在进行责任判断时采用的是主观主义观念，而在犯罪分级时采用的则是客观主义观念。

第一节　普通法系与现代法典犯罪化差异的模式

从普通法到现代法的转变，一个最简单的解释就是条件变化。随着社会联系不断发展，个人可以危害社会、危害制度、危害他人的方法也变得日趋多样。所以要制定新的罪名、调整旧的罪名来对这些新的危害行为进行规制。

例如现代刑事法律很多都有关于白领商业犯罪和有组织犯罪的规定，而这些规定在普通法传统中是不曾出现过的。此外还有一些现代刑事立法的改变只是出于让法律更加清晰合理的目的，例如罪刑法定原则。所以现代法典一般只对经常使用的术语进行解释，在罪状描述中仅列举有限的几种罪过形式，对正当防卫设置复杂的规定。而对于刑法学家而言，所有改变中最值得关注的便是有关"犯罪性"定义，这种改变会导致某种范式转换，这种转换所带来的不仅仅是形式和应用上的改变，更是法律根本性质的转变。

一、犯罪性观念从传统法向现代法的教义转换

下文将对有关犯罪化的不同观念进行比较分析。普通法允许共犯以主犯无罪为由进行辩护，如果主犯无罪（主犯可以因为缺乏主观罪过而无罪），那么共犯也可以躲过追责。①但是现代立法则并不认可这一辩护理由，现代立法认为共犯责任与主犯责任相互独立，共犯责任应当由共犯的行为、罪过及其在犯罪中所起的作用来决定，主犯的辩护理由并不适用于共犯。②

而在共谋的案件中，普通法认为犯罪合意是指二人以上同意犯罪。而这一同意不能仅由单方构成，不仅甲方要对乙方表示同意，乙方也必须对甲方表示同意才能够成立合意。③如果共谋犯罪中一方是警方卧底，那么该共谋就会因为缺乏另一方的同意而不能成立。而现代刑事立法基本放弃了认定共谋所需要的双边同意要件，只要同意就可以成立共谋。④

在企图犯罪中，普通法允许行为人以行为在当时情况下不可能完成（不能犯）为由进行辩护（类似于大陆法系不能犯的未遂）。在这种情况下如果某商品并非盗窃的赃物，但行为人误以为是而进行购买，该行为人并不会被追究购买赃物的责任。⑤而现代刑法则恰恰相反，否认不能犯作为所有未完成责任辩护理由的可能。所以依据这一观点，行为人的责任就要以行为人当时的主观认识为依据进行判断。⑥如果行为人当时认为购买的是赃物，那么他就会被追究刑事责任。

---

① Regina v. Richards,[1974] 1 QB 776(CA, Crim Div).

② 参见《模范刑法典》§ 2.06(7)；还可参见 Regina v. Cogan & Leak, [1976] 1 QB 217(CA, Crim Div)。

③ 参见 Archbold v State, 397 N.E.2d 1071(Ind. App. 1979)。

④ 参见《模范刑法典》§ 5.03(1)(a)&(b)； § 5.03 cmt. 398—402(1985)。另行参见 People v. Schwimmer, 66 A.D.2d 91, 411 N.Y.S.2d 922(1978), aff'd, 47 N.Y.2d 1004, 420 N.Y.S.2d 218, 394 N.E.2d 288(1979)。

⑤ People v. Jaffe, 185 N.Y.497, 78 N.E.169(1906).

⑥ 《模范刑法典》§ 5.01(1)(a)。

此外，同样是企图犯罪，普通法采取了若干标准来判断行为人的行为是否超出了犯罪预备而进入企图犯罪。这些标准的共同焦点都在于行为人距离完成犯罪有多接近。[1]而以《模范刑法典》为范本的现代立法则恰恰相反，以行为人距离开始犯罪走了多远来进行判断。一旦实施了犯罪的"实质步骤"(substantial step)，犯罪人的行为就已经达到了企图犯罪的要求。[2]让秘书打印一封信可能是一起精心策划的诈骗案的步骤之一，在普通法看来这种行为并不会构成企图犯罪，而根据现行立法则很可能已经满足了实质步骤的条件而构成企图犯罪。

通过这些例子我们可以注意到普通法的做法始终保持一致，即刑事责任的施加以犯罪行为的危害或者恶行存在现实危险为必要。所以普通法会要求企图犯罪应当具有完成犯罪的可能性、共谋犯罪的双方应当具有意思联络并达成犯罪合意。这种观念可以被称为犯罪性的客观标准，对于犯罪进行追究是因为它造成了伤害。这一标准所关注的乃是行为人的行为距离实质犯罪所导致的损害到底有多么接近。而对于那些危害或者邪恶仅存在于行为人思维之中的，如上文不能犯的案件，判处刑事责任是不合适的。这也是为什么普通法允许不能犯作为辩护理由的原因。

现代立法则恰恰相反，只要人们相信自己在实施犯罪，那么就应当受到惩罚。所以现代刑事立法所采用的犯罪性标准也可以称为主观主义标准，其关注焦点并不在于犯罪行为的现实危害，而在于行为人实施犯罪的主观恶性。主观主义标准并不要求行为接近实质伤害，主观主义标准关注的问题是行为人是否在犯罪道路上走得足够远，是否足以证明其已经形成完整且坚定的犯罪意图，所以才需要所谓"实质步骤"的概念。所以在这种情况下哪怕行为人的行为不可能实现，但它完全可以反映行为人想要实现这一行为的主观意图。

在决定犯罪的临近风险和现实发生之间何者更加重要时，普通法的客观主义标准和现代法的主观主义标准之间再次出现分歧。如果按照主观主义标准的逻辑继续推导，我们就会发现犯罪是否真的发生危害变得不再重要。如果刑事责任所关注的首要目标是行为人的主观罪过，那么行为人将要促成什

---

① Commonwealth v Peaslee, 177 Mass, 267, 59 NE 55, 57(1901).("[A] mere collection and preparation of materials in a room for the purpose of setting fire to them, unaccompanied by any present intent to set the fire, would be too remote.")(译者注：只是在房间里收集材料准备纵火，当时还不具有点火的意图，这种现象看起来略显遥远。)

② 《模范刑法典》§5.01(1)(c)。

么以及他的主观罪过的表达(以及行为人在实施犯罪时的罪过等级)才是事实中的重要部分。至于犯罪行为是否真的产生危害或者导致风险则并不会改变行为人的主观罪过。

而在客观主义标准看来,如果犯罪导致了现实危害则应当承担更为严重的刑罚,这才是对犯罪追诉的本意。尽管客观主义者也会认为对那些实施犯罪已经接近造成危害的行为人科以刑罚是有必要的,但显然客观主义者始终认为责任的加重应当以现实危害的发生为必要。

所以主观主义与客观主义的不同观念会导致刑法中对于犯罪分级的规则出现不同。以刑事责任的最低限度为例(起刑点),《模范刑法典》基本上采用了主观主义的观点。除了存在少数例外,《模范刑法典》基本认为犯罪的危害是否实际发生并不重要。行为人的责任是由通过其行为所表达的主观恶性所决定的。《模范刑法典》5.05(1)非常典型地表达了这一观点,该条将初步责任(未完成责任)规定为:

除本法另行规定以外,企图、教唆、共谋的等级和程度都应当认定为所企图、所教唆、所共谋的最为严重的犯罪。一级重罪(或者死罪)的企图、教唆、共谋应当认定为二级重罪。①

除了企图谋杀或者企图强奸以外,其他所有的企图犯罪,例如企图纵火、企图性侵都与该犯罪的完成形态同罪。而根据普通法客观主义标注的传统观点,未完成犯罪形态的责任显然要轻于犯罪的完成形态。②

《模范刑法典》关于共犯的条文规定,企图帮助他人犯罪没有得逞的成立共犯,需要承担实质责任,③也反映了《模范刑法典》的主观主义标准的分级理念。模范刑法典认为共犯是指行为人"同意、帮助或者企图帮助他人实施犯罪"④所以不完全同意或者企图帮助未遂或者教唆未遂都与实质犯罪定为同一等级。行为人哪怕只是同意在一旁看着他人纵火也会被定纵火罪,甚至哪怕当天他弄错了日期所以根本没有出现,但是因为他之前同意了,所以还是定纵火罪。这就意味着初步责任(未完成责任)并没有体现出初步(或未完成),而是与完成的实质犯罪一样。而根据普通法,帮助未遂的不构成共犯。⑤

---

① 《模范刑法典》§ 5.05(1)。

② James Fitzjames Stephens, A History of Criminal Law of England 224(1883),其中规定企图实施重罪(重罪未遂)属于轻罪。

③ 《模范刑法典》§ 2.06(1),(2),(3)(a)(ii)。

④ 《模范刑法典》§ 2.06(3)(a)(ii)。

⑤ James Fitzjames Stephens, A History of Criminal Law of England 224—347(1883).

二、犯罪性:客观主义与主观主义(传统主义与现代主义)

用最简单的话说,客观主义和主观主义对于犯罪性的区别就是:客观主义关注的乃是犯罪的客观危害,主观主义关注的乃是犯罪人的主观恶性。

当然这种标签会使一些细微差别被夸大。客观主义或者说危害结果观念在判处刑事责任时对犯罪危害的要求也不是那么客观。依照客观主义标准,犯罪的未完成形态也要承担刑事责任,同样,主观主义标准也不是那么主观,也不是一味强调主观恶性。单纯的犯罪意图显然不能构成犯罪,总是需要一些客观行为来证明行为人具有主观恶性,或者说将其主观恶性外化为行为才行。①尽管犯罪行为的现实危害对于主观主义而言并不重要,但该犯罪危害的性质或者犯罪风险的性质还是能够从侧面反映行为人的主观恶性。杀人的犯罪意图显然要比抢劫的犯罪意图更为严重。

乔治·弗莱彻(George Fletcher)也注意到了普通法和现代法的这种类似的区别,他将其称为"传统主义"和"现代主义"。②普通法所反映的乃是传统主义的客观主义观念,对犯罪追诉针对的是犯罪所导致的危害。而现代主义的观点则相反,更加关注行为人对于犯罪危害发生的主观罪过状态,至于犯罪危害是否真的发生在所不问。弗莱彻如此解释道:"传统主义的观点扎根于我们因为犯罪所遭受的苦难,现代主义则诉诸刑罚的理性和作用。抛开我们的感受,现代主义要求我们要把刑法关注的要素限制在对行为人进行控制的范围内。犯罪的危害不是行为人能够控制的,所以在犯罪定义和刑罚裁量中不需要得到体现。而这两派观点之间的紧张关系事实上影响到了我们刑事司法体制设计的方方面面。"③

我们可以回忆一下普通法和现代法对于最低限度的要求(起刑点)。几乎所有的普通法规则都反映了传统主义的观点。刑事责任的施加必须以犯罪导致现实危害或者相当危险为前提,企图犯罪必须具有完成犯罪的可能性,共谋犯罪的双方必须达成犯罪合意,从犯必须真正为主犯提供了帮助。如果潜在的危害或者恶行仅仅存在于行为人的思想之中,或者距离现实发生太过遥远,又或者仅仅是猜测其存在,那么在传统主义看来这些情况都不应当判处刑事责任。

---

① Paul H. Robinson, Should the Criminal Law Abandon the Actus Reus-Mens Rea Distinction?, in Criminal Law: Action, Value and Structure(S.Shute, J.Gardner, & J.Horder eds.)(Oxford, 1993).

②③ George P.Fletcher, A Crime of Self Defense: Bernhard Goetz and the Law on Trial 64(1988).

现代主义的主观主义标准则关注行为人实施犯罪导致危害的意图。这种情况下行为人不需要接近实质损害，他只要实施了指向犯罪危害发生方向的特定行为，即"实质步骤"就可以了，因为该行为已经足以反映他的犯罪意图。所以企图犯罪并不需要具有完成的可能性，只要行为人当时认为能够完成就可以了。共犯并不需要达成犯罪合意，只要一方认为自己同意就可以了。主犯也不需要真的实施犯罪，只要从犯认为他会实施于是提供帮助就可以了。

在弗莱彻看来，一个人要么是传统主义者要么是现代主义者。人们要么同意普通法的观点，认为刑事责任应当关注犯罪是否导致现实危害；要么同意现代法的观点，认为刑事责任应当关注主观恶性。尽管弗莱彻的这种分类是有道理的，但是这种分类依然落入了二分法的窠臼而未能免俗。他的观点错就错在他认为有关犯罪性的观点必须在这二者中选择其一。而事实上，在某些问题上持主观主义观点而在其他问题上持客观主义观点的可能是完全存在的。比如对于刑事责任的起点持主观主义观点而对刑事责任分级持客观主义观点就很符合情理。

其实普通人就是这样子的，只不过法律规定所走的乃是一条不寻常的道路。本研究对群体中的普通人群所认可的责任标准进行了实证研究。在公众看来，客观标准对于起刑点的要求过高，对于初步责任(未完成)的也是如此。而与此同时，主观主义的现代立法在犯罪分级问题上缺乏明确的标准，而且也忽视了现实危害的重要性。为了表明这一点，本章将会证明这一区别是至关重要的。

三、可以检验的经验问题

这里我们提到的分歧主要是指人们对于一些经验问题如何思考而产生的。而在社会科学研究方法的帮助下，我们可以通过收集数据分析数据来寻求真实的答案。上述讨论指出需要进行检验的经验问题主要包括以下几点：

1. 人们对于犯罪分级和起刑点设置采取的是普通法的客观主义观点还是现代法的主观主义观点？用弗莱彻的话来说就是，人们采用的是传统主义立场还是现代主义立场？

2. 人们立场是否一以贯之？这个问题的意思是对于不同场合的不同问题，人们是否都采取一种立场？或者人们的立场并非一成不变，他们会在不同的场合倾向于不同的观点和立场？

3. 如果人们并不是一成不变的传统主义者或者现代主义者，那么按照弗莱彻的预计，他们在两种观点之间的切换也会存在一种固定的模式。人们是否如假设的那样在设定起刑点的时候采用客观主义标准？或者导致这一规律是因为其遵循了其他原则？又或者人们判断责任的基准并无任何规律可循？

第二节　客观主义与主观主义的内涵和区别

本章采用了与第三部分中相类似的场景研究方法，通过设置反映不同观念的场景来判断人们选择的倾向性。通过对比被试者的真实反映和基准测试，我们可以判断被试者的反映体现的是客观主义还是主观主义，或者二者都不是。首先我们设定了基准场景即对照组，称为场景 1。然后其他实验场景都以场景 1 为基准，调整其中的变量来测试人们直觉上会选择客观主义还是主观主义。其中场景 1 为：开枪杀人且成功—完成谋杀—对照标准；场景 2 为：开枪杀人未成功—完成行为但失败的尝试；场景 3 为：枪已经瞄准但是在开枪前受到了干扰—接近但是未完成的行为；场景 4 为：都认为已经杀了受害者，他们去找一把枪—共谋，没有完成犯罪；场景 5 为：把枪给想让受害者死亡的人，犯罪者当场杀死受害者—谋杀共犯；场景 6 为：有一把枪去帮助犯罪者杀人，但是犯罪者从来没收到过，受害者自己找了一把枪，杀死了受害者—不成立共犯，成功的犯罪；场景 7 为：射杀目标，意识到可能有人在超出的区域，被杀死—过失杀人；场景 8 为：射杀目标，意识到可能有人在超出的区域，但是幸运的是无人受到伤害。前八个场景所假设的情境都十分明显会受到判罚，但是其严重等级却有待进一步确定。后面的场景针对的则是刑事责任的最低限度（起刑点）的设置。

第三节　研究结果

以美国刑法的犯罪等级划分为依据，可以得出被试者对相应场景犯罪等级的判断。例如在场景 1 中，一起清晰明了的谋杀案，责任就是 10.10。以此为基准我们可以对比其他场景的责任是否有所减少、减了多少。

一、犯罪分级

我们先来看前八个案件，显然对于这八个案件应当承担刑事责任大家都没有异议，可能存在异议的问题是责任的轻重。主观主义者会认为场景 2 到场景 6 都应当与谋杀相等同。在所有这些场景中，杀害他人的犯罪意图得以形成并且通过行为展示出来。而客观主义者则认为危害是否发生以及其他要素也应当在考虑之列，所以这些案件的责任都要相对轻于典型的谋杀。

所以研究对于犯罪分级的结论简单明了：被试者在犯罪分级上采用了客观主义的标准。所有案例的责任都要低于基准谋杀案例。以场景 2 为例，场景 2 中行为人的犯罪行为已经实行完毕，但是被害人并没有死亡（类似于实行终了的未遂），其责任为 8.38，而场景 2 和场景 1 的唯一差别就是没有发生死亡后果，而其责任相对场景 1 降低了 1.7 级。（也许可以称为“结果没有发生的折抵”。）

场景 3 和场景 2 一样，也是一起企图犯罪，但该场景中行为人的行为并没有实行完毕，行为人在开枪之前停了下来，普通法认为这一情况已经满足了“危险临近”标准的企图。被试者给出的责任为 7.33，比场景 2 又降低不少，场景 2 中行为人开枪但是没有击中。显然被试者因为行为人还没有完成犯罪所以减轻了他的责任，所以这一减轻可以称为“行为没有完成的折抵”。这一折抵应该也倾向于属于损害没有发生的减刑。

场景 4 属于双方共谋的未完成形态。被试者将其责任进一步降低至 6.06，显著低于谋杀罪的 10.10，也低于场景 3，而场景 3 和场景 4 的差别在于后者还有额外的行为没有实施完毕，所以其责任还可以进一步减轻。

场景 5 中谋杀发生了，但行为人只是谋杀案的从犯，并非主犯，其责任为 8.60。这一责任要显著低于场景 1。这种“共犯抵扣”基本符合客观主义的标准，因为行为人对于导致死亡的作用力要更小一些。

场景 6 对应的乃是共犯未遂的场景，责任是 6.35。该案被试者给出的减刑幅度很大，不仅要低于场景 1，甚至比场景 2 实施终了的未遂和场景 5 的共犯都要低。而这一显著的责任减轻完全符合客观主义标准。行为人不仅不是主犯属于从犯，而且没有引起死亡结果的发生，行为人的行为仅属于企图。而且有趣的是，没有危害结果的折抵与共犯折抵可以相互叠加使用。

场景 7 和 8 中则缺少了前面场景中的杀人意图，行为人对于导致死亡仅仅出于大意。所以在场景 7 的大意杀人案件中，被试者给出的责任是 7.15，同样要显著低于场景 1 的典型谋杀。如第二节所指出的，这两个场景之间的对比并不能够反映客观主义和主观主义的差别，因为不管按照哪种标准都会作出减刑。但无论如何这一结果显示缺乏犯罪意图确实可以减刑。

最值得注意的是场景 7 和场景 8 之间的对比。场景 8 和场景 7 的内容基本相同，唯一区别在于所导致的危险并没有得到实现，所以被试者将责任从场景 7 的 7.15 降至场景 8 的 5.28。而这一减轻似乎不仅意味着缺乏犯罪意图，也意味着危害没有发生，而两种折抵也出现了累积叠加现象。

从犯罪分级来看，被试者的反应模式基本符合客观主义标准。

二、犯罪最低限度要求

然后我们来看剩下的场景，这些场景是关于刑事责任最低限度要求（起刑点）的场景，部分人甚至直接主张这些场景都不应当承担责任。客观主义标准认为如果没有现实的危险或者危害发生，那么也就没有责任产生，即使行为人存在犯罪意图。而主观主义则认为只要行为人产生了实施犯罪的确定意图，那么责任就已经产生了。极端主观主义者甚至会认为不管危害是否真的发生，不管行为人是否对危害结果产生因果关系，都应当判处相同的责任。如前文所示，而相对折中的主观主义者在犯罪分级问题上会认为刑事责任应当考虑危害是否真实发生以及行为人对于与危害之间因果关系的紧密程度。

在成立犯罪最低限度的比较研究中，被试者似乎更多地表现出主观主义者的倾向。更准确地说，他们是客观分级的主观主义者，或者说客观分级主观起刑。他们对于起刑点采取的是主观主义的观点，但在判定责任等级时采取的依然是客观主义的标准。

场景 9 设计了一个企图犯罪达到实质步骤的案件。被试者给出的责任平均为 5.73，与对照组的谋杀案件相比大幅减少。其实对于这个案件来说，只要给出刑事责任就意味着与客观主义标准不相符合，因为案件中并不存在任何危险，犯罪也没有被实施，所以可以采用无罪辩护而不需要承担刑事责任。如果采用普通法标准，这一案件的结果确实会是无罪判决。

所以相对降低的责任恰恰反映了客观分级的主观主义标准。这一案件存在缺乏现实损害的减刑，然后犯罪行为距离完成十分遥远，所以会有双倍的没有完成行为的减刑。场景 3 中为危险临近的企图犯罪，而与之相比本案距离完成犯罪更为遥远，所以责任也要比场景 3 的 7.33 更低。这就愈发证明被试者在分级问题上采用的是客观主义标准，而在起刑点问题上则采用了主观主义标准。而一旦案件达到了他们的主观主义起刑点标准，他们在量刑的时候又会再次回到客观主义标准。

场景 10 乃是实行终了的不能犯，行为人将一具蜡像误认为是打击对象而开枪，结果击中蜡像头部。请注意该案件中客观主义者被分为两派，而这一点正如早先的普通法一样，普通法最初对于此类案件认为可以做无罪辩护，但后来又允许对其判处轻微责任。被试者给出的责任判定是 7.94，这一结果读者可能并不意外，而这一结果与早期普通法的允许无罪辩护的立场截然不同。所以这种相对较高的刑事责任反映了被试者在客观主义标准以外的其他观念。但是，这一结果却与客观分级的主观主义相一致，因为被试者先根据主观主义的标准来判定行为人是否需要承担刑事责任，一旦确定需要然后再根据客观主义来进行责任裁量，所以本案的责任要么没有，要有就轻不了。与场景2中实行终了的可能实现的企图犯罪相比，场景2认为8.38，场景10的结果可能暗示被试者因为没有显示危害对责任进行了减轻，然后被试者可能考虑到危害发生的现实可能性又对责任作出了一些减轻，但是不管怎样，这两个案件的责任差距也并不是非常显著。（p=0.7）

场景11乃是一个单方共谋的未完成形态案件。本案的一名犯罪人是行为人，而另一名犯罪人则是卧底警察，所以他们的犯罪合意只能是单方的。本案被试者给出的责任是6.29，这一结果并不符合客观主义的标准，如果按照客观主义标准完全可以判决无罪。这一结果也不符合主观主义标准，因为按照主观主义标准本案就不能比谋杀降低责任程度。所以本案还是属于客观分级的主观主义，根据主观主义确定起刑点，一旦案件达到起刑点标准，则根据客观主义来进行量刑。本案的责任要略低于场景9，这两个案件都存在“缺乏现实危害的减刑”和双倍的“行为未完成的减刑”。其结果表明：共谋杀人不是杀人。

针对场景4和场景11可以进行一个有趣的比较，场景4也是一起共谋案件，只不过该案中的另一名共犯是真实存在的，而并非警察假扮的。另一名共犯的状态对于主观主义而言并不重要，因为这属于行为人的认识之外。被试者对这两个案件的责任判定基本一致（片面共谋的责任还要相对略高一些），这一结果也符合主观主义的标准。

场景12和场景13的案例中描述的乃是一起走私毒品案件，由于案件不同，这两个场景就不能与其他场景进行对比。场景12中，行为人走私可卡因，定责7.40，场景13中，行为人误以为自己在走私毒品，但其实运送的乃是爽身粉，定责5.06，这种情况并不符合客观主义标准，因为按照客观主义，运送爽身粉显然应该无罪。所以被试者的反应还是符合客观分级的主观主义。而这里的减刑同样是因为缺乏现实危害以及缺乏实现可能。当然如果按照极端主观主义的观点甚至都不需要减刑。

场景14是对被试者的分析思考（或者说被试者的耐心）考验最多的一个案例。该案中，被试者认为自己乃是一起谋杀的共犯，但结果是行为人确实给了别人一把枪，但别人使用这把枪进行正当防卫打死了其他人。被试者给出的责任为9.0。这一结果显然不符合客观主义标准，因为根据客观主义标准应当无罪，因为本案相当于不具有法律可能性的案件，行为人误认为自己的行为是非法的，但事实上其行为是合法的。从客观主义来看，行为人的行为完全合法，只不过他误认为自己违法。但是本案的裁量似乎也不是根据客观分级的主观主义来进行的，根据这一观点，行为人可以因为缺乏现实危害和共犯两项减刑，其责任应当在7左右，而不至于到9那么严重。这意味着被试者将案件中发生的死亡怪罪到行为人头上，而不是将其作为正当化的损伤。

被试者到底如何思考这一案例？研究人员对这一问题十分感兴趣，于是他们又设计了一个附加的测试要求，10个新的被试者对本案的场景14与场景5作出判断。请注意两个案例中，行为人都为犯罪人提供了枪支，都有人被射杀，只不过一个案件属于谋杀，而另一个案件被证明是正当防卫。不过两个案件中行为人的感受截然不同。被试者在作出责任判断之后又回答了他们对于案件的感受。被试者表示他们感到非常困扰，因为他们需要考虑两种相互冲突的标准，这让他们感到备受煎熬。因为被试者被明确告知行为人明确知道自己的行为，所以10个人里有2个人给出了明确的较高的责任。剩下的8个人认识到这一点，但同时也认识到另一个案件中的杀人行为是出于正当防卫，所以他们对责任作出了减轻(一般是减轻一级，有人减得更多)，但是除了觉得应当比典型案件减轻一点意外，他们并不能够说明为什么对责任作出减轻。

为了对起刑点研究中出现的矛盾进行分析，被试者被要求采用客观分级的主观主义标准，先根据客观主义来对责任进行减轻，包括缺乏现实损害减刑、共犯减刑、不能犯减刑、行为未完成减刑，等等，然后再采用主观主义来判断是否愿意判定行为人承担事先经过减轻的责任。

三、被试者个体的反应模式分析

此前研究都是将被试者作为一个整体来进行，而研究认为被试者作为一个整体基本上被描绘成客观分级的主观主义者。但是，将被试者作为一个整体会导致对被试者个体的忽略。研究认为被试者整体上表现为客观分级的主观主义者，那么是否存在纯正的客观主义者或主观主义者，也许他们只是因为人数较少而被四舍五入忽略掉了？又或者客观分级的主观主义者其实并不占据多数，只不过有一部分人的观点并不坚定，而是在纯粹客观主义和纯粹主观主义两极之间来回摇摆。而事实证明，对被试者个体的反应进行检查就会发现一些细微但却十分重要的区别。

大部分涉及犯罪的分级场景都表现出很强的客观主义倾向。绝大部分被试者都对场景2、3、4、6、7给出了低于对照组场景1的责任判定，比例分别是90%、98%、98%、96%、98%。当然这一数据也表示最多时有10%的被试者没有给出减刑，而这10%的人就体现了主观主义标准。

尽管属于少数，但主观主义在两个场景中表现特别强烈。在场景5设定的谋杀共犯中，65%的被试者减轻了责任，剩下的35%认为其责任应当与谋杀相同。同样有趣的是场景8的使他人陷入危险场景，58%的被试者减轻了责任，但依然有42%没有这么做。这42%的被试者让人感到一丝惊讶，因为没有哪个地区的立法将使他人陷入危险与过失杀人相等同，毕竟前者只是制造了危险，而后者是因为大意造成了他人死亡。这两个场景的结果都有点让人感到意外。未来有必要对这些少数被试者进行有针对性的研究，他们虽然人数不占多，但其人数依然占据一定比例而不可忽视，这帮人显然不同意大部分人的观点而坚持相信共谋和缺乏风险危害不能作为从轻的理由。

当我们对被试者个体反应进行检查时，起刑点场景也出现了一些令人惊讶的地方。大部分被试者的行为方式表现出与上文描绘图景趋于一致，即在起刑点设置上采取主观主义而在犯罪分级上采取客观主义。但是结果显示确实有那么一小部分人坚持纯粹的客观主义观点。在每个有关起刑点设置的场景中，总有一小部分主观主义者会选择免责或者有责但免罚。

场景9中设置了一个达到实质步骤的企图谋杀案例，四个被试者，占总人数的8%选择了客观主义的标准，其中一人认为应当免责，余下三人认为有责但免罚。场景11设置了单方共谋的未完成形态，三个被试者认为应当免责，两个认为有责但免罚，一共五人约占总人数的10%。场景13可能是最有意思的一个，该场景设置了将爽身粉误认为是可卡因而进行走私的案例，大部分人给出了实质惩罚，而另有23%(11人)采用了客观主义标准：其中六人认为免责，五人认为免罚。所以客观分级的主观主义标准最弱的时候，其比例仅达到77%。

数据还有一个方面需要进行检验，那就是被试者个体的反应是否与其观念相一致？换句话说，被试者个体的反应前后是否一致？如果他对某一场景作出了客观主义的判断，那么他对其他场景是否也会作出客观主义的判断？答案是肯定的。数据显示被试者的一致性为中等偏上。前文提到，场景9中有七名被试者给出了纯粹客观主义的答案。而在场景10和场景11中给出客观主义答案的人都来自场景9中的这七个人。而这七个人中又有五人对场景13给出了纯粹客观主义的回答。显然，样本中存在一群纯粹的客观主义者即使面对起刑点的问题也会依照客观主义的标准来回答。这些人可以被称为纯粹客观主义者。

那么回过头来看，研究中是否存在纯粹的主观主义者？是否有人无论起刑点问题还是犯罪分级问题都依照主观主义标准来进行回答？答案也是肯定的。研究发现了一名主观主义的一贯支持者和若干名持普遍主观主义的被试者。该名纯粹主观主义者认为所有的场景2、3、4、9、10、11都应当承担谋杀责任！对于该人而言，开枪未能击中、举枪瞄准但被人阻拦、开枪击中蜡像等都与谋杀同罪。同样，共谋杀人无论单方共谋或双方合意，包括为了杀人购买枪支也都应当与谋杀同罪。另有四人和该纯粹主观主义者一道认为开枪但未击中应与谋杀同罪，人数约占样本总数的10%。另外又换了四个人与该纯粹主观主义者一道认为开枪击中蜡像应与谋杀同罪，人数同样占样本总数的10%。

综上所述，尽管绝大部分被试者都对犯罪分级采取了客观主义的标准，但仍有少部分人对部分案例采取了主观主义标准。（并有一人对所有案件都采取了主观主义标准。）而有两个分级场景（共犯和使人陷入危险）显示有少数被试者在分级问题上采用了主观主义标准。尽管绝大部分被试者在起刑点问题上采取了主观主义标准，但仍有小部分纯粹客观主义者采用了客观主义标准。

第四节　延伸解读

让我们回忆一下第一节结论部分所提出的问题。读者现在可以发现大部分业余外行人既不是现代主义者也不是传统主义者。而在被试者的反应模式中我们确实可以发现一种规律：被试者在判断最低限度要求（起刑点）时倾向于采用主观主义标准，而在判断犯罪分级时倾向于采用客观主义标准。

当遇到设定行为入罪的起刑点时，绝大多数被试者都采取了主观主义的观点：行为人先形成犯罪意图，然后开始实施，朝着完成犯罪的方向不断前进，所以应当对行为人进行惩罚，即使该犯罪或者危害尚未发生，即使该危害没有发生的可能。

在确定刑事责任的数量时，被试者则对更多因素表现得十分敏感，如危害是否发生、行为是否完成、是否具有因果关系、主犯或者从犯等都在考虑之列。而主观主义标准则认为形成犯罪意图在道德上就等同于实施了犯罪，因此就应当承担相同的责任，显然被试者在分级问题上并不认可主观主义标准的这一核心立场。

为了更好地理解被试者判断的规律，本章列举了一系列与研究结果相一致的责任分配规则。（受过实证训练的读者会发现总是能够从现有的数据规律中提炼出某种概念模式。）研究认为责任分配的过程会从典型犯罪的概念开始，是犯罪的量刑。对于不同的典型犯罪的不同量刑细节此处并没有予以深入，但这一基本思路是得到认可的。犯罪之间是存在差异的，一些犯罪就是比另一些更严重，如第十六章第一节所提到的，谋杀的量刑肯定要重于盗窃，或者如本章研究所示，谋杀要比走私毒品的量刑更高。

偏离犯罪的典型情节会产生其他诸多不同类别的情节，这些情节都会导致不同程度的从轻量刑。本研究对那些最为边缘化的案件进行了考察，这些案件涉及刑法最为复杂的理论，从中我们一共提炼出五类从轻情节，基本可以涵盖所有典型犯罪以外的从轻情节。其中包括：危害没有发生、行为没有完成、共犯、发生犯意之外的结果、缺乏实现可能（不能犯）。

从轻情节之间是否可以累计叠加乃是本研究涉及的一个有趣的问题，有待未来研究进一步深入。那么这些从轻情节在其他场合是否也可以累计？如果是的话，它们从轻幅度的累计结果是一样的，还是会因为场合不同会发生改变？尽管本研究并没有针对这一问题而设计，但这并不妨碍我们依据现有数据对这一问题进行回答。

案例彼此之间只存在一项从轻情节的区分，通过对这些案例进行对比我们可以发现被试者对于从轻幅度的判断。对于某些从轻情节的幅度确定采用参考不止一种对比，例如在若干场合采用“没有发生”来表示“危害没有发生”的从轻情节，而这一情节的从轻幅度既可以从场景 1 和场景 2 的对比中发现，也可以从场景 5 和场景 6、场景 7 和场景 8 的对比中来确定。如果存在某一从轻情节的若干数据，其最终结果将取平均值。

由于某一从轻情节的幅度可以从多个对比中获得，因此其数值也存在相互差异。这一情况的第一种解释是：不同场景中的具体细节导致了情节幅度的不同。至于场景中的哪些细节导致了被试者的不同回答有待未来研究进一步深入。

此外，根据研究所能够得出的另一个结论是，五种情节中有四种的从轻幅度基本一致，其减轻的幅度大概在一级到二级之间。请注意，责任区间的每一分都对应了典型美国刑法犯罪等级划分中的一级，但每一分之间的现实差距是不同的，分数越高，其差距越大，每增加 1 分其量刑就会翻倍。（简而言之 1 与 2 的差距要比 8 与 9 的差距小很多。）所以从轻情节的幅度也是成指数增长或者降低，而被试者恰恰是考虑到现实刑罚的差异才会对责任裁量作出不同的判断。发生犯罪意图以外的结果所具有的从轻幅度要大于其他从轻情节，这意味着缺乏犯罪意图要比其他情节具有更强的从轻效果。

为了对被试者反应中的从轻情节裁量系统的有效性进行检测，我们将研究结果与理论假设的从轻情节裁量系统进行了对比。例如，按照粗略估计，一个从轻情节会对责任区间降低 1.5 级（前文提到一个从轻情节对应的幅度在 1 级到 2 级之间）。

同时我们还采用了前文所述的从轻情节估值，这样模型将会更加精确一些。然后我们会将不同的从轻情节的估值应用到各个情节的从轻幅度的对比之中。需要注意的是场景 11 与场景 1 相比要适用 1 个危害没有发生这一从轻情节和双倍的行为没有完成这一从轻情节。危害没有发生的从轻情节估值为1.28，行为没有完成的从轻情节平均估值为1.31，双倍则为2.62。然后这两项从轻情节相加，此刑事责任应当为6.20（而被试者给出的最终责任为6.29）。

即使我们对每个从轻情节的幅度进行了分别估算，我们还是可以注意到具体案件中被试者给出的从轻幅度与理论预测的幅度存在一定的差距。这是因为预测的幅度是平均值，上文已经提到，因此会因为环境的不同而产生差异。所以理论预测的平均值在不同的场合会与现实的数据存在差距，要么出现高估，要么出现低估。

但是无论哪一种数据所得出的从轻情节裁量模型都很合理。需要再次重申，本研究的目的并不能够反映被试者在进行责任裁判时的心理活动。但是无论如何，该研究所得到的从轻情节裁量模型经过时间检验是真实可信的，可以在未来的研究中进行应用。该研究的核心观点是，不同类型的犯罪会导致不同的刑事责任，用五大类从轻情节来概括不同情节与典型犯罪之间的区别乃是一种简单但有效的办法。如果证明有效，那么这一公式就可以用来设计一套量刑指南。

第五节　结论

本章研究结论对于现行刑法具有重要意义，当然这些结论也存在一定的局限性。

一、研究局限

首先一定要明确所有研究从其设计开始就不可避免存在一定的缺陷，而那些已经完成的研究更是如此。这里需要指出四个可能存在的缺陷。第一，尽管研究针对的是被试者对于犯罪的一般责任观念，但事实上被试者所看到的其实只有一种犯罪——杀人罪。之所以选择杀人罪为例是因为该罪可以判处最为严重的刑罚，这样才可以在量刑时留有更多的空间供被试者选择。而通过这种方法也确实找到了若干主要的从轻情节，被试者对一些行为人裁定无罪，而对另一些人判决终身监禁。但是除了杀人以外的其他主要犯罪的裁判模式还是有待进一步探索。

第二，也是与第一点相类似的地方是，研究中出现了一种案例，这种案例的行为不存在实现的可能性，也可以称之为现实不能犯。但研究只给出了一种案例，而现实中此类案例可以有很多。研究者之所以设计这一案例的原因是因为他们发现这些条件与相应的问题更加契合。行为人之所以开枪击中蜡像恰恰是因为警方担心行为人会朝目标人物开枪于是用蜡像替换了真人。研究的目标是要将这一场景与其他行为人试图制造伤害并采取行动的案例进行对比。但是还有一种情况，那就是行为人自己做了一个和目标人物一模一样的蜡像，然后对其开枪射击或者拿刀捅刺，然后心里想着这就是真人，好像巫术一般，而这类案件的量刑又会与前面的情况存在区别。理论考虑要求未来研究对不同场景的具体环境进行更加细致的讨论。

第三，采用了被试者内建的研究方法，即每个被试者要对所有场景都作出判断。在这种情况下，被试者就会知道研究所针对的理论问题到底是什么。被试者在实验前所接受的指示是他们并不需要对不同案件作出不同判断，读者也会发现被试者也没有总是对不同的案件作出不同的裁判。但是仍有一种可能被试者经过提醒发现某种区别并确定该区别是重要的，而如果不提醒的话，被试者并不会发现这一区别。这种可能可以在未来研究中采用单个被试者对单个案件或者限制数量的若干案件进行判断来进行查明。鉴于这是对这一问题的第一次探索，被试者内建的研究方法也不是没有优势，它可以对单个被试者的裁判模式进行分析，所以只要运用得当，该方法还是挺好的。

第四，研究所讨论的问题和不同观点的分歧是针对公众观念，但所谓公众是以被试者为代表的，那么这些被试者又能多大程度上代表公众呢？不过这里的问题与传统的样本数量和人口基数还是有所区别。在一个标准的测验中，我们需要回答人口中多少比例的人会对谋杀案件的被告判处死刑。为了获得准确的比例，我们需要大量并且经过仔细分类的样本。而本研究的不同之处在于它所关注的乃是不同个体的责任裁量模式的差异性和个体裁量结果的相似性。

研究表明被试者存在两大类的差异，而也是因为被试者主要来自两大类人群：学生以及城镇中符合陪审员资格的公民。第一类差别显示学生所给出的量刑要轻微低于普通公民。但并没有证据证明存在第二类的差别，学生和公民的责任裁量基本一致。这种现象很有可能是因为研究采用了被试者内建的分析模式所导致的。未来研究需要对更加广泛的样本的裁判模式差别进行关注，比如那些数量不多但却特征鲜明的小部分人群，比如那些纯粹的客观主义者或者纯粹的主观主义者。

二、现行刑法的借鉴意义

如果前文关于业余人士判断的描述是正确的，如果刑法应当反映大众共享的正义直觉，那么不管是普通法还是现代法都或多或少存在缺陷，因为它们都或多或少偏离了大众的直觉。首先，研究证明普通法的规定已经落后，即使以前可以，现在也不再能够反映大众观念。更重要的是，普通法对于成立犯罪的下限规定要求过高，很多根据普通法不构成犯罪的行为在当代都被认为应当承担刑事责任。例如行为人企图犯罪但没有达到危险临近标准的、行为人单方共谋的、行为人对行为法律性质存在错误认识的（误认为自己犯罪），这些行为如果按照普通法都可以得到无罪辩护，但在被试者看来这些行为都应当承担一定程度的责任和刑罚。

另一方面，研究结果也显示现代立法在一些重要问题上缺乏足够重视。现代立法在确定刑事责任起点即成立犯罪的下限要求方面作出了比较合理的规定，但是在刑罚裁量的时候没有将许多重要因素考虑在内。例如根据危害结果是否发生来对犯罪分级进行调整，根据行为人距离完成犯罪的远近来调整未完成责任，行为人究竟属于主犯还是从犯，行为是否存在完成的可能，等等，现代立法对于上述问题没有能够进行很好的区分，而研究显示被试者却做到了。

所以事情很可能是这样子，被试者在量刑的时候支配他们的乃是他们所共享的公众直觉，当这种直觉与立法的犯罪分级相冲突时，被试者会启动刑罚的自由裁量权，优先选择直觉来作出判断。所以这种方法并不能够解决法律的不当分级。首先，很多量刑法官并不认同大众直觉。①一个人如果成天坐在那里看着犯罪人成群结队等着量刑，他对刑罚的看法确实会发生改变的。其次，即使法官认同公众对于犯罪分级的客观主义观点，法官的自由裁量权也会导致很多其他问题。美国正处在一波量刑改革的浪潮之中，这一改革的目的就是通过联邦量刑指南来减少法官的自由裁量权。

联邦量刑指南产生主要来源于以下几方面的压力。首要的问题就是同案不同判的问题。缺乏指导的刑罚自由裁量权很可能导致类似案件的刑罚出现显著的差异。不同的法官会有不同的量刑观念。某些法官会认为案件应当追求普遍抑制（一般预防）的效果，某些法官会认为矫正才是案件最重要的目标，某些法官认为未来再犯的可能才是案件应当关注的重点，当然也会有法官依照报应理念判处被告应得的惩罚才是最正确的选择。当然更多的法官可能会对这些因素进行一个综合考量然后作出判断。如果特定类型案件缺乏一种单一的量刑理论，那么就无法指望其他不同的量刑法官会作出相同的判决。②缺乏指引的刑罚自由裁量还有一个进一步的问题就是可能导致权力的滥用，尤其是有意识或无意识地将一些不必要因素在量刑中进行考虑，例如种族、宗

---

① 研究显示量刑法官对于量刑相关问题的观念与其他人群存在显著差异。参见 John Hogarth，Sentencing As A Human Process 138—148(1971)。

② 更多讨论和观点可参见：Paul H.Robinson，Hybrid Principles for the Distribution of Criminal Sanctions，82 Nw. L.Rev. 19—23(1987)。

教、性别以及其他存在偏见的因素。

从《模范刑法典》中我们可以看出，现代刑事立法的趋势是朝着主观主义的方向发展的，无论是入罪下限还是犯罪分级都是如此。这两种趋势相互叠加所产生的量刑观念简单易用，但却过于严厉，也违背了被试者的量刑模式。在被试者看来犯罪意图的外化和犯罪行为的完成显然不可同日而语。恰恰相反，被试者在责任裁量时会考虑到犯罪发生的客观环境中的各种变量，包括行为人对因果关系的作用力、行为接近完成犯罪的距离、危害是否发生，等等。

所以如果一个地区与《模范刑法典》所展示的主观主义量刑观念越来越近，那么它就与蕴含了公民道德直觉的法律渐行渐远。这种做法显然是不明智的，理由主要有三：第一，对于那些认为刑事责任分配应当以正当报应为基本模式的人而言，那么根据大众直觉所得出的观点还有相当一部分需要为立法所借鉴吸收，而在没有证据证明的情况下，立法并不知道对于这些大众直觉应当如何取舍。立法者通常的做法是对大众道德直觉进行猜测，这说明立法者对于大众直觉是有关注的，只是理解错了而已。

第二，第八章和第九章提出了一种功利主义的观点认为立法应当反映具有代表性的主要的大众直觉。所以当刑法要求它所治理的群体对其规则表示尊重时，法律自身的道德权威就可以为民众守法提供足够的动力。①

第三，如其他研究所显示的，人们倾向于认为立法应当符合他们的道德直觉。②这一结论并不让人意外。如果你问某人法律到底规定了什么内容，他们确实不知道什么，刑法的内容也很少公之于众，立法者也没有很积极地教育民众法律知识，他们知道的内容仅局限于他们的直觉。所以当人们发现刑法的规定与他们直觉中刑法应有的规定相去甚远时，人们就会感到困惑，并进而对立法产生怀疑。这意味着一部违背直觉的、不甚公开的法律是无法实现其事先的指引功能的。因为它无法根据人们对于自己未来行为的控制来提供清晰的指引。③

前文提到我们正在经历一股量刑规则精细化的趋势。随着量刑的自由裁量空间越来越小，量刑规则越来越细，此时的量刑更应该反映大众直觉对犯罪

---

① 第十章第一节（讨论了如果不按报应进行惩罚会导致何种危险）；Paul H.Robinson & John M.Darley, The Utility of Desert, 91 Nw. L.Rev. 453(1997); Tom Tyler, Why People Obey The Law 19(Princeton University Press 2006)。

② John Dearley, Catherine Sanderson & Peter LaMantia, Community Standard for Defining Attempt, 39 Am. Behav. Sci. 405, (1996).

③ 有关刑法的事先指引功能可参见 Paul H. Robinson, Rules of Conduct and Principles of Adjudication, 57 U.Chi. L.Rev. 729, 730—733(1990)。

分级的客观主义标准。对于犯罪分级采用主观主义标准的做法在现代刑事立法中并不鲜见，例如将初步（未完成）行为的责任与实质犯罪进行同等处理等，这种做法都会损害刑事司法体制对于公众的道德权威。有必要对量刑标准继续细化，但这一改进需要保证司法体制的规则要比过去更准确地反映公众观念。

尽管前文已经列举了几乎所有理由，但我们依然无法断言本研究的结果模式能够对公众感受进行最好的代表，但换个角度要说研究结果与之严重偏离也是不太可能的。那么假设未来研究的证明这一结论是正确的，刑法也如我们所主张的那样能够反映大众的道德直觉，如我们希望的那样对成立犯罪的起点采取主观主义标准，对刑事责任分级采取客观主义标准。沿着这样一条以大众标准为基础的路径我们才能够得到一部具有一致性和共生性的法典，既能够维护司法体制实现正义的声誉，且最终能够为减少犯罪而服务。

第十九章

相互冲突理论的检验:敲诈勒索罪

敲诈勒索罪乃是犯罪中最为奇特的一种,长久以来成为刑法学家关注的焦点。敲诈勒索罪将威胁采取某种行为规定为犯罪,但威胁所要采取的那种行为未必就是犯罪。该领域积累了一大批文献,其中不乏知名学者提供了诸多真知灼见。每个学者都对敲诈勒索之所以规定为犯罪的理由进行了解释,并且认为他们的观点反映了人们普遍共享的道德直觉。尽管如此,这些理论观点本身大相径庭,而且也没有提供任何证据来证明它所断言的道德直觉。

第一节对相互冲突的各种理论进行了概述。第三节通过实证研究对相互冲突的不同理论进行了分析,从而判断何种理论更加符合普遍状况。研究设计了不同的场景,不同场景对不同的要素进行隔离来对其进行检验,而这些要素都是不同刑法学家所提出的对敲诈勒索案件最为重要的关键要素,而研究的目的就是为了明确到底哪个要素最为重要。

敲诈勒索罪不仅仅是理论研究的重要问题,也是立法明令禁止的重要问题。美国几乎所有地区都将敲诈勒索规定为犯罪,只不过不同地区的规定有所区别。第二节就美国相关立法进行了回顾,并概括出立法的三种主要路径。然后有关外行直觉的实证研究将会跟进来探明这三种立法路径究竟哪种最能反映大众观念,这些法律与大众道德情感之间,哪些能够产生共鸣,哪些又会相互背离。

这一分析为敲诈勒索的现有理论提供了一个批判的契机,同时也为提炼一种能够更好反映外行直觉的理论提供了机会。计划同时还展示了大众观念与现行立法之间所存在的冲突,为立法修改提供了建议。

第一节　敲诈勒索罪的不同理论

刑法为何禁止敲诈勒索行为?这一问题的依据有若干不同理论,而这些理论对于上述问题的回答大相径庭。导致这一情况的一个原因在于,敲诈勒索行为的伤害对象或者说被害人并不明确。敲诈勒索的被害人按道理就是受到威胁的人,该人会被强迫要求付出一定的金钱(或者其他利益)来防止敲诈者实施他所威胁实施的行为,但这只是某种程度上来说如此。所以相当一部分关于敲诈勒索的理论都是建立在这一基础上的,将受到威胁的人视为犯罪的被害人,该部分将在下文标题一中进行讨论。

还有一种可能是敲诈者不提任何要求而只是实施某种危害,与直接受到危害相比,以危害相胁迫进行敲诈似乎还轻一些,当然这一观点会引起很大争议。但问题就在于被威胁者可以答应也可以不答应敲诈者的要求。如果他觉得敲诈者所威胁的事情对他不仅无害反而有利,他完全可以放任敲诈者为所欲为,而他并不会因此受到损害。所以根据这一逻辑,部分理论认为敲诈勒索的被害人并不是受到威胁的一方,而是其他的第三方。该部分将在下文标题二中进行讨论。

还有一些理论则认为敲诈勒索的案件并不需要存在确定的被害人。他们认为敲诈勒索被规定为犯罪的原因在于,如果敲诈勒索是合法的,那么将会发生更大的社会危害,例如大面积丧失隐私或者为了保护秘密而需要投入过高成本。这些理论并没有在本文的实证研究中得到检验,这是因为这些理论并不是将敲诈勒索作为具体个案来对待的,而是将其作为一个整体来进行谴责,所以这些理论也没有对敲诈勒索应当受到何种惩罚的相关问题提出过相应观点。

经济理论对于大众正义直觉是存在依赖的,但是即使没有这种依赖,试图发现这些理论与大众正义直觉之间究竟是趋同还是趋异也是一件很有意思的事情。尽管如此,现有文献记录的这些理论的性质并不足以提供充分内容来描述这一犯罪。这意味着,现有理论可以解释为什么某些种类的敲诈勒索犯罪应当存在,但并没有解释作为一般意义的敲诈勒索应当具有什么特征。有关这些理论的讨论将在下文标题三中进行。

最后还有一种观点认为敲诈勒索的犯罪化缺乏任何坚实的基础,这一观点将在标题四中进行讨论。

一、被害人为受胁迫者的敲诈勒索理论

有两种理论将敲诈勒索视为最基础的犯罪,并将受威胁者视为犯罪的被害人。第一种观点主要由米切尔·伯尔曼(Mitchell Berman)和里奥·卡茨(Leo Katz)提出,二者提出的时间和内容稍有不同,但均主张敲诈(blackmail)就是一种勒索(extortion),通过错误行为制造威胁。所以这里敲诈的悖论消

失了，因为不管行为和威胁都被认定为是错误的。第二种观点则受到乔治·弗莱彻的支持，敲诈对于受胁迫者的危害并不是当时所受到的威胁，而是威胁背后想要施加给被害人的意图，这种可能导致受胁迫者被迫要与敲诈者建立一种服从与被服从的附属关系。

1. 错误意图理论

米彻尔·伯尔曼通过一系列的文章融合并精炼了有关敲诈的理论并将其称为"敲诈的证据理论"。[①]在伯尔曼看来，敲诈之所以是错误的原因在于且仅仅在于行为人实施了威胁行为。当威胁行为本身是错误甚至具有危害时，案件就属于比较典型的敲诈勒索案件，例如以人身伤害相威胁来索要钱财等，这类案件的责任和惩罚也更加容易确定。但是并非所有的威胁行为在当时都是错误的，它有可能会是因为行为人对于实行行为所具有的罪过而存在错误，这种情况被伯尔曼称为具有敲诈的案件。伯尔曼更进一步指出，威胁行为本身就证明了敲诈者的主观罪过，因为敲诈者知道自己的威胁行为会对被害人产生伤害，如果他确实实施了所威胁实施的行为，那么他就是为了去伤害他人。伯尔曼在其早期论著中将犯罪人的罪过更多地与其动机相关联，而在近期论著中，他则将行为人的罪过归结于行为人的认识和信念。[②]

伯尔曼理论的明确目标就是要尽可能地探寻大众直觉对于敲诈的理解。他采用了一种"反映平衡"的程序，该理论主要应用于对跟踪一般直觉对于特殊案件的反应。[③]（伯尔曼还认为这一论证和追寻普通道德直觉的过程应当成为研究敲诈勒索的规范。[④]）

与伯尔曼相类似，卡茨对于敲诈的认定标准也关注的是威胁行为本身是否错误。[⑤]对于卡茨而言，敲诈的危害在于被害人受到威胁而陷入两种"不义"(immoralities)之间，要么满足敲诈者的要求来换取一份安宁，要么承受敲诈者所带来的危害。重要的是，和伯尔曼一样，卡茨也提到威胁的非道德性不仅

① 参见 Mitchell N. Berman, The Evidentiary Theory of Blackmail: Taking Motives Seriously, 65 U.Chi. L.Rev. 795(1998); Mitchell N. Berman, Meta-Blackmail and the Evidentiary Theory: Still Taking Motives Seriously, 94 GeoL. J. 787 (2006); Mitchell N. Berman, On the Moral Structure of White Collar Crime, 5 Ohio State J. Crim. L. 301, 322—325(2007)。

② Mitchell N. Berman, The Evidentiary Theory of Blackmail: Taking Motives Seriously, 65 U.Chi. L.Rev. 810, at 828—829 & n.118(1998).

③ Mitchell N. Berman, The Evidentiary Theory of Blackmail: Taking Motives Seriously, 65 U.Chi. L.Rev. 799—800(1998).

④ Mitchell N. Berman, The Evidentiary Theory of Blackmail: Taking Motives Seriously, 65 U.Chi. L.Rev. 799—800, n.7(1998).

⑤ Leo Katz, Blackmail and Other Forms of Arm-Twisting, 141 U.Pa. L.Rev. 1567 (1993).

是因为其结果具有危害性，同时也因为敲诈者的动机是不道德的——例如在要求没有得到满足的情况下决定采取报复行为对他人的秘密予以曝光这样的做法就是。①

和伯尔曼一样，卡茨明确采用了道德直觉的概念，并且希望读者能够认同并据此来建立有关敲诈的理论。例如他就对理查德·爱泼斯坦(Richard Epstein)对敲诈的社会危害责任提出反对，认为这一立场不能够反映我们"日常实践对于敲诈勒索的本能厌恶"。②他将自己的理由概括为对那些在我们看来显然不对的行为进行捕捉。

所以无论是伯尔曼还是卡茨，他们都认为敲诈勒索的错误仅仅在于实施威胁本身就是错的。此外他们还对导致威胁或者其他行为错误的原因有着更为广泛和细致的理解，而在这些问题上他们的观点开始出现分化。不过幸运的是，他们观点出现分化的地方并非本书重点，所以不会影响本书的研究。本书的任务在于确定他们之所以认为敲诈勒索是错误的这一观点有多少来源于大众直觉的判断。而针对敲诈勒索，伯尔曼和卡茨的立场是一致的：敲诈勒索错就错在威胁别人。哪怕伯尔曼和卡茨在后续解释敲诈勒索为什么错误的问题上可能并不正确，但很显然，仅就大众直觉的意义而言，"敲诈勒索错就错在威胁别人"这一观点很有可能是正确的。换句话说，业余人士需要回答两个问题，第一，这是不是敲诈？第二，威胁别人是不是错的？如果这两个问题的回答都是肯定的，那么他们就是采用了伯尔曼和卡茨的观点。这意味着，如果敲诈勒索外行评价的驱动标准扎根于对于威胁行为罪错的道德评价，那么外行直觉就与伯尔曼和卡茨的理论是一致的。

2. 持续统治理论

乔治·弗莱彻的理论则认为敲诈勒索之所以是错误的是因为该行为在敲诈者和被害人之间建立了一种"统治与服从"的关系。③而区分敲诈勒索和交易双方激烈讨价还价的关键在于威胁是否持续存在：敲诈者可能不止一次进行敲诈，因为他掌握了可以对他人产生危害的信息所以可以不断地对对方实施敲诈。和伯尔曼一样，弗莱彻的理论试图遵照关于敲诈勒索的共享观念来进行，并试图在理论和直觉之间实现一种"反映平衡"(reflective equilibrium)，根

① Leo Katz, Blackmail and Other Forms of Arm-Twisting, 141 U.Pa. L.Rev. 1598 (1993).(标记案件中的威胁行为之所以是不道德的是因为且仅是因为实施这一行为的目的只是为了报复，报复被害人的拒绝合作。)

② Leo Katz, Blackmail and Other Forms of Arm-Twisting, 141 U.Pa. L.Rev. 1578 (1993).

③ George Fletcher, Blackmail: The Paradigmatic Crime, 141 U.Pa. L.Rev. 1617 (1993).

据弗莱彻的描述这种做法乃是"在导致结果的基本原则和普遍认可的结果之间寻找一个令人信服的平衡"。①

有一个问题弗莱彻并没有进行详细解释,那就是威胁行为是否必须带有一定程度的强制?或者敲诈者的要求必须达到一定的程度才需要威胁来建立一种统治和服从的关系?对于第一个问题,弗莱彻的回答似乎是否定的,他认为任何一种请求都可以属于敲诈,不管是"威胁"(threat)还是"提议"(offer)。②弗莱彻还在其他地方指出敲诈勒索的要求应当具有特殊性,不过他始终坚称:"没有人可以通过对他人自由的领域进行统治并以做或不做某事来索要金钱……如果行为人有权要求他人做或不做某事,那么敲诈就不存在了。"③但是上述观点并没有那么准确,比如在很多信息敲诈案件中,敲诈者拥有自由或者权利来披露信息而并没有提出任何请求,而被胁迫者则没有法律或道德权利来组织这一披露(当然如果该信息披露是犯罪的话则另当别论)。但对于弗莱彻而言,这些案件都属于敲诈。④而对于敲诈所提要求的程度,弗莱彻认为这一要求过小不能构成敲诈,但是他此前也曾声称"敲诈到底勒索些什么其实并不清楚"。⑤

二、侵害第三方理论

还有两种理论认为敲诈勒索侵犯的不是受胁迫者,而是任何收到敲诈者信息的人。乔·范伯格(Joel Feinberg)用敲诈者对第三方的道德义务对这一问题进行了概括。詹姆斯·林德格伦(James Lindgren)则采用的措辞为第三方对于受威胁者进行管理和规制的权威,意指敲诈者篡夺了这一权威而据为己用。

1. 责任侵害理论(The Breach-of-Duty Theory)。范伯格的理论并不关注威胁是否存在,而是关注敲诈者披露或者不披露信息的行为是否错误。⑥如果

---

① George Fletcher, Blackmail: The Paradigmatic Crime, 141 U. Pa. L. Rev. 1617 (1993).

② George Fletcher, Blackmail: The Paradigmatic Crime, 141 U. Pa. L. Rev. 1617 (1993).("我怀疑在威胁和提议平行存在的情况下是否存在一种共存状态介于威胁和提议之间,其交换也介于生产和非生产之间。")

③ George Fletcher, Blackmail: The Paradigmatic Crime, 141 U. Pa. L. Rev. 1627—1628(1993).

④ George Fletcher, Blackmail: The Paradigmatic Crime, 141 U. Pa. L. Rev. 1618—1619(1993).

⑤ George Fletcher, Blackmail: The Paradigmatic Crime, 141 U. Pa. L. Rev. 1627 (1993).

⑥ Joel Feinberg, Harmless Wrongdoing, 211—213, 238—276(1990).

敲诈者本身有披露信息的义务，那么为了金钱将信息隐匿就是错误的。例如隐匿他人犯罪行为的信息不予披露就是错误的，因为每个人都有举报犯罪的道德义务，所以不予披露他人犯罪信息来换取金钱的行为就构成敲诈勒索。[①]另一方面，如果敲诈者负有保密义务，那么以披露信息来威胁显然就是错误的。[②]（此类威胁就属于勒索——威胁所要采取的行为本身就是非法的，所以对这种行为的禁止不会有太大争议。）所以在范伯格看来，如果行为人可以披露信息，但又没有义务必须披露信息，这种情况下的威胁就不属于敲诈。[③]简而言之，范伯格的观点可以被称为敲诈悖论，如果威胁实施的行为是允许的那么该威胁也是允许的，如果威胁实施的行为是禁止的那么该威胁也应当禁止。[④]

不过范伯格理论中所提到的责任侵害究竟是法律责任受到侵害还是道德责任受到侵害则并不明确。比如，范伯格就提到发现犯罪应当报警的义务，当然他也承认这里会存在关于义务性质的问题，到底是法律义务还是道德义务，但他依然坚持“我们的政治体制明确要求与执法部门合作乃是一种公民义务，即使这种义务并没有刑法或者行政法的明确要求”[⑤]。这种公民义务对于范伯格而言已经足够了，足以认定以此来换取回报就是敲诈。范伯格还认为刑罚对于敲诈的禁止不局限于民法上的义务，[⑥]例如侵权法有关侵犯隐私的规定。[⑦]而范伯格进一步指出行政法应当对更多的义务予以认可，比如虽然信息真实但是对他人造成诽谤的[⑧]，行为者的威胁也应当构成敲诈。[⑨]所以在范伯格看来，即使威胁的行为是合法的，但以此行为相威胁依然可以构成敲诈。这种行为的违法可以既表现为敲诈者提出的要求得到满足，也可以表现为因为这要求得不到满足而实施的报复。

上述合法（现实的或潜在的）法律义务分类与道德义务之间既有相似，又

---

① Joel Feinberg, Harmless Wrongdoing, 241—245(1990).

② Joel Feinberg, Harmless Wrongdoing, 249—258(1990).

③ Joel Feinberg, Harmless Wrongdoing, 245—249(1990).

④ Joel Feinberg, Harmless Wrongdoing, 240(1990).

⑤ Joel Feinberg, Harmless Wrongdoing, 244(1990).

⑥ Joel Feinberg, Harmless Wrongdoing, 253(1990).（他断言关键在于法律是否规定了义务，而不需要明确到底是刑法上的义务还是行政法上的义务。）

⑦ Joel Feinberg, Harmless Wrongdoing, 250—251(1990).（依照侵权法有关侵犯隐私的规定不得披露有损他人盛誉信息的义务。）

⑧ Joel Feinberg, Harmless Wrongdoing, 254—256(1990).（对该观点表示认可。）

⑨ Joel Feinberg, Harmless Wrongdoing, 254(1990).（“对于自由派而言应当为这些道德上的错误行为提供行政法上的补救，这样他就可以进一步要求刑法介入而不会受到敲诈悖论的阻碍。”）

有区别。有些行为虽然不符合道德要求,但又不在法律调整范围之内。如范伯格所指出的,某人知道他人通奸,可能对此进行曝光在道德上是正确的,"无论法律规定他应该披露或者不披露,这部法律都不会受到拥护"①。范伯格对于犯罪化必要性的基本感受乃是来源于法律的指引功能,因为法律可以通过一些示范来避免危害或者对他人的侵犯。②尽管范伯格个人反对将敲诈他人通奸的行为规定为犯罪,但很显然他在很多问题上不愿按照公众判断来确定法律调整的范围:"很显然,即使有人认为将敲诈他人通奸应该规定为犯罪,但他们肯定不会主张单独再设一个罪名,规定告知受到背叛的属于犯罪,也不会有人主张立法规定必须告知受到背叛的一方的法律义务。两种情况都不太可能。要么敲诈者有义务进行告知(或者有义务不告知,可能更适合本案),那么违反该义务来威胁他人显然也应该受到禁止,这样才能保证法律规定前后一致;要不然就规定他没有法律义务,这个时候惩罚人家敲诈则显得有些牵强,因为人家没有法律义务,告知或者不告知都在行为人的权利范围之内。"③

范伯格的经验认为公众对于披露通奸信息的态度应当是予以禁止,但结果证明他是错的,也许他应当调整下他对该问题的立场。在范伯格看来,法律是否应当禁止某种威胁要看法律是否应当禁止该种威胁到底威胁要干什么。如果不是,就意味着行为人所威胁之事并无法律上必为或不必的义务,那么他的威胁就不能认为是敲诈。

而在错误意图理论中,被试者有可能会同意范伯格关于敲诈的标准,但对于这一标准如何适用于具体案件则不然。而对伯尔曼和卡茨的理论来说,他们也许会同意这种观点,那就是威胁仅在错误的情况下才能构成敲诈,而对于什么是"错误"的范围界定则仁者见仁智者见智。所以这里也是一样,我们与范伯格的分歧在于哪些道德才是大家都认可的法律义务应当调整的范围,但我们都认为敲诈的成立应当以威胁违反法律义务为限。

所以和其他学者一样,范伯格有关敲诈犯罪的依据也要向大众的直觉来进行探求,包括他自己对于敲诈的论证。他指出对于敲诈者行为的错误性质人们存在广泛的共识:"那是一种四处游荡的邪恶,很多人都会认为,他(指敲诈者)可以因为别人的犯罪或者不慎而发一笔横财,他可以因为别人的错误而

---

①③ Joel Feinberg, Harmless Wrongdoing, 249(1990).

② Joel Feinberg, Harmless Wrongdoing, 275(1990).("如果人们有着独立的合法权利可以实施某一行为,那么一部以自由为原则的刑法典显然无法使人们出于交换的目的来实施这一行为,我实在想不明白。")

获利。显而易见,他的所得乃不义之财。”①

范伯格依然坚持了自己对于敲诈的论证,即敲诈应当禁止“那些一般感受会一直认为应当规定为犯罪的行为”,②但与此同时我们可以看到范伯格的观点其实并没有想要真正探求大众道德直觉,而更多的是在构建一种与自由原则相符的敲诈理论。事实上,范伯格一方面吸收这些原则,另一方面努力避免他所谓的敲诈悖论的案件,这两方面的努力导致他所建构的理论恰恰将原来被作为典型范例的如曝光他人通奸等案例排除在敲诈勒索的理论之外。③

2. 篡夺权威理论(The Usurping Authority Theory)。对于詹姆斯·林德格伦而言,敲诈的受害者并非受威胁者,而是某些利益受到敲诈者侵犯或者压制的第三方。例如典型的附条件威胁披露他人信息的案件中,其被害人就是对于该信息拥有正当权益的人:执法机关、配偶中的受害方,等等。④概括而言,对于林德格伦来说,敲诈者为了自己的利益而与他人谈判所获得的利益来自于谁,那个人就是被害人。⑤林德格伦对于敲诈的观点也试图从公众直觉中寻求支持,按照他的话说,他试图在两类威胁中寻求“有意义的区别”,因为这两大类威胁一类在所有人看来都应当被禁止,而另一类在所有人看来都应当被允许。⑥

敲诈者是否在利用他人的地位或者借用他人的“筹码”可以通过他所提出的要求来进行判断。如果敲诈者所提出的请求是其他第三方在拥有该信息时也会提出的,那么就不构成敲诈。⑦即使所提要求并非第三方所真正寻求的,只要威胁的制造者有充足理由相信自己是为了他人的利益而不是自己的利益在提出要求,那么在林德格伦看来,他很怀疑会有人把这种行为认为是敲诈。⑧但是如果行为人以抑制他人利益为由索要回报,那么就会构成敲诈。⑨

---

① Joel Feinberg, Harmless Wrongdoing, 239(1990).

② Joel Feinberg, Harmless Wrongdoing, 276(1990).

③ Joel Feinberg, Harmless Wrongdoing, 245—249(1990).

④ James Lindgren, Unraveling the Paradox of Blackmail, 84 Colum. L. Rev. 670 (1984); James Lindgren, Blackmail: An Afterward, 141 U.Pa. L.Rev. 1975(1993).

⑤ James Lindgren, Unraveling the Paradox of Blackmail, 84 Colum. L. Rev. 702 (1984).

⑥ James Lindgren, Unraveling the Paradox of Blackmail, 84 Colum. L. Rev. 680 (1984).

⑦ James Lindgren, Unraveling the Paradox of Blackmail, 84 Colum. L. Rev. 714 (1984).(断言如果寻求优势和借用利益之间存在平衡则不构成敲诈。)

⑧ James Lindgren, Unraveling the Paradox of Blackmail, 84 Colum. L. Rev. 715 (1984).

⑨ James Lindgren, Unraveling the Paradox of Blackmail, 84 Colum. L. Rev. 672 (1984).

三、社会危害理论

支持敲诈入罪的部分理论并没有对其道德状况进行太多的考虑。对于这些理论而言,禁止敲诈勒索不是因为敲诈勒索本身不对,而是敲诈勒索对社会有害。这些理论并不关注敲诈作为个体行为对受威胁者所产生的危害,而是站在全局角度考察如果敲诈合法,那么就会刺激一大批不当行为的产生,导致社会损失的增加。在论及这一问题时,有些学者强调敲诈者会导致非生产性投入的增加,而有些学者则强调被敲诈者需要为保护隐私作出额外的投入,但有一点是他们都承认的,那就是敲诈的法律地位不是由道德决定的,而是由社会的成本收益分析所决定的。

有一批学者从法律经济学的角度对敲诈勒索进行了分析,结论认为对敲诈勒索予以禁止是正确的,因为法律经济学的研究结果表明敲诈勒索会导致资源配置缺乏效率。①这些研究只针对敲诈勒索的合法化或犯罪化会对获取他人秘密、增加安全投入、实施诈骗等问题所产生的全面影响。他们的目标不是建立敲诈勒索的犯罪构成来实现具体案件的正确或者公平的结果。由于该类研究遵循的乃是这样一种思路,所以该类研究对于立法目标应当是如何实现敲诈勒索立法的最佳社会效果,而这一效果就体现在预防敲诈勒索的边际成本要大于敲诈勒索成本。他们所关注的不是敲诈勒索缺乏道德——事实上该部分研究甚至提到敲诈勒索其实存在某种功效能够提高私人对于法律的维护。②

和法律经济学的学者一样,杰弗瑞·墨菲(Jeffrie Murphy)提出一种理论专门针对如果敲诈勒索合法化那么会产生何种行为动机。③墨菲与他人的细微区别在于他的理论对于个人隐私进行了关注。与经济理论相区别的是,经济理论更多关注的乃是获取信息所浪费或者无产出的努力,墨菲更加关注侵犯个人隐私的可能性且认为这一现象从其内在而言就很成问题。而与此同时,

① Ronald H. Coase, The 1987 McCorkle Lecture: Blackmail, 74 Va. L. Rev. 655 (1988); Richard A. Epstein, Blackmail, Inc., 50 U. Chi. L. Rev. 533 (1983); Douglas H.Ginsburg & Paul Schectman, Blackmail: An Economic Analysis of Law, 141 U. Pa. L.Rev. 1849(1993); William M.Landes & Richard A.Posner, The Private Enforcement of Law, 4 J. Legal Stud. 1 (1975); Richard H. McAdams, Group Norms, Gossip, and Blackmail, 144 U.Pa. L.Rev. 1817(1993); Steven Shavell, An Economic Analysis of Threats and Their Illegality: Blackmail, Extortion, and Robbery, 141 U.Pa. L.Rev. 1877(1993).

② William M. Landes & Richard A. Posner, The Private Enforcement of Law, 4 J.Legal Stud. 1(1975).

③ Jeffrie G.Murphy, Blackmail: A preliminary Inquiry, 63 Monist 156(1980).

墨菲会认为对公众人物进行敲诈的行为可以作为例外允许，因为在他看来对公众人物调查所获得的信息要比对纯粹私人进行调查更有利于社会。而在最后墨菲似乎提出了一种成本收益的交换，包括对机密信息的保护或者获取的投资，与典型的经济学理论十分类似。

这种理论将自身的任务仅仅定位为敲诈勒索禁令的存在提供依据，但它并没有想过这一禁令的范围到底该如何界定。对于经济学家而言，基于互利原则的自愿交易显然应该得到支持，所以敲诈勒索作为一种例外的禁止应当给出特别的说明。鉴于上文已经给出的说明我们发现，法律经济学的观点并没有像其他具体形态的敲诈勒索犯罪那样迎合这一说明。这其中的含义是，一旦我们明确，禁止敲诈勒索是必须的，无论是从社会成本的角度进行论证，还是从敲诈勒索的外部效果进行论证，那么敲诈勒索的定义就应当将成本最小化（或者实现社会效益的最大化）。这种观点的操作方法乃是减少社会危害，而非对个体的错误行径作出反应。

在所有此类理论中，约瑟夫·埃森堡（Joseph Isenbergh）挺身而出提供了一种有关敲诈勒索的理论专门解决具体案件是否应当犯罪化的问题。[①]他试图对哪些信息更应当保持私密而哪些信息应当公开披露进行界定。[②]埃森堡将敲诈勒索案件中的主体分别取名为A、B、C，受威胁者为A，敲诈者为B，第三方有权了解信息者为C，然后将敲诈勒索的案件限定在两种情况之内："（1）该信息乃是A对C实施犯罪或者侵权的相关信息，不管通过任何渠道被B获得；（2）该信息是B在与A交往以外的渠道获得的。"[③]埃森堡随后对第二项进行了更加细致的说明，指出其中一个有关区别在于"该信息是B此前已经掌握的还是B为了敲诈目的而特别获取的"。[④]埃森堡指出如果A和B此前存在联系那么该信息则更有可能是此前已经掌握的，如果A和B此前没有联系那么该信息则更有可能是B蓄意获得的，因此应当受到法律制裁。[⑤]对于那些没有必要规定为犯罪的敲诈勒索，埃森堡也指出直接犯罪化并非最佳的法律对策。埃森堡更加倾向于将敲诈勒索的交易规定为不具有法律上的强制力，并将上述第一类案件中的B作为A在犯罪或者侵权中的共犯来进行处理。[⑥]

---

① Joseph Isenbergh, Blackmail from A to C, 141 U.Pa. L.Rev. 1905(1993).
② Joseph Isenbergh, Blackmail from A to C, 141 U.Pa. L.Rev. 1927(1993).
③ Joseph Isenbergh, Blackmail from A to C, 141 U.Pa. L.Rev. 1908(1993).
④ Joseph Isenbergh, Blackmail from A to C, 141 U.Pa. L.Rev. 1929(1993).
⑤ Joseph Isenbergh, Blackmail from A to C, 141 U.Pa. L.Rev. 1930(1993).
⑥ Joseph Isenbergh, Blackmail from A to C, 141 U.Pa. L.Rev. 1928—1929(1993).

四、敲诈无罪论

最后还有一种关于敲诈悖论的理论会主张直接将敲诈出罪，这样敲诈悖论就不复存在了。一些自由派的学者认为，对以合法行为相威胁进行入罪乃是对自愿交易自由的侵害，乃是对刑法权威的不当适用。①

拉塞尔·克里斯托夫(Russell Christopher)为该种理论提供了一种新的版本，他提出了一个新的概念叫"元敲诈"(meta-blackmail)：作为敲诈进行的附条件的威胁。②克里斯托夫认为并没有一种明确的方法来对元敲诈与敲诈进行区别对待(到底应该更重，还是更轻，还是一样)，所以他声称要解决这里的逻辑矛盾，或者说至少是比敲诈悖论本身更加棘手的问题唯一的方法就是对敲诈进行非犯罪化。(所以也包括元敲诈的非犯罪化。)③

在这种情况下，废除论者的立场就很容易明确：只要他反对对任何敲诈科处刑罚，那么根据他的道德直觉就可以得出废除敲诈的结论。需要指出的是，外行直觉与这些理由之间的分歧并不会削弱学者们自己的理论。对于自由主义者而言，犯罪化的界限应当被限定在非常狭窄的区域内，而敲诈入罪显然超出了这一范围，即使敲诈行为在道德上是错误的。④克里斯托夫并不希望对敲诈勒索的犯罪化进行道德上的反驳，但可以从他的阐述中推导出来。

第二节　立法方式

尽管美国各州刑法都有相应条款对传统敲诈勒索予以禁止⑤，但大部分州

① Murray N.Rothbard, Man Economy, and State 443 n.49(1962); Walter Block, Berm an on Blackmail: Taking Motives Fervently, 3 Fla. St. U.Bus. Rev. 57(2003); Walter Block, The Case for De-Criminalizing Blackmail: A Reply to Lindgren and Campbell, 24 W.St. U.L.Rev. 225(1997); Eric Mack, In Defense of Blackmail, 41 Phil. Stud. 274(1982); Ronald Joseph Scalise, Jr., Comment, Blackmail, Legality, and Liberalism, 74 Tul. L.Rev. 1483(2000).

② Russell L. Christopher, Meta-Blackmail, 94 Geo. L. J. 739, (2006); Russell L.Christopher, The Trilemma of Meta-Blackmail: Is Conditionally Threatening Blackmail Worse, the Same, or Better than Blackmail Itself?, 94 Geo. L.J.813(2006).

③ Russell L.Christopher, Meta-Blackmail, 94 Geo. L.J.747—748, (2006).(要解决元敲诈的三重困境，要么强行对敲诈进行非犯罪化，要么就要在敲诈犯罪化已然足够复杂的论证中继续增加新的内容。)

④ Russell L.Christopher, Meta-Blackmail, 94 Geo. L.J.note 857, (2006).(注意自由主义者的这种立场认为刑罚的规定应当直截了当、简单明了、通俗易懂，而绝大多数当代刑法学者都对此表示反对。)

⑤ 敲诈勒索的典型案例就是某人威胁他人如果不支付一定的金钱就将对其具有危害的信息曝光。

所采用的立法方式并不一致，而只要对这些现有的立法方式进行对比我们就可以发现一些区别。总的来说这些区别的范畴主要包括两个方面：第一，刑法所禁止的敲诈行为所提要求的范畴；第二，出罪例外（或特殊辩护理由）的范畴。

针对第一个范畴而言，敲诈立法对于敲诈行为所提要求的定义可以分为广义①和狭义②两种。狭义概念中规定敲诈所提要求仅以钱款或金钱利益为限。广义概念规定不仅包括金钱，还包括被害人或第三方被迫采取某种行为。

针对第二个范畴而言，情况略显复杂。相关法律可以分为三类：多数例外、少数例外、禁止例外。多数例外的立法规定在很多情况下的威胁行为并不构成敲诈勒索，例如行为人要求他人纠正错误行为，制止他人不当行为，避免自己承担无法承担的责任，等等。③这些立法一般都会对行为人的威胁行为构成例外规定附加条件。狭义概念一般将例外情况限定在行为人必须是为了恢复所遭损害，或者为损失的财产或服务进行赔偿，等等。④而禁止例外原则顾名思义就是不对敲诈勒索设置任何例外。

基于敲诈勒索立法的这两大范畴可以将所有 52 类的敲诈勒索立法分为四个大类⑤：广义概念多数例外、广义概念少数例外、狭义概念少数例外、其他例外模式。（理论上其实还存在狭义概念多数例外的模式，但是这种情况的多数例外在现实中基本上不会用到，所以该情况和狭义概念少数例外模式是一样的。）

有九个地区采用了《模范刑法典》的广义概念多数例外模式，禁止威胁他

① 对此问题采取广义界定的包括阿拉斯加，阿肯色州，科罗拉多州，康涅狄格州特拉华州，佛罗里达州，夏威夷州，伊利诺伊州，印第安纳州，堪萨斯州，肯塔基州，马里兰州，马萨诸塞州，密歇根州，明尼苏达州，密苏里州，蒙大拿州，内华达州，新泽西州，新墨西哥州，纽约州，北达科他州，宾夕法尼亚州，罗得岛州，田纳西州，得克萨斯州（值得注意的是得克萨斯州利用州法律的规定会对行为人处以和敲诈勒索等同的罚金数值），佛蒙特州，华盛顿州，威斯康星州，怀俄明州。

② 对此问题采取狭义界定的是：亚拉巴马州，亚利桑那州，加利福尼亚州，特拉华州，佐治亚州，爱达荷州，路易斯安那州，缅因州，密西西比州，内布拉斯加州，新罕布什尔州，北卡罗来纳州，俄亥俄州俄克拉荷马州，俄勒冈州，南卡罗来纳州，南达科他州，犹他州，弗吉尼亚州，西弗吉尼亚州以及联邦政府。

③ See.eg, Model Penal Code § 212.(5)(1)(d); Cf. Nd. Cent .Code § 12.1-17-06.采用多数例外模式的州包括：阿拉斯加，加利福尼亚州，康涅狄格州，夏威夷州，肯塔基州，新泽西州，纽约州，北卡罗来纳州，北达科他州，俄亥俄州，俄勒冈州，宾夕法尼亚州，华盛顿州。

④ 采用少数例外模式的州有：亚拉巴马州，亚利桑那州，阿肯色州，科罗拉多州，哥伦比亚特区，特拉华州，佛罗里达州，佐治亚州，爱达荷州，伊利诺伊州，印第安纳州，爱荷华州，路易斯安那州，缅因州，马萨诸塞州，密歇根州，明尼苏达州，密西西比州，密苏里州，蒙大拿州，内布拉斯加州，新罕布什尔州，新墨西哥州，罗得岛州，南达科他州，田纳西州，得克萨斯州，犹他州，佛蒙特州，威斯康星州。

⑤ 52 类敲诈勒索立法是由 50 个州的，加上联邦法典和哥伦比亚特区组成。

人采取某种行为或索要财物，然后明示或者暗示规定，在特定情况下企图要求他人实施特定行为但是最终没有得逞的，可以不作为犯罪处理。①尽管这些地区基本沿用了《模范刑法典》的措辞，但其中多少存在一些差别。例如华盛顿州明确禁止索要金钱或者服务，然后明确规定服务包括性服务在内。②其他地区的立法对于这一问题规定则没有那么明确。此外，有关犯罪例外的定义也存在一些变化。绝大部分采用广义概念多数例外的地区都采用了《模范刑法典》的措辞，但有些地区将这些例外情况的适用条件进行了进一步限定，而有些则对例外情况的适用范围进行了进一步的扩张（最明显的就是北达科他州）。

十八个地区采用了广义概念少数例外的模式，将敲诈的要求规定为强迫行为或索要财物，并规定了例外情况包括行为人必须为了恢复所遭损害、要求他人返还财物，或者为提供的服务进行补偿等。③而这些立法要比此前广义概念多数例外模式包含了更多的专业术语和体系结构上的显著变化，有些地区直接采用了《模范刑法典》的条文然后规定了少数例外，有些地区则部分采用了现代立法结构然后结合了一部分普通法的规定。有些广义概念少数例外的法律规定了的威胁种类有一长串的名单，而有些地区则作出了较多限定。尽管如此，这些立法都得到了合理的分类，因为被禁止的威胁总是寻求获得某种

---

① 阿拉斯加州，康涅狄格州，夏威夷州，肯塔基州，新泽西州，纽约州，北达科他州，宾夕法尼亚州，华盛顿州。一种典型广义概念多数例外模式会和宾夕法尼亚州的立法相似。

(a) 罪的定义——如果行为人意图限制他人的自由去达到他的目的，犯敲诈勒索罪，他会作出如下威胁行为：

(1) 犯下任何刑事罪行；

(2) 指责任何人有罪；

(3) 泄露会使被胁迫人遭受奚落，嘲笑，仇恨，责难的秘密，或者；

(4) 让公职人员做或者不做某种行为。

(b) 辩解——这是一个基于 a(2)a(3)a(4) 这一段的辩解，行为人认为指责或泄露秘密是真实的或是建议官方进行行动的一个正当理由，他的意图是通过有限的引人注目的行为方式让被指责的主体进行一个合理的行动，或是停止进一步的不当行为，只是一个不当但正确的做法，不这么做的话行为人没有资格或能力达到自己的良好目的。

② Wash. Rev Code § 9A.56.110.

③ 阿肯色州，科罗拉多州，特拉华州，佛罗里达州，伊利诺伊州，印第安纳州，爱荷华州，马里兰州，马萨诸塞州，密歇根州，明尼苏达州，密苏里州，蒙大拿州，新墨西哥州，罗得岛州，田纳西州，佛蒙特州等广义概念少数例外模式可以由多种方式构成：最简单的是田纳西州；

(a) 行为人犯敲诈勒索罪要强迫他人去做：

(1) 得到财产，服务，或者任何便利或者；

(2) 非法限制他人的自由。

(b) 一个可得到同意的有关敲诈的辩解是行为人可以合乎逻辑的宣称：

(1) 适当的限制他人或者对伤害行为进行了合适的补偿；

(2) 对于财物或者合法的服务进行合适的补偿。

Tenn .Code. Ann 39-14-112；see also D.C.Code. Ann 22-3225.

行为或者财物，而只在某人对于行为或者财物具有某种法律权利时才能够作为例外。

十六个地区采用了狭义概念少数例外的模式，禁止通过威胁他人取得财物，但行为人必须为了恢复所遭损害、要求他人返还财物，或者为提供的服务进行补偿等除外。[①]与广义概念少数例外的地区相比，这些立法在语言的措辞和组织上都有着显著的区别。很多地方将该部分条文规定在勒索法中，但也涵盖了传统的敲诈犯罪。

“其他例外模式”种类中有九个地区的立法没有对敲诈规定例外[②]，其中四个地区采用广义概念[③]，五个地区采用狭义概念[④]。得克萨斯州对传统敲诈犯罪适用的是普通法，有一系列的案件可以对该州的司法实践进行解释。[⑤]

---

① 亚拉巴马州，亚利桑那州，特拉华州，佐治亚州，爱达荷州，爱荷华州，马里兰州，密西西比州，内布拉斯加州，新罕布什尔州，南达科他州是“真正”的狭义概念少数例外模式的州。加利福尼亚州，北卡罗来纳州，俄亥俄州，俄勒冈州看起来像是广义概念例外，但实际上是狭义概念少数例外模式。狭义概念少数例外和广义概念少数例外一样，并不像广义概念多数例外一样具有标准的范式，亚利桑那州是典型的采取敲诈勒索狭义概念的立法地区，用的语言也采取了狭义模式为：

A. 行为人犯敲诈勒索罪因为其在未来的任意后续时间用威胁的手段来故意得到财物或者是寻求得到财物或是某种服务的，主要采取了以下措施：

1. 用足以致死的武器或危险的工具对任何人造成了身体上的伤害。
2. 用除了分段 1 以外的任何方式造成了身体上的损害。
3. 导致了财物的损害。
4. 从事了其他构成了犯罪的行为。
5. 控告任何人犯罪或对任何人提起刑事指控。
6. 泄露秘密或是声称的事实，无论是否真实，倾向于让被害人受到谴责或者指控或者削弱他的信用能力或是商业机会。
7. 让公职人员做或者不做某些行为，或者让公共服务设立或者不设立某些环节。
8. 让任何人交出任何财物。

B. 基于 A 部分的 5，6，7 项的控告有合理的辩护理由，当财物是通过控告，揭发，诉讼等方式进行威胁得来时或者是由于官方宣称的进行的合法的调用：

1. 控告、诉讼或其他官方行动所造成的损害的赔偿或赔偿。
2. 通过依法取得的财物或是依合法行为取得的财物进行的补偿。

Ariz.Rev.Stat.13-1804.

② 没有规定例外的地区其敲诈立法也存在不同的模式。堪萨斯的敲诈立法非常简单：以可能导致某人受到公共嘲讽、蔑视或者耻辱的信息相威胁而获取或者企图获取财物，或者要求他人违背自身意志行为。Kan. Stat. Ann. §21-3428. 其他没有例外的立法还可以参见 Okla.Stat. tit. 21 §60-1488；18 U.S.C. §973。

③ 堪萨斯州，内华达州，俄克拉荷马州和怀俄明州。

④ 南卡罗来纳州，得克萨斯州，弗吉尼亚州，西弗吉尼亚州和联邦政府。

⑤ 任何人的胁迫，无论是精神上的，身体上的，或其他方面，使他违背自己的自由意志或违背自己的意愿或利益屈服于某一情况或条件，构成“胁迫”……法律会予以谴责，法院将给予救济来反对所有的胁迫。Haliey v.Fenner and Beane，246 S.W.412，41213(Tex，Civ，App，1922).

第三节　公众观念检测

为了检测究竟哪种立法安排与大众观念最为契合，被试者将会看到一系列为了检测敲诈立法所设计的相关场景。对于每一个场景，测试文件都会提问本案是否应当被规定为犯罪。为了保障被试者对于场景的感知与实验预期一致，第二份测试文档会进行操作性检测，对被试者对于每个案例感受的细节进行检验，并确定相关场景的关键变量得到了识别。然后被试者对敲诈勒索犯罪化的反应会与根据理论所得到的预测进行对比，从而发现究竟哪种理论与被试者的观念最为符合。

一、设计与方法

一共 129 名被试者参加了实验，这些实验者都是通过传单和网络征集的，然后他们会在实验室中进行访谈并收到 4 美元的报酬。被试者的年龄范围从 18 岁到 58 岁不等，性别、种族、教育、经济都有差异。每个问卷包括 11 个场景，这些场景以敲诈立法的不同理论为基础进行的设计。问卷一共有两个版本，其中 11 个场景的顺序存在差别，这是为了防止场景排列顺序对实验产生影响，不过结果显示场景排列顺序并没有对实验结果产生影响。

每个场景中都包含了两名主要角色，分别叫维克多(Victor)和布莱恩(Brian)。每个案件中布莱恩都是潜在敲诈者，他对维克多进行威胁，对维克多提出各种不同的要求。不同的场景设定了不同种类的威胁和不同种类的要求。所以每个场景都会形成一种固定的搭配模式来检测是否符合大众观念。

第一和第二个场景是为了质量控制目的而设计的对照组。第一个场景乃是一起典型的敲诈案件，在所有的学者和所有的立法看来都构成敲诈无疑。第二个场景则恰恰相反，该场景规定的案件在所有学者和所有立法看来都不构成敲诈。如果被试者对于这两个问题的回答错误的话，那么该被试者将被排除在研究之外，其结果不被研究的后续分析所采用。

为了保证被试者对于场景的感知与实验预期相一致，研究还对被试者进行了操作性检测，被试者需要回答对于有关场景的感知和结论，尤其是对于场景中有关理论进行检测的事实和变量的感知和结论。事实上，操作性检测的每一个问题都根据每个场景中的不同要素进行了个别化设计。而有关操作性检测的回答一共分为 6 个等级，从否到是，－3 表示明确不是，＋3 表示明确是，所有 44 个问题(11 个场景，每个场景 4 个问题)都采用这一标准。

除了每个场景 4 个操作性检测问题以外，被试者还要回答 3 个附带问题。其中一个问题是关于威胁是否实质——该问题是针对两种理论的(卡茨理论和弗莱彻理论)。剩下两个问题是关于敲诈所威胁实施的行为如果实现会导致何种伤害。同样,后面的两个问题也是根据不同场景的不同设定而设计的。

最后两个问题的目标是要确定这些变量是否对被试者犯罪化决定产生影响。需要注意的是这三个问题的回答并非简单的是或不是,而是需要对相关要素进行量化分析。

被试者还将接受一个测试,来确定被试者对于每个场景能够如实验者设计的那样进行感知。在进行完操作性检测回答后,被试者需要回答实验的核心问题——每个场景中布莱恩是否需要承担刑事责任。

二、理论预判

每种理论都会对不同场景的犯罪化模式产生一种预判。通过对比这些预判和被试者的真实反映,我们就可以判断究竟哪种理论能够最贴切地反映被试者的观念。

1. 错误意图。米切尔·伯尔曼和里奥·卡茨两人的理论都认为敲诈乃是对于受到威胁一方的错误的剥削。在伯尔曼看来,威胁本身就是反映敲诈者错误动机的证据。如果敲诈者对于披露信息感兴趣的话(或者其他相威胁的行为),那么他直接做就行了。没有直接披露信息,反而希望以此来和他人进行交换,而披露信息的行为乃是作为要求得不到满足的情况采取的报复,这些都恰恰说明了其动机的罪恶。卡茨也认为,如果说威胁本身并无不法的话,那么恰恰是其报复性的动机导致了其错误。①

在伯尔曼和卡茨看来带有报复性质的五个场景构成敲诈勒索:场景 1(不给钱就举报犯罪[1 000 美元])、场景 4(不给钱就公布配方)、场景 6(不给钱就曝光出轨)、场景 8(要么砍树,要么公布照片)、场景 9(不给钱就举报抽烟)。上述案件中,如果布莱恩拿到钱(或者对方把树砍了),他就可以保守秘密,这意味着如果他披露了某些信息,他也不是出于正确的理由,而是因为其要求没有得到满足。

场景 10(不给 1 美元就举报犯罪)中的威胁与此相似,但伯尔曼和卡茨的理论对于这一案件却并不适用。在伯尔曼看来,知情不举便是错误,一个人隐瞒他人犯罪的信息已经表明他是错的,所以不管他为了敲诈提出的要求正确与否都在所不问。②而对于卡茨来说,如果所提要求十分轻微,不伤大雅,那么

---

① Leo Katz, Blackmail and Other Forms of Arm-Twisting, 141 U.Pa. L.Rev. 1567 (1993).

② 伯尔曼在给本书作者的邮件中对于这一观点表示了认可,即伯尔曼的理论并不对威胁所提要求有量的规定,无论敲诈所提要求多小都构成敲诈。

即使该威胁的动机是错误的，也不应当构成敲诈。比如敲诈人家一块钱在卡茨看来就不算是真正意义的敲诈。[1]

场景 11(不给钱就止赎)在伯尔曼和卡茨看来都构成敲诈。此处布莱恩虽然拥有要求维克多偿付滞纳金的权利(如果不付则停止其赎回抵押物的权利)，但是布莱恩行使这一权利的目的是错误的，他这么做并非出于某种公平或者中立的目的，而是要对维克多造成损害。

剩下的四个案件并不符合此处理论对于敲诈的要求，因为这些案件中实施威胁的目的并不是错误的，而是出于善意的目的，为了追求公平的结果所实施的。

2. 违反义务。根据范伯格的理论，如果威胁实施的行为是法律所禁止的，那么该威胁也就应当作为敲诈而受到禁止。如果法律要求遵守某种义务，那么行为人就不能威胁别人违反这一义务；如果法律禁止实施某种行为，那么行为人也不能威胁别人实施这一行为。即使现行法律还没有将某一义务规定为法定义务，但只要该义务应当为法律所认可，范伯格依然认为应当对这一义务进行认可并将威胁违反这一义务的行为规定为敲诈。例如，范伯格认为威胁披露某些真实但会带来损害的信息应当作为敲诈处理。[2]所以这一标准可以表述为：如果法律应当为某一行为设定法律义务，那么法律也应当将违反这一义务的威胁规定为敲诈而予以禁止。

根据范伯格的理论有四个场景应当构成敲诈，因为这些场景存在违反义务的情况，其中敲诈者都没有履行应当履行的义务。范伯格对场景 1(给 1 000 美元，不然举报犯罪)和场景 10(给 1 美元，不然就举报犯罪)进行了特别讨论，因为这两个场景都包含了敲诈者违反了对犯罪进行举报的公民的义务。而对于场景 10 范伯格指出，即使威胁所提要求十分轻微也应当构成敲诈，只要存在违反法律义务、违反对群体义务的情况[3]，比如知情不举，都应当构成敲诈。场景 6(不给钱就曝光出轨)和场景 7(要么撤回，要么曝光出轨)都存在布莱恩对维克多的承诺违反布莱恩自身承担义务的情况。

还有一种案例会符合范伯格关于敲诈的理论。根据范伯格的理论，只要威胁要求存在违反法律义务的情况就构成敲诈，无论这一义务来源于民法还是刑法。如果某人有权对于他人侵犯其隐私、泄露其秘密而提起诉讼的话，那

---

① 卡茨在给本书作者的邮件中对于这一观点表示了认可，即卡茨的理论认为敲诈所提要求应当满足一定的程度，要求过于微不足道则不构成敲诈。

② Joel Feinberg, Harmless Wrongdoing, 254—256(1990).

③ Joel Feinberg, Harmless Wrongdoing, 262(1990).

么以泄露这些秘密信息相威胁的行为就应当构成敲诈。[①]场景 8(要么砍树，要么曝光照片)中布莱恩采用特殊装置拍摄了维克多在家的照片的行为就属于这种情况，维克多可以就此事起诉布莱恩侵权。

范伯格的违反义务理论认为威胁实施的行为如果不存在积极或者消极的法律义务的话，那么该威胁就不构成敲诈，而敲诈者无论是否实施所威胁实施的行为在法律上都应当是自由的。有三个案件包含了类似的场景，其中威胁他人的人掌握了某种机密信息，但他既没有公开披露的义务也没有进行保密的义务。在场景 3(要么工作时保持清醒，要么举报酗酒)中布莱恩似乎在道德上有义务要对其同事的酗酒问题向单位领导报告，但是即使布莱恩没有这么做似乎也没有必要让他承担刑事或者民事法律责任。另一类案件如场景 4(不给钱就披露配方)、场景 5(不给钱就出版书籍)，以及场景 9(不给钱就举报抽烟)中——布莱恩完全可以自己决定到底要不要把自己知道的信息公开，因为维克多的秘密既没有违反法律也不会导致任何危险。

还有两类案件如场景 2(不给钱就起诉)和场景 11(不给钱就止赎)中，所谓的威胁所提出的要求其实是完全合法的，所以威胁者也不曾违反任何义务。

3. 持续控制。根据乔治·弗莱彻的理论，是否构成敲诈的标准要看威胁所要求的是否可以重复，是否会因此而导致一种敲诈者与被害者之间的统治与屈服的服从关系。有三个场景符合这里理论对于敲诈的定义，这三个场景中都存在敲诈者可以不断要求钱财的情况：场景 1(不给 1 000 美元就举报犯罪)、场景 4(不给钱就披露配方)、场景 5(不给钱就出版书籍)。

还有第四种案件，场景 10(不给 1 美元就举报犯罪)也属于这种状况，但是由于其所提要求过于轻微无法达到实质标准，因此在弗莱彻看来不能构成敲诈。敲诈中的要求还是要达到一个最低标准，上述索要 1 块钱的案例显然太少，不足以导致弗莱彻所要求的充分的屈服。[②]此外还有其他的案件中其威胁无法重复进行，因此就不存在所谓的控制关系。

4. 篡夺权威。根据詹姆斯·林德格伦的理论，“敲诈乃是某人通过对他人的利益进行现实或者潜在的抑制来换取其他利益的行为。为了得到自己想要的，敲诈者需要付出的努力比他人要少”。[③]这种情况往往都伴随着以披露对他人具有损害的、其他第三方想要知道的信息相威胁。[④]场景 1(不给 1 000 美元就举报犯罪)、场景 6(不给钱就曝光出轨)、场景 10(不给 1 美元就举报犯罪)

---

① Joel Feinberg, Harmless Wrongdoing, 250—251(1990).

② George Fletcher, Blackmail: The Paradigmatic Crime, 141 U.Pa. L.Rev. 1627(1993).

③④ James Lindgren, Unraveling the Paradox of Blackmail, 84 Colum. L.Rev. 672 (1984).

等场景中，布莱恩所使用的乃是其他执法部门（或社会公众）所需要知道的信息。场景4（不给钱就披露配方）中，布莱恩索要钱款的信息仅为面包房的顾客所感兴趣。场景9（不给钱就举报抽烟）中，布莱恩通过不让特蕾莎知道她想要知道的信息来向维克多要钱。

符合林德格伦理论构成敲诈的案件还包括场景5（不给钱就出版书籍）①和场景8（不砍树就公布照片）。这里根据林德格伦的理论，布莱恩在某种程度上是在消费大众对于窥探秘密的兴趣，尤其是公民私人房中事。②

最后，场景3（要么工作时保持清醒，要么举报酗酒）和场景7（要么撤回，要么曝光出轨）根据林德格伦的理论也应当构成敲诈。在这两个场景中，虽然布莱恩并没有为自己谋求任何利益，但他向维克多所要的东西乃是其他第三方才有权利获得的。场景3明确指出如果雇主知道维克多存在物质滥用（酗酒）问题，那么根据该单位的零容忍策略，维克多就会被解雇。而布莱恩还提出了额外的要求，如果换成是雇主是不会提出这种要求的。所以，尽管布莱恩并没有将自己的利益置于雇主之上，但他所追求的利益依然与雇主作为正当权利人的利益相悖。场景7也存在相似之处，甚至如果按照林德格伦的理论而言其典型性更强，因为在本案中布莱恩所提出的要求警方是不会这么做的，更重要的是布莱恩如果把出轨者提交给适当的人的行为本身就越界了，因为布莱恩知道自己在代替有知情权的一方在做决定。

还有两个案件中布莱恩对于维克多所提出的要求没有对任何第三方产生影响。场景2（不给钱就起诉）中，布莱恩并没有篡夺任何第三方的利益，他所支配的是对自己财产损害的索赔权利。③场景11（不给钱就止赎）中，布莱恩作为银行职员有权对客户科处滞纳金，但是他的行为是否在保护银行利益则显然存在争议。但即使他在保护银行利益以外还有其他想法，银行的地位在这里并没有受到任何的损害，而事实上银行正是布莱恩的权力来源，同时也赋予了布莱恩在该种情况下行使的权力。

5. 有效信息配置。有四个案件符合埃森堡敲诈理论的第一种类型：场景1（不给钱就举报犯罪）和场景6（不给钱就曝光出轨），信息本身就可以导致刑

---

① 林德格伦对这一问题进行了专门的探讨，他指出为了防止出版该书会导致某人名誉受损的可能还有该人的传记作者。出版乃是作者的事业，但为了索要钱财而威胁损坏他人的声誉那就是敲诈。

② James Lindgren, Unraveling the Paradox of Blackmail, 84 Colum. L. Rev. 672 (1984).（贩卖可能导致他人受辱的信息乃是对于他人利益的抑制。）

③ James Lindgren, Unraveling the Paradox of Blackmail, 84 Colum. L.Rev. 713—714 (1984).（例如只要某人相信他受到了侵权甚至犯罪侵害。所有的权威部门都会认可该受害一方和他的律师可以用起诉来对他人进行威胁。）

事诉讼。而还有两个案件显然不符合埃森堡关于敲诈的定义，分别是场景2（不给钱就起诉）和场景11（不给钱就止赎），布莱恩在这里乃是行使合法权利。

剩下的案件所遇到的问题就是根据埃森堡的标准在布莱恩和维克多之间是否存在先行交易，如果没有的话，那么该威胁就构成敲诈。场景4（不给钱就公布配方）中没有说明布莱恩获得维克多的蛋糕配方是出于偶然还是蓄意而为，由于场景没有提示两人事先存在任何联系，所以根据埃森堡的规则本案应当构成敲诈。同样的情况在场景5（不给钱就出版书籍）同样存在，因为在场景5中布莱恩是以披露为目的而有意搜集维克多的生活信息。

这一案件表明埃森堡的标准会与记者行业以及其他的调查发生冲突，因为用埃森堡的话来说，他们都采取了系统性的信息收集，只不过没有通过这一手段来获取利益而已。[①]那么这些案件究竟是应该规定为敲诈，因为不予禁止会导致更多没有意义的调查呢？还是不应该规定为敲诈，因为这些调查很有可能会发现对于私人有害但却对公众有益的信息，尤其是当调查者并没有以此为筹码来和当事人讨价还价的时候更是如此。根据埃森堡的原则这些案件都应当属于敲诈，但对于这些案件按照敲诈处理是否一定符合埃森堡原则的深层目的则并不一定。埃森堡的观点认为（包括其他法律经济学的学者也是如此），信息应该停留在其价值最为重视的地方，而在这些案件中很难确定这些信息是仅保留给受威胁者更有价值还是披露给公众更有价值。而信息的收集者，他可以选择把信息卖给哪一方，所以他才是最有选择权的人。

而在剩下的三个案件中，布莱恩和维克多确实事先存在联系，所以根据埃森堡的理论这些案件都不构成敲诈。场景9（不给钱就举报抽烟）和场景3（要么工作时保持清醒，要么举报酗酒）中，布莱恩都是通过偶然机会获得了相应信息，所以其结果与埃森堡的潜在原理（是否事先存在联系）是一致的。在这种情况下似乎就是“为了避免披露这一信息而投入成本最少的便是维克多，而且没有明显的理由要求维克多为了保护自己的秘密而采取过多的投入”。最后一个不构成敲诈的场景是场景8（要么砍树，要么公布照片），略显奇怪，因为布莱恩在本案中蓄意寻求的视线本身就是用来对他人进行威胁的。所以尽管有些牵强，但本案的理由是每个人都应该采取一些措施来防止邻居的窥视。相比之下公众对于这些照片并没有太多需求，而维克多对于保持这些照片不予公开的需求则要强烈得多。

三、法定责任模式

本研究的目标在于探寻究竟哪种立法途径更加符合被试者的观念。根据

① Joseph Isenbergh, Blackmail from A to C, 141 U.Pa. L.Rev. 1929(1993).

第二节中所列举的线性立法我们发现，现有的立法路径主要分为三类，分别是："广义概念少数例外"、"狭义概念少数例外"和"其他路径"。

《模范刑法典》(广义概念少数例外)认为场景1、4、5、6、8、9、10构成敲诈勒索罪，而场景2和场景7则不构成犯罪，因为在这两个环境中布莱恩要求维克多所实行的行为对于该种场合下是合理的。场景3也被认为不构成犯罪，因为他的行为没有对维克多的行为自由造成任何损害。①

要建立一个"广义概念少数例外"模式的通用立法模型可能有点困难，但在这种法定责任的模式之下，布莱恩就可能在所有的案件中都要承担责任。②这一类别和"广义概念多数例外"的关键区别在于那些例外的性质：对于所有《模范刑法典》所认定的例外，少数例外模式都不会认为属于例外。在场景1、5、6、9、10中，布莱恩对于所要求的财产都不具有法定权利，因此他都不能作为例外而出罪。如果布莱恩对于所要求的钱款具有合法权利，那么他才能够在广义概念少数例外的法律中被认定为例外而出罪。

对于狭义概念少数立法的法律而言同样很难形成一个通用的模式，因为根据这些立法布莱恩在场景1、5、6、9、10中也都会被认定为犯罪。而这一情况与广义概念多数例外的立法的唯一区别，在布莱恩要求维克多实施某种行为而非要求任何赔偿的场景中，狭义概念少数例外的立法并不会将这种行为认定为犯罪。如果某个情境中行为人所要求的赔偿乃是他所应得的，那么这些立法也都不会认定这种行为是犯罪。

对于那些被分到"其他"一栏的地区，有四种采用广义概念的禁止性立法会认定布莱恩在所有场景中都构成犯罪，有五种采用狭义概念的禁止性立法会认定布莱恩在场景1、5、6、9、10中构成犯罪，这种情况与上文的狭义概念少数例外的地区基本一致。

四、结果与讨论

1. 操作性检测结果。将操作性检测的问题和实验希望被试者所应有的感知进行比较，平均反馈大于0的表示是，小于0的则表示否。

尽管研究中需要进行操控的概念十分复杂抽象，但比较结果显示，实验对这些概念的描述处理还是十分到位的。

---

① 《模范刑法典》§ 212.5(1)(d)。

② 法定责任在场景2的适用上可能会有一些问题。有十二部法律必然认定布莱恩在该场景中构成敲诈，有五部法律可能会认定他有罪(如果布莱恩威胁是出于恶意则有罪，如果是出于善意则无罪)。还有一部法律则可能认定他无罪。(因为他完全可以出版一本新的故事。)

本研究的操作性检测结果非常理性并不是因为运气好，也不是因为对设计场景所具有的某种天赋，而是因为此前所进行过的几十次小范围的操作性检测所积累的经验逐渐积累改进使然。每一次小范围检测之后，相关场景的内容都会进行调整，然后进行重新检测。

这里我们想要表达的是，刑法学者如果采用这样的研究方法就能够从社会心理学家那里得到很大的收获，他们对于那些不符合预期效果的审判就会有更足够的耐心来面对。

2. 责任结果。研究同样对犯罪化判断结果，根据不同理论所作出的预期和法定责任模式进行了对比。

所有的责任评价的平均值都具有一定的显著性，除了场景 5 以外。该场景描述的是一位传记作者在调查研究中发现了传记本人的一些私密信息，于是他希望传记本人对他进行一定的补偿，那样他就不将这些信息公开。问题并不在于不同的被试者对于场景的感知存在不同。场景 5 通过了所有四类理论的操作性检测，这意味着被试者对于场景描述的感知是没有问题的。问题在于被试者对于本案到底是否应当适用刑事责任存在分歧。0.2 的平均结果与 0 之间的差别缺乏统计学上的显著性，换句话说就是几乎为零，也就是说并不确定，所以后续的讨论会将场景 5 的结果排除在外。

六种理论中至少有一种与被试者在每个场景上都表现出分歧(除了作为对照组的场景 1 和场景 2)。这是计划之中的。场景设计的目的就是为了测试不同理论之间存在的差别。对于某一给定案件，被试者的反应与理论相冲突的地方越多，那么这些理论对于其结果所要提供的说明也越多。而对于一种理论最大的支持就是有且仅有该种理论得出结论和被试者的反应是一致的，而其他理论没有能够得出和被试者反应一样的结论。另一方面，有关分歧的最为显著的证据就是仅有该种理论得出了与其他理论相反的结论，而被试者恰恰也得出了相反的结论。

两个场景的结果表明三种理论的预判之间存在分歧：场景 7(范伯格的违反义务理论、林德格伦的篡夺权威理论、埃森堡的有效信息配置理论)、场景 9(范伯格的违反义务理论、弗莱彻的持续控制理论、埃森堡的有效信息配置理论)。另外三个场景的结果表明两种理论之间的分歧：场景 8(弗莱彻的持续控制理论、埃森堡的有效信息配置理论)、场景 10 和场景 11(错误意图理论的两种版本)。有三个场景在一种理论上存在冲突：场景 3(林德格伦的篡夺权威理论)、场景 4(范伯格的违反义务理论)，以及场景 6(弗莱彻的持续控制理论)。

这些理论都具有不同立场，其表述的精确性也不尽相同，要对其精确性测试最简单的办法就是去看这些理论的责任判断的等级与责任判断结果的等级是否符合。以下是各项理论模式的总分：

10:《模范刑法典》(广义概念多数例外)。

9:错误意图理论(伯尔曼)、狭义概念少数例外。

8:错误意图理论(卡茨)、篡夺权威理论(林德格伦)、广义概念少数例外。

7:违反义务理论(范伯格)、有效信息配置理论(艾森堡)。

6:持续控制理论(弗莱彻)。

3. 各种理论。我们可以清楚地看到并没有哪种理论与被试者的责任裁判模式完全吻合，不过在这些理论当中，错误意图理论尤其是伯尔曼版本的错误意图理论与被试者的裁判模式最为接近，除了场景 5 以外(上文已经提到该场景在后续分析中予以排除)，仅在场景 11 上与被试者的反应表现出不同。场景 11 中布莱恩作为银行经理有权采取止赎措施只是他这么做并非完全出于银行利益而是带有私心，对于这一场景被试者的平均感受是不应承担刑责，而根据错误意图理论则应当承担刑责。而其他的四种理论都与被试者表现出一致。不过另一方面，该场景也恰恰是被试者相互之间分歧最大的案例：51.2%多数对 39.5%少数。所以不能说错误意图理论在该问题上完全背离大众观念，因为毕竟它还是反映了 39.5%的人，该比例虽然并不占优，但总体来看也不算少。

除了错误意图理论以外的其他理论都与被试者判断存在更多的误差。卡茨版本的错误意图理论和伯尔曼版本一样在场景 11 的判断上与被试者出现分歧，但除此之外，还有一个场景也出现了分歧，那就是场景 10。场景 10 中仅仅敲诈了他人 1 美元，但被试者还是很愿意对这样的行为进行处罚，而如果根据卡茨的理论，他就会认为要求过于轻微而阻却责任。

仅次于卡茨的是林德格伦的篡夺权威理论，又比前者多出两处分歧：场景 3 和场景 7。林德格伦对于这两个案件都会判处刑事责任，而被试者则恰恰相反，对这两个案件都没有判处刑事责任。而尽管结论相反，被试者却也承认林德格伦理论所提出的相关要素，操作性检测证明了这一点，不过操作性检测的结果也只是中度符合而没有达到高度符合。所以情况更可能是，林德格伦的理论对于责任判断具有预判性，但总体预判性不高，但尽管不高，相比之下它的预判性也是所有理论中较高的，仅次于伯尔曼，而在场景 11 的判断上它是对的，而伯尔曼错了。

范伯格的违反义务理论与被试者判断存在三处分歧：场景 4、7、9。而且这些分歧在两个方向上都存在，要么理论认为有罪而被试者认为无罪，要么理论认为无罪而被试者认为有罪。场景 4(不给钱就公布配方)和场景 9(不给钱就举报抽烟)结论并不意外，这两个案例与范伯格有关曝光通奸的相类似，在范伯格看来都不应当构成敲诈。在两个场景中，行为人都获得了他人的隐私信息，这一隐私信息都有可能对他人名誉造成损害，行为人都没有义务要披露这一信息，行为人都要求对方支付对价否则就曝光信息。在被试者看来这种情况就是敲诈，而范伯格却不这么认为。而与此相反，范伯格认为场景7(要么撤回，要么曝光出轨)构成敲诈，而被试者则不这么认为。

和范伯格的理论一样，艾森堡理论也有三处与被试者判断存在分歧：场景7、8、9。而且这些分歧也在两个方向上都存在，要么理论认为有罪而被试者认为无罪，要么理论认为无罪而被试者认为有罪。对于场景7，艾森堡认为有罪，而被试者认为无罪；对于场景8，艾森堡认为无罪，而被试者认为有罪，而且惩罚的意图相当强烈；对于场景9，虽然本案中布莱恩是偶然获得信息而非蓄意搜集信息，但是被试者还是倾向于判处其有罪。而被试者的判断似乎并没有将艾森堡理论所关注的因素考虑在内，当然这并不是对艾森堡进行批判，因为艾森堡的理论从一开始就没有说它要反映公众直觉。

弗莱彻的持续控制理论与被试者反应存在四处分歧：场景6、8、9、10。和卡茨一样，弗莱彻也认为敲诈中的威胁应当达到一定的程度，要设立一个门槛。所以在场景10这种仅仅敲诈了他人1美元的场合，弗莱彻就不会认为构成犯罪，而这一观点就与公众直觉发生了背离。而剩下的三个案件中，弗莱彻理论与被试者反应的分歧在方向上是一致的：被试者都认为有罪而弗莱彻都认为无罪。不过场景6的结果并不能算是真正违背弗莱彻理论，因为操作性检测显示被试者对于弗莱彻理论是认可的，这意味着他们认为案件已经达到了弗莱彻理论的标准，而他们之所以愿意判处责任的原因在于他们还是根据自己的理解来进行的。而对于场景8和场景9而言，操作性检测显示弗莱彻的理论为消极的，而被试者的责任反馈是积极的，这意味着被试者并没有按照弗莱彻关于敲诈的隶属关系理论来进行判断。这两个案件的设计都特别表明布莱恩在本案中的敲诈只能进行一次，不能重复进行，被试者也认识到了这一点，但他们还是认为构成犯罪。

最后有必要对废除论者的立场进行一番检视。被试者认为从场景6到场景11都应当承担刑事责任，在所有的被试者中只有一人认为所有11个场景都不构成犯罪。而操作性检测显示该被试者只对55个理论选项中的17个进行了确认，所以该被试者参加实验的态度可能不太认真，所以可以考虑将其排除。而实验数据基本证实废除论者的观点与公众观念并不一致。

4. 现行法律规定。研究最后结果显示在预测被试者的责任判断结果上，现行法律规定要比上述各种理论更加符合公众判断。事实确实如此，抛开场景5的特殊情况不谈，《模范刑法典》的规定几乎与被试者的观念一模一样，是所有理论中唯一一个达到这种程度的理论模型。鉴于《模范刑法典》所公开采用的乃是功利主义的观念，并且一直拒绝遵循公众道德感知，所以立法和大众直觉在敲诈问题上能够达成如此高度一致实在令人叹为观止。①

除此《模范刑法典》以外还有两种法律规定的选项，但未能达到《模范刑法典》的契合程度。广义概念少数例外的立法方法对敲诈行为的概念采用了广义的定义（和《模范刑法典》一样），但所允许的例外却少于《模范刑法典》，尤其对一些被试者不认为构成犯罪的案件判处了刑事责任，分别是：场景 3 和场景 7。而另一方面，狭义概念少数例外的立法方法所划定的犯罪圈的范围相对较小，所以出现了漏网之鱼，场景 8 在被试者看来构成犯罪，但立法则没有把它纳入进来。这种情况有点说不过去，因为场景 8 在所有案例中被认定有罪的几率排第二，仅次于场景 1，而场景 1 是对照组，是作为典型案件存在的，场景 1 在所有的理论中都会构成敲诈，场景 8 仅次于场景 1，可想而知场景 8 构成敲诈的典型性有多高。所以从大众感知来看，在确定敲诈勒索的犯罪圈范围上，狭义概念的立法途径所划定的犯罪圈过于狭窄，而少数例外的途径对于出罪的要求又过于苛刻。

5. 威胁严重性的效果以及被害人把柄的错误性质。

此外，关于操作性检测问卷的最后三个问题的答案，这三个问题不是要求被试者简单回答是或不是，而是要求被试者对敲诈中威胁的严重程度、所提要求的严重程度、被害人把柄的秘密程度进行量化评估。

研究对被试者对于上述三个问题所给出的结果以及其责任判断结果进行了相关性的分析。结果发现责任与上述因素之间关联性的中间值分别是 0.01、0.41、0.06。所以可以看到在这些因素中，只有所提要求的严重程度，即曝光这一项具有显著性，换句话说，在被试者看来布莱恩威胁曝光的危害性越大，被试者越有可能判决有罪。

根据上述研究，要求与责任之间缺乏显著的相关性在所有 11 个案件中都有存在，这就意味着卡茨和弗莱彻所主张的“要求必须达到一定的程度否则不构成敲诈”的理论主张并不符合大众直觉。而由于曝光之后造成的危害与敲诈者责任之间存在关联，我们可以间接认为在公众看来，被敲诈者就是敲诈案件的被害人。而随着被敲诈者的潜在危害的增加，被试者给出的刑事责任也随之增加。最后，被试者的责任判断与他们对于被害人行为的道德评价之间缺乏关联也再一次证明被试者所认定的敲诈并不是因为他们对被害人的同情所导致的。

---

① 参见本书第六章以及 Paul H. Robinson, Why Does the Criminal Law Care What the Lay Person Thinks is Just? Coercive vs. Normative Crime Control, 86 Va. L. Rev. 1839 (2000)。

第四节　结论

本章的研究显示《模范刑法典》的立法模式和米彻尔·伯尔曼的理论能够更好地反映大众直觉对于敲诈的看法。这两种有关敲诈的理论所共同具备的一个特点是认为敲诈乃是勒索的一种——而传统上认为勒索所威胁的内容一般更加严重，往往涉及犯罪行为，如不给钱就对他人进行殴打伤害等。《模范刑法典》对于敲诈（blackmail）的规定基本上在广义的勒索（extortion）犯罪的范围内（措辞为"犯罪性强迫"①），而伯尔曼的理论对于敲诈犯罪化的论证也主要针对它是勒索的一种。研究表明外行人对于敲诈的认知也认为受到威胁的人就是该犯罪的被害人，而不是其他人或者广义上的社会利益。（更进一步而言，研究表明有些我们认为与敲诈有关的因素并不是看起来那样：外行人对于敲诈的总体感觉是敲诈者的要求，或者敲诈者威胁他人所要披露的信息的性质，这些因素其实并没有那么重要。）

更具体而言，伯尔曼的理论主张外行人的直觉是敲诈会逐渐成为勒索是因为敲诈者的主观上具有恶意或不当动机。敲诈者的核心利益乃是让自己受益，而他追求这种利益的方式表明他想要伤害别人，这种伤害表现为强迫他人提供金钱或者让他人面对所威胁实施的行为。

与此同时，外行人的直觉和伯尔曼的理论也存在区别，比如外行人的直觉认为部分敲诈中，尽管行为人的主观动机未必正当，但其要求在客观上是合法的。所以在场景 11 这样的案例中，尽管行为人的主观动机未必那么高尚，但只要他的行为是为了恢复合法或者社会的利益，那么也不能认定为敲诈。这种感受与《模范刑法典》的例外规定相一致，该规定认为敲诈的威胁如果是为了促使他人能够在特定环境下妥善行事，避免未来不当行事的话，那么就不构成敲诈。

总的来说，伯尔曼所探究的敲诈的理论基础和《模范刑法典》所提出的现实客观约束相结合构成了"犯罪性强迫"的内容，同时也对敲诈的范围进行了限制，其基本要点如下：

犯罪性强迫

(1) 如果行为人试图或者知道如何伤害他人，并以不如此行事为对价来要求对方给予金钱或者其他利益的，则构成犯罪性强迫。

(2) 第一款中的伤害包括生理伤害、经济剥夺、实质心理压迫。

---

① 《模范刑法典》§ 212.5(1).Section(1)(a)规定了传统勒索；sections(1)(b)&(c)规定了一般敲诈。

(3) 例外。如果行为人有理由相信他的要求是基于合法权利或者社会公益而能够得到正当化的,则不构成第一款规定之犯罪。[①]

上述条文明确表达了大众感性认知背后对于敲诈的一般规范意义的直觉观念,同时也为其划定了界限,防止敲诈成为一个不需要客观危害而进行纯粹主观定罪的罪名。

同时研究还展示了有关刑法相关理论的普遍性结论。不管是讨论敲诈还是其他案件,几乎所有的学者都会借助他们所认为的大众道德直觉,但他们未必真的理解了大众道德直觉。而究竟哪种理解是正确的问题其实是可以实证的。相应的实证研究可以对这种外行人的直觉提供富有成效的证实或者证伪的方法。本研究对敲诈问题进行了这样的实证检验,得到的结果对其中一种理论提供了强有力的支持,而其他理论相比之下明显逊色很多。

最后可能会有人觉得本章的争议焦点并不离奇也不曲折,而这一研究也表明刑法中的某些内容确实存在过度理论化了。有关敲诈的悖论为理论研究提供了很好的素材,但确实存在部分理论失之宽泛,还不如《模范刑法典》这样一份纯粹实用主义的文本能够更广泛又更深刻地契合公众的道德认知。那些为了提升并维护有关敲诈犯罪相关理论的学者可能走得太远了,其实他们还不如就问问老百姓他们是怎么想的也许更好。

① 立法的具体内容取决于该条款在整部法典中所处的位置,不仅包括该项内容的一般规定,也包括该项内容的特殊规定,比如依据一般标准定义所给出的客观列举的选项范围。

第二十章

相互冲突理论的检验：正当化的辩护

本章提供了刑法理论实证研究的又一个经典范例，为行为正当化的辩护理由中存在的两种理论之间的相互冲突进行了调和。诸如正当防卫、执法行为等正当化辩护理由在很多地区都很常见。正当化辩护的作用在于，在特定情况下，原本会被认为是犯罪的行为由于在特定情况下或者满足特定条件而不构成犯罪甚至受到鼓励。①(与正当化的辩护理由相比，可宽恕的辩护理由承认行为人的行为是错误而不应该发生的，但在特定的情况下行为人并不具有可以责备的状态。)尽管正当化辩护在几乎所有地区都会存在，这一制度背后深层的理论基础却存在诸多争议，而这也为这一制度如何进行妥善的立法表述提出了难题。这些争议的核心问题在于：正当化辩护的理由究竟是因为行为人的行为避免了更大的危害还是行为人的行为拥有正当的理由？

现实效果理论(deed theory)认为行为之所以被正当化的理由在于它可以避免更大的危害，所以在未来类似的情况下这样的行为应当得到容忍。根据这种理论，被正当化的行为乃是行为人所做的有功效的行为。正当根据理论(reasons theory)关注的乃是行为是否具有正当根据，而非行为是否具有功效。正当根据理论认为行为人的行为是出于正当理由，当然一般情况下也都是为了避免更大的危害。这两种理论的争议在于正当化的关键是什么：究竟是行为在客观上具有正当性质还是行为人主观上具有正当的意图？

每一种理论的哲学论点都主张自身更加符合大众直觉。②本章内容采用了与第三部分中相似的社会科学研究方法对大众直觉进行分析。第一节对现实

---

① Paul H.Robinson & Michael T.Cahill, Criminal Law ch.8(2nd ed. 2012).

② Paul H.Robinson, Competing Theories of Justification: Deeds v. Reasons, in Harm and Culpability 45, 47—49(A.P.Simester & A.T.H.Smith eds., Oxford 1996); George P.Fletcher, Rethinking Criminal Law 556—557(1978).

效果理论和正当根据理论以及依据不同理论分析不同案件所得到的不同结果进行了分析。第二节对大众观念对于不同案件的判断进行了分析，并试图追踪其是否符合上述两种理论中的一种。第三节对研究结论及其对两种理论所具有的含义进行了说明。

第一节　正当化的理论种类

在很多案件中，行为人的行为如果可以正当化，那么该正当化一般都会同时满足客观和主观两方面的要求。一方面行为人主观上相信他的行为可以避免更大的危害，因此符合正当根据理论，而另一方面行为人客观上的行为也确实避免了更大的危害，因此符合现实效果理论。但是并非所有案件都是如此，在一些特殊案件中，现实效果理论和正当根据理论会发生冲突并得出不同结论，这也正是本章研究的关键。

正当根据理论也被称为主观说，采用这一理论时正当化的标准表述是："如果行为人相信他的行为是在对抗非法入侵、抓捕罪犯，或者维持车辆秩序，等等，那么他的行为就是正当的。"[①]所以根据主观说，只要行为人主观上相信当时所处环境可以为行为提供正当化依据，那么其行为就可以适用正当化的辩护理由，至于该环境是否确实存在则在所不问。

现实效果理论也被称为客观说，其正当化的原理在于在该种特定环境下，社会是否希望行为人如此行事，并希望其他人未来也如行为人一样如此行事。其正当化的检验标准在于是否避免了社会边际危害(最为广义的危害)。行为人的行为理由在其他刑事立法中可能会导致刑事责任：如果存在认识错误就有可能需要采用可宽恕的理由进行辩护，而不是采用正当化理由进行辩护。而相反情况下，如果错误认为行为不属于正当化范畴则有可能导致行为人构成企图犯罪(犯罪未遂)。现实效果理论在对行为是否符合正当化要求进行判断时是不考虑行为人的行为理由的。

所以，两种正当化理论争议的焦点就在于：现实效果理论(客观说)认为客观正当属性处于核心地位，而正当根据理论(主观说)认为客观正当属性并不是决定因素而仅仅是相关因素，关键还是要看行为人主观上是否出于正当目的。

支持正当根据理论而反对现实效果理论的人哪怕不是绝大多数，起码也

---

① 《模范刑法典》第 3 条。

占了大多数①,有人认为现实效果理论过于荒谬②,有人认为现实效果显失公平③,还有人认为现实效果负担过重④。(值得注意的是前两种批判的理由乃是基于学者自己的道德感受,并且确定别人也是这么认为的。)少部分支持现实效果理论的学者也提出了支持该理论的理由,其中就指出根据现实效果理论的行为正当化判断所得出的责任裁判结果更加公众,也更加符合大众对于公正的认知。⑤

各州刑法采用正当根据理论的即使不是全部,也肯定占据多数⑥,但是该部分立法仅在首次规定时较为清晰外,随着时间的推移其究竟采用哪种理论会逐渐变得模糊。⑦《模范刑法典》的条文前面已经被引用了:如果行为人相信他的行为对于防卫而言是必要的,那么他的行为就可以被正当化。⑧

两种理论的反差可以通过其对不同案件判断的不同结果中得到体现:(1)当行为人错误认为自己的行为不属于正当化时;(2)行为人错误认为自己的行为属于正当化时。

一、行为人不知自己行为属于正当化

假设行为人的行为客观上属于正当化的范围,但他自己却没有意识到这一点而错误地认为行为不属于正当化范围。例如行为人想要抢劫一名慢跑者,结果发现被害者其实是一名挥舞木棒的袭击者。那么行为人对于该袭击者的击打是否属于正当化范畴要看究竟采用哪种理论。

按照现实效果理论的观点,行为人事实上避免了更大的社会危害,因此属

---

① Michael Corrado, Notes on the Structure of a Theory of Excuses, 82 J.Crim. Law & Criminology 465, 489(1991); Kent Greenawalt, The Perplexing Borders of Justification and Excuse, 84 Colum. L.Rev. 144(1984); Austin W.Scott, Substantive Criminal Law 685 (St. Paul, Minnesota 1986); John Cyril Smith and Brian Hogan, Criminal Law 37(6th ed., Butterworth-Heinemann 1988).

② Brian Hogan, The Dadson Principle, 1989 Crim. L.Rev. 679, 680(1989).

③ Arnold Loewy, Culpability, Dangerousness, and Harm: Balancing the Factors on which Our Criminal Law is Predicated, 66 N.C.L.Rev. 283, 289(1988).

④ Kevin McMunigal, Disclosure and Accuracy in the Guilty Plea Process, 40 Hasting L.J.957, 979(1989).

⑤ Paul H. Robinson, Competing Theories of Justification: Deeds vs. Reasons, in Harm and Culpability 45, 61—67(A. T. H. Smith & A. Simester, eds., Oxford University Press 1996).

⑥ Paul H.Robinson, Criminal Law Defenses §184(b)(1984).

⑦ Paul H.Robinson, Competing Theories of Justification: Deeds v. Reasons, in Harm and Culpability 45, 47—49(A. P. Simester & A. T. H. Smith eds., Oxford 1996); George P.Fletcher, Rethinking Criminal Law 556—557(1978).

⑧ 《模范刑法典》§3.02(1), 3.03(3)(a), 3.04(1), 3.05(1)(b), 3.06(1), 3.07(1).

于正当化的范畴。至于行为人本人对此并不知情则不影响正当化的成立。不过，如果该州立法对于不能犯按照未遂来进行处罚的话，那么行为人的行为则可能构成未遂。[①]所以，因为行为人的行为属于正当化，因此他的攻击行为就不会被作为故意伤害而受到追诉。不过由于行为人主观上是为了对慢跑者实施抢劫的，所以他又可能构成企图犯罪(犯罪未遂)。

按照正当根据理论，如果存在行为正当化的环境，但行为人对此并不了解而以其他目的行事的，那么正当化辩护就不能成立。所以决定对被误认为是慢跑者的袭击者使用武力是否正当，并不在于行为本身而在于行为背后的理由。本案当中的行为客观上可能是对的，对于正当防卫而言是必要的，但它背后的理由根据是错的。

二、认识错误对于正当化的影响

上述情况其实并不常见，更常见的情况是行为人误以为自己的行为是正当的，并使用了武力，结果发现该行为客观上并不正当。在这种认识错误的案例中，行为人认为自己可以避免更大的危害，但现实中却并没有。例如本案中的那个挥舞木棍的攻击者最后被发现乃是一名拿着手电筒的慢跑者，只不过他的手电筒的灯泡掉出来了，晚上一看还以为他在胡乱挥舞木棒。所以对于这一案件的判断依然需要取决于我们采用哪种正当化的标准：(1)行为客观上是否正当；(2)行为人主观上是否正当。

从正当根据理论来看，该行为就是正当的，因为行为人是出于正当防卫的目的所实施的，所以即使行为本身是错的，只要行为人的根据是对的就行。而从现实效果理论来看，行为客观上是错误的，即使行为人主观上认为自己的行为是正当的也没有用。行为人也许可以进行可宽恕的辩护得到从轻处罚，如果其认识错误具有正当理由的话。[②]

需要注意的是两种理论对于本案处理的最终结果可能是一样的，区别在于二者所贴标签不同：按照正当根据理论，行为人错误地认为自己的行为是正当的情况下其行为是正当的，但是按照现实效果理论，行为人的行为仅仅是可宽恕的。这种区别对于第三方而言具有现实意义。比如，某个地区希望将抵抗正当武力使用的行为规定为犯罪，例如拒捕，但是允许抵抗可宽恕的武力使用，例如可以抵抗患有精神疾病的袭击者。[③]但是这一立法方法会与正当根据

① Paul H.Robinson, Criminal Law Defenses §85(c) n.28.

② 《模范刑法典》3.09(2).

③ 《模范刑法典》3.11(1)(对非法武力进行定义时指出，可以引发正当的防卫武力的使用，包括受到精神病患者攻击，但是不包括特权武力的使用，如警察执行逮捕)。

理论发生冲突。假设我们希望被害人可以合法抵抗他人误认为是正当的武力，比如被误认为是抢劫犯的慢跑者应该可以对所遭受的错误袭击进行合法抵抗。但是按照正当根据理论，如果攻击者错误地认为自己的行为是正当的，那么刑法就要作出某种特殊规定来得到一个恰当的结果。他还必须创制一种规则来允许行为人对这种特殊种类的正当攻击进行防卫但又不允许对其他种类的正当攻击进行防卫。

不过除了这种正当根据理论涉及第三方时所出现的复杂情况，手头案件的行为人依据两种理论所得到的结果是一样的。依据现实效果理论的可宽恕辩护和正当根据理论的正当化辩护都可以实现出罪。不过，两种理论对这一问题的不同看法则会引出另一个争议更大的问题：正当化理论对于认识错误的处理。所有人都会认为具有正当理由的认识错误应当出罪。那么万一认识错误并不具有正当理由呢？

大部分地区允许认识错误也作为正当化辩护的理由之一，但仅在认识错误存在正当理由的情况下。如果认识错误不存在正当理由，而是出于大意或者疏忽，那么就不具有辩护理由并且要对实质犯罪承担全部责任。还有小部分地区规定正当理由认识错误无罪，而不具有正当理由的认识错误如果行为人的主观是真诚善意的，则可以从轻处理。①其责任等级，也就是从轻的幅度主要取决于其主观罪过程度：疏忽的严重性要小于大意的严重性，所以疏忽的责任要轻于大意的责任。②

少数采用现实效果理论作为正当化依据的地区（如北达科他州，《联邦刑事法典草案》等）都对无正当理由的认识错误给予了从轻处理。③相比之下，那些采用正当根据理论主观主义正当化辩护理由的地区在责任认定上采用的乃是要么全部要么没有的判断思路，如果有就是全面责任没有减轻，如果没有就是无罪。④这种模式反映了现实效果理论和正当根据理论之间的争议与如何妥善处理认识错误问题的争议之间存在某种联系。不过事实上正当根据理论为什么非得采取这种全有全无的责任判断模式并没有充分的逻辑论证。

于是我们就会思考，既然正当根据理论和这种全有全无的判断逻辑之间存在显著关联，那么这种关联的来源究竟在哪里。如果有人认为存在认识错误的正当化可以构成正当化，那么他显然采用了这种全有全无的判断逻辑，毕竟客观主义的正当化理论就是按照全有全无的逻辑来操作的。要么行为人的

①④ Paul H.Robinson, Criminal Law Defenses §184(a) n.1, 395—398(1984).

② 《模范刑法典》3.09(2).

③ N.D.Cent. Code §12.1-05-01 et seq. 至少具有一部客观主义正当化理由法律的地区列表请参见 Paul H.Robinson, Criminal Law Defenses, 122, (1984)。

行为避免了更大的危害因此在未来也应当受到鼓励,最起码得到容忍;要么行为人的行为没有避免更大的危害,因此在未来应当受到劝阻。当主观主义的正当根据理论试图将客观主义理论与主观主义认识错误的正当化进行结合并贴上"正当化"的标签时,它会倾向于将认识错误的正当化视同客观真实的正当化也就不足为奇了。而将认识错误作为正当化问题一样采用全有全无的判断思路也同样不足为奇。

类似的困惑在采用单一现实效果正当化理论的立法中是不存在的。因为现实效果对客观真实的正当化和认识错误进行了明确区分,并将后者视为可宽恕的辩护理由。客观真实的正当化理由就是全有全无的判断,而认识错误这样的问题则显然不是全有全无的判断。可宽恕的辩护理由本身就是法律对行为人违法的可归责性所进行的调节,而可归责性是作为一个量化连续体存在的,所以可归责性判断规则也会体现这一点。

前文曾经提到刑法各部分的功能各有不同,客观正当化理由的功能是事前的,是为了对行为人的未来行为提供指引;可宽恕辩护理由的功能是事后的,是在事后对违反规则行为的责任进行评估,并对行为人进行惩罚。①

调节功能的实现往往表现为立法会对责任和刑罚的程度进行明确表述。例如,刑法典将罪过的程度分为若干等级:故意、知情、大意、疏忽。法律还对部分宽恕的从轻处理在犯罪定义和量刑规则中都进行了规定,犯罪定义如杀人案件中存在极端精神状态或者情绪混乱的可以从轻处理②,量刑规则如《联邦量刑指南》允许对行为人受到强制、胁迫,或者能力受到减损的情况下减轻其量刑③。根据现实效果理论,认识错误对于正当化而言可以作为可宽恕的辩护理由,其对行为人可归责性的调节也和其他规则一样能够反映出其责任在整个量化连续体中的位置。具有正当理由的认识错误在正当根据理论下可以出罪,而不具有正当理由的认识错误则只能得到从轻处理而不会得到无罪判决。

第二节　责任预判

只有少部分人相信现实效果的正当化辩护理由反映了公众观念。但是这里我们可以预测,对于外行人来说边际社会危害是否真的发生对于他们的判

① Paul H.Robinson, A Functional Analysis of Criminal Law, 99 Nw. U.L.Rev. 857, 889—896(1994); Rules of Conduct and Principles of Adjudication, 57 U.Chi. L.Rev. 729—771(1990).

② 《模范刑法典》210.3(1)(b)。

③ United States Commission Guidelines Manual §§5K2.12, 5K2.13(Nov. 1, 1995).

断具有重要影响，就好像特定禁止结果例如死亡是否发生对他们的责任裁判会产生重要影响一样。公众会认为对于正当化情况并不知情的行为人的责任应当减轻为未遂，而不能否认整个案件的正当化而判处其承担全部责任。而认识错误的另一种相反的情况是否能够作为正当化，我们预测公众会认为缺乏正当理由的认识错误可以从轻处理。下文将对上述基本观点如何对相关场景的责任分配进行具体预测进行阐述。

一、基准案件

场景 1 到场景 6 与正当化测试案例进行对比而设计的：

1. 故意(非正当)纵火。场景 1 是为了比较的目的而设计的。该场景中包含了一起典型且不具有任何正当化理由的纵火案件，为其他案件的比较设定了基准。

案情：杰克与邻居共享一条溪流的水源，两人因此产生矛盾，杰克心生愤怒。某日杰克发现邻居外出，于是放火把邻居家的三亩玉米地烧了。这片玉米地周围都是土路，而且当时也没有刮风，所以纵火除了烧毁玉米之外不会造成其他危害。地里的玉米被全部烧毁。

本案的责任应当属于中等水平，因为该犯罪只是针对财产而并未针对人身。正如第十三章中所探讨的那样，本案并不适合顶格量刑。本案的目的也是为其他案件的责任裁判提供一个对比参照。

2. 企图(非正当)纵火。场景 2 和场景 1 一样，都是作为量刑基准的对照组案件，只不过本案中危害并没有真实发生。“杰克刚放完火，邻居就回来了，然后把火扑灭了。”

此类案件的通常做法就是按照企图犯罪(犯罪未遂)来进行处理。如第十二章所讨论的那样，本案的责任应该要比场景 1 中的实质犯罪减轻很多，尽管两个案件中行为人的行为和意图都是一样的。事实上，外行人几乎一致认为危害是否发生的意义是截然不同的，如果危害得以实现则量刑会明显加重。场景 2 中也不存在任何正当化的情况。

3. 制造(非正当)纵火风险，有认识而大意了。场景 3 与场景 2 的区别在于行为人制造了燃烧的风险。

案情：和所有当地农民一样，杰克会把玉米秆堆到一起并定期烧掉。其中有一堆就紧挨着邻居的地。去年杰克的玉米秆被雨淋了，所以今年杰克想快点把它烧掉。他知道当天天气预报说会刮大风，他也知道刮风有可能把邻居的地也点着了，但是杰克并没有在意这一危险，而是径自点燃了自己的玉米秆。不出所料，火借风势把邻居的地也烧着了，把地里的玉米都烧毁了。

本案的预期责任也会低于场景1,这种案件通常情况下都作为大意犯罪处理。

4. 制造(非正当)纵火风险,无意识制造危险。场景4和场景3相似,不过幸运的是本案中的危险并没有真实发生。

案情:但是杰克并没有在意这一危险,而是径自点燃了自己的玉米秆,并且希望火势不要蔓延到邻居地里。结果确实刮风了,但杰克很幸运,火势确实没有蔓延到邻居地里。

本案的责任预计要低于场景3。本案责任也要低于场景2,因为本案中行为人对于危害发生并无故意而只是甘愿冒险,这一情况符合第十二章第四节中相关原理的应用:主观罪过越重量刑越重,而故意纵火显然要重于冒纵火的风险。此类犯罪一般都被称为"冒险"(endangerment,使陷入危险)犯罪。本案同样不存在任何正当化的情况。

这四个案件为研究设定了主观罪过的变量和客观危害的变量。

5. 企图制造风险——企图冒险。场景5中行为人自己认为自己制造了犯罪性风险,但事实上并没有。换句话说,本案属于企图冒险未遂。

案情:枉顾可能造成的危险,杰克点燃了自己的那堆玉米秆,并希望刮风的时候火势不要蔓延到邻居的地里。结果当天的天气预报有误,根本没有刮风,所以压根不会烧到邻居的庄稼。

根据预期本案的责任会比场景4进一步降低。场景4中风险确实存在,而场景5中风险存在于行为人的主观意图之中,但并没有现实发生。场景5与场景4之间的关系就如同场景2与场景1的关系是一样的。本案同样不存在任何正当化的理由。

6. 正当化的故意纵火。场景6中行为人故意纵火,但该行为不管按照主观主义的正当根据理论还是按照客观主义的现实效果理论都构成正当化事由。不仅是根据当时的客观情况使得纵火这一行为是正当的,行为人主观上也知道当时的环境下纵火是正当的。

案情:杰克从广播里听到闪电导致火灾,从他和邻居的地里开始向镇子方向蔓延,对小镇居民构成威胁。杰克可以看到火势逐渐逼近,他当时想到如果他先把邻居庄稼烧了,这样火烧到这里就没有东西可烧了,这样就可以人为地制造一条防火隔离带。杰克知道当时再去请求邻居许可已经来不及了,于是他就自作主张把邻居地里的庄稼一把火烧了。由于杰克的快速反应,火势得到了控制而没有造成小镇居民的伤亡。

显然杰克在本案中可以得到完全辩护。

这六个对比案件的异同为可能存在的责任范围提供了一个基准,包括其中的相关变量。这些案件反应了自身所固有的关注重点,更重要的是,我们现在的目的是利用这些案件来对剩下的六个案件的责任判断结果进行解读。通过将这些案件作为对比,我们可以对测试案件进行较为精确的定位,判断与该案件结果最为接近的理论究竟是哪一种,从故意无正当化的纵火一直到完全正当化的纵火,或者是这两个极端之间的任何一点。总而言之这六个案件代表了非正当化案件中几乎所有的可能导致被试者判断变化的明显变量。

二、测试案件

场景 7 到场景 11 是本研究测试的目标案件:

1. 不知情的正当化纵火。现在我们来看根据不同理论会产生不同结果的案件。场景 7 中行为人不知道自己的行为属于正当化。

案情:杰克与邻居共享一条溪流的水源,两人因此产生矛盾,杰克心生愤怒。某人杰克发现邻居外出,于是放火把邻居家的三亩玉米地烧了。这片玉米地周围都是土路,而且当时也没有刮风,所以纵火除了烧毁玉米之外不会造成其他危害。结果地里的玉米被全部烧毁。但杰克不知道的是,闪电引发了一场大火正在向小镇方向蔓延,对小镇居民构成威胁。因为杰克先把邻居庄稼烧了,于是人为地制造了一条防火隔离带,火势因此得到了控制而没有造成小镇居民的伤亡。

回忆一下,对于企图犯罪的案件,现实效果理论更加符合公众观念。对于企图犯罪进行惩罚的基本原理就是行为人的责任认定只考虑他的犯罪意图。而根据正当根据理论行为人不属于正当化因此要承担犯罪的全部责任。

2. 具有主观恶意的正当化的知情纵火。场景 8 中存在正当化的环境,行为人也知道这一环境,但行为人并不是出于正当的目的行事,而是具有主观上的恶意。

案情:杰克从广播里听到闪电导致火灾向小镇方向蔓延,对小镇居民构成威胁。杰克可以看到火势逐渐逼近,他当时想到如果他先把邻居庄稼烧了,这样就可以人为地制造一条防火隔离带。杰克和小镇居民关系不好,所以他也不想救他们,但是杰克和邻居的关系更糟,所以他干脆以救人为借口把邻居地里的庄稼一把火烧了。由于杰克的快速反应,火势得到了控制而没有造成小镇居民的伤亡。

这个案件很有意思,大部分地区在采用正当根据理论作为正当化依据的时候都会要求行为人主观上必须相信正当化环境的存在。他们并不要求行为人行为必须出于正当的目的,但是刑法很多其他规则都以目的作为主观罪过的标准要求。法律规则认为具有正当目的或者处于正当环境可以得到完全辩护，而公众则会对这两个案件作出不同的判断。

我们的预测是场景6中行为人基于正当目的行事的可以得到完全辩护，而行为人对于正当环境知情但处于避免更大危害以外的其他目的行事的，可能要承担某种程度的责任。

如果按照严格的正当根据理论可能认为本案不具有任何辩护理由。尽管行为人知道存在正当化环境，但他的行为与此无关。但是现行法律所采用的正当根据理论对于行为人的行为是全面正当化的，因此不构成刑事责任。

现实效果理论会对本案行为人的责任进行显著的减轻，最起码和不知情的正当化行为人一样多，因为尽管行为人的动机是恶意的，但他的行为在客观上是可以正当化的。另一方面，场景8中的行为人最起码没有认为他自己将会导致危害，因此要比场景7中知道自己行为会导致危害的责任要更小一些。

3. 正当理由认识错误是否构成正当化。上述两个测试案例为不知情但正当化的行为人设置了两个变量。下面三个案例讨论的正好是相反的案例，即行为人误以为自己是正当的但其实不是的情况。行为人纵火时认为自己是正当的，但是他这么想的理由却变得越来越不充分。场景9中行为人的错误认识尚且具有正当理由。

案情：杰克从广播里听到闪电导致火灾向小镇方向蔓延，对小镇居民构成威胁。不过广播报告有时准有时不准。杰克在路上拦了两辆车子都说一场大火正在向小镇袭来。（有鉴于此，任何理性人都应当相信确实有一场大火正在袭来。）杰克可以看到浓烟滚滚，火势逐渐逼近。他当时想到如果他先把邻居庄稼烧了，这样火烧到这里就没有东西可烧了，这样就可以人为地制造一条防火隔离带。（杰克烧自己的地并不能实现这一功效。）杰克知道当时再去请求邻居许可已经来不及了，于是他就自作主张把邻居地里的庄稼一把火烧了，试图制造一条防火隔离带。结果后来发现广播和路过的车主都搞错了，所谓的大火乃是一群当地的护林人在烧荒，火势处在控制之中并不会对周边地区产生任何危险。

本案无论根据现实效果理论还是正当根据理论都可以得出无罪结论。但二者的分类是不一样的。现实效果理论会认为本案中行为人的行为是可宽恕的，而正当根据理论会认为行为人的行为是正当化的。所有地区都会认为这一案件应当无罪，不需要考虑任何从轻处理的问题。现实效果理论和正当根据理论都会认为不需要判处刑事责任。

4. 疏忽导致认识错误是否构成正当化。场景10中的案件就属于因疏忽导致认识错误而涉及正当化的场景。

案情：小镇的广播在过去有时准有时不准，杰克从来也不太相信广播的内容。尽管这是人之常情，杰克也知道如果发生火灾后果将会非常严重，但他并没有想过要对广播内容进行核实。杰克看到火势逼近浓烟滚滚，于是计算了下他可以把邻居地里的庄稼烧掉来制造一条防火隔离带。

承认认识错误可以构成辩护的地区都会要求认识错误需要具有正当理由，所以大部分持正当根据理论的地区会否认本案的辩护理由而科处完全责任。而那些承认缺乏正当理由的认识错误也可以作为辩护理由的地区，其中包含部分采用现实效果理论的地区，会科处重于场景 6 中完全辩护而轻于场景 1 中全部责任的责任等级。

5. 大意导致认识错误是否构成正当化。场景 11 乃是一个大意导致认识错误而涉及正当化的案件，其特点在于本案的主观罪过要重于场景 10，但行为人对于自己行为的正当性存在真诚的确信。

案情：小镇的广播在过去有时准有时不准，杰克从来也不太相信广播的内容。杰克知道火情可能并不严重，但他并没有想过要对广播内容进行核实。杰克看到火势逼近浓烟滚滚，于是计算了下他可以把邻居地里的庄稼烧掉来制造一条防火隔离带。

大部分采用全有全无判断逻辑的理论都会认为此案不存在辩护理由而应当承担全部责任。而从轻思路则会认为本案应当从轻处理，但是从轻的幅度应当小于场景 10。因此可以预判，本案的责任要重于场景 10，但要大幅轻于场景 1。

第三节　责任结论

一、基准案件

首先我们来看为测试案件提供对比参照标准的基准案件。场景 1 中无正当化事由的故意纵火责任均值为 4.65（约 10 个月监禁）。根据该案的行为性质只是针对财产而没有针对人身，这一结果也在预料之内。

场景 2 属于企图犯罪，责任均值为 3.52（4 个月监禁）。这一结果也在预料范围之内，因为本案中企图犯罪的危害并没发生，所以量刑也相应减轻。事实上，场景 1 和场景 2 之间的责任量刑差距也和现实立法相符，一般企图犯罪和实质犯罪之间正好相差一个等级，或者量刑为实质犯罪的一半左右。[①]回忆一下刑罚指数区间中，一个单元等于现代美国刑法犯罪分级中的一级，而等级每

① 相关立法列表参见 Paul H. Robinson, Fundamentals of Criminal Law 297 (2nd ed. 1995)。

升高一级则量刑会翻一倍。

场景 3 中,行为人制造了燃烧的风险,其责任为 2.69(6.2 周监禁)。不出预料,其责任要小于场景 1,因为行为人并没有故意制造危害而只是冒险而已。这种主观罪过的差异往往会在量刑上表现出来。例如,在杀人案件中,故意杀人如谋杀的量刑一般为终身或长期监禁甚至死刑,而大意杀人即过失杀人的量刑最高只有 10 年监禁。[①]

场景 4 中制造风险而风险并未实现的,责任为 0.48(几乎等于免除处罚,相当于 1 日监禁)。而其中有 36.5%的被试者认为不需要承担责任,另有 42.3%的被试者认为有责但是可以免罚。剩下的 21.2%的被试者所给出的量刑从 1 日监禁到 6 个月监禁不等。现实效果理论对这一案件的责任判断较低,因为本案同时包括场景 2 中的没有发生危害结果的减轻效果,也包括场景 3 中主观罪过较轻所对应的减轻效果。第十八章第三节中对于这种以实质犯罪全部责任为顶点然后对从轻情节叠加使用的情况进行过深入分析。这里的责任似乎是场景 2 中全部犯罪责任折抵 1.1,场景 3 中的折抵 2.0。所以准确的从轻情节叠加后责任应该减轻 3.1,而实验结果显示减少了 3.2,基本一致。这种从轻情节叠加的结果未必都如本案那样一致,但这种对责任进行实质减轻的做法基本符合现行法律对此类问题的处理。例如在杀人案件中,制造风险可能导致他人死亡(但未导致死亡)的一般量刑最高可达 1 年,[②]而与之相比谋杀的量刑为终身监禁甚至死刑。

场景 5 的案例属于企图冒险(未遂)。不出所料,其责任很低,仅有 0.42,比场景 4 的责任还要再低一点,而二者的差别过小而缺乏统计学上的显著性。按照预期,场景 5 要轻于场景 4,因为场景 5 中并没有现实风险存在。不过由于场景 4 的责任已经低到几乎没有,所以场景 5 即使低于场景 4 也不会很明显。其中有一项证据可能具有一定的说服力,场景 4 中有 78.8%的被试者选择了免罚,而场景 5 中有 86.5%的被试者选择了免罚。如果本场景所选取的案件严重性再高一点的话,那么案件之间的差别可能会更加明显。

场景 6 作为最后一个基准案件包含了故意但正当化的纵火行为。不出所料,其结果没有受到实质性惩罚。其责任均值为 0.57,有 38.5%的被试者选择了无罪,而 40%的被试者选择了有责但免罚,只有 21.2%的被试者判处了刑罚,其量刑从 1 日到 1 年监禁不等。本案所设定的基准线没有预期的那么低,

---

① 《模范刑法典》§§210.3(2)(规定过失杀人为二级重罪),6.06(二级重罪的最高刑期为 10 年监禁)。

② 《模范刑法典》§§211.2(规定大意冒险为轻罪),6.06(规定轻罪的最高刑期为 1 年监禁)。

但依然反映了绝大多数被试者认为本案不存在可归责性，尽管行为人所故意制造的危害确实发生了。

综上所述，基准案件的结果基本符合实验预期。而这些预测结果都是基于两大原理：因危害没有现实发生而对责任予以减轻，以及危害风险因故意、大意或者正当化而对责任予以减轻。

二、不同理论对不同案件是否符合正当化的判断结果

测试的前两个案件旨在检验公众对于那些位于现实效果理论和正当根据理论争议风口浪尖的案件的看法。场景7属于行为人不知情但属于正当化的案例，两种理论得出了截然不同的结论，而结果显示现实效果理论更加符合公众判断。场景7中行为人的责任均值为3.63(4个月监禁)。如现实效果理论所预料的那样，这一结果与作为基准的场景2并无显著差异。而这一结果要明显小于正当根据理论所认定的构成实质犯罪的4.65(10个月监禁)的责任。显然此处现实效果理论更加符合大众观念。

场景8中行为人知道存在正当化的环境，但其行为并非出于正当动机。根据现行法律，对这一情况会被判决无罪。但是实验中本案的责任年均值为2.10(2.6周监禁)，与无罪还是有一定距离，而且仅有7.8%的被试者认为可以免除责任，当然也没有人认为应当如正当根据理论那样承担全部责任。所以本案基本符合现实效果理论，比不知情正当化案例的责任略低一些，毕竟本案中行为人的行为客观上是正当的，它确实避免了更大的危害。与不知情正当化的行为人不同的是，本案的行为人是否构成企图犯罪的责任则没有那么清晰。因为行为人对于正当化的环境是知情的，所以他也知道自己的行为不会构成犯罪，因此他主观上违反法律的意图并不如不知情正当化案件中的行为人那样明显。与其说他想要违法，倒不如说他想占合法的便宜。所有的案件的结果都更倾向于现实功效理论而非正当根据理论。

然后我们来看行为人存在认识错误的三个案件，三个案件中认识错误的理由各不相同。场景9中的认识错误具有正当理由，而现实效果理论和正当根据理论都对这一案件给出了完全辩护。被试者给出的责任为1.10(2.3日监禁)，要略高于预期，而且只有17.3%的被试者给出了无罪的判决。另一方面，42.3%的被试者给出了有责但免罚的判决。可能被试者担心的是当行为客观上并不正当的时候判决无罪是不是有些不妥。他们这种担心不无道理，下文第四节中有关提请赦免制度将对这一问题进行进一步深入的讨论。

场景10和场景11的案件中行为人存在认识错误但不具有正当理由。场景10中，行为人真诚地相信自己的行为是正当的，但其实不是，所以其主观罪

过应为疏忽。这意味着,一个理性行为人在当时所处的环境下都应当预见到自己精心策划的行为是不正当的。场景 11 中,行为人同样真诚地相信自己的行为是正当的,但事实同样不是如此。而在本案中行为人认识到了自己行为可能并不正当的风险,但经过权衡,他最终认为自己这么做应该是对的,于是他不顾风险径自行事,可惜事与愿违,他这么做其实是错的。所以本案导致行为人认识错误的主观罪过应为大意。

不出所料,被试者对于这两个案件判处了较重的责任。而且这两个案件中,罪过越重的责任也越重:疏忽 2.02(2 周监禁)、大意 2.33(4 周监禁)。但是这一责任要比现行立法的规定减轻很多,依照现行法律这两种情况都属于实质犯罪而要承担全部责任。以本案纵火行为为例,现行法律的量刑应当在 10 个月监禁左右,显然要比 2—4 周监禁多得多。所以被试者对于存在认识错误的正当化情况是愿意给予从轻处理的。这也就意味着各州立法拒绝采纳《模范刑法典》中有关此类情况从轻处理的规定是不对的。

第四节　对刑法改革的意义

读到这里,读者应当了解,本节所回答的问题是,如果一个人想要依照公众直觉来进行立法,那么现行刑法应当如何进行修改才能实现这一点。

前文的研究结论基本证实,现行刑法条文的规定大部分是正确的。不过研究结果在很多时候也对现行刑法规定提出了挑战。这些挑战就包括犯罪定义的重新措辞,正当防卫成立情况以及审理判决的替代机制等。

一、犯罪的构成与分级

尽管本研究是针对正当化的内容设计的,但是其结果尤其是基准案件的结果对于法律应当如何定义犯罪构成提供了一些思路。大部分情况下,实验结果与现行立法能够保持一致。

场景 1 和场景 2 对比显示,尽管行为人的客观行为和主观罪过完全一样,但是否发生危害后果对于责任和刑罚会产生重大影响。这一结果印证了第十二章第二节的结论。因此也对少数州的刑事立法提出了批判,因为这些州依照《模范刑法典》的规定对企图犯罪(未遂)的处理采用了与实质犯罪(既遂)一样的标准。[①]《模范刑法典》对场景 1 和场景 2 的犯罪视为同一级别,但被试者

① 《模范刑法典》§ 5.05(1); Conn. Gen. Stat. Ann. § 53A-51; N.J.Stat. Ann. § 2C:5-4(a); Pa. Cons. Stat. Ann. Tit. 18, § 905(a)。

对于后者仅给出了前者一半不到的量刑。

场景1和场景3的对比结果证实了现行立法的规定，行为人的主观罪过会对责任产生重大影响。故意引起或者试图引起危害显然要比大意引起伤害更为严重。这一结论印证了现行立法依照主观罪过的严重程度对犯罪进行分级的做法，例如，杀人案件就会根据主观罪过形式分为故意杀人、过失杀人，故意杀人重于过失杀人。

鉴于这一规则具有普适性，可以在更广阔的范围内使用，而现行立法对于这一规则的使用则进行了很大的限制，这一点是值得批判的。研究结果显示行为人的罪过等级在那些比杀人轻很多的犯罪中同样具有显著作用，即使是在本研究所涉及的纯粹毁坏财产的案件中，罪过的影响同样非常典型。场景1中的故意纵火的量刑乃是场景3中大意纵火的七倍。责任量表的每一分都相当于美国刑法中犯罪分级的一级。所以如果按照这一结论，大意纵火要比故意纵火低两级，而按照现行立法，大意纵火和故意纵火的分级几乎是一样的。①

二、正当防卫的构成

基准案件的结果对于正当防卫也具有一定意义。场景1和场景6的对比对于被试者的直觉而言就是两害相权取其轻。正当防卫的一般语言表述可能就是："某种行为如果平时属于犯罪，但只要你是为了避免更为严重的危害或者罪恶而实施的则不构成犯罪。"②但是将近半数的美国各州立法并不承认这样的正当防卫，个别州在个案当中承认这种正当防卫但并不愿意将其作为立法规定下来，以至于该种规则的可适用性和具体构成存在诸多疑问。直觉对于正当防卫的支持意味着这一制度应当得到正式认可并在立法中予以体现。

五个测试案件为刑法改革提供了最新的信息。如上节内容所指出的，场景7与场景1、场景2的结果进行对比后我们发现，不知情而正当化的行为人应当作为企图犯罪(犯罪未遂)处理，而不应该作为实行犯对全部犯罪承担责任，因为毕竟他客观上避免了危害的发生。而客观主义的正当防卫理论可以得出这一结论，行为人只需要承担企图犯罪(犯罪未遂)的责任，和《模范刑法典》的规定基本一致："当行为人故意实施某种行为并相信自己可以完成这一行为但最终没有完成时，行为人构成企图犯罪"，根据这一规定，不知情正当化的行为人主观上没有认识到正当化环境的存在而认为自己正在实施犯罪，因

---

① 《模范刑法典》§ 220.3(1)(a)。

② Paul H. Robinson，Peter D. Greene，and Natasha R. Goldstein，Making Criminal Codes Functional：A Code of Conduct and a Code of Adjudication，86 J.Crimi. Law and Criminology 204，244(1996).

此构成企图犯罪。

除了对正当防卫进行客观定义以外,还应当对正当防卫中的认识错误问题进行特殊规定。场景 8 与场景 6 的对比显示立法应当规定如果行为人的行为是出于正当目的那么就应当构成正当防卫。而他仅仅知道存在正当化环境还不够,他的行为应当是据此而作出的。而如前文所示,如果行为人虽然知道正当化的环境但其行为却是出于恶意的,仅有 7.8%的被试者认为可以出罪。所以这一结果表明完全辩护不适用于行为人相信他的行为对于避免更大的危害是必要的,而必须是当且仅当行为人为了避免更大危害实施了相关行为的情况下才行。

可能有人会怀疑对正当防卫增加这一要求是否有实际功效,因为法院要想知道行为人当时是否出于正当目的,即使不是不可能,也是非常困难的。只要行为人知道当时存在正当化的环境,那么他在法庭上就会坚持自己是出于正当目的,法庭一般也会认可,要想再证明他主观上不是出于善意或者是出于恶意几乎没有可能。而场景 8 中缺乏正当化目的的情况则是非常罕见的。所以对于这些情况进行综合考虑之后我们认为对行为当时的目的和认识进行严格区分似乎并无必要。

正当化场合存在认识错误的问题在立法上的真正争议在于是否对缺乏正当理由的认识错误予以从轻处理。如前文所示,被试者对场景 10 和场景 11 都给出了明显的减轻,而现行法律的多数规则都已经跟不上公众的脚步。在大意认识错误的案件中,被试者给出的量刑相当于场景 1 中全部责任量刑的十分之一。在疏忽认识错误的案件中,被试者给出的量刑相当于场景 1 中全部责任量刑的十二分之一,被试者对这些案件的从轻处理非常明显,而现行法律几乎不作任何从轻处理。

那么立法者应当如何结合这种从轻的倾向来考虑认识错误在正当化案件中的处理呢?基本的正当防卫条款一般会作如下表述:"行为人的行为在一般情况下构成犯罪,但是如果他坚信他当时所处环境中其行为是正当的,那么他应该得到宽恕。"这一条款能够为行为人因善意导致认识错误提供在正当化场合可宽恕的理由,此外还有其他条款会规定行为人对于认识错误存在罪过的应当根据其罪过形式承担不同的责任。[①]这样的条款可以作如下表述:"当行为人在对该种环境下行为是否正当进行评估时存在大意或者疏忽导致认识错误的,大意或者疏忽就足以构成责任。"[②]这种情况下,如果行为人在大意地相信

① 这就是《模范刑法典》的结构路径。

② 这一措辞对《模范刑法典》进行了调整,这里有一系列的技术性问题超出了本书的讨论范围。

杀人是正当的情况下故意杀死某人，那么他只承担大意杀人（过失杀人）的责任，而不需要承担故意杀人（谋杀）的责任。行为人处于疏忽导致存在这种认识错误的则应当承担疏忽杀人的责任。

三、无罪判决的改革

场景 9 中出现了一个特殊的现象，行为人出现了具有充分正当理由的认识错误，因此其主观并无过错，所以几乎没有被试者给出实质的刑罚，只有 17.3% 的被试者认为行为人需要正当化的理由作为辩护。如果被试者认为不需要惩罚，那么为什么他们还要判处有责呢？这一现象所表达的观点在前文其实已经提到，也可以为我们现有的无罪判决模式的改革提供一些借鉴。

支持现实效果理论的一个观点认为该理论为刑事司法的有效运行中的相关问题进行了合理区分，即要对以下两个问题进行区分：(1)行为不受惩罚是因为该行为是正确的——避免更大危害，而且法律也希望人们在未来都如此行事。(2)行为不受惩罚是因为，虽然行为人错了，但并不能责怪他。这种区别乃是正当化辩护理由和可宽恕辩护理由的经典差异。现实效果理论能够通过对案件的辩护理由进行区分来展现这种区别，明确其中只有一类属于正当化案件，而另一类只能属于可宽恕案件。

在这种思路之下，如果行为人得到正当化的辩护而被无罪开释的，就意味着法律给社会设立了一个榜样，今后其他人在这种情况下都可以如此行事。如果行为人是因为可宽恕的理由而判无罪的，那么这个判决给社会传达的信息依然是该种行为受到禁止，其他人以后不得如此行事。行为人的无罪是因为法律最终对他的错误行为不予深究。而按照正当根据理论的话，正当化的行为是正当化的，认识错误实施的行为自认为是“正当化”的，所以二者就没法区分了。

究竟是对行为人进行审判还是对行为进行审判确实是个难点，被试者对场景 9 的判断就受到了很大的影响。有 71.2% 的被试者判定免于刑罚处罚——包括无责、有责但免罚、1 日监禁（更像是一种象征性惩罚）。为什么绝大部分人认为不需要惩罚，但只有 17.3% 的人认为可以得到完全的无罪辩护？导致这一情况的原因可能是因为这种法外开恩做法会给未来树立不好的榜样，担心这种做法会弱化法律对于此类行为的禁止。

对于现行司法体制而言，这一问题确实存在风险，因为现有判决并不能够明确区分哪些行为是法律所认可并希望大家在未来继续实践的，而哪些行为不是法律所认可并希望未来继续予以禁止的。而在当前的法律体制中这两种案件都只有一个结果那就是无罪判决，而不会对其无罪的原因究竟是因为正当化理由还是可宽恕理由进行区分。陪审员也会因为对案件因可宽恕的理由进行无罪判决而感到不安，生怕该判决会对社会公众产生误导。而另一方面陪审员也会因为对不应受到责备的人科处刑罚而感到不安。①

和现实不一样的是，实验中为被试者提供了第三条道路，于是被试者蜂拥而至，那就是"有责但免罚"（承担刑事责任但免予刑罚处罚）选项，这样他们既可以对需要谴责的行为表示否定，但又可以不用惩罚那些无需责怪的行为人。

尽管这一方法对于研究而言功效显著，但在现实中却没有操作空间，因为量刑是法官的工作，陪审员对此没有发言权。陪审员所确定的罪名为法官的量刑设立了上限，但除非陪审团裁定存在正当化事由，否则他们不能保证被告人可以不受惩罚或只得到象征性的惩罚，这是现实和实验的最大差别，实验中被试者是可以量刑的。"有责免罚"的选项其实也存在缺陷，因为它对于缺乏可归责性的被告人还是判处了刑事责任。现实生活中有罪判决不仅是刑事定罪那么简单，它还包含道德谴责和人格耻辱，以及其他诸如工作就业、证照审批等诸多事项，所以有责的结果依然是不公平的。所以即使赋予陪审员量刑权，赋予他们作出有责但免罚决定的权力，还是无法避免不应受到责怪的被告人要承受道德谴责和人格耻辱。所谓两害相权取其轻，陪审员不得不在两难之间进行取舍，要么会出现裁决不公，要么会导致法律弱化。

一种更好的解决方案是将无罪判决明确区分为正当化的和可宽恕的，其中前者对行为人的行为进行了肯定，而后者对行为人的行为进行了否定。客观正当化的行为人应当受到正当化的裁决，而存在认识错误的行为人应当受到可宽恕的裁决，宽恕其罪责，但否定其罪行。

第五节　结论

本研究的结果表明社会科学研究可以为刑法学理论冲突提供很好的解决方案。不同刑法理论之间的争议完全可以通过妥善设计的实验来判断究竟哪种更加符合大众直觉，而在此处，现实效果理论显然要比正当根据理论更加符合大众对于正当化根据的判断。

更进一步而言，此类研究可以为刑法改革提供具体方案从而促进刑事司法体制的完善。本章研究提出了一系列建议，其中包括具体罪名的罪状表述、正当化辩护事由的改革、认识错误对正当化事由的影响、陪审团无罪判决的改革，等等。基于研究者的检验，同时也基于读者的检验，这些有关改革的建议

① Paul H.Robinson, Structure and Function in Criminal Law 146—48(Oxford 1997).

基本上相辅相成。要做到这一点并不容易,因为对行为人的行为进行评价的理论所得到的结论是相互冲突的,要在这些判断之间寻找平衡点并非易事,而立法要采纳这些建议更非易事。但是这样的改革可以将刑罚原理与公众的距离拉近,增加法律的道德公信力,反过来也会巩固刑法实现犯罪控制的长期效果。

第二十一章

司法裁量指引:酌定量刑情节

刑法对于刑罚裁量的正式标准往往局限于刑法典中,通过这些规则来确定犯罪人的责任以及犯罪的等级。这些情节通常关注的乃是犯罪人的可归责性,考虑的主要是危害的严重程度、违法的罪恶程度以及行为人的主观罪过和精神状态。这些情节主要都是以报应为基础来进行衡量的,而法庭主要对这些犯罪发生时所具备的情节进行检验。现代犯罪控制理论甚至允许立法者对其他超越犯罪本身的情况来进行考察——例如犯罪前科,因为这些情节可以对威慑和剥夺等犯罪控制目标产生影响。①

如果我们对现实中如何作出刑罚决定的过程进行一番审视就会发现决定者经常超越刑法正式认可的范围来对其他情节进行考察。本章的研究目标就是这些酌定量刑情节(Extralegal Punishment Factors,简称 XPFs)。酌定量刑情节一般包括犯罪人的道歉、悔过、曾获奖励或曾受处罚、公开承认过错、特殊才能、年事已高、曾遭犯罪创伤,以及被害人的谅解或被害人的愤怒、刑罚对于犯罪人或者其家庭会带来的特殊困难。这些情节会在刑事司法体制进程中的任一阶段对决定者的裁量产生影响,如检察官对着重指控哪项罪名进行选择、法官决定给出何种量刑、假释官决定是否同意假释、执行官决定是否予以从轻处理,以及其他不太显著的裁量场合,如警察执法或者陪审团审判。

那么这些酌定量刑情节在刑事司法裁量过程中究竟会产生何种效果呢?应该产生何种效果?如果这些情节应当得到考量,那么又该如何进行考量?本章的内容将对上述问题进行回答。

第一节对相关类型的酌定量刑情节进行了列举。研究针对的每一个情节都是经过长期实践或理论争议被证明具有重要意义的,以这些情节为根据进

---

① Paul H. Robinson, Distributive Principles of Criminal Law: Who Should Be Punished How Much? (2008)(该书对量刑时需要进行的各种情节进行了分析。)

行量刑是适当的。其中一些原来的酌定量刑情节已经逐渐受到官方认可并会在上诉法院或者量刑指南中得到体现，通常提醒决定者这些情节可以进行参考，但不是必须参考。

本书第二部分对于将酌定量刑情节作为量刑的基础的理由进行了充分阐述。本章第二节所展示的实证研究为外行人士的直觉对于哪种要素提供更多支持提供了证据。第三节对这些研究结果对于刑事司法体制改革的意义进行了分析。

第一节　酌定量刑情节

本章所称酌定量刑情节是指下列三项以外的对量刑产生影响的情节，(1)与危害和罪恶有关的情节；(2)与犯罪人实施犯罪的可归责性有关的情节；(3)与以威慑和剥夺为基本原理的经典强迫性犯罪控制模式相关的情节。上述三项以外的影响量刑的情节才是酌定量刑情节。很多在量刑中考虑的情节不是此处所称的酌定量刑情节。比如行为人的主观精神状态是法官量刑时考虑的重要情节，但这一情节与行为人的可归责性有关，所以是法内的，不是法外的。怜悯可能是此处所称酌定量刑情节的一种，但很多时候怜悯是指一些与行为人的年轻、前科、社会背景破败有关。而狭义的怜悯可能是指被害人的谅解或者犯罪人家庭的困苦。

立法或者量刑委员会已经对某些酌定量刑情节进行了认可，允许其对刑罚的加重或者减轻产生影响，但它们从来没有提高对量刑法官的要求。[1]更多情况是，当法官进行自由裁量的时候会对酌定量刑情节进行考虑，“对犯罪人和犯罪行为有关的要素进行全面考察”[2]。在联邦层面，国会通过美国量刑委员会对司法裁量权进行了限制，并实施了具有强制性的量刑指南。但这种自由裁量权在随后联邦最高法院的布鲁克案[3]中又再次出现，剥夺了量刑指南的法律效力并巩固了法官在行使自由裁量权时的地位。[4]所以是否考虑酌定量刑情节而对量刑进行加重或者减轻都取决于法官，所以即使酌定量刑情节确实

① 在《模范刑法典》的条文中，死刑案件中就包含一些酌定量刑情节可以导致强制减刑。参见《模范刑法典》§ 210.6(2001)(该条于 2009 年撤回)。

② Apprendi v. New Jersey，530 U.S.466，481(2000).

③ 543 U.S.220，245(2005)(Breyer. J.，remedial opinion)(finding “the provision of the federal sentencing statute that makes the Guidelines mandatory ... incompatible with today’s constitutional holding”(internal citations opitted)).

④ Nancy Gertner，A Short History of American Sentencing：Too Little Law，Too Much Law，or Just Right，100 Nw. U.L.Rev. 691，766(2010).

会对案件量刑产生影响，但酌定量刑情节的裁判在具体案件中却缺乏适用的统一性。①

不过本研究对于酌定量刑情节的范围界定并非漫无边际，而是针对那些在现实中已经存在极大呼吁要求进行考察的情节。例如，很多人的决定会受到犯罪人的种族或者外貌的影响②，但是不会有人认真主张应当把这些情节考虑在内。本研究的目的在于为改革者提供一份指南，从而保证那些具有相关法律属性的情节得到考察。下文根据这一标准选取了共 18 种酌定量刑情节，这些情节中没有任何一项与犯罪行为、可归责性、强制性犯罪控制原理等内容存在直接联系，而每一个要素要么具有明显的现实意义，要么具有明显的理论意义。

这 18 个酌定量刑情节可以分为四个种类：(1)犯罪人对自身犯罪行为的反应；(2)被害人或公众对于犯罪行为的反应；(3)犯罪人的状态或个性；(4)一般刑罚会给行为人或第三方造成的困境。

一、犯罪人对犯罪行为的反应：悔过、道歉、认罪

被告人在犯罪后的行为对于其可归责性一般不会产生影响。评价可归责性的信息在犯罪实施完毕之后就已经足够了。不过犯罪人在犯罪后的所作所为确实会对刑罚产生一定的影响，最起码外行人是这么觉得的。本节内容就是要对这些最常见的犯罪后所产生的酌定量刑情节进行分析。

1. 认罪。认罪可能是酌定量刑情节中受到最为普遍认可的一种。联邦法院对于这一情节的从轻处理进行了正式认可：《美国量刑指南手册》规定如果犯罪人完全接受其刑事责任，那么其犯罪等级减轻两级。③该指南目前提供了一份包含七项要素的列表供法官量刑时予以参考，包括“确实认可行为导致犯罪”、“被告表示接受刑事责任的及时性”。④委员会还指出，如果被告人主动向

① 在联邦法院，即使在布鲁克案之前就已经出现量刑偏离指南的现象。参见 Michael S.Gelacek et al., Departures under the Federal Sentencing Guidelines: An Empirical and Jurisprudential Analysis, 81 Minn. L.Rev. 299, 363—365(1996)。

② David A. Abwender & Keyatta Hough, Interactive Effects of Characteristics of Defendant and Mock Juror on U. S. Participants' Judgement and Sentencing Recommendations, 141 J.Soc. Psychol. 603(2001)(该研究表明陪审团的对于刑罚的裁量确实会受到被告人外貌的影响)；Paul Skolnick & Jerry I. Shaw, The O. J. Simpson Criminal Trial Verdict: Racism or Status Shield?, 53 J.Social Issues 503(1997)(该研究表明种族会影响量刑)。

③ 《美国量刑指南手册》§ 3E1.1(2010).

④ 《美国量刑指南手册》§ 3E1.1 cmt. N.1.(2010).

当局坦白此前还没有被掌握的罪行的，那么其量刑可以进一步减轻。[①]但是如果被告人是在被定罪之后才表现出认罪的，那么减刑的幅度就大大减小。指南明确指出对于那些增加政府举证责任的被告人不予从轻处理，被告人只有在很少的情况下才可以表示认罪并经过完成审判的仪式。[②]

认罪在许多州的法院中也是非常重要的从轻情节之一。一些州采用了和联邦量刑指南相类似的法案规定法官在量刑时应当对被告人认罪这一事项进行考虑。[③]更常见的情况是各州对于被告人在认罪以外提出了更高的要求。例如，新泽西就允许法官对被告协助执法部门调查的配合程度进行考虑。[④]事实上，如果被告人仅仅是单纯认罪而没有配合调查，法官是不会接受认罪答辩的，[⑤]当然从这一点上看新泽西可能有点落后了。其他州对于犯罪人配合当局调查予以从轻处理，但是如果被告仅仅认罪而没有配合调查，法官同样可以对认罪情节进行考量。[⑥]还有学者主张如果被告人认罪就应当从轻量刑，而不需要考虑他的犯罪动机。[⑦]

2. 真诚悔过。真诚悔过需要对实施犯罪的悔悟作出表示。悔过既可以在认罪之外单独做出，也可以与认罪一同做出。有学者认为应当鼓励将真诚悔过作为从轻情节，杰瑞·墨菲(Jeffrie Murphy)认为："悔过的人要比不悔过的人好，所以悔过的人自然也应当得到更轻的处罚。"[⑧]同样地，奥斯丁·沙拉特(Austin Sarat)指出："悔过可以让复仇利刃变钝，悔过可以产生谅解……即使无法谅解，悔过最起码也应该从轻处理。"[⑨]

若干地区将真诚悔过作为自由裁量的情节予以考虑。《美国联邦量刑指

---

① 《美国量刑指南手册》§ 5K2.16(2010).

② 《美国量刑指南手册》§ 3E1.1 cmt. n.2.(2010)。

③ Ga. Code Ann. § 17-10-2(a)(允许法官对认罪辩护做从轻处理)；N.C.Gen. Stat. § 15A—1340.16€(11)(列举了受到逮捕之前或在刑事诉讼前期的一系列从轻情节，包括被告主动向执法部门承认有关罪行和错误)；Cal. Ct. R.4.423(b)(3)(在受到逮捕之前或刑事诉讼前期承认自己所犯罪行的应当从轻处罚)。

④ N.J.Stat. Ann. § 2C:44-1(b)(12).

⑤ N.J.Stat. Ann. § 2C:44-1(c)(1).

⑥ Paul H Robinson, Sean Jackowitz, & Daniel M. Bartels, Extralegal Punishment Factors: A Study of Forgiveness, Hardship, Good-Deeds, Apology, Remorse, and Other Such Discretionary Factor in Assessing Criminal Punishment(Univ. Pa. L.Sch., Pub. Law Research Paper No.20, 2011).

⑦ Frank H.Easterbrook, Plea Bargaining as Compromise, 101 Yale L.J.1969(1992); Robert E.Scott & William J.Stuntz, Plea Bargaining as Contract, 101 Yale L.J.1909(1992).

⑧ Jerrie Murphy, Repentance, Punishment, and Mercy, in Etzioni & Carney, Repentance: A Comparative Perspective 143, 157(1997).

⑨ Austin Sarat, Remorse, Responsibility, and Criminal Punishment: An Analysis of Popular Culture, in The Passions of Law 169(Susan Bandes ed., 1999).

南》指出:“如果犯罪人处于真诚悔过而尚未被掌握的犯罪信息的,应当给予从轻处罚。”[①]很多州也都允许将悔过作为从轻情节。[②]佛罗里达州最高法院就指出:“任何有关悔过的证据都应当在从轻量刑之中得到考量。”[③]在 2002 年,印第安纳州最高法院就因为没有对被告证言中的悔罪内容进行考虑而推翻了该项判决。[④]但也有一些州规定如果证据证明没有悔过的可以加重量刑。[⑤]不过也有法院对此表示反对,判决禁止因为没有悔罪而加重量刑。[⑥]而研究显示量刑法官基本上会对充分悔过的犯罪人从轻量刑。[⑦]

3. 道歉。犯罪人向被害人道歉也被认为是从轻的重要情节。部分法庭对道歉和悔过进行了明确的区分,一般情况下拒绝承认对道歉作从轻处理,至少在道歉不是出于真诚悔过的情况下是如此。“法院会认为简单表达歉意本身并不准确,会让人误以为说声对不起就好了。”[⑧]法庭会从预防上对被告人的道歉陈述进行分析来判断是否存在真诚悔过。基于对被告人的道歉进行仔细检验并作出拒绝从轻处理的案例不在少数:印第安纳州法院就指出某个被告说自己“对于所作所为感到非常抱歉”,但其表达模棱两可,而且没有表现出对责任的认可。[⑨]罗德岛最高法院同样维持了一份法院对于存在道歉但拒绝从轻的判决,并指出:“很显然原审法官发现被告的眼泪中不含盐分,我们也是。”[⑩]宾夕法尼亚州高级法院也对一份因为缺乏真诚悔过而拒绝从轻处理的案件维持了原判,判决书中写道:“对于被告的道歉和借口,我们的回答是,你说的我们听到了,但你说的东西我们不信。”[⑪]

只在一种情况下只要道歉而不需要一定真诚悔过就可以从轻处理,那就

① 《美国联邦量刑指南》§ 5K2.16(2004)。

② State v. Trostle, 951 P. 2d 869, 887(Ariz 1997); Jackson v. State, 684 So. 2d 1213, 1238(Miss 1996); State v. Allen, 994 P.2d 728, 764(N.M.2000).

③ Pope v. State, 441 So.2d 1073, 1078(Fla. 1983). Florida also recognizes remorse as a mitigating factor by statute. Fla. Stat. § 921.0026(2)(j)(如果犯罪并非出于复杂动机而是一起孤立事件,且犯罪人对其行为已经表现出悔过,则应当将其作为从轻情节处理)。

④ Crawford v. State, 770 N.E.2d 775(Ind. 2002).

⑤ Ohio Rev. Code Ann. § 2929.12(d)(5).

⑥ McAbee v. State, 770 N.E.2d 802, 806(Ind. 2002); People v. Griswold, 747 N. YS.2d 872, 873(N.Y.App. Div. 2002); State v. Mollicone, 746 A.2d 135, 138(R.I.2000); State v. Clegg, 635 N.W.2d 578, 580(S.D.2001).

⑦ Stanton Wheeler et al., Sitting in Judgement: The Sentencing of White-Collar Criminals 115—118(1992).

⑧ Bryan H.Ward, Sentencing without Remorse, 38 Loy U.Chi. L.J.131, 143(2006).

⑨ Price v. State, 765 N.E.2d 1245(Ind. 2002).

⑩ State v. Thornton, 800 A.2d 1016(R.I.2002).

⑪ Commonwealth v. Tirado, 870 A.2d 362(Pa. Super Ct. 2005).

是死刑。因为在死刑案件中，量刑陪审团不能排除任何可能导致被告量刑轻于死刑的情节。[①]显然不能要求量刑陪审团对所有从轻情节都予以考虑，但国家显然不能禁止在死刑案件中将道歉情节考虑在内。[②]

二、被害人或公众对于犯罪的反应（基于报应）：谅解、要求严惩或者要求轻判、民愤

被告以外的其他人群也会对案件的量刑产生影响。酌定量刑情节中就包含了诸如被害人、第三方向法庭所做的陈述和意见，尽管这些人与案件其实并无关联，但他们对于被告却充满兴趣。

1. 被害人谅解。在一些特殊的案件中，被害人在量刑之前对被告人进行了谅解，那么被害人的感受——即使没有明确提出从轻处理的请求，但也应当对最终的量刑产生影响。斯蒂芬诺斯·毕贝斯（Stephanos Bibas）认为国家应当考虑被害人的利益，例如在量刑时对被害人谅解进行考察。[③]根据毕贝斯的观点，这么做可以促进被害人情感创伤的愈合，使被告人更加谦卑，让被害人在社会权利体系中居于被告人之上，从而弥补被害人的心理需求。[④]

法庭按照惯例会听取被害人影响陈述。事实上，有 48 个州会保护被害人对量刑聆讯的参与权，剩下还有 2 个州则允许法官对于是否允许被害人参与进行自由裁量。[⑤]部分被害人确实会借发表陈述的机会表达他们对被告的谅解。

2. 被害人量刑需求。与上述被害人的情感表达不同，这一情节直接包含了被害人对于量刑的直接要求，这种要求既可能要求严惩，也可能要求从宽。这种量刑需求也有可能因为被害人的谅解所导致。例如在两名青少年残忍杀害马修·谢帕德（Matthew Shepard）的案件中，其中一名名叫艾伦·麦金尼（Matthew McKinney）的少年被判处终身监禁，尽管谢帕德的父母从未原谅麦金尼，但他们还是希望不要判处麦金尼死刑，最后麦金尼通过辩诉交易被判处终身监禁且不得假释。[⑥]

---

①② Lockett v. Ohio, 438 U.S.586, 604—605(1978).

③④ Stephanos Bibas, Forgiveness in Criminal Procedure, 4 Ohio St. J.Crim. L.329, 338(2007).

⑤ Paul G.Cassell, In Defense of Victim Impact Statements, 6 Oh. St. J.Crim. L.611 (2009).

⑥ Susan Bandes, When Victims Seek Closure: Forgiveness, Vengeance, and the Role of Government, 27 Fordham Urb. L.J.1599, 1600(2000).（对一系列被害人家属影响量刑裁决的案件进行了研究。）

有人曾提出应当允许被害人对于判处哪种刑罚比较合适发表意见。[①]尽管允许被害人发表一般影响陈述乃是一种管理，但仅有很少的州会允许被害人提供量刑建议。[②]甚至某些州会命令禁止被害人陈述中包含量刑意见。在得克萨斯州，法院就禁止被害人发表量刑意见。[③]得克萨斯州上诉法院认为："非专业出身的证人对于量刑问题的意见没有价值，因为这种意见无非就是两种情况，要么出于同情要么出于偏见。"[④]

当被害人对量刑发表意见时，他们一般都会要求严惩。[⑤]在内华达州的一个案件中，被害人说："我希望那些罪犯老死在监狱之中，我希望他们受到监狱所有可能的折磨。"[⑥]但是保罗·卡塞尔(Paul Cassell)认为："即使被害人影响陈述导致刑罚加重或者刑期延长，但并没有理由要禁止他们这么做。"[⑦]卡塞尔提出这一观点的基础是他认为"刑事诉讼中带有一点情绪是必要的"。他认为被害人影响报告能够让我们更深刻地认识犯罪在情感方面的影响，否则被害人在整个案件中更像是一个抽象影子存在着。[⑧]

被害人要求从轻判刑的情况相对要少一些，各州法院这样的案例也少之又少。2009 年的时候，密歇根州上诉法院对一起低于法定最高刑的案件予以核准，因为他们发现"一审法院对被害人所提出的从轻处理的意见予以认可，并相应缩短了刑期"。[⑨]无独有偶，密歇根州的另外一个法院也根据被害人的来信请求对案件作出了从轻处理，其判决指出："被害人的这一请求如此精确地抓住了我们的视线，其内容在考虑刑期长度的时候也确实值得考虑。"[⑩]

佛罗里达州的一个上诉法院在面对类似问题的时候得出了相反的答案，尽管一审法院基于被害人有关判处非监禁刑罚的申请而对刑期进行了减轻，但上诉法院指出："从轻对被告的主观罪过进行了美化，所以对被害人的请求

---

① Paul G.Cassell, In Defense of Victim Impact Statements, 6 Oh. St. J.Crim. L.611 (2009).(Cassell 指出这种被害人影响陈述能够促进正义而又不会影响被告的合法利益，能够为法官提供有效的信息并带来其他便利。)

② Ohio Rev. Code Ann. 2930.13(c)(4)(允许被害人在他们的影响陈述中提出量刑建议);Randell v. State, 846 P.2d 278(Nev. 1993)(对内华达州法律 Nev. Re. Stat. Ann. §176.015 进行解释认为法律允许被害人对量刑提出意见)。

③④ Gross v. State, 730 S.W.2d 104(Tex. Crim. App. 1987).

⑤ Wayne A.Logan, Opining on Death: Witness Sentence Recommendations in Capital Trials, 41 B.C.L.Rev. 517, 529 n.73(2000).

⑥ Randell v. State, 846 P.2d 279(Nev. 1993)

⑦⑧⑩ Paul G.Cassell, In Defense of Victim Impact Statements, 6 Oh. St. J.Crim. L.636(2009).

⑨ People v. Smith, 2009 WL 2136903.

不予认可。”①不过这种情况似乎并没有成为佛罗里达州的惯例，其他案件还是因为被害人的请求而作出了从轻判决②，而很多法院也都允许了这种做法③。

3. 公众刑罚需求。一般情况下法官并不应当在量刑时对民意进行考虑。尽管民意很多时候非常重要，但是我们并不公开承认这一点。这是因为，国家的立法本来就是民意的反映，法律本来就是公众观念对于何种刑罚适应何种犯罪的观点的体现。上诉法院一般认为只要法官对酌定量刑情节进行了考虑而对刑罚作出了调整，那么都是错的。佛蒙特州最高法院就曾因为一审法官允许 22 起从重量刑请求的证据进入审判而推翻了这一判决，最高法院认为：“该一审法官受到了这些请求以及量刑听证时公众关注的影响。而一旦采纳将这些请求作为证据进行采纳，法官就不知不觉中产生了偏见，就会让民意的喧嚣影响案件。所以我们必须将本案发回重审，并要求更换法官重新进行量刑听证。”④

新泽西州最高法院根据不同的事实但得出了相同的结论，“因为民意而对特定被告的量刑决定作出变动乃是一种技术性的错误，这就是刑事司法体制向公众压力投降”。⑤而最终，美国联邦最高法院也否定了在量刑中对民意进行参考，并指出“毋庸置疑的是，刑事程序中所包含的宪法保障其根本含义乃是公平审判，而公平审判的根本含义就是排除任何群情激昂的影响，无论这些人是敌对的还是友好的。司法程序中不应当为这种影响留有任何余地。暴民之法绝非正当程序之道”。⑥

即使对于民意的考量受到禁止，但法官依然需要面对这些证据。在刘易斯·利比案(Lewis “Scooter” Libby)审判的量刑阶段，审判长收到了两百多封信件表达了对利比的量刑建议。⑦尽管本案法官明确拒绝了对这些信件的内容进行考虑，⑧但不能排除其他法官在类似情况下有可能会对公共压力屈服或者对公众感受予以考虑，而不管这些考虑是否应当得到承认。

---

① State v. Knox, 990 So.2d 665(Fla. App. 2008).

② State v. Ussery, 543 So.2d 457(Fla. App. 1989).

③ State v. Bernard, 744 So.2d 1134, 1136(Fla. App. 1999); State v. Powell, 696 So. 2d 789, 791(Fla. App. 1997).

④ State v. Rice, 483 A.2d 248(Vt. 1984).

⑤ State v. Humphreys, 444 A.2d 569(N.J.1982).

⑥ Cox v. Louisiana, 379 U.S.559(1965).

⑦⑧ Scott Sundby, The Libby Letters: Reflections on Sentencing and Mercy in a Post-Booker World(Washington & Lee Pub. Legal Studies Research Paper Series, Accepted Paper 2009-2, 2009)，可在线下载：http://papers. ssrn. com/sol3/papers. cfm? abstract _ id = 1354254。

三、被告人状态或个性(与犯罪行为无关的人身性因素)

被告人的很多属性虽然与其犯罪所引发的可归责性并无直接关联,但是依然会对其量刑产生影响。在量刑的时候,决定者会考虑被告人在社区中的地位,其过去的言行,其现有的品行,等等。有人指出尽管这些情节与犯罪行为并无直接联系,但在量刑时应当对这些情节进行考虑。

1. 犯罪人的优良品行。犯罪人此前具有的良好品行会为其在群体中赢得同情,甚至在法庭上赢得同情。皮特·亨宁(Peter Henning)指出,至少在白领犯罪中,"对被告量刑时应当考虑其此前的优良品行"①。道格拉斯·伯尔曼(Douglas Berman)也曾指出:"每一个量刑体制(指南或者其他)都会根据前科劣迹对量刑进行加强,那么根据这种逻辑有什么理由不对被告此前的优良品行进行考察? 比如曾服兵役。"②

在现行审判体制的量刑阶段,曾被定罪的前科记录一般都会作为加重情节存在。③但是,"很少有地区会明确规定此前的优良品行可以作为从轻量刑的情节。在个别情况下个别法官会因为被告人此前的优良品行而从轻量刑,比如曾服兵役或者从事慈善"。④在量刑中采纳优良品行作为从轻情节的判决经常会被上级法院驳回,或者不被美国联邦量刑委员会所认可。⑤和联邦法院不同的是,北卡罗来纳州在其立法的量刑部分明确规定承认优良品行:"本州重罪量刑法案允许对从部队光荣退伍的退役士兵予以从轻处理,⑥或者被告人具有良好品行或者在社区中具有良好声誉。"⑦田纳西州法院同样将曾服兵役作为量刑的从轻情节之一。⑧此外还有其他几个州也都认为"品行"乃是量刑的考

---

① Peter J.Henning, Prior Good Works in the Age of Reasonableness, 20 Fed. Sent'G Rep. 187, 187(2008).

② Douglas A.Berman, Sentencing Law and Policy: Should Prior Military Service Reduce a Sentence? Available at: http://sentencing.typepad.com/sentencing_law_and_policy/2006/04/should_prior_mi.html (最近一次访问 2006 年 4 月 14 日上午 09:12)

③ 《美国联邦量刑指南手册》§ 4A1.1(2010)(要求量刑法官在量刑时对被告人的犯罪记录进行考虑)。

④⑤ Carissa Byrne Hessick, Why Are Only Bad Acts Good Sentencing Factors?, 88 B. U.L.Rev. 1109, 1111(2008).

⑥ N.C.Gen. Stat. § 15A-1340.16(e)(14).

⑦ N.C.Gen. Stat. § 15A-1340.16(e)(12).

⑧ State v. Overton, No. 02C013510-CC00303, 1997 WL 287665, at * 3(Tenn. Crim. App. June 2, 1997).(至于上诉人的服役经历,曾服兵役并光荣退役一直都是量刑从轻情节,这与 1989 年量刑法案的目的是一致的。)

察情节之一。[①]

如果说这一问题从宏观上看存在一定争议的话,那么在死刑量刑的问题上可能答案会清晰得多。联邦最高法院在 Lockett v. Ohio 案中指出:"第八和第十四修正案要求量刑在对最为罕见的可能判处死刑的案件进行裁量时不应排除任何从轻情节,包括被告人的品行、记录,以及犯罪的环境所能够提供的任何可以将量刑降到死刑以下的情节。"[②]所以有关优良品行证据的可采性是受到宪法保护的,所有死刑案件在量刑阶段对于这些可能从轻情节都应当进行考察。[③]

在联邦层面,《美国联邦量刑指南》只允许在死刑案件以外的其他极少数情况下将优良品行作为从轻情节进行考察。如指南自身所指出的:"军队服役、市政服务、慈善服务或者其他公共服务;职业贡献;以及其他优良品行通常与从轻量刑并无关联。"[④]不过在特殊环境下对此类证据的采纳在若干巡回法院得到了支持。[⑤]

2. 犯罪人的恶劣品行。犯罪人犯罪记录以外的其他恶劣品行通常会被作为量刑的正式参考标准,因为这些情节能够非常准确地对危险犯罪人进行识别[⑥]——所以一般被认为是量刑时应当考虑的重要情节。[⑦]在 Dawson v. Delaware 一案中,托马斯大法官就在其少数反对意见中指出量刑应当对被告人是一名种族主义者进行考虑。[⑧]托马斯大法官指出犯罪人的种族主义性格本身就是其他行为的证据之一,因此可以作为其他从轻性格情节的反证,也可以为其未来的人身危险性提供指示。[⑨]类似的是,加维(Garvey)也认为有关品行的证

① Paul H. Robinson, Sean Jackowitz, & Daniel M. Bartels, Extralegal Punishment Factors: A Study of Forgiveness, Hardship, Good-Deeds, Apology, Remorse, and Other Such Discretionary Factor in Assessing Criminal Punishment(Univ. Pa. L. Sch., Pub. Law Research Paper No.70, 2011).

② 438 U.S.586(1978).

③ Carissa Byrne Hessick, Why Are Only Bad Acts Good Sentencing Factors?, 88 B. U.L.Rev. 1119(2008).

④ 《美国联邦量刑指南》§ 5H1.11(2004)。

⑤ United States v. Rioux, 87 F.3d 648(2d Cir. 1996).

⑥ 《美国联邦量刑指南》第四章(有犯罪前科的被告要比初犯的罪过更深,因此其量刑应当更重)。

⑦ Rachael A. Hill, Comment, Character, Choice, and "Aberrant Behavior": Aligning Criminal Sentencing with Concepts of Moral Blame, 65 U.Chi. L.Rev. 975(1998).(犯罪人被定罪是因为他的行为表明他所具有的不被认可的个性特征,而法律谴责并惩罚的正是这种个性特征。)

⑧ 503 U.S.159, 171(1992)(Thomas, J.dissenting).

⑨ 503 U.S.173-74(1992)(Thomas, J.dissenting).

据,无论好坏都应当在量刑中得到考察,即使是在死刑案件中其内容可能只是为了是否对被告表达一丝怜悯。[①]

各州法院普遍承认被告的性格和此前行为在量刑中的作用,尽管这些行为或性格与犯罪可能并无关联。例如,印第安纳州最高法院就曾对一审法院有关被告“无可救药”、“未经允许离开住所”、“在18岁之前已经生育两名子女”的认定予以支持,并认为这些情节可以作为加重量刑的情节。[②]亚利桑那州法院也曾作出过类似的规定要求量刑法官在量刑时“不仅应当考虑所指控犯罪发生的环境,更应当对被告的道德品行和以往行为进行考察”。[③]

3. 康复。康复在美国刑罚的立法和实践中有着一段十分曲折的历史。此前在制定联邦和各州层面的刑罚政策时[④],康复的概念因为模糊不清、难以实践而一直饱受批评。[⑤]即使如此,康复在许多法庭的量刑中依然会产生影响,尤其是在实行不定期刑的州。[⑥]

康复作为一个量刑的要素更多地会在假释听证会上得到考虑,假释委员会可能会考虑到康复的因素而决定是否要对服刑人员提前释放。而在某些案件中,如果犯罪人存在较大的康复可能,那么法官可能会在量刑之前就对康复这一因素进行考察并从轻量刑。而部分学者如梅·奎恩(May Quinn)更进一步指出好的辩护律师会在案件过程中收集有关康复的证据并在适当的时候提交给法庭作为认罪答辩和从轻量刑的依据。[⑦]这一点在少年司法的语境中尤为显著,被告方往往会以康复可能为由而要求法庭在量刑时予以考虑。[⑧]

《美国联邦量刑指南》为法院提供了一种裁量情节称为“犯罪后康复工作”(如咨询或戒毒治疗)。[⑨]但在适用这一从轻情节时,纽约州东部地区法院认为“如果被告人的未来除了监禁以外一无所有的话,那么考虑康复也就没有意

---

① Stephen P.Garvey, “As the Gentle Rain From Heaven”: Mercy in Capital Sentencing, 81 Cornell L.Rev. 989(1996).

② Davidson v. State, 558 N.E.2d 1077(Ind. 1990).

③ State v. Castano, 360 P.2d 479, 480(Ariz. 1961).

④⑤ Marvin E.Frankel, Criminal Sentence: Law without Order(1973).

⑥ Jeremy Travis & Sarah Lawrence, The Urban Inst., Beyond the Prison Gates: The State of Parole in America 4—7(2002).

⑦ Mae C.Quinn, An RSVP to Professor Wexler's Warm Therapeutic Jurisprudence Invitation to the Criminal Defense Bar: Unable to Join You, Already(Somewhat Similarly) Engaged, 48, 48 B.C.L.Rev 539, 574 n.181(2007).

⑧ Connie de la Vega & Michelle Leighton, Sentencing our Children to Die in Prison: Global Law and Practice, 42 U.S.F.L.Rev 983, 1008(2008).(成人法庭的严厉量刑一般不对康复和回归社会的可能进行考虑。)

⑨ 《美国联邦量刑指南》§ 3E1.1(2004)。

义。所以通常情况下的量刑是否会给被告留有希望也让人感到怀疑”。[①]第二巡回法院则得出结论认为更为严厉的量刑对于提升康复并不合适，而对于那些表现出明显康复可能性的被告从轻量刑则是合适的。[②]

联邦最高法院近日对将康复作为量刑情节表示了支持。在 Pepper v. United States 一案中[③]，上诉人因为一起涉毒犯罪被判处五年监禁。在该段时间内，上诉人不仅完成了监狱中的一项戒毒康复项目，他还参加了一所社区大学，获得了一份兼职工作并被提拔为主管，还与他人结婚组建了家庭。法院认为这些有关康复的证据都表明其量刑应当在量刑指南所建议的区间之下进行。从他第一次受到刑罚惩罚之后所作出的行为改变为他的经历和个性提供了最新的写照。

在各州层面，法院也经常将康复可能作为从轻情节。[④]有趣的是有些州在特定场合还特别要求要对康复可能进行考察。例如南达科他州就规定“当事实和前科判决导致康复可能不复存在的时候，不应当对被告人判处死刑，此时保护社会利益最好的办法就是判处终身监禁”。[⑤]伊利诺伊州对于康复作为量刑参考因素作出了广泛的规定：“量刑中有双重因素需要考虑，犯罪的严重程度和犯罪人的康复可能都需要进行权衡。”[⑥]

在绝大部分州和联邦法院，对于犯罪人康复可能是否进行考虑属于法官的自由裁量权。即使是在如南达科他州或伊利诺伊州等将康复可能作为法定量刑情节的地区，其从轻量刑的幅度也会因为犯罪人的可信度差异而存在很大的裁量空间。

4. 特殊才能或社会贡献。犯罪人所具有的特殊才能也是量刑时需要考虑的因素，如果法官认为刑罚会导致社会失去这种特殊才能。威廉·贝瑞（William Berry）指出：“这种从轻处罚的一个潜在的例子就是，如果行为人乃是一个贫困社区具有重要贡献的人，而他所犯的只是非常轻微的犯罪，与为了报应或者功利的刑罚目的而对他进行惩罚的目标相比，此人受到监禁会对社区造成更大的损失。”[⑦]比如一个小镇的医生受到盗窃指控，应该被予以适当减轻或

---

① Simon v. United States，361 F.Supp. 2d 35(E.D.N.Y.2005).

② United States v. Maier，975 F.2d 944(2d Cir. 1992).

③ Pepper v. United States，No. 09-6822，2011 WL 709543(U.S.Mar. 2，2011).

④ Hitchcock v. Dugger，481 U.S.393，398(1986)；State v. Godsey，60 S.W.3d 759，786(Tenn. 2001).

⑤ State v. Bult，529 N.W.2d 197，200(S.D.1995).

⑥ People v. Young，529 N.E.2d 497，501(Ill. 1988).

⑦ William W.Berry III，Extraordinary and Compelling：A Re-Examination of the Justifications for Compassionate Release，68 Md. L.Rev. 850，883(2009).

者判处非监禁刑，这样可以保证他为小镇继续提供医疗服务。又比如，一名伟大的艺术家或者小说家也应当得到减刑，这样社会才可以继续享受他们的艺术贡献。

部分学者还指出在军事审判中被告人的特殊才能应当在量刑时予以考虑。[①]被告对其所属社区、群体的特殊贡献也应当作为从轻情节予以考虑，因为长期服刑会导致将社会获得该犯罪人特殊才能服务予以剥夺，而这种剥夺必须与犯罪人对社会造成的危害之间相互平衡。

对于特殊才能的考察可以从弗兰克·阿巴内尔案（Frank Abagnale, Jr.）中得到体现。[②]在横跨几大洲的造成约二百五十多万元损失的犯罪生涯中，阿巴内尔在伪造货币和招摇撞骗等方面积累了大量的知识和技能，他被捕之后被判处12年监禁，在执行不到5年之后，他被允许假释，前提是他要利用自己的知识和技能协助联邦调查局办案，用他当初犯罪的技能来抓获更多的罪犯。[③]利用自己的知识和技能来协助抓捕罪犯与他自己过往犯罪的可责备性并无关联，但可以认为社会作为一个整体的利益所得要高于将其监禁的利益所得。[④]

四、刑罚之外的惩罚

即使刑罚对于犯罪人本身是合理的，但刑罚所带来的额外的效果对于依赖犯罪人生活或者关心犯罪人的第三方则未必合理。例如年老就成为刑罚效果影响的特有薄弱环节，同时还会因为其他理由导致同情。而侵害人已经对被侵害人进行了民事赔偿也是量刑的时候应当考虑在内的因素之一。

1. 犯罪人因犯罪而导致的艰难处境。很多犯罪人自己同样承受着犯罪所带来的在刑罚以外的艰难处境。这种自找的困境是否应当在量刑的时候予以考虑呢？例如某人因为醉驾导致交通事故，其女儿也在交通事故中丧生。显然该醉驾者构成犯罪毋庸置疑，但与一般情况存在不同的是，本案的犯罪人自

---

① Russell W. G. Grove, Sentencing Reform: Toward a More Uniform, Less Uninformed System of Court-Martial Sentencing, 1988 Army Law. 26, 32.

② Stan Redding & Frank W. Abagnale, Jr., Catch Me If You Can: The True Story of A Real Fake(2000).

③ 从那以后阿巴内尔也开启了一段教学生涯，在执法机关内部和外部传授人们预防诈骗的知识。（http://www.abagnale.com）

④ 值得注意的是在阿巴内尔被释放之后，他对此前几乎所有被害人进行了赔偿。Peter Ross, Man on the Run: The Racy Life of the World's Most Notorious Con Man Has Been Immortalised by Leonardo DiCaprio in Catch Me If You Can. But the Real Frank Abagnale is a Reformed Character Who's Now Chasing the Bad Guys For a Living, The Sunday Herald at 3(Jan.26, 2003).

己也要承担失去亲人的痛苦。那么犯罪人所遭受的情感创伤是否可以作为其从轻量刑的依据?

在很多地区,犯罪人如果因为其犯罪而遭受困境的话,犯罪人可以以此为由请求从轻处理。但是如果没有额外的证据证明案发时存在极为特殊的状况,那么仅仅因为自己也有损失显然不足以支持从轻量刑。在密歇根州,州最高法院根据该州量刑指南推翻了某一审法院的从轻量刑判决,其理由是“尽管被告人已经为其犯罪付出了代价,他已经失去了家庭和工作,但是无论哪项内容都不具有特殊性”。[①]所以犯罪人所遭受的困境必须具有特殊性才能够作为从轻的依据,而至于究竟哪种情况可以构成特殊性则不甚明确。

类似的是2009年华盛顿州最高法院在推翻了一起醉驾共犯案件时认可了酌定量刑情节的适用。[②]在本案中仅有一辆汽车发生车祸,车上一共七人全部喝得酩酊大醉,车上除驾驶员外所有人全部不幸身亡。尽管一审法院判决被告有罪,但最高法院推翻了一审判决,认为:“我们会毫不犹豫地谴责海德伦德(Hedlund),他的行为是实实在在的犯罪行为,应当受到强烈谴责。但我们也不得不发现她已经受到了足够的惩罚。她的缺乏判断力导致了其他人的死亡,其中不仅包括她的朋友,还有她的未婚夫。她自己也受了重伤,好几个月后才逐渐康复。而后续的法律惩罚与她已经遭受的经历相比是微不足道的。”

联邦法院也曾有过因为犯罪人所遭受的困境而从轻量刑的案例。在对一名因为进行申报虚假退税的犯罪人进行量刑时,一审法院忽略了《美国联邦量刑指南》关于本罪应当判处10—16个月监禁的规定而判处缓刑并处罚金,一审法院指出被告已经遭受了实质的困境并且因为漫长的调查压力所导致抑郁症接受治疗。[③]特区巡回法庭维持了这一量刑,并指出“特区法院的结论属于量刑法院所特有的关于被告人特殊决定的权限范围之内”。

2. 刑罚导致的困难处境。犯罪人因为正式刑罚所导致的困难处境一般不能作为从轻依据,理由很明确:刑罚,从报应论的角度而言,就是让犯罪人受苦的。不过在一些案件中,传统的刑罚会导致一些非同寻常的困难处境。所以这种非典型性的超出一般刑罚预期的困境往往会作为从轻情节,尤其是当该种困境是独立于犯罪人以外所产生的,或者由其他无辜第三方所导致的。[④]例如某单亲家庭的家长实施了犯罪而要长期入狱服刑,那么此时他就有可能被

---

① People v. Dean, No. 266438, 2006 WL 3077520, at *2(Mich. App. Oct. 31, 2006).

② City of Auburn v. Hedlund, 201 P.3d 3156(Wash. 2009).

③ United States v. Gardellini, 545 F.3d 1089(2008).

④ 730 ILCS 5/5-5-3.1(a)(12).

从轻处理，否则他的孩子就有可能失去家长的监护。

此外也有人认为如果刑罚会对犯罪人产生非典型的严重伤害，那么应当对其从轻处理。威廉·贝瑞就指出："对严重疾病晚期的囚犯提前释放并不会违背诸如剥夺、威慑、康复等刑罚的功利主义目的。疾病晚期已经实质上减少了人身危险性，降低了康复需求，也不会对威慑效果产生任何损害。"①简而言之，与实施刑罚会导致的利益损失相比，人类固有的同情心更为重要。有学者对贝瑞的观点表示了认同但提出了不同的论证方法。例如科比（Kobil）就认为对于年老和疾病的犯罪人应当予以宽恕。比如一个罪犯量刑为 10 年，但其存活时间只有 5 年，所以 10 年监禁对于该罪犯而言相当于终身监禁，所以这一服刑时间对该罪犯而言过于严厉或者不成比例。②近期对于麦格雷尼（Abdelbaset Ali Mohmed Al Megrani）的释放就体现了这一点：麦格雷尼是 1980 年代泛美航空 103 航班洛克比空难的罪犯之一，因身患前列腺癌晚期，存活时间不超过三个月，苏格兰政府基于人道主义原因将其释放并允许其回到出生地利比亚终结余生。③

《美国联邦量刑指南》规定如果犯罪人存在特殊生理缺陷可以作为从轻量刑的理由，比如对于身体异常虚弱的被告可以采用住所监禁，这样不仅简便而且比入狱服刑成本更低。④该部分规定适用于身体健康不佳的罪犯，例如一名健康状况低下的白领犯罪罪犯如果判处监禁有可能导致其在狱中健康恶化而死亡，那么对其判处环境和住所监禁就可以了。⑤

需要注意的是，联邦层面还有一条有关困难处境的规定，但很少得到采用："当罪犯出现严重疾病晚期、身体虚弱、濒临死亡、唯一家庭成员可以照顾未成年儿童，监狱管理局局长可以提议对其提前释放。"⑥

3. 犯罪人家庭或者第三方所遭受的困境。如果对单亲家庭的家长进行监禁会对其子女监护带来困境，那么可以考虑基于同情而将其提前释放："在特定情况下，允许犯罪人对其子女进行照顾可以起到很好的康复作用，因为犯罪人需要承担起一份责任。而此时刑罚的威慑效果可以忽略不计，这种情况下

① William W.Berry III, Extraordinary and Compelling: A Re-Examination of the Justifications for Compassionate Release, 68 Md. L.Rev. 1028(2009).

② Daniel T.Kobil, The Quality of Mercy Strained: Wresting the Pardoning Power from the King, 69 Tex. L.Rev. 569(1991).

③ Lockerbie Bomber Freed From Jail, BBC News, Aug. 20, 2009.

④ 《美国联邦量刑指南》§ 5H1.4(2004)。

⑤ U.S.v. Coughlin, 2008 WL 313099(W.D.Ark. 2008).

⑥ 18 U.S.C. § 3582(c)(2)(2006).

的从轻处理也不应当被禁止。"①

联邦和各州法院都允许因为刑罚对第三方造成困境进行考量。《美国联邦量刑指南》对这一问题进行了关注,但是其规定字面上写的是:"家庭联系和责任并不属于一般情况下从轻量刑时需要考虑的情节。"指南的评论部分解释道,如果需要因为这些情节而作出从轻处理,那么法庭应当对一系列的情节进行审查,其中包括犯罪对于犯罪人家庭成员所产生的危险。此外,因为丧失监护或者丧失经济资助为由从轻量刑还需要满足其他额外要求。②如前文所指出的,不管是联邦还是各州对于死刑案件的量刑证据标准都要相对宽松一些,在这种情况下,刑罚给犯罪人家庭带来的困境就有可能作为从轻情节得到考虑。③

各州一般允许对刑罚可能对第三方造成的损害进行考虑并作出从轻处理。印第安纳州刑法就规定"如果某人入狱服刑会对该人或其被监护人产生不可预料的困难,则可以从轻量刑"。④但是请注意,印第安纳州最高法院认为这种从轻量刑并不适用于以下场合:"很多被定罪量刑者都有一个甚至更多子女,也曾在很多情况下缺席,一审法院没有必要特地查明刑罚可能给被告人带来的意料之外的困境。"⑤对于第三方困境作为从轻情节的这种适用方法在其他许多州得到了效仿,⑥不过很多州将其限定在非常特殊的少数几种情况之下,新泽西州规定将此类困境作为从轻情节仅限于针对特定被告的个性和条件,其入狱服刑可能导致非常严重的不公,而这种不公已经超越了刑罚要求他人不再如此行事的威慑目的,而这种严重不公必须是在确实极为罕见且无法预料的环境中得到满足。⑦

有证据表明这一酌定量刑情节虽然在表面上受到严格限制,但其私底下往往会对量刑产生影响。2007 年的一项研究显示了这一点。该研究对宾夕法尼亚州的一审法官进行问卷调查,问卷由一系列简短描述组成,该研究旨在查明法官是否会因为被告在家庭中的地位而影响其量刑。研究结果发

---

① William W.Berry III, Extraordinary and Compelling: A Re-Examination of the Justifications for Compassionate Release, 68 Md. L.Rev. 1028(2009).

② 《美国联邦量刑指南》§ 5H1.6(2004)。

③ People v. Ochoa, 966 P.2d 442, 506(Cal. 1998).(对于被告人家庭的同情并不是死刑案件陪审团需要考虑的因素,但是该家庭成员可以证言阐述执行死刑给他们带来的影响,从侧面证明被告人所具有的某种积极的背景和品格。)

④ IC 35-38-1-7.1(b)(10).

⑤ Dowdell v. State, 720 N.E.2d 1146(Ind. 1999).

⑥ 730 ILCS5/5-5-3.1(a)(11); N.C.Gen. Stat. §15A-1340.16 €(17); N.D.Cent. Code §12.1-32-04(11).

⑦ State v. Roth, 471 A.2d 370(N.J.1984).

现法官对于承担照料家庭职责的被告(同时包括照料以及照料+提供经济支持)往往会在监禁时长上进行从轻处理。而且这一结果无论对于男性被告或女性被告都适用,而唯一一个没有得到明显从轻的身份是单一的经济支持者。①

4. 年老。刑事量刑中经常会将青少年作为一个考虑的因素,如少年犯的特殊规定以及其他与少年犯罪有关的规定,因为少不更事往往可以减轻其行为的错误性质,并从而降低犯罪人的可归责性。而年龄较大的犯罪人则往往不能提出类似的主张,不过年老者自有年老者可以主张的从轻理由。安德鲁·阿什沃斯(Andrew Ashworth)就曾指出:"年龄应该是确定适当刑罚时应当考虑的重要因素,因为对于年轻人来说,刑罚会剥夺他们人生中最重要的时间,而对于老年人来说,刑罚会对其造成预期以外的负担。"②

现实中很多州都允许将年龄作为量刑的参考情节之一。③密歇根州最高法院认为"服刑年限必须小于生命周期,该段时间必须是合理的、可能的、被告可以真实服刑的。"好在这一观点并没有要求法院对犯罪人的生命时长作出事实判断,而是作为一般要求需要法院进行参考。④一项研究显示宾夕法尼亚州的法官对于年老的犯罪人较少判处监禁,而年老者要比年少者的刑期更短,不过该项研究并没有对这一差别背后的原因进行深入分析。⑤也有其他的研究针对年老对量刑的影响得出了相互冲突的结论。⑥

《美国联邦量刑指南》指出:"年龄可以作为从轻量刑的因素,如果被告年纪较大,则判处住所监禁就可以达到和入狱服刑一样的效果,而成本要比监禁更低。"⑦而至少有两个巡回法院对上述条款进行了缩限解释,要求该项条款的

---

① Tina L.Freiburger, Familial Paternalism in the Courtroom: A Comprehensive Examination of Male and Female Criminal Sentences(Aug. 2007).(印第安纳大学博士论文,尚未出版,网上下载地址 http://proquest. umi. com/pqdlink? did = 1320951021&Fmt = 7&clientId=79356&RQT=309 &VName=PQD。)

② Andrew Ashworth, Sentencing and Penal Policy 276—77(1983).(主张公平影响,即年老和年少犯罪人都应当从轻量刑,因为刑罚会对其人生产生额外的消极影响。)

③ N.D.Cent. Code §12.1-32-04(12).

④ People v. Moore, 439 N.W.2d 684(Mich. 1989).

⑤ William E.Adams Jr., The Intersection of Elder Law and criminal Law: More Traffic Than One Might Assume, 30 Stetson L.Rev. 1331, 1346(2001); Darrell Steffensmeier & Mark Motivans, Sentencing the Older Offender: Is There an "Age Bias"?, Elders, Crime, and the Criminal Justice System: Myth, Perceptions, and Reality in the 21st Century 185, (Max B.Rothman et al. eds., 2000).类似的结论还可以再联邦法院的判决中发现。

⑥ William E. Adams Jr., The Incarceration of Older Criminals: Balancing Safety, Cost, and Humanitarian Concerns, 19 Nova L.Rev. 465, 467(1994).

⑦ 《美国联邦量刑指南》§5H1.1(2004)。

适用必须满足四个要件(年老、体弱、效果、成本)才可以允许从轻。①

尽管若干地区允许将年龄作为从轻情节在自由裁量时进行考虑,但有一个州明确禁止了这一做法,那就是亚利桑那州。亚利桑那州法院认为特别年轻或者特别年老只有在犯罪发生时影响到了被告人判断能力的时候才可以作为从轻情节予以考虑。②田纳西州最高法院也得出了和亚利桑那州类似的结论,法院的声明认为只有在行为人实施行为时因为年老而导致其对于行为性质失去了判断能力才能够作为从轻情节,而且该年龄的认定也应当结合其教育、成熟程度、经历、精神状况等要素进行综合考察。③

5. 对被害人进行赔偿。如果某案的刑罚是财产刑的话,那么法官一般会根据犯罪人对被害人的赔偿对量刑进行调节。事实上,如果法院判决赔偿的话,那么实践中该赔偿应该与犯罪人已经对被害人进行的赔偿相抵扣,尽管从理论上民事赔偿并不是法定从轻量刑情节。④而各州法院按照法律规定应当对进行实质民事赔偿的量刑作从轻处理。⑤

财产刑不是唯一一个受到质疑的地方,受到《美国联邦量刑指南》约束的联邦法院也反对因为民事赔偿而从轻处罚。如果允许民事赔偿对量刑决定产生影响,这就意味着社会经济问题会妨碍司法独立。⑥正如第六巡回法庭指出的:"法院不能因为富人可以支付赔偿而对富人量刑更轻,对穷人量刑更重。"⑦

但是,联邦法院根据《美国联邦量刑指南》§ 3E1.1(a)还是承认了支付民事赔偿可以作为从轻情节之一,因为该赔偿表明犯罪人"对犯罪行为的责任表示接受"。⑧根据这一理论赔偿并非困难处境的标志,而是认罪的标志,所以法庭不仅要求被告人支付赔偿,而且与赔偿一道被告人还需要表达真诚的悔过。

---

① Thomas A.Long, Note, The Federal Sentencing Guidelines and Elderly Offenders: Walking a Tightrope Between Uniformity and Discretion (and Slipping), 2 Elder L.J. 69 (1994).

② State v. de la Garza, 675 P.2d 295, 296(App. 1983).但是在另一个场合又遭到了否定:State v. Thurlow, 712 P.2d 929, 932(1986)。

③ State v. Adams, 864 S.W.2d 31(Tenn. 1993).

④ Catharine M.Goodwin et al., Federal Criminal Restitution § 14: 7(2010).

⑤ Alaska Stat. § 12.55.155; Ca. St. Cr Cases R.4.423(b)(5); N.C.Gen. Stat. § 15A-1340.16(e)(5); N.D.Cent. Code § 12.1-32.04(16); Tenn Code Ann. § 40-35-113(5).

⑥ United States v. Chastain, 84 F.3d 321, 325(9th Cir. 1996).(允许量刑法官为了让被告保住工作或者提供赔偿而从轻量刑会导致在量刑时因为社会经济差异而出现差别,而这种差别是正是量刑指南旨在消除的。)

⑦ United States v. DeMonte, 25 F.3d 343, 347(6th Cir. 1994).

⑧ 《美国联邦量刑指南》§ 3E1.1(a)。

例如在 United States v. Szarwark 案中，被告实施了邮件诈骗，而被害人及时发现诈骗后就没有付款，因此被告人也没有骗到钱，因此政府成功地挑战了地区法院有关刑罚降低两级的判决。第七巡回法庭指出："被告所主张的退赔（没有骗到钱）显然不是量刑法案所提到的主动赔偿。"①相比之下在 United States v. Oligmueller 案中，被告人为了赔偿因欺诈性借款造成的损失，在被起诉前一年就已经开始主动还款，为了还款他一天工作 16 个小时，提取了自己所有的人寿保险，在外面兼职，放弃家庭，所有这些都是为了能够还清债务，因此第八巡回法庭支持了一审法院的从轻量刑判决。②

第二节　酌定量刑情节的外行直觉研究

下文乃是针对酌定量刑情节的外行直觉的研究。研究试图查明这些因素是否对外行对于犯罪人应得惩罚的判断产生影响，如果产生影响那么该影响程度如何。本研究的设计旨在对人们对酌定量刑情节的直觉方法获得更深的认识，并为未来的研究奠定基础。

一、研究方法

研究一共招募了 423 名被试者，被试者来源各异。被试者将会看到五个不同的基准场景，每个场景都描述了一件假设的犯罪案件。基准案件设定的目的是为了展示不同的犯罪行为的不同情况：每一个场景对应一段文字，该段文字描述了犯罪行为但隐匿了犯罪人的个人属性如性别、种族、性格，等等。

研究过程中，被试者一次只针对一个场景作答。被试者每次需要先阅读一个场景描述，然后回答他们认为该案中被告人应当受到何种处罚。

在完成这一基准任务之后，研究会给被试者提供更多案件情节，被试者需要回答在这些情况下被告人的刑罚是否会受到影响。被试者同样每次只针对一个情节进行回答，这些情节都属于前文提到过的酌定量刑情节。如果被试者回答是，那么他需要对调整后的刑罚作出重新判断，这样调整后的刑罚可以与前面已经标记的基准刑罚进行对比。被试者的绝对责任判断在本研究中并无意义③，本研究的重点在于被试者是否愿意根据酌定量刑情节对其最初量刑作出调整。

---

① 168 F.3d 993, 997(7th Cir. 1999).

② United States v. Oligmueller, 198 F.3d 669, 670(8th Cir.1999).

③ 即使被试者对于核心犯罪的责任评价等级是一致的，他们对于量刑的意见也会存在分歧。

研究结果对被试者的刑罚调整进行了记录。刑罚指数+1 相当于是刑期翻倍,刑罚指数−1 相当于刑期减半。

下一步研究将检验第一节中提到的 18 种酌定量刑情节是否对刑罚产生影响。这些酌定量刑情节都可能引起被试者的量刑判断偏离原来的基准量刑。

被试者每次看到酌定量刑情节以后作出是否调整刑罚的决定,然后被试者将看到下一个酌定量刑情节。被试者所收到的指示明确指出这些情节之间相互独立,只与基准案情比较,相互之间不进行比较。各种酌定量刑情节的出场顺序也是随机的。而且并不是每个被试者都会看到所有的酌定量刑情节,有一半的被试者只做 A 组和 D 组的酌定量刑情节,另一半被试者只做 B 组和 C 组的酌定量刑情节。所以每个被试者只需要对 9 种酌定量刑情节作出判断,然后一共有 5 个场景,所以一共要进行 45 次判断。

为了保证结果的可靠性,研究者对被试者进行了充分的说明指出对于刑罚"不作调整"的答案也是完全正确的。事实上,所有回答中的 71.8%是"不作调整"[①],更重要的是,特定场景中刑罚不作调整的比例高达 23.3%[②]。

当所有的数据收集完毕,有两个数值需要进行计算。第一个是酌定量刑情节流行程度(XPF Popularity),该数值是指被试者根据酌定量刑情节对其刑罚作出调整的数量。第二个是酌定量刑情节调整幅度,该数值是指被试者根据酌定量刑情节对其刑罚作出调整的平均幅度。酌定量刑情节调整幅度是根据刑罚指数来进行计算的,刑期不作调整的其指数为 0,每次酌定量刑情节的作答,刑罚指数为负的表示刑罚减轻,刑罚指数为正的表示刑罚加重。

二、方法提示:从默示排序到明示排序

本书第二章的讨论曾指出不同背景来源的人们对于错误行为的核心内容的认识能够实现高度一致。人们能够达成共识的乃是行为的可归责性,而不是刑罚的绝对值。有些人的量刑整体偏重,有些人的量刑整体偏轻,所以他们采用的量刑区间并不一样。这也是为什么人们对于可归责性可以达成共识,但对于刑罚的数量却彼此存在争议。第三部分所普遍采用的并在第十二章中明确阐述的研究方法通过对不同场景的责任的平均值来得出结论。不同场景的责任均值的差异可以反映出被试者的可归责性判断。而每个场景的责任均值则更能够反映其背后的责任评判,而非个人的责任评判,因为每个人都会对

---

① 16 749 次回答中,12 018 次回答"不作调整"。

② 每个场景要经历 1 861 次回答,而其中不作调整的回答占到 434 次(约 23.3%)。

每个场景作出判断,但是个人对于场景判断的特殊视角在责任均值中被淡化了。

这种研究方法的潜在缺陷是它认为个人刑罚判断的整体偏重或偏轻的趋势会对该被试者的全部的责任判断都产生影响。这种假设整体上也是可以接受的,或者说作为一种较为前沿的研究虽然略显粗糙但是具有创新意义,当然我们还可以找到更加细致有效的研究方法。只要我们能够更好地理解相关可归责性的判断和刑罚区间端点的设定之间是存在差异的,我们就可以找到一种更好的方法,比如先对场景按照责任严重程度进行排序,然后再对场景进行量刑。这样的话,对于场景排序的数据就可以单独进行比对,而不需要考虑被试者的整体量刑程度到底是偏轻还是偏重。

采用这一方法,被试者也会看到一组场景,不过他们只需要按照应受惩罚的程度先进行排序。这一排序的简单方法是把每一个场景写在一张卡片上,然后让被试者对卡片按照一定顺序排列,这种方法在第二章和第四章中都采用过。然后被试者要按照排列顺序记录下不同场景的编号和标题并标记在责任旁边。每个被试者然后可以将每个案件的标题换一根线连接到其责任区间中来标明其责任数值。通过这种方法,实验者既可以对案件排序单独收集数据,也可以对绝对责任数值单独收集数据。而后者更加有用的原因在于其不仅可以反映不同场景的分组,还可以表明这些场景在刑罚区间上的定位排序。

三、酌定量刑情节刑罚产生调解作用的依据

71.8%的绝对多数作出了"不作调整"的回答,不作调整的调整幅度为0,剩下的27.9%的调整幅度在+10和-10之间进行,以0为中心往正负两个方向递减分布,由于大部分酌定量刑情节都是从轻情节,因此呈现负值的数量会更多一些。

从最大范围来看,数据表明很多被当代刑法的责任和刑罚原理排斥在外的情节在外行人看来的确应该在量刑时予以考虑。几乎每一种酌定量刑情节或多或少都会产生一定影响,即使是在罪行最为严重的场景E中(故意杀人和绑架)也是如此。有相当一部分酌定量刑情节受到了多数被试者的支持,其中一项酌定量刑情节的认可普遍程度达到了77%。

当然,同样得到验证的是,大部分酌定量刑情节并没有得到多数被试者的支持,即使是在罪行最为轻微的场景A中也是如此。场景A中,有一半的酌定量刑情节的支持者不到1/3。如果将误差考虑在内的话,那么应当有8项酌定量刑情节得到大部分被试者的确定支持,有2项得到被试者的支持但略显模糊。而与此相比场景A的情况反而有点意外:只有2种酌定量刑情节在该

场景中得到多数支持。而对于罪行最为严重的场景E而言，只有一种酌定量刑情节得到支持，且人数不到三成。

四、基准案件对酌定量刑情节所产生的效果

研究结论显示酌定量刑情节对基准刑罚产生影响的普遍程度和调整幅度都与犯罪性质存在关联。随着犯罪严重程度的增加，酌定量刑情节对基准刑罚产生影响的普遍程度和调整幅度都随之降低。（犯罪越是严重，允许自由裁量的空间越小。）尤其是普遍程度随着犯罪严重程度的增加表现出非常一致的下降，在所有五个基准案件中都是如此。

不过这一基于犯罪严重程度所产生的效果并非对于所有酌定量刑情节都适用。那些普遍程度不高的酌定量刑情节的普遍程度在所有犯罪场景中都维持在很低的水平。[①]部分酌定量刑情节的普遍程度仅为总人数的1/3，[②]两项酌定量刑情节的普遍程度则降低为20%。[③]上文提到酌定量刑情节的普遍程度与犯罪的严重程度成反比，后者增加则前者下降，但此处的结果与这一规律并不完全吻合。所以必须注意，酌定量刑情节与犯罪之间的关系要比简单的成负相关的关系更加复杂。

除酌定量刑情节的普遍程度以外，酌定量刑情节的调整幅度也会随着案件的不同而发生变化。特定酌定量刑情节对特定案件的调整幅度要明显大于该酌定量刑情节对其他案件的调整幅度。

实验显示量刑因素和潜在犯罪之间存在复杂的互动关系。例如，酌定量刑因素15（已经进行民事赔偿）的调整幅度在场景A、场景B、场景C就很明显，而在场景D、场景E中就消失殆尽。酌定量刑因素9（康复）的变化趋势又有不同：该情节的调整幅度在所有场景中都有存在。有趣的是，酌定量刑情节的调整幅度并不总是随着犯罪的严重程度发生改变。例如酌定量刑情节4（真诚悔过、承认过错、及时道歉）的调整幅度在场景C中就比场景B中要大，但相比之下场景C的犯罪要比场景B更为严重。

---

① 这种情况在酌定量刑情节7（被害人要求严惩）、酌定量刑情节8（犯罪导致巨大民愤）、酌定量刑情节12（前科劣迹）中都有存在。

② 这种情况在酌定量刑情节13（特殊才能），以及中度普遍的酌定量刑情节2（公开承认过错、道歉但没有真诚悔过）、酌定量刑情节4（真诚悔过、承认过错、及时道歉）、酌定量刑情节11（犯罪后的优良品行）、酌定量刑情节17（犯罪人自身困境）、酌定量刑情节18（年老）等中存在。

③ 分别是酌定量刑情节15（已经进行民事赔偿）、酌定量刑情节16（犯罪人家属或他人遭遇困境）。

五、酌定量刑情节之间的相互关联

所有的酌定量刑情节按照其普遍程度进行排列，即被试者认为该酌定量刑情节应当对基准刑罚产生影响的数量多少。酌定量刑情节根据其总体支持程度进行排序。

酌定量刑情节的相对普遍程度因为基准案件的不同而发生改变，这一点并不奇怪。前文第三小节已经提到酌定量刑情节与背景犯罪之间存在相互作用。让人感到意外的是酌定量刑情节在不同犯罪中的排列具有某种一致性。如果某种酌定量刑情节在一个场景中的普遍程度较低，那么该酌定量刑情节在其他场景中的普遍程度也会很低。酌定量刑情节在一个场景中的普遍程度较高，那么该酌定量刑情节在其他场景中的普遍程度也会较高。例如酌定量刑情节 13(特殊才能)在所有的场景中的普遍程度都排名最低。类似的是酌定量刑情节 2(公开承认过错并道歉)的排名也只发生了轻微变动，在第 6 名到第 12 名之间徘徊。

当然也有一些酌定量刑情节的相对普遍程度会因为犯罪的不同而发生巨大变化，尤其是在杀人犯罪如场景 D 和场景 E 中。普遍程度排名第二的酌定量刑情节是酌定量刑情节 15(已经进行民事赔偿)——在过失杀人场景中排名第六，但在谋杀场景中降至第十。换句话说，随着犯罪严重程度上升，不仅酌定量刑情节的绝对普遍程度(与其他场景相比)会随之下降，该酌定量刑情节相对普遍程度(与其他酌定量刑情节相比)也会下降。

对于部分酌定量刑情节而言，相对普遍程度的降低仅在谋杀案件中存在。例如，酌定量刑情节 16(犯罪人家属或他人遭遇困境)在所有的场景中的排名都在第 4 或第 5 名左右，但在谋杀场景中则戏剧性地跌至第 16 位。类似地还有酌定量刑情节 14(因为犯罪遭受苦难)从场景 A 到场景 D 的排名一直在第 3 和第 7 之间，但在场景 E 中则下降至第 9。

相比之下，部分酌定量刑情节的相对普遍程度随着背景犯罪的严重程度增加而增加。例如，酌定量刑情节 8(犯罪导致巨大民愤)在场景 A 中排名 16，但在场景 E 中排名升至 12。另一项相对普遍程度的加重情节——酌定量刑情节 12(前科劣迹)，其相对普遍程度最起码在最为严重的犯罪谋杀中有所上升。但是这种现象就提出了一个有趣的问题有待解释，那就是这两个酌定量刑情节的排名上升可能并不是因为它们作为从轻情节的内在逻辑比其他情节更有说服力而导致它们相对普遍程度的排名上升了，而是因为这两个情节的普遍程度不变的情况下，其他情节的说服力不够所以这些情节的相对普遍程度的排名下降了。

最后一个有趣的规律是关于被害人对于刑罚的态度的情节的。酌定量刑情节6(被害人要求从轻或者免除处罚)的相对普遍程度在非凶杀案件中仅排名中等,但在谋杀案件中排名上升至第4位。与此同时,酌定量刑情节7(被害人要求严惩)则从场景A的第15名上升到场景E中的第6名。所以可以看到,随着犯罪严重程度的增加,被害人态度被考虑的也更多。

六、人群差异

在研究过程中,被试者的种族、婚姻状况、性别、收入、年龄、受教育程度等信息都进行了统计。其中种族、婚姻状况、性别等作为种类变量(项目内容是分类的),收入、年龄、受教育程度等则作为量化变量(项目内容是可以量化计算的)。

研究对不同酌定情节的普遍程度和被试者的人口学信息进行了比对,刑罚加重的方面,白人、未婚、男性被试者要比非白人、已婚、女性被试者更有可能对刑罚作出调整;刑罚减轻方面,非白人、已婚或者女性被试者更容易对刑罚作出调整。比如,场景A中酌定量刑情节15的普遍程度为—23.6%,这意味着该情节的普遍程度在非白人被试者中要超过白人被试者23.6%。

种族。种族似乎是对酌定量刑情节普遍程度影响最大的一个因素。在15种从轻酌定量刑情节中,酌定量刑情节在白色人种的普遍程度在65种变量中的17种中都要明显高于非白色人种。酌定量刑情节在非白人中的普遍程度更高的情况仅存在于1种变量中。在三种从重酌定量刑情节中,酌定量刑情节在白人被试者中的普遍程度与非白人被试者在15种变量中的10种中存在明显差异,而这其中没有一种情况是白人的普遍程度要高于非白人的。所有酌定量刑情节中都出现了白人对于刑罚的调整在三种场景中要明显多于非白人,在18种酌定量刑情节中的13种中调整要多于非白人。酌定量刑情节在白人中的普遍程度要比非白人的普遍程度高出5.7%。

性别。性别对于酌定量刑情节普遍程度的影响要比种族稍小一些。酌定量刑情节在男性中的普遍程度要比女性中更高。在15种从轻酌定量刑情节中,男性被试者对刑罚所作出的调整在75个变量中的7个中要显著多于女性。女性被试者对刑罚所作出的调整只在2个变量上多于男性。而在3个从重酌定量刑情节上,性别并没有对普遍程度产生任何影响。从所有酌定量刑情节的平均值来看,男性要比女性在5个场景中的3个中更容易对刑罚作出调整。而在所有的场景中,男性在18个酌定量刑情节中的6个中的普遍程度要显著高于女性。总体上,酌定量刑情节在男性中的普遍程度要比女性高出3.4%。

婚姻状况。婚姻状况是人口学中影响最小的因素。在15种从轻酌定量刑情节中,酌定量刑情节在未婚被试者中普遍程度仅在75种变量中的两种中要显著多于已婚被试者,而在这两种变量中其普遍程度都是未婚被试者的更高。在三种从重酌定量刑情节中,未婚被试者的普遍程度在15个变量中的两个中要高于已婚被试者;只在一种场景下未婚被试者的普遍程度要高于已婚被试者,而在其他场景下已婚被试者的普遍程度都要高于未婚被试者。在所有酌定量刑情节的均值显示,未婚被试者在5个场景中的两个中对刑罚的调整幅度要大于已婚被试者。贯穿所有场景的酌定量刑情节18个中有两个在未婚被试者中的普遍程度要显著高于已婚被试者。整体酌定量刑情节在未婚被试者中的普遍程度要比已婚被试者高出1.7%。

总的来看,酌定量刑情节在白人、男性或者未婚被试者中的普遍程度要大于非白人、女性或者已婚被试者,当然其实际差距并没有那么明显,其差别分别为5.7%、3.4%、1.7%。这一规律在场景B和场景D中得到了验证,这些场景中的所有酌定量刑情节在白人、男性、未婚被试者中出现的调整程度都要大于非白人、女性、已婚被试者,但是其差距的百分比依然仅为一位数。至于贯穿各大场景的酌定量刑情节而言,所有的情节都会因为人口学特征的某个数据而表现出差别,不过三个最为普遍的酌定量刑情节除外,而且其差别的百分比依然很少超过一位数。

收入。收入对于酌定量刑情节普遍程度的影响较小。可能只对两个场景下的2个酌定量刑情节产生显著影响,分别是:场景D中的酌定量刑情节4和场景D中的酌定量刑情节11。贯穿所有场景来看,收入只对酌定量刑情节4产生影响,这意味着酌定量刑情节4(真诚悔过、承认过错、及时道歉)会随着收入的上涨而变得更加敏感。但这也使得该情节看起来更像是一个孤立的特例。而从所有酌定量刑情节来看,收入对于其普遍程度几乎没有显著影响。类似的是,从所有的被试者回答来看,收入和酌定量刑情节普遍程度之间也确实没有明显的关联。

年龄。对于一些变量而言,年龄对于是否采纳酌定量刑情节而言似乎确实扮演着一个非常重要的角色。不过尽管这种关联非常普遍,在18种酌定量刑情节中都有存在,但是该关联的程度却是所有种类中最小的。除了个别例外以外,被试者随着年龄的增长其调整刑罚的可能性也随之下降。事实上从所有场景来看,这一现象在酌定量刑情节3、4、7、8、9、15中都有存在,而整体上被试者所有的回答可以看到酌定量刑情节与年龄之间呈现出轻微的负相关(−0.02)。

教育程度。教育同样在若干变量中扮演着重要角色。研究在11种变量中发现了显著性。贯穿所有酌定量刑情节来看,在场景A(盗窃)和场景B(攻击)中的关联程度较为显著。而贯穿所有场景来看,7 种酌定量刑情节与教育程度存在关联,其中酌定量刑情节 5、14、15、16、17、18 等 6 项表现出负相关,酌定量刑情节 4 表现出正相关。显著性从酌定量刑情节 14 一直到 18 都基本存在,而这几个酌定量刑情节恰好属于 D 组(遭受正式刑罚以外困境)的情节,这意味着教育程度的增加使 D 组情节的说服力下降了,不过其中的关联并不强烈。在所有的被试者回答中只发现了轻微的负相关。

综上所述,在这一项综合酌定量刑情节以及基准场景变量的研究中,人口学差异几乎可以忽略不计。尽管有些变量导致了一些差别,白人、男性、未婚、年老、富人、受过更多教育的人更有可能因为酌定量刑情节而从轻量刑,但这一现象也同样存在许多例外。而在本研究中我们并没有排除人口学变量相互之间可能存在的关联和相互影响。

七、研究结论

有证据表明外行人士所认可的刑罚裁量情节有相当一部分被传统的刑法规则排斥。每一种接受测试的酌定量刑情节都或多或少有证据支持其对量刑产生影响,即使是在场景 E(故意杀人和绑架)这种最为严重的犯罪中也是如此。有相当一部分的酌定量刑情节得到了相当一部分被试者的支持,最为普遍的酌定量刑情节的支持比例高达 77%。另一方面,大部分酌定量刑情节并没有得到大部分被试者的支持。即使是在相对轻微的犯罪如场景 A(非法入侵及盗窃),一些在实践中普遍考虑的情节或者是刑法学者经常鼓吹的情节都没有能够说服被试者。

无论如何,外行人士对于酌定量刑情节的直觉仍然是非常细致和精准的。背景犯罪的严重程度总是会对是否考虑酌定量刑情节而从轻量刑存在巨大的影响。如果确实考虑酌定量刑情节而对刑罚作出调整的话,背景犯罪的严重程度还会对刑罚调整的幅度产生影响。而且研究还发现,特定酌定量刑情节似乎对特定犯罪产生影响,很少有情节会对所有犯罪都产生同等的影响。例如,当背景犯罪并不严重时,诸如进行民事赔偿这样的酌定量刑情节所产生的影响就要大一些,而当案件中出现被害人死亡的时候,则被害人家属的谅解会产生更大的影响。

研究绝大部分结论都与不同背景的人群的判断基本保持一致。由于年龄、收入、教育程度所产生的差异数量很少,影响不大。尽管在白人与非白人、男性与女性、已婚与未婚的被试者中存在一定差异,但酌定量刑情节的普遍程度和调整幅度都没有发生很大变化。在所有的人口学变量中,只有种族这一变量产生了较大影响:白人要比非白人更可能根据酌定量刑情节对刑罚作出调整,而且主要是从轻,尽管总体上看白人并没有表现出更有同情心,而且种族变量的整体影响效果也并不是很大。

第三节　研究对于刑事司法制度与实践的意义

酌定量刑情节中的绝大部分(如果不是全部)都属于目前量刑领域正在广泛讨论的话题。其中很多都属于更大范围争论的一部分,包括辩诉交易、恢复性司法、量刑是否考虑民愤,量刑中被害人的权利和被害人的参与,等等。这些讨论都会涉及刑罚的报应或者功利考量,但他们几乎都会受到第三节研究结论的影响。

第三节的两项发现对于刑事司法改革有着非常广泛的意义。首先,部分酌定量刑情节中存在的高度分歧说明实践应用中的分野日趋严重。其次,研究中部分酌定量刑情节受到广泛支持但在实践中并没有采用,而部分在实践中普遍采用的酌定量刑情节则受到明显的反对,这种反差会导致刑事司法系统与它所管辖的社会群体之间的观念渐行渐远,这种情况会贬损司法系统的道德权威,降低司法公信力。

一、关于酌定量刑情节的意见分歧和实践分歧

正如第一节所指出的,在刑事司法进程的若干阶段裁判者都可以选择考虑或者忽略酌定量刑情节。检察官在考虑是否起诉或者进行辩诉交易时就可能考虑或者忽略酌定量刑情节。法官在量刑时也有可能考虑或者忽略酌定量刑情节。在部分审判中,酌定量刑情节可能在诉讼中出现在证人证言中并被陪审团采纳并影响判决。而在一些陪审团参与量刑的地区,陪审团也可能考虑或者忽略酌定量刑情节的影响。①最后,假释委员会和矫正官在决定是否释放罪犯时也会考虑或者忽略酌定量刑情节。

人们一直认为公平和争议的核心特点就是刑罚适用的一致性。相同犯人实施相同犯罪应当获得相同刑罚。行为人的量刑应当取决于其客观行为和主观罪过,而不应当取决于运气好坏。②

---

① Nancy J.King & Susan R.Klein, Essential Elements, 54 Vand. L.Rev. 1467, 1510 (2001).(该文指出在20世纪中期,约有13个州允许陪审团量刑。)

② S.Rep. No. 98—225, at 45-46(1983).(非犯罪或犯罪人原因所导致的量刑差异无论对于犯罪人还是社会公众都是不公平的。)1984 U.S.C.C.A.N.3182, 3182-3562; Michael M.O'Hear, National Uniformity Local Uniformity: Reconsidering the Use of Departures To Reduce Federal-State Sentencing Desparities, 87 Iowa Rev. 721, 729(2002). 在 U.S. v. Booker 一案中,布莱尔(Breyer)大法官指出国会通过量刑法案的基本目的在于提高刑罚的一致性。543 U.S.220, 253(2005).而一致性的概念可以简单描述为包含了相同情况下的犯罪人相同处理,不同情况下的犯罪人不同处理。

但正如第一节所指出的，司法实践中经常采用的酌定量刑情节其实存在巨大意见分歧，研究显示即使是针对同一犯罪中同一犯罪人的同一酌定量刑情节也存在分歧。有20%的单元格内被试者的意见分歧呈现五五开，或者四六开。四分之一以上的单元格(25/90)存在三分之一被试者持不同意见。半数单元格(43/90)中存在四分之一以上的被试者持不同意见。

没有理由相信对于酌定量刑情节这么高的意见分歧在警察、检察官、法官、陪审员、驾驶委员会以及其他刑事司法系统决策者中就不存在了。①而显然如果某人的量刑最终要看运气，要看这些决策者所具有的不同量刑观念，那么其结果显然是不能令人信服的。

而更令人无法接受的是犯罪人运气不好遇上了一位拥有特别怪异观念的决策者。试想如果某犯罪人由一位极少数派的法官来进行量刑，其结果会多么反常。大约有25%或更少的人持有少数派观点。部分酌定量刑情节的异议人群比例不到6%。参议院指出酌定量刑情节的适用如果缺乏适当指引就会出现严重问题：犯罪人所接受的处理会因为量刑法官的原因而受到特别的优待或者严惩。②

酌定量刑情节司法适用的潜在分歧会因为人口学因素的差异而被加剧。尽管人们的认识在不同人群背景中取得诸多一致，但分歧依然是存在的。犯罪人的量刑不应该因决策者的身份不同而存在差异，不管是量刑法官，还是量刑陪审团，或者是进行辩诉交易裁量的检察官。

所以如果要在量刑中对酌定量刑情节予以考虑，就必须为其适用提供清晰明确的规则，最起码也要提供某种非正式的指引，这样不仅能够避免权力滥用，也可以促进不同决策者之间的刑罚裁量的一致性。对于所有的犯罪人而言，其量刑都应当基于犯罪相关情节，而不应该因为个人喜好或者决策者的怪异观念而发生改变。

美国刑事司法对于自由裁量进行尽可能的引导的趋势十分强烈，其中主要原因就是为了实现同案同判。为了实现这一目的，刑事司法系统的一部分试验了指南的方式——一些地区指定了量刑指南、假释指南、公诉指南，等等。而我们只有更好地理解公众对于酌定量刑情节的观念，才能够更好地制定并

---

① 总的来说，量刑权威人士与普通大众之间对于刑事司法系统应当严格到何种程度存在分歧，参见 Stephanos Bibas, Transparency and Participation in Criminal Procedure, 81 N.Y.U.L.Rev. 911, 928(2006)。至于量刑应当考虑的那些情节，有理由相信刑事司法官员会经常偏离非专业人士的思维，参见 Michael Tonry, The Functions of Sentencing and Sentencing Reform, 58 Stan. L.Rev. 37, 43-45(2005)，该文章对不同人群的量刑目的进行了分析。

② S.Rep. No. 98—225, at 45-46(1983). 1984 U.S.C.C.A.N.3182, 3182-3562.

适用这些指南。

二、酌定量刑情节的支持与定位以及法律道德权威的贬损

在第二部分中我们已经明确指出刑事司法体制对于责任和刑罚的分配如果能够符合大众正义直觉将会带来非常好的效果。如果刑法想要在其治下群体中获得道德权威,那么刑罚就应当对公众普遍认可的酌定量刑情节予以考虑,即使不能毕其功于一役,也应当循序渐进地借鉴吸收。例如,在被锁定为犯罪嫌疑人之前就真诚道歉并承认罪过,这种真诚悔过的表现在普通外行群众眼中就应当从轻量刑。事实上,这一情节在多数被试者中除了两个杀人案件场景外在所有场景下都得到了支持。刑事司法系统如果忽略了这么重要的酌定量刑情节,那么就相当于对普通民众的合理量刑意见充耳不闻,这是十分危险的。

与此同时,保持刑法在群体中的道德权威同样需要避免对于群体所反对的、认为与刑罚无关的酌定量刑情节的依赖。7 个酌定量刑情节在所有场景中只得到 20%甚至更少的被试者支持(按照所有场景中的支持率降序排列分别是酌定量刑情节 7、11、5、12、8、10、13)。如果决策者过于倚重这些酌定量刑情节则很有可能会使刑法的道德权威受到贬损,从而削弱了法律在行为规范和社会管理方面的巨大能力。

当然,本研究的结论并非放之四海而皆准。对于酌定量刑情节的不当考虑也有可能损害法律的道德权威,不过这种情况只有在特定酌定量刑情节在量刑中得到适用的信息被公之于众后才会发生。而这种情况在很大程度上依赖于媒体进行了细致而准确的报道。例如,如果法院在量刑时对于某个公众十分关注的酌定量刑情节没有进行考察,而公众又恰好知道了这一情况,那么法律的权威就会受到损害。相反,如果法院适用了某些公众认可的酌定量刑情节,但媒体并没有对量刑过程进行准确报道,那么法律的权威还是会受到损害。传统新闻报道对于案件的信息披露往往都是将其作为一起孤立的事件,这种情况下个案的量刑就很有可能看起来不甚准确,当时如果将一系列的案件放在一起进行综合分析,则个案的量刑结果就不会显得那么突兀。

第四节 结论

本章第一节对现实中可能影响刑罚裁量但在刑法中并没有得到正式规定的相关情节进行了综述。这些酌定量刑情节对于刑事司法进程中的若干决策者的决策过程都会产生影响,比如检察官决定起诉何种罪名、法官决定如何量

刑、假释委员会决定何时释放、执行官员决定何时赦免以及一些相对不甚明显的自由裁量行为包括警察和陪审员。很多酌定量刑情节的讨论其实属于更广义的争论的一部分，这些争论包括辩诉交易、恢复性司法、量刑是否考虑民愤、量刑中的被害人权利和被害人参与，等等。

本章第二节的实证研究结果表明酌定量刑情节在刑罚裁量中的影响有着广泛的证据支持。（几乎所有的酌定量刑情节都或多或少存在证据支持。）而另一方面，大部分酌定量刑情节的支持人数并不多：半数酌定量刑情节受到了不到1/3的被试者的支持。酌定量刑情节获得支持的广度，以及酌定量刑情节对刑罚调整的深度基本上取决于所涉犯罪的性质。有趣的是，酌定量刑情节的相对普遍程度同样取决于所涉犯罪的性质。也有部分酌定量刑情节自始至终在某种案件中都很普遍或都不普遍，但在其他案件中其普遍程度则会发生改变。酌定量刑情节获得支持的程度以及影响效果都会受到被试者人口学特征的影响。例如，白人、男性、未婚、年老、富有、受过更多教育的被试者更有可能根据酌定量刑情节作出从轻量刑，当然这一规律也存在例外。最后，不同酌定量刑情节在不同犯罪中的处理在地方样本和全国样本中存在差异。

这些研究的发现为刑法和司法政策与实践提供了重要的指引。如果刑事司法系统要维护自身在其治下群体中的道德权威，维护其社会影响和行为规范的巨大力量，那么它就不能依赖公众所反对的酌定量刑情节，也不能忽视公众所认可的酌定量刑情节，可惜的是这些情况现实中都有发生。

那么这些研究究竟会带我们走向哪里？我很希望看到读者对这些研究通过一种贯穿的理念进行整合后所得到的答案。对于这些问题未来应当如何进行回答？未来我们究竟要做些什么？这些问题过去都有人问过，但这些问题却从来没有被全面而直接地回答过。读者在阅读中每完成一步都要更加接近完成本书所要呈现的所有理念。而完成这一任务并将这些理念带回家去就是最强有力的结论。

第二十二章

正义的直觉与报应的功效

刑法学者往往默认民众对于具体案件的量刑无法达成一致,并将其归结为可归责性判断的主观性、复杂性以及个体价值观的差异。而本书所包含的实证研究表明这种观点是错误的,不同人群在很多问题上存在诸多共识(第一章、第二章)。这种共识并非表现在刑罚的绝对值上,而是表现在人们对于案件的相对可归责性的排序上。而根据这一共识我们就可以确定刑罚的具体数量,因为当我们将大量的案件按照严重程度进行排序的时候,每个案件所对应的刑罚区间都是有限并能够确定的。

这种共识并非涉及所有犯罪和所有情节,其所关注的乃是核心的犯罪行为,最主要包括违法和违背他人意志获取等行为。如果离开这一核心犯罪区域而增加新的要件,这种共识就会逐渐消失(第四章)。本书想要表达的是,人们对于犯罪和刑罚的判断并非都是分歧,在这些分歧当中其实存在着一个核心问题的连续计划是人们能够达成高度共识的。

案件可归责性的判断乃是一个十分主观和复杂的问题,为什么不同人口特点的被试者却能够在这一问题上达成高度共识呢?其中一个理论认为这是因为这一判断乃是人类所共有的学习系统所主导的。这一观点得到很多证据的支持,但是这些证据还无法得出确定的结论(第三章)。人类学习评价正义的方法可能和人类学习其他事物是一样的,而这其中的共识很有可能是因为每个人的学习都受到了某些具有普遍意义的条件的影响,比如群居生活。

对于法律和政策制定者而言,哪种解释最后被证明是正确的可能并不重要。因为这些理论所得出的有关刑法的结论是一样的:不管人们所共享的正义直觉来源于哪里,制度设计者和社会改革者都应当对这一内容予以特别关注。改革者不能简单地认为他们可以像说服人们改变纯粹理性问题的态度那样去教育民众改变他们对正义的核心认知。

贯穿不同人群的高度共识表明人们对于正义的感知乃是一个深刻嵌入人类族群的核心问题且不会轻易受到影响。不同的人口学因素包括——收入、教育、种族、政治倾向、婚姻状况、宗教、性别,都会对人们的观念产生巨大的影响。贯穿这些人口学因素而存在的高度共识说明这一问题对于上述人口学的因素都具有免疫力。如果这一问题对于这些强有力的影响因素都可以免疫,那么也不会轻易被改革者所改变,最起码自由民主政体所允许的对个人自治进行的干涉是远远不够的。

这种可塑性的限制为改革者如何集中精力解决问题提供了暗示。例如,就不必浪费资源去说服人们放弃惩罚严重的错误行为,而有些改革者就是这么做的(第十一章)。他们会发现无法说服公众去相信严重的危害如导致死亡在量刑中并不重要,也无法说服公众去相信犯罪认定应当只关注行为人的主观意图,而有些学者就是这么做的。[①]而与此同时,理解人们对于正义判断的性质可以帮助改革者的项目获得更好的效果(第五章)。

不仅外行人士正义判断的不可塑性对于刑法而言至关重要,这些判断的内容也非常重要。本书第三部分对一系列的责任与刑罚相关因素在群体中的观念进行了分析,对几乎所有刑事立法和量刑指南应当涉及的问题进行了关注。立法者和改革者应当密切关注这些有关外行人士争议判断的实证研究,突破过去半个世纪刑事立法的条文,因为这种立法没有对采纳与公众观念相互冲突的法律规则进行任何限制(第七章)。

正如本书所展示的,研究表明偏离经验报应是要付出代价的。外行人对于正义也有着非常深刻而细致的判断,如果刑事责任和刑罚裁量的规则刻意违背这些判断,那么刑法的道德权威就会受到贬损,刑法的公信力就会下降,回过头来人们遵守法律、支持法律、将法律内化为自身行为规范的意愿也会随之下降(第八章、第九章)。尤其是当法律的名声坏掉了,法律被认为是经常、有意违背公众观念的话,那么就会进一步导致人们对刑事司法体制的抵制和破坏,刑法对犯罪人进行耻辱化的原本就十分廉价的规范功能将会进一步受到贬损,人们会以规范内容模糊不清为由而拒绝遵守刑法,刑法对于群体规范的塑造能力和指引人们将法律内化为内心规范的能力都将受到损害。

一方面由于其自身限制,另一方面也由于其违背了公众观念,传统的一般预防和剥夺犯罪能力所构建的"强制性犯罪控制"机制应当由"规范性犯罪控制"来取代,而后者乃是经过实证研究证明符合经验报应的公众观念的。在任何给定情况下,规则都应当将公众作为参照系,不管是联邦刑法典、各州量刑指南还是各城市的量刑实践都应当如此。

---

① Stephen J.Schulhofer, Harm and Punishment, 122 U.Pa. L.Rev. 1497, 1498—1503 (1974); Larry Alexander Kimberly Kessler Ferzan, and Stephen Morse, Crime and Culpability(2009); Model Penal Code § 5.05(1).

遵循公众观念的犯罪控制力量，及其现有法律与之冲突所付出的犯罪控制成本一道解释了为什么在1950年代，《模范刑法典》的起草者对于他们刚确立的强制性犯罪控制政策进行了热情的呼吁，但最终他们还是不得不对他们的威慑和剥夺计划作出了妥协，因为这些计划的思想使得刑法与公众的争议判断渐行渐远（第六章）。

此处的观点并不是说刑法永远不能偏离公众正义判断。公众的有些判断确实也不公平，法律有时也不得不为公众价值设立积极的目标。但是改革者应当认识到这种偏离是需要付出代价的，所以他们应当保证这种偏离所取得的收益要大于其付出的成本。

需要提醒政策制定者和刑事立法和量刑指南起草者们（包括量刑法官）的是应当对外行人士的正义判断进行细致描绘。本书第三部分的研究勾勒了一幅远景轮廓的草图，而我们未来需要的是提供更细致的高清分辨率的画面。这些研究还应当用来对学术争论进行检验。正如第四部分所展示的，很多学术理论都对公众如何评价可归责性提出了观点，而这些观点都可以用实证研究方法进行检验。

本书为古老的报应主义和功利主义之争提供了一个新的视角。在经典理论中，这二者的矛盾不可避免、不可调和，刑事司法体制要么专注打击犯罪，要么专注实现正义，又或者其中一项必须优先而另一项则应当妥协。而本书的研究显示经验报应可以加强犯罪控制。经验报应不是道义报应，但它却是我们在现实中能够达到的最接近道义报应的报应形态，而经验报应表明，实现正义也是打击犯罪的最好方法。

图书在版编目(CIP)数据

正义的直觉/(美)保罗·罗宾逊
(Paul H.Robinson)著;谢杰,金翼翔,祖琼译.—
上海:上海人民出版社,2018
(海外法学译丛)
书名原文:Intuitions of Justice and the
Utility of Desert
ISBN 978-7-208-14935-9

Ⅰ.①正… Ⅱ.①保… ②谢… ③金… ④祖… Ⅲ.
①刑罚-研究 Ⅳ.①D914.104

中国版本图书馆 CIP 数据核字(2017)第 304085 号

责任编辑 秦 堃
封面设计 一本好书

正义的直觉
(美)保罗·罗宾逊 著
谢 杰 金翼翔 祖 琼 译

出　　版 上海人民出版社
(200001 上海福建中路 193 号)
发　　行 上海人民出版社发行中心
印　　刷 上海商务联西印刷有限公司
开　　本 720×1000 1/16
印　　张 28
插　　页 4
字　　数 484,000
版　　次 2018 年 7 月第 1 版
印　　次 2018 年 7 月第 1 次印刷
ISBN 978-7-208-14935-9/D·3147
定　　价 98.00 元

“独角兽法学精品”书目

《美国法律故事:辛普森何以逍遥法外?》
《费城抉择:美国制宪会议始末》
《改变美国——25 个最高法院案例》
《人工智能:刑法的时代挑战》

人工智能
《机器人是人吗?》
《谁为机器人的行为负责?》
《人工智能与法律的对话》

海外法学译丛
《美国合同法案例精解(第 6 版)》
《美国法律体系(第 4 版)》
《正义的直觉》
《失义的刑法》

德国当代经济法学名著
《德国劳动法(第 11 版)》
《德国资合公司法(第 6 版)》